W0035808

UTB **2172**

Eine Arbeitsgemeinschaft der Verlage

Beltz Verlag Weinheim · Basel
Böhlau Verlag Köln · Weimar · Wien
Wilhelm Fink Verlag München
A. Francke Verlag Tübingen und Basel
Haupt Verlag Bern · Stuttgart · Wien
Verlag Leske + Budrich Opladen
Lucius & Lucius Verlagsgesellschaft Stuttgart
Mohr Siebeck Tübingen
C. F. Müller Verlag Heidelberg
Ernst Reinhardt Verlag München und Basel
Ferdinand Schöningh Verlag Paderborn · München · Wien · Zürich
Eugen Ulmer Verlag Stuttgart
UVK Verlagsgesellschaft Konstanz
Vandenhoeck & Ruprecht Göttingen
Verlag Recht und Wirtschaft Heidelberg
WUV Facultas Wien

Kirsten Adamzik

Sprache:
Wege zum Verstehen

2. Auflage

A. Francke Verlag Tübingen und Basel

Kirsten Adamzik Jahrgang 1955, Studium der Germanistik, Allgemeinen Sprachwissenschaft und Pädagogik in Münster. Promotion 1982. Seit 1983 Dozentin am Département de langue et de littérature allemandes der Universität Genf.

Für D. G. E.

Bibliografische Information der Deutschen Bibliothek

Die Deutsche Bibliothek verzeichnet diese Publikation in der Deutschen Nationalbibliographie; detaillierte bibliografische Daten sind im Internet über <http://dnb.ddb.de> abrufbar.

2., überarbeitete Auflage 2004
1. Auflage 2001

© 2004 · A. Francke Verlag Tübingen und Basel
Dischingerweg 5 · D-72070 Tübingen
ISBN 3-7720-8046-4

Titelbild: René Magritte, L'usage de la parole. © VG Bild-Kunst, Bonn 2003.
Einbandgestaltung: Atelier Reichert, Stuttgart
Satz: Martin Fischer, Tübingen
Druck und Bindung: Ebner & Spiegel, Ulm
Printed in Germany

ISBN 3-8252-2172-5 (UTB-Bestellnummer)

Inhalt

Vorwort zur zweiten Auflage

Für die 2. Auflage wurden Irrtümer berichtigt und die Literaturhinweise aktualisiert. Ferner habe ich einige kleinere inhaltliche Ergänzungen und Veränderungen vorgenommen, insbesondere im Teil zur Wortbildung. Diese gehen auf Anregungen von Elke Donalies zurück, der ich ganz herzlich dafür danke. Hinzugekommen ist eine detaillierte Inhaltsübersicht am Ende des Bandes, die auch einen besseren Überblick über den Grobaufbau erlaubt. Auf die Einschaltung von Übungen (mit Lösungen) wurde weiterhin verzichtet.

Fragen und Hinweise sind willkommen unter
Kirsten.AdamzikBevand@lettres.unige.ch

Genf, im September 2003   Kirsten Adamzik

Vorwort

Es gehört zu den Aufgaben eines Vorworts, deutlich zu machen, an wen sich das Buch wendet. In Vorwörtern zu Fachbüchern erfährt man dann zu seinem Erstaunen oft, dass der Autor eigentlich an alle gedacht hat: interessierte Laien, Schüler, Lehrer, Studenten, Kollegen aus der eigenen und aus anderen Disziplinen. Dasselbe gilt natürlich auch für dieses Buch: Es wendet sich an alle, die sich für Sprache interessieren – und wer täte das nicht (wenn er es denn schon aufschlägt)?

Aber selbstverständlich hat die Autorin doch an eine spezielle Gruppe gedacht, genauer gesagt: an zwei. Gemeint sind zunächst jene, die ein ursprüngliches Interesse an Sprache haben, an Sprache überhaupt, an ihrer eigenen und an fremden Sprachen, Menschen, die aufmerken, wenn sie hören und lesen, und sich die Frage stellen, warum es wohl so und nicht anders heißt, kurz: Personen, die keine gelehrte Kenntnis erwerben wollen (vgl. S. 46). Die zweite Gruppe stellen jene dar, die sich für Sprache interessieren *sollen*, von denen man erwartet, dass sie (zumindest ansatzweise) eine professionelle Neugier entwickeln, die nämlich eine Sprache studieren. Dies tun sie oft aus dem Wunsch heraus, sich mit der Literatur in dieser Sprache zu beschäftigen, und viele sind nicht wenig erstaunt, dass zu einem solchen Studium auch ein sprachwissenschaftlicher Teil gehört, besonders dann, wenn sie eine Sprache studieren, die sie schon beherrschen. Nun ist es leider so, dass die Studierenden oft den Eindruck haben, das, was sie in der Linguistik lernen sollen, habe wenig zu tun mit ihrem – ja zweifellos auch vorhandenen – ursprünglichen Interesse an Sprache. Das unerwartete Teilgebiet bleibt bei vielen ein ungeliebtes.

Die Schwierigkeit dieses Buches bestand nun darin, den Erwartungen beider Teilgruppen gerecht zu werden: Es sollte nicht zu gelehrt, zu wissenschaftlich sein, aber doch einen systematischen Einblick in die Linguistik geben, wie er in Einführungsveranstaltungen vermittelt wird. Diese unterschiedlichen Anforderungen können nicht wirklich in Einklang gebracht werden. Was für die einen vielleicht schon zu viel ist, ist für die anderen noch zu wenig. Daher kann ich nur Empfehlungen geben, wie man je nach Interessenlage mit diesem Buch umgehen kann.

Eigentlich ist es als eines gedacht, das man von vorn nach hinten *lesen* soll, es ist kein Arbeitsbuch. Die Randspalte gibt eine grobe Orientierung über das jeweils Behandelte, sie kann aber auch als Wegweiser benutzt werden: Stößt man auf Abschnitte, in denen es zu speziell zu werden scheint, kann man diese überspringen; sucht man gezielt nach Themen oder Begriffen, lassen sie sich leicht auf- oder wiederfinden. Ein solch gezielter Zugriff ist auch über das Glossar/Register möglich.

Speziell für das Laieninteresse sind die Textbeispiele gedacht, die man auch unabhängig vom Rest lesen kann. Manche dienen als Analyse- oder Illustrationsmaterial; im Vordergrund stand jedoch die Idee, Texte zu versammeln, in denen linguistisch nicht speziell Geschulte sich über Sprache äußern.

Die Literaturhinweise schließlich verzeichnen einerseits Werke zum Thema Sprache für ein breites Publikum und andererseits weiterführende Literatur als Hilfestellung für jene, die auch zum gelehrten Schrifttum vordringen wollen oder müssen.

Dieses Buch hat eine lange Geschichte. Sie beginnt natürlich mit dem kindlichen Staunen über Sprache und darüber, was man sagen und was man nicht sagen kann – ein fortgesetztes Staunen, das unweigerlich zum Studium des Phänomens führte. Dort machte Helmut Gipper mich 1973 mit der Sprachwissenschaft bekannt. Er pflegte zu sagen, dass für einen Professor nichts so schwer sei wie eine Einführung, beherrschte jedoch virtuos die Kunst, in seinen Vorlesungen alltägliches und wissenschaftliches Fragen zusammenzubringen. Dafür sei ihm an dieser Stelle ein später Dank gesagt. Ich habe oft an ihn gedacht.

Wie schwierig es nämlich wirklich ist, das Interesse für Linguistik zu wecken, habe ich in den vielen Einführungsveranstaltungen, an denen ich seit 1983 in Genf mitgearbeitet habe, immer wieder erlebt. In unendlichen Diskussionen über uns nie ganz befriedigende Lehrbücher und über fast jährlich revidierte eigene Arbeitspapiere wurde uns mitunter schmerzlich bewusst, dass es keine wirklich gute Lösung gibt. Mein Dank geht an alle Genfer und auswärtigen Kollegen, die, jeder auf seine Weise, dazu beigetragen haben, dass ich schließlich doch den Mut zu diesem Buch gefunden habe. Ganz besonders danken möchte ich Gottfried Kolde, ohne den es nicht entstanden wäre. Dennoch ist dieses Buch kein Gemeinschaftswerk geworden, eben weil es nicht als Arbeitsmaterial gedacht ist, wie man es für den universitären Unterricht braucht.

Sehr herzlich bedanken möchte ich mich auch beim Verlag für die Aufnahme des Buches in diese Reihe und speziell bei Herrn Stephan Dietrich für die sorgfältige Betreuung des Manuskripts.

Genf, im Oktober 2000   Kirsten Adamzik

1 Sprache und Sprachen – Ursprungsmythen

Sprache ist ein allen Menschen vertrautes Phänomen. Dennoch soll diese Erkundungsfahrt durch die Welt der Sprache bei ›Adam und Eva‹ beginnen – genauer gesagt: bei Adam. In der Bibel ist nämlich von der menschlichen Sprache dort zum erstenmal die Rede, wo Adam noch allein auf der Welt ist. Es handelt sich um die zweite Version des Schöpfungsberichts, in der Adam vor den Tieren geschaffen und Eva danach aus seiner Rippe gemacht wird:

Die Sprache im Paradies

> Da machte Gott der Herr den Menschen aus Erde vom Acker und blies ihm den Odem des Lebens in seine Nase. Und so ward der Mensch ein lebendiges Wesen. [...]
> Und Gott der Herr sprach: »Es ist nicht gut, dass der Mensch allein sei; ich will ihm eine Gehilfin machen, die um ihn sei.« Und Gott der Herr machte aus Erde alle die Tiere auf dem Felde und alle die Vögel unter dem Himmel und brachte sie zu dem Menschen, dass er sähe, wie er sie nennte; denn wie der Mensch jedes Tier nennen würde, so sollte es heißen. Und der Mensch gab einem jeden Vieh und Vogel unter dem Himmel und Tier auf dem Felde seinen Namen; aber für den Menschen ward keine Gehilfin gefunden, die um ihn wäre. Da ließ Gott der Herr einen tiefen Schlaf fallen auf den Menschen [...]. (1. Mose 2, 4 und 18–21)

An diesem biblischen Mythos sind für uns zwei Dinge interessant:

Offenbar ist der Mensch von allem Anfang an mit Sprache ausgestattet, er kommt als sprachbegabtes Wesen in die Welt. Es ist ja nicht davon die Rede, dass Gott dem Menschen eigens die Sprache gibt. Er hat sie von vornherein, der »Odem des Lebens« impliziert Sprachfähigkeit. Noch viel bemerkenswerter ist Folgendes: Nach diesem Bericht erfindet sich Adam seine Sprache selbst, er schafft die Namen für die Tiere.

Adam schafft seine Sprache selbst

Man hat sich in früheren Jahrhunderten vielfach den Kopf darüber zerbrochen, mit welcher Sprache Adam eigentlich ausgestattet war, welches die ›Ursprache‹ ist, ob der erste Mensch Hebräisch, Aramäisch, Phönizisch oder was sonst für eine Sprache mit auf den Weg bekam. Im

Die ›Ursprache‹

16. Jahrhundert wurde gar die Auffassung vertreten, Adam habe Deutsch gesprochen.[1]

Bei all diesen Spekulationen ging man anscheinend von der Vorstellung aus, dass Gott dem ersten Menschen gleich ein großes Wörterbuch samt Grammatik in die Hand gedrückt – bzw. realistischer: ihm entsprechende Kenntnisse in den Kopf gelegt hat. Der Schöpfungsbericht stellt jedoch etwas anderes dar: Gott hat Adam die Sprache nicht in Form einer bestimmten Sprache mitgegeben, sondern als Sprache schlechthin. Er hat ihm die Fähigkeit gegeben, selbst sprachliche Ausdrücke zu erfinden.

Mit dieser Fähigkeit ausgestattet schuf Adam gewissermaßen die Welt noch einmal neu für sich nach, indem er die verschiedenen Dinge benannte, sie sprachlich in Besitz nahm. Damit war zugleich die notwendige Grundlage gegeben, dass er die Erde in Besitz nehmen, sie sich untertan machen konnte.

Der Turmbau zu Babel

Bekannter ist ein anderer biblischer Mythos von der Sprache, die Geschichte vom Turmbau zu Babel, wo die Menschen – längst aus dem Paradies vertrieben und zahlreich gemehrt, aber mit einer einzigen, allen gemeinsamen Sprache ausgestattet – in Hybris verfallen und einen Turm bauen wollen, »dessen Spitze bis an den Himmel reicht«, um ihre Macht und Stärke zu bezeugen. Angesichts dieser Vermessenheit beschließt Gott:

> Ich will herabfahren und ihre Sprache verwirren, dass keiner mehr den andern versteht. Und Gott stieg herab und verwirrte ihre Sprache und zerstreute die Menschen von dort über die ganze Erde, dass sie aufhören mussten ihre Stadt zu bauen. (1. Mose 11, 7–8)

Der Schöpfungsbericht, der die Sprache als etwas darstellt, was vom Menschen nicht wegzudenken ist, entspricht einer Auffassung, die wir auch heute noch teilen. Die Geschichte von der babylonischen Sprachverwirrung passt dagegen weder zu dieser Vorstellung von Adams ›angeborener‹ Sprachfähigkeit noch zu unseren heutigen Erkenntnissen über die menschliche Sprache. Was wir über Sprache, Sprachen und Menschen mit verschiedenen Sprachen wissen, lässt sich mit diesem Bericht kaum vereinbaren.

Sprachenvielfalt

Führen wir uns dies etwas genauer vor Augen und legen wir zunächst die biblische Darstellung zugrunde. Gott zerstreute also die Menschen über die ganze Erde, indem er ihre Sprache verwirrte, also die Sprachverschiedenheit und Sprachenvielfalt einführte. Sprachenvielfalt ist nun etwas, was seit den frühesten historischen Zeugnissen der Menschheitsgeschichte das Übliche ist. Was aber haben die Menschen in diesem Sprachenwirrwarr gemacht? Keine Türme mehr gebaut, die bis an den Himmel reichen? Die Skyline von New York lässt uns daran zweifeln. Haben zumindest die in verschiedene Erdteile zerstreuten Menschen aufgehört, miteinander zu sprechen? Keineswegs, sie haben zum Beispiel die Telekommunikation erfunden und können sich heute auch miteinander unterhalten, wenn sie sich an ganz verschiedenen Orten dieser Welt befinden. Für solche Projekte, die u.a. die Erfindung, Installierung und den Gebrauch von Satelliten voraussetzen, bedarf es internationaler Kooperation. Das heißt aber nichts anderes, als dass die Menschen all dies unter den Bedingungen realer Sprachenvielfalt zustande gebracht haben. Das Mindeste, was man angesichts dessen sagen muss: Die babylonische Sprachverwirrung war offenbar kein sehr effizientes Mittel, den Menschen ihren Übermut auszutreiben!

Führen wir uns einmal vor Augen, was tatsächlich geschieht, wenn Menschen sich in einer Situation des Sprachenwirrwarrs befinden und keiner den anderen versteht. In dieser Situation gibt es mehrere Möglichkeiten. Entweder die Sprecher verschiedener Sprachen bringen sich gegenseitig ihre Sprachen bei und lernen also mehrere. Oder – die menschliche Gesellschaft zeichnet sich ja durch Arbeitsteilung aus – sie beauftragen einige ihrer Mitglieder damit, andere Sprachen zu lernen und lassen sich alles übersetzen. Wenn sie für beides keine Zeit oder kein Geld haben, können sie schlimmstenfalls auch noch etwas anderes tun: Wenn es nämlich keine gemeinsame Sprache gibt, dann kann man sich zur Not eine erfinden.

Tatsächlich haben wir historische Beispiele für Verhältnisse, die denen von Babel zum Verwechseln ähnlich sind, Situationen nämlich, in denen Sprecher unterschiedlichster Sprachgemeinschaften zusammentreffen und miteinander kommunizieren wollen oder müssen. Dies gilt z.B. für die Kolonialländer. Gewiss: Oft haben die Mächtigen einfach ihre Sprache durchgesetzt und die Urbevölkerung ausgerottet oder zum Erlernen der eigenen Sprache gezwungen. In anderen Fällen aber ist tatsächlich eine neue Sprache, eine Mischsprache entstanden, zu der sehr viele Einzelsprachen und Dialekte beigetragen haben. Solche Sprachen nennt man Pidgins. Dieser Ausdruck geht wahrscheinlich auf eine chinesisch gefärbte Aussprache des englischen Wortes *business* zurück, und *business* war in der Tat die Grundlage für diese Sprachmischungen. Sie entstanden in den Handels- und Verwaltungszentren der Kolonisatoren, in denen eine Vielzahl von Einheimischen aus der näheren und weiteren Umgebung zusammenkamen, die weder untereinander über ein gemeinsames Kommunikationsmittel verfügten noch die Sprache der Kolonisatoren beherrschten, aber gezwungen waren, sich mit diesen und untereinander wenigstens rudimentär zu verständigen. Und offenbar ermöglichte ihre angeborene Sprachfähigkeit es ihnen, die Lücke zu füllen und eine Mischsprache auszubilden. Sie weist zwar einen stark reduzierten Wortschatz und vereinfachte lautliche und grammatische Strukturen auf, reicht aber aus, um die für das

Pidgins und
Kreolsprachen

business notwendige Verständigung zu gewährleisten. Im weiteren Verlauf, nämlich dann, wenn spätere Generationen Pidgins als gängige (erste) Sprache hören, können dann diese rudimentären Systeme sogar zu voll funktionsfähigen, nicht auf bestimmte Kommunikationsbereiche beschränkten und formal nicht mehr defizienten Sprachen ausgebaut werden. Kinder von Pidginsprechern können nämlich – wiederum auf Grund ihrer angeborenen Sprachfähigkeit – eine neue Sprache kreieren. In diesem Fall spricht man von Kreolsprache.

Die Existenz von Pidgin- und Kreolsprachen macht die Geschichte von Babel so unwahrscheinlich. Solche Sprachen entstehen nämlich gerade unter der Bedingung, dass man ein gemeinsames Projekt hat und deswegen eine gemeinsame Sprache braucht. Und ein solches Projekt hatte man ja in Babel. Der Mythos stellt so gesehen die Dinge gewissermaßen auf den Kopf: Weil die Menschen verschiedene Sprachen hatten, wurden sie in alle Welt verstreut … Im Allgemeinen ist aber die geografische Distanz nicht eine Folge, sondern im Gegenteil eine ursächliche Bedingung für Sprachverschiedenheit. Wenn man einander nicht (mehr) trifft und keine Kommunikationsabsichten hat, besteht nicht der geringste Grund, eine gemeinsame Sprache zu erhalten oder zu entwickeln. Wenn man aber miteinander reden will oder muss, dann wird man dafür auch ein Mittel finden oder eben schaffen.

In den vorangegangenen Ausführungen wurde sehr oft das Wort *Sprache* benutzt, damit aber zum Teil Verschiedenes gemeint. Einerseits war von der spezifisch menschlichen Fähigkeit zur Spracherlernung und -entwicklung die Rede (Adam), dann von den verschiedenen Einzelsprachen, die die Geschichte von Babel illustriert. Schließlich war auch von Kommunikation die Rede, die aus dem Bedürfnis und der Notwendigkeit entsteht, einander etwas mitzuteilen. Denn es ist ja nicht so interessant, dass der Mensch eine oder mehrere Sprachen ›besitzt‹, sie sprechen kann, sondern dass er auch tatsächlich spricht. Wenn er dies tut, kommt wieder *Sprache* heraus, diesmal im Sinne von Gesprächen und Texten.

Ferdinand de Saussure *langage, langue, parole*

Für die Unterscheidungen, um die es hier geht, hat der Genfer Sprachwissenschaftler Ferdinand de Saussure (1857–1913) terminologische Unterscheidungen getroffen, die allgemeinen Eingang in die Sprachwissenschaft gefunden haben. Dabei griff er auf die französische Sprache zurück, die selbst schon mehrere Ausdrücke für ›Sprache‹ hat. Um die menschliche Sprachfähigkeit zu bezeichnen, hat er den Ausdruck *langage* gewählt, die verschiedenen Einzelsprachen heißen *langues*. Die Verwendung solcher Einzelsprachen schließlich, den konkreten Gebrauch einer *langue* in Äußerungen, bezeichnet er als *parole*. Wir sprechen im Weiteren von Äußerungen als Parole-Akten.

Einzelsprachen

Die *langage* ist allen Menschen gemeinsam. Nur lässt sie sich als solche gar nicht konkret verwenden. Wer immer seine Sprachfähigkeit praktisch einsetzen will, muss dabei auf eine bestimmte Einzelsprache (*langue*) zurückgreifen. Einzelsprachen sind z.B. Deutsch, Französisch, Afrikaans, Bhili, Chinesisch, Duru, Kurdisch, Lateinisch, Maledivisch, Nanai, Persisch, Quechua, Rätoromanisch, Suyá, Thai, Usbekisch, Yupik, Zulu und so weiter und so fort. Eine naheliegende Frage ist nun, wie weit dieses »und so weiter und so fort« geht: Wie viele Sprachen gibt es in der Welt?

2   Wie viele Sprachen gibt es?

Erstaunlicherweise gibt es auf diese Frage keine eindeutige Antwort: Während man früher oft mit Angaben um 3.000–4.000 operierte, kann man in neueren Bestandsaufnahmen Zahlen zwischen 6.000 und 15.000 finden. Wie kommt es zu diesen unterschiedlichen Zahlen? Es lassen sich dafür mindestens zwei Gründe anführen:

1. Von den vielen Sprachen dieser Welt (es handelt sich auf jeden Fall um mehrere Tausend) sind längst nicht alle gleich gut beschrieben, und es sind auch nicht alle Regionen dieser Welt gleich gut auf die in ihnen benutzten Sprachen hin erforscht. Manche Regionen bilden daher einfach noch relativ weiße Flecken auf der Landkarte, und es ist nicht (genau) bekannt, wie viele und welche Sprachen es dort gibt.

Unerforschte und vom Aussterben bedrohte Sprachen

Dass es noch weiße Flecken auf der Landkarte gibt, wäre übrigens nicht weiter schlimm, wenn die Sprachwissenschaft noch alle Zeit der Welt hätte, sämtliche Sprachen nach und nach zu erforschen. In letzter Zeit wird man sich jedoch zunehmend bewusst, dass diese Möglichkeit vielleicht nicht gegeben ist – viele Sprachen sind vom Aussterben bedroht. Tatsächlich rechnen Pessimisten damit, dass in den nächsten 50 Jahren die Hälfte der derzeit noch benutzten Sprachen verschwinden wird. – Es gibt in der Zwischenzeit allerdings auch eine stärker werdende Gegenbewegung und diverse Gesellschaften zur Rettung bedrohter Sprachen.[2]

2. Der zweite Grund ist fundamentalerer Natur und lässt sich (im Gegensatz zum ersten) nicht einmal prinzipiell aus der Welt schaffen – er führt uns direkt auf grundlegende Probleme der Sprachwissenschaft. Diese lassen sich vorerst in folgender Feststellung fassen: Es ist gar nicht so einfach anzugeben, was genau eine Einzelsprache

Grenzen zwischen Einzelsprachen

ist und wo ihre Grenzen zu anderen Einzelsprachen sind. – Warum ist dies so?

Wir hatten oben festgestellt, dass man *langage* nicht als solche anwenden kann, sondern immer eine Einzelsprache benutzen muss. Tatsächlich sind jedoch auch diese Einzelsprachen keine konkreten Objekte, die unmittelbar als solche gegeben wären und die man direkt beobachten könnte. Das einzige unmittelbar beobachtbare – sicht- bzw. hörbare – sprachliche Phänomen sind vielmehr die konkreten Einzelfälle des Sprachgebrauchs, die mündlichen oder schriftlichen Äußerungen, die Sprecher produzieren, also Parole-Akte.

Normalerweise nimmt man nun natürlich an, dass Parole-Akte produziert werden, indem Menschen auf ihre Kenntnis einer bestimmten Einzelsprache zurückgreifen. Mitunter stellt sich die Frage, um welche Einzelsprache es sich bei bestimmten Parole-Akten handelt. Unproblematisch scheint dies zu sein, wenn man die Sprache kennt, schwieriger dagegen, wenn man sie eben nicht kennt. Denn wer eine Äußerung produziert, sagt ja im Allgemeinen nicht dazu, welche Einzelsprache er gerade benutzt. Das Problem der Identifizierung von Einzelsprachen stellt sich jedoch in Wirklichkeit nicht nur für uns unbekannte Sprachen, sondern kann auch bei Sprachen auftreten, die uns weitgehend geläufig sind. Dies sei ausgehend von einem – authentischen – Parole-Akt demonstriert (Textbeispiel 1). Es handelt sich um den Ausschnitt eines Gesprächs zwischen Frau A und Frau B, das 1994 geführt wurde.

Sprachmischung Welche Sprache spricht Frau B? Sie selbst scheint zu meinen, es
Mischsprachen handle sich um Deutsch (*Daitsch*), und es ist ja auch mindestens eine Art Deutsch, jedenfalls ähnelt vieles dem Deutschen; anderes lässt dagegen eher an Englisch denken, das in dem Gespräch ja auch erwähnt wird. Möglich wären nun (mindestens) folgende Lösungen:

– Frau B spricht eine besondere Sprache. Diese ist aus einer Mischung einer speziellen, vielleicht älteren Variante des Deutschen mit dem Englischen hervorgegangen.
– Frau B benutzt zwei Einzelsprachen: Sie wechselt in ihrem Parole-Akt zwischen dem Gebrauch einer Variante des Deutschen (oder einer dem Deutschen eng verwandten Sprache) und dem Englischen ab.

Die beiden Lösungsmöglichkeiten (die richtige findet sich im Anhang) machen nun schon deutlich, warum es so schwierig ist, genau zu bestimmen, was eine Einzelsprache ist, und warum es dementsprechend auch nicht möglich ist, genaue Angaben über die Menge der existierenden Einzelsprachen zu machen.

Varietäten Einzelsprachen treten in verschiedenen Unterarten auf. Man spricht hier von Varietäten (auch: *Lekten*, aus *Dia-lekt*). Die Frage ist: Was

Textbeispiel 1: was host-n gsaat, 's kann-s net versteh, see

A: No erzählt mol, was ihr hait alles gschafft hett.

B: No erscht hun ich me-n appointment gemacht bei-m doctor un sain 'nuf un hun mei flue shot geholt, hait morjent, des war s erschte Ding. No, norde sein ich in store gange un hun gschopt, bisje esse, bisje candy for Hallowe'en. No sain ich haam komme un hun bisje Midach gesse, un nore hun ich platzkorn geplatzt. Un des war alles, so weit.

A: Seid ihr wohl zu Fuß gange?

B: Naa, ich hun die car gfahr, naa, ich fahr car, des' ganz upstairs, nuf in town, des' zu weit vor laawe, do mus ich fahre.

A: Wie lang bleibt es jetz dou?

B: Bis finewe, bis sai mame kommt von hospital's, die schafft in hospital's, see, so do pickt sie ihn nore uf.

A: So ich komm ivemorje zu aich

B: Des wär de mitwoch, ja wann ever, des macht mir niks aus, vormidags sain ich imer dou. Do werscht du in town bei Midach oder sou. Well, ach nachmidach iz all right, kolsd mich erscht for sure mache. Mei grandchild kommt jo net haam bis drai Uhr, jetz kommt-s grad reigelowwe, dou is es jo, des' mei grand… wie saacht me des, mei Engelje, ha? 'S kann net Daitsch, wenn ich als emol bisje Daitsch sag, no saad-r »Grandmother, was host-n gsaat?« in Englisch, know, she ask: was host-n gsaat, 's kann-s net versteh, see.

berechtigt uns, verschiedene Varietäten als solche *einer* Sprache zu behandeln? Gibt es z.B. die Sprache Rätoromanisch, d.h. ist es berechtigt, Sursilvan, Vallader usw. als *eine* Sprache zusammenzufassen? Wann liegen noch Varietäten einer Einzelsprache vor, ab wann muss oder kann man von mehreren eigenständigen Sprachen reden? Ist z.B. Amerikanisch eine eigene Sprache oder eine Varietät des Englischen?

Die bekanntesten Varietäten sind regionaler Art und werden Dialekte oder Mundarten genannt. Es gibt aber auch andere Varietäten: Zum Beispiel sprechen Männer und Frauen nicht ganz gleich, Akademiker und Bauern nicht, Schüler und Rentner nicht usw. Letzten Endes spricht überhaupt jeder Mensch ein bisschen anders als jeder andere. Diese individuelle Sprache bezeichnet man als Idiolekt. Aber sogar die Idiolekte sind nicht einheitlich, d.h. auch ein und dieselbe Person spricht nicht immer gleich: Zum Beispiel drückt sich der Anwalt während der Gerichtsverhandlung anders aus als am Stammtisch.

Dialekte und Idiolekte

Einzelsprachen verändern sich im Laufe der Zeit, treten also in historischen Varietäten auf. Diese bezeichnet man meist als Sprachstadien. Die Frage ist auch hier: Handelt es sich bei verschiedenen Sprachstadien um verschiedene Sprachen? Ist z.B. das heutige Deutsch eine andere Sprache als das Deutsch, das vor tausend Jahren benutzt wurde, oder betrachten wir es noch immer als dieselbe Sprache?

Sprachstadien

Sprach-
verwandtschaft

Verschiedene Einzelsprachen sind miteinander mehr oder weniger eng verwandt und einander daher mehr oder weniger ähnlich. Im historischen Prozess kann eine Einzelsprache sich in verschiedene Varianten aufspalten (z.B. [Vulgär-]Latein in Italienisch, Französisch, Spanisch usw.). Verschiedene Einzelsprachen oder Varietäten können sich aber auch aufeinander zu bewegen, dergestalt, dass sich auf ihrer Grundlage eine neue Varietät oder eine neue Sprache ausbildet (z.B. gibt es so genannte Ausgleichsmundarten, die weiträumiger verständlich sind als lokale Dialekte, und Standardsprachen werden normalerweise auf der Grundlage mehrerer Dialekte entwickelt). Die Frage ist: Wann sprechen wir von einer einzigen Sprache, wann von zwei (oder mehr) sehr eng verwandten Sprachen? Als eine oder zwei Sprachen kann man z.B. Flämisch und Niederländisch oder Dänisch und Norwegisch (Bokmål) ansehen. Diese sind ungefähr so gleich oder verschieden wie die deutsche Standardsprache in Deutschland, Österreich und der Schweiz. Handelt es sich hier um eine oder drei Sprachen?

Sprachfamilien

Miteinander verwandte Sprachen bilden eine Sprachfamilie wie z.B. das Indoeuropäische, zu dem wie die meisten europäischen Sprachen auch das Deutsche gehört. Eine Sprachfamilie ist als eine Art Großfamilie zu verstehen und umfasst oft mehrere Gruppen von Sprachen, die einander sehr unähnlich sein können.

Mehrsprachigkeit

Die meisten Individuen sind mehrsprachig, d.h. sie beherrschen mehrere Einzelsprachen, zumindest aber mehrere Varietäten einer Einzelsprache. Einzelsprachen und Varietäten von Einzelsprachen können in Parole-Akten auch abwechselnd gebraucht bzw. gemischt werden (man spricht hier auch von Code-Switching). Wann sollen wir von der Mischung *zweier* Sprachen, wann von *einer* (Misch-)Sprache sprechen?

Um nun auch eine Vorstellung davon zu geben, wie sich das Problem der Abgrenzung von Einzelsprachen konkret darstellt, Textbeispiel 2: eine Liste von Parole-Akten, die alle denselben Inhalt haben; es handelt sich um den Beginn des Johannes-Evangeliums. Sie sind (fast ausschließlich und so gut es geht) in Schriftzeichen wiedergegeben, die im heutigen Deutsch verwendet werden. Wie viele Sprachen kann man dort unterscheiden? Welche gehören enger zusammen? (Die Auflösung findet sich im Anhang.)

Unmittelbar
gegeben ist nur
parole

Fazit: Wenn wir von Einzelsprachen reden, als handele es sich dabei um relativ klar gegeneinander abgegrenzte Kommunikationsmittel, vereinfachen wir die Sachlage sehr stark. Unmittelbar gegeben ist nur *parole*. Und die Zuordnung von Parole-Akten zu Einzelsprachen ist nicht unproblematisch, da es tatsächlich zwischen verwandten Sprachen und Varietäten nur fließende Übergänge gibt. Auch historisch liegen keine Sprünge von einem Sprachstadium zum nächsten vor, sondern nur ein kontinuierlicher Wandlungsprozess. Und schließlich

Textbeispiel 2: Im Anfang war das Wort

1. Im Anfang war das Wort
2. Au commencement était le Verbe
3. I begynnelsen var Ordet
4. Hadjime ni kotobaga atta
5. Aum aunfaung is des wuat gwesn
6. I begynnelsen fanns Ordet
7. In anaginne uuas uuort
8. Am Aafang isch ds Wort gsii
9. Fil bid i kanat al kalima
10. Nel principio era la parola
11. In the beginning was the Word
12. Al principio era el verbo
13. De peschin de gotin bu
14. In deme anbeginne was dat wort
15. Hapo mwanzo kulikuwako neno
16. Au début était la parole
17. In die begin was die Woord
18. Upotschetku bješe rijetsch
19. En la komenco estis la Vorto
20. Alussa oli sana
21. Am aneuang was das wort
22. Fil-bidu kienet il-Kelma
23. Pada mulanya adalah Firman
24. In dem beginne was daz wort
25. Iesakuma bija Vards
26. La îuceput era Cuvîntul
27. Kezdetben vala az íge
28. Da principi eira il pled
29. Na poczatku bylo slowo
30. I begyndelsen var Ordet
31. In principio era il Verbo
32. Im anfang war dz wort
33. En archä än ho logos
34. Am Aafang isch s Wort gsii
35. In den beginne was het Woord
36. I' upphafi var Orðið
37. In principio erat Verbum
38. Em ofang isch s wort gseh
39. Khamput naii ton roemton
40. Ne fillim ishte Fjala

sind auch nicht miteinander verwandte Sprachen und Varietäten keineswegs strikt gegeneinander abgegrenzt, da sie miteinander in Kontakt treten und sich wechselseitig beeinflussen können.

Dennoch müssen wir natürlich gewisse Einteilungen vornehmen, schon um uns miteinander verständigen und das Forschungsfeld abstecken zu können. In den Abbildungen 1–3 daher einige Daten zu den wichtigsten Sprachfamilien und Sprachen und eine Übersicht über die indoeuropäische Sprachfamilie.

Indoeuropäisch	2 000 000 000	Nilo-Saharanisch	30 000 000
Sino-Tibetisch	1 040 000 000	Amerikanische	
Niger-Kongo	260 000 000	Indianersprachen (Nord-,	
Hamito-Semitisch	230 000 000	Mittel- und Südamerika)	25 000 000
Austronesisch	200 000 000	Uralisch	23 000 000
Drawidisch	140 000 000	Miao-Yao	7 000 000
Japanisch	120 000 000	Kaukasisch	6 000 000
Altaisch	90 000 000	Indopazifisch	3 000 000
Austro-Asiatisch	60 000 000	Khoisan	50 000
Koreanisch	60 000 000	Australisch	50 000
Tai	50 000 000	Paläosibirisch	25 000

Familienstatistik: Geschätzte Sprecherzahlen der wichtigsten Sprachfamilien zu Beginn der achtziger Jahre, als die Weltbevölkerung deutlich über vier Milliarden zählte.

Abb. 1: Sprachfamilien

Muttersprache (Mio. Menschen)	Amtssprache (Mio. Menschen)
1. Chinesisch (1000)	1. Englisch (1400)
2. Englisch (350)	2. Chinesisch (1000)
3. Spanisch (250)	3. Hindi (700)
4. Hindi (200)	4. Spanisch (280)
5. Arabisch (150)	5. Russisch (270)
6. Bengali (150)	6. Französisch (220)
7. Russisch (150)	7. Arabisch (170)
8. Portugiesisch (135)	8. Portugiesisch (160)
9. Japanisch (120)	9. Malaiisch (160)
10. Deutsch (100)	10. Bengali (150)
11. Französisch (70)	11. Japanisch (120)
12. Pandschabi (70)	12. Deutsch (100)
13. Javanisch (65)	13. Urdu (85)
14. Bihari (65)	14. Italienisch (60)
15. Italienisch (60)	15. Koreanisch (60)
16. Koreanisch (60)	16. Vietnamesisch (60)
17. Telugu (55)	17. Persisch (55)
18. Tamil (55)	18. Tagalog (50)
19. Marathi (50)	19. Thai (50)
20. Vietnamesisch (50)	20. Türkisch (50)

Geschätzte Sprecherzahlen für die 20 bedeutendsten Sprachen der Welt (in Millionen): Die linke Spalte gibt an, wie viele Menschen die einzelnen Sprachen als Muttersprache (Erstsprache) sprechen. Liegen widersprüchliche Schätzungen vor, ist hier die höhere Zahl aufgeführt. In der rechten Spalte sind die geschätzten Bevölkerungszahlen von Ländern zusammengefaßt, in denen die jeweilige Sprache offiziellen Status hat. Die Abweichungen zwischen beiden Listen gehen darauf zurück, daß manche bedeutenden Sprachen (etwa Javanisch und Telugu) nicht Amtssprachen ganzer Länder sind, andere (wie Malaiisch und Tagalog) dagegen Amtssprachen mehrsprachiger Länder. Als Sprecherzahlen sind die Angaben in der zweiten Spalte meist zu hoch gegriffen, da keineswegs alle Menschen in den Ländern, in denen eine zweite Sprache offiziell anerkannt ist (z.B. Indien), diese auch fließend sprechen. Die Zahlen sind aber als Indikatoren für sprachliche Tendenzen von gewissem Interesse.

Abb. 2: Die 20 bedeutendsten Sprachen

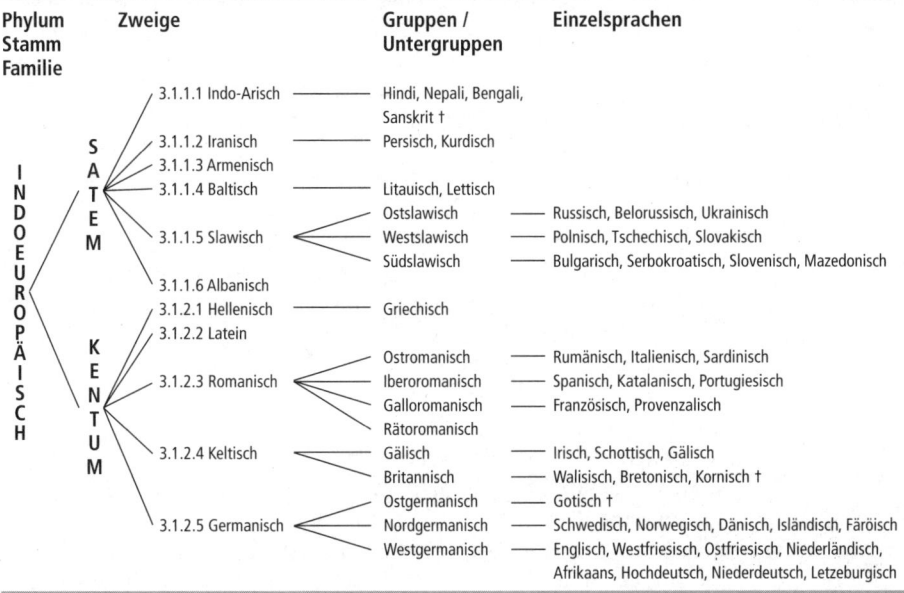

Phylum Stamm Familie	Zweige	Gruppen / Untergruppen	Einzelsprachen
	3.1.1.1 Indo-Arisch	Hindi, Nepali, Bengali, Sanskrit †	
	3.1.1.2 Iranisch	Persisch, Kurdisch	
	3.1.1.3 Armenisch		
	3.1.1.4 Baltisch	Litauisch, Lettisch	
	3.1.1.5 Slawisch	Ostslawisch	Russisch, Belorussisch, Ukrainisch
		Westslawisch	Polnisch, Tschechisch, Slovakisch
		Südslawisch	Bulgarisch, Serbokroatisch, Slovenisch, Mazedonisch
	3.1.1.6 Albanisch		
	3.1.2.1 Hellenisch	Griechisch	
	3.1.2.2 Latein		
	3.1.2.3 Romanisch	Ostromanisch	Rumänisch, Italienisch, Sardinisch
		Iberoromanisch	Spanisch, Katalanisch, Portugiesisch
		Galloromanisch	Französisch, Provenzalisch
		Rätoromanisch	
	3.1.2.4 Keltisch	Gälisch	Irisch, Schottisch, Gälisch
		Britannisch	Walisisch, Bretonisch, Kornisch †
	3.1.2.5 Germanisch	Ostgermanisch	Gotisch †
		Nordgermanisch	Schwedisch, Norwegisch, Dänisch, Isländisch, Färöisch
		Westgermanisch	Englisch, Westfriesisch, Ostfriesisch, Niederländisch, Afrikaans, Hochdeutsch, Niederdeutsch, Letzeburgisch

(Zweige-Spalte: S A T E M / K E N T U M; Phylum-Spalte: INDOEUROPÄISCH)

Abb. 3: Die indoeuropäische Sprachfamilie

3   Sprache als System

Das Nachdenken über die menschliche Sprache ist – dies zeigen nicht zuletzt die biblischen Berichte – sicher ebenso alt wie die menschliche Sprache selbst. Zum Nachdenken und Sprechen über die Sprache kommt man auf ganz natürlichem Wege schon beim Lernen der Sprache – sei es der Mutter- oder einer Fremdsprache. Und gerade die praktischen Bedürfnisse des Sprachunterrichts haben auch schon früh vielfältige Bemühungen um die mehr oder weniger systematische Beschreibung von Einzelsprachen hervorgebracht.

Sprachreflexion

In diesem Abschnitt soll es uns jedoch um die neuere Zeit gehen, jene Zeit, in der man von wissenschaftlicher Sprachbeschreibung im modernen Sinne spricht und sich die Disziplin der Linguistik, wie es heute meist heißt, etabliert. Welche der verschiedenen Bedeutungen von *Sprache* und welche Fragestellungen rückten dabei ins Blickfeld?

Linguistik

Die Ausbildung der Wissenschaft von der Sprache fällt in das 19. Jahrhundert. Dabei richtete sich die Aufmerksamkeit auf die eben besprochenen Sprachverschiedenheiten und den Sprachwandel. In dieser Zeit herrschte nämlich eine Forschungsrichtung vor, die als historisch-vergleichende Sprachwissenschaft oder auch Indogermanistik bezeichnet wird. Was kennzeichnet diese sprachwissenschaftliche Schule? Ende des 18. Jahrhunderts hatte man erkannt, dass nicht nur die meisten europäischen Sprachen miteinander verwandt sind, sondern dass eine Verwandtschaft u.a. auch mit dem Sanskrit vorliegt. Dies ist die Sprache sakraler Schriften des Altindischen, die möglicherweise schon im 2. vorchristlichen Jahrtausend entstanden sind. Nach dieser faszinierenden Entdeckung, dass Sprachen, die sowohl geografisch als auch historisch weit voneinander entfernt sind und sich auf den ersten Blick auch keineswegs ähneln, doch miteinander verwandt sein können, setzte man sich zum Ziel, die Verwandtschaftsverhältnisse und die historische Entwicklung der indoeuropäischen Sprachen insgesamt zu erforschen – und dabei möglicherweise sogar die indogermanische Ursprache zu rekonstruieren. Einen besonderen Aufschwung erlebte diese Forschungsrichtung, als man glaubte nachweisen zu können, dass die Auseinanderentwicklung verschiedener Sprachgruppen und Dialekte durch regel-, ja gesetzmäßige Lautentwicklungen (Lautgesetze) zustandekommt. Um dies systematisch untersuchen zu können, wandte man sich auch den zeitgenössischen Dialekten zu. Im 19. Jahrhundert stehen also Sprachverwandtschaft, dialektale Sprachvariation und Sprachwandel im Zentrum des sprachwissenschaftlichen Interesses.

Ferdinand de Saussure, der die Termini *langage*, *langue* und *parole* eingeführt hat, ist in der Schule der historisch-vergleichenden Sprachwissenschaft ausgebildet worden und war in Genf seit 1891 als *professeur ordinaire de sanscrit et de langues indo-européennes* tätig. Die große Bedeutung, die er für die Entwicklung der Linguistik hat, rührt jedoch gerade nicht aus der durchaus wichtigen Arbeit her, die er im Rahmen der historisch-vergleichenden Sprachwissenschaft geleistet hat. Vielmehr ist er dadurch zum Begründer der modernen Linguistik geworden, dass er dieser Forschungsrichtung einen Neuansatz gegenübergestellt hat. Die Überlegungen, die ihn dabei geleitet haben, könnte man grob folgendermaßen zusammenfassen:

Das wichtigste Merkmal der historisch-vergleichenden Sprachwissenschaft besteht darin, dass sie immer mehrere Sprachen und Varietäten zugleich untersucht und z.B. die Frage stellt, wie ein und derselbe Laut (d.h. eine [rekonstruierte] Ausgangsform) sich in verschiedenen Dialekten präsentiert und wozu er sich im Laufe der Zeit entwickelt. Nun ist es aber für einen Sprecher, der jemandem zu einem gegebenen Zeitpunkt irgendetwas mitteilen will, eigentlich gleichgültig, wie die Laute der Einzelsprache, die er benutzen möchte, früher einmal geklungen haben oder später einmal klingen werden. Es ist auch nicht notwendig zu wissen, welche Worte es in irgendwelchen anderen

Dialekten seiner Sprache für das gibt, worüber er sprechen will, oder wie gleiche Wörter dort ausgesprochen werden. Alle diese Informationen sind erstens für die praktische Kommunikation kaum von Belang, und zweitens sind sie dem Durchschnittssprecher auch großenteils unbekannt. Und das schadet nichts, denn ein solches Wissen braucht man keineswegs, wenn man sich seiner grundlegenden Sprachfähigkeit (*langage*) bedienen will. Um effektiv kommunizieren zu können, reicht es durchaus, eine einzelne geografische Varietät einer einzelnen Sprache zu kennen, und zwar in der einen ›Fassung‹, in der sie zum gegebenen Zeitpunkt üblich ist. Ja, es ist sogar in bestimmtem Ausmaß notwendig, dass eine Sprachgemeinschaft sich zu einem gegebenen Zeitpunkt gewissermaßen auf eine bestimmte Ausprägung der jeweiligen Sprache ›einigt‹, dass für die Kommunikation also ein einheitliches Bezugssystem gegeben ist.

Für Saussure ist es nun die zentrale Aufgabe der Linguistik, diese einzelsprachlichen Systeme zu beschreiben, die in den Sprachgemeinschaften die Verständigung ermöglichen. Für ein solches System prägte Saussure den Fachterminus *langue*. Die *langue* ist also das (zu rekonstruierende) einzelsprachliche System, das der Produktion von *parole* zugrunde liegt. Es stellt so etwas wie die Spielregeln dar, nach denen Äußerungen produziert werden können, Spielregeln, die natürlicherweise nur in den Köpfen der Sprechenden existieren. Aus diesem Grund bezeichnet Saussure die *langue* als eine psychische Größe, während die *parole* ein konkretes physisches (akustisches oder optisches) Phänomen darstellt.

langue – das Sprachsystem

Um das System der *langue* zu rekonstruieren, ist es notwendig, die Beziehungen zu untersuchen, die seine einzelnen Elemente – z.B. die einzelnen Laute, Wörter oder grammatischen Regeln – *zueinander* haben (und nicht die Beziehungen, die diese Elemente zu ihnen entsprechenden Größen in anderen Systemen, anderen Dialekten, Sprachen oder Sprachstadien haben, wie es die Indogermanistik untersucht).

Beziehungen zwischen sprachlichen Elementen

Man muss also z.B. wissen, ob es in einer Einzelsprache Kurzvokale und Langvokale gibt, d.h. ob diese Unterscheidung für das Funktionieren der Kommunikation wichtig ist oder nicht. Man muss aber nicht wissen, ob es in einem früheren Sprachstadium auch Kurz- und Langvokale gab oder sich z.B. die Langvokale aus früheren Diphthongen (z.B. *üe, ie, uo* etc.) entwickelt haben. – Im Neuhochdeutschen ist die Unterscheidung von Kurz- und Langvokalen übrigens wichtig, denn man muss z.B. erkennen können, ob es *las* (Imperfekt von *lesen*) oder *lass* (Imperativ von *lassen*) heißen soll. In anderen Sprachen ist diese Unterscheidung dagegen nicht wichtig, d.h. es ist ziemlich egal, wie lang man den Vokal dehnt, der Ausdruck bedeutet immer dasselbe.

Die *langue* ist aufzufassen als eine Summe von Elementen, zwischen denen bestimmte Beziehungen bestehen; diese machen die Struktur

Strukturalismus

des Sprachsystems aus. Um deren Rekonstruktion geht bei der Beschreibung der *langue*. Daher hat die von de Saussure begründete sprachwissenschaftliche Forschung den Namen Strukturalismus.

Synchronie und Diachronie

Die *langue* wird von Saussure als stabiles und homogenes System angesehen, d.h. er sieht dabei von Sprachwandel, dialektaler Variation usw. ab. Der Grund ist folgender: Wenn es darum geht, die Struktur eines Systems zu rekonstruieren, kann man immer nur ein System zur Zeit betrachten, die Struktur gilt nur für dieses eine System (im Nachbardialekt kann es z.b. statt mancher Langvokale Diphthonge geben). Praktisch bedeutet das: Man muss bei einer Systembeschreibung davon abstrahieren, dass die Grenzen zwischen den Sprachen und Varietäten fließend sind und sich die Sprache in Wirklichkeit in ständigem Wandel befindet. Die Entwicklung einer Sprache im Laufe der Zeit bezeichnet man als Diachronie (zu griechisch *dia-* ›durch‹ und *chronos* ›Zeit‹). Bei der Betrachtung der *langue* hält man gewissermaßen den Zeit-Film an, macht einen synchronen Schnitt, eine Momentaufnahme (Synchronie; griechisch *syn-* ›zusammen‹), und beschreibt dieses Bild. Selbstverständlich sind beide Fragestellungen auch nach Ansicht Saussures völlig legitim; nur war zu seiner Zeit die synchronische noch nicht üblich, und sie sollte von der diachronischen auch klar getrennt werden.

Standardsprache

Dass man überhaupt auf die Idee kommen kann, von Sprachwandel und Sprachvariation zu abstrahieren, hat zweifellos damit zu tun, dass es auch in der sprachlichen Wirklichkeit schon etwas gibt, was zumindest als stabil und homogen gemeint ist, nämlich die Standardsprache. Diese nennt man auch oft *Hochsprache*, und es handelt sich um die sprachliche Varietät, die in ›verbindlichen‹ Wörterbüchern und Grammatiken normativ festgeschrieben (»kodifiziert«) ist. Die Normierung einer Sprache, die Entwicklung einer Standardvarietät – übrigens im Allgemeinen ein relativ spätes Ereignis in der Geschichte einer Sprache – läuft im Grunde darauf hinaus, Varianten (z.B. dialektale oder umgangssprachliche) als inkorrekt auszuschließen. Wie Textbeispiel 3 zeigt, geht dies meist nicht ohne Konflikte ab. Auch Neuerungen (z.B. Übernahmen aus anderen Sprachen) versucht man vielfach abzuwehren – diese werden dann meist als Sprachverfall gebrandmarkt. Dennoch darf man Standardsprache und *langue* nicht miteinander verwechseln: *Langue* bedeutet nur: abstraktes System, das der *parole* zugrunde liegt. Bei diesem System kann es sich um das der Standardsprache, aber auch um das von Dialekten oder sonstigen Varietäten handeln.

Sprache und andere Zeichensysteme

Linguistik als Beschreibung der *langue* (auch bezeichnet als Systemlinguistik), also der auf Saussure zurückgehende Ansatz, ist diejenige Forschungsrichtung, die den größten Teil des 20. Jahrhunderts beherrscht hat. Saussure betrachtet die Sprache allerdings vor dem Hintergrund anderer Zeichensysteme:

Textbeispiel 3: Goethe in Leipzig

[...] so hatte ich auch vom Leben manche kleine Unannehmlichkeiten; wie man denn, wenn man den Ort verändert und in neue Verhältnisse tritt, immer Einstand geben muß. Das erste, was die Frauen an mir tadelten, bezog sich auf die Kleidung; denn ich war vom Hause freilich etwas wunderlich equipiert auf die Akademie gelangt. [...]

Als aber Herr von Masuren, der so beliebte poetische Dorfjunker, einst auf dem Theater in einer ähnlichen Kleidung auftrat, und mehr wegen seiner äußeren als inneren Abgeschmacktheit herzlich belacht wurde, faßte ich Mut und wagte, meine sämtliche Garderobe gegen eine neumodische, dem Ort gemäße auf einmal umzutauschen, wodurch sie aber freilich sehr zusammenschrumpfte.

Nach dieser überstandenen Prüfung sollte abermals eine neue eintreten, welche mir weit unangenehmer auffiel, weil sie eine Sache betraf, die man nicht so leicht ablegt und umtauscht.

Ich war nämlich in dem oberdeutschen Dialekt geboren und erzogen, und obgleich mein Vater sich stets einer gewissen Reinheit der Sprache befliß und uns Kinder auf das, was man wirklich Mängel jenes Idioms nennen kann, von Jugend an aufmerksam gemacht und zu einem besseren Sprechen vorbereitet hatte, so blieben mir doch gar manche tiefer liegende Eigenheiten, die ich, weil sie mir ihrer Naivetät wegen gefielen, mit Behagen hervorhob, und mir dadurch von meinen neuen Mitbürgern jedesmal einen strengen Verweis zuzog. Der Oberdeutsche nämlich, und vielleicht vorzüglich derjenige, welcher dem Rhein und Main anwohnt (denn große Flüsse haben, wie das Meeresufer, immer etwas Belebendes), drückt sich viel in Gleichnissen und Anspielungen aus, und bei einer inneren menschenverständigen Tüchtigkeit bedient er sich sprüchwörtlicher Redensarten. In beiden Fällen ist er öfters derb, doch, wenn man auf den Zweck des Ausdruckes sieht, immer gehörig; nur mag freilich manchmal etwas mit unterlaufen, was gegen ein zarteres Ohr sich anstößig erweist.

Jede Provinz liebt ihren Dialekt: denn er ist doch eigentlich das Element, in welchem die Seele ihren Atem schöpft. Mit welchem Eigensinn aber die meißnische Mundart die übrigen zu beherrschen, ja eine Zeitlang auszuschließen gewußt hat, ist jedermann bekannt. Wir haben viele Jahre unter diesem pedantischen Regimente gelitten, und nur durch vielfachen Widerstreit haben sich die sämtlichen Provinzen in ihre alten Rechte wieder eingesetzt. Was ein junger lebhafter Mensch unter diesem beständigen Hofmeistern ausgestanden habe, wird derjenige leicht ermessen, der bedenkt, daß nun mit der Aussprache, in deren Veränderung man sich endlich wohl ergäbe, zugleich Denkweise, Einbildungskraft, Gefühl, vaterländischer Charakter sollten aufgeopfert werden. Und diese unerträgliche Forderung wurde von gebildeten Männern und Frauen gemacht, deren Überzeugung ich mir nicht zueignen konnte, deren Unrecht ich zu empfinden glaubte, ohne mir es deutlich machen zu können. Mir sollten die Anspielungen auf biblische Kernstellen untersagt sein, sowie die Benutzung treuherziger Chronikenausdrücke. Ich sollte vergessen, daß ich den Geiler von Kaisersberg gelesen hatte, und des Gebrauchs der Sprüchwörter entbehren, die doch, statt vieles Hin- und Herfackelns, den Nagel gleich auf den Kopf treffen; alles dies, das ich mir mit jugendlicher Heftigkeit angeeignet, sollte ich missen, ich fühlte mich in meinem Innersten paralysiert und wußte kaum mehr, wie ich mich über die gemeinsten Dinge zu äußern hatte. Daneben hörte ich, man solle reden wie man schreibt, und schreiben wie man spricht; da mir Reden und Schreiben ein für allemal zweierlei Dinge schienen, von denen jedes wohl seine eignen Rechte behaupten möchte.

Die Sprache ist ein System von Zeichen, die Ideen ausdrücken und insofern der Schrift, dem Taubstummenalphabet, symbolischen Riten, Höflichkeitsformen, militärischen Signalen usw. usw. vergleichbar. Nur ist sie das wichtigste dieser Systeme.

Man kann sich also vorstellen e i n e Wissenschaft, welche das Leben der Zeichen im Rahmen des sozialen Lebens untersucht; […] wir werden sie Semeologie (von griechisch *sēmeîon* »Zeichen«) nennen. Sie würde uns lehren, worin die Zeichen bestehen und welche Gesetze sie regieren. Da sie noch nicht existiert, kann man nicht sagen, was sie sein wird. Aber sie hat Anspruch darauf, zu bestehen.[3]

Semiotik

Die hier von Saussure konzipierte allgemeine Wissenschaft von den Zeichen hat sich tatsächlich etabliert und wird heute meist mit dem Terminus Semiotik belegt. Wir wollen uns daher im Folgenden zunächst allgemein der Frage zuwenden, ›worin Zeichen bestehen‹, und später Saussures eigene Überlegungen zur Natur des sprachlichen Zeichens vorstellen.

4 Zeichen: Von Sinneswahrnehmungen zu Interpretationen

Wie unterscheidet man Sprachliches von Nicht-Sprachlichem?

In Kapitel 2 haben wir festgestellt, dass Einzelsprachen keine unmittelbar gegebenen Größen sind. Wir gehen davon aus, dass sprachliche Systeme in irgendeiner Weise in den Köpfen der Sprecher gespeichert sind und versuchen in der Linguistik, diese Systeme zu rekonstruieren. Unmittelbar zugänglich sind jedoch nur sprachliche Äußerungen. Außerdem haben wir gesehen, dass es gar nicht immer so einfach ist zu sagen, welcher *langue* ein solcher Parole-Akt zuzuordnen ist. Wir wollen diese Überlegung nun noch etwas fortsetzen und die Frage stellen, ob wir wenigstens unmittelbar darüber entscheiden können, dass es sich bei etwas Wahrgenommenem um eine sprachliche Äußerung handelt, dass *langage* im Spiel ist. Wie nehmen wir Parole-Akte wahr?

Sprachliches kann man hören und sehen

Sprachliche Äußerungen kommen im Wesentlichen in zwei Erscheinungsformen vor, die wir mit unterschiedlichen Sinnesorganen verarbeiten: Mit dem Gehörorgan, auditiv, nehmen wir gesprochene Sprache wahr. Mit dem Sehorgan, visuell, nehmen wir geschriebene Sprache wahr, die man – je nachdem welches Material verwendet wurde – teilweise auch ertasten kann. Auditiv und visuell nehmen wir aber viel mehr wahr als nur Parole-Akte, nämlich alle Arten von hör- bzw. sichtbaren Erscheinungen. Wie filtern wir daraus Sprachliches heraus? Denn es kann ja tatsächlich Unsicherheiten und Verwechslungen geben, wie z.B. die folgenden Zeilen aus Goethes *Erlkönig* zeigen:

> Mein Vater, mein Vater, und hörest du nicht,
> Was Erlenkönig mir leise verspricht? –
> Sei ruhig, bleibe ruhig, mein Kind!
> In dürren Blättern säuselt der Wind. –

Der Vater identifiziert das Geräusch hier gar nicht als eines, das von einem sprachfähigen Wesen (wozu wir im Allgemeinen nur die Menschen zählen) produziert wurde. Wir können allgemein also schon einmal feststellen: Unter den vielen Geräuschen, die wir wahrnehmen, kommen wohl nur solche als sprachliche Äußerungen infrage, die Menschen erzeugt haben.

Menschen erzeugen aber auch nichtsprachliche Geräusche, z.B. wenn sie husten, schmatzen, schnarchen, vor Schmerz schreien oder in die Hände klatschen. Manche von diesen Geräuschen kommen unwillkürlich (husten) oder sogar unwissentlich (schnarchen) zustande, andere werden absichtlich produziert. Als sprachlich würden wir gewiss nur absichtlich erzeugte Geräusche ansehen, genauer gesagt: Geräusche, die eine Bedeutung haben, die nämlich in der Absicht erzeugt werden, dass jemand ihnen einen Sinn zuschreibt, sie als sprachliche Mitteilungen deutet und entschlüsselt.

Nicht-sprachliche Geräusche

Mit dieser Bestimmung können wir aber immer noch nicht Parole-Akte von allen anderen Geräuschen sicher abgrenzen. Man kann nämlich nicht nur sprachlichen Äußerungen einen Sinn zuschreiben, und nicht nur diese werden in der Absicht produziert, dass sie interpretiert und verstanden werden. So kann man z.B. auch absichtlich husten, um jemandem deutlich zu machen, dass er gerade etwas ganz Unpassendes sagt, oder schmatzen, um auszudrücken, dass einem das Essen schmeckt. Auch wer unwillkürlich hustet oder schmatzt, kann nicht verhindern, dass ein anderer dies deutet, etwa als Hinweis auf eine Erkältung oder schlechte Erziehung. Tatsächlich sind sprachliche Äußerungen nur Sonderfälle von Zeichengebrauch.

Auch nicht-sprachliche Geräusche können Bedeutung tragen

Bevor wir klären, worin ihre Besonderheit denn nun besteht, bleiben wir zunächst noch allgemein beim Phänomen der Zeichen, denn was für Zeichen überhaupt gilt, gilt auch für sprachliche Zeichen. Wenn man von Zeichen spricht, denkt man oft zunächst an fixierte wahrnehmbare Produkte, denen konventionell eine bestimmte Bedeutung zukommt, z.B. an Verkehrszeichen, aber eben auch an Schriftzeichen, also Buchstaben. Wir verhalten uns dann so, als ob ein Zeichen direkt an seiner äußeren Gestalt als solches erkennbar wäre, als wenn Zeichen eine bestimmte Untergruppe wahrnehmbarer Objekte wären. Tatsächlich kann jedoch jedes beliebige Phänomen wie ein Zeichen behandelt oder aufgefasst werden, so z.B. wenn jemand das,

Etwas ist nicht Zeichen ›an sich‹, es wird als Zeichen interpretiert

Der Zeichenprozess

was er am Himmel sieht, als Zeichen für ein nahendes Gewitter deutet (das dann vielleicht gar nicht kommt) oder bestimmte Linien auf einer Landkarte als Geheimzeichen für einen verborgenen Schatz interpretiert (obwohl es sich vielleicht nur um Abdrücke irgendwelcher Gegenstände handelt, die lange darauf gelegen haben), oder wenn er schließlich ein bestimmtes grafisches Gebilde als ein Wort identifiziert (obwohl es sich vielleicht nur um Gekrakel handelt, das jemand beim Ausprobieren eines Füllers produziert hat). Etwas ist also nicht ›an sich‹ ein Zeichen, sondern es wird zu einem solchen immer nur für jemanden, es realisiert sich nur im Rahmen eines Interpretationsprozesses. Selbst sprachliche Äußerungen können nur dann als Zeichen funktionieren, wenn es auch jemanden gibt, der sie als Parole-Akte deutet und sie auf Grund seiner Sprachkenntnis entschlüsseln kann.

Auf dieser Grundlage können wir nun Zeichenprozesse zunehmend differenzieren bis hin zur Ebene sprachlicher Zeichen:

Ein Interpret deutet seine Wahrnehmung

– Damit ein Zeichenprozess zustandekommen kann, bedarf es erstens eines physischen Phänomens, das wahrnehmbar ist, und zweitens eines Interpreten, der seine Wahrnehmung zu deuten versucht. Das physische Phänomen als Bestandteil eines Zeichenprozesses wollen wir im Folgenden *Zeichenträger* oder *Zeichenkörper* nennen.

Ein Zeichen-Setzer produziert etwas als Zeichen

– Damit von kommunikativem Zeichengebrauch die Rede sein kann, bedarf es außerdem auch noch eines »Zeichen-Setzers«, d.h. das physische Phänomen muss von jemandem absichtlich als Zeichenträger benutzt worden sein; er muss ihm seinerseits eine Bedeutung zugeordnet haben, etwas Bestimmtes damit gemeint haben.

Deiktische und ikonische Zeichen

Auch wenn man über keine gemeinsame Sprache verfügt, kann man sich bei Vorliegen dieser elementaren Gegebenheiten bereits verständigen, wie z.B. die Begegnung zwischen Robinson und Freitag (Textbeispiel 4) zeigt. Dabei wird man im Wesentlichen zwei Arten von Zeichen verwenden. Erstens kann man Zeigegesten benutzen. Dies tut man z.B. oft beim Einkaufen in Ländern, deren Sprache man nicht beherrscht: man zeigt dann einfach auf das, was man will. Solche Zeichen nennt man deiktische (von griech. *deiknynai* ›zeigen‹). Zweitens wird man auf solche Zeichenträger zurückgreifen, die in einer natürlichen oder jedenfalls leicht erratbaren Beziehung zum Gemeinten stehen, z.B. ein Gähnen, um zu zeigen, dass man müde ist, eine Zeichnung, die den gemeinten Gegenstand abbildet oder auch eine Lautung, die ein natürliches Geräusch nachahmt (z.B. kann man ein Bellen imitieren, um mitzuteilen, dass ein Hund in der Nähe ist). Solche Zeichen, bei denen die Zeichenkörper Abbildcharakter haben, nennt man ikonische Zeichen (von griech. *eikon* ›Abbild‹).

Textbeispiel 4: Ich verstand ihn ganz gut

Zwischen den Wilden und meiner Festung lag die Bucht. Über diese musste der Flüchtende schwimmen, wenn er nicht wieder eingefangen werden wollte. Er zögerte auch keinen Augenblick – obwohl die Flut hoch stand –, sprang ins Wasser, schwamm mit raschen Stößen herüber, kletterte ans Land und lief mit der gleichen Kraft und Ausdauer wie vorher weiter. Als seine drei Verfolger das Ufer der Bucht erreicht hatten, bemerkte ich, dass nur zwei von ihnen schwimmen konnten. Der dritte blieb am Ufer stehen und kehrte wieder um. Die beiden anderen brauchten noch einmal so viel Zeit wie ihr Gefangener, um über die Bucht zu schwimmen.

Ich konnte mich nicht länger zurückhalten. Jetzt war der Augenblick gekommen, mir einen Diener und vielleicht einen Gefährten und Freund zu verschaffen. Es schien mir, als hätte ich von der Vorsehung den Auftrag erhalten, das Leben dieses armen Geschöpfes zu retten. [...]

Der arme verfolgte Wilde hatte seine beiden Feinde niederfallen sehen, Blitz und Knall des Schusses aber hatten ihn so erschreckt, dass er stocksteif dastand und sich nicht von der Stelle rührte, obwohl man es ihm ansah, dass er am liebsten davongestürzt wäre. Ich rief ihn nochmals an, winkte ihm und machte beruhigende Gesten. Er verstand mich und kam tatsächlich langsam näher und näher, zitterte aber am ganzen Körper. Ich nickte ihm freundlich zu und gab ihm auf alle mögliche Weise zu verstehen, dass ich sein Freund war. Als er vor mir stand, kniete er nieder, fasste meinen Fuß und setzte ihn auf seinen Kopf, wie mir schien, um mir damit zu sagen, dass er mein Diener sein wollte und ich sein Herr war. Ich hob ihn auf und beruhigte ihn, so gut ich konnte.

Allein, es gab jetzt noch mehr zu tun. Der erste Wilde, den ich niedergeschlagen hatte, war nicht tot, sondern nur betäubt und schien zu sich zu kommen. Als ich es merkte, zeigte ich auf den Niedergestürzten und mein Schützling sagte darauf einige Worte zu mir, die ich nicht verstand, die mich aber trotzdem vor Rührung fast erschauern ließen. Es waren die ersten Laute einer menschlichen Stimme, die ich seit fünfundzwanzig Jahren hörte! [...]

Ich hatte inzwischen die Ziegen gemolken, die sich in dem ganz in der Nähe liegenden Gehege befanden. Kaum sah er mich, so lief er auf mich zu, kniete sich mit allen Zeichen demütiger Dankbarkeit wieder auf den Boden und deutete mir seine Ergebenheit mit allen erdenklichen Gesten an. Ich verstand ihn ganz gut und machte ihm begreiflich, dass ich mich über ihn freute.

Ja, ich freute mich ganz unbeschreiblich, wieder einen Menschen neben mir zu wissen. Weil der Tag, an dem ich meinen neuen Freund gerettet hatte, ein Freitag war, so nannte ich den Burschen »Freitag« und er begriff bald, dass dies nun sein Name war. Die Wörter »Ja« und »Nein« und ihre Bedeutung brachte ich ihm spielend bei, auch das Wort »Master«, mit dem er mich in Zukunft immer anredete. Dann gab ich ihm in einem irdenen Topf etwas Milch und zeigte ihm, wie ich Brot darin eintauchte. Er folgte meinem Beispiel ohne Scheu und aß sich satt. Die Nacht verbrachten wir miteinander in der Laube, als der Tag dämmerte, ging ich mit ihm zu meiner Festung zurück.

Bei der Stelle, wo die beiden Toten verscharrt lagen, blieb er stehen und gab mir zu verstehen, dass wir sie ausgraben und aufessen sollten, und er war nicht wenig bestürzt, als ich meinen Abscheu davor ausdrückte, und folgte mir dann ganz unterwürfig.

Wir wissen allerdings alle, dass die Kommunikation sehr mühsam ist und dass die Mitteilungen auch nicht sehr differenziert und eindeutig sein können, wenn man auf keine anderen Mittel als deiktische und ikonische Zeichen zurückgreifen kann. Denn in diesem Fall muss man jede Wahrnehmung wieder neu – zum Teil unter Aufwendung von viel Fantasie – zu deuten versuchen. Erheblich einfacher und eindeutiger wird der kommunikative Zeichengebrauch, wenn man zum

Konventionalisierte Zeichen

– Gebrauch konventionalisierter Zeichen übergeht. In diesem Fall müssen sich mindestens zwei Zeichenbenutzer auf irgendeine Weise darüber verständigt haben, dass sie mit einem bestimmten Zeichenträger eine bestimmte Bedeutung verbinden wollen, z.B.: einmal in die Hände klatschen = bring mir etwas zu essen; zweimal in die Hände klatschen = bring mir etwas zu trinken. Im Allgemeinen sind es jedoch nicht gerade nur zwei Leute, sondern eine größere Gemeinschaft von Menschen, bei denen bestimmte konventionelle Zeichen vereinbart worden sind oder sich eingespielt haben.

Auch ursprünglich ikonische Zeichen können konventionalisiert werden. Dabei wird der Zeichenträger in zunehmend stilisierter Form realisiert und ist oft keineswegs mehr aus sich heraus verständlich – vgl. z.B. die folgenden Ikone aus dem Computer: ✎ ☎ ① ⌂ ♥ ⧉ ◼ ☐ ▦.

Hier geht es zunehmend darum, nicht einfach zu erkennen, welchem Objekt der Zeichenträger ähnelt, sondern einen bereits bekannten Zeichenträger wiederzuerkennen. Manche Schriftsysteme, z.B. das chinesische, sind aus ikonischen Zeichen entwickelt, aber keineswegs mehr einfach entschlüsselbar. Als Textbeispiel 5 finden Sie einen Versuch, den Inhalt der biblischen Schöpfungsgeschichte bildlich darzustellen; dabei wird schon vielfach auf konventionalisierte ikonische Zeichen zurückgegriffen (z.B. eine Faust mit hochgestrecktem Daumen, um auszudrücken: ›es war gut‹, aber sogar Ausrufungszeichen, um etwa Aufforderungen auszudrücken).

Sprachliche Zeichen und Regeln zu ihrer Verknüpfung

– Die Besonderheit von Sprachzeichen besteht nun darin, dass diese immer Bestandteil eines umfassenden Systems sind, nämlich einer *langue*. Einzelsprachen sind extrem komplexe Zeichensysteme, die dazu geeignet sind, mit einem kleinen Grundbestand von Elementen (Lauten bzw. Buchstaben) jedwede Bedeutung auszudrücken, und zwar nach bestimmten den Sprechern der jeweiligen Sprache vertrauten Regeln. Diese Regeln stellen sicher, dass die Interpretation einer Folge von Zeichenträgern nicht mehr weitgehend der Fantasie des Interpreten anheimgestellt ist. Es bedarf dazu jedoch nicht nur elementarer Zeichen, die z.B. einen bestimmten Gegenstand repräsentieren (etwa des Wortes *Telefon* statt des ikonischen Zei-

Textbeispiel 5: Die Schöpfung

DIE SCHÖPFUNG

«Du sollst dir kein Bild machen!» verlangt die Bibel. Über Piktogramme sagt sie nichts. Zu Ostern ein Beitrag der jungen Kölner Gestalterin Juli Gudehus.

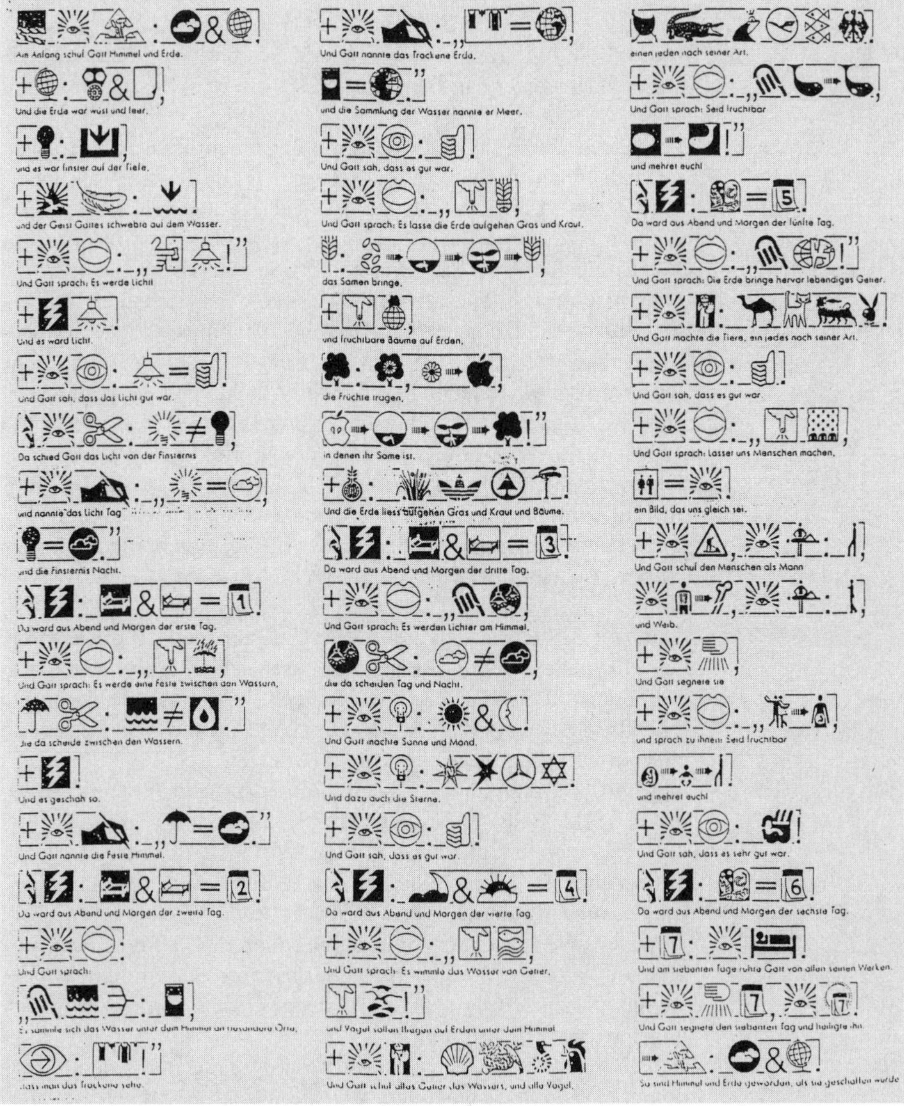

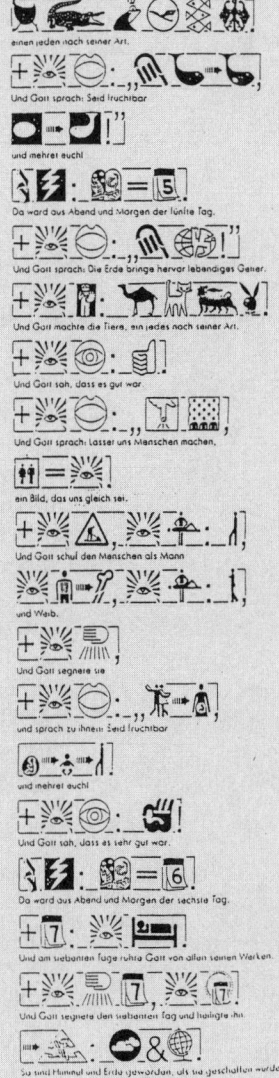

chens (☎), sondern auch festgelegter Regeln dafür, wie man die elementaren Zeichen so miteinander kombiniert, dass auch komplexe Inhalte ausgedrückt werden können, und zwar so, dass die Bedeutung einer Zeichenfolge auch für andere (ziemlich) eindeutig erkennbar ist. Während man nämlich die Folge der ikonischen Zeichen ☎ 🖃 ✏ auf vielerlei Weise interpretieren kann, lassen die folgenden Sätze kaum noch Fragen offen: *Jemand hat angerufen und gesagt, du sollst ihm einen Brief schreiben*; oder: *Ich habe noch viele Telefonate zu erledigen, muss Briefe schreiben, würde aber doch viel lieber an meiner Zeichnung weitermachen*; oder: *Hier kann man Telefonkarten, Briefmarken und Schreibgeräte kaufen …*

Über das Sprachsystem hinaus — Wie bereits gesagt, besteht die Aufgabe der synchronen Linguistik im Sinne Saussures ausschließlich in der Beschreibung dieser einzelsprachlichen Systeme. Die Frage, die sie sich stellt, lautet: Wie funktioniert das System einer *langue*? Angesichts der Kompliziertheit der sprachlichen Zeichensysteme ist dies eine sehr große und schwierige Aufgabe, und deswegen war es auch zweifellos sinnvoll, dass sich die Linguistik so lange darauf konzentriert hat. Dennoch darf man nicht vergessen, dass die Fragen, die man sich angesichts des Phänomens der Sprache stellen kann, damit auf einen bestimmten Aspekt verengt werden. Wie Parole-Akte, die menschliche Verständigung, funktionieren, kann (und soll) damit nicht vollständig erklärt werden. Denn die Benutzung eines einzelsprachlichen Systems ist nur eine, wenn auch wohl die allerwichtigste Komponente bei diesen Prozessen. Tatsächlich greifen aber die Sprecher auch bei sprachlichen Äußerungen immer wieder zurück auf andere Formen des Zeichengebrauchs:

Gestik und Mimik — – Lautliche Äußerungen werden durch Gesten und Mimik ergänzt, bei schriftlichen Texten kann man zusätzlich Bilder und konventionalisierte ikonische Zeichen benutzen oder auch die konkrete grafische Gestaltung (z.B. Fettdruck, unterschiedliche Schriftgrößen oder -arten usw.) als Zeichenträger einsetzen.

Kreation neuer Zeichen — – Wenn man einmal über ein gemeinsames sprachliches Zeichensystem verfügt, ist es außerdem ganz leicht möglich, ständig neue Konventionen festzulegen, z.B. neue Wörter zu erfinden und ihnen mittels einer Definition eine bestimmte Bedeutung zuzuschreiben. Dies ist auch genau der Grund dafür, dass man wirklich sagen kann, Sprachen seien Zeichensysteme, mit denen man einfach alles ausdrücken kann – schlimmstenfalls muss man das System mehr oder weniger stark abändern bzw. ergänzen, um zu neuen Ausdrucksmöglichkeiten zu kommen.

Hintergründiger Sinn — – Schließlich stellt die Beschränkung auf die Frage nach dem Funktionieren der einzelsprachlichen Systeme auch deswegen eine Verengung dar, weil es sehr oft nicht ausreicht, eine Äußerung wörtlich zu verstehen, um zu begreifen, was der Sprecher damit in der konkreten Situation eigentlich gemeint hat. Wenn jemand sagt *ich bin müde*, kann das einfach heißen, dass er im Moment das Bedürfnis hat zu schlafen; er könnte aber auch ausdrücken wollen, dass er sein Leben sehr anstrengend findet, ständig erschöpft ist und keine Energie mehr hat; der Hörer könnte auch zu der Interpretation kommen, dass der Sprecher einfach nicht mehr mit ihm reden will, weil er auf ihn böse ist, usw. Solche Interpretationen ergeben sich nicht schlüssig aus dem, was eine Äußerung dem sprachlichen System entsprechend bedeutet. Denn hier geht es um die individuelle Interpretation von Parole-Akten, für die man auf mehr als sein Sprachwissen, u.a. auf den Kontext und sein Vorwissen über den Gesprächspartner, zurückgreift.

5   Was braucht man, um eine sprachliche Äußerung zu verstehen?

Führen wir uns nun vor Augen, was alles außer der Kenntnis einer Sprache noch eine Rolle spielen kann, wenn man mit einem Parole-Akt konfrontiert ist. Dazu greifen wir auf einen sehr kurzen Text zurück:

Feldbusch klagt gegen IKEA

Sie will keine Leuchte sein

Aus „Bild am Sonntag"

An diesem Text fällt zunächst die spezielle grafische Gestaltung ins Auge, und jeder wird wohl unmittelbar erkennen, dass es sich um eine aus einer Zeitung ausgerissene Überschrift handelt. Zumindest mit der gegenwärtigen deutschen Presselandschaft Vertraute kennen auch die in der Quellenangabe genannte Zeitung *Bild am Sonntag*. Nun ist diese Schlagzeile hier aus ihrem originären Kontext herausgelöst, ihr folgt auch kein Haupttext. Um zu verstehen, welchem Zweck dies dient, müssen wir wissen, in welchem situativen Zusammenhang die Schlagzeile sich jetzt befindet. Abgedruckt war der Text in der hier vorgestellten Form in einem anderen Presseorgan, dem *Spiegel*, und zwar unter der Rubrik *Hohlspiegel*. Dort sind regelmäßig kurze Texte (meist nur Auszü-

Stilblütensammlung: aus dem Kontext gerissene (unfreiwillige) Komik

ge) abgedruckt, die eine unfreiwillige Komik aufweisen. Durch die Platzierung in der »Stilblüten-Rubrik« *Hohlspiegel* ist also ein kontextueller Hinweis gegeben, dass es an diesem Zitat etwas zu Lachen gibt. Dieser Lach-Effekt stellt sich für die meisten wohl ohne jedes weitere Nachdenken ein; spontan aktiviert man eine Reihe von Wissensvoraussetzungen, die wir uns nun im Einzelnen bewusst machen wollen – vor allem für die, denen Vorkenntnisse zum Verständnis fehlen.

Lampe und *Leuchte* *Sie will keine Leuchte sein* – dies ist schon für sich komisch, weil die Redewendung *(k)eine Leuchte sein* bedeutet: ›(nicht) klug sein‹. Da klug zu sein allgemein als ein positiver Wert gilt, fällt es schwer sich jemanden zu denken, der dies ausdrücklich nicht sein will. Das Schlüsselwort zum Verständnis ist der Ausdruck *Ikea*, eigentlich kein Bestandteil der deutschen Sprache, sondern der Eigenname eines Möbelhauses. Wer Ikea – sei es aus direkter Erfahrung als Käufer, sei es aus dem Ikea-Katalog, sei es aus der Werbung – kennt, weiß auch, dass dort viele Produkte mit Eigennamen belegt werden, so gibt es z.B. die Bücherregale *Billy, Niklas* und *Ivar*. Das Möbelhaus bietet auch Beleuchtungskörper an, gemeinhin *Lampen* genannt. *Leuchte* ist ein in der Elektro- und Möbelindustrie gebräuchliches Synonym dafür. Die Verwendung dieses speziellen Ausdrucks führt zu dem komischen Effekt, den *Sie möchte keine Lampe sein* natürlich nicht erbracht hätte, weil hier die wörtliche Bedeutung nicht mit einer Redewendung in Konflikt treten kann.

Das Vorwissen Auf Grund dieses Vorwissens wird der Leser wahrscheinlich vermuten, dass Ikea eine Lampe, benannt nach einer weiblichen Person namens *Feldbusch*, auf den Markt bringen wollte (oder dies schon getan hat). *Feldbusch* passt allerdings nicht gerade in die Reihe der (meist nordisch klingenden) Namen von Ikea-Produkten. Wer ist mit Feldbusch gemeint? Es handelt sich um das Fernseh-Sternchen *Verona Feldbusch*, eine Moderatorin von Sendungen, deren intellektuelles Niveau allgemein als besonders niedrig gilt. Der Name kann in diesem Sinne für eine kurze Zeitspanne geradezu als Inbegriff der Dümmlichkeit fungieren! Und dass die Moderatorin auch so dumm sein will, wie sie ist, ist natürlich schon zum Lachen.

Gibt es aber bei Ikea wirklich eine Lampe mit dem Namen *Verona / (Feldbusch)*, und hat die Moderatorin wirklich deswegen gegen Ikea geklagt? Falls es so sein sollte, handelt es sich dann wirklich um eine unfreiwillige Stilblüte oder aber um eine bereits von *Bild* bewusst komisch inszenierte Meldung? Dass nicht bei allen Zitaten aus dem *Hohlspiegel* die Komik unfreiwillig ist, lässt ein anderes Beispiel aus derselben Nummer erwarten: »Tausche schwerverständl. Buch über Empfängnisverhütung gegen gebrauchten Kinderwagen« (Aus der »Ostfriesen Zeitung«). Bei einem dritten Fall aus der Nummer würden wir mit beabsichtigter Komik dagegen sicher nicht rechnen – hauptsächlich deswegen, weil es aus dem Schreiben einer Sparkasse stammt (da macht man nicht solche Witze): »Die übrigen Veränderungen bleiben unverändert.«

Der Feldbusch-Text allein und auch die diversen beigezogenen Hintergrundkenntnisse reichen nicht aus, um die Frage zu beantworten. Dafür muss man auf den Originaltext zurückgreifen, der zeigt, dass die gewählte Schlagzeile irreführend ist. Ikea hat keine Lampe *Verona* genannt, es geht um ein Produkt namens *Skyar*, für das Ikea in Schweizer Zeitungen mit dem Satz warb: »Das Verona-Feldbusch-Angebot von morgen: Die attraktive Leuchte für Fr. 69,-« – und dies ohne Feldbusch gefragt zu haben. Feldbusch hat also geklagt, weil sie als Werbeträgerin eingesetzt wurde, ohne dafür Geld zu bekommen. Verona Feldbusch, die übrigens auch als – bezahlte – Werbeträgerin auftritt, handelte also tatsächlich eher schlau, indem sie finanzielle Ansprüche gegenüber Ikea geltend machte.

Nach der Beispieldiskussion wollen wir nun versuchen, die Ergebnisse zu verallgemeinern und uns schematisch vor Augen zu führen, welche Kenntnisse bei der Verarbeitung eines Textes zur Geltung kommen können. Dies geschieht in Abbildung 4. Dort werden drei große Wissensbereiche unterschieden, die in der Kommunikation eine Rolle spielen: Wissen über Zeichen(systeme) und Zeichengebrauch, Wissen über Außersprachliches, das man auch als Weltwissen bezeichnet, und schließlich Situationswissen.

Wissensbereiche

In anderen schematischen Darstellungen des Kommunikationsprozesses werden die Wissensbereiche meist als ein zu einem gegebenen Zeitpunkt fester Wissensbestand des Individuums dargestellt (grafisch durch geschlossene Figuren angedeutet), wobei die Wissensbestände verschiedener Individuen nur teilidentisch sind. Für das Sprachwissen führt das etwa zu Abbildung 5.

Wenn hier eine offenere Darstellung wie in Abbildung 4 bevorzugt wird, so vor allem deswegen, weil sich die Wissensbestände nicht wie Dateien denken lassen, auf die der Mensch Zugriff hätte, seien solche Dateien auch als sehr umfangreich und in sich komplex strukturiert konzipiert. Die Wissensbestände eines Individuums sollten nicht als fixe Größe modelliert werden, die mindestens für eine bestimmte Kommunikationssituation Gültigkeit hätte. Es besteht vielmehr eine Wechselbeziehung zwischen dem Kommunikationsprozess und den relevanten Wissenselementen (dies deuten die Doppellinien an). Wer z.B. mit einem Ausdruck konfrontiert wird, der eigentlich nicht zu seinem Wortschatz gehört, kann häufig ›aus dem Kontext‹, d.h. durch die Aktivierung anderer Elemente seines Wissens, diesem Ausdruck eine Bedeutung zuschreiben und ihn damit ad hoc in seinen Wissensbestand integrieren. Man könnte auch sagen, dass dieses Wissenselement latent durchaus schon vorhanden war oder dass es als potenziell bestehendes Wissen existiert.

Wissensbestände ändern sich während der Kommunikation

Wissen über Zeichensysteme:

nicht-sprachliche Zeichen(systeme)
Sprachsysteme (Grammatik und Lexik)
Varietäten
geläufige Formen sprachlichen Handelns
Texte

Wissen über Außersprachliches:

allgemein menschliches
kulturspezifisches
aus dem historisch-sozialen Kontext
aus gruppenspezifischen Erfahrungen
aus individuellen Erfahrungen

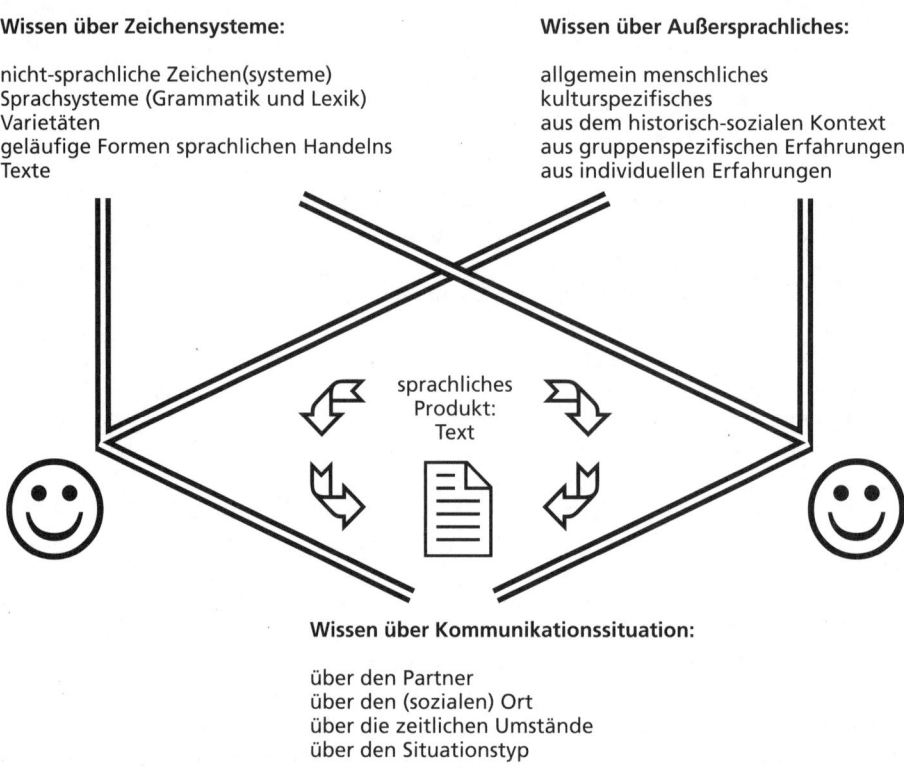

Wissen über Kommunikationssituation:

über den Partner
über den (sozialen) Ort
über die zeitlichen Umstände
über den Situationstyp

Abb. 4: Wissensbereiche, die für den Kommunikationsprozess relevant sind

Noch offensichtlicher ist, dass ein kommunikativer Austausch, der sich ja in der Regel auf Außersprachliches bezieht, geradezu notwendig den Wissensbestand über Außersprachliches beeinflusst, ihn ergänzt, korrigiert, bestätigt, verstärkt oder auch lediglich aktualisiert. Schließlich wird auch die Kommunikationssituation unmittelbar durch die Kommunikation selbst beeinflusst oder gar erst im kommunikativen Prozess konstituiert. So mag man vorgängiges Wissen (oder besser bestimmte Vorstellungen) über den Partner oder den Situationstyp haben; diese Vorstellungen werden aber während des Prozesses laufend mit den neuen Erfahrungen verglichen. Zu guter Letzt enthebt uns der Verzicht auf geschlossene Figuren auch der Notwendigkeit, jeweils genau zu bestimmen, was zu dem einen, was zu dem anderen Wissensbereich zu zählen wäre, ein Unterfangen, das nahezu aussichtslos ist, da die verschiedenen Bereiche engstens ineinander greifen.

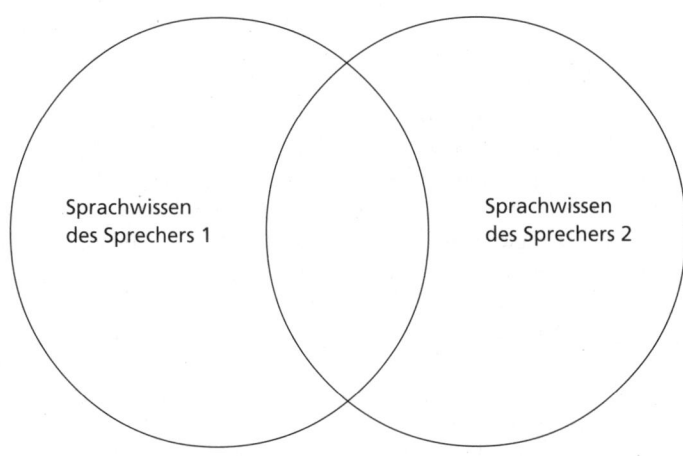

Abb. 5: Wissensbestände verschiedener Individuen

Nun zur Erläuterung der Abbildung 4: Das Sprachwissen ist hier als ein Teil eines umfassenderen Komplexes, des Wissens über Zeichen, eingeordnet. Damit soll dreierlei hervorgehoben werden: Zunächst baut sprachliches Wissen sowohl bei der Entwicklung des einzelnen Menschen (der Ontogenese) als auch bei der Entwicklung der Gattung (der Phylogenese) auf elementareren Formen der Zeichenverwendung auf. Schreien, Lächeln, Blickkontakt, Abwehrgesten oder Zeigegesten und vieles andere mehr können Kinder viel früher kommunikativ einsetzen als sprachliche Zeichen. Es ist auch zu vermuten – wenngleich uns natürlich der Sprachursprung (oder besser: der Prozess der Entwicklung von Sprache) verschlossen ist –, dass der noch nicht sprechende ›Vormensch‹ aufbauend auf solchen Formen des kommunikativen Miteinanders Sprache ausgebildet hat. Weiter begleiten aber diese Arten von Zeichengebrauch die Kommunikation auch dann, wenn jemand bereits über ein voll ausgebautes Sprachsystem verfügt. Sie werden nie überflüssig, sondern stehen als Reservoir stets zur Verfügung, wie es auch die grafische Gestaltung des Feldbusch-Beispiels zeigt. Einsetzen können wir solche Elemente zusätzlich (etwa zur Verstärkung oder Verdeutlichung), ersetzend (besonders wenn die Partner auf keine gemeinsame Sprache zurückgreifen können oder einem gerade das passende Wort nicht einfällt) oder auch im Widerstreit mit dem sprachlich explizit Geäußerten. In diesem letzten Fall ist besonders bemerkenswert, dass den so genannten nonverbalen Botschaften

Wissen um
Zeichensysteme
Sprachwissen

oft stärkere Geltung zugeschrieben wird als der sprachlichen Äußerung. Ein mit grimmigem Gesicht hervorgepresstes *Ja* wird man doch eher als ›nein‹ auffassen. Schließlich kann man unter Rückgriff auf Sprache auch zusätzliche und zum Teil hoch differenzierte nichtsprachliche Zeichensysteme aufbauen – dies reicht von streng geregelten Flaggensignalen bis hin zu den Kunst-›Sprachen‹ der Mathematik, Logik und nicht zuletzt der Linguistik.

Wissen um Sprachvarietäten

Auch in anderer Hinsicht müssen wir aber über den Bereich der Sprachkenntnis im engsten Sinne hinausgehen, wenn wir uns verdeutlichen wollen, was alles Bestandteil des sprachlichen Wissens ist. Dazu gehört zunächst das Wissen um sprachliche Varietäten. Diese bestehen keineswegs nur aus Sonderwortschätzen, also lexikalischen Einheiten, die gewissermaßen zum Grundinventar des Wortschatzes einer Sprache hinzukommen (wie etwa Fachtermini oder spezielle Ausdrücke der so genannten Jugendsprache) oder die anders verwendet werden (*Leuchte* gegenüber *Lampe*). Vielmehr zeichnen sie sich auch dadurch aus, dass generell gegebene Möglichkeiten des Systems in spezifischer Weise (u.a. mit bestimmter Häufigkeit) ausgenutzt werden. So bedient man sich z.B. in der Fachsprache relativ komplexer, in der Umgangssprache eher einfacherer syntaktischer Muster. Zum Wissen um Varietäten gehört es ferner auch, wenn man bestimmte regionale Aussprachevarianten identifizieren kann (was übrigens für Fremdsprachler ungleich schwieriger und daher seltener ist als für Muttersprachler). Eine große Bedeutung hat ferner das Wissen um die Einschätzung bestimmter Varietäten, etwa die Frage, welche Bedeutung und welche Konsequenzen die Orientierung an der kodifizierten (in Regelwerken wie Grammatiken und Wörterbüchern festgeschriebenen) Norm der Standardsprache – oder aber die Abweichung davon hat.

Wissen über geläufige Formen sprachlichen Handelns

Gehen wir zu der Komponente der ›geläufigen Formen sprachlichen Handelns‹ über. Was geläufig, normal, ist und was nicht, gehört nicht unbedingt zu Kenntnissen, derer wir uns bewusst sind. Sie treten jedoch dann leicht ins Bewusstsein, wenn wir mit fremden Üblichkeiten konfrontiert werden, wenn sich z.B. jemand am Telefon mit der Rufnummer meldet, statt den Namen, *ja* oder *hallo* zu sagen (auch diese letzten drei Varianten erscheinen nicht allen Deutschsprachigen als gleichermaßen normal). Zur Kenntnis der Kommunikationsgewohnheiten gehört es auch, dass Straßenverzeichnisse in Stadtplänen alphabetisch (und nicht z.B. nach den Quartieren) geordnet sind, die Gerichte auf einer Speisekarte dagegen nach anderen Prinzipien, während bei Kochbüchern wiederum auch die alphabetische Variante vorkommt. Im Feldbusch-Beispiel können wir als eine solche kommunikative Gewohnheit, als Sprachspiel, etwa die Präsentation von Text(ausschnitt)en im Rahmen einer Stilblütensammlung identifizieren.

Die Kenntnis bestimmter Einzeltexte (im Beispiel etwa des Ikea-Katalogs und der Sendungen mit Feldbusch), die im Schema als letzter Typ genannt ist, wird als Element sprachlichen Wissens oft vernachlässigt, spielt aber im Kommunikationsprozess eine sehr bedeutende Rolle. Dies gilt nicht nur, weil die Sprachteilhaber ihre Kenntisse über das Sprachsystem aus einer Fülle von Einzeltexten gewonnen und aufgebaut haben, sondern auch, weil auf vorliegende Texte immer wieder Bezug genommen wird. Solche Texte gehören ebenso zum Gedächtnis der Sprachgemeinschaft wie die Elemente des Wortschatzes und das grammatische Regelsystem. Manche Texte werden schlicht mehr oder weniger oft reproduziert wie z.B. Kinderreime, Lieder oder Gebete. Heutzutage kommen an solchen häufig wieder verwendeten Kurztexten auch Werbesprüche, Schlagertexte bzw. einzelne Zeilen daraus und dergleichen infrage. Schon in diesem Bereich fest gespeicherter Texte finden wir allerdings nicht nur unmodifizierte Reproduktion, sondern vor allem Abwandlung. Sprüche aus dem Wendeherbst 1989 wie *Hopp, hopp, hopp, Gysi, lauf Galopp* oder *Wir sind das Volk, wir sind ein Volk, ich bin Volker* setzen die Kenntnis früherer Texte voraus, wobei man allerdings mit einer sehr unterschiedlichen Lebensdauer und Verbreitung der gemeinsamen Textkenntnis rechnen muss.

Kenntnis von Einzeltexten

Weniger fest und allgemein geläufig als solche Sprüche sind Bezüge auf (vor allem umfangreiche) Einzeltexte, die keineswegs alle Sprachteilhaber gehört oder gelesen haben, wie z.B. Texte der hohen Literatur, der Philosophie, aber auch Kultfilme oder Comicserien. Dennoch kann man, wie wir im Weiteren an Beispielen noch vielfach sehen werden, auf sie in verschiedenster Weise anspielen oder ihre Kenntnis (bei einem mehr oder weniger großen Teil der Sprachgemeinschaft) voraussetzen. Bezieht man sich dabei auf Texte, von denen ziemlich sicher ist, dass nur ein kleiner Teil der Sprachteilhaber sie kennt, dann sind sie ganz besonders gut geeignet, die Zusammengehörigkeit der Wissenden zu betonen bzw. umgekehrt bei den Ignoranten das Gefühl zu blockieren, man würde die gleiche Sprache sprechen. Dies gilt auch für unser Eingangsbeispiel: Wer wirklich nichts von Ikea und Verona Feldbusch weiß, kann damit sicher kaum etwas anfangen und auch nicht lachen.

Führt man sich diese verschiedenen Elemente des sprachlichen Wissens vor Augen, so wird verständlich, dass es undenkbar ist, zwei Individuen würden je über einen weitgehend übereinstimmenden Sprachbesitz verfügen und brauchten nur identische Elemente aus dem ›Sprachspeicher‹ abzurufen, um sich zu verständigen.

Die Wissensbestände verschiedener Individuen sind nicht identisch

Entsprechendes gilt für den zweiten großen Bereich, Wissen um Außersprachliches. Zwar ist hier ein Teil ›allgemein menschliches‹ angesetzt; allerdings kann man sich damit wohl nur auf wenige, nämlich wirklich allen Menschen gleichermaßen zugängliche Erfahrungen be-

Weltwissen ist kulturell geformt

ziehen, z.B. die über den eigenen Körper (mindestens die sichtbaren Teile davon), über die Erde, den Himmel usw. Alle diese Erfahrungen sind aber auch schon, teilweise auf Grund der speziellen Lebensbedingungen, kulturell überformt, und dies schlägt sich auch in unterschiedlichen Versprachlichungen nieder. Wie viele Finger hat z.B. der (gesunde) Mensch? *Das kannst du dir an den fünf/zehn Fingern abzählen!* kann man im Deutschen sagen – also fünf an jeder Hand. Allerdings ist der eine davon (der Daumen) ziemlich anders als die anderen, und man kann ihn auch sprachlich als gesonderten Körperteil betrachten. Entsprechendes gilt zumindest teilweise für das Englische. In Wörterbüchern findet man folgende Erklärungen für *finger: There are five fingers (or four fingers and one thumb) on each hand;* oder: *Any of the terminal members of the hand, esp. one other than the thumb;* oder: *One of the digits of the hand, usually excluding the thumb.*

Das Feldbusch-Beispiel illustriert die weiter unterschiedenen Bereiche, die wir zum Gedächtnis von kulturellen und sozialen Gemeinschaften zählen können. Zum historisch-sozialen Kontext gehört etwa das Wissen um das Möbelhaus Ikea und die Formen der gegenwärtigen Unterhaltungs- und Werbeindustrie. Sehr gruppenspezifisch (und viel vergänglicher) ist die Kenntnis der Person Verona Feldbusch.

Das Modell ist als kommunikativer Austausch zwischen zwei Individuen schematisiert. Als »Partner« kommen aber natürlich auch Personen(gruppen) in Frage, die ihre Texte medial vermitteln. Hier greifen dann Kenntnisse über den Partner und über den (sozialen) Ort, als den man etwa bestimmte Presseorgane (*Spiegel, Hohlspiegel, Bild*) oder auch die Sparkasse betrachten kann, ineinander.

6   Wozu man Sprache braucht – Sprachfunktionen

Die kommuni-
kative Funktion

Die Frage danach, wozu die Sprache den Menschen dient, scheint auf den ersten Blick etwas abwegig, so selbstverständlich ist es uns, sie als das Mittel aufzufassen, mit dessen Hilfe wir uns verständigen. Die Sprache benutzen wir also – was sonst? – zur Kommunikation. Immerhin können wir weiter fragen: Was ist denn Kommunikation, welchem Zweck dient sie? Dem Gedankenaustausch oder, moderner ausgedrückt, der Informationsübermittlung? So einfach ist es gewiss nicht, und im vorigen Kapitel haben wir natürlich nicht zufällig Beispiele betrachtet, für die eine solche Kennzeichnung nicht ausreicht. Gewiss, den drei Texten aus dem *Hohlspiegel* können wir jeweils Informationen entnehmen, u.a. dass Feldbusch gegen Ikea geklagt hat und dass jemand ein Buch gegen einen Kinderwagen tauschen will. Im zweiten Fall (wenn der Text überhaupt ernst gemeint war) geht es aber schon einmal gar nicht so sehr um eine Information, sondern um ein Angebot. Der Schreiber will nicht einfach, dass andere wissen, dass er einen Tausch machen will, er will jemanden zum Tausch anregen und hat zu diesem Zweck der Information auch seine Telefonnummer beigegeben, nicht weil es ihm wichtig wäre, dass die Leute wissen, welche Telefonnummer der Tauschwillige hat, sondern damit ein Interessent ihn anrufen kann. Diese Telefonnummer ist allerdings im *Hohlspiegel* geschwärzt, unleserlich gemacht, so dass der Aufruf zum Anruf gar nicht mehr wirksam werden kann und dem Text allenfalls eine andere Funktion zukommt. Er dient natürlich – wie die anderen Texte aus dieser Rubrik auch – zur Belustigung der Leser. Auch das müssen wir wohl als eine kommunikative Funktion betrachten, wenn wir unter kommunikativer Funktion den (beabsichtigten) Effekt verstehen wollen, den eine Äußerung beim Hörer oder Leser auslöst: Er erweitert seine Kenntnisse, er wird zu einer Handlung angeregt, er ist belustigt – die Äußerung hat also Wirkungen mindestens auf der kognitiven, der praktischen und der emotionalen Ebene.

So selbstverständlich dem *common sense* die Annahme ist, die Sprache sei ein Kommunikationmittel, so leicht ist es dennoch, sich auch aus dem Alltag Erfahrungen bewusst zu machen, die zeigen, dass diese Funktionsbeschreibung nicht ausreicht. Zu diesen Erfahrungen gehört, dass es auch sprachliche Äußerungen gibt, denen man kaum einen kommunikativen Zweck zuschreiben kann. Wie ist es z.B. zu verstehen, dass Leute auch sprechen, ohne dass irgendjemand in Hörweite ist (oder ein Aufnahmegerät die Worte speichert)? Oder dass sie gar ganze Bücher schreiben, ohne die Absicht zu haben, sie je einem anderen zum Lesen zu geben, die sie vielleicht sogar wegschließen, um zu verhindern, dass ein fremdes Auge einen Blick hineinwirft, wie es manche mit ihren Tagebüchern tun? Oder wie ist es zu verstehen, dass Leute Briefe an andere Personen schreiben – mit der festen Absicht, sie *nicht* abzuschicken? Kommunizieren diese Menschen dann mit sich selbst? Das kommt natürlich häufig vor: Man schreibt Einkaufslisten oder sonstige Notizen, um sich diese Informationen zu einem späteren Zeitpunkt – wenn man möglicherweise nicht ganz derselbe ist, nämlich gewisse Dinge vielleicht vergessen hat – selbst zu geben. Man liest sein Tagebuch, um sich zu vergegenwärtigen, was früher geschehen ist, wie man die Dinge erlebt, was man empfunden hat, vielleicht auch, um eine bestimmte Stimmung wiederzufinden.

Nicht-kommunikativer Sprachgebrauch

Dergleichen kann allerdings für Selbstgespräche (sofern man sie nicht speichert) natürlich nicht gelten. Führen Sie Selbstgespräche? Was ist ein Selbstgespräch? Wenn wir unter einem Selbstgespräch verstehen, dass jemand laut vor sich hinredet, gleichgültig, ob ein

Selbstgespräche
Die kognitive Funktion

Textbeispiel 6: Über die allmähliche Verfertigung der Gedanken beim Reden

Wenn du etwas wissen willst und es durch Meditation nicht finden kannst, so rate ich dir, mein lieber, sinnreicher Freund, mit dem nächsten Bekannten, der dir aufstößt, darüber zu sprechen. Es braucht nicht eben ein scharfdenkender Kopf zu sein, auch meine ich es nicht so, als ob du ihn drum befragen solltest: nein! Vielmehr sollst du es ihm selber allererst erzählen. Ich sehe dich zwar große Augen machen, und mir antworten, man habe dir in frühern Jahren den Rat gegeben, von nichts zu sprechen, als nur von Dingen, die du bereits verstehst. Damals aber sprachst du wahrscheinlich mit dem Vorwitz, *andere*, ich will, daß du aus der verständigen Absicht sprechest, *dich* zu belehren, und so könnten, für verschiedene Fälle verschieden, beide Klugheitsregeln vielleicht gut nebeneinander bestehen. Der Franzose sagt, l'appétit vient en mangeant, und dieser Erfahrungssatz bleibt wahr, wenn man ihn parodiert, und sagt, l'idée vient en parlant. Oft sitze ich an meinem Geschäftstisch über den Akten, und erforsche, in einer verwickelten Streitsache, den Gesichtspunkt, aus welchem sie wohl zu beurteilen sein möchte. Ich pflege dann gewöhnlich ins Licht zu sehen, als in den hellsten Punkt, bei dem Bestreben, in welchem mein innerstes Wesen begriffen ist, sich aufzuklären. Oder ich suche, wenn mir eine algebraische Aufgabe vorkommt, den ersten Ansatz, die Gleichung, die die gegebenen Verhältnisse ausdrückt, und aus welcher sich die Auflösung nachher durch Rechnung leicht ergibt. Und siehe da, wenn ich mit meiner Schwester davon rede, welche hinter mir sitzt, und arbeitet, so erfahre ich, was ich durch ein vielleicht stundenlanges Brüten nicht herausgebracht haben würde. Nicht, als ob sie es mir, im eigentlichen Sinne *sagte*; denn sie kennt weder das Gesetzbuch, noch hat sie den Euler, oder den Kästner studiert. Auch nicht, als ob sie mich durch geschickte Fragen auf den Punkt hinführte, auf welchen es ankommt, wenn schon dies letzte häufig der Fall sein mag. Aber weil ich doch irgend eine dunkle Vorstellung habe, die mit dem, was ich suche, von fern her in einiger Verbindung steht, so prägt, wenn ich nur dreist damit den Anfang mache, das Gemüt, während die Rede fortschreitet, in der Notwendigkeit, dem Anfang nun auch ein Ende zu finden, jene verworrene Vorstellung zur völligen Deutlichkeit aus, dergestalt, daß die Erkenntnis, zu meinem Erstaunen, mit der Periode fertig ist. Ich mische unartikulierte Töne ein, ziehe die Verbindungswörter in die Länge, gebrauche auch wohl eine Apposition, wo sie nicht nötig wäre, und bediene mich anderer, die Rede ausdehnender, Kunstgriffe, zur Fabrikation meiner Idee auf der Werkstätte der Vernunft, die gehörige Zeit zu gewinnen. Dabei ist mir nichts heilsamer, als eine Bewegung meiner Schwester, als ob sie mich unterbrechen wollte; denn mein ohnehin schon angestrengtes Gemüt wird durch diesen Versuch von außen, ihm die Rede, in deren Besitz es sich befindet, zu entreißen, nur noch mehr erregt, und in seiner Fähigkeit, wie ein großer General, wenn die Umstände drängen, noch um einen Grad höher gespannt.

anderer da ist und jedenfalls ohne sich an jemanden zu wenden, dann wird es wohl viele Leute geben, die so etwas nicht tun und es gar als pathologisches Phänomen betrachten. Wenn wir dazu jedoch auch die Fälle zählen, in denen wir nicht unbedingt etwas Hör- oder Sichtbares produzieren, dann ist *Selbstgespräch* nur ein anderes Wort für ›nachdenken‹, und das tun wir alle. Man mag Nachdenken nun für einen Unter-

bzw. Grenzfall von Kommunikation halten oder nicht, auf jeden Fall haben wir es hier nicht mit Informationsübermittlung zu tun! Eine Information, oder besser die Gedanken, sind noch gar nicht da, sondern sie werden beim Reden oder Schreiben erst entwickelt. Insofern ist Sprache mindestens auch ein Mittel des Denkens, hat also kognitive Funktion (vgl. dazu Textbeispiel 6).

Die meisten Fälle, in denen jemand laut spricht, ohne sich an andere zu wenden, dürften allerdings nicht in diese Kategorie gehören. Viel gängiger sind nämlich Lautäußerungen als Ausdruck eines emotionalen Zustandes. Gemeint sind damit weniger die Gefühlslaute, die dem Ausdruck von Schmerz, Schreck, Überraschung usw. dienen, allerdings unwillkürlich hervorgebracht werden. Vielmehr ist hier an Äußerungen z.B. des Unmuts zu denken, die sich sogar zu elaborierten Schimpftiraden auswachsen können. Höfliche bzw. beherrschte Personen ersparen anderen, dies mit anhören zu müssen und wählen deshalb absichtlich eine Situation, in der sie allein sind. Die Funktion dieser Gefühlsäußerungen ist gut vergleichbar mit der bestimmter körperlicher Reaktionen wie mit den Füßen trampeln, gegen die Wand schlagen, Geschirr auf den Boden werfen usw.; sie dienen (recht wirksam) der Abfuhr von Energie, der psychischen Entlastung. Man will diese Gefühle nicht kommunizieren, sondern bloß loswerden. Hier können wir von der emotionalen Funktion von Sprache sprechen.

Die emotionale Funktion

Freilich schließen sich die emotionale und die kommunikative Funktion keineswegs aus, vielmehr kommen sie oft gemeinsam vor. Manche warten ja z.B. sehnlichst darauf, dass der Bösewicht endlich erscheint, damit sie in seiner Gegenwart Geschirr gegen die Wand und ihm Schimpfwörter an den Kopf werfen können – worin man wiederum einen Grenzfall sprachlicher Kommunikation sehen kann. Eine ausgebaute kommunikative Funktion psychisch zugleich entlastender Rede finden wir, wenn man jemandem von seinem Freud und Leid erzählt. Wir brennen ja oft geradezu darauf, dass jemand kommt, mit dem wir sprechen, dem wir etwas erzählen, bei dem wir uns aussprechen können. Und natürlich ist dabei zugleich die kognitive Funktion relevant: Wir hoffen ja wohl, dass wir z.B. beim und durch das Besprechen einer schwierigen Situation auf neue Gedanken zur Lösung kommen, dass wir sie auf diese Weise aus den verschiedensten Blickwinkeln betrachten können und sie sich uns dann vielleicht anders darstellt.

Verschiedene Funktionen kommen gemeinsam vor

Damit kommen wir noch einmal auf die Funktion zurück, die wir oben als die informative bezeichnet haben. Was ist Information? Im Alltagsgebrauch wird dieses Wort oft als Mitteilung über einen Sachverhalt verstanden, wobei eigentlich vorausgesetzt ist, dass dieser Sachverhalt auch existiert, die Information also eine wahrheitsgemäße Mitteilung ist. Entsprechend gibt es zu Ausdrücken wie *Fehl-* oder *Desinformation* auch keine positiven Gegenbegriffe wie *Wahr-, Richtig-*

Die Informationsfunktion

Sprache bildet die Welt nicht ab

information oder dergleichen. Dass eine Information einen Sachverhalt korrekt wiedergibt, ist normalerweise impliziert. Dennoch würden wir nicht zögern, die Mitteilung, Verona Feldbusch wolle nicht mit einer Lampe von Ikea in Verbindung gebracht werden, als eine (Zeitungs-) Information zu bezeichnen, selbst wenn wir skeptisch sind, ob es auch wirklich so war, wie es in der Zeitung stand. Man kann *Information* also auch verwenden im Sinne von ›Aussage oder Aussagenkomplex, über dessen Korrespondenz zur Wirklichkeit nicht entschieden ist‹. Sicher ist, dass es sehr viele Aussagen und Mitteilungen gibt, die falsch sind; schwieriger ist es schon zu entscheiden, ob es auch Aussagen gibt, die wahr sind. Das würde nämlich eigentlich voraussetzen, dass eine Aussage einem Sachverhalt exakt korrespondieren kann, und das wiederum setzt voraus, dass die Sprache bzw. sprachliche Äußerungen die Wirklichkeit abbilden. Aber was sollte das bedeuten? Wie kann es eine exakte Korrespondenz zwischen wesensmäßig so unterschiedlichen Phänomenen wie einem außersprachlichen Sachverhalt und einer sprachlichen Aussage geben? Man denke in diesem Zusammenhang an das berühmte Bild von Magritte, das den Umschlag dieses Buches schmückt: *Ceci n'est pas une pipe.*

Wenn wir zugestehen wollen, dass es doch eine solche Korrespondenz geben könnte, stellt sich eine weitere Frage: In welcher Sprache könnten Aussagen diese exakte Korrespondenz zur Wirklichkeit aufweisen? Es lassen sich doch oft genug Aussagen aus verschiedenen Sprachen nicht einmal exakt ineinander übersetzen, welches sollte also die ›richtige‹ sein? Dann stellt sich ein weiteres Problem: Was machen wir mit den vielen falschen Aussagen? Diese bilden die Wirklichkeit ja nun ganz gewiss nicht ab. Schließlich sind wir auch noch oft mit Aussagen konfrontiert, die weder ganz wahr noch ganz falsch sind – tendenziösen, irgendwie gefärbten, die den Sachverhalt in einem bestimmten Licht erscheinen lassen, wie sie Karl Kraus (Textbeispiel 7) aufs Korn nimmt: Wie kann eine Verteilung keine ideale sein, wenn sie nicht einmal eine reale war?

Fazit: Wenn wir daran festhalten wollen, dass wir sprachliche Äußerungen zur Informationsübermittlung benutzen können (und das sollten wir sicherlich tun), dann müssen wir uns darüber klar sein, dass mit *Information* nicht ›korrekte Abbildung eines Sachverhalts‹ gemeint sein kann. Äußerungen geben bestimmte Bilder über Sachverhalte, sie stellen sie irgendwie dar, falsch, richtig, irgendetwas dazwischen … Außerdem kann man natürlich auch Sachverhalte darstellen, die gar nicht existieren; man kann ja auch Bilder von Einhörnern malen – und Geschichten über diese Wesen erzählen.

Karl Bühler: Das Organonmodell

Mit dem bisher Ausgeführten haben wir bereits alle Elemente genannt, die in das bekannteste Modell über Sprachfunktionen, das Organonmodell des Psychologen Karl Bühler (1879–1963) eingegangen

Textbeispiel 7: Philosophie des Mangels

Ein ungarischer Journalist behauptet, der Präsident des deutschen Kriegsernährungsamtes habe zu ihm gesagt:

> Die Verteilung der Lebensmittel war bisher keine ideale ... Gegen den Fleischmangel kann man leider gegenwärtig nichts tun, da die zur Verfügung stehende Menge gering ist. ... Von einem drohenden Fleischmangel ist keine Rede. Der Verbrauch an Kartoffeln ist jetzt größer, weil wir an den anderen Lebensmitteln keinen Überfluß haben.

Solche Verwirrung entsteht, wenn die Arbeit von guten Reden begleitet wird. Wenn von einem drohenden Fleischmangel keine Rede ist, so hätte der Präsident des deutschen Kriegsernährungsamtes sie auch nicht halten sollen. Denn er wollte doch wohl nicht sagen, daß von einem drohenden Fleischmangel deshalb keine Rede sei, weil er selbst einen schon bestehenden zugegeben hat, gegen den man nichts tun könne, »da die zur Verfügung stehende Menge gering ist« oder, um eine andere Definition des Mangels zu geben, da wir »keinen Überfluß haben«. Auch könnte selbst eine Weltanschauung, die die Lebensmittel ideologisch verklärt, von deren Verteilung unmöglich sagen, sie sei keine ideale gewesen, wenn sie nicht einmal eine reale war. Es ist ja schwer, an jedem Symptom die Wurzel des Übels aufzuzeigen. Aber wenn die Führenden plötzlich einsehen wollten, daß sie durch den Umgang mit den Schreibenden das Kraut nicht fett machen, traun, es würde von selbst wieder fett!

Meine Anregung

geht dahin, das Ernährungsamt, das vielerlei Agenden haben dürfte, in ein Oberernährungsamt und in ein Unterernährungsamt einzuteilen.

sind (Abbildung 6). Bei der Entwicklung seines Funktionsmodells (in einer ersten Version 1918 vorgestellt) greift Bühler auf Platon zurück und erklärt: »Ich denke, es war ein guter Griff PLATONs, wenn er im Kratylos angibt, die Sprache sei ein *organum* [griech. *organon*: ›Werkzeug‹], um einer dem andern etwas mitzuteilen über die Dinge.«[4] Die Faktoren *einer* (Sender) – *dem andern* (Empfänger) – *über die Dinge* (Gegenstände und Sachverhalte) betrachtet Bühler als die drei grundlegenden «Relationsfundamente», zu denen eine Äußerung in Beziehung gesetzt werden kann. Je nachdem, um welchen der drei Faktoren es sich handelt, geht es um eine andere Funktion der Sprache:

Das, was die Beziehung zu den Dingen, zur außersprachlichen Welt, betrifft, nennt Bühler die Darstellungsfunktion. Das Zeichen fungiert seiner Auffassung nach hier als ein Symbol – dabei dürfen wir freilich nicht an *symbolisch* im Sinne von ›sinnbildlich, von tieferer Bedeutung‹ denken; es handelt sich vielmehr um das Symbol als Merkzeichen. Um die Beziehung zum Sender geht es bei der Ausdrucksfunktion. Hier fungiert das Zeichen als ein Symptom, das auf irgendwelche Befind-

Darstellungsfunktion, Ausdrucks-/Symptomfunktion, Appellfunktion

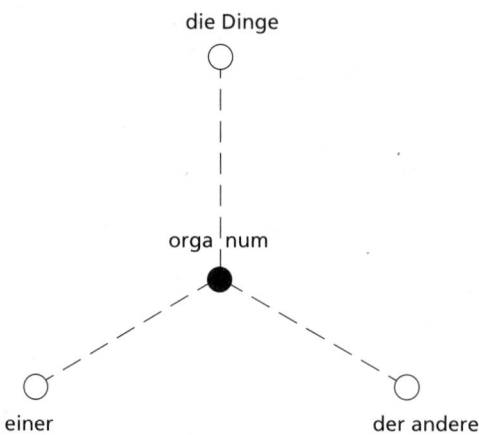

die Dinge

orga num

einer   der andere

Abb. 6: Karl Bühlers Organonmodell

lichkeiten des Senders schließen lässt. Dabei kann es sich um seinen emotionalen Zustand handeln (er drückt Freude oder Wut aus), aber auch um gewisse Eigenschaften, die der Sender vielleicht gar nicht absichtlich ausdrückt. Zum Beispiel kann eine bestimmte Dialektfärbung seiner Redeweise Symptom für seine Herkunft sein, die der Sender möglicherweise lieber verborgen hätte. Die Ausdrucksfunktion wird deswegen auch als Symptomfunktion bezeichnet. In Bezug auf den Hörer schließlich fungiert das Zeichen nach Bühler als Signal, das äußeres oder inneres Verhalten auslöst. Hier hat die Rede Appellfunktion.

Roman Jakobson: Drei weitere Sprachfunktionen

Das Organonmodell hat Roman Jakobson (1896–1982) ergänzt, indem er drei weitere grundlegende Faktoren einbezieht.[5] Modifiziert man in seinem Sinne die grafische Darstellung von Bühler, ergibt sich etwa Abbildung 7. Zunächst berücksichtigt Jakobson auch äußerungsinterne Relationen, da ja das eingesetzte ›Werkzeug‹, eine Äußerung, eine innere Komplexität aufweist. Besonders an Phänomenen wie Reim oder Alliteration lässt sich sehr gut erkennen, dass es Beziehungen gibt, die sich nur innerhalb des Textes ergeben und damit einem ›Bezug des Zeichen(komplexe)s auf sich selbst‹ entsprechen. Jakobson bezeichnet dies als die poetische Funktion; sie kommt aber keineswegs nur in literarischen Texten zum Tragen. In dem Werbespruch *Milch macht müde Männer munter* konstituiert z.B. das fünfmal wiederholte *m* am Anfang eine zusätzliche lautliche Beziehung zwischen den Wörtern (zusätzlich zu den grammatischen und inhaltlichen Beziehun-

Die poetische Funktion

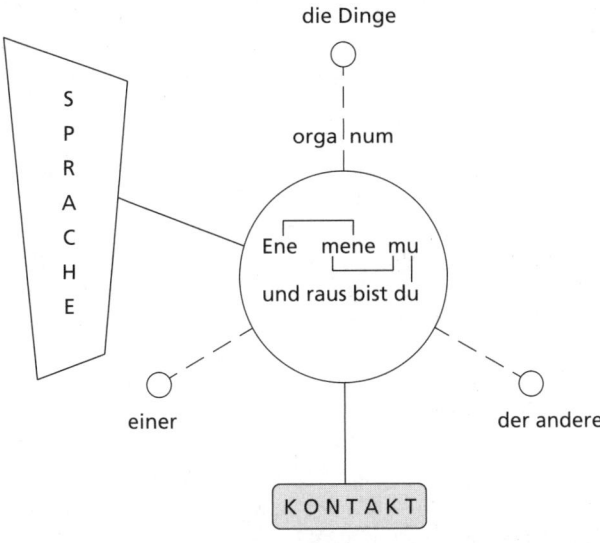

die Dinge

orga num

Ene mene mu

und raus bist du

einer

der andere

KONTAKT

Abb. 7: Modifiziertes Organonmodell nach Jakobson

gen). Diese gibt dem Spruch eine Dichte und Einprägsamkeit, die durch das inhaltlich etwa entsprechende *Milch gibt erschöpften Männern wieder Kraft* nicht erreicht werden kann.

Ein weiteres notwendiges Element jedes sprachlichen Kommunikationsaktes stellt die Sprache (*langue*) selbst als ein Zeichensystem dar, auf das jede Äußerung bezogen ist, insofern sie in dieser Sprache – Jakobson benutzt hier den Ausdruck *Kode* – ausgedrückt wird. Denn jedes Einzelzeichen muss einem bestimmten System zugeordnet werden, um (richtig) verstanden zu werden. So gibt es z.B. das Wort *mit* sowohl im Deutschen als auch im Französischen, dort bedeutet es jedoch ›legte‹. Dass wir ein Sprachzeichen auf das gemeinte System beziehen müssen, versteht sich von selbst. Wieso sollen wir aber annehmen, dass sich damit eine besondere Funktion der Sprache verbindet? Der Grund hierfür liegt darin, dass die Sprache ein außerordentlich flexibles und variables Kommunikationsmittel ist und wir sie auch benutzen können müssen, um das System an unsere jeweiligen Bedürfnisse anzupassen oder den Gebrauch, den wir von der Sprache machen, zu klären. Dies macht es oft notwendig, sich über die Bedeutung oder die jeweilige Verwendung einzelner Zeichen oder auch Zeichensysteme zu verständigen, z.B. *Was bedeutet der Ausdruck* Pidgin? *Was meinst du mit* Selbstgespräch? *Darf man hier Dialekt sprechen?* Eine Anpas-

Die metasprachliche Funktion Metakommunikation

sung liegt z.B. dann vor, wenn wir neue Wörter einführen oder Konventionen ändern wollen: *Mit Saussure sprechen wir auch in der deutschen Sprachwissenschaft von langue; Wollen wir nicht ›du‹ zueinander sagen?* Da es sich hier um das Sprechen über Sprache handelt, wird dies als die metasprachliche Funktion von Sprache bezeichnet (zu griechisch *meta-*, was u.a. ›über‹ bedeutet). Im Alltag sprechen wir allerdings seltener über die Sprache selbst (über das System), sondern eher über die Kommunikation (*Du sollst mir nicht sagen, was dieser Ausdruck im Deutschen alles bedeuten kann. Ich will wissen: Was meinst du jetzt und hier mit dem Ausdruck?*) Um uns auf solche Kommunikation über Kommunikation zu beziehen, sprechen wir parallel von Metakommunikation.

Die Kontakt-
funktion

Schließlich bezieht Jakobson auch die Tatsache ein, dass eine Äußerung ja irgendwie übermittelt werden muss, dass es einen physischen Kontakt zwischen Sender und Empfänger geben muss. Besonders deutlich ist dies, wenn der Kontakt durch eine technische Stütze etabliert wird, wie es beim Telefongespräch der Fall ist. Auf diesen Faktor bezieht sich z.B. die Frage am Telefon *Sind Sie noch da?*, die ausschließlich dazu dient, zu überprüfen, ob die Übermittlung noch funktioniert. Aber natürlich dienen sprachliche Äußerungen auch in ganz anderer Hinsicht der Aufrechterhaltung menschlichen Kontakts. Beispielsweise wird über irgendetwas (möglichst Unverfängliches) auch dann noch gesprochen, wenn man sich eigentlich gar nichts mitzuteilen hat, wenn z.B. einander unbekannte Personen beim Zusammentreffen im Aufzug einige Worte austauschen. Diese Funktion wird oft als Kontaktfunktion bezeichnet. Jakobson nennt sie im Anschluss an den Ethnologen Bronislaw Malinowski – dieser hat sich ausführlicher mit der gemeinschaftsbildenden Bedeutung von weitgehend inhaltsleerem Sprechen um des Sprechens willen beschäftigt – die *phatische Funktion* (dies geht auf griechisch *phatis* ›Rede‹ zurück, was allerdings auch nicht viel erklärt).

Und schließlich:
Die soziale
Funktion

Wir können nun den Gedanken, dass Sprache eine gar nicht zu überschätzende Funktion für das menschliche Miteinander hat, noch etwas weiter führen und Sender und Empfänger – so ähnlich wie ein einzelnes Zeichen als Element einer Sprache – als Angehörige eines umfassenden ›Systems‹ betrachten, nämlich der Gesellschaft, in der sie leben. Sprache dient nämlich auch – und nicht zuletzt – der gesellschaftlichen Organisation, sie hat soziale Funktion. Zunächst ist es ja offensichtlich, dass sich die Menschheit mittels Sprache, genauer: der Vielfalt von Sprachen, in verschiedene Gemeinschaften aufgliedert. Wer noch immer der Auffassung anhängt, die babylonische Sprachverwirrung sei eine Strafe Gottes oder auf jeden Fall von Übel, der möge sich nur vor Augen halten, dass wir die Sprache als Mittel der sozialen Organisation auch dort noch gebrauchen, wo dies nicht notwendigerweise mit Verstehensproblemen einhergeht. Deutsche verstehen z.B.

Textbeispiel 8: Die Sprache ist ein Hologramm

Das Institut für Eskimologie liegt in der Fiolstræde. Ich rufe aus einer Telefonzelle am Markt an und werde zu einem Dozenten durchgestellt, der so klingt, als sei er grönländischer Abstammung. Ich erkläre, daß ich ein Band auf ostgrönländisch habe, das ich nicht verstehe. Er fragt, warum ich nicht in das Grönländerhaus gehe.

»Ich will einen Experten. Es geht nicht nur darum zu verstehen, was gesagt wird, ich möchte auch den Sprecher identifizieren. [...]« [...]

Vor ihm auf dem Tisch steht ein flacher, mattschwarzer, quadratischer Kassettenrecorder. Er legt das Band ein. Der Ton kommt von weit her aus Lautsprechern irgendwo an den Rändern des Raumes. [...]

Er hat das Gesicht in den Händen und hört eine halbe Minute lang zu. Dann hält er das Band an.

»Mitte Vierzig. Um Angmagsalik herum aufgewachsen. Nur sehr geringe Schulbildung. Auf ostgrönländischem Fundament eine Spur nördlicherer Dialekte. Aber da oben ziehen sie zuviel herum, als daß man sagen könnte, welche. Wahrscheinlich ist er nie längere Zeit aus Grönland weggewesen.«

Er sieht mich mit hellgrauen, fast milchigen Augen mit einem Ausdruck an, als warte er auf etwas. Plötzlich weiß ich, was es ist. Der Beifall nach dem ersten Akt.

»Beeindruckend«, sage ich. »Läßt sich noch mehr sagen?«

»Er beschreibt eine Reise. Übers Eis. Mit Zugschlitten. Wahrscheinlich ist er Robbenfänger, denn er benutzt eine Reihe von Fachausdrücken, wie zum Beispiel *anut* für die Hunderiemen. Wahrscheinlich spricht er zu einem Europäer. Für die Lokalitäten benutzt er englische Bezeichnungen. Und mehrere Dinge meint er wiederholen zu müssen.«

Er hat sich das Band nur ganz kurz angehört. Ich überlege mir, ob er mich zum Narren hält.

»Sie mißtrauen mir«, sagt er kalt.

»Ich wundere mich nur darüber, daß man aus so wenig so viel erschließen kann.«

»Die Sprache ist ein Hologramm.«

Er sagt das langsam und nachdrücklich.

»In jeder Äußerung eines Menschen liegt die Summe seiner sprachlichen Vergangenheit. Nehmen Sie doch nur sich selbst ... Sie sind Mitte Dreißig. In Thule oder nördlich davon aufgewachsen. Ein Elternteil oder beide Eltern *inuit*. Sie sind nach Dänemark gekommen, nachdem Sie die grönländische Sprachgrundlage bereits vollständig erworben hatten, aber noch bevor Sie das instinktive Talent des Kindes zur perfekten Erlernung einer Fremdsprache verloren hatten. Sagen wir, Sie waren zwischen sieben und elf Jahre alt. Danach wird es schwerer. Sie zeigen Spuren verschiedener Soziolekte. Sie haben vielleicht in den vornehmen nördlichen Vororten gewohnt oder sind da zur Schule gegangen, in Gentofte oder Charlottenlund. Da ist auch etwas eigentlich Nordseeländisches. Und seltsamerweise auch eine spätere Andeutung von Westgrönländisch.«

Ich mache keinen Versuch, meine Bewunderung zu verbergen.

»Das ist richtig«, sage ich. »Im großen und ganzen ist das richtig.«

(Deutsch-)Schweizer sehr gut – nicht wenn sie ihren Dialekt, wohl aber wenn sie ihre Variante der Hochsprache sprechen –, aber sie erkennen sehr leicht, woher die Person kommt. Die Deutschschweizer verstehen sich untereinander auch bestens, wenn sie miteinander – jeder in seinem – Dialekt sprechen (für sie die übliche Kommunikationsform im Alltag)'; und auch sie können aus der Sprache Rückschlüsse über die Herkunft und den Lebensraum des Gesprächspartners ziehen. Verständigen könnten sie sich auch in der Standardsprache, aber dann ginge ihnen viel von ihrer Identität verloren. Denn Sprache kann man eben – viel bequemer als Kleidung, materielle Güter oder Parteiabzeichen – auch zur Selbstdarstellung nutzen, um sich über sie mit bestimmten Gruppen zu identifizieren oder aber von anderen abzugrenzen. Nicht nur Dialekte, sondern sprachliche Varietäten, alle Arten als ›anders‹ erkennbarer sprachlicher Verhaltensweisen überhaupt, dienen also auch der Identifikation verschiedener Gruppen innerhalb einer Sprachgemeinschaft. Wie weit man dabei mit viel Übung gelangen könnte, zeigt das Textbeispiel 8.

7 Eine Landkarte der Sprachwissenschaft – die Linguistik und ihre Teildisziplinen

Unterschiedliche linguistische Fragestellungen

Nachdem wir die Sprache in ihrer Vielfältigkeit und den Sprachgebrauch in seinem Kontext betrachtet haben, wollen wir uns im Weiteren genauer einzelnen Aspekten zuwenden. Denn um das Funktionieren von Sprache detaillierter zu erläutern, müssen wir uns natürlich jeweils auf bestimmte Elemente konzentrieren und dabei von anderen Gesichtspunkten abstrahieren. Diese Systematisierung verschiedener linguistischer Fragestellungen schlägt sich nieder in einer Aufgliederung sprachwissenschaftlicher Arbeit in verschiedene Teil- oder Subdisziplinen. Eine solche Aufgliederung ist freilich analytischer Art. Jede sprachliche Äußerung und fast jedes sprachliche Phänomen kann man, wenn nicht unter allen, so doch jeweils unter einer Vielzahl von Gesichtspunkten betrachten. Insbesondere sollte man nicht denken, dass es die Grammatik, die sich auf das Formale bezieht, auf der einen Seite und die Bedeutung, die Inhalte betrifft, auf der anderen Seite gäbe. Die Wahl bestimmter grammatischer Strukturen trägt vielmehr ebenso viel zur Bedeutung einer Äußerung bei wie die Wahl bestimmter Wörter. Wenn man sich also auf formale Aspekte konzentriert, so geschieht dies nicht auf Grund einer dem Phänomen innewohnenden Eigenschaft, sondern auf Grund der Entscheidung des Analysierenden. Man kann sowohl Wörter unter formalen als auch Sätze bzw. Satzstrukturen unter inhaltlichen Gesichtspunkten untersuchen. Aber natürlich gibt es unter Linguisten verschiedener Ausrichtung und verschiedener Interessen Streitigkeiten darüber, welche Betrachtung wohl die zentrale, wichtigste, interessanteste ... ist. Führen wir uns also vor Augen, welche ›Abteilungen‹ geläufigerweise unterschieden werden.

Es gibt zunächst eine grobe Zweiteilung, zu deren Gegenüberstellung man im Deutschen sogar die alternativen Ausdrücke für die Gesamtdisziplin, *Linguistik* und *Sprachwissenschaft*, inhaltlich zu einem Gegensatz aufladen kann und die sich in erster Linie auf den Gegensatz verschiedener Schulen gründet. Zur Linguistik in diesem etwas kämpferisch verwendeten engen Sinn gehören dann nur die Teile, die man auch als ›harte‹ Linguistik bezeichnet. Diese beschränkt sich auf die Untersuchung des Sprachsystems, speziell der formalen Seite, legt größten Wert auf die Formalisierbarkeit ihrer Aussagen und frappiert den Laien dadurch, dass sie ›aussieht wie Mathematik‹. Dem steht gegenüber die so genannte ›weiche‹ Linguistik (bzw. *Sprachwissenschaft* im spezialisierten Sinn), für die Aspekte der Bedeutung, des Sprachgebrauchs, anwendungsbezogene und interdisziplinäre Fragestellungen (Sprache und Gesellschaft, Sprache und Kultur, Sprache und Medien, literarische Sprache usw.) zentral sind. Die harte Linguistik entspricht also *grosso modo* dem, was wir früher als Systemlinguistik kennengelernt haben und genießt in Fachkreisen das höhere Prestige – wohl auch deswegen, weil sie weiter entfernt ist vom Alltagsdenken und daher als wissenschaftlicher erscheint (vgl. auch S. 275). Sie hat aber dieses Ansehen vor allem, weil sie sich herleitet aus den Bemühungen um die Etablierung der Linguistik als autonomer Disziplin, die bevorzugt Fragen auswählt, für die sie und nur sie zuständig ist. Das sind natürlich Fragen, die das Sprachsystem betreffen. Wenn wir uns von dieser tendenziell polemischen Einschränkung der Linguistik auf die ›harte‹ Variante fernhalten – und das ist im Zeitalter der Inter- und Transdisziplinarität wohl angemessen – können wir die auf das Sprachsystem bezogenen Teilbereiche als sprachwissenschaftliche Kerndisziplinen bezeichnen und die anderen als solche mit interdisziplinärer Komponente auffassen.

(Randnotiz: ›Harte‹ und ›weiche‹ Linguistik Systemlinguistik)

Als Kerndisziplinen kann man die Untersuchung des Sprachsystems deswegen auffassen, weil die Beschreibung der entsprechenden Komponenten genau das erfasst, was zu jemandes Fähigkeiten gehört, von dem man sagt, er beherrsche diese Sprache. Was also kann man, wenn man eine Einzelsprache beherrscht, bzw. was muss man sich aneignen, wenn man eine Einzelsprache lernen will? Um eine Antwort auf diese Fragen zu finden, versetzen wir uns in die Situation eines erwachsenen Menschen, der seine Muttersprache beherrscht und eine Fremdsprache lernen will. Setzen wir weiter voraus, dass er zunächst nur Grund-

(Randnotiz: Was braucht man, um sich eine fremde Sprache anzueignen?)

Ein Wörterbuch

kenntnisse in dieser Sprache erwerben will, d.h. einfache Texte verstehen und produzieren können möchte. Zu diesem Zweck muss er sich einige tausend Einheiten aneignen, wie sie in einem Wörterbuch der betreffenden Sprache verzeichnet sind – er tut also gut daran, sich ein solches Wörterbuch zu beschaffen; er muss wissen bzw. lernen, wie man die Einheiten ausspricht und was sie bedeuten.

Eine Grammatik

Nun wissen wir allerdings alle, dass man sich, lediglich mit einem Wörterbuch ausgestattet, nicht mit den Sprechern der Fremdsprache wird verständigen können und dass man eine Sprache nicht allein dadurch erwirbt, dass man ein Wörterbuch auswendig lernt. Vielmehr muss man auch wissen, wie die Einheiten aus dem Wörterbuch in einem Satz eingesetzt werden – meistens werden sie dazu in bestimmter Weise abgeändert – und wie man überhaupt Sätze in der jeweiligen Sprache konstruiert. Solche Informationen findet man in einer Grammatik, die der Lernwillige sich also zusätzlich beschaffen sollte. Für Fremdsprachler gibt es elementare Lerner- oder Schulgrammatiken, die lediglich die grundlegenden grammatischen Regeln erklären. Verfügt man über solche Hilfsmittel und möglichst auch noch einen Fremdsprachenlehrer, so kann man sich die gewünschte Sprache – so weit man hier überhaupt einen gewissen Standardwert angeben kann – sicherlich etwa im Laufe eines Jahres in ihren Grundzügen aneignen, wenn man voraussetzt, dass der Lerner regelmäßig etwa eine Stunde pro Tag in die Aufgabe investiert.

Kerndisziplinen der Linguistik Phonetik/ Phonologie Graphetik/ Graphemik

In den Hilfsmitteln – dem kleinen Wörterbuch und der elementaren Grammatik – werden also diejenigen Kenntnisse expliziert, die man haben muss, um sagen zu können, dass man die Sprache in ihren Grundzügen beherrscht. Dazu gehören Kenntnisse verschiedener Art, die wir nun den Teildisiplinen zuordnen wollen. Einerseits muss der Lerner die Lautstruktur der Sprache erwerben, also wissen, welche Laute es in der Sprache gibt, wie man sie miteinander kombinieren kann und welche Schriftzeichen den Lauten entsprechen. Im Deutschen gibt es z.B. nicht das englische *th* (wie in *the thing*), das vielen deutschen Sprechern daher auch Schwierigkeiten bereitet. Ein deutsches Wort kann z.B. auch nicht mit *ng* beginnen oder die Lautfolge *prz* aufweisen, während das in anderen Sprachen durchaus möglich ist. Die Lautstruktur wird in den Teilbereichen Phonetik und Phonologie behandelt (zum Unterschied zwischen beiden vgl. Kap. 21). Die Verschriftlichung der Laute und Lautfolgen, die (Ortho-)Grafie, fällt in das Gebiet der Graphetik/Graphemik.

Nun haben diese ganz elementaren Bestandteile der Sprache, die Laute und Buchstaben, also *a, b, c, d, e* usw., für sich keine Bedeutung, genauer gesagt: es ist ein Grenzfall, wenn ein einzelner Laut, in der Regel natürlich ein Selbstlaut (Vokal), zugleich einem Wort entspricht. Im Deutschen etwa setzt man die einfachen Vokale nur als Interjektionen ein, die übrigens meistens mit mehreren Buchstaben wiedergegeben werden: *ah!, eh!, iiih!, ooh! uuh!* Nur Diphthonge (zu griechisch *diphthongos* ›zweifach tönend‹), z.B. *das Ei* und *die Au*, kommen auch als Substantive vor. Im Französischen dagegen kann ein einzelner Vokal nicht nur als Interjektion, sondern auch in anderer Funktion als Wort erscheinen: *à, et, y, eau(x), ou/où.* Dennoch sind die entsprechenden Bedeutungen nicht den Lauten bzw. Buchstaben als solchen zugeordnet. Die Wörter *Bein, dein, fein, Hain, kein* usw. haben ja inhaltlich nichts mit *Ei* (und auch nichts miteinander) zu tun. Normalerweise sind es also bestimmte Lautfolgen, die Einheiten konstituieren, wie sie im Wörterbuch beschrieben werden. Die Kunde der Wortbedeutungen bzw. des Wörterbuchschreibens bezeichnet man als Lexikologie bzw. Lexikografie. Die Disziplin der Bedeutungslehre heißt allgemein Semantik. Als wesentlichstes Teilgebiet (u.a. neben der Satzsemantik) umfasst sie die lexikalische Semantik, das Studium der Bedeutung von Einheiten des Wörterbuchs und der Beziehungen zwischen ihnen (was ist z.B. der Unterschied zwischen *Junge, Bub, Bube, Bubi* und *Knabe*?). *[Lexikologie/ Lexikografie Semantik]*

Abgesehen davon, dass man die Bedeutung der Wörterbucheinheiten kennen muss, ist es auch noch notwendig zu wissen, welche Gestalt sie annehmen können: Wie wird der Plural von Substantiven gebildet? Wie werden Verben konjugiert? Wie werden Adjektive gesteigert? usw. Diese Fragen fallen in den Bereich der Morphologie (von griechisch *morphe* ›Form‹), die man früher meist als *Formenlehre* bezeichnete. *[Morphologie]*

Die lexikalischen Grundeinheiten können auch noch in anderer Hinsicht als der grammatischen abgewandelt bzw. zu neuen Einheiten zusammengefügt werden. So kann man z.B. aus *schön* ableiten: *Schönheit, Schönling, beschönigen, verschönern, geschönt,* und in allen diesen Ausdrücken – anders als bei *Ei, Bein, dein* usw. – handelt es sich bei dem Bestandteil *schön* um dasselbe Inhaltselement. Der Untersuchung dieser Phänomene widmet sich die Wortbildungslehre. *[Wortbildungslehre]*

Als höchste Ebene sprachstruktureller Regularitäten wird nach traditioneller Auffassung der Satz angesehen, dem – als letzte Kerndisziplin – der Teilbereich Syntax gewidmet ist. Hier geht es um Fragen wie die folgenden: Aus welchen Elementen setzt sich der Satz zusammen? In welcher Beziehung stehen die Einheiten zueinander? In welcher Reihenfolge werden die Einheiten angeordnet? usw. In dem Satz *In jeder Äußerung eines Menschen – liegt – die Summe seiner sprachlichen Vergangenheit* erkennen wir z.B. drei Teile, von denen der erste und dritte aus fünf Wörtern bestehen, der zweite nur aus einem; *seiner* aus dem dritten Teil bezieht sich dabei auf den Ausdruck *eines Menschen* aus dem ersten Teil. Tauschen wir die ersten beiden Teile gegeneinander aus, haben wir immer noch einen korrekten deutschen Satz vor uns – allerdings mit anderer Bedeutung. *[Syntax]*

Allgemeine Sprachwissenschaft und Linguistik der Einzelsprachen

Die Kerndisziplinen der Linguistik haben wir ausgehend von der Frage eingeführt, welche grundlegenden Kenntnisse man haben muss, um sagen zu können, man habe eine Sprache gelernt. Wir haben uns dabei also mit den konkreten Aufgaben der Beschreibung von Einzelsprachen vertraut gemacht. An dieser Stelle können wir nun eine zweite Grundunterscheidung linguistischer Arbeitsbereiche einführen. Es ist die zwischen einzelsprachspezifischer Linguistik und allgemeiner Linguistik. Welches sind die Aufgaben der allgemeinen Sprachwissenschaft? Zunächst geht es ihr natürlich um das Phänomen *langage*, also das, was man über die menschliche Sprache überhaupt aussagen kann – Fragen, wie wir sie schon in den vorangehenden Kapiteln erörtert haben und bei denen Feststellungen zu einzelnen *langues* (meist dem Deutschen) nur als Beispiele gedient haben. Allerdings beschränkt sich die allgemeine Linguistik keineswegs auf die ganz allgemeinen Fragen, vielmehr ist sie eine notwendige Grundlage für jede auf eine Einzelsprache bezogene Untersuchung, so dass man letzten Endes beide Bereiche wiederum nur analytisch voneinander trennen kann. Aufgabe der allgemeinen Linguistik ist die theoretische Fundierung der Beschreibung von Einzelsprachen, sie muss die Kategorien und Verfahren erarbeiten, die wir bei der Analyse verwenden können. Dass diese Aufgabe überhaupt notwendig ist, ist für Laien nicht unbedingt einsichtig: Ergibt sich die ›richtige‹ Beschreibung nicht unmittelbar daraus, welche Elemente und Regeln es eben in der jeweiligen Sprache gibt? Dass es so einfach nicht ist, können wir uns wohl am besten klar machen, wenn wir daran denken, wie schwierig es ist, einem Fremdsprachler die Regeln unserer Muttersprache oder die genaue Bedeutung irgendwelcher Wörter zu erklären. Wir beherrschen die Sprache, d.h. wir können mit ihr umgehen, aber wir können nicht erklären, was wir da genau tun, welchen Regeln wir folgen, warum wir so und nicht anders sagen oder auch in einem Fall so und in einem anderen anders. Sobald man versucht, eine Regel oder eine Wortbedeutung zu beschreiben, muss man bestimmte metasprachliche Ausdrücke verwenden: *Dies ist ein Verb und kein Substantiv und deswegen schreibt man es klein. Im Deutschen ist die Form eines Adjektivs nach dem bestimmten Artikel anders als nach dem unbestimmten:* ›Ein schwieriger Fall – der schwierige Fall‹, ›der schwieriger Fall‹ ist also falsch. ›Verb‹, ›Substantiv‹, ›Adjektiv‹, ›bestimmter und unbestimmter Artikel‹ sind keine Phänomene, die unmittelbar gegeben wären, es sind theoretische Kategorien – und wenn sie uns relativ vertraut und ›natürlich‹ vorkommen, so nur deswegen, weil wir alle ein wenig grammatische Theorie in der Schule gelernt haben.

Die Bedeutung wissenschaftlicher Theorien

Die meisten haben allerdings auch die Erfahrung gemacht, dass sie mit dieser Theorie nicht besonders gut zurechtkommen, dass es manchmal mehr Ausnahmen als reguläre Fälle zu geben scheint usw. Für den Sprachwissenschaftler sind solche Erfahrungen eine Herausforderung:

Können wir den Sprachgebrauch nicht so beschreiben, dass wir die Regeln verstehen können, brauchen wir dafür nicht vielleicht andere als die bislang benutzten Kategorien? Und so macht man sich an die Entwicklung von Theorien, prüft an der einen oder anderen oder auch an mehreren Sprachen, ob man mit ihnen wohl erfassen kann, welchen Regeln die Sprecher unbewusst ›tatsächlich‹ folgen. Man darf allerdings nicht vergessen, dass solche Theorien in Wirklichkeit immer nur Modelle des Sprachsystems sind; welchen Regeln die Sprecher ›tatsächlich‹ folgen, können wir nicht wirklich wissen.

Wenden wir uns nun den Teildisziplinen der ›weichen‹ Linguistik zu, die übrigens keineswegs *per se* weniger theoretisch oder einfacher ist. Sie ist allerdings von allgemeinerem Interesse. Die explizite Erläuterung der Regeln einer Sprache ist ja besonders relevant für solche Personen, die diese Sprache im Unterricht lernen. Da Muttersprachler ihre Sprache schon beherrschen – und da dafür theoretische Kenntnisse nicht nötig sind – haben diese im Allgemeinen keinen großen Bedarf an den Erkenntnissen der ›harten‹ Linguistik (vgl. dazu Textbeispiel 9), jedenfalls dann nicht, wenn sie sich nicht gerade als Fremdsprachenlehrer betätigen. Ein großes Interesse an Sprache überhaupt sowie der eigenen Sprache im Besonderen und auch ein Bedarf an sprachwissenschaftlichen Erkenntnissen ist dennoch vorhanden, wie man an Laiengesprächen über Sprache und Sprechen erkennen kann, nicht zuletzt auch an vielen unserer Textbeispiele, die von Sprache handeln, aber nicht von professionellen Linguisten stammen. Um sich vor Augen zu führen, worauf sich dieses Interesse bezieht, muss man sich lediglich vergegenwärtigen, was dem Sprachlerner, in dessen Lage wir uns bislang versetzt haben, noch fehlt.

Das Laieninteresse an der Sprache

Wir hatten oben angenommen, dass man sich eine Sprache in ihren Grundzügen etwa innerhalb eines Jahres aneignen kann. Dem steht nun gegenüber die leidvolle Erfahrung, die die meisten Leser dieses Buches gemacht haben werden: Sie haben nicht nur ein Jahr, sondern oft mehrere Jahre lang in der Schule Fremdsprachen gelernt – auch wenn es weniger intensiv war, auf vierhundert Stunden kommt man allemal! –, müssen aber feststellen, dass sie dennoch nicht in der Lage sind, sich in dem Land, dessen Sprache sie erworben haben, befriedigend zu verständigen. Man will im Alltag, auf Reisen usw. zurechtkommen, wozu doch eigentlich auch schon begrenzte Kenntnisse ausreichen sollten, und doch gelingt gerade dies oft relativ schlecht. Was diesen Fremdsprachlern fehlt, ist natürliche Kommunikationserfahrung.

Warum man in der Schule Fremdsprachen nur relativ schlecht lernt

Dass es gerade im Alltag zu Schwierigkeiten kommt, liegt daran, dass man sich im Alltagsverkehr normalerweise nicht der gepflegten Standardsprache bedient. Dies ist aber die einzige Varietät, die man in der Schule sinnvoll vermitteln kann. Es gibt nämlich für die Sprache

Textbeispiel 9: Wer kann Deutsch?

DAMIS. [...] Nein, glaube mir, mein lieber Anton: der Mensch ist allerdings einer allgemeinen Erkenntnis fähig. Es leugnen, heißt ein Bekenntnis seiner Faulheit, oder seines
mäßigen Genies ablegen. Wenn ich erwäge, wie viel ich schon nach meinen wenigen
Jahren verstehe, so werde ich von dieser Wahrheit noch mehr überzeugt. Lateinisch,
Griechisch, Hebräisch, Französisch, Italienisch, Englisch – das sind sechs Sprachen, die
ich alle vollkommen besitze: und bin erst zwanzig Jahr alt!

ANTON. Sachte! Sie haben eine vergessen; die deutsche –

DAMIS. Es ist wahr, mein lieber Anton; das sind also sieben Sprachen: und ich bin erst
zwanzig Jahr alt!

ANTON. Pfui doch, Herr! Sie haben mich, oder sich selbst zum besten. Sie werden doch das, daß
Sie Deutsch können, nicht zu Ihrer Gelehrsamkeit rechnen? Es war ja mein Ernst nicht. –

DAMIS. Und also denkst du wohl selber Deutsch zu können?

ANTON. Ich? ich? nicht Deutsch! Es wäre ein verdammter Streich, wenn ich Kalmuckisch
redete, und wüßte es nicht.

DAMIS. Unter können und können, ist ein Unterschied. Du kannst Deutsch, das ist: du
kannst deine Gedanken mit Tönen ausdrücken, die einem Deutschen verständlich sind;
das ist, eben die Gedanken in ihm erwecken, die du bei dir hast. Du kannst aber nicht
Deutsch, das ist: du weißt nicht, was in dieser Sprache gemein oder niedrig, rauh oder
annehmlich, undeutlich oder verständlich, alt oder gebräuchlich ist; du weißt ihre
Regeln nicht; du hast keine gelehrte Kenntnis von ihr.

ANTON. Was einem die Gelehrten nicht weis machen wollen! Wenn es nur auf Ihr *das ist*
ankäme, ich glaube, Sie stritten mir wohl gar noch ab, daß ich essen könnte.

DAMIS. Du kannst essen, das ist: du kannst die Speisen zerschneiden, in Mund stecken, kauen,
herunter schlucken, und so weiter. Du kannst nicht essen, das ist: du weißt die mechanischen Gesetze nicht, nach welchen es geschiehet; du weißt nicht, welches das Amt einer
jeden dabei tätigen Muskel ist, ob der Digastricus oder der Masseter, ob der Pterygoideus
internus oder externus, ob der Zygomaticus oder der Platysmamyodes, ob –

ANTON. Ach ob, ob! Das einzige Ob, worauf ich sehe, ist das, ob mein Magen etwas davon
erhält, und ob mirs bekömmt. – Aber wieder auf die Sprache zu kommen. Glauben Sie
wohl, daß ich eine verstehe, die Sie nicht verstehen?

DAMIS. Du, eine Sprache, die ich nicht verstünde?

ANTON. Ja; raten Sie einmal.

DAMIS. Kannst du etwa Koptisch?

ANTON. Foptisch? Nein, das kann ich nicht.

DAMIS. Chinesisch? Malabarisch? Ich wüßte nicht woher.

ANTON. Wie sie herumraten. Haben Sie meinen Vetter nicht gesehn? Er besuchte mich vor
vierzehn Tagen. Der redte nichts, als diese Sprache.

DAMIS. Der Rabbi, der vor kurzen zu mir kam, war doch wohl nicht dein Vetter?

ANTON. Daß ich nicht gar ein Jude wäre! Mein Vetter war ein Wende; ich kann Wendisch;
und das können Sie nicht.

DAMIS *(nachsinnend)*. Er hat Recht. – Mein Bedienter soll eine Sprache verstehen, die ich
nicht verstehe? Und noch dazu eine Hauptsprache? Ich erinnere mich, daß ihre Verwandtschaft mit der hebräischen sehr groß sein soll. Wer weiß, wie viel Stammwörter,
die in dieser verloren sind, ich in jener entdecken könnte! – Das Ding fängt mir an, im
Kopfe herum zu gehen!

des alltäglichen Umgangs und für so genannte Substandardvarietäten überhaupt keine kodifizierte Norm – das Normale ist vielmehr die Abweichung von der Norm, z.B. nachlässige Artikulation. Außerdem haben substandardliche Varietäten – gerade im Gegensatz zum Standard – eine meist nur eingeschränkte regionale Verbreitung; im Norden Frankreichs ist es eben anders als im Süden, wo sollte man da mit dem Unterricht beginnen? Schließlich wäre eine Vermittlung nicht-standardsprachlicher Formen auch deswegen gefährlich, weil sich Fremdsprachler keineswegs in derselben Weise eine Abweichung von der Norm erlauben dürfen wie Muttersprachler. Tun sie dies doch, so erzeugen sie bestenfalls Heiterkeit, schlimmstenfalls zieht ihr Verhalten soziale Abwertung nach sich. Demjenigen, der ein Jahr lang in seiner Heimat eine Fremdsprache gelernt hat, fehlt also das meiste von dem, was wir in Kapitel 5 als Wissensvoraussetzungen betrachtet haben, die zum Sprachwissen im engsten Sinne hinzukommen und die man nur in natürlicher Kommunikation mit Angehörigen der entsprechenden Sprachgemeinschaft lernt. Das umfasst selbstverständlich auch das Lesen verschiedenster Texte in dieser Sprache oder das Anschauen und Hören von Fernsehsendungen usw., so dass man sich auch außerhalb des Landes sehr viel intensiver mit dessen Sprache vertraut machen kann, als es ein normaler Sprachkurs möglich macht.

Für natürliche Alltagskommunikation muss man den Substandard kennen

Auch Muttersprachler verfügen allerdings immer nur über einen Ausschnitt solchen Wissens, denn jedermanns Kommunikationserfahrungen sind notwendigerweise begrenzt. Am offensichtlichsten ist, dass wir das ganze Leben lang unseren Wortschatz erweitern (können), nie werden wir ihn vollständig beherrschen. Wörterbücher gehören deswegen auch zu den von Muttersprachlern am häufigsten benutzten Werken über Sprache, und Worterklärungen sind im Alltag besonders oft auftretende Formen der Metakommunikation. Aber auch an geläufigen Formen des Sprachgebrauchs, bestimmten Arten von Texten, lernen wir normalerweise im Laufe des ganzen Lebens hinzu, nicht zuletzt, weil diese sich verändern und vermehren (z.B. die Textsorten der neuen Medien: Teletext, email, homepages usw.). Viele Textsorten brauchen wir auch nur in bestimmten Lebenslagen und müssen sie dann lernen: Wie mache ich eine Steuererklärung, wie halte ich eine Rede auf der Hochzeitsfeier meiner Tochter, wie schreibe ich eine Bewerbung, eine Seminararbeit, ein Gutachten …? U.a. um Fragen dieser Art geht es in der Teildisziplin der Text- und Gesprächslinguistik, die wir allerdings eigentlich zu den Kerndisziplinen hinzurechnen müssen, als Bereich, der sich mit einer weiteren Ebene – oberhalb des Satzes – beschäftigt. Denn auch für den Aufbau von (schriftlichen oder mündlichen) Texten aus Diskussionsbeiträgen, Abschnitten, Sätzen, Satzteilen, Wörtern, gibt es allgemeine und sprachspezifische Regularitäten.

Teildisziplinen der Parole-Linguistik

Text- und Gesprächslinguistik

Soziolinguistik   Die Untersuchung der Varietäten und ihres Einsatzes – wer spricht/
schreibt wo wann wie und warum? – fällt in den breiten Bereich der
Soziolinguistik, des Studiums der Sprache im gesellschaftlichen Kontext. Da jedwede Äußerung in irgendeinem gesellschaftlichen Kontext
steht, ist der Gegenstandsbereich dieser Teildisziplin nicht sehr gut
abgrenzbar. Dazu rechnen können wir sowohl die Untersuchung des
Sprachverhaltens bestimmter sozialer Gruppen, Berufsgruppen, sub-
kultureller Gruppen als auch des Sprachgebrauchs in den Medien, in
Institutionen, in der Politik, der sprachlichen Verhältnisse in mehrspra-
chigen Gesellschaften, der Unterschiede des Sprachverhaltens von Stadt-
und Landbevölkerung, von Männern und Frauen, Kindern, Jugendlichen, Rentnern, der nationalen Varietäten BRD-/West-, DDR-/Ost-
deutsch, Österreichisch, Schweizerisch usw. Auch die Dialektologie,
Dialektologie   die ihre Aufgabe lange darin sah, die ›reinen‹, unverfälschten‹ Dialekte
zu beschreiben (und zu bewahren), ist heute soziolinguistisch orientiert und geht auch den Fragen nach, welche regional gekennzeichne-
ten Formen – einen ausgeprägten Dialekt oder eine abgeschwächte
Form oder eine landschaftlich gefärbte Umgangssprache … – wer wann
Historiolinguistik   wie einsetzt. Dasselbe können wir für die Historiolinguistik feststellen,
denn selbstverständlich sind auch die einzelnen Sprachstadien nicht
homogen, sondern sozial geschichtet und sie spiegeln die gesellschaftliche Struktur einer geschichtlich umgrenzten Kommunikationsgemeinschaft. Eine scharfe Abgrenzung der Soziolinguistik ist auch nicht
Pragmatik   möglich gegenüber der Teildisziplin, die als Pragmalinguistik oder Pragmatik (von griechisch *pragma* ›Handlung‹) bezeichnet wird und die
Sprechen als eine Form menschlichen Handelns begreift. Dass eine
Abgrenzung zur Soziolinguistik kaum möglich ist, ergibt sich daraus,
dass, wer sprachlich handelt, natürlich als soziales Wesen handelt.
Mitunter – besonders in der Forschung der DDR – sprach man in
diesem Zusammenhang auch von kommunikativ-funktionaler Sprach-
betrachtung. Über solche Begriffe wie auch über eine ohnehin nicht
mögliche saubere Abgrenzung dieser Disziplinen lohnt es jedoch nicht
zu streiten. Am sinnvollsten ist es, hier zusammenfassend von der
Linguistik des Sprachgebrauchs, der *Parole*-Linguistik zu sprechen, so
wie man die Kerndisziplinen, die *langues* beschreiben, als Systemlinguistik zusammenfasst.

Damit soll die Übersicht über linguistische Subdisziplinen abgeschlossen werden. Die ›Landkarte‹ ist allerdings nicht vollständig, sondern zeigt nur die größten Kontinente, mit denen wir uns auf unserer
kleinen Erkundungsfahrt begnügen müssen. Die folgenden Kapitel
sind nun nicht für jeweils einen dieser Teilbereiche reserviert, vielmehr
wollen wir von einzelnen Phänomenen und Fragestellungen ausgehen
und auf theoretische und methodische Fragen sowie auf Aspekte der
Beschreibung der Sprache und ihres Gebrauchs immer dort eingehen,

wo es sinnvoll erscheint. Wir beginnen bei dem, was für jeden Sprachteilhaber am leichtesten zugänglich ist, nämlich einzelne sprachliche Zeichen, und wollen zunächst – wie oben angekündigt – Saussures Modell des sprachlichen Zeichens vorstellen.

8 Sprachzeichen als psychische Größen

Die Wörter einer Sprache, die lexikalischen Einheiten, müssen wir lernen, das ist selbstverständlich. Es sind eben konventionelle Zeichen. Das Lernen eines Zeichens führt dazu, dass es Bestandteil der Kenntnisse eines Menschen ist, und dies bedeutet, dass es sich um eine psychische Größe handelt. Die Sprachkenntnis besteht also darin, dass ein Mensch in seinem Kopf über eine Menge von Einheiten verfügt, bei denen ein Zeichenkörper konventionell mit einer bestimmten Bedeutung verbunden ist. Es handelt sich daher um komplexe Einheiten, die aus der Verbindung von zwei Größen, Ausdruck und Inhalt, bestehen.

Das sprachliche Zeichen hat zwei Seiten

Dass die Verbindung konventionell ist, heißt auch, dass weder eine bestimmte Bedeutung natürlicherweise mit einem bestimmten Zeichenkörper verbunden wird, noch dass ein bestimmter Zeichenkörper natürlicherweise auf eine bestimmte Bedeutung hinweist. Saussure nennt dies die Arbitrarität des Zeichens (*l'arbitraire du signe*). Tatsächlich gibt es in Sprachsystemen fast überhaupt keine ikonischen Elemente; nur einigen Randerscheinungen kann ein solcher Charakter zugesprochen werden. Dies sind vor allem lautnachahmende Ausdrücke wie *kikeriki, coquerico* oder *cock-a-doodle-doo*, die mehr oder weniger gut den Hahnenschrei imitieren und in dieser konventionellen Form in das Lexikon der deutschen, französischen bzw. englischen Sprache eingegangen sind. Solche Zeichen nennt man onomatopoetische (von griechisch *onomatopoiein* ›benennen‹ – die ursprüngliche Bedeutung enthält also nicht die Komponente ›lautmalerisch‹).

Die Verbindung ist arbiträr

Lautmalerei: Onomatopoetika

Daran, dass die Bedeutung psychisch gespeichert ist, würde wohl niemand zweifeln. Denn gespeichert haben wir ja nicht etwa die konkrete Vorstellung des einen Telefons, das jemand meint, wenn er sagt *Geh mal zum Telefon* – und natürlich schon gar nicht das Telefon selbst, denn physische Objekte kann man gar nicht im Kopf speichern. Immerhin wäre es denkbar, dass das, was wir da gespeichert haben, visuelle Eindrücke der diversen Telefone sind, die wir im Laufe unseres Lebens gesehen haben. Dann würde allerdings jeder mit dem Ausdruck *Telefon* etwas anderes verbinden. Das ist ja wahrscheinlich auch der Fall, für jeden ergeben sich individuelle Assoziationen auf Grund

Die Inhaltsseite: signifié

der jeweils besonderen Erfahrungen, die er mit diesem Gerät gemacht hat. Diese individuellen Assoziationen können aber nicht Bestandteil des Sprachsystems sein, denn sie sind eben nicht kollektiv verbindlich und konventionalisiert. Zum Sprachsystem gehört vielmehr nur eine sehr abstrakte Bedeutung, die im *Duden Universalwörterbuch* folgendermaßen (wohl nicht ganz glücklich) umschrieben wird: ›Apparat (mit Handapparat und Wählscheibe oder Drucktasten), der über eine Drahtleitung oder drahtlos Telefonate möglich macht‹. Diese Komponente des Zeichens nennt nun Saussure zunächst *concept*, und er führt dann dafür den Terminus *signifié* ein. Der *signifié* ist also die psychisch gespeicherte abstrakte Bedeutung eines Zeichens.

Die Ausdrucksseite: *signifiant* | Schwieriger zu verstehen ist schon, dass auch die lautlichen und grafischen Komponenten psychisch gespeichert und abstrakt sind, denn bei ihnen handelt es sich ja durchaus um reale, physikalische Phänomene. Dennoch – oder vielmehr gerade deswegen, weil die jeweils realen Lautfolgen oder grafischen Gebilde empirische Einzelphänomene sind – müssen wir von ihnen eine abstrakte Vorstellung haben, so abstrakt, dass man in verschiedenen konkreten Realisierungen immer dasselbe Element wiedererkennen kann. So erkennen wir in den folgenden Realisierungen immer denselben Zeichenträger wieder:

coQ₁eR₁co **coquerico** coquerico COQUERICO *Coquerico* ⊙⊙⊕⊖⊙

Auch wenn man dieses Wort akustisch realisiert, kann man das auf sehr verschiedene Weise tun. Psychisch gespeichert ist jedoch nur das abstrakte Laut- oder Schriftbild, das von diesen Verschiedenheiten absieht. Saussure nennt dies (unter Beschränkung auf die gesprochene Sprache) zunächst *image acoustique* und führt dann dafür den Terminus *signifiant* ein. Dieser soll von jetzt an auch bei uns den Ausdruck *Zeichenträger* ersetzen. Das Zeichen wird danach von Saussure wie in Abbildung 8 modelliert.

Die Konventionalität der Zeichen | *Signifié* und *signifiant* bilden zusammen das sprachliche Zeichen (*signe linguistique*). Sie sind, wie Saussure sagt, miteinander verbunden wie

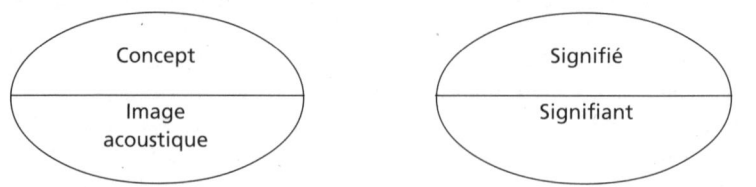

Abb. 8: Das sprachliche Zeichen nach Saussure

Textbeispiel 10: Sprachliche Langeweile

Ich will von einem alten Mann erzählen, von einem Mann, der kein Wort mehr sagt, ein müdes Gesicht hat, zu müd zum Lächeln und zu müd, um böse zu sein. [...]
Der alte Mann machte morgens einen Spaziergang und nachmittags einen Spaziergang, sprach ein paar Worte mit seinem Nachbarn, und abends saß er an seinem Tisch.
Das änderte sich nie, auch sonntags war das so. Und wenn der Mann am Tisch saß, hörte er den Wecker ticken, immer den Wecker ticken.
Dann gab es einmal einen besonderen Tag, einen Tag mit Sonne, nicht zu heiß, nicht zu kalt, mit Vogelgezwitscher, mit freundlichen Leuten, mit Kindern, die spielten – und das Besondere war, daß das alles dem Mann plötzlich gefiel.
Er lächelte.
»Jetzt wird sich alles ändern«, dachte er [...]
Aber im Zimmer war alles gleich, ein Tisch, zwei Stühle, ein Bett. Und wie er sich hinsetzte, hörte er wieder das Ticken, und alle Freude war vorbei, denn nichts hatte sich geändert. Und den Mann überkam eine große Wut. [...]
»Immer derselbe Tisch«, sagte der Mann, »dieselben Stühle, das Bett, das Bild. Und dem Tisch sage ich Tisch, dem Bild sage ich Bild, das Bett heißt Bett, und den Stuhl nennt man Stuhl. Warum denn eigentlich?« Die Franzosen sagen dem Bett »li«, dem Tisch »tabl«, nennen das Bild »tablo« und den Stuhl »schäs«, und sie verstehen sich. Und die Chinesen verstehen sich auch.
»Weshalb heißt das Bett nicht Bild«, dachte der Mann und lächelte, dann lachte er, lachte, bis die Nachbarn an die Wand klopften und »Ruhe« riefen.
»Jetzt ändert es sich« rief er, und er sagte von nun an dem Bett »Bild«.
»Ich bin müde, ich will ins Bild«, sagte er, und morgens blieb er oft lange im Bild liegen und überlegte, wie er nun dem Stuhl sagen wolle, und er nannte den Stuhl »Wecker«.
Er stand also auf, zog sich an, setzte sich auf den Wecker und stützte die Arme auf den Tisch. Aber der Tisch hieß jetzt nicht mehr Tisch, er hieß jetzt Teppich. Am Morgen verließ also der Mann das Bild, zog sich an, setzte sich an den Teppich auf den Wecker und überlegte, wem er wie sagen könnte.

Dem Bett sagte er Bild.
Dem Tisch sagte er Teppich.
Dem Stuhl sagte er Wecker.
Der Zeitung sagte er Bett.
Dem Spiegel sagte er Stuhl.
Dem Wecker sagte er Fotoalbum.
Dem Schrank sagte er Zeitung.
Dem Teppich sagte er Schrank.
Dem Bild sagte er Tisch.
Und dem Fotoalbum sagte er Spiegel.

Also:
Am Morgen blieb der alte Mann lange im Bild liegen, um neun läutete das Fotoalbum, der Mann stand auf und stellte sich auf den Schrank, damit er nicht an die Füße fror, dann nahm er seine Kleider aus der Zeitung, zog sich an, schaute in den Stuhl an der Wand,

> setzte sich dann auf den Wecker an den Teppich und blätterte den Spiegel durch, bis er den Tisch seiner Mutter fand.
> Der Mann fand das lustig, und er übte den ganzen Tag und prägte sich die neuen Wörter ein. Jetzt wurde alles umbenannt: Er war jetzt kein Mann mehr, sondern ein Fuß, und der Fuß war ein Morgen und der Morgen ein Mann. [...]
> Der alte Mann kaufte sich blaue Schulhefte und schrieb sie mit den neuen Wörtern voll, und er hatte viel zu tun damit, und man sah ihn nur noch selten auf der Straße.
> Dann lernte er für alle Dinge die neuen Bezeichnungen und vergaß dabei mehr und mehr die richtigen. Er hatte jetzt eine neue Sprache, die ihm ganz allein gehörte. [...]
> Und es kam so weit, daß der Mann lachen mußte, wenn er hörte, wie jemand sagte: »Gehen Sie morgen auch zum Fußballspiel?« Oder wenn jemand sagte: »Jetzt regnet es schon zwei Monate lang.« [...]
> Er mußte lachen, weil er all das nicht verstand.
> Aber eine lustige Geschichte ist das nicht. Sie hat traurig angefangen und hört traurig auf.
> Der alte Mann im grauen Mantel konnte die Leute nicht mehr verstehen, das war nicht so schlimm. Viel schlimmer war, sie konnten ihn nicht mehr verstehen.
> Und deshalb sagte er nichts mehr.
> Er schwieg,
> sprach nur noch mit sich selbst,
> grüßte nicht einmal mehr.

zwei Seiten eines Blattes Papier. Auf Grund der festen Zuordnungskonvention im Rahmen des einzelsprachlichen Systems ruft ein *signifiant* im Geiste unmittelbar den zugehörigen *signifié* hervor – und andersherum. Die Beziehung ist nicht auflösbar. Man spricht sprachlichen Zeichen deshalb die Eigenschaft der Konstanz zu. Wer also willkürliche Veränderungen in den Zuordnungen vornimmt (und nicht wenigstens sicherstellt, dass diese Sonderkonventionen auch von anderen übernommen werden), kann mit Hilfe des gegebenen Sprachsystems nicht mehr kommunizieren (vgl. dazu das Textbeispiel 10). Dies gilt, obwohl es ja im Prinzip gleichgültig (arbiträr) ist, welcher *signifiant* einem bestimmten *signifié* zugeordnet wird und die verschiedenen Einzelsprachen ganz unterschiedlich verfahren. Dies zeigt noch einmal die große Bedeutung der Konventionalität des sprachlichen Zeichens. Sprachzeichen funktionieren eben immer nur im Rahmen des Systems einer *langue*.

Die relative Motiviertheit

Wenn die Beziehung zwischen *signifiant* und *signifié* – da sie ja arbiträr ist – für jedes Gesamtzeichen einzeln gelernt werden müsste, wäre die Aufgabe, eine Sprache zu lernen, unglaublich groß. In Wirklichkeit müssen wir jedoch nicht jedes Einzelzeichen mit seinen zwei Seiten neu lernen. Wenn man z.B. weiß, dass *drei* ›3‹ bedeutet und *zehn* ›10‹, ist es ja nicht besonders schwierig darauf zu kommen, dass *dreizehn* ›13‹ bedeutet; wenn man weiß, dass *Hund* ›chien‹, *Katze* ›chat‹ und *Hündchen* ›petit chien‹ bedeutet, wird man wohl nicht lange darüber nachzudenken brauchen, was *Kätzchen* bedeutet. Die vielen Einzelzeichen einer Sprache erklären sich also großenteils gegenseitig. Saussure spricht hier von relativer Motiviertheit. Anders als bei den onomatopoetischen Zeichen beruht die selbsterklärende Kraft dabei nicht auf Ikonizität, sondern auf systeminternen Beziehungen. Das Prinzip der Konventionalität der Zeichen wird dadurch eingeschränkt, aber nicht aufgehoben. Es ist zweifellos leichter, sich den *signifiant dreizehn* für ›13‹ zu merken, als den *signifiant treize* aus *trois* und *dix* herzuleiten; *dreizehn* ist also stärker motiviert als *treize*, aber es könnte natürlich auch ›3 x 10‹, also ›30‹ bedeuten – und wie abwegig es Nicht-Deutschsprachigen erscheint, *einunddreißig* zu sagen statt *dreißigundeins*, ist wohl allgemein bekannt. Die Motiviertheit ist deswegen immer nur relativ.

9 Sprachzeichen und die außersprachliche Welt

Bei der Erläuterung der Saussureschen Vorstellung vom sprachlichen Zeichen war überhaupt nicht mehr davon die Rede, dass man sich mit sprachlichen Äußerungen irgendwie auf die Welt bezieht, es war nur von den psychischen Größen die Rede. Dies ist auch ganz in Saussures Sinne. Er hat sein Modell des sprachlichen Zeichens ausdrücklich als Gegenkonzept zu Vorstellungen präsentiert, nach denen das Zeichen nur aus einem Zeichenkörper besteht, der direkt auf einen Gegenstand bzw. die Vorstellung davon hinweist, etwa so:

Telefon → ☎

Tatsächlich vertritt Saussure die Auffassung, dass es außerhalb der Sprache überhaupt keine klaren Vorstellungen (*concepts*) von irgendetwas gibt: »Das Denken, für sich allein genommen, ist wie eine Nebelwolke, in der nichts notwendigerweise begrenzt ist. Es gibt keine von vornherein feststehenden Vorstellungen, und nichts ist bestimmt, ehe die Sprache in Erscheinung tritt«.[6] Sprache ist also nicht bloß da, um etwas in der Wirklichkeit zu bezeichnen, sondern sie ist bereits notwendig, um die Wirklichkeit überhaupt geistig zu erfassen und zu strukturieren, um klare Konzepte auszubilden – eben *siginifiés*, die ohne die zugehörigen *signifiants* überhaupt nicht denkbar sind.

> Keine gedanklichen Konzepte ohne sprachliche Zeichen

Verschiedene *signifiés* gewinnen ihre spezifische Bedeutung aus der Abgrenzung gegen andere (verwandte) *signifiés* – das macht ihre Systemgebundenheit aus. Für diese einzelsprachspezifische Abgegrenztheit von Konzepten führt Saussure den Ausdruck Wert (*valeur*) ein und erläutert ihn u.a. mit folgendem Beispiel:

das franz. *mouton* kann dieselbe Bedeutung haben wie das engl. *sheep*, aber nicht denselben Wert, und das aus mancherlei Gründen, besonders deshalb, weil, wenn von einem Stück Fleisch die Rede ist, das zubereitet und auf den Tisch gebracht wird, das Englische *mutton* und nicht *sheep* sagt. Der Unterschied des Wertes zwischen *sheep* und *mouton* kommt daher, weil das erstere neben sich ein zweites Glied hat, was bei dem franz. Wort nicht der Fall ist.[7]

*Die Systemgebundenheit sprachlicher Zeichen, ihr Stellenwert (*valeur*)*

Wir kommen auf diese Fragen weiter unten zurück und halten hier nur fest: Da die *signifiés* nicht unmittelbar außersprachlichen Gegenständen zuzuordnen sind, sondern nur im Rahmen der *langue* existieren, spielt für Saussure die Untersuchung des Verhältnisses von Sprache und Welt nur eine höchst untergeordnete Rolle.

Referenz

Die vorgestellten Überlegungen Saussures zur Sprachgebundenheit von Bedeutungen ändern natürlich nichts an der Tatsache, dass Sprachzeichen in einer bestimmten Beziehung zu Gegenständen stehen und sprachliche Äußerungen verwendet werden, um sich auf die Welt zu beziehen. Diesen Bezug nennen wir Referenz. Unter Einschluss dieses Aspekts stellt sich das Zeichenmodell nun wie in Abbildung 9 dar.

Aktuelle Referenz

In einer konkreten Kommunikationssituation, also einem Parole-Akt, referiert der Sprecher mittels eines Zeichens auf einen Referenten. Dies kann z.B. ein konkretes Einzelobjekt sein (*Da steht ein Schaf*), aber auch eine abstrakte Größe, z.B. die Gattung Schaf (*Das Schaf wurde schon frühzeitig domestiziert*). Für die Verständigung ist es sehr wichtig zu wissen, worauf der Sprecher genau referiert: *Ich hätte gern ein Schaf* – meint er jetzt ein lebendiges, ein geschlachtetes oder ein Stofftier? Wir sprechen hier von der aktuellen Referenz des Zeichens.

Potenzielle Referenz

Als *Langue*-Einheit haben Sprachzeichen keine aktuelle Referenz. Sie werden jedoch auf Grund ihrer Bedeutung zur Referenz auf bestimmte Dinge ausgewählt. *Schaf* ist etwa geeignet, auf diverse Schafe, wirkliche, vorgestellte oder gezeichnete, auf Schafe überhaupt usw. zu referieren. Es ist aber nicht geeignet, um auf Kühe, Bücher oder Autos

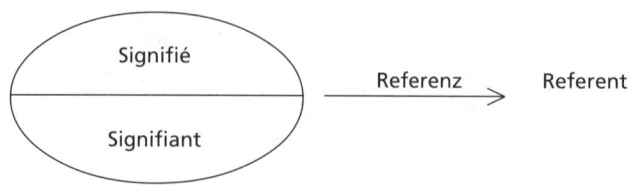

Abb. 9: Die Referenz des sprachlichen Zeichens

zu referieren. Beim Sprachzeichen als *Langue*-Einheit sprechen wir daher von potenzieller Referenz.

Dass es Unterschiede zwischen den *valeurs* von Sprachzeichen in verschiedenen Sprachen gibt, wie Saussure es hervorhebt, können wir nun folgendermaßen reformulieren: Die potenzielle Referenz solcher Zeichen, z.B. von *sheep* und *mouton*, ist nicht identisch: *mouton* kann man auf Referenten anwenden, für die *sheep* nicht infrage kommt. Sie ist allerdings teilidentisch: Es gibt (eine große Menge von) Referenten, für die man im Französischen das Zeichen *mouton*, im Englischen *sheep* verwenden kann. Die aktuelle Referenz, von der wir in Bezug auf zwei Sprachen allerdings eigentlich nur sprechen können, wenn es sich um Übersetzungen handelt, sollte dagegen immer identisch sein (sonst ist die Übersetzung falsch oder wenigstens problematisch). Im Beispiel von Saussure, der Tischszene, haben also *mouton* und *mutton* dieselbe aktuelle Referenz.

Wie bedeutsam nun immer die Berücksichtigung des Aspekts der Referenz für systemlinguistische Untersuchungen sein mag, in der Sprachpraxis, vor allem im Spracherwerb, spielt sie eine herausragende Rolle! Denn für jemanden, der die Konventionen einer Sprache kennenlernen will, ist es ja von fundamentaler Bedeutung, wie er auf bestimmte außersprachliche Größen angemessen referieren kann. Bei der aktiven Verwendung einer Sprache, wenn er also eine Äußerung produzieren will, stellt sich für ihn die Frage: Wie nennt man X?; wie sagt man zu X?; in linguistischer Ausdrucksweise sollte man sagen: Wie bezeichnet man X? oder: Mit welchem Zeichen referiert man auf X? Diese Fragestellung nennt man die onomasiologische (zu griechisch *onoma* ›Name‹). Und obwohl Saussure ja festgestellt hat – und ich meine: ganz zu Recht! –, dass Sprachzeichen gar nicht direkt bestimmten Gegenständen (bzw. Vorstellungen davon) zugeordnet sind, bekommen wir auf eine solche Frage im Allgemeinen dennoch eine durchaus brauchbare Antwort. Manchmal allerdings auch zwei oder noch mehr, und daran erkennen wir, wie richtig Saussures Überlegungen sind. Auf die Frage: »Mit welchem Zeichen referierst du auf ☎?«, könnte man z.B. die Antwort bekommen: »*Telefon* oder *Telefonapparat* oder auch *Fernsprecher*.« Auch Saussures Beispiel ist alles andere als eindeutig. Auf die Frage: »Wie heißt das, was du da isst?«, wird man nämlich (jedenfalls heutzutage) wahrscheinlich nicht die Antwort bekommen: »(*gigot de*) *mouton*«, sondern »(*gigot d'*) *agneau*«.

> Die onomasiologische Fragestellung:
> Wie bezeichnet man das Objekt?

Die andere Situation, in der sich ein Sprachlerner befindet, ist die des so genannten passiven Sprachgebrauchs: Er will die sprachliche Äußerung eines anderen verstehen oder wissen, was ein bestimmtes Zeichen (zugänglich ist ihm ja immer nur der *signifiant*) bedeutet. Die Frage wäre hier also: »Was bedeutet *mouton*, *agneau*?« Diese Fragestellung nennt man die semasiologische (zu griechisch *sema*, *semeinon* ›Zei-

> Die semasiologische Fragestellung:
> Was bedeutet der Ausdruck?

chen‹). Hier geht es darum, den einem *signifiant* zugeordneten *signifié* zu bestimmen. Da die psychische Größe *signifié* nicht unmittelbar greifbar ist (man kann auch nicht auf sie zeigen oder dergleichen), ist die Antwort auf eine solche Frage in der Regel eine Bedeutungsumschreibung, in der allerdings oft auch etwas über den Referenten selbst gesagt wird. Die Antwort auf unsere Beispielfrage (aus dem *Larousse de la cuisine*) lautet (in meiner Übersetzung):

> Im Fleischerhandwerk nennt man *mouton* ein *agneau*, das älter als ein Jahr ist. Sein Fleisch ist weniger zart, hat aber einen ausgeprägteren Geschmack. [...] In Europa ist *mouton*-Fleisch relativ selten, weil der Verbraucher bei weitem *l'agneau* vorzieht, aber es ist noch sehr beliebt in Indien, Nordafrika und im mittleren Orient, wo es stark gewürzt zubereitet wird.

Eine praktische Aufgabe der Sprachwissenschaft ist es u.a., die Konventionen der Sprachen zu erklären, die Erklärungen zusammenzufassen und sie Sprachbenutzern zugänglich zu machen. Für die Sprachzeichen mit referenzieller Bedeutung geschieht dies in Wörterbüchern. Die anderen sprachlichen Zeichen sind dort nur zum Teil erfasst; sie werden zusammenfassend in Grammatiken beschrieben. Wir wenden uns im Folgenden zunächst den referenziellen Zeichen zu, die im Wörterbuch beschrieben werden. Die gebräuchlichsten Wörterbücher sind semasiologisch ausgerichtet, d.h. sie listen – normalerweise in alphabetischer Folge – *signifiants* auf und geben dazu Erläuterungen, u.a. zum *signifié*. Diese Bedeutungserklärungen bilden den Gegenstand des folgenden Kapitels.

10 Bedeutungsbeschreibungen im Wörterbuch

Lexikalische Semantik

Das Saussuresche Zeichenmodell sieht außerordentlich einfach aus. Es soll die Zuordnungsbeziehungen zwischen *signifiants* und *signifiés* darstellen, die in ihrer Gesamtheit im Wörterbuch einer Sprache aufzufinden sind. Wie wir schon bei der Übersicht über die sprachwissenschaftlichen Teildisziplinen festgestellt haben, bildet die Beschreibung der Bedeutung sprachlicher Ausdrücke den Gegenstand der Semantik. Mit der Untersuchung der Bedeutung von Lexikoneinheiten wenden wir uns der lexikalischen Semantik zu. Schauen wir uns nun einmal an zwei Beispielen an, wie die Bedeutungsangaben in Wörterbucheinträgen aussehen.

Wir sehen am Textbeispiel 11 unmittelbar, dass die Verhältnisse offenbar viel komplizierter sind, als es das einfache Modell nahelegt

Textbeispiel 11: Zwei Wörterbucheinträge

[1]**weiß** [vajs]: ↑wissen

[2]**weiß** [–] ⟨Adj.: -er, -este; nicht adv.⟩ [mhd. wīȝ, ahd. (h)wīȝ, eigentl. = glänzend]:

1. *von der hellsten Farbe; alle sichtbaren Farben, die meisten Lichtstrahlen reflektierend* (Ggs.: schwarz 1): w. wie Schnee; -e Schwäne, Wolken, Lilien; -e Wäsche, Gardinen; ein -es Kleid; -e Haare; die -en und die schwarzen Felder des Spielbretts; der Rock war rot und w. gestreift; sie hat strahlend, blendend -e Zähne; die Wand w. tünchen; -es (*unbeschriebenes*) Papier; -e Weihnachten, Ostern (*Weihnachten, Ostern mit Schnee*); vor Schreck, Wut w. (*sehr bleich*) im Gesicht werden; er ist ganz w. geworden (*hat weiße Haare bekommen*); die Dächer waren über Nacht w. geworden (*waren verschneit*); der -e Sport (*Tennis*); -e Blutkörperchen (Med.: *Leukozyten*); die -e Substanz (Med.: *an Nervenfasern reicher, weißlicher Teil des Gehirns u. des Rückenmarks*); ⟨subst.:⟩ das Weiße im Ei; Weiß (*der Spieler, der die weißen Figuren hat*) eröffnet das Spiel; ***der Weiße Sonntag** (*Sonntag nach Ostern [an dem in der kath. Kirche die Erstkommunion stattfindet]*; nach kirchenlat. dominica in albis = Sonntag in der weißen Woche [= Osterwoche]; bis zu diesem Sonntag trugen in der alten Kirche die Ostern Getauften ihr weißes Taufkleid); **jmdm. nicht das Weiße im Auge gönnen** (ugs.: *jmdm. gegenüber sehr mißgünstig sein*);

2.a) sehr hell aussehend: -er Pfeffer; -e Bohnen; -es Brot (*Weißbrot*); -es Fleisch (*helles Fleisch vom Kalb*); er mag -en Wein (*Weißwein*) lieber als roten; ⟨subst.:⟩ einen Weißen ([*ein Glas*] *Weißwein*) trinken;

b) *der Rasse der* [2]*Weißen, der Europiden angehörend*: die -e Rasse (*die* [2]*Weißen*);

⟨subst.:⟩ **Weiß** [-], das; -[es], -: *weiße Farbe, weißes Aussehen*: ein strahlendes W.; die Braut trug W.; in W. heiraten

Sack, der: -[e]s, Säcke (als Maßangabe auch: Sack) [mhd., ahd. sac < lat. saccus < griech. sákkos]:

1.a) *größeres, längliches Behältnis aus [grobem] Stoff, starkem Papier, Kunststoff o.ä., das der Aufnahme, dem Transport od. der Aufbewahrung von festen Stoffen, Gütern dient*: ein voller, leerer S.: drei Säcke [voll] Zucker; drei S. Kartoffeln; einen S. zubinden; Säcke schleppen, stapeln; etw. in einen S. stecken, stopfen, füllen; es ist dunkel wie in einem S. (ugs.: *sehr dunkel*); er fiel um, lag da wie ein [nasser] S. (salopp: *wie leblos*); schlafen wie ein S. (salopp: *tief u. fest schlafen*); R hinein mit S. und Pfeife (Soldatenspr.: *drauflos mit allem Drum und Dran*); ihr habt zu Hause wohl Säcke an den Türen! (salopp: *Aufforderung an jmdn., die Tür zu schließen*); Spr den S. schlägt man, den Esel meint man (*man tadelt jmdn., meint aber in Wirklichkeit jmdn. anders*); Ü ein S. voll Lügen; ***den S. zubinden** (salopp: *ein Unternehmen beenden*); ***jmdn. im S. haben** (salopp: *jmdn. gefügig gemacht haben*); **etw. im S. haben** (salopp: *einer Sache sicher sein können*); **jmdn. in den S. stecken** (ugs.: 1. *jmdm. überlegen sein.* 2. *jmdn. betrügen*); **in den S. hauen** (salopp: 1. *sich entfernen, davonmachen,* 2. *kündigen;* viell. urspr. [nach getaner Arbeit] das Werkzeug in einen Sack tun); **in S. und Asche gehen** (geh.: *Buße tun*); **mit Sack und Pack** (*mit aller Habe*); **S. Zement** (salopp: Ausruf des Erstaunens, der Verwünschung; entstellt aus Sakrament);

b) (landsch., bes. südd., österr., schweiz.) *Hosentasche;*

c) (landsch., bes. südd., österr., schweiz.) *Geldbeutel*: keinen Pfennig im S. haben.;

2. (derb, meist abwertend) *Mann, Mensch*: ein alter blöder S.; ihr Säcke!

3. *sackförmige Hautfalte unter den Augen. Tränensack* (meist Pl.): Säcke unter den Augen haben;

4. (derb) *Hodensack*: **jmdm. auf den S. fallen** (salopp: *jmdm. lästig fallen*); **etw auf den S. kriegen** (salopp: 1. *eine Rüge erhalten.* 2. *verprügelt werden.* 3. *eine Niederlage erleiden*); **jmdm. auf den S. niesen/husten/treten** (Soldatenspr.: 1. *jmdn. grob zurechtweisen.* 2. *jmdn. drillen*).

Mehrere Wörter-
bucheinträge
zum selben
signifiant:
Homonymie

(und dass Wörterbucheinträge gar nicht einfach zu lesen sind). Wir wollen die Beispiele nun besprechen und sehen, welche Differenzierungen wir an unserem einfachen Modell vornehmen müssen.

Beim ersten Beispiel fällt zunächst auf, dass der *signifiant weiß* zweimal vorkommt, hier versehen mit vorangestellten Zahlen. Der erste Eintrag enthält überhaupt keine Bedeutungsbeschreibung, sondern bloß einen Verweis auf den *signifiant wissen*, ein Verb, das in der 1. und 3. Person Singular Präsens die Form *weiß* hat. Dieses Verb hat mit dem Adjektiv *weiß*, erläutert im zweiten Eintrag, gar nichts zu tun. Es handelt sich um zwei verschiedene Zeichen, deren *signifiants* zufälligerweise übereinstimmen. Diese Erscheinung nennt man Homonymie (von griechisch *homonymos* ›gleichnamig‹), und wir können feststellen, dass es Ausnahmen zu der Regel gibt, ein *signifiant* würde im Geiste unmittelbar einen (und genau einen) *signifié* hervorrufen. Dennoch müssen wir die Annahme, beide seien miteinander so verbunden wie die zwei Seiten eines Blattes, nicht aufgeben, nur sehen eben manche Blätter von der einen Seite genauso aus wie manche andere. Die Homonymie betrachten wir als eine für das prinzipielle Funktionieren einer Sprache nicht weiter relevante Ausnahme, und im Deutschen kommen Homonyme auch relativ selten vor. Im Französischen dagegen sind sie sehr häufig. Dies hängt vor allem mit den unterschiedlichen orthografischen Systemen der beiden Sprachen zusammen: Die deutsche bildet die Lautung sehr viel getreuer ab als die französische, d.h. im Französischen gibt es sehr viele *signifiants*, die in ihrer lautlichen Realisierung übereinstimmen, während sie in der grafischen Realisierung verschieden sind. Wenn wir von Homonymie sprechen, sollten wir daher noch genauer unterscheiden.

Homophonie

Wenn die *signifiants* zweier Zeichen lautlich übereinstimmen, sprechen wir von Homophonie; dabei kann die Schreibung gleich sein wie im Fall von *weiß* (›blanc‹ – ›sais‹) oder *mineur* (›Bergmann‹ – ›Minderjähriger‹) oder aber verschieden: *Moor* (›marais‹) – *Mohr* (›nègre‹); *sang* (›Blut‹) – *cent* (›hundert‹) – *sans* (›ohne‹); *lave, laves, lavent* (verschiedene Formen von *laver* ›waschen‹); *livre, livres, livrent* (Singular und Plural von *livre* ›Buch‹, *livre* ›Pfund‹ und verschiedene Formen von *livrer* ›liefern‹).

Homografie

Wenn die *signifiants* zweier Zeichen grafisch übereinstimmen, sprechen wir von Homografie; dabei kann zugleich Homophonie vorliegen (*livre, weiß*) oder nicht: *Montage* (›lundis‹ – ›montage‹); *Druck|erzeugnis* (›publication‹) – *Drucker|zeugnis* (›diplôme d'imprimeur‹); *sens* (›ich fühle‹ – ›Sinn‹).

Die angeführten Beispiele sind allerdings nicht alle gleich überzeugend, um die These zu stützen, dass jeweils zwei (oder mehr Zeichen) mit denselben *signifiants* vorliegen, und es ist kein Zufall, dass *livres* und *livrent* gar nicht als Eintrag im Wörterbuch geführt werden. Denn es handelt sich ja nur um verschiedene Formen von *livre* oder *livrer*, und nur diese sind als *signifiants* von referenziellen Zeichen psychisch gespeichert. Tatsächlich sind *livres* und *livrent* zusammengesetzte Zeichen, in denen *-s* und *-nt* grammatische Bedeutung tragen. Wir kommen auf diese grammatischen Zeichen später zurück und wollen hier nur eine terminologische Differenzierung einführen, die uns erlaubt, die verschiedenen Fälle auseinanderzuhalten. Dies führt uns auf den Unterschied zwischen *langue* und *parole* zurück.

Lexikalische und grammatische Zeichen zusammengesetzt

Ein Äußerungsakt, ein Satz oder ein Text, stellt normalerweise ein komplexes Zeichen dar, in dem mehrere Einzelzeichen miteinander kombiniert sind. Sie sind linear angeordnet. Die Grenzen zwischen den Einzelzeichen werden aber nur zum Teil auch physisch markiert, in der grafischen Realisation etwa durch die Abstände zwischen Wörtern und die Satzzeichen. Bei der lautlichen Realisation können Pausen als Grenzsignale eingesetzt werden. Davon macht man jedoch nur beschränkt Gebrauch, eher zwischen Sätzen oder Satzteilen, kaum zwischen einzelnen Wörtern, und schon gar nicht zwischen den referenziellen und den grammatischen Zeichen, aus denen viele Wörter zusammengesetzt sind. Ein Wort im Text, in der *parole*, kann also aus mehreren Einheiten der *langue* bestehen. Wir legen nun fest: Jede Einheit der *langue*, die eine referenzielle Bedeutung trägt und deren *signifié* im Wörterbuch erläutert wird, nennen wir Lexem. Die Einheit, die im (geschriebenen) Text durch Abstände von anderen abgegrenzt ist, nennen wir demgegenüber Wort. Das Wort ist eine Einheit der *parole*, das Lexem eine Einheit der *langue*. *wissen, wusste, gewusst* sind daher drei Wörter (Zeichen im Text), sie gehören aber zu einem Lexem (Zeichen der *langue*, das im Wörterbuch unter der Form *wissen* geführt wird). *weiß, weißer* und *wissen* sind dagegen drei Wörter, die zwei Lexemen zugeordnet werden können, dem Adjektiv (*weiß* und *weißer*) oder dem Verb (*weiß* und *wissen*).

Wort versus *Lexem*

Wenn wir uns im Wörterbuch über die Bedeutung eines Zeichens im Text orientieren wollen, kommt es also zunächst darauf an, das richtige Lexem zu identifizieren. Bei dem Beispiel *Sack* nun scheint nur ein einziges Lexem zu existieren. Dennoch finden wir auch hier in der Wörterbuchbeschreibung mehrere Bedeutungen angeführt. Sie seien hier zusammengefasst und versuchsweise durch französische Entsprechungen umschrieben:

Verschiedene, aber miteinander zusammenhängende Bedeutungen

1 a) ›sac‹
   b) ›poche‹
   c) ›porte-monnaie, bourse‹
2 ??? (injure)
3 ›lacrymal‹
4 ›testicule‹

Polysemie
Lesarten

Obwohl wir nun davon ausgehen können, dass wir es mit einem einzigen Lexem zu tun haben, ruft der *signifiant* auch hier nicht genau einen, sondern mehrere – und sehr verschiedene! – *signifiés* im Geiste hervor. Das Lexem ist offenbar mehrdeutig. Hier handelt es sich nun jedoch nicht (wie bei der Homonymie) um eine gewissermaßen regelwidrige Ausnahmeerscheinung, sondern um den Normalfall. Er wird als Polysemie (›viel-bedeutend‹) bezeichnet. Wie man jedem Wörterbuch schnell entnehmen kann, sind die meisten Lexeme polysem; ihnen sind mehrere Bedeutungsvarianten oder Lesarten zugeordnet, die allerdings irgendwie miteinander zusammenhängen. Der Bedeutungszusammenhang kann enger oder weiter sein, deswegen hat man sich in dem Wörterbuch bei unserem Beispiel für die Unterscheidung von vier Lesarten entschieden, von denen die erste in nochmals enger verwandte Unterlesarten zerfällt.

Es ist auch ganz leicht zu erkennen, warum die Varianten der ersten Lesart enger zusammenhängen; sie fallen nämlich alle unter denselben Oberbegriff. In der Bedeutungsbeschreibung wird er bezeichnet als ›Behältnis‹, d.h. ›ein Gegenstand, in den man etwas hineintun, in dem man etwas verstauen kann‹. Das gilt natürlich für die Lesarten 3 und 4 nicht; es handelt sich dabei ja um Körperteile. Wie kommt es dennoch dazu, dass auch diese Referenten mit dem Ausdruck *Sack* bezeichnet werden können, und warum sehen wir darin eine Erscheinung der Polysemie, gehen also davon aus, dass diese Lesarten etwas miteinander zu tun haben? Auch die Antwort auf diese Frage ist nicht sehr schwer zu finden: Die Gemeinsamkeit der Referenten, auf die man sich mit dem Zeichen in den Lesarten 3 und 4 einerseits und 1 andererseits bezieht, besteht nicht in ihrer Funktion (Behältnis), sondern in der Form: Tränensäcke und Hodensäcke erinnern an die Form bestimmter Referenten des Lexems in der Lesart 1, nämlich an kleine Beutel, Behältnisse aus einem flexiblen Material, die an sich eigentlich keine fixe Form haben, sondern ihre besondere Gestalt (nach unten breit, ausgebuchtet) dadurch gewinnen, dass man etwas hineintut. Wir haben es hier also mit einer übertragenen Bedeutung zu tun, und der Anlass der Übertragung, das *tertium comparationis*, ist die Ähnlichkeit in der Form. Selbstverständlich können auch andere Ähnlichkeiten zum Anlass für Bedeutungsübertragungen werden. In einem anderen Wörterbuch der deutschen Sprache, dem *Wahrig* (Ausgabe 1997), wird dies in der Beschreibung einer Lesart ausdrücklich festgestellt:

Bedeutungs-
übertragung

> etwas mit einem Sack (1) [d.h. in der Lesart 1 = ›länglicher Behälter …‹] Vergleichbares, entweder weil es nur einen Eingang u. keinen Ausgang hat [*Sackgasse*] oder weil es schlaff oder bauschend hängt.

Freilich sind die Ähnlichkeiten immer nur relativ und nicht unbedingt auf den ersten Blick erkennbar. In unserem Beispiel ist vor allem die

Lesart 2, *Sack* als Schimpfwort in Verbindungen wie *alter, fauler, blöder Sack*, wohl recht schwer rekonstruierbar. Worin könnte die Ähnlichkeit eines Menschen mit dem Behälter bestehen? Ist es vielleicht die Form (z.B. dicker Bauch) bzw. die Formlosigkeit eines Menschen, der ›sich hängen lässt wie ein Sack‹, d.h. sowohl in der Körperhaltung als auch im moralischen Sinne keine Standfestigkeit, kein Rückgrat hat? Oder ist der Grund für die Übertragung vielleicht darin zu sehen, dass Säcke im Allgemeinen keinen großen materiellen Wert haben? Sie sind typischerweise aus grobem Stoff oder Wegwerfmaterial (Papier, Plastik) gefertigt. Vielleicht spielt auch beides eine Rolle, oder noch etwas anderes?

Wie man sieht, begeben wir uns mit solchen Fragen auf die Suche nach der relativen Motiviertheit der Anwendung bestimmter Lexeme auf bestimmte Referenten, anders gesagt: Wir versuchen zu rekonstruieren, wie es zu solchen Lexemverwendungen und zu bestimmten Lesarten kommen konnte. Um solche Fragen beantworten zu können, ist es oft nützlich, ja manchmal notwendig, in die Geschichte zurückzublicken, sowohl in die Sach- als auch in die Sprachgeschichte. Wenn z.B. auch ein Portmonnee mit dem Ausdruck *Sack* belegt wird, so liegt das natürlich am Geldverkehr zu früheren Zeiten. Als es noch kein Papiergeld, sondern nur Münzen gab, trug man diese in mehr oder weniger großen Behältern von sackartiger Form bei sich. Für Geldscheine eignet sich dieser Aufbewahrungsbehälter nicht besonders gut, als Behältnisse kamen also Gegenstände anderer Form in Gebrauch. Sie hatten jedoch noch dieselbe Funktion wie die früheren Geldbeutel oder -säcke, und dies bildet einen hinreichenden Grund für die Beibehaltung des Lexems. Beispiele für solchen Wandel gibt es in Hülle und Fülle; wir führen nur ein zweites an: Schreibgeräte, die auf Deutsch als *Bleistifte*, auf Französisch als *crayons* bezeichnet werden, enthalten heutzutage weder Blei (›plomb‹) noch Kreide (›craie‹), sondern Grafit; die Ähnlichkeit in Funktion und Form bildet den Grund für die Anwendung des Lexems auch auf den neuen Typ der Stifte.

> Die Bedeutung der Sach- und Sprachgeschichte für die Erklärung von Polysemie

Mitunter haben sich die Dinge derartig stark verändert, dass eine Rekonstruktion der früher mehr oder weniger offenkundigen Ähnlichkeit nicht mehr unmittelbar möglich ist. In diesen Fällen würde man dann das Vorliegen von Homonymie rekonstruieren. So ist es z.B. für viele schwer einsehbar, was das Gemeinsame an einer *serrure* und einem *château* sein soll; für *Schloss* werden dementsprechend *zwei* unabhängige Lexeme rekonstruiert. Für andere gehören jedoch beide Bedeutungen klar zum Verb *schließen*, denn bei dem Gebäude Schloss hatte man zunächst eine befestigte Burg vor Augen, in der man sich vor Eindringlingen schützen, sich abschließen konnte. Erst später bauten sich die Mächtigen besonders prunkvolle und repräsentative Gebäude, die keineswegs mehr einen besonderen Schutz nach außen bieten. Wer diese Verbindung sieht, rekonstruiert demnach *ein* Lexem mit mehreren Lesarten.

> Die Relativität der Grenze zwischen Homonymie und Polysemie

11   Wortbedeutungen im Bewusstsein der Sprecher

Können wir nun sagen, dass die eine oder die andere Lösung die richtige ist? Welche Aufgabe hat der Wörterbuchschreiber, der Lexikograf? Soll er erklären, wie es zu der Bedeutungsvielfalt von Lexemen (Polysemie) und zu verschiedenen Lexemen mit identischem *signifiant* (Homonymie) gekommen ist, oder ist es nur wichtig festzuhalten, welche Lexeme gegenwärtig konventionell in welchen Bedeutungen gebraucht werden? Die Frage stellt sich um so mehr, als es ja in der *parole* ständig zu neuen Bedeutungsübertragungen kommen kann. Wer z.B. seinen Computer nur zu Textverarbeitungszwecken benutzt (und das sind viele!), für den könnte es durchaus naheliegen, ihn als *Schreibmaschine* zu bezeichnen. Soll man deswegen für das Lexem *Schreibmaschine* eine Lesart ›Computer, der nur mit einem Textverarbeitungsprogramm ausgestattet ist‹ rekonstruieren? Schließlich haben wir uns ja auch angewöhnt, eine elektronisch unter einem bestimmten Namen gespeicherte Datenmenge als *Dokument* zu bezeichnen, obwohl etwa das *Duden Universalwörterbuch* eine solche Lesart nicht vorsieht, sondern als Bedeutungsvarianten angibt ›Urkunde, amtliches Schriftstück‹ und ›Beweisstück, Zeugnis‹. Beides passt eigentlich nicht auf Computerdokumente.

Synchronie und Diachronie im Wörterbuch   Bei der Beantwortung der Frage, was denn nun die Aufgabe des Lexikografen, oder allgemeiner: der Sprachwissenschaft, ist, sollten wir noch einmal an Saussures Überlegungen zurückdenken. Nach seiner Auffassung geht es in der Linguistik der *langue* um die Rekonstruktion des Sprachsystems zu einem gegebenen Zeitpunkt (Synchronie). Wie die Verhältnisse früher einmal waren – die Diachronie also – ist für die Rekonstruktion des Systems irrelevant. Folgt man dieser Auffassung streng, so sind irgendwelche Erklärungen sprachlicher Phänomene, für die man erst auf frühere Sprach- und Weltzustände zurückgreifen muss, für die Rekonstruktion des Systems ohne Bedeutung. Viele konkrete Entscheidungen bei der Beschreibung einer Einzelsprache, wie man sie etwa in Wörterbüchern und Grammatiken findet, werden denn auch tatsächlich mit dem synchronen Standpunkt begründet: Wenn eine Beziehung synchron nicht mehr einsehbar ist, wird sie nicht als Gegebenheit des Systems gerechnet. So betrachten wir z.B. den Ausdruck *Eltern* als nicht weiter analysierbares Lexem, obwohl er natürlich historisch mit *alt-älter-(die) Älter(e)n* zusammenhängt; aber tatsächlich dürfte heutzutage bei *Eltern* kaum jemand an diese Verbindung denken. Synchron ist die Beziehung also nicht mehr gegeben, das Lexem erscheint unmotiviert. So wird es auch verständlich, dass heutzutage (vor allem jugendliche) Sprecher ihre Eltern auch als *meine Alten* bezeichnen, d.h. dass sie auf ein Lexem zurückgreifen, in dem wieder neu die relative Motiviertheit hergestellt ist.

Die Aufdeckung synchron nicht mehr unmittelbar einsichtiger Beziehungen erleichtert uns aber das Lernen der Sprache und fördert unser Verständnis für ihr Funktionieren. Tatsächlich interessiert viele Sprachteilhaber an linguistischer Arbeit ganz besonders dieser Aspekt. Sie fragen: Wo kommt dieser Ausdruck her, wie kommt es zu dieser Bedeutung? Sie empfinden offenbar Vergnügen und Befriedigung, wenn sie erkennen können, dass etwas, was auf den ersten Blick arbiträr erscheint, doch relativ motiviert ist. Auch die Sprachwissenschaftler haben die diachrone Fragestellung natürlich nie ganz aus dem Auge verloren. Wir können also die Frage nach den Aufgaben der Lexikografen zunächst mit dem Hinweis auf eine Arbeitsteilung beantworten: Die diachron orientierte Linguistik beschäftigt sich mit der Frage nach der Entwicklung von Sprachen. Auf lexikografischem Gebiet fasst sie ihre Ergebnisse in etymologischen oder Herkunfts-Wörterbüchern zusammen, die auch für an Sprachfragen interessierte Laien aufschlussreich sein können. Die synchron orientierte Linguistik versucht dagegen, das Funktionieren eines sprachlichen Systems zu einem gegebenen Zeitpunkt zu beschreiben und vernachlässigt dabei die Frage nach dem Sprachwandel. In synchron orientierten Wörterbüchern (für die heutige Zeit also: Wörterbüchern der Gegenwartssprache) braucht sie nur die konventionellen Lexemverwendungen aufzubereiten, die im Augenblick geläufig sind. Solche Beschreibungen sind daher für Sprachteilhaber relevant, die vor allem wissen wollen, welche Konventionen im Moment gültig sind.

Etymologische Wörterbücher

Allerdings lassen sich beide Orientierungen dennoch nicht ganz scharf voneinander trennen. Dies hängt vor allem damit zusammen, dass die Rekonstruktion des synchronen Systems ja letzten Endes der Versuch ist, das sprachliche Wissen der Sprachteilhaber, also eine psychische Größe, zu rekonstruieren. Nun hat jedoch das sprachliche Wissen jedes einzelnen immer eine gewisse historische Tiefe. Wer schon 1920 gehört und gelesen hat, kennt selbstverständlich noch viele Lexemverwendungen, die heute ganz ungebräuchlich sind, und vielleicht kennt er viele nicht, die erst in neuester Zeit aufgekommen sind, weil er z.B. kaum mit jungen Leuten kommuniziert. Auch das Bewusstsein für bestimmte Zusammenhänge, die Motiviertheit von einzelnen Lesarten etwa, verschwindet in der Sprachgemeinschaft nicht plötzlich, sondern nur allmählich und kann überdies – z.B. durch etymologische Erläuterungen – auch immer wieder (re-)aktiviert werden. So kommt es dazu, dass manche Menschen den Zusammenhang zwischen den Lesarten von *Schloss* oder zwischen *Eltern* und *alt* erkennen und andere nicht. Außerdem werden sich manche für solche Zusammenhänge interessieren und andere nicht.

Die historische Tiefe des sprachlichen Wissens

Jeder Wörterbuchschreiber muss daher immer gewisse Kompromisse machen. Das Wörterbuch, aus dem wir unsere beiden Eingangs-

Ein synchroner Schnitt betrifft nicht einen Zeitpunkt, sondern einen größeren Zeitraum

Das Wörterbuch ist eine Annäherung an das unterschiedliche Sprachwissen vieler Individuen

Zusammenfassung: Was Lexemerklärungen mindestens umfassen müssen

Polysemie

Wörter und Wendungen: Idiomatik

Varietätenspezifik

beispiele entnommen haben, ist ein vor allem synchron orientiertes. Trotzdem führt es am Anfang der Einträge auch etymologische Erläuterungen an und greift hier und da auf historische Erklärungen zurück, z.b. wenn der Ausdruck *Sack Zement* als Entstellung aus *Sakrament* erklärt wird oder die Hintergründe für den Ausdruck *der Weiße Sonntag* aufgedeckt werden. Dies entspricht Zugeständnissen an den Tatbestand, dass ein wirklich synchroner Schnitt, die Momentaufnahme einer Sprache (z.b. Deutsch am 17.9.1998, 11 Uhr 50) ohnehin gar nicht möglich und auch nicht sinnvoll ist.

Auch in anderer Hinsicht muss ein Lexikograf die Idealisierung von der *langue* als einem stabilen und homogenen System zurücknehmen. Wie wir im zweiten Kapitel gesehen haben, umfasst eine Einzelsprache tatsächlich ja verschiedene Varietäten, z.b. landschaftliche, stilistische und soziale. Das Wörterbuch versucht, die Varietäten umfassend zu beschreiben (und gibt damit übrigens ein Sprachwissen wieder, über das kein einziger konkreter Sprachteilhaber wirklich verfügt): *Sack* für ›Hosentasche‹ und ›Geldbeutel‹ (Lesarten 1b und c) ist etwa nur im Süden des deutschen Sprachraums gebräuchlich, *Sack* für ›testicule‹ (Lesart 4) wird als derb (vulgär), *schlafen wie ein Sack* (unter Lesart 1a) als salopp gekennzeichnet, und der Ausdruck *hinein mit Sack und Pfeife* (unter Lesart 1a) gehört nur zur (wohl älteren) Soldatensprache.

Es sind, so können wir zusammenfassend feststellen, hauptsächlich drei Tatbestände, die dazu führen, dass ein Wörterbuchartikel viel komplizierter ist, als es das einfache Zeichenmodell von Saussure erwarten lässt:

– Lexeme haben meist mehrere Lesarten (Polysemie).
– In ihrer Bedeutung konventionalisiert sind nicht nur Einzelausdrücke (von der Größe eines Worts, also *Sack* und *weiß*), sondern auch komplexere Ausdrücke, Fügungen wie *der Weiße Sonntag*, Redewendungen wie *in den Sack hauen* oder *jemandem nicht das Weiße im Auge gönnen*, Redensarten oder Sprichwörter wie *Den Sack schlägt man, den Esel meint man* und schließlich geläufige Sätze wie *Ihr habt zu Hause wohl Säcke an den Türen*. Auch diese Einheiten haben den Status von Lexemen in dem Sinne, dass sie fest im Lexikon gespeichert sind, d.h. nicht erst im jeweiligen Parole-Akt neu konstruiert werden.
– Lexeme und deren Lesarten sind zum Teil nur in bestimmten Varietäten der Sprache gebräuchlich. Ihre regional, stilistisch usw. nur begrenzt gültige Verwendbarkeit muss erläutert werden.

12 Sprache als Mittel des Denkens: Die Kategorisierung der Welt

Bei der Betrachtung der Bedeutungsbeschreibung in Wörterbüchern waren wir bereits auf die Wichtigkeit der Polysemie von Lexemen für das Funktionieren einer natürlichen Sprache gestoßen. Die Polysemie von Lexemen kommt vor allem dadurch zustande, dass ein Ausdruck, der eigentlich für eine bestimmte Art von Referenten gebraucht wird, auch für ganz andere Referenten verwendet werden kann, die in irgendeiner Ähnlichkeitsbeziehung dazu stehen. Wenn sich ein solcher Gebrauch einbürgert, liegt eine neue konventionalisierte Lesart vor.

Schon in einer einzelnen Lesart referiert jedoch ein Lexem potenziell auf Gegenstände, die einander durchaus nicht besonders ähnlich sein müssen. So kann man als *Sack* sowohl einen großen Behälter aus Jute bezeichnen, in dem z.B. Kartoffeln oder Kohle transportiert werden und der oben zugebunden werden kann, als auch einen großen Sack aus festem Papier (z.B. für Zement), der nicht zugebunden, sondern nur verklebt werden kann, als auch z.B. einen kleinen Plastikbeutel, in dem gerade einmal ein Kilo Mohrrüben Platz hat und der an zwei Stellen auf die gleiche Weise verschweißt ist. In manchen Gegenden des deutschen Sprachraums (in der Schweiz) kann man dann auch noch Plastikbeutel oder Papiertüten, wie sie z.B. in Supermärkten ausgegeben oder verkauft werden, als Säcke bezeichnen. Im Norden würde man dagegen bei der Bitte um einen (Plastik-)Sack wohl auf ziemliches Unverständnis an der Kasse stoßen. Auch wenn jemand von seinem Schweizer *Sackmesser* oder vom zu geringen *Sackgeld* spricht, reizt das viele Nordlichter zum Lachen. Bei ihnen heißt es nämlich *Taschenmesser* bzw. *Taschengeld*.

> Die Vielfalt der außersprachlichen Gegenstände

Nun ist es natürlich nicht so, dass die Norddeutschen nicht in der Lage wären, die große Ähnlichkeit zwischen einer Plastiktüte der Coop und einem kleinen Beutel für Gemüse zu erkennen, denn beide haben miteinander ja wohl mehr gemeinsam als mit dem großen Kartoffelsack. Auch die Ähnlichkeit von solchen Säcken oder Säckchen mit der Hosen- oder Jackentasche kann man nicht als besonders abwegig ansehen, wenn man sogar die Ähnlichkeit zum Tränensack erkennt. Verschieden sind also nicht die kognitiven Fähigkeiten (nämlich Ähnlichkeiten zu sehen), sondern lediglich die sprachliche Strukturierung der Welt.

> Ähnlichkeiten zwischen verschiedenen Gegenständen sind relativ

Wir kommen damit auf Saussures Begriff der *valeur* und der Systemgebundenheit sprachlicher Zeichen zurück. Wir hatten im neunten Kapitel festgestellt: Die potenzielle Referenz eines Ausdrucks ergibt sich letztlich erst daraus, welche anderen Ausdrücke ihm an der Seite stehen. Während man im Englischen zwischen *sheep* und *mutton* differenziert, steht dem im Französischen nur *mouton* gegenüber. Gleiches gilt für unser Beispiel: Im Norddeutschen beschränkt die Existenz von *Tasche* die potenzielle Referenz von *Sack*, während dies im Süddeutschen – und erst recht im Französischen (*sac*) – nur zum Teil bzw. gar nicht der Fall ist. Letztlich bedeutet dies aber nichts anderes, als dass wir die Bedeutung, den Stellenwert (*valeur*), eines Lexems überhaupt nicht genau beschreiben können, ohne zugleich andere Lexeme zu berücksichtigen. Bedeutungsverwandte Ausdrücke müssen also im Zusammenhang gesehen werden, damit man feststellen kann, welche spezifische Strukturierung eines Weltausschnitts in einer bestimmten Sprache gegeben ist, d.h. für welche Kategorien es in der Sprache konventionalisierte Zeichen gibt.

Kategorisierung Es geht also grundlegend um das Phänomen der Kategorisierung; diese erfolgt einerseits durch Abstraktion (kognitive Nivellierung von Verschiedenheiten), andererseits durch Differenzierung (kognitive Hervorhebung von Verschiedenheiten). Die beiden Vorgänge lassen sich folgendermaßen erläutern:

Abstraktion Die Abstraktion ist notwendig, weil nicht jeder einzelne Gegenstand in der Welt einen eigenen ›Namen‹ bekommen kann. Man will ja oft eine Vielzahl von individuellen Objekten zu einer Klasse zusammenfassen und muss dabei von vielen ihrer besonderen Eigenschaften absehen. Man kann fast beliebig weit abstrahieren und z.B. sämtliche Unterschiede zwischen individuellen Objekten beiseite lassen; das geschieht mit Ausdrücken wie *Ding* oder *quelque chose*. Sehr viel weniger (aber immer noch Milliarden von) Individuen werden in der Klasse zusammengefasst, für die es im Deutschen den Ausdruck *Mensch* gibt.

Differenzierung Die Differenzierung ist notwendig, weil wir oft auch kleinere Klassen bilden, d.h. verschiedene Dinge gegeneinander abgrenzen wollen. Dabei müssen speziellere Eigenschaften herausgehoben werden. Mit *Mensch* beziehen wir uns z.B. nur auf solche Etwasse, die die Eigenschaften haben, ›Lebewesen‹ und ›menschlich‹ zu sein.

Man kann auch beliebig weit differenzieren – im äußersten Fall bildet man gar keine Klasse mehr, sondern bezieht sich auf ein Etwas als ganz Individuelles. Dafür stehen spezielle sprachliche Ausdrücke *Eigennamen* zur Verfügung, nämlich Eigennamen: *Johann Wolfgang von Goethe*. Das reicht aber nicht immer aus: *Herta Müller, Dekorateurin, geb. am 11.6.1931 in Kiel* könnte man nämlich verwechseln mit *Herta Müller, Schriftstellerin, geb. 1953 in Nitzkydorf (Rumänien)*.

Die Relativität Man kann nicht nur beliebig weit abstrahieren bzw. beliebig fein *von sprachlichen* differenzieren, vielmehr kann man im Prinzip auch auf beliebige Art *Kategorien* differenzieren. Dies zeigt das Textbeispiel 12, dessen Kategorisierungen (Tiere, die dem Kaiser gehören; Tiere, die den Wassertopf zerschlagen haben; Tiere, die mit einem feinen Pinsel gezeichnet sind, usw.) uns wohl ziemlich absurd vorkommen. Allerdings ist *jede* Kategorisierung

Textbeispiel 12: Die vierzig Kategorien des Universums

In der Universalsprache, die John Wilkins um die Mitte des 17. Jahrhunderts erfand, definiert jedes Wort sich selber. Schon Descartes hatte in einem Brief, datiert vom November 1629, vermerkt, daß wir mit Hilfe der Zählung nach dem Dezimalsystem binnen eines einzigen Tages die Zählung sämtlicher Größenmengen bis zum Unendlichen erlernen und diese in einer neuen Sprache, nämlich in Ziffern, niederschreiben können, und hatte entsprechend die Bildung einer Allgemeinsprache vorgeschlagen, die das menschliche Denken organisieren und in sich befassen sollte. John Wilkins nahm um das Jahr 1664 diese Aufgabe in Angriff.

Er teilte das Universum in 40 Kategorien oder Genera auf, die sich ihrerseits in »Differenzen« und diese wiederum in »Spezies« unterteilten. Jedes Genus bezeichnete er mit einer Silbe aus zwei Buchstaben; jede Differenz mit einem Konsonanten; jede Spezies mit einem Vokal. Zum Beispiel: *de* bedeutet: Element; *deb* das erste der Elemente, das Feuer; *deba* einen Teil des Elements Feuer, eine Flamme. In der ähnlich konstruierten Sprache von Letellier (1850) bedeut ›a‹ soviel wie Tier; ›ab‹ Säugetier; ›abo‹ Fleischfresser; ›aboj‹ Katzengattung; ›aboje‹ Katze, ›abi‹ Pflanzenfresser, ›abiv‹ Pferdegattung usw. [...] Die Wörter der analytischen Sprache John Wilkins' sind keine plumpen willkürlichen Symbole. Jeder einzelne der Buchstaben, aus denen sie sich zusammensetzen, ist bezeichnend, so wie für die Kabbalisten die Buchstaben der Heiligen Schrift. [...]

Nachdem wir Wilkins' Methode definiert haben, müssen wir ein Problem untersuchen, das sich unmöglich oder nur schwer hintan halten läßt: die Gültigkeit der Vierzigertabelle, die der Sprache zugrunde liegt. Betrachten wir die achte Kategorie, unter die die Gesteine fallen. Wilkins unterteilt sie in gewöhnliche (Kiesel, Kies, Schiefer), in durchschnittliche (Marmor, Bernstein, Koralle), in kostbare (Perle, Opal), in durchsichtige (Amethyst, Saphir), in unlösliche (Steinkohle, Ton, Arsenik). Fast so beunruhigend wie die achte ist die neunte Kategorie. Sie führt uns vor Augen, daß die Metalle unvollkommen (Zinnober, Quecksilber), daß sie künstlich (Bronze, Messing), abfallartig (Eisenfeilspäne, Rost) und natürlich (Gold, Zinn, Kupfer) sein können. Die Schönheit hat ihren Ort in der sechzehnten Kategorie; sie ist ein lebendgebärender, länglicher Fisch. Diese Doppeldeutigkeiten, Überlagerungen und Fehlanzeigen erinnern an die Gebrechen, die Franz Kuhn einer gewissen chinesischen Enzyklopädie nachsagt, die sich betitelt: *Himmlischer Warenschatz wohltätiger Erkenntnisse.* Auf ihren weit zurückliegenden Blättern steht geschrieben, daß die Tiere sich wie folgt gruppieren: a) Tiere, die dem Kaiser gehören, b) einbalsamierte Tiere, c) gezähmte, d) Milchschweine, e) Sirenen, f) Fabeltiere, g) herrenlose Hunde, h) in diese Gruppierung gehörige, i) die sich wie Tolle gebärden, j) unzählbare, k) die mit einem ganz feinen Pinsel aus Kamelhaar gezeichnet sind, l) und so weiter, m) die den Wasserkrug zerbrochen haben, n) die von weitem wie Fliegen aussehen. Das bibliographische Institut in Brüssel befleißigt sich ebenfalls des Chaotischen: es hat das Weltall in tausend Unterteilungen zerstückelt. Nummer 262 entspricht dem Papst, 282 der römisch-katholischen Kirche, 263 dem Tag des Herrn, 268 den Sonntagsschulen, 289 dem Mormonismus und 294 dem Brahmanismus, Buddhismus, Schintoismus und Taoismus. Es schreckt vor den heterogensten Unterteilungen nicht zurück. So zum Beispiel Nummer 179: »Grausamkeit gegen Tiere. Tierschutz. Das Duell und der Selbstmord, moralisch betrachtet. Verschiedene Laster und Gebrechen. Verschiedene Tugenden und Qualitäten«.

Ich habe Wilkins, den unbekannten (oder apokryphen) chinesischen Enzyklopädisten und das Bibliographische Institut in Brüssel mit einer Aufstellung von Beliebigkeiten vorgeführt. Bekanntlich existiert keine Klassifikation des Universums, die nicht willkürlich und mutmaßlich ist. Aus einem sehr einfachen Grund: wir wissen nicht, was das Universum ist.

nur relativ gültig und sinnvoll. Wenn wir mit Kategorisierungen konfrontiert werden, die wir nicht gewohnt sind – und dies ist eben häufig schon der Fall, wenn man den konventionellen Kategorisierungen einer fremden Sprache oder Varietät begegnet –, löst das zwar oft Befremden oder Belustigung aus, in der Regel reicht jedoch einiger guter Wille, um die (relative) Nützlichkeit auch dieser fremden Kategorisierung zu begreifen. Auch ungewohnte Kategorisierungen, besonders wenn sie sehr fein sind, dienen nämlich im Allgemeinen bestimmten Zwecken: Je genauer man sich mit einem Gegenstandsbereich auseinandersetzt, desto genauer wird man differenzieren. Daher besteht auch eine wesentliche Eigenschaft von Wissenschaften in der Kreation neuer Differenzierungen, neuer Termini bzw. einer ganzen Fachsprache (ein Typ von Varietät). Wenn es z.B. für den an Sprache nicht weiter Interessierten ausreicht, über Ausdrücke wie *Wort* und *Zeichen* zu verfügen (diese kennt aber wirklich jeder Deutschsprachige), so sieht man sich bei genauerer Analyse des Gegenstandes veranlasst, weiter zu differenzieren und etwa zwischen *Lexem* und *Wort* bzw. *signifiant* und *signifié* zu unterscheiden.

Kategorien-
bildung mit
komplexen
Ausdrücken
    Kategorienbildung ist jedoch nicht an die Kreation neuer Ausdrücke gebunden. Der Text von Borges und auch das Beispiel *Herta Müller* zeigen uns jedoch Folgendes: Wenn man beliebig (d.h. entsprechend sehr spezifischen Interessen und Bedürfnissen) kategorisieren will, dann greift man im Allgemeinen auf komplexe sprachliche Ausdrücke zurück: Einzelne Unterscheidungsmerkmale werden explizit genannt und miteinander kombiniert. Auf diese Weise ist jedwede Kategorienbildung (in jeder Sprache) möglich. Wiederum ist es gerade in wissenschaftlichen Untersuchungen oft notwendig, sehr spezielle Kategorien zu bilden. Beispielsweise könnte es für eine linguistische Untersuchung sinnvoll sein, die folgende Kategorie zu bilden: ›Personen, die zur Zeit in Genf ansässig sind, zwischen 1960 und 1980 geboren wurden, im August Geburtstag haben und deren Mutter zweisprachig ist‹. Nichts hindert, eine solche für die Untersuchung gebildete Kategorie dann auch noch mit einem sprachlichen Sonderzeichen zu belegen, etwa *Zwimu* (von *zweisprachige Mutter*), eine Vergleichsgruppe hieße dann natürlich *Zwiva* usw. Solche Ausdrücke für ›x-beliebige‹ Kategorien werden allerdings kaum eine Chance haben, in der Sprachgemeinschaft konventionalisiert zu werden, sie bleiben Ausdrücke der Gruppensprache der mitarbeitenden Forscher.

    Bei der Beschreibung des Systems einer Einzelsprache kommt es nun genau darauf an zu rekonstruieren, welche Kategorisierungen konventionalisiert sind, nämlich Lexemen der *langue* (eines Systems, das für eine ganze Sprachgemeinschaft oder größere Untergruppen davon verbindlich ist) entsprechen.

13 Bedeutungsverwandte Ausdrücke: Wortfelder

Da die *valeur* eines Lexems sich daraus ergibt, welche anderen Lexeme ihm an der Seite stehen, besteht ein erster Schritt der Rekonstruktion der sprachspezifischen Kategorien in der Zusammenstellung von Lexemen, die einander ähnlich sind, sich eben gegenseitig begrenzen. Solche Gruppen bedeutungsverwandter Lexeme werden mit dem Terminus Wortfeld bezeichnet. Genauer gesagt werden jedoch bei der Zusammenstellung immer nur einzelne Lesarten dieser Lexeme berücksichtigt. Die Fragestellung ist also zunächst onomasiologisch: Welche Lexeme gibt es für diesen Gegenstandsbereich? Für den Gegenstandsbereich ›Behältnisse‹ kommen z.B. neben *Sack* und *Tasche* im Deutschen noch in Frage: *Tüte, Beutel, Netz, Ranzen, Korb, Mappe, Tornister, Dose, Kiste, Truhe* … Alle fallen unter einen Oberbegriff (man benutzt dafür auch den Terminus Hyperonym, zu griechisch *hyper-* ›über‹, hier: ›Behälter‹. Umgekehrt spricht man von Unterbegriff (oder Hyponym, zu griechisch *hypo-* ›unter(halb)‹). *Mann, Frau, Kind, Junge, Mädchen* usw. sind z.B. hyponym zu ›Mensch, Person‹.

> Das Wortfeld Oberbegriff – Unterbegriffe

Bedeutungsverwandte Ausdrücke sind einander natürlich mehr oder weniger nahe. Eng bedeutungsverwandte Ausdrücke können gleichermaßen auf ein und denselben Referenten angewandt werden. So kann man für einen bestimmten Gegenstand etwa durchaus wählen zwischen *Tasche, Tüte* und *Beutel*; auf keinen Fall könnte man dagegen für denselben Gegenstand *Dose, Kiste* oder *Truhe* verwenden. Wenn zwei Lexeme ohne jeden Bedeutungsunterschied in jedem möglichen Parole-Akt gegeneinander ausgetauscht werden können, sprechen wir von strenger Synonymie. Ein solcher Fall kommt jedoch nur selten vor, meistens gehören die Ausdrücke nämlich mindestens einer anderen Varietät an: Beispielsweise sagt man im Süden *Samstag*, im Norden *Sonnabend*, in Frankreich *quatre-vingt-dix*, in der französischen Schweiz und Belgien *nonante* usw.

> Synonymie

Hat man bedeutungsverwandte Ausdrücke zusammengestellt, kommt es weiter darauf an zu bestimmen, was sie inhaltlich gemeinsam haben und worin sie sich unterscheiden. Wir suchen also nach den Differenzierungsmerkmalen. Beginnen wir mit einem ganz einfachen Beispiel, den gängigsten Personenbezeichnungen im Deutschen: *Mensch, Kind, Frau, Mann, Mädchen, Junge.* Alle diese Lexeme haben eines gemeinsam: Sie bezeichnen menschliche Wesen, daher ist der Ausdruck *Mensch* der Oberbegriff zu den anderen. Als Differenzierungsmerkmale kommen offensichtlich das Geschlecht und das Alter ins Spiel. Man kann diese Verhältnisse zusammenfassend in der folgenden Tabelle darstellen:

> Das Beispiel der Personenbezeichnungen

	menschlich	erwachsen	Geschlecht
Mensch	ja	unentschieden	unentschieden
Kind	ja	nein	unentschieden
Frau	ja	ja	weiblich
Mann	ja	ja	männlich
Mädchen	ja	nein	weiblich
Junge	ja	nein	männlich

Semantische Merkmale/Seme

Wie man sieht, lässt sich die Bedeutung der sechs Lexeme säuberlich voneinander unterscheiden, wenn man drei Differenzierungsmerkmale berücksichtigt. Diese analytisch unterscheidbaren Bedeutungskomponenten bezeichnen wir von jetzt an als semantische Merkmale oder Seme. Jedes Lexem weist eine andere Kombination von Semen auf. Allen gemeinsam ist das semantische Merkmal ›menschlich‹, das einzige, das bei *Mensch* spezifiziert ist; daran ist erkennbar, dass dies der Oberbegriff ist. Bei *Kind* ist das Merkmal Geschlecht nicht spezifiziert, dieses Lexem bildet daher den Oberbegriff zu *Junge* und *Mädchen*. Die

Semem: ein Bündel semantischer Merkmale

Bedeutung eines Lexems, den *signifié*, können wir nun also als ein Bündel von Semen betrachten. Dafür benutzt man den Ausdruck Semem.

Der Nutzen der Merkmalanalyse

Welchen Nutzen hat eine solche Aufspaltung der Lexembedeutung in Seme? Einerseits kann man auf diese Weise sehr klar die Gemeinsamkeiten und Unterschiede zwischen Lexemen darstellen. Dies ist besonders deswegen möglich, weil Merkmale, die auf den ersten Blick ganz verschieden zu sein scheinen, als verschiedene Ausprägungen ein und desselben Merkmals analysiert werden. So kann man bei Lebewesen etwa zwischen Menschen, Tieren und Pflanzen unterscheiden, aber auch mit dem Merkmal ›menschlich‹ und den Ausprägungen ›ja/nein‹ bzw. ›+/–‹ arbeiten. Bei Vorliegen von ›– menschlich‹ würde man dann auf einer Ebene tiefer mit dem Merkmal ›± tierisch‹ operieren. Ebenso kann man weiblich und männlich zusammenfassen und wahlweise ›männlich‹ als ›– weiblich‹ bzw. ›weiblich‹ als ›– männlich‹ definieren.

Sprachvergleich

Vor allem erlaubt uns die Methode aber auch, die Lexeme verschiedener Sprachen miteinander zu vergleichen. Sie operieren nämlich häufig mit denselben Semen. Zumindest einige (vielleicht aber auch sehr viele) semantische Merkmale sind bei der sprachlichen Kategorisierung so fundamental, dass wir sogar annehmen können, es handele sich um universale, also in allen Sprachen vorliegende, Merkmale. Dazu gehört höchstwahrscheinlich das Sem ›menschlich‹, denn die Besonderheit der eigenen Gattung gegenüber anderen Lebewesen sprachlich hervorzuheben, entspricht anscheinend einem menschlichen Grundbedürfnis.

Die Semanalyse kann aber vor allem Unterschiede zwischen Einzelsprachen aufdecken, und auch dafür finden wir in unserem einfachen Beispiel schon einen Beleg, für den wir nur das Französische heranziehen müssen. Dort gibt es nämlich kein besonderes Lexem mit der Semkombination: ›menschlich‹, ›männlich‹, ›erwachsen‹, denn *homme* entspricht ja sowohl *Mann* als auch *Mensch*. Man muss also aus dem Kontext entnehmen, welche Lesart gemeint, welches die aktuelle Bedeutung ist, oder sich mit einem komplexen Ausdruck wie *être humain* bzw. *(être humain) adulte (de sexe) masculin* behelfen.

Für die differenzierte Beschreibung des lexikalischen Inventars einer Einzelsprache, aber auch für den systematischen Vergleich des Wortschatzes verschiedener Sprachen wäre es nun sehr nützlich, wenn wir alle Lexeme als Sememe, als Bündel semantischer Merkmale, darstellen könnten. Dabei würden wir dann auch Aufschluss darüber gewinnen, wie ähnlich oder verschieden die vielen Einzelsprachen denn eigentlich sind: Arbeiten sie überwiegend mit denselben Semen und sind nur die jeweiligen Bündelungen, also die Sememe, verschieden, oder gibt es auch (viele) sprachspezifische Seme? Besonders in den 60er und 70er Jahren des 20. Jahrhunderts hat man in der Semantik viele Anstrengungen unternommen, Wortfelder nach dieser Methode zu analysieren. Diese Ansätze fasst man unter der Bezeichnung Merkmal- oder Komponentenanalyse zusammen. Ein bekanntes Beispiel[8] für solch eine Analyse betrifft Lexeme für Sitzgelegenheiten im Französischen:

Systematisierung des Ansatzes: die Komponentenanalyse

Das Beispiel der Sitzgelegenheiten

	s1	s2	s3	s4	s5	s6	
chaise (Stuhl)	+	+	+	+	−	+	= S_1
fauteuil (Sessel)	+	+	+	+	+	+	= S_2
tabouret (Hocker)	−	+	+	+	−	+	= S_3
canapé (Sofa)	+	+	−	+	+	+	= S_4
pouf (Sitzkissen)	−	−	+	+	−	−	= S_5

s1: ›mit Rückenlehne‹   s4: ›um sich hinzusetzen‹
s2: ›mit Beinen‹   s5: ›mit Armlehnen‹
s3: ›für 1 Person‹   s6: ›aus hartem Material‹

Wie man sieht, wird hier die oben schon angedeutete Methode angewandt, Inhaltsbestandteile als Ausprägungen von Semen darzustellen. Für die Beispiellexeme reichen die Ausprägungen + oder −; zusätzlich wird aber oft die Ausprägung ›irrelevant‹ bzw. ›nicht spezifiziert‹ (unser früheres ›unentschieden‹) notwendig, dargestellt meist durch ± oder Ø. Die einzelnen Seme werden mit einem kleinen ›s‹ symbolisiert und durchnummeriert, die gleichfalls durchgezählten Sememe bekommen den Großbuchstaben ›S‹. Gegenüber normalen Bedeutungsumschreibungen, wie wir sie in Wörterbüchern finden, hat die Darstellungsmethode folgenden Vorteil: Sie zwingt uns zu einer expliziten, vollständigen und kohärenten Beschreibung. Alle bedeutungsverwandten Lexeme werden ›im selben Format‹ beschrieben, und zwar vollständig, und erst dies gewährleistet einen exakten Vergleich.

Probleme der Analysemethode

Die Methode wirft aber auch eine Reihe von Schwierigkeiten auf, und tatsächlich sind bislang für keine Sprache größere Ausschnitte des Wortschatzes auf diese Weise beschrieben oder gar zweisprachige Wörterbücher nach diesem System erstellt worden. In neuerer Zeit ist man sogar insgesamt von dieser Methode der Bedeutungsbeschreibung wieder abgekommen. Wir wollen im Folgenden klären, wo ihre Probleme liegen und konzentrieren uns dabei auf zwei Aspekte. Einerseits fragt sich, ob die Komponentenanalyse tatsächlich fein genug zwischen bedeutungsverwandten Ausdrücken unterscheiden kann und alle relevanten Differenzierungsmerkmale erfasst. Andererseits kann man daran zweifeln, dass eine Inhaltskomponente tatsächlich mit Hilfe der Ausprägungen +, – und ± bestimmt werden kann. In traditionellen Wörterbuchbeschreibungen heißt es nämlich stattdessen – und dies ist wahrscheinlich kein Zufall – oft, ein bestimmtes Merkmal sei ›mehr bzw. weniger‹, ›meistens oder selten‹ gegeben und dergleichen. Dies ist auch bei beiden Beispielen aus Kapitel 10 der Fall (vgl. Textbeispiel 11). Bei *weiß* heißt es u.a. (Lesart 2a) ›*sehr* hell aussehend‹, bei *Sack* ›*größeres* Behältnis‹.

14 Die so genannten Synonyme I: Denotation und Konnotation

Eng bedeutungsverwandte Ausdrücke

Unsere Paradebeispiele für die Komponentenanalyse – die zitierten Analysen der Personenbezeichnungen und der Sitzmöbel – sind insofern problematisch, als sie jeweils nur wenige Lexeme berücksichtigen und gerade besonders eng bedeutungsverwandte Ausdrücke beiseite lassen. Ein bestimmtes Wesen ist in der Regel entweder Mann, Frau, Junge oder Mädchen, wählen kann man also nur zwischen einem dieser Ausdrücke und den Oberbegriffen *Mensch* bzw. *Kind*. Es gibt aber noch eine große Menge weiterer Lexeme, die man wahlweise einsetzen kann, um auf ein und dasselbe Wesen (bzw. die entsprechende Gruppe) zu referieren, Ausdrücke also, die quasi synonymisch sind. Demonstrieren wir dies lediglich an dem Ausschnitt für nicht-erwachsene Personen. Dafür erweitern wir zunächst die Lexemliste:

- *Kind, Kleinkind, Baby, Säugling, Gör(e), Balg, Kids, Teenie*
- *Mädchen, Mädel, Maid, Dirn, Girlie*
- *Junge, Knabe, Bub(e), Bengel, Kerlchen, Bursche*

Nicht-erwachse-
ne Personen

In der ersten Gruppe, bei den geschlechtsunspezifischen Bezeichnungen, gibt es offenbar noch ein eindeutiges Differenzierungsmerkmal, nämlich das Alter. Offenbar reicht ›– erwachsen‹ zur Abgrenzung nicht aus: *Kleinkind, Baby* und *Säugling* referieren auf jüngere Kinder, *Teenie* sollte nur für Kinder von mindestens zehn Jahren gebraucht werden können. Dieses Differenzierungskriterium ist, ebenso wie das Geschlecht, sehr leicht nachvollziehbar; es betrifft nämlich bestimmte Eigenschaften der Referenten, und zwar Eigenschaften, die ihnen objektiv zukommen. Sie dienen zur Unterscheidung von Gegenstandsklassen in der Wirklichkeit, und das war ja auch der Ausgangspunkt unserer Überlegungen: Worauf, auf welche Klasse von Objekten kann man mit dem Lexem referieren? Diese Art von Differenzierungsmerkmalen betrifft die referenzielle oder denotative Bedeutungebene (zu lateinisch *denotare* ›bezeichnen‹), und auf ihre Herausarbeitung ist die Komponentenanalyse konzentriert. Was jedoch macht man mit bedeutungsverwandten Ausdrücken wie *Kinder* und *Kids* oder *Junge, Knabe, Bube*? Sie haben nämlich jeweils dieselbe referenzielle Bedeutung, es lässt sich kein denotatives Merkmal finden, das sie gegeneinander abgrenzen würde. Und was unterscheidet ein Gör von einem Kind, ein Mädchen von einem Mädel und einem Girlie? Offensichtlich kommen hier andere Differenzierungskriterien ins Spiel. Die semantische Analyse ist mit der Aufdeckung der denotativen Merkmale eines Lexems nicht abgeschlossen.

Referenzielle/
denotative
Bedeutungebene

Um sich zunächst darüber Klarheit zu verschaffen, wie diese Lexeme verwendet werden, wird man ein semasiologisches Wörterbuch benutzen (also eines, in dem die Ausdrücke alphabetisch angeordnet und mit einer Bedeutungsbeschreibung versehen sind). Wahrscheinlich müssen dies auch manche Personen mit Deutsch als Muttersprache tun, denn einige der genannten Ausdrücke sind nicht allen Sprachteilhabern vertraut. Außerdem werden sie (von verschiedenen Gruppen und in verschiedenen Situationen) auch unterschiedlich verwendet. Wir stoßen hier also erneut auf den früheren Befund, dass nämlich die Bedeutungsbeschreibung in Wörterbüchern kompliziert ist (und sein muss), weil Lexeme polysem sind und es verschiedene Varietäten einer Einzelsprache gibt. Dies ist nun auch der Grund dafür, dass man die Erläuterungen aus traditionellen Wörterbüchern nicht einfach vollständig in eine Komponentenanalyse des oben dargestellten Formats übersetzen kann. Es fehlen dort meist bestimmte Ebenen der Analyse.

Andere
Bedeutungsebenen

In der Semantiktheorie ist sehr umstritten, wie diese Phänomene angemessen behandelt werden können, und es wurden zahlreiche

Lösungen vorgeschlagen. Diese können hier nicht im Einzelnen vorgestellt werden. Vielmehr wollen wir uns darauf beschränken, einige grundlegende Unterscheidungen zu treffen, die es uns erlauben, über die verschiedenen Ebenen des konventionalisierten Lexemgebrauchs zu sprechen.

Baby – Säugling
Beginnen wir mit dem Lexempaar *Baby – Säugling*. Im Duden Universalwörterbuch finden wir unter *Baby* die Erklärung ›Säugling, Kleinkind im ersten Lebensjahr‹, unter *Säugling* ›Kind, das noch an der Brust der Mutter oder mit der Flasche genährt wird‹. Offenbar sind beide Ausdrücke also synonym. Dennoch werden verschiedene Bedeutungserklärungen gegeben. Bei *Säugling* besteht eine relative Motiviertheit, es gehört zum Verb *saugen*, und dieser Tatbestand wird bei der Bedeutungsbeschreibung ausgenutzt und ins Gedächtnis gerufen. Durch diese relative Motiviertheit wird sprachlich hervorgehoben, dass Kinder im ersten Lebensjahr die Eigenschaft haben, noch nicht selbständig essen zu können, dass sie an der Brust bzw. mit der Flasche ernährt werden müssen. Mit *Säugling* wird also die Ernährungsweise von Kleinkindern in den Mittelpunkt gerückt und dieses Merkmal zur Klassifizierung benutzt. In der Bedeutungsbeschreibung von *Baby* ist das nicht der Fall, hier wird das Alter als Differenzierungsmerkmal eingesetzt, denn Säuglinge haben eben auch die Eigenschaft, klein und vor noch nicht allzu langer Zeit geboren worden zu sein. Sie haben außerdem auch noch die Eigenschaft, in Windeln gewickelt werden zu müssen. Auch dafür gibt es übrigens im Deutschen Lexeme: *Neugeborenes* und *Wickelkind*. Die Wesen, um die es uns hier geht, haben alle diese Eigenschaften auf einmal und im Übrigen noch weitere: Sie können z.B. noch nicht sprechen. Im Deutschen gibt es kein Lexem, das dieses Merkmal in den Vordergrund rückt, und das französische *enfant* ist synchron als unmotiviert zu betrachten. Es geht aber zurück auf den lateinischen Ausdruck *infans*, der relativ motiviert ist und das Nicht-Sprechen der Säuglinge als Differenzierungsmerkmal benutzt (*in*: ›Privativ/Negativ‹ und *fans* zu *fari* ›reden‹).

Da die genannten Eigenschaften den betreffenden Referenten alle gleichzeitig zukommen, sind die Ausdrücke referenziell identisch. Würde man also eine große Gruppe Menschen verschiedenen Alters an einem Ort versammeln und eine Person beauftragen, auf alle Babys zu zeigen, einer zweiten sagen, sie solle alle Säuglinge streicheln usw., dann müssten alle jeweils dieselben Menschen auswählen und dieselbe Gruppe von ›Kindern unter einem Lebensjahr‹ zusammengreifen. Dennoch sind die Lexeme semantisch unterschiedlich, sie fokussieren nämlich einen jeweils anderen Differenzierungsaspekt – die Referenten werden unter verschiedenen Gesichtspunkten betrachtet. Im Unterschied zu den referenziellen oder denotativen Merkmalen sprechen wir

Konnotative Bedeutungsmerkmale
hier von konnotativen Bedeutungsmerkmalen (lateinisch *con-* ›mit‹).

Führen wir dafür noch einige Beispiele an. Ein besonders berühmtes, das auch sehr schön verdeutlicht, inwiefern es um den jeweiligen Blickwinkel geht, ist der zweite Planet unseres Sonnensystems. Dieses Objekt gibt es nur einmal, es existieren aber drei geläufige Lexeme dafür im Deutschen: Von der *Venus* spricht man, wenn man das Gestirn im Zusammenhang mit unserem Sonnensystem betrachtet, vom *Morgenstern*, wenn man die Himmelskörper unter dem Gesichtspunkt betrachtet, wie es am Morgen aussieht, vom *Abendstern*, wenn man dasselbe für den Abendhimmel tut.

Venus – Morgenstern – Abendstern

In den bisherigen Ausführungen zur Semantik haben wir auch schon eine solche Differenzierung nach unterschiedlichen Gesichtspunkten vorgenommen: Von einem *Lexem* spricht man unter dem Gesichtspunkt, dass das Zeichen zum Lexikon einer Sprache gehört, von einem *Semem* unter dem Gesichtspunkt, dass es sich aus Semen zusammensetzt.

Lexem – Semem

Versuchen wir jetzt, die Lexeme aus unserer obigen Liste zu bestimmen, die sich gleichfalls auf Grund besonderer konnotativer Merkmale von anderen unterscheiden. Dafür kommen vor allem *Göre* und *Balg* in Frage. Für die beiden Ausdrücke finden wir im *Duden Universalwörterbuch* die folgenden Erklärungen:

Göre und *Balg*

Gör(e): (nordd., oft abwertend): 1. ›[schmutziges, unartiges] Kind‹

 2. ›vorwitziges, freches kleines Mädchen‹

Balg: (ugs., meist abwertend): ›[unartiges, schlecht erzogenes] Kind‹

Wie man sieht, wird uns hier gleich eine ganze Reihe von differenzierenden Merkmalen präsentiert. Zunächst interessiert uns die Charakterisierung ›(oft/meist) abwertend‹, also die Pejoration. Diese betrachten wir als einen Spezialfall der Konnotation: Mit pejorativen Ausdrücken (zu lateinisch *peior*, Komparativ von *malus* ›schlecht‹) bringt man ja auch einen bestimmten Blickwinkel, nämlich eine emotionale Einstellung ins Spiel, und zwar eine negative. Wer Lexeme wie *Gör* und *Balg* benutzt, bringt zum Ausdruck, dass ihm die Kinder auf die Nerven gehen, dass er sich über sie ärgert oder dergleichen. Nun gehen Kinder anderen (besonders erwachsenen) Menschen natürlich im Allgemeinen nicht überhaupt, sondern nur unter bestimmten Bedingungen und aus bestimmten Gründen auf die Nerven, z.B. wenn sie Arbeit machen – das tun sie, wenn sie sich schmutzig machen –, oder wenn sie etwas tun, was man für unartig, vorwitzig, frech hält, wenn man sie als schlecht erzogen erlebt. All diese Bestimmungen werden in der Bedeutungsbeschreibung genannt, und eigentlich erscheinen sie als denotative Merkmale. Es handelt sich also nicht um echte Synonyme zu *Kind*, sondern um Ausdrücke für eine Untergruppe von Kindern, nämlich solche, die unartig usw. sind. Bei *Gör* in der geschlechtsspezifischen Lesart (›vorwitziges, freches kleines *Mädchen*‹) scheint der Duden tat-

Abwertende Ausdrücke: die Pejoration

sächlich von einer solchen grundsätzlichen denotativen Komponente auszugehen. Für die Lesart ›Kind‹ dagegen werden sowohl bei *Gör* als auch bei *Balg* diese referenziellen Komponenten nur in Klammern gesetzt. D.h. so viel wie: ›meist, aber nicht unbedingt unartig ...‹. Man kann diese Lexeme also auch in Bezug auf ganz brave Kinder verwenden. Das werden aber nur Leute tun, denen selbst artige Kinder noch auf die Nerven gehen; in diesem Fall liegt ausschließlich Pejoration, das konnotative Merkmal ›abwertend‹, vor.

Das Zusammenspiel der denotativen und konnotativen Ebene

Das Beispiel zeigt, dass man die denotative und konnotative Ebene durchaus nicht immer säuberlich auseinanderhalten kann. Dies ist kein Fehler der Beschreibung, sondern liegt in der Natur der Sache, um die es eben in der Kommunikation oft Streit gibt: Ist es nun der Fehler der Kinder, die zu unartig sind, oder der Fehler des Erwachsenen, der nicht kinderfreundlich genug ist, wenn sie diesem als Gören oder Bälger erscheinen? Dieser fließende Übergang zu denotativen Merkmalen ist bei wertenden Konnotationen die Regel; wenn man also in einem Text auf einen solchen Ausdruck stößt, steht man immer vor der Frage, ob dies nun auf eine für den Sprecher typische Einstellung zum Referenten schließen lässt oder auf besondere Eigenschaften des Referenten, dem der Sprecher im Allgemeinen neutral gegenübertritt.

Aufwertende Ausdrücke: die Melioration

Ähnliches gilt auch für das positive Pendant zu Pejorativa, die aufwertenden, ›bedeutungsverbessernden‹ Ausdrücke, die man auch meliorative (zu lateinisch *melior*, Komparativ von *bonus* ›gut‹) nennt. Hier wird die Sache in ein besonders günstiges Licht gestellt bzw. unter einem entsprechenden Gesichtspunkt betrachtet. Konventionalisierte meliorative Ausdrücke sind viel seltener als pejorative (anscheinend gibt es mehr Bedarf zum Ausdruck negativer Einstellungen). Ein Standardbeispiel für Melioration sind gewisse euphemistische Bezeichnungen für das Sterben, nämlich *verscheiden* oder *heimgehen,* in denen der Tod als eine Station auf einem Weg betrachtet wird, der noch nicht beendet ist und sogar *heim* (ins Paradies) führt. Sehr häufig werden jedoch in Parole-Akten (unter Umständen auch in einem längeren Diskurs über eine gewisse Zeit hin) positiv konnotierte (komplexe) Ausdrücke z.B. zur Verschleierung von Gräueln verwendet. Ein noch immer aktuelles Beispiel dafür ist der Ausdruck *ethnische Säuberung,* der von den Verantwortlichen für die Vertreibung und Vernichtung von bestimmten ethnischen Gruppen verwendet wird. Andere nennen dies *Völkermord* oder *Genozid.*

Diminutiva

Positive Konnotationen kommen sehr häufig durch komplexe Ausdrücke zustande, z.B. durch die Kombination mit Verkleinerungsformen, durch diminutive Ausdrücke (zu lateinisch *diminutum* ›verkleinert‹). Kleinheit wird in Bezug auf viele Referenten nämlich mit ›niedlich‹ assoziiert. Ein Beispiel dafür aus unserer Liste ist *Kerlchen.* *Kerl* ist eigentlich ein negativ konnotiertes Wort für männliche Personen, das *-chen* kann aber diesen Bedeutungsbestandteil neutralisieren oder sogar ins Gegenteil verkehren: *Ach, was für ein süßes kleines Kerlchen!* Die Fokussierung des Merkmal ›klein‹ in *Baby* führt gleichfalls dazu, dass dieser Ausdruck viel besser dazu geeignet ist, positive Emotionen zu transportieren als etwa *Säugling* oder *Wickelkind*. Man kann ihn auch noch zusätzlich mit verkleinernden Zeichen umstellen: *Mein kleines Babylein*. So ist es kein Zufall, dass heutzutage das aus dem Englischen entlehnte *Baby* das üblichste Wort zur Bezeichnung von Säuglingen ist, denn im Deutschen gibt es kein Erbwort mit dieser Konnotation. Schließlich führt die positive Konnotation auch zu einer Polysemie, die für *Säugling* oder *Wickelkind* undenkbar ist: Mit *Baby* referiert man ja nicht nur auf Kleinstkinder, sondern es ist auch ein geläufiges Kosewort (für Frauen).

15 Die so genannten Synonyme II: Gebrauchsbedingungen

Nach der Konnotation kommen wir zu einer weiteren Ebene, auf der sich bedeutungsverwandte Ausdrücke unterscheiden können. Auch diese Merkmale sind in der Beschreibung von *Balg* und *Gör* angeführt: *Balg* wird als »ugs.«, d.h. umgangssprachlich, gekennzeichnet, *Gör* als norddeutsch. Hier kommen also die Varietäten ins Spiel: Referenziell identische oder weitgehend ähnliche Ausdrücke können sich immer noch darin unterscheiden, dass sie nur in bestimmten Regionen, von bestimmten Gruppen, in bestimmten Situationen usw. verwendet werden. Wir sprechen bei dieser Ebene von den Gebrauchsbedingungen der Lexeme. Es ist ganz entscheidend diese Ebene, die für die große Vielfalt bedeutungsverwandter Ausdrücke verantwortlich ist. Sie kann uns auch dazu dienen, unsere restlichen Ausdrücke für Kinder zu differenzieren: Regional spezifiziert sind außer *Göre* auch noch *Mädel*, *Maid*, *Bub(e)* (alle süddeutsch) und *Dirn*, *Bengel* (norddeutsch) sowie *Bursche*. Für den letzten Ausdruck führt allerdings das *Universalwörterbuch* lediglich an, dass es nur ›landschaftlich‹ gebräuchlich sei, ohne zu sagen, für welche Landschaften das gilt. Ist eine solche unspezifische Markierung der Regionalität eigentlich von Nutzen? Sie ist es sehr wohl, denn sie lässt uns erkennen, dass *Bursche* eben nicht der übliche, neutrale Ausdruck ist (dies ist *Junge*), so dass wir immerhin wissen, dass es irgendeinen Grund dafür geben muss, wenn der Sprecher ihn benutzt. Dies kann an seiner Herkunft liegen oder auch daran, dass er das Wort *Junge* nicht wiederholt gebrauchen wollte. Es kann aber auch

Markierungen im Wörterbuch: umgangssprachlich, norddeutsch ...

Regionale Gebrauchsbedingungen

daran liegen, dass *Bursche* doch eine andere Bedeutungsnuance hat als *Junge*.

Bursche und auch *Bengel* sind nämlich zusätzlich konnotativ geprägt, allerdings ziemlich uneindeutig: Für *Bengel* nennt das *Universalwörterbuch* zwei konträre Lesarten:

1. ›[frecher] junger Bursche, Halbwüchsiger‹
2. (fam.) ›niedlicher kleiner Junge‹

Bursche
und *Bengel*

Bei *Bursche* gibt es eine neutrale – ›junger Mann, Halbwüchsiger‹ – und eine konnotierte Lesart: (abwertend) ›männliche Person, der man Übles zutraut‹; im zweiten Fall ist also das Merkmal ›jung‹, im ersten die Pejoration neutralisiert. Wieder sehen wir, wie eng Denotation, Konnotation und auch Gebrauchsbedingungen miteinander interagieren oder auch konkurrieren.

Knabe
historisch

Zu den Gebrauchsbedingungen gehört auch die historische Dimension. *Knabe* ist veraltet, *Kids*, *Teenie* und (das vielleicht schon nicht mehr aktuelle) *Girlie* sind relativ moderne Ausdrücke, die erst seit einigen Jahren mit dem Aufkommen einer (englisch-amerikanisch geprägten) Jugendkultur üblich geworden sind, und zwar mit der Phase, in der immer jüngere Kinder ein spezifisches Konsum- und Freizeitverhalten

sozial

entwickelt haben. Die Ausdrücke sind daher gleichzeitig sozial und vielleicht sogar referenziell spezifiziert. Sie bezeichnen eben die Jugend einer bestimmten Generation mit besonderem ›Lifestyle‹ und werden nur (oder jedenfalls derzeit vorwiegend noch) von dieser oder für diese Gruppe verwendet. Auch bei *Knabe* liegen die Verhältnisse komplizierter als eingangs gesagt. Der Duden führt nämlich wiederum diverse Bestimmungen an: ›gehoben‹, das ist eine stilistische Markierung, ›ver-

stilistisch

altet‹, das ist die historische Komponente, ›sonst Amts- und Geschäfts-

situativ

sprache‹ – hier haben wir es schließlich mit einer situativen (und sozialen) Charakterisierung zu tun. Außerdem gibt es noch eine zweite Lesart, nach der *Knabe* ›umgangssprachlich, oft scherzhaft‹ im Sinne von ›Bursche, Kerl, Mann‹ gebraucht werden kann, wo also wieder das Merkmal ›jung‹ neutralisiert ist, wie z.B. in *Hallo, alter Knabe* (zu einem 50jährigen). Angesichts dieser Überschneidungen und Interaktionen zwischen verschiedenen Ebenen der Lexemverwendung verwundert es nun sicherlich weniger, dass es kaum möglich ist, all dies in einer Komponentenanalyse säuberlich abzubilden und auseinanderzuhalten.

Die einge-
schränkte Ver-
bindbarkeit von
Ausdrücken:
Selektionsbe-
schränkungen

Ganz Entsprechendes gilt schließlich auch noch für eine letzte Ebene, die wir unterscheiden wollen. Sie betrifft den Tatbestand, dass man bestimmte Lexeme nur mit solchen anderen verbinden kann, die ein bestimmtes semantisches Merkmal haben. Wir haben bis jetzt vor allem Ausdrücke betrachtet, die alle das Sem ›+ menschlich‹ haben. Viele Verben können nun als Subjekt nur Ausdrücke zu sich nehmen, die genau dieses Merkmal tragen. Wir sprechen hier von Selektionsbe-schränkungen. Beispiele bieten etwa Verben für die Nahrungsaufnah-me, die danach ausgewählt werden müssen, ob es Menschen sind, die *essen* und *trinken* oder Tiere, die *fressen* und *saufen*. Aber jeder wird wissen, dass man doch sagen kann: *Dieser Mensch frisst und säuft den ganzen Tag.* In diesem Fall wird die Selektionsbeschränkung durchbro-chen, und das hat einen Einfluss auf die denotativen und/oder konno-tativen Merkmale. Wenn man von einem Menschen sagt, dass er frisst und säuft, bringt man damit nämlich entweder zum Ausdruck, dass er übermäßig viel zu sich nimmt und/oder dass er dies ohne Beachtung der üblichen Tischsitten (eben wie ein Tier) tut oder man drückt schließ-lich eine irgendwie motivierte negative Einstellung zum (möglicher-weise durchaus mäßigen und manierlichen) Essen und Trinken aus: *Musst du immer nur ans Fressen denken, ich hab mit dir zu reden!*

Eine so deutliche Einschränkung der Verbindbarkeit von lexikali-schen Elementen ist relativ selten. Wichtiger ist der Tatbestand, dass alle Lexeme üblicherweise in bestimmten Kombinationen auftreten, dass in der sprachlichen Umgebung andere erwartbar sind, weil die Referenten sachlich oder assoziativ zusammengehören: *Bett – schlafen, Auto – fahren, Nacht – dunkel.* Man bezeichnet diese typischen Umgebungen als Kollo-kationen des Ausdrucks (zu lateinisch *collocatio* ›Anordnung, Stellung‹). Zu den Selektionsbeschränkungen besteht dabei ein fließender Über-gang, z.B. sagt man in der Regel nur von *Pferden*, dass sie *wiehern*, nur von *Butter* oder *Öl*, dass sie *ranzig* sind. Das Adjektiv *stark* dagegen ist in relativ vielen Kombinationen möglich, es hat aber eine andere Lesart, je nachdem in welcher Verbindung es vorkommt: *starker Mann, stärkere* (›dicke‹) *Frau, starker Raucher, starke Schneefälle, starkes Stück*. Die Kenntnis dieser üblichen Verbindungen von Lexemen, die auch noch entspre-chend dem situativen Kontext variieren können – z.B. benutzt man in Todesanzeigen selten den Ausdruck *sterben* – macht viel von dem aus, was man das Sprachgefühl nennt und ist etwas, über das man in Fremd-sprachen normalerweise nur in eingeschränktem Ausmaß verfügt. Na-türlich kann man auch absichtlich ein Lexem mit anderen verbinden, die in seiner Umgebung nicht typisch sind. Dies ist dann wieder ein auffälliger Sprachgebrauch, für den es irgendwelche Gründe gibt.

Was ergibt sich nun aus all dem für unsere Sprachpraxis und auch den Nutzen von Wörterbüchern? Halten wir zunächst fest: Referenzi-ell identische Ausdrücke zerfallen in zwei große Untergruppen: Die eine Gruppe bilden die üblichsten, ›normalen‹ oder neutralen Lexe-me, die durch die denotativen Seme vollständig charakterisiert wer-den können. Man spricht auch von unmarkierten Ausdrücken; im Wörterbuch erhalten sie nämlich keine Markierung für Gebrauchsbe-dingungen wie ›gehoben‹, ›veraltet‹ o.ä. Das sind in unserem Fall *Mensch, Mann, Frau, Kind, Junge* und *Mädchen*. Die Ausdrücke der

Kollokationen

Fazit: neutrale versus markierte Lexeme

zweiten Gruppe sind demgegenüber in irgendeiner Weise markiert, sie transportieren zusätzliche Bedeutungskomponenten. Wenn ein Sprecher sie benutzt, dann gibt es dafür irgendeinen Grund und man kann daraus bestimmte Schlüsse ziehen. Im Grenzfall liegt der Grund einfach darin, dass für diesen Sprecher das benutzte Lexem statt des standardsprachlich neutralen das normale ist, weil er im Allgemeinen eine ganz bestimmte Varietät, z.B. einen Dialekt, benutzt. In diesem Fall können wir auf Grund des Lexemgebrauchs auf die Herkunft des Sprechers schließen.

Gründe für den Gebrauch markierter Lexeme

Das Besondere an den Varietäten einer Einzelsprache ist jedoch, dass jeder einzelne Sprecher jeweils über mehrere davon verfügt. Das gilt am wenigsten für Dialekte, von denen die meisten Sprecher in der Regel höchstens einen beherrschen. Aber selbst Sprecher, die normalerweise Dialekt sprechen, z.B. Deutschschweizer, kennen heutzutage zugleich mindestens einen Ausschnitt der Standardsprache, die in der Schule vermittelt wird und der auf Grund der allgemeinen Schulpflicht ja niemand mehr entgehen kann. Bei der Begegnung mit Sprechern aus anderen Regionen, heutzutage besonders auch durch die Massenmedien, wird jeder außerdem mindestens mit einzelnen Lexemen konfrontiert, die in anderen Gebieten die üblichen sind, und so gehen auch diese in das Sprachwissen ein. Selbst wenn man sie dann nicht selbst aktiv gebraucht, so kann man sie doch mindestens verstehen und außerdem irgendwelche Schlüsse daraus ziehen, warum der andere sie benutzt hat. Außer der Identifizierung von dessen Herkunft kommen dabei die oben angeführten Ebenen infrage: Der Sprecher möchte eine bestimmte Bedeutungsnuance realisieren, ein bestimmtes Merkmal fokussieren, den Referenten in ein negatives oder positives Licht stellen, er möchte abwechslungsreich reden, z.B. um originell zu erscheinen oder gebildet, wozu er dann vielleicht ein Lexem wie *Knabe* benutzt. Vielleicht will er sich auch nur über eine bestimmte Gruppe von Sprachteilhabern lustig machen, indem er deren Ausdruck gewissermaßen zitierend und mit Distanz verwendet. Der Sprecher könnte aber im Gegenteil durch Übernahme dieses Ausdrucks auch seine Zugehörigkeit, Solidarität oder Vertrautheit mit der Gruppe ausdrücken. Dies versucht man z.B. in Massenmedien, nicht zuletzt in der Werbung, durch die Verwendung jugendsprachlicher Ausdrücke, um dem Zielpublikum nahe zu kommen. Textbeispiel 13 ist ein parodistisches Spiel mit der Sprache der Jugendkultur der 70er und frühen 80er Jahre. Heute sähe die Parodie schon wieder ganz anders aus. Besonders bei historischen Texten – an solchen lesen wir natürlich vor allem literarische – ist es also oft unumgänglich, sich über die genaue Bedeutung der Lexeme zu orientieren, und zwar über die zur Zeit der Abfassung des Werkes gültige. Dazu muss man historische und Spezialwörterbücher (z.B. zu einzelnen Autoren) heranziehen.

Textbeispiel 13: Rotkäppchen in der Scene
Von Irmela

Da wa ma ne echt coole Frau, die hatte sich die Haare mit Henna gefärbt, da hieß sie überall nur noch Rotkäppchen. Die wohnte bei ihren Alten wegen der Kohle, auf Malochen hatte sie Null Bock. Aber die Alten machten total Terror von wegen Jobben oder so. Emotional lief da rein gar nichts mehr, und ne Zweierkiste hatte sie auch gerade nicht am Laufen.

Da sagte sie sich: »Hier wirste nich alt, und überhaupt is Action angesagt« und machte sich vom Acker zu ner befreundeten Land-WG, die hatten mitten im Wald en irres Haus aufgerissen, von so ner kranken Oma. Bei Karstadt in der Reformabteilung klaute die Frau noch ne Packung Müsli und ne Flasche okzitanischen Bio-Wein, dann trampte sie los.

Klappte auch alles ganz locker, nur das letzte Stück ging sie zu Fuß durch den Wald. Da kam ein total ausgeflippter Typ angelatscht, ganz schön beknackt, sag ich dir, Wolfgang hieß der oder so, is ja auch egal. Der Typ hing so rum, laberte was von nem Blumenstrauß und nem Jäger und wo denn die Großmutter wohnen würde.

Die Frau war zentral genervt und kriegte wahnsinnige Aggressionen: »Also, ich find das unheimlich Scheiße oder so. Das ist ja wohl die Härte, wie du mich hier so repressiv anmachst, Alter, da läuft echt Null!« Der abgefuckte Freak brauchte ne Weile, bis er das geschnallt hatte. Der war irgendwo total geschockt. Dann verpisste er sich, war wohl en echter Hammer für den, der hing völlig durch für en paar Wochen, war aber bestimmt en wichtiger Lernprozeß oder so.

Und die Frau, die hat sich voll eingebracht in die Land-WG, die waren alle unheimlich lieb und spontan. Hab ich alles von dem Wilhelm gehört, das ist der Bruder von dem Jacob. Die beiden Typen erzählen vielleicht heiße Stories. Echt irre, ehrlich!

Es gibt also viele Gründe, markierte Lexeme zu gebrauchen, und wenn man einen Text wirklich gut verstehen will, dann muss man erstens wissen, welche Lexeme markiert sind und sich außerdem auch darüber orientieren können, welche Ebenen dabei eine Rolle spielen könnten. Die Interaktion zwischen denotativen und konnotativen Bedeutungsmerkmalen sowie den Gebrauchsbedingungen und Kollokationen führt dazu, dass die wenigsten markierten Lexeme eindeutig einer bestimmten Ebene zugewiesen werden können. Deswegen wirken die Erläuterungen aus den Wörterbüchern (besonders wenn man mehrere heranzieht) auf den ersten Blick oft so widersprüchlich und unklar. Dies spiegelt jedoch nur die realen Verhältnisse, nicht zuletzt natürlich auch die Tatsache, dass selbst Lexikografen immer nur über ein begrenztes Sprachwissen verfügen, wenn sie auch einen sehr großen Ausschnitt des Wortschatzes einer Sprache und ihrer Varietäten aufbereiten. Gerade deswegen ist es nützlich, für praktische Recherchen viele Stellungnahmen einzuholen, d.h. mehrere Wörterbücher zu konsultieren.

Die Interaktion zwischen verschiedenen Bedeutungsebenen

16   Kontinua und Grauzonen

Jugendliche: zwischen ›+ erwachsen‹ und ›– erwach- sen‹

Wir wenden uns jetzt dem zweiten Problem der Komponentenanalyse zu und kommen damit zunächst auf die denotativen Bedeutungsmerk- male zurück. Die Frage war, ob Bedeutungsbestandteile durch drei Ausprägungen von Semen (+, – und Ø) erfasst werden können, ob wir also wirklich immer sagen können, ein Merkmal sei gegeben, nicht gegeben oder irrelevant/nicht spezifiziert. Zur Erläuterung setzen wir die Diskussion um die Personenbezeichnungen im Deutschen fort. In der Semanalyse haben wir ein Merkmal ›± erwachsen‹ angesetzt. Es betrifft das Alter und ist wieder dichotomisch (von griechisch *dichotomos* ›zweigeteilt‹) definiert: man ist entweder erwachsen oder nicht. Nun ist es allerdings auf den ersten Blick offensichtlich, dass das Alter keine dichotomische Größe ist, sondern ein Kontinuum, man wird nicht von einem Tag auf den anderen erwachsen. Wo ist also die Grenze zwischen den beiden Zuständen? Es gibt offenbar keinen exakten Grenzpunkt, sondern einen Grenzbereich, für den wir auch Lexeme haben: *Jüngling*, *Jugendliche*, *Heranwachsende*, *Halbwüchsige*; auch *Bengel* und *Bursche* wer- den, wie wir oben gesehen haben, eher für ältere ›Kinder‹ verwendet. Das hilft uns allerdings bei unserem grundsätzlichen Problem nicht weiter, denn nun stellt sich auch noch die Frage, wo die Grenze zwi- schen Kind und Jugendlichem und zwischen Jugendlichem und Er- wachsenem verläuft. Wir stoßen nur auf zwei neue Grenzbereiche, für die es allerdings keine Lexeme mehr gibt. Das wäre ja offenbar auch sinnlos, wir würden nur zu immer neuen Grenzzonen gelangen.

Der Ausgangs- punkt: *Baby*

Immerhin könnten wir hoffen, dass – wenn es schon im Kontinuum des Alterns keine plötzlichen Sprünge gibt – wenigstens der Anfangs- punkt klar markiert ist: Ist man nicht Kind, sobald man geboren ist, also ab dem Tag 1? Nach der oben zitierten Erläuterung des *Universalwörter- buchs* ist man dann bis zum Tag 365 Baby und danach wohl Kleinkind.

Kleinkind

Merkwürdigerweise wird jedoch im selben Wörterbuch unter *Klein- kind* erläutert: ›kleines Kind [vom dritten] bis zum sechsten Lebens- jahr‹. Als Gebrauchsbedingung wird spezifiziert: ›besonders Amtsspra- che‹. Diese situative Markierung erklärt gut die ja völlig arbiträre, aber eindeutige Festlegung des Alters als Differenzierungskriterium. Denn so ganz genau muss man es ja nur wissen, wenn dies irgendwelche Folgen hat. Wenn amtssprachlich der Ausdruck *Kleinkind* so eindeutig definiert wird, dann lässt das auf solche Folgen schließen, z.B. darauf, dass für genau diese Altersgruppe irgendwelche Sozialleistungen oder dergleichen staatlich vorgesehen bzw. ausgeschlossen sind, die jünge- ren oder älteren Kindern nicht oder gerade doch zustehen. Es fragt sich nur noch, welches das geeignete Lexem ist, um auf Kinder zwischen einem und drei Jahren zu referieren. Vielleicht gibt es auch dafür eine amtliche Festlegung, vielleicht begnügt man sich aber auch mit einem komplexen Ausdruck wie *Kinder unter drei Jahren* bzw. *Kinder zwischen einem und drei Jahren.*

Sicher ist jedoch, dass in anderen Varietäten zweifellos auch eine Zweijährige als *Kleinkind* bezeichnet würde, da es nämlich kein anderes konventionalisiertes Lexem für genau diese Altersgruppe gibt, und es eben im Allgemeinen auch keinen großen Unterschied macht, ob ein Kind nun 11 oder 13, 22 oder 25 Monate alt ist, nicht zuletzt weil man diese Unterschiede einfach nicht sieht. Wir stellen also fest, dass die referenziellen Merkmale auch unter dem Aspekt der Grenzbereiche mit den Varietäten-Markierungen interagieren.

Kommen wir noch einmal auf die Frage nach dem Anfangspunkt für das Kindsein zurück. Konsultiert man verschiedene Wörterbücher, so stößt man auf unterschiedliche Bestimmungen für *Kind*. Im *Wahrig* heißt es (wie erwartet): *Unterschiedliche Erläuterungen zu Kind*

1 ›Mensch von der Geburt bis zum Eintritt der Geschlechtsreife‹ *Wahrig*

Im *Duden Bedeutungswörterbuch* (Ausgabe von 1970; damals gab es das *Universalwörterbuch* noch nicht) wird über den Anfangspunkt nichts gesagt. Dort finden wir die Erläuterung: *Duden Bedeutungswörterbuch*

›noch nicht erwachsener Mensch‹

Das *Duden Universalwörterbuch* unterscheidet dagegen zwei Sublesarten: *Duden Universalwörterbuch*

1a ›noch nicht geborenes, gerade oder vor noch nicht langer Zeit zur Welt gekommenes menschliches Lebewesen‹
1b ›Mensch, der sich noch im Lebensabschnitt der Kindheit befindet (etwa bis zum Eintritt der Geschlechtsreife), noch kein Jugendlicher ist; noch nicht erwachsener Mensch‹

Was aber ist der Unterschied zwischen den Lesarten 1a und 1b? Referenziell dürfte doch 1a eine Teilmenge von 1b spezifizieren, eben menschliche Lebewesen vor dem Eintritt der Geschlechtsreife. Der Unterschied, dies zeigt vor allem der Vergleich mit der Beschreibung aus *Wahrig*, besteht darin, ob ein Mensch auch schon vor der Geburt als *Kind* bezeichnet werden kann. Das ist offensichtlich der Fall, denn von einer Schwangeren sagt man ja im Allgemeinen *sie bekomme ein Kind*; sie kann sagen *Das Kind bewegt sich schon*, und nach dem Arztbesuch wird man oft fragen: *Wie geht es dem Kind?* Diese Gebrauchsweisen werden im *Wahrig* nicht erfasst, genauer gesagt ist die Beschreibung dort nicht ganz kohärent, denn unter der Lesart 1 werden auch die folgenden Ausdrücke angeführt: *ein Kind bekommen, kriegen, empfangen, zeugen; ein Kind unter dem Herzen tragen.* *Ungeborene Kinder*

Wie kommt es zu diesen unterschiedlichen Beschreibungen? Sie gehen zurück auf die seit den 70er Jahren des 20. Jahrhunderts in der

Textbeispiel 14: Semantische Kämpfe

Ein erst werdendes Leben ist eben noch kein gewordenes Leben. Wer selbständig lebens-fähig ist, hat ein Recht auf Leben; und selbständig lebensfähig sind alle Menschen vom Säugling bis zum Greis, nicht dagegen Samen, Eier und Leibesfrüchte.

***

»Es ist in den letzten Wochen und Monaten in dieser Diskussion viel [...] von dem Schutz werdenden Lebens gesprochen worden.« Zwischenruf: »Ungeborenes Leben!«»In diesem Zusammenhang, Herr Kollege Eyrich, muß ich Ihnen eine Frage stellen. Sie haben hier sehr viel von dem Schutz werdenden Lebens geredet. [...] Sie haben damit die Fristenlösung abgelehnt.« [Zwischenruf:] »Er hat vom Schutz der Ungeborenen gesprochen, nicht vom werdenden Leben!«»Wir wollen nicht in Diskussionen über terminologische Fragen ein-treten. [...] Sie haben hier in aller Ausführlichkeit von dem Schutz werdenden Lebens gesprochen.« [Zwischenruf:] »Nein, des ungeborenen Lebens!«

***

Ein Zellklumpen – denken heute noch viele Frauen und meinen damit den Embryo. Als Embryo bezeichnen Wissenschaftler das ungeborene Kind in den ersten acht Wochen. Danach sprechen sie von Fötus.
Es wird heute ernsthaft nicht mehr bestritten, daß auch vorgeburtliches Leben personales menschliches Leben ist. Mensch wird man also nicht erst mit der Geburt.

Der § 218 · Bundesrepublik intensiv geführte politische Debatte, die ihren Nieder-schlag im *Universalwörterbuch* gefunden hat. Es geht um den § 218, der die Abtreibung betrifft. Die Diskussion darüber, ob eine Schwanger-schaftsunterbrechung unter Strafe gestellt werden soll oder ob dies vielleicht für die ersten drei Monate der Schwangerschaft nicht der Fall sein soll, führte dazu, dass man ganz genau festlegen wollte, wann das menschliche Leben denn nun beginnt. Für die Gesetzgebung bedarf es einer solchen exakten Definition, die allerdings notwendigerweise ar-biträr bleibt, denn es macht ja wohl eigentlich keinen besonderen Unterschied, ob die Abtreibung nun in der 11. oder in der 13. Woche der Schwangerschaft erfolgt. Ein besonderes Interesse an einem be-stimmten Wirklichkeitsausschnitt führte also dazu, dass man plötzlich Differenzierungen für notwendig hielt, die früher keine Rolle zu spie-len schienen. Das hatte aber auch Folgen für den allgemeinen Sprach-gebrauch, denn selbstverständlich wurde die Sache auch in der Öffent-Kämpfe um · lichkeit breit diskutiert. Dabei kam es nun zu regelrechten Kämpfen Wortbedeu- · um Wortbedeutungen, die u.a. genau die Frage betreffen, ob ein noch tungen · nicht geborener Mensch als *Kind* bezeichnet werden kann oder nicht (vgl. Textbeispiel 14). Die Befürworter der Straffreiheit vermieden zu-mindest diesen Ausdruck und sprachen z.B. von *Embryo* oder *Fötus*, die Gegner dagegen benutzten für denselben Referenten *Kind* oder *Mensch*, sprachen vom *ungeborenen* (und nicht etwa *werdenden*) *Leben*, weil in diesem Kontext und im Vergleich zu *Embryo* oder *Fötus* diese eigentlich neutralen Ausdrücke eine positive Konnotation bekommen. Sie beziehen sich auf den Referenten unter dem Gesichtspunkt, dass er ein menschliches Wesen darstellt, das genau denselben Schutz verdient wie der geborene Mensch. Ohne diese Debatte wäre die Unterscheidung der Lesarten 1a und 1b im *Duden Universalwörterbuch* nicht möglich gewesen.

Das Beispiel zeigt vor allem, dass die Frage, wo sprachlich Grenzen gezogen werden und auf welche Referenten ein Lexem genau bezogen werden kann, keine akademische ist, die nur die Linguistik interessieren würde. Ihre Aufgabe ist es allerdings, einerseits den Sprachgebrauch zu dokumentieren, andererseits auch Modelle zu entwickeln, die diese Phänomene theoretisch konzeptualisieren. Bevor wir zu dem semantischen Ansatz kommen, dem es gerade darum geht, die Grauzonen zu berücksichtigen, wollen wir aber noch ein zweites Beispiel heranziehen. Bislang war ja nur von einem Wirklichkeitsausschnitt die Rede, der ein Kontinuum darstellt und für den es offensichtlich keine festen Grenzen gibt. Das Problem betrifft jedoch tatsächlich alle Lexeme und also auch Wirklichkeitsbereiche, die keine Kontinua darstellen.

Wirklichkeitsbereiche, die keine Kontinua darstellen

Zur Erläuterung greifen wir auf das Beispiel der Sitzgelegenheiten zurück. Stühle, Sessel, Sofas, Sitzkissen, Hocker usw. stellen konkrete Einzelobjekte dar, die sich auch im Laufe eines überschaubaren Zeitraums nicht von selbst verändern, schon gar nicht wird ein Stuhl im Laufe der Zeit zu einer Bank oder dergleichen. Inwiefern liegt hier dennoch ein Problem der Grenzziehung vor? Stellen wir zunächst fest, was das Wörterbuch über die Bedeutung der entsprechenden Lexeme sagt. Im *Duden Universalwörterbuch* finden wir für zwei dieser Ausdrücke die folgenden Beschreibungen:

Das Beispiel der Sitzgelegenheiten

> *Stuhl* ›mit vier Beinen, einer Rückenlehne und gelegentlich Armlehnen versehenes Sitzmöbel für eine Person‹
>
> *Sessel* ›mit Rückenlehne, gewöhnlich auch mit Armlehnen versehenes, meist weich gepolstertes, bequemes Sitzmöbel (für eine Person)‹

Stuhl – Sessel

Die Beschreibungselemente *gelegentlich*, *gewöhnlich* und *meist* und wohl auch die Klammern dürfen wir als Hinweis darauf interpretieren, dass das entsprechende Merkmal nicht vorhanden sein *muss*. Denkbar wären also auch Stühle mit Armlehnen, Sessel ohne Armlehnen, ungepolsterte Sessel und Sessel, auf denen mehrere Personen Platz haben. Dagegen sollte nach dieser Beschreibung ein Sitzmöbel, das nicht vier Beine hat, nicht als *Stuhl*, und eines, das nicht bequem ist, nicht als *Sessel* bezeichnet werden können. Für Sitzmöbel, die keine Rückenlehne haben, kämen beide Ausdrücke nicht infrage.

Aus unserer Erfahrung wissen wir allerdings, dass längst nicht alle Stühle vier Beine haben und nicht alle Sessel bequem sind. Außerdem handelt es sich bei ›bequem‹ nun doch wieder um ein relatives Merkmal, ein Kontinuum, Sitzmöbel sind mehr oder weniger bequem. Wie unbequem darf ein Sitzmöbel sein, damit man es noch einen *Sessel* nennen, wie bequem darf eines sein, damit man es noch als *Stuhl* bezeichnen kann? Wie soll man überhaupt ein unbequemes Sitzmöbel für eine Person bezeichnen, das auf einem Fuß steht? Und gibt es auch Sitzmöbel, auf die man sowohl mit *Sessel* als auch mit *Stuhl* referieren kann?

Sprachliche Mittel zur Beschreibung von Grauzonen:

Wir müssen all diese Fragen nicht beantworten, besser gesagt: Wir können es nicht, jedenfalls nicht eindeutig. Denn auch bei konkreten Objekten ergibt sich das Problem der Grenzziehung. Bei einer eindeutigen Abgrenzung müssten wir nämlich jedes Exemplar eines Sitzmöbels genau einer Kategorie zuweisen. Und eben das bereitet Schwierigkeiten, weil manche Exemplare sich gewissermaßen zwischen zwei Kategorien befinden: *Weder eigentlich ein Stuhl noch ein Sessel, etwas dazwischen; eine Art Sessel, aber groß, doch wohl eher ein Sofa; ein merkwürdiger Stuhl, eigentlich kein Stuhl, viel zu niedrig und auch mit einer ganz niedrigen Rückenlehne, nicht wirklich eine Lehne eigentlich, ich würd es mehr als Fußbank verwenden oder so, aber die Leute benutzen es, um sich draufzusetzen.* So oder ähnlich reagieren wir wohl sprachlich, wenn wir es mit Exemplaren von Sitzmöbeln zu tun haben, die nicht recht in unser Kategorieninventar passen. Die unterstrichenen Ausdrücke, für die sich der Terminus Heckenausdruck (engl. *hedge*) eingebürgert hat, markieren die Unsicherheit bei der Zuordnung bzw. die Tatsache, dass sich die Gegenstände auf der Grenze zwischen verschiedenen Kategorien befinden.

Hecken-
ausdrücke

Abgesehen von den damit demonstrierten Schwierigkeiten, alle Einzelobjekte unter bestimmte Kategorien zu subsumieren, ergibt sich das Grenzziehungsproblem auch noch an einer anderen Stelle, nämlich bei der Frage, welche Lexeme unter denselben Oberbegriff fallen. Bleiben wir zunächst bei *Sitzmöbel*. Dieser Ausdruck ist offenbar hyponym zu *Möbel*, dem Oberbegriff auch für *Tisch, Bett, Schrank* usw. Fallen aber *Teppich, Spiegel, Bild, Kissen, Kamingeschirr* auch darunter? Jedenfalls kann man all dies in Möbelgeschäften kaufen. Fahrzeug ist sicher das Hyperonym zu *Auto, Fahrrad, Bus*, wie steht es aber mit *Roller, Rollschuh, Skatebord*? Wäre der geeignetste Oberbegriff *Fahrzeug, Sportgerät* oder *Spielzeug*?

Gute und schlechte Repräsentanten einer Kategorie

Um mit all diesen Problemen fertig zu werden, die eben keine Ausnahmeerscheinungen, sondern den Regelfall bilden, muss man tatsächlich das Konzept der Darstellung von Lexembedeutungen, wie es für die Komponentenanalyse charakteristisch ist, korrigieren. Semantische Merkmale kommen den Lexemen nicht entweder zu oder nicht, und falls weder das eine noch das andere notwendig gilt, ist das

Merkmal auch nicht gleich irrelevant. Man kann nur feststellen, dass manche Objekte sehr gute, andere eher schlechte Repräsentanten einer Kategorie sind. Ferner stellen manche Lexeme eindeutig und klar Unterbegriffe zu einem anderen Lexem dar, während es für andere gleichermaßen sinnvoll ist, sie zu verschiedenen Oberbegriffen in Beziehung zu setzen. *Teppich* ist kein besonders gutes Beispiel für ein Hyponym zu *Möbel*, ein Sitzmöbel mit einer 10 cm hohen Rückenlehne ist ein untypisches Exemplar für einen Stuhl. *Stuhl, Tisch, Bett* und *Schrank* sind dagegen zentrale Unterbegriffe zu *Möbel*, und ein ungepolstertes Holzmöbel auf vier Beinen mit einer 30 cm hohen Rückenlehne und ohne Armlehnen ist ein besonders typischer Vertreter für die sprachliche Kategorie *Stuhl*. In die Bedeutungserklärungen aus traditionellen Wörterbüchern gehen diese Aspekte durch Beschreibungselemente wie *gelegentlich, meist, oft* usw. ein.

Als semantiktheoretisches Konzept wurde zur Erfassung des Phänomens der unscharfen Grenzen zwischen Kategorien ein Ansatz entwickelt, der die Bezeichnung Prototypensemantik trägt. Die besonders typischen Vertreter einer Kategorie werden dort also als Prototypen bezeichnet. Dieses noch relativ neue sprachwissenschaftliche Konzept entstand in engem Zusammenhang mit Forschungen aus dem Bereich der kognitiven Psychologie. Denn nicht nur sprachliche Kategorien haben eine prototypische Struktur, sondern unsere Wahrnehmung und unser Denken, für die die Kategorisierung zentral ist, folgen demselben Prinzip. Dies kann auch gar nicht anders sein, denn sprachliche Kategorien sind kognitive Kategorien.

Prototypen-semantik

Nach der ausführlichen Beispieldiskussion können wir die Grundüberlegungen der Prototypensemantik in einer kurzen Zusammenfassung darstellen:

Eine (sprachliche) Kategorie hat eine prototypische Struktur, d.h.:

– Sie umfasst eine Menge von Individuen/Klassen.
– Nicht jedes Individuum/jede Klasse ist ein gleich ›gutes Exemplar‹ der Kategorie.
– Der ›beste, typischste‹ Vertreter der Kategorie ist der Prototyp. Er steht im Zentrum.
– Weniger gute Vertreter befinden sich an der Peripherie.
– Die Grenzen zwischen den Kategorien sind unscharf.
– Die Zugehörigkeit zu einer Kategorie ist eine Frage des Grades, d.h. die Frage ist nicht:
  »Gehört x zur Kategorie oder nicht?«, sondern:
  »Wie repräsentativ ist x für die Kategorie?«

Zum Abschluss noch ein prototypisches, also ein besonders gutes und vielfach behandeltes, Beispiel, mit dem man die Prototypensemantik

Das Beispiel der Vögel

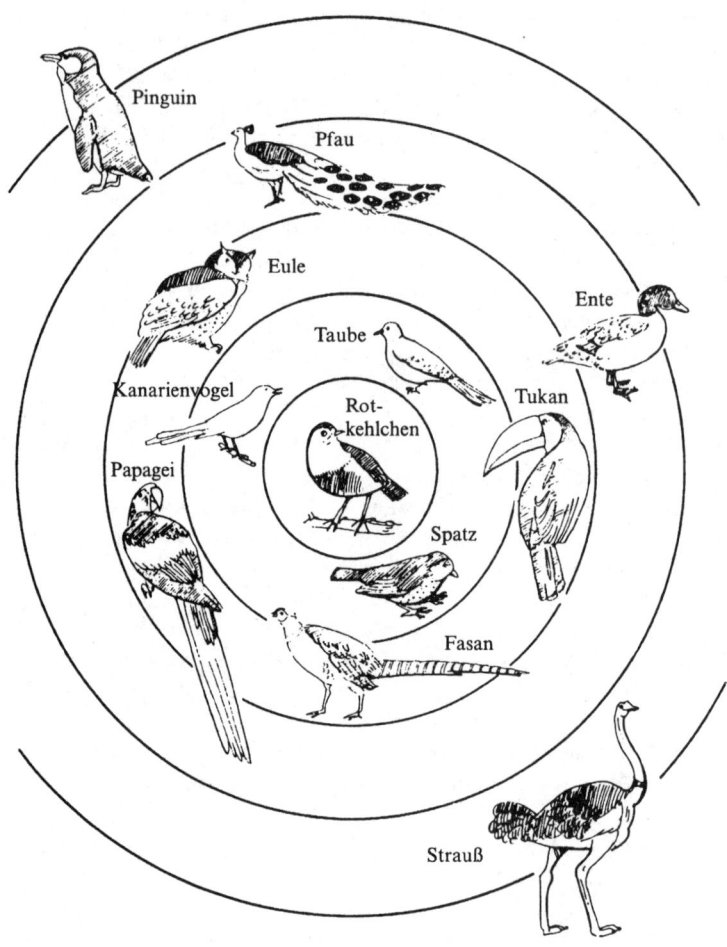

Abb. 10: Abstufungen der Vogeligkeit

erläutert (Abbildung 10)[9]. Es handelt sich um den Wirklichkeitsausschnitt der Vögel. Nicht alle Vögel sind gleich gute Vertreter für die Kategorie, und entsprechend sind nicht alle Hyponyme zu *Vogel* gleich gute Beispiele für Unterbegriffe.

17 Die grammatische Seite von Wörtern: Wortarten

In einem früheren Kapitel hatten wir hervorgehoben, dass die menschliche Sprache, die natürlichen Einzelsprachen, deswegen so leistungsfähige Systeme darstellen, weil man mit ihrer Hilfe alles ausdrücken kann. Dazu, so hatten wir gesagt, bedarf es jedoch nicht nur vieler referenzieller Einzelzeichen, wie wir sie bisher behandelt haben, sondern zusätzlich auch festgelegter Regeln dafür, wie man die elementaren Zeichen miteinander kombiniert, um komplexe Inhalte auszudrücken. Nun haben die Lexeme, an denen uns bisher nur ihre Bedeutungskomponenten interessiert haben, jeweils besondere Eigenschaften, die sie für die kombinatorischen Regeln zugänglich machen. Dies ist ihre grammatische Seite, die Grundlage für ihre Verbindbarkeit zu komplexen Zeichen. Hauptsächlich entsprechend diesen grammatischen Eigenschaften werden sprachliche Zeichen in Subklassen differenziert, die wir als Wortarten bezeichnen. Im Folgenden geht es uns um die Frage, wie diese Klassifizierung vorgenommen werden kann. Dabei werden wir sehen, dass die Klassifizierung von Wortarten uns auf dieselben Gesichtspunkte führt wie die Klassifizierung von außersprachlichen Phänomenen: Man kann unterschiedlich fein differenzieren, nach verschiedenen Merkmalen klassifizieren, und schließlich haben auch Wortart-Kategorien eine prototypische Struktur.

Auch Wortarten bilden prototypische Kategorien

Als Ausgangspunkt für die Erläuterung wählen wir einen Ausschnitt aus Textbeispiel 15, in dem es eben um die grammatische Seite von Lexemen geht.

> Darauf gingen wir in die Fakultät für Sprachen, wo drei Professoren darüber berieten, die Sprache ihres eigenen Landes zu verbessern.
> Das erste Projekt bestand darin, die Rede dadurch abzukürzen, dass man vielsilbige Wörter zu einsilbigen beschneidet und Verben und Partizipien auslässt, da alle vorstellbaren Dinge in Wirklichkeit ja doch nur Hauptwörter seien.

In diesem Text ist offenbar von Leuten die Rede, die meinen, die einzige Leistung sprachlicher Zeichen bestünde darin, auf »Dinge« zu verweisen. Nur bei solchen handele es sich um Hauptwörter. *Hauptwort* ist ein (heute nicht mehr üblicher) Begriff für ›Substantiv‹, oft sagte man auch *Dingwort*. Beide Ausdrücke, *Hauptwort* und *Dingwort*, sind relativ motiviert. Sie stammen aus der deutschen Schulgrammatik, sind also für Personen geschaffen, denen man durch einen motivierten Ausdruck die Grammatik besser verständlich machen wollte. Bei *Hauptwort* ist als Differenzierungskriterium erkennbar, dass es sich um die wichtigsten Wörter handelt, die man deswegen auch mit einem großen Anfangsbuchstaben schreibt – die anderen sind anscheinend neben-

Funktionale Kriterien Hauptwort

Textbeispiel 15: Projekt zur Abschaffung der Wörter

Darauf gingen wir in die Fakultät für Sprachen, wo drei Professoren darüber berieten, die Sprache ihres eigenen Landes zu verbessern. Das erste Projekt bestand darin, die Rede dadurch abzukürzen, daß man vielsilbige Wörter zu einsilbigen beschneidet und Verben und Partizipien ausläßt, da alle vorstellbaren Dinge in Wirklichkeit ja doch nur Hauptwörter seien.

Das zweite Projekt war ein Plan zur völligen Abschaffung aller Wörter überhaupt, und man machte geltend, daß das außerordentlich gesundheitsfördernd und zeitsparend wäre. Denn es ist klar, daß jedes Wort, das wir sprechen, in gewissem Maße eine Verkleinerung unserer Lungen durch Abnutzung bedeutet und folglich zur Verkürzung unseres Lebens beiträgt. Es wurde deshalb folgender Ausweg vorgeschlagen: da Wörter nur Bezeichnungen für *Dinge* sind, sei es zweckdienlicher, wenn alle Menschen die Dinge bei sich führten, die zur Beschreibung der besonderen Angelegenheit, über die sie sich unterhalten wollen, notwendig seien. Und zur großen Bequemlichkeit und zur Erhaltung der Gesundheit der Untertanen hätte diese Erfindung sicherlich Eingang gefunden, wenn nicht die Weiber im Verein mit dem Pöbel und den Analphabeten gedroht hätten, einen Aufstand anzuzetteln, falls man ihnen nicht erlaubte, nach Art ihrer Vorfahren mit ihren Zungen zu reden. Solch ein beharrlicher, unversöhnlicher Feind der Wissenschaft ist das gemeine Volk! Viele der Gelehrtesten und Weisesten sind jedoch Anhänger des neuen Projekts, sich mittels Dingen zu äußern; das bringt nur die eine Unbequemlichkeit mit sich, daß jemand, dessen Angelegenheiten sehr umfangreich und von verschiedener Art sind, ein entsprechend größeres Bündel von Dingen auf dem Rücken tragen muß, falls er es sich nicht leisten kann, daß ein oder zwei starke Diener ihn begleiten. Ich habe oft gesehen, wie zwei dieser Weisen unter der Last ihrer Bündel fast zusammenbrachen, wie bei uns die Hausierer. Wenn sie sich auf der Straße begegneten, legten sie ihre Lasten nieder, öffneten ihre Säcke und unterhielten sich eine Stunde lang; dann packten sie ihre Utensilien wieder ein, halfen einander, ihre Bürden wieder auf den Rücken zu nehmen, und verabschiedeten sich. Für kurze Gespräche aber kann man das Zubehör, um sich hinlänglich auszustatten, in den Taschen und unter den Armen tragen, und zu Hause kann man nicht in Verlegenheit kommen. Deshalb ist auch das Zimmer, wo Leute zusammenkommen, die diese Kunst ausüben, voll von allen griffbereit daliegenden Dingen, die erforderlich sind, um Material für diese Art künstliche Unterhaltung zu liefern.

Ein weiterer großer Vorteil, den diese Erfindung haben sollte, war der, daß sie als Universalsprache dienen würde, die man bei allen zivilisierten Nationen verstehen könnte, deren Waren und Gerätschaften im allgemeinen von gleicher Art oder so sehr ähnlich sind, daß man ihren Gebrauch leicht begreifen könnte. Und dementsprechend wären Gesandte dazu befähigt, mit fremden Fürsten oder Staatsministern zu verhandeln, deren Sprache ihnen vollkommen unbekannt ist.

sächlich; die Professoren bei Swift wollen jedenfalls gleich ganz auf sie verzichten. Bei *Dingwort* wird danach differenziert, auf welche Phänomene die Wörter referieren, nämlich auf »Dinge«.

Lassen wir uns nun einmal auf diese inhaltlichen Interpretationen ein. Wir machen die Probe aufs Exempel und reduzieren unseren Beispieltext auf die groß geschriebenen ›Hauptwörter‹. Werden wir ihn dann noch verstehen und stoßen wir nur auf Wörter für Dinge? Der Test erbringt folgendes Ergebnis:

> Fakultät Sprachen, Professoren, Sprache Landes. Projekt, Rede, Wörter Verben Partizipien, Dinge Wirklichkeit Hauptwörter

Es dürfte kaum jemanden geben, der aus dieser Wörterfolge den Sinn des Textes rekonstruieren kann. Dies liegt vor allem daran, dass die Professoren zu der irrigen (und sehr erstaunlichen) These gelangen, Verben seien nicht so wichtig. Nehmen wir diese wieder hinzu (wir setzen sie dabei in den Infinitiv), so wird der Text schon deutlich verständlicher:

> gehen Fakultät Sprachen, Professoren beraten Sprache Landes verbessern. Projekt bestehen Rede abkürzen, Wörter beschneiden Verben Partizipien auslassen, Dinge Wirklichkeit Hauptwörter sein.

Nehmen wir schließlich auch die Adjektive und Adverbien wieder hinzu, so entsteht ein zwar sehr merkwürdig klingender, aber doch schon einigermaßen verständlicher Parole-Akt:

> Darauf gingen Fakultät Sprachen, drei Professoren berieten, Sprache eigenen Landes verbessern. erste Projekt bestand, Rede abzukürzen, vielsilbige Wörter einsilbigen beschneidet Verben Partizipien auslässt, vorstellbaren Dinge Wirklichkeit Hauptwörter seien.

Wir können damit zunächst als Ergebnis festhalten, dass es sich bei den Wörtern, die für das Verständnis eines Textes besonders wichtig sind, keineswegs nur um die Substantive handelt, sondern dass mindestens ebenso wichtig die Verben sind und dass auch die Adjektive und Adverbien eine sehr bedeutende Rolle spielen. Die relative Motiviertheit von *Hauptwort* für Substantive ist also ziemlich irreführend. Für das Verständnis am wichtigsten sind vielmehr alle Wörter, die eine lexikalische Bedeutung tragen, denn diese lassen erkennen, worüber gesprochen wird, auf was in der außersprachlichen Wirklichkeit man sich bezieht. Wörter wie *wir, in, die, für, wo, darüber, ihres, zu, das, darin, dass, man, und, da, ja, doch, nur* lassen dagegen überhaupt nicht erkennen, wovon eigentlich die Rede ist. Ihre Funktion ist vor allem eine grammatische; sie werden nämlich eingesetzt, um zu signalisieren, in welchen Beziehungen die einzelnen lexikalischen Zeichen zueinander stehen. Auf dieser Grundlage können wir nun schon eine erste Grobklassifikation von Wortarten vornehmen: Sie lassen sich einteilen in Inhaltswörter (mit lexikalischer Bedeutung) und Funktionswörter (mit grammatischer Bedeutung).

Inhaltswörter versus Funktionswörter

Wir müssen allerdings gleich hinzufügen, dass diese – wieder einmal dichotomische – Unterscheidung insofern unangemessen ist, als auch die so genannten Funktionswörter eine mehr oder weniger ausgeprägte

Eigenbedeutung tragen. So dienen z.b. Konjunktionen vor allem dazu, die Verbindung zwischen Sätzen herzustellen, aber es ist semantisch natürlich keineswegs gleichgültig, ob wir zwei Sätze durch *als, weil* oder *obwohl* verbinden. Ebenso wenig ist es semantisch irrelevant, ob wir *ein* oder *der* oder *dieser* sagen usw. Bei der Unterscheidung von Inhalts- und Funktionswörtern sollten wir daher ganz besonders den prototypischen Charakter der Kategorien berücksichtigen. Inhaltswörter wären demnach solche, bei denen die lexikalische Eigenbedeutung im Vordergrund steht. Die prototypischen Wortarten für diese Kategorie sind Substantive, Verben und Adjektive/Adverbien. Diese fasst man daher auch unter dem Begriff Hauptwortarten zusammen, und hier ist die relative Motiviertheit durch *Haupt-* schon weit weniger irreführend als bei *Hauptwort* für ›Substantiv‹.

Der Nutzen der Grobunterscheidung von Inhalts- und Funktionswörtern zeigt sich besonders deutlich, wenn man das lexikalische Inventar einer Einzelsprache auf diese Gruppen aufteilt. Fast der gesamte Wortschatz besteht nämlich aus den Zeichen mit lexikalischer Bedeutung, bei denen es eben um die sprachliche Kategorisierung außersprachlicher Phänomene geht. Die Funktionswörter dagegen bilden eine nur sehr kleine Gruppe. Weit wichtiger ist noch, dass die Klasse der Funktionswörter geschlossen ist; es gibt davon einen festen Bestand, der sich historisch nur sehr langsam und quantitativ unerheblich verschiebt. Inhaltswörter dagegen bilden eine offene Klasse (vgl. dazu weiter Kapitel 23).

Nach der Besprechung der Ausdrücke *Hauptwort* und *Hauptwortarten* kehren wir nun zu der Frage zurück, ob *Dingwort* ein geeigneter relativ motivierter Ausdruck für Substantive ist. Das Klassifikationskriterium ist hier ein semantisches. Dingwörter sollten Wörter sein, die Dinge bezeichnen. Auch die anderen Hauptwortarten versuchte man in der Schulgrammatik durch solche motivierten Bezeichnungen zu erklären. Verben wurden als *Tätigkeits-* oder auch *Tu-Wörter* und Adjektive als *Eigenschafts-* oder *Wie-Wörter* bezeichnet.

Wenn wir nun noch einmal die Liste der Substantive aus unserem Beispieltext heranziehen, so stellen wir fest, dass diese überhaupt kein Element enthält, das als Prototyp für Dinge angesehen werden könnte. Prototypische Ausdrücke für Dinge kommen später im Text vor, z.B. *Sack* und *Tasche*, sie sind aber im gesamten Beispieltext von Swift sehr selten. In der Liste könnte man am ehesten noch als ›Dingwort‹ den Ausdruck *Fakultät* ansehen, da nämlich hier anscheinend das Gebäude gemeint ist – das man allerdings nur schwer in einem Sack mit sich herumtragen kann. Professoren ließen sich schon leichter in Säcke verpacken, dennoch ist die Subsumierung von *Professor* unter *Ding* doch sehr abwegig, denn es handelt sich ja um Personen, um Lebewesen, die wir normalerweise sehr entschieden von leblosen Dingen

Hauptwortarten: Substantive, Verben, Adjektive

Funktionswörter bilden eine geschlossene Klasse

Semantische Kriterien

Dingwörter – Substantive

unterscheiden. Auch für *Land, Sprache, Wort, Verb, Partizip, Hauptwort, Wirklichkeit* kommt *Ding* als Oberbegriff kaum infrage. Bei *Rede* haben wir sogar einen Ausdruck vor uns, der semantisch nun wirklich eher eine Tätigkeit als ein Ding bezeichnet, und ein *Projekt* ist gewiss auch kein Ding, sondern eine komplexe geistige Größe. Es verbleibt schließlich das Lexem *Ding* selbst, das aber auch nicht prototypisch für ›Dingwörter‹ ist, da es außerordentlich abstrakt ist, eben der Oberbegriff für alle möglichen Bezeichnungen für konkrete Gegenstände.

Versuchen wir dasselbe mit den Adjektiven: *eigenen, vielsilbig, einsilbig, vorstellbar*. Wenig sinnvoll ist es wohl, *eigen* und *vorstellbar* als Eigenschaften des Landes bzw. der Dinge zu betrachten, es handelt sich ja um die Relationen: *eigen* etabliert den Bezug zwischen den Professoren und dem Land, *vorstellbar* den zwischen dem Ding und demjenigen, der sich dieses vorstellt, und das ist wiederum eher eine geistige Tätigkeit. So bleiben also eigentlich nur *einsilbig* und *vielsilbig* als Ausdrücke übrig, die man als Eigenschaften ansehen kann. Prototypisch sind sie dennoch nicht, weil eben Wörter nicht eigentlich Gegenstände sind. Bessere Beispiele für Eigenschaftswörter wären also *große (Bündel), schwere (Last), starke (Diener), blaue (Schulhefte)*.

> Eigenschaftswörter – Adjektive

Lediglich bei den Verben scheint die semantische Kategorisierung einigermaßen zu tragen, denn *gehen, beraten, verbessern, abkürzen, beschneiden* kann man ja sehr wohl als Tätigkeiten betrachten. *auslassen* ist allerdings schon wieder ein sehr merkwürdiger Fall einer Tätigkeit, *bestehen* ist wohl keine, und ganz und gar unmöglich ist die Qualifizierung von *sein* als Tätigkeit.

> Tätigkeitswörter – Verben

Wir kommen damit zu dem Ergebnis, dass die Kategorisierung auf Grund semantischer Kriterien, wie sie in der Schulgrammatik versucht wurde, nicht sehr weit trägt. Auch hier können wir uns wieder, wie bereits in den Beispielen angedeutet, mit dem Konzept der Prototypen behelfen und etwa feststellen, dass ein Schulheft ein besseres Beispiel für ein Ding ist als ein Professor, eine Fakultät oder gar eine Sprache. Allerdings ist in diesem Fall der Prototypen-Trick längst nicht so überzeugend wie in anderen Bereichen, denn von den vielen Substantiven, die es gibt, bezeichnen nur relativ wenige solche Phänomene, die nah am Zentrum der Kategorie Ding liegen. Ähnliches gilt entsprechend für Verben und Adjektive.

> Prototypische Übereinstimmung

Wenn wir dennoch den semantischen Aspekt bei der Klassifizierung von Wortarten nicht ganz verwerfen sollten, so sind dafür vor allem zwei Gründe anzuführen: Erstens ist dieser Gesichtspunkt sehr nützlich, wenn wir bestimmte Beziehungen zwischen Lexemen genauer untersuchen wollen, z.B. die zwischen *reden, beredt* und *Rede* oder zwischen *vorstellen, vorstellbar, Vorstellung*. Wir haben zwar jeweils drei verschiedene Wortarten vor uns (Verb, Adjektiv, Substantiv), aber sie gehören immer zum selben Ausgangselement, das semantisch spezifiziert ist. In diesem Fall würden wir sagen, dass das Ausgangselement das Verb ist, da es sich inhaltlich um eine Tätigkeit handelt. Diese Phänomene, die Ableitung von Wörtern, werden wir später genauer behandeln.

Der Zusammenhang von semantischen und formalen Kategorien

Das zweite Argument für die Berücksichtigung semantischer Aspekte besteht darin, dass Gegenstände bzw. Lebewesen, Tätigkeiten bzw. Prozesse und Eigenschaften Größen darstellen, die ontisch verschieden sind und die daher in Bezug auf unterschiedliche Eigenschaften charakterisiert werden können. Gegenstände und Lebewesen können z.b. einzeln, zu zweit, zu dritt usw. oder eben mehrfach auftreten, sie können gezählt werden, Lebewesen können nach ihrem Geschlecht differenziert werden. Tätigkeiten und Prozesse sind zeitlich situiert und es kann sich z.b. um wirklich geschehene oder nur erwünschte handeln, sie können punktuell, kontinuierlich oder regelmäßig wiederholt vorkommen. Eigenschaften sind graduell, sie können mehr oder weniger ausgeprägt vorliegen usw. Prototypische Ausdrücke für Eigenschaften (Adjektive) sind nun grammatisch mit einer Kategorie ausgestattet, die genau die Tatsache betrifft, dass Objekte Eigenschaften in einem mehr oder weniger großen Ausmaß aufweisen können – sie sind steigerbar. Ebenso haben prototypische Ausdrücke für Tätigkeiten (Verben) grammatische Eigenschaften, die erlauben, die zeitliche Situierung der Handlung (Tempus) und den Wirklichkeitsbezug (Modus) auszudrücken. Auf diesen Zusammenhang zwischen inhaltlichen und formalen Merkmalen kommen wir im nächsten Kapitel zurück. Hier sollen zunächst die formalen Kriterien zur Unterscheidung von Wortarten behandelt werden.

Morphologische Kriterien Flexion

Wortarten lassen sich nämlich recht gut danach unterscheiden, mit welchen formalen Kategorien sie ausgestattet sind. Es handelt sich dabei um morphologische Kriterien, sie betreffen die verschiedenen Wortformen, in denen ein Lexem auftreten kann, den Typ von grammatischen Zeichen, mit denen sie kombinierbar sind. Dieses Kriterium ist besonders wichtig für einen bestimmten Typ von Sprachen, nämlich die so genannten flektierenden. Dazu gehört auch Deutsch. Wenn wir die Wörter nach diesem morphologischen Kriterium kategorisieren, gelangen wir zunächst wieder zu zwei großen Hauptklassen von Wortarten. Es gibt nämlich neben den veränderlichen (flektierbaren) Ausdrücken auch unveränderliche

flektierbare	unflektierbare
Verb *(beraten – berieten)*	Adverb *(gern, heute, immer)*
Substantiv *(Professor – Professoren)*	Präposition *(in, auf)*
Adjektiv *(blau – blauen)*	Konjunktion *(und, obwohl)*
Artikelwort *(der – den, dieser – diesen)*	Partikel *(sehr, nur, doch)*
Pronomen *(er – ihn)*	Interjektion *(ach, oh)*

Die flektierbaren unterscheiden sich wie gesagt untereinander darin, mit welchen grammatischen Kategorien sie ausgestattet werden können. Es ergibt sich für das Deutsche folgende Unterteilung:

	Substantiv	Artikelwort	Pronomen	Adjektiv	Verb
Komparation				+	
Genus	+	+	+	+	
Kasus	+	+	+	+	
Numerus	+	+	+	+	+
Person	((+))		(+)		+
Tempus					+
Modus					+
Genus Verbi					+

Man sieht auf den ersten Blick, dass unter den fünf Wortarten die Verben eine Sonderstellung einnehmen. Sie können als einzige in Bezug auf Tempus, Modus (Indikativ, Konjunktiv, Imperativ) und Genus Verbi (Aktiv, Passiv) spezifiziert werden und weisen mit den anderen als gemeinsame Kategorie nur den Numerus auf. Substantive, Artikelwörter und Adjektive sind gleichermaßen in Bezug auf Genus, Numerus und Kasus spezifizierbar. Das gilt auch für Pronomina, von denen zusätzlich einige – die Personal-, Possessiv- und Reflexivpronomina – wie das Verb in der Kategorie Person spezifiziert sind (vgl. dazu weiter S. 99 f.). Das Adjektiv ist als einziges steigerbar (Positiv, Komparativ, Superlativ). Entsprechend diesen Verhältnissen unterscheiden wir bei der Flexion wiederum zwei Großgruppen, nämlich Wortarten mit Formen der Deklination und der Wortart (es handelt sich nur um Verben!) mit Formen der Konjugation.

Deklination und Konjugation

flektierbare		unflektierbare
Deklination	**Konjugation**	
Substantiv	Verb	Adverb
Artikelwort		Präposition
Pronomen		Konjunktion
		Partikel
Adjektiv		Interjektion

Wie man sieht, gelangen wir mit den morphologischen Kriterien schon zu einer guten Unterteilung, allerdings kann man auf diese Weise nicht alle Wortarten gegeneinander abgrenzen: An deklinierbaren, die nicht auch gesteigert werden können, gibt es drei, an unflektierbaren fünf.

Syntaktische Kriterien

Kombinieren wir die morphologischen Kriterien mit den funktionalen, so müssen wir bei den deklinierbaren Wörtern nur noch feststellen, was der Unterschied zwischen Artikelwörtern und Pronomina ist, denn beide gehören (anders als Substantive und Adjektive) zu den Funktionswörtern. Unter den nicht-flektierbaren grenzen sich Adverbien als Inhaltswörter von den anderen ab. Ansonsten bereitet die Unterscheidung der unflektierbaren Wörter große Probleme. Sie ist auch sehr umstritten, und wir wollen hier nur auf den Unterschied zwischen Konjunktionen und Präpositionen eingehen. Bei den unflektierbaren Wörtern sind zur Differenzierung (fast) nur syntaktische Kriterien brauchbar. Sie betreffen die Frage, wie sich die Elemente im Satz verhalten. Natürlich unterscheiden sich auch die Hauptwortarten in ihren syntaktischen Eigenschaften. Da deren Bestimmung aber schon mit Hilfe der (semantischen und) morphologischen Kriterien sehr einfach ist, gehen wir darauf nicht weiter ein.

Artikelwörter und Pronomina

Als Artikelwörter fassen wir diejenigen Ausdrücke zusammen, die vor Substantive treten und deren Referenz eingrenzen, sie sind also besonders wichtig für die Überführung der potenziellen in eine aktuelle Bedeutung. Die Pronomina dagegen stehen nicht in Verbindung mit einem Substantiv, sondern an deren Stelle. Meist dienen sie dazu, ein vorher erwähntes Element wieder aufzugreifen: *Der alte Mann kaufte blaue Schulhefte – Er kaufte sie.* Manche Ausdrücke – man bezeichnet sie traditionell als Possessiv-, Indefinit- oder Demonstrativpronomina – können sowohl als Pronomina wie auch als Artikelwörter verwendet werden. Das syntaktische Kriterium erlaubt uns die Bestimmung der Wortart:

als Artikelwort	als Pronomen
Gib mir <u>das</u> Heft. <u>Ihr</u> Projekt ist unsinnig. <u>Manche</u> Leute mögen's heiß.	Gib mir <u>das</u> (da). <u>Ihres</u> ist unsinnig. <u>Manche</u> mögen's heiß.

Präpositionen und Konjunktionen

Präpositionen und Konjunktionen dienen gleichermaßen in erster Linie dazu, Relationen zwischen Elementen des Satzes zu markieren. Diese Relationen sind allerdings nicht rein formal, vielmehr können Ausdrücke beider Wortarten auch eine wichtige semantische Funktion haben. Es macht ja inhaltlich einen Unterschied, ob jemand *im* Bett, *auf* dem Bett, *neben*, *vor* oder *unter* dem Bett liegt oder vielleicht sogar *über* dem Bett schwebt, und ob er dies tut, *weil*, *obwohl* oder *wenn* Vollmond ist. Diese Beispiele zeigen nun schon den syntaktischen Unterschied zwischen beiden Wortarten: Präpositionen bestimmen den Kasus der (deklinierbaren) Elemente, vor denen sie stehen. Konjunktionen verbinden dagegen prototypisch Sätze (die ja nicht im Kasus bestimmt sind). Sie können auch deklinierbare Elemente miteinander verknüpfen – deren Kasus bestimmen sie aber nicht (*er oder sie; von ihm – von ihr, von ihm oder ihr*).

18   Die Bedeutung wortgrammatischer Kategorien

Wir wenden uns nun der Frage nach den Funktionen der einzelnen grammatischen Kategorien zu und beginnen beim Komparativ, der nur bei Adjektiven vorkommt. Dessen Funktion ist eine inhaltliche. Welches Projekt schlecht, schlechter oder gar das schlechteste ist, darüber streitet man zu Recht, denn dies macht einen sachlichen Unterschied. Auch für das Genus und den Numerus hatten wir oben angenommen, dass hier der Wirklichkeitsbezug, also der referenzielle Aspekt im Spiel ist, da Gegenstände und Lebewesen in verschiedener Anzahl auftreten und Lebewesen ein natürliches Geschlecht (Sexus) haben. Die Grammatikalisierung des Sexus würde also zum Genus führen.

Komparativ

Leider erweist sich aber diese semantische Füllung oder Erklärung der grammatischen Kategorie Genus als völlig unzureichend. Denn es haben zwar Lebewesen ein natürliches Geschlecht, aber auch nur diese; das Genus kommt jedoch sämtlichen Substantiven zu. Außerdem gibt es nur zwei natürliche Geschlechter (männlich und weiblich), aber im Deutschen drei Genera (maskulin, feminin und neutrum). Schließlich stimmen Genus und Sexus auch keineswegs immer überein. Im Bereich der deutschen Personenbezeichnungen haben wir etwa Neutra auch für weibliche und männliche Wesen (*Weib, Mädchen, Kerlchen*), im Französischen die feminine Form *recrue* (›der Rekrut‹) für männliche Personen.

Genus – Sexus
Personen-
bezeichnungen

Noch viel weniger Entsprechungen zwischen Sexus und Genus gibt es im Bereich der Tierbezeichnungen: *die Schlange, der Käfer, das Kamel*. Bei diesen Bezeichnungen geht es auch gar nicht darum, das natürliche Geschlecht zu bezeichnen, vielmehr ist das Genus dem Lexem zugeordnet, das die Gattung bezeichnet und dabei ist der Unterschied zwischen den Geschlechtern kognitiv nivelliert. Dass man bei Tierbezeichnungen vielfach vom Sexus abstrahiert, hängt natürlich damit zusammen, dass dieses für den Menschen oft überhaupt keine Relevanz hat und auch nicht immer einfach zu erkennen ist (z.B. bei Schlangen, Käfern oder Spinnen). Dort, wo das Geschlecht der Tiere doch eine besondere Relevanz hat, d.h. besonders bei domestizierten Nutz- und Zuchttieren, kann man es allerdings spezifizieren, sei es durch eigene Lexeme (*das Pferd, die Stute, der Hengst*) oder durch Ableitungen (*der Hund, die Hün-*

Tier-
bezeichnungen

din). Und wenn es wirklich darauf ankommt (z.B. für Biologen), selbst noch bei Käfern und Spinnen das Geschlecht zu spezifizieren, kann man auch dies tun, und zwar durch die Bildungen *Käferweibchen* und *Spinnenmännchen* – ausgerechnet hier ist dann das Genus wieder neutrum!

Es gibt keine systematische Entsprechung zwischen Genus und Sexus

Von einer systematischen Entsprechung zwischen Sexus und Genus kann also schon bei Lebewesen keine Rede sein[10], und erst recht bei Bezeichnungen für leblose Dinge und Abstrakta ist eine semantische Herleitung des grammatischen Geschlechts nahezu unmöglich: *der Stuhl, das Sofa, die Bank*; *das Messer, die Gabel, der Löffel*; *die Sonne, der Mond* (im Französischen genau umgekehrt) … Da die Genera überwiegend semantisch gar nicht motiviert sind, ist es so schwierig, sich beim Fremdsprachenlernen zu den jeweiligen Substantiven auch noch das richtige Genus einzuprägen.

Funktion der Genera

Wenn nun aber die Genera (fast) gar nicht dazu taugen, die natürlichen Geschlechter zu differenzieren, wozu dienen sie dann? Wir kommen hier auf unsere Ausgangsfeststellung zurück, nämlich die Annahme, dass die grammatische Seite von Wörtern in erster Linie deswegen wichtig ist, weil sie zum Ausdruck der Beziehungen dient, die zwischen verschiedenen lexikalischen Einheiten bestehen. Dies erklärt auch, warum Substantive, Artikelwörter, Pronomina und Adjektive genau in den gleichen Kategorien spezifiziert werden. Sie können nämlich gemeinsam größere Einheiten bilden und werden dann durch die jeweils gleiche grammatische Markierung als zusammengehörig ausgewiesen. Man nennt dieses Phänomen Kongruenz. Substantive haben ein festes Genus, Artikelwörter und Adjektive verändern das Genus, je nachdem, mit welchem Substantiv sie verbunden werden. So können alle formal aufeinander abgestimmt werden. Was die Pronomina betrifft, so dienen sie oft dem Rückbezug auf eine solche formale Gruppe: *Der alte Mann …. er*; *die alte Frau … sie*. Sie können auch sehr viel später im Satz oder Text auftreten; die formale Übereinstimmung gewährleistet meist, dass man erkennt, welche Gruppe das Pronomen wiederaufnimmt.

Kongruenz

Numerus-kongruenz

Ausdrücke der genannten Wortarten kongruieren im Genus, aber auch im Numerus (und Kasus). Selbst wenn beim Numerus der semantische Faktor natürlich eine große Rolle spielt (eine viel größere als beim Genus), so dient doch auch hier die Übereinstimmung ganz wesentlich dem formalen Zusammenhalt inhaltlich zusammengehöriger Gruppen. In Bezug auf den Numerus ist nun auch das konjugierte Verb spezifiziert, es ist die einzige Kategorie, die es mit den anderen vier Wortarten gemeinsam hat. Und wieder dient die dadurch mögliche formale Kongruenz wesentlich der Signalisierung von Bezügen zwischen den Elementen des Satzes. Im Numerus (und in der Person) kongruiert das konjugierte Verb nämlich mit dem Subjekt des Satzes.

Das Subjekt kann man also u.a. auf Grund der Kongruenz mit dem konjugierten Verb als solches erkennen. Es hat aber noch ein weiteres formales Merkmal, das es erkennbar macht, nämlich den Kasus. Das Subjekt steht im Nominativ. Auch die Kasus dienen also der Signalisierung der jeweiligen Rolle, die ein Element oder eine Gruppe von Elementen im Satz spielt. Und auch hier besteht ein enger Bezug zum jeweiligen Verb. Jedes Verb wird nämlich mit anderen Wortgruppen verbunden, für die bestimmte Kasus vorgesehen sind. Darauf werden wir genauer in einem späteren Kapitel eingehen. Hier nur ein Beispiel, das das Phänomen illustriert.

Kasus

· **Der Igel überholt den Hasen.**
Den Igel überholt der Hase.
Der Hase überholt den Igel.
Den Hasen überholt der Igel.

Was im Satz Subjekt und was Objekt ist, erkennt man hier nicht am Numerus, denn der ist identisch. Man kann es aber am Kasus (hier Nominativ bzw. Akkusativ) erkennen. Dies gilt allerdings in unterschiedlicher Weise für verschiedene Sprachen. Im Deutschen ist die Markierung des Kasus noch relativ deutlich, man kann deswegen Subjekt und Objekt an verschiedene Stellen des Satzes stellen. Im Französischen würde dagegen *Le hérisson dépasse le lièvre* immer bedeuten, dass es der Igel ist, der den Hasen überholt, Subjekt und Objekt werden nicht durch die Form, sondern durch ihre Stellung im Satz markiert.

Verbspezifische Kategorien

Wir kommen damit zu den verbspezifischen morphologischen Kategorien, der Funktion der Konjugationskategorien. Über den Numerus (Kongruenz mit dem Subjekt) hatten wir bereits gesprochen. Als weitere Kategorie erscheint die Person, in der das Verb ebenfalls mit dem Subjekt kongruiert. Traditionellerweise wird die Person jedoch nur als Kategorie der Konjugation angesehen. Dabei nimmt man herkömmlich eine Dreiteilung vor (1., 2. und 3. Person). Fragt man jedoch nach der Funktion dieser Kategorie, so ist es sinnvoller, die 1. und die 2. Person zusammenzunehmen und sie gemeinsam gegen die 3. Person abzugrenzen. Die 1. und 2. Person sind nämlich insofern viel stärker durch den Bezug der Ausdrücke auf die außersprachliche Wirklichkeit geprägt, als es immer ganz klar ist, wer damit gemeint ist, nämlich die Gesprächspartner, der Sprecher und der Hörer. Die 3. Person dagegen ist brauchbar für den gesamten Rest aller möglichen Personen, Dinge oder Sachverhalte, nicht für die Redepartner also, sondern für die Redegegenstände. Sie ist daher die unmarkierte Ausprägung der Kategorie Person, und zwar ist sie derartig unmarkiert, dass man sie normalerweise eben gar nicht als Kategorie der Deklination anführt. Die wichtigste Wortart, deren Elemente dekliniert werden, das Substantiv (Adjektive und Artikelwörter richten sich in der Deklination nach ihm

Person

aus), ist nämlich in der Person nicht spezifiziert. Man kann allerdings auch sagen: Alle Substantive gehören prinzipiell der 3. Person an – deswegen steht auch das finite Verb immer in der 3. Person, wenn an der Subjektstelle nicht ein Personalpronomen der (markierten) 1. oder 2. Person steht. Dass Substantive der 3. Person angehören, zeigt sich auch darin, dass sie immer durch eine Proform in der 3. Person wiederaufgenommen werden. Auf Grund dieser Verhältnisse ist aber auch die formale Funktion, Beziehungen zwischen Elementen des Satzes auszudrücken, bei der 1. und 2. Person gar nicht gegeben bzw. nur sehr schwach ausgeprägt. Kongruieren können beide nur mit den Personalpronomina *ich/wir* bzw. *du/ihr*. Schon wenn man sich auf die eigene Person mit einem anderen Ausdruck bezieht, wechselt die grammatische Person: *Ich <u>bin</u>/Meine Wenigkeit <u>ist</u> da ganz anderer Auffassung.* Die 1. und 2. Person haben also immer einen direkten Wirklichkeitsbezug, besser: einen Bezug zur Sprechsituation. Eine lexikalische Bedeutung ist bei diesen Ausdrücken dagegen eigentlich gar nicht vorhanden, d.h. sie reduziert sich vollständig auf die Zuordnung zu Sprecher bzw. Hörer. *ich* bezeichnet immer genau denjenigen, der spricht, und die Bedeutung dieses Ausdrucks ergibt sich damit ausschließlich daraus, wer gerade spricht. Die Pronomina der 1. und 2. Person sind daher immer deiktisch – sprachliche Zeigegesten. Die Pronomina der 3. Person sind dagegen nur teilweise (und zwar eher selten) deiktisch: *er/der* (*da*) – unterstützt durch eine körperliche Zeigegeste, die bei *ich* und *du* nicht nötig ist. Meist aber beziehen sie sich auf Elemente in der sprachlichen Umgebung, auf Elemente des Textes selbst, nicht auf solche der Außenwelt oder der Sprechsituation (*der alte Mann … er*).

Tempus und Modus

Bei den Konjugationskategorien Tempus und Modus ist der semantische Faktor relativ stark ausgeprägt. Durch diese Kategorien werden die Handlungen, Prozesse oder Geschehnisse nämlich zunächst einmal daraufhin charakterisiert, wann sie stattgefunden haben und ob sie überhaupt wirklich stattgefunden haben (Indikativ) oder aber nur vorgestellt (hypothetisch) oder gar irreal sind (Konjunktiv) oder ob es sich schließlich um Tätigkeiten handelt, von denen der Sprecher möchte, dass der Hörer sie ausführt (Imperativ). Auch Tempus und Modus weisen jedoch keineswegs immer einen klaren Bezug zu Zeitstufen und zu ›Wirklichkeitsarten‹ auf. So kann man z.B. das Präsens durchaus beim Bezug auf eine Handlung verwenden, die in der Zukunft stattfindet (*Ich komme morgen*). Seltener, aber ebenso möglich ist das Präsens für ein vergangenes Geschehen (*Da komm ich gestern in den Laden und …*). Der Begriff *consecutio temporum* (Zeitenfolge), der Regeln bezeichnet, die (besonders in der lateinischen Sprache) sehr strikt die Verwendung von Tempora in komplexen Sätzen festlegen, zeigt, dass auch das Tempus dazu dienen kann, Relationen zwischen Textelementen zu bestimmen. Der Modus ist gleichfalls teilweise rein grammatisch veranlasst und dient dann wieder vor allem dazu, Beziehungen zu signalisieren. So wird der deutsche Konjunktiv I (wenn auch nicht obligatorisch) eingesetzt, um abhängige Rede zu markieren. Im Französischen lösen diverse Konjunktionen obligatorisch die Verwendung des *subjonctif* aus und signalisieren dadurch die syntaktische Abhängigkeit eines Satzes von einem anderen.

Die letzte Konjugationskategorie ist die des so genannten Genus verbi (man spricht hier auch von Diathese). Im Deutschen handelt es sich um den Unterschied zwischen Aktiv und Passiv. Was ist die Funktion oder Bedeutung von Aktiv und Passiv? Halten wir zunächst fest, dass das Aktiv die weitaus häufigere Modusform ist (im Deutschen durchschnittlich über 90% der Verbformen eines Textes), so dass man auch sagt, das Aktiv sei die unmarkierte, das Passiv die markierte Form. In unserem Beispieltext von Swift finden wir denn auch nur eine Passivform, die wir zum Ausgangspunkt der funktionalen Charakterisierung des Genus verbi machen wollen:

Aktiv – Passiv

> **Es wurde deshalb folgender Ausweg vorgeschlagen.**

Stellen wir zunächst fest, ob das Passiv eine andere referenzielle Bedeutung, einen anderen Wirklichkeitsbezug hat als das Aktiv. Der entsprechende Aktivsatz würde lauten:

> **Jemand schlug deshalb folgenden Ausweg vor.**

Der Sachverhalt, den die beiden Sätze beschreiben, ist offenbar derselbe, wann immer der eine Satz gültig ist, ist auch der andere gültig. Die beiden Sätze sind insofern synonym. Denken wir nun an die Synonyme im lexikalischen Bereich zurück (z.B. *Säugling* und *Baby*), so können wir die dort angestellten Überlegungen in gewisser Weise auf das Problem Aktiv-Passiv übertragen. Es liegt zwar referenzielle Identität bzw. Identität des Sachverhalts vor, aber dieses identische Etwas wird jeweils aus anderer Perspektive gesehen. Im Passivsatz steht das Element *Ausweg* gewissermaßen im Scheinwerferlicht; notwendigerweise ist dieser Ausweg von irgendjemanden gefunden (*vorgeschlagen*) worden. Dieser Jemand bleibt jedoch ganz im Hintergrund, er wird in unserem Passivsatz nicht einmal erwähnt, man denkt ihn sich sozusagen automatisch hinzu, und aus dem Kontext ergibt sich ja auch, dass es wohl die Professoren waren. Allgemeiner können wir sagen: Das Passiv erlaubt eine bestimmte Perspektivierung des Sachverhalts, und zwar eine, bei der der Akteur der Handlung aus dem Blickfeld verschwindet und der Gegenstand oder die Person, die von der Handlung betroffen wurde oder dergleichen, in den Vordergrund rückt. Dies wäre die semantische Leistung des Passivs, die sich vor allem dann als nützlich erweist, wenn man den Akteur wirklich nicht nennen will oder kann (A: *Es wurde vorgeschlagen ... B: Wer denkt sich so einen Unsinn*

Mittel der Perspektivierung

aus? A: *Das spielt ja keine Rolle ...; Martin Luther King wurde ermordet, aber von wem?*). Im Aktivsatz besetzt der Akteur die Stelle des Subjekts und ist damit auch grammatisch notwendig, im Passivsatz ist er grammatisch entbehrlich.

Auch das Passiv kann aber – wie die anderen Kategorien von Konjugation und Deklination – eher aus grammatischen Erwägungen verwendet werden, z.B. um eine geeignete Aufeinanderfolge verschiedener Elemente zu gewährleisten (hier geht es wieder um die sinnvolle Signalisierung von Relationen): *Einer der Professoren machte einen Vorschlag. Er wurde von den beiden anderen sofort angenommen.* Der erste Satz endet mit dem Ausdruck *Vorschlag*, dieser steht also schon deshalb im Vordergrund. Er wird dann durch das folgende Pronomen unmittelbar aufgegriffen, so dass eine enge Beziehung zwischen den beiden Sätzen hergestellt wird. Wenn man dagegen sagt *Die beiden anderen nahmen ihn sofort an,* dann gerät das wichtigste verbindende Element zwischen beiden Sätzen in eine ungünstigere Position, die die Gedankenfolge nicht so gut zum Ausdruck bringt.

Zusammen-
fassung

Fassen wir die Ausführungen zu den Wortarten zusammen, so können wir feststellen: Unter Wortart-Kategorien werden Klassen von Ausdrücken zusammengefasst, die bestimmte Merkmale gemeinsam haben. Diese Merkmale können betreffen:

– die Funktion oder Leistung (funktionale Klassifizierung)
– den Bezug zur außersprachlichen Realität (semantische Klassifizierung),
– die Flektierbarkeit (morphologische Klassifizierung nach den möglichen Wortformen),
– die Verbindbarkeit mit anderen Elementen des Textes (syntaktische Klassifizierung).

Die vier Merkmalgruppen führen nicht zu identischen Klassen. Bei manchen Wortarten und Kategorienausprägungen ist die eine, bei anderen eine andere Merkmalgruppe besonders wichtig. Semantische Kriterien eignen sich für eine saubere Großgliederung am wenigsten, sie sind aber bei einzelnen Ausprägungen der Kategorien wichtig (Komparativ, Numerus, Tempus). Zu den besten Ergebnissen führt eine Kombination von morphologischen und syntaktischen Kriterien. Wir müssen aber festhalten, dass keine Klassifizierung zu ganz scharf abgrenzbaren Kategorien führt, sondern dass auch hier eine prototypische Struktur vorliegt: Nicht für alle Adjektive gibt es z.B. übliche Steigerungsformen (*ledig, urkomisch, unüberhörbar, rosa, bargeldlos*), nicht alle Substantive haben eine übliche Singular- und Pluralform (*Streit, Milch, Aas, Masern, Ferien, Eltern*), nicht von allen Verben kann man eine Passivform bilden (*enthalten, haben, altern, beruhen*) usw.

19 Wortformen in verschiedenen Sprachtypen

Wie die bisherigen Kapitel gezeigt haben, sind für alle natürlichen Sprachen zwei grundlegende Voraussetzungen unabdingbar: Erstens bedarf es einer Menge referenzieller Zeichen, also solcher, die es uns erlauben, auf Phänomene in der außersprachlichen Wirklichkeit Bezug zu nehmen. Zweitens bedarf es bestimmter Verfahren – Regeln –, entsprechend denen die referenziellen Zeichen miteinander kombiniert werden, so dass die Beziehungen zwischen ihnen erkennbar sind und komplexe Gedanken ausgedrückt werden können. Auch hierbei handelt es sich um Zeichen, die jedoch nicht referenzielle, sondern strukturelle Funktion haben.

In jeder Sprache gibt es referenzielle und strukturelle Zeichen

In jeder Sprache müssen also Beziehungen zwischen Elementen ausdrückbar sein, allerdings gibt es verschiedene Arten struktureller Zeichen, und die Einzelsprachen unterscheiden sich u.a. danach, welches Verfahren sie zur Signalisierung der Beziehungen verwenden. Man unterscheidet dabei im Allgemeinen drei grundlegende Verfahren, und zwar danach, welche Gestalt die Wörter annehmen können. Es handelt sich also um das schon im vorigen Kapitel angesprochene Kriterium der Morphologie.

Verschiedene Arten struktureller Zeichen

Die Beziehungen zwischen Elementen können erstens durch selbständige Einzelzeichen signalisiert werden, die (nur) strukturelle Bedeutung tragen, wie wir es im vorigen Kapitel für die Funktionswörter festgestellt haben. Man kann aber auch zweitens die referenziellen Zeichen mit unselbständigen Elementen, grammatischen Endungen, kombinieren und sie in einem einzigen Wort zusammenziehen (z.B. *glaub-t-e*). Schließlich ist es drittens auch noch möglich, die referenziellen Zeichen (genauer ihren *signifiant*) systematisch abzuwandeln und dadurch ein komplexes Wort zu erzeugen, das auf der Inhaltsseite aus referenziellen und strukturellen Elementen besteht. So gibt es im Deutschen etwa zu dem Verb *geb-en* die Form *gab*, die sowohl den Inhalt ›geben‹ als auch die grammatischen Bedeutungen ›1./3. Ps. Sg., Prät., Indik., Aktiv‹ trägt.

Funktionswörter

grammatische Endungen

Abwandlung des signifiant

In der Sprachwissenschaft des 19. Jahrhunderts hat man versucht, die Sprachen in Typen einzuteilen, je nachdem, welches Verfahren sie benutzen. Man unterschied dabei den isolierenden Sprachtyp, bei dem ausschließlich selbständige Zeichen für die Relationen gebraucht werden. Dieser Sprachbau heißt daher auch analytisch; ein Beispiel dafür ist das klassische Chinesisch. Dem steht gegenüber der synthetische Sprachbau, der die Beziehungen durch Anhängen von grammatischen Zeichen ausdrückt. Er zerfällt in zwei Untergruppen: Zum agglutinierenden Sprachtyp, zu dem z.B. das Türkische gehört, werden solche Sprachen gerechnet, die strukturelle Bedeutungen dadurch ausdrücken,

Sprachtypen: analytisch versus synthetisch

Untertypen des synthetischen: agglutinierend – flektierend

dass mehrere grammatische Zeichen mit jeweils einfacher Bedeutung an referenzielle Zeichen, die Wurzeln, angehängt werden. Bei diesem Sprachtyp kommt es daher – wegen der Serie von grammatischen Zeichen – leicht zu sehr langen Wörtern, die allerdings gut durchschaubar sind. Demgegenüber werden beim flektierenden Sprachtyp mehrere grammatische Bedeutungen in einem *signifiant* zusammengefasst, gewissermaßen fusioniert (so z.B. in der lateinischen Verbendung *-o*: ›1.Ps. Sg., Präs., Ind., Aktiv‹). Die Wörter sind daher weniger lang, dafür aber auch nicht so durchsichtig.

Probleme der Zuordnung von Einzelsprachen zu den Sprachtypen

Wenngleich die Unterscheidung dieser drei Typen des Sprachbaus auch heute noch relativ gängig ist, hat sich doch gezeigt, dass man auf ihrer Grundlage die Einzelsprachen nicht hinreichend nach Typen differenzieren kann. Erstens nämlich gibt es auch andere grundlegend unterschiedliche Eigenschaften (z.B. auf der Ebene der Lautung und der Syntax); zweitens treten in vielen Fällen die drei Verfahren gemischt auf, und drittens (damit zusammenhängend) können im Laufe der diachronen Entwicklung Sprachen vom einen zum anderen Verfahren überwechseln.

Veränderungen durch Sprachwandel

Dies lässt sich sehr gut an uns besonders vertrauten Sprachen zeigen, was uns zugleich zu der Frage führt, welches Verfahren denn im Deutschen und Französischen verwendet wird. Vergleichen wir zu diesem Zweck einmal die Konjugation eines Verbs im Indikativ Präsens Aktiv und ziehen wir dazu auch die Sprachen Lateinisch und Englisch heran.

am-o	aim-e	lieb-e	love
ama-s	aim-es	lieb-st	love
ama-t	aim-e	lieb-t	love-s
ama-mus	aim-ons	lieb-en	love
ama-tis	aim-ez	lieb-t	love
ama-nt	aim-ent	lieb-en	love

Alle vier, miteinander ja verwandten Sprachen werden gemeinhin dem flektierenden Sprachtyp zugerechnet. Die Tabelle zeigt jedoch, dass nur im Lateinischen die Endungen auch wirklich eindeutig die komplexe Bedeutung signalisieren, denn hier entsprechen den 6 verschiedenen Positionen (1., 2. und 3. Person, jeweils Singular und Plural) auch 6 verschiedene Endungen. Im Deutschen dagegen gibt es nur vier verschiedene Endungen. Worum es sich bei *lieb-t* und *lieb-en* handelt, ergibt sich erst, wenn man weiß, welches Pronomen damit verbunden ist bzw. welchen Numerus das Subjekt hat (sofern es sich bei *lieb-en* überhaupt um eine flektierte Form und nicht um den Infinitiv oder eine Form des Adjektivs handelt). D.h. aber, dass sich die Beziehungen teilweise nur an einem Funktionswort, dem Pronomen eben, ablesen lassen, und dies entspricht dem analytischen Verfahren. Dieser

Übergang zur analytischen Bildung ist allmählich erfolgt, im Althochdeutschen gab es noch 6, im Mittelhochdeutschen noch 5 verschiedene Endungen. Entsprechendes gilt für das Englische, wo heutzutage gar nur noch die 3. Person mit einer Endung versehen ist, es also nur 2 verschiedene Formen gibt.

Besonders interessant ist das Französische. Hier sehen wir in der Tabelle 5 verschiedene Endungen. Allerdings werden davon 4 genau gleich ausgesprochen. Sie sind also homophon (aber nicht homograf), und lautlich unterscheiden sich dementsprechend nur 3 Formen. Der Grund für diese Diskrepanz zwischen Schreibung und Lautung liegt natürlich darin, dass auch im Französischen die lautliche Formenvielfalt nur allmählich reduziert wurde, der dadurch eintretende Zusammenfall aber in der Schreibung nicht berücksichtigt ist. Das geschriebene Französisch weist so noch deutliche Überbleibsel älterer Lautungen auf: Die diachronischen Veränderungen haben ihre Spuren im synchronen Schriftfranzösisch hinterlassen.

Diskrepanz zwischen Schreibung und Lautung

Erinnern wir uns wieder einmal an Saussures Leitgedanken – eine *langue* zu beschreiben heißt, das synchrone System zu beschreiben –, so bringen uns diese Verhältnisse in Verlegenheit: Sollen wir uns in der Synchronie nun an der Schrift oder an der Lautung orientieren, oder sollen wir gleich zwei verschiedene Systeme rekonstruieren? Wenn wir die Frage so stellen, so setzen wir voraus, dass die Antwort sich auf theoretische Argumente stützen sollte, so dass man die eine oder die andere Entscheidung begründen kann. Saussures Plädoyer für eine synchrone Linguistik beruht auch in der Tat auf theoretischen Erwägungen.[11] Eine solche Freiheit der Entscheidung hat man jedoch in der Linguistik – die ja eine eminent praktische Disziplin ist – keineswegs immer, vor allem hatte man sie nicht immer. Das Vorgehen bei der Analyse von Wörtern, das uns hier beschäftigt, ist dementsprechend zu unterschiedlichen Zeiten und in Bezug auf unterschiedliche Sprachen ein durchaus verschiedenes. Methoden und auch Schulen der Linguistik erklären sich zu einem bedeutenden Teil aus jeweils unterschiedlichen Arbeitsbedingungen.

20 Alte und neue Blicke auf die Sprache

Bevor wir im Detail die heute gängige Analyse von Wortformen vorstellen, wollen wir daher einen Blick in die Geschichte der Sprachwissenschaft werfen. Unter Sprachwissenschaft verstehen wir dabei nicht die moderne wissenschaftliche Disziplin, sondern jedwede Bemühung um die Beschreibung von Sprache(n), und damit können wir auf eine mehr als zweitausendjährige Geschichte dieser Wissenschaft zurückblicken.

Ausgangspunkt: Verstehensschwierigkeiten

Ein praktischer Anstoß für sprachwissenschaftliche Bemühungen ist immer dann gegeben, wenn es irgendwelche Verständigungsschwierigkeiten gibt, wenn man mit Parole-Akten konfrontiert wird, die man nicht oder nicht problemlos versteht. Die frühesten Zeugnisse der Sprachbeschreibung sind nun nicht in Situationen entstanden, in denen Gemeinschaften mit unterschiedlichen Sprachen aufeinanderstießen, sondern sie ergaben sich auf Grund des steten Sprachwandels, der auch zu Verstehensschwierigkeiten führen kann, nämlich angesichts von alten Texten ›derselben‹ Sprache. Vor dem späten 19. Jahrhundert – erst seit dieser Zeit sind wir in der Lage, Tondokumente zu speichern – handelt es sich dabei immer um schriftliche Texte. Die Frage, ob die gesprochene oder die geschriebene Form untersucht werden soll, stellt sich also gar nicht erst, oder anders gesagt: Man kann aus den schriftlichen Zeugnissen gar nicht genau entnehmen, wie die Wörter ausgesprochen wurden.

Das Interesse an alten Texten Philologie

Geschrieben, aufbewahrt und immer wieder rezipiert oder auch kontinuierlich mündlich weitergegeben wurden nun in der frühen Zeit der menschlichen Kulturgeschichte nicht viele Texte und auch nicht irgendwelche. Vielmehr handelt es sich immer um besonders wertvolle, um sakrale Texte, Mythen, Heldenepen und dergleichen, die die kulturelle Tradition der Gemeinschaft wesentlich begründen. Die Texte, anhand derer frühe Sprachbeschreibungen vorgenommen wurden, genießen also eine hohe Wertschätzung, ihr Studium geschieht aus der ›Liebe zum Wort‹ – das ist die etymologische Erklärung von Philologie, denn so wird diese Wissenschaft bezeichnet. Die hohe Wertschätzung betrifft nicht nur die Inhalte der Texte, sondern auch ihre Form. Es ging darum, die alten Texte möglichst getreu zu bewahren, in ihrer ursprünglichen, ›reinen‹ Gestalt. Die Abweichungen, die im Verhältnis dazu die gesprochenen Formen späterer Sprachzustände aufwiesen, betrachtete man dabei als gewissermaßen ›korrumpierte‹ Formen, als Ausdruck eines Sprachverfalls. Daraus ergibt sich nun, dass die frühen Bemühungen um die Sprachbeschreibung von vornherein eine historische Ausrichtung hatten, dass man sich darum bemühte, die alten Formen zu erklären und nicht etwa den synchronen Zustand der zeitgenössischen Sprache und ihrer verschiedenen Varianten.

Frühe Grammatikbeschreibung

Derartige Ansätze finden sich in verschiedenen Sprach- und Kulturräumen, im alten Indien (spätestens 700 v. Chr.) und China, später auch im arabischen Raum. Für die europäische Tradition sind selbstverständlich die Arbeiten zur Grammatik aus der griechischen Antike entscheidend. Hier ging es zunächst darum, die homerischen Epen (aus dem 8./7. vorchristlichen Jahrhundert) in ihrer ursprünglichen

Gestalt zu bewahren und zu erklären. Die erste ausführlichere Grammatik des Abendlands stammt aus dem 2. Jahrhundert v. Chr. und wurde von Dionysius Thrax verfasst, der allerdings dabei selbst bereits auf eine längere Tradition zurückgreifen konnte. Diese Grammatik hat die europäische Sprachbeschreibung bis in die Neuzeit nachhaltig beeinflusst. Sie war zunächst Vorbild für die Grammatiken der lateinischen Sprache von Varro (1. Jahrhundert v. Chr.), Donatus und Priscian (4./5. Jahrhundert n. Chr.). Die Lehrbücher der lateinischen Sprache, *der* Fremdsprache des Mittelalters, bauten durchgängig auf der Vorgabe von Donatus und Priscian auf.

Damit ist im europäischen Raum die alte grammatische Tradition in doppelter Hinsicht historisch orientiert: Was erstens die beschriebenen Sprachen angeht, so stehen anfangs alte Sprachen im Vordergrund, zunächst die ältere griechische, dann die der klassischen griechischen und lateinischen Autoren. Was zweitens das System der grammatischen Beschreibung angeht, so lässt es sich bis ins 17. Jahrhundert auf die hochgeschätzten antiken Autoren zurückführen. Dieses für das (Griechische und) Lateinische entwickelte Beschreibungssystem wurde aber – zunächst mehr oder weniger unverändert – auch bei der Analyse der modernen Sprachen appliziert, und zwar zunächst selbst dort, wo es (auf Grund unterschiedlicher Sprachstrukturen) ganz offensichtlich inadäquat ist. So wurden z.B. auch für das Englische 6 Kasus unterschieden (*the king, of the king, to the king, the king, by the king, oh king*), obwohl gar keine Kasusendungen mehr verwendet werden, sondern eben ein analytisches Verfahren zum Ausdruck der Beziehungen in Gebrauch ist. Bei anderen Grundbegriffen der griechisch-lateinischen Grammatik, z.B. Subjekt-Objekt, den verschiedenen Wortarten, der so genannten *consecutio temporum* usw., konnte man sich erst recht nicht vom vorgegebenen Schema lösen, denn hier ist die Frage, wie weit die verschiedenen Sprachen in ihrer grammatischen Struktur überhaupt übereinstimmen, weniger leicht zu durchschauen. Und immerhin sind ja auch die europäischen Sprachen fast alle miteinander verwandt und weisen dementsprechend noch relativ viele Übereinstimmungen auf. So ist die Übertragung der Kategorien der lateinischen Grammatik auf das Französische, Deutsche oder Englische sicherlich weniger verkehrt, als wenn man dieses auch noch auf das Chinesische, Japanische, Türkische oder sonstige mit dem Lateinischen gänzlich unverwandte Sprachen anwendete, wie dies die Missionare in ihren frühen Grammatiken ›exotischer‹ Sprachen noch getan haben.

Die bereits im dritten Kapitel erwähnte historisch-vergleichende Sprachwissenschaft des 19. Jahrhunderts hat sich zwar u.a. insofern von der Tradition der lateinischen Grammatik gelöst, als dort auch Sprachen anderen Typs ins Blickfeld kamen, was dann zur Unterscheidung des flektierenden, isolierenden und agglutinierenden Sprach-

Orientierung der neuzeitlichen grammatischen Tradition an der Antike

Untersuchung der indoeuropäischen Sprachen im 19. Jahrhundert

baus führte. Ins Zentrum rückte jedoch schnell die Analyse der indoeuropäischen Sprachen und ihrer Verwandtschaftsverhältnisse. Anders als in der älteren Tradition ging es auch nicht mehr nur um die Sprache klassischer Werke, sondern man nutzte jedwede Quelle, derer man habhaft werden konnte, um die Verzweigung in verschiedene Dialekte möglichst genau erfassen zu können. Es blieb aber zunächst bei der Untersuchung von schriftlichen Texten der Vergangenheit und bei der strikt historischen Methode, die auch aus anderen Gründen als die einzig wissenschaftliche angesehen wurde.

20. Jahrhundert: Wechsel des Zentrums linguistischer Forschung nach Amerika

Im 20. Jahrhundert kommt es nun zu einer völligen Neuorientierung der Sprachwissenschaft, es entsteht das, was man die moderne Linguistik nennt. Der Wandel in der Orientierung lässt sich auch geografisch festmachen: Während im 19. Jahrhundert das Zentrum linguistischer Forschung in Europa, genauer in Deutschland liegt, ist die moderne Linguistik wesentlich in Amerika (allerdings nicht unwesentlich unter Beteiligung europäischer Emigranten) entwickelt worden, und die amerikanische bzw. amerikanisch beeinflusste Forschung hat diese führende Position wenn nicht bis heute, so doch mindestens bis in die 80er Jahre des letzten Jahrhunderts behalten.

Untersuchung der Indianersprachen

Einer der Gründe für diese Entwicklung liegt darin, dass den Amerikanern ein Phänomenbereich (nicht nur geografisch) näherlag, der eine ganz anders orientierte Sprachanalyse erfordert, und das sind die Sprachen der Indianer. Die Abbildung 1 zu den wichtigsten Sprachfamilien zeigt, dass in den 80er Jahren des 20. Jahrhunderts ›nur‹ ca. 25 Millionen Sprecher eine der Indianersprachen sprechen, es handelt sich also um eine relativ kleine Gruppe. Die Angabe ist allerdings als solche irreführend, denn es sind hier eine Vielzahl ganz verschiedener Sprachen zusammengefasst, die nicht einmal alle einer einheitlichen Sprachfamilie angehören. Die Sprechergruppen sind also noch viel kleiner und überdies gehören die Indianersprachen seit langer Zeit zu den bedrohten Sprachen. Der enge Kontakt zum Englischen, dessen wirtschaftliche und kulturelle Bedeutung sowie nicht zuletzt auch systematische Versuche der Unterdrückung der Indianersprachen von Seiten der Behörden haben zu einem eminenten Rückgang des Gebrauchs dieser Sprachen und zu der Befürchtung geführt, dass sie über kurz oder lang aussterben (vgl. das Textbeispiel 16). Von den vielen Indianersprachen sind nun nur ganz wenige überhaupt verschriftlicht, eine lange Schrifttradition weist keine auf, eine grammatiko- und lexikografische Tradition schon gar nicht. Die wissenschaftliche Beschreibung dieser Sprachen wurde daher als außerordentlich dringlich empfunden, sie stellte die Linguisten aber auch vor eine ganz neue Situation.

Anders als für die in der europäischen Tradition untersuchten Sprachen gab es nicht nur keine Schriftdokumente, sondern nicht einmal ein System der Verschriftlichung, und es ging (und geht) nicht vorran-

Textbeispiel 16: English only

Elsie Allen, kürzlich verstorbene Indianerin vom kalifornischen Pomo-Stamm, hatte ihre Schulzeit in schmerzhafter Erinnerung: »Sie schleppten mich in ein dunkles Hinterzimmer und schlugen mir mit einer großen Lederpeitsche die Seele aus dem Leib.«

Ihre Stammesgenossin Frances Jack sah sich von der prügelwütigen Lehrerin gar vor die versammelte Klasse gezerrt. »Dann hob sie mir den Rock hoch und peitschte mich aus.«

Das Vergehen der beiden Mädchen: Sie hatten sich auf dem Schulhof im staatlichen Internat mit anderen Indianerkindern in ihrer Stammessprache Pomo unterhalten – ein Verstoß gegen die offizielle Vorschrift: »English only«.

Solch brutale Bevormundung mußten viele indianische Schüler ertragen. In den USA war es in der ersten Hälfte dieses Jahrhunderts »Teil der allgemeinen Politik, Indianer-Idiome mit Gewalt auszulöschen und Kinder, deren Muttersprache nicht Englisch war, psychisch zu zerstören«, notierte die kalifornische Linguistin Leanne Hinton. Der damals elfjährigen Elsie Allen setzten die Schläge auch seelisch zu: »Jede Nacht lag ich wach, habe geweint und immer nur gegrübelt. Ich dachte, wenn ich einmal Kinder habe, werde ich ihnen niemals meine Sprache beibringen damit sie nicht so wie ich behandelt werden.«

Der Prügel-Terror hatte die gewünschte, bis heute spürbare Wirkung: In den meisten nordamerikanischen Indianerfamilien wachsen die Kinder mit Englisch als erster Sprache auf. Die Folge: Fast alle überkommenen Stammessprachen sind, so der Linguist Michael Krauss von der University of Alaska, »zum Aussterben verurteilt wie eine Tierart, die sich nicht mehr reproduziert«. Nach Krauss' Schätzungen müssen von den 187 Indianer-Idiomen, die heute noch in den USA und Kanada gesprochen werden, 149 als moribund, als todgeweiht, gelten.

Auch anderswo sterben die Sprachen. Von den weltweit insgesamt rund 6000 Idiomen werden nach Krauss nur 300 bis 600 das Ende des nächsten Jahrhunderts überdauern. Im englischsprachigen Raum aber scheint der Druck am größten: In Australien etwa drohen 90 Prozent der rund 250 Aborigines-Sprachen im Schweigen zu versinken.

In den USA steht es in Kalifornien, dem mit ehemals über 100 Idiomen sprachlich vielfältigsten Bundesstaat, am schlimmsten. Hinton, Professorin an der University of California in Berkeley, fand, daß dort »kein einziges Indianerkind mehr mit seiner Stammessprache aufwächst«. Die verbliebenen 50 Sprachen und Dialekte – mit meist weniger als 100 und durchweg ziemlich betagten Sprechern – hätten demnach kaum eine Überlebenschance.

Seit Ende der achtziger Jahre gibt es mindestens den Versuch, das Sprachensterben einzudämmen: Auf Drängen von Indianer-Initiativen verabschiedete der US-Kongreß 1990 und 1992 zwei Gesetze (»Native American Languages Act«), die das Recht auf die eigene Stammessprache und deren »Gebrauch im Schulunterricht« garantieren und darüber hinaus durch öffentlich finanzierte Sprachprogramme die »Weitergabe der Sprachen von einer Generation zur nächsten« fördern sollen.

gig um die Bewahrung alter Traditionen, sondern um die Beschreibung der gegenwärtig gesprochenen Sprache und Kultur dieser ethnischen Gruppen. Wenn das Fehlen der Verschriftlichung der Sprachanalyse Probleme bereitet, so weist diese spezielle Situation andererseits für den Linguisten auch gewisse Vorteile auf, die z.B. für die Missionare

Ein neues
Forschungs-
instrument:
das Tonband

Anthropologisch-
ethnologische
Sprachwissen-
schaft

Strukturalistische
Systemlinguistik

vergangener Jahrhunderte, die sich auch schon der Beschreibung ›exotischer‹ Sprachen gewidmet hatten, nicht gegeben waren. Viele, heutzutage wahrscheinlich sogar (fast) alle Sprecher sind zweisprachig, sie beherrschen auch Englisch, so dass sich die Forscher mit ihnen gut verständigen können. Nicht unwichtig ist auch die technische Neuerung vom Ende des 19. Jahrhunderts, die es leicht möglich macht, die gesprochene Sprache aufzuzeichnen: das Tonband.

Unter diesen Voraussetzungen entwickelte sich die linguistische Forschung in besonderer Weise. Zwei Kennzeichen sollen hier herausgestellt werden. Zunächst war die sprachwissenschaftliche Arbeit sehr eng verbunden mit anthropologischen Fragestellungen und wurde auch von Anthropologen und Ethnologen durchgeführt. Ihnen war die Sprache nicht zuletzt als Mittel zum Verstehen der Sitten und Bräuche, ja weiter gefasst, der in der Sprache ›geronnenen‹ Sicht auf die Welt, wichtig. Denn hier hatte man es mit Sprechergruppen zu tun, die sich ganz unabhängig von der vertrauten abendländischen Kultur entwickelt hatten. Als bedeutendste Forscher dieser Richtung sind Franz Boas (1858-1942) und Edward Sapir (1884-1939) zu nennen. Auch heute noch ist die amerikanische Linguistik sehr viel stärker anthropologisch-ethnologisch ausgerichtet als die europäische und beeinflusst gerade in der jüngsten Zeit die linguistische Forschung zu Fragestellungen mit dieser Ausrichtung sehr stark.

Diese Forschungsrichtung, der es besonders um die Beziehungen zwischen Sprache, Denken und Kultur geht und die daher eine genuin interdisziplinäre Orientierung aufweist, wurde jedoch in der ersten Jahrhunderthälfte völlig in den Schatten gestellt von der strukturalistischen Systemlinguistik (vgl. Kapitel 7). Diese konzentrierte sich ausschließlich auf die Frage, wie man eine (unbekannte) Sprache systematisch und exakt beschreiben, d.h. das entsprechende System rekonstruieren kann. Das Ziel bestand darin, Methoden der Analyse zu entwickeln, und zwar ›vorurteilsfrei‹, d.h. auch ohne Rückgriff auf irgendwelche tradierten, aber für ganz andere Sprachen entwickelten Systeme oder Theoriegebäude, wie etwa die lateinische Grammatik oder philosophische Spekulationen über die Natur menschlicher Sprachen. Die Analyse sollte auf unvoreingenommener Beobachtung und systematisch durchgeführten Verfahren beruhen. Gegenstand ist, anders als in der europäischen Tradition, die gesprochene Sprache, und als Analysematerial kommt jedwede sprachliche Äußerung infrage. Das alte Vorurteil, dass nur besonders wertvolle Texte und Dokumente die Analyse lohnen und es um die Aufdeckung der ursprünglichen Formen geht, wurde fallengelassen.

Diese Prinzipien erklären sich natürlich sehr gut aus den spezifischen Arbeitsbedingungen bzw. der Materiallage, die eigentlich gar keine andere Entscheidung zulässt: Wenn es keine geschriebenen Texte gibt, dann kann man nur gesprochene Sprache untersuchen. Und wenn keine grammatische Beschreibung für die Sprache überliefert ist, kann man sich an solche Vorgaben nicht anlehnen. Dass es erheblich weniger nahe liegt, auf die Tradition der lateinischen Grammatik zurückzugreifen, wenn es um eine Sprache geht, die nicht zum Indoeuropäischen gehört, ist auch leicht einsichtig. Die neuen Analysegrundsätze, die unvoreingenommene Beobachtung und systematische Beschreibung gesprochener Sprache, galten den Forschern jedoch nicht als praktisch begründete Grundsätze, sondern wurden zur Basis eines theoretisch motivierten Lehrsystems linguistischer Analyse, das fortan als einziges betrachtet wurde, das wissenschaftliche Stringenz beanspruchen kann. Es sind auch tatsächlich nicht allein die besonderen Voraussetzungen, unter denen die Indianersprachen zu analysieren waren, die zu dem neuen Ansatz geführt haben. Sie haben wohl eher eine systematische Realisierung von Überlegungen gefördert, die auf Grund der allgemeinen Entwicklungen der Wissenschaften entstanden waren und im Übrigen auch Saussures Entwurf stark geprägt haben. Es sind diese Überlegungen, die die moderne strukturalistische Linguistik in einen so scharfen Gegensatz zu den älteren Ansätzen und der anthropologischen Richtung gebracht haben.

Führen wir uns die Wissenschaftslandschaft der damaligen Zeit kurz vor Augen: Das 19. Jahrhundert hatte insgesamt einen enormen Aufschwung verschiedener Wissenschaften und eine zunehmende Spezialisierung erlebt, die zur Begründung neuer Einzeldisziplinen führte, zur Abgrenzung etwa der Psychologie von der Philosophie und der Physiologie, Medizin usw. und zu deren universitärer Institutionalisierung. Für die Sprachwissenschaftler stellte sich nun auch die Frage, was eigentlich ihr Gegenstand ist und in welchem Verhältnis die Linguistik zu anderen Wissenschaften steht. In den Worten Saussures:

> wenn wir die menschliche Rede [*langage*] von mehreren Seiten aus zugleich studieren, erscheint uns der Gegenstand der Sprachwissenschaft als ein wirrer Haufe verschiedenartiger Dinge, die unter sich durch kein Band verknüpft sind. Wenn man so vorgeht, tritt man in das Gebiet mehrerer Wissenschaften ein – der Psychologie, Anthropologie, der normativen Grammatik, Philologie usw. –, die wir klar von der Sprachwissenschaft scheiden, die aber vermöge unkorrekter Methode die Sprache als einen ihrer Gegenstände beanspruchen könnten.
>
> Es gibt, unseres Erachtens, nur eine Lösung aller dieser Schwierigkeiten: man muß sich von Anfang an auf das Gebiet der Sprache [*langue*] begeben und sie als die Norm aller andern Äußerungen der menschlichen Rede [*langage*] gelten lassen.[12]

Gefordert wird also die Begründung der Linguistik als autonomer Disziplin – zu diesem Zweck wird das System der *langue* (im Gegensatz zu

Die neue Wissenschaftsauffassung

Linguistik als autonome Disziplin

parole und *langage*) als spezifischer Gegenstand der Disziplin herauspräpariert. Dasselbe Bemühen um die Etablierung der Linguistik als autonomer Wissenschaft mit eigenen Methoden prägt die amerikanische Linguistik und führt sie dazu, den Austausch und die Zusammenarbeit mit anderen Disziplinen, der Geschichte, Philosophie, Psychologie, Literaturwissenschaft usw. und eben auch der Anthropologie, zumindest aus dem Kernbereich der Sprachwissenschaft auszuschließen. In dieser Linguistik geht es nur darum zu erklären, wie das System funktioniert.

Ausklammerung der Bedeutung

Der bemerkenswerteste Schritt, der dabei im amerikanischen Strukturalismus vollzogen wurde, bestand darin, dass auch die Bedeutung der sprachlichen Einheiten nicht mehr zum eigentlichen Gegenstandsbereich linguistischer Forschung zählte. Denn selbstverständlich lässt sich über Bedeutung nicht reden, ohne dass man auf die Welt und die Vorstellungen der Sprecher Bezug nimmt. Damit werden jedoch schon die Grenzen der Disziplin überschritten, und zwar vor allem deswegen, weil die Vorstellungen der Sprecher (die Bedeutung ist ja ein psychisches Phänomen) nicht mit den exakten Methoden untersucht werden können, die zum Aushängeschild der neuen Wissenschaft werden sollten. Solchen Methoden sind nur beobachtbare Phänomene zugänglich, Sinn und Bedeutung sind aber nicht objektiv greifbar. Als wissenschaftlich gelten nur noch Aussagen, die sich auf Beobachtung stützen und keine subjektiven Vorstellungen implizieren.

Einflüsse aus der Psychologie: Behaviorismus

Mit diesem szientistischen Wissenschaftskonzept steht die Linguistik nicht allein; sie ist vielmehr in dieser Zeit wesentlich beeinflusst oder sogar motiviert worden durch eine entsprechende Entwicklung in der Psychologie, den so genannten Behaviorismus. Diese psychologische Schule wollte ausschließlich das Verhalten des Menschen untersuchen, das man beobachten und messen kann, wenn man es als Reaktionen auf Reize versteht. Auch Sprache wurde dementsprechend nach dem Reiz-Reaktions-Schema interpretiert. Die Reize sind die wahrgenommenen Lautereignisse, die Reaktionen vereinfacht gesehen das, was der Mensch daraufhin tut. Selbstverständlich war man sich darüber klar, dass der Mensch, wenn er auf einen sprachlichen Reiz reagiert, dies deswegen tut, weil er die Äußerung versteht. Was aber Verstehen überhaupt ist, was im Kopfe abläuft, dies ist dem Beobachter nicht zugänglich; es geschieht, wie man sagte, in einer *black box*, in die der Forscher keinen Einblick hat und über die er deswegen auch nichts aussagen sollte.

Die Mathematik als Vorbildwissenschaft

Eine zweite Vorbildwissenschaft für diese Schule war die Mathematik, denn nachdem man die Bedeutung aus der Analyse ausgeschlossen hatte, ging es nurmehr um ein formales System. Dieses sollte, wie in der Mathematik, auf der Grundlage von axiomatischen Festlegungen aufgebaut werden. Axiomatisch, d.h. definitorisch, festgelegt wurden so bestimmte Arbeitsbegriffe, die die traditionellen Termini ersetzten, sowie strenge formale Verfahren der Analyse, auf die wir gleich zu sprechen kommen. Dem Einfluss dieser Schule ist es zuzuschreiben, dass noch heute die Linguistik vielfach in dem Ruf steht, eine ausschließlich formale, mathematik-ähnliche Wissenschaft zu sein. Der bekannteste und einflussreichste Linguist dieser Schule ist Leonard Bloomfield (1887–1949), der übrigens (ebenso wie Saussure) auch in Leipzig studierte und in der historisch-vergleichenden Methode ausgebildet war, um dann der synchronen Linguistik zum Durchbruch zu verhelfen.

21 Wie man eine fremde Sprache analysieren kann

Grundvoraussetzung für die Sprachanalyse ist im amerikanischen Strukturalismus beobachtbares Material (er verlässt sich also nicht etwa auf das, was die Sprecher von ihrer Sprache intuitiv wissen und auch nicht auf überkommene Beschreibungsversuche). Der erste Schritt besteht demnach in der Erhebung einer Art Sprachprobe, in der Aufzeichnung einer größeren Menge von (gesprochenen) Parole-Akten. Eine solche Materialgrundlage nennt man ein Korpus. Wir beschäftigen uns im Folgenden mit der Bedeutung von Korpora für die Rekonstruktion des Sprachsystems, wollen aber festhalten, dass man heutzutage meist Korpora bereits gut beschriebener Sprachen erstellt, und zwar als Grundlage für die Analyse des Sprachgebrauchs. Dabei tut man genau das, was Tucholsky (vgl. Textbeispiel 17) so dringlich, allerdings nicht ernsthaft empfiehlt (abgesehen davon, dass man natürlich nicht stenografiert, sondern Tondband- und Videoaufzeichnungen macht) und kommt übrigens in der detaillierten Gesprächsanalyse u.a. zu dem Befund, dass das auf den ersten Blick so chaotisch anmutende Schwabbeln durchaus geordnet abläuft und seinen Sinn hat. Nun jedoch zu Korpora im Rahmen der Systembeschreibung.

Korpora als Arbeitsgrundlage

Ein Korpus besteht aus sprachlichen Äußerungen, die ihrerseits wiederum aus kleineren Einheiten zusammengesetzt sind. Die Aufgabe des Linguisten besteht nun zunächst darin, die Grundbestandteile der Sprache, die kleinsten Einheiten zu ermitteln, die Äußerung also in ihre Bestandteile zu zerlegen. Diese Operation heißt Segmentierung. Anschließend müssen die segmentierten Einheiten klassifiziert werden, d.h. in Gruppen mit einheitlichen Merkmalen sortiert werden. In unseren bisherigen Erörterungen haben wir auch immer schon Klassifikationen vorgenommen, dabei jedoch kurzerhand auf die Bedeutung oder Funktion der Einheiten zurückgegriffen und diese zum Kriterium

Analyseverfahren:

*Segmentieren
Klassifizieren*

Textbeispiel 17: Was Menschen so schwabbeln

Man sollte mal heimlich mitstenographieren, was die Leute so reden. Kein Naturalismus reicht da heran. Gewiß: in manchen Theaterstücken bemühen sich die Herren Dichter, dem richtigen Leben nachzuahmen – doch immer mit der nötigen epischen Verkürzung, wie das Fontane genannt hat, der sie bei Raabe vermißte, immer leicht stilisiert, für die Zwecke des Stücks oder des Buchs zurechtgemacht. Das ist nichts.

Nein, man sollte wortwörtlich mitstenographieren – einhundertundachtzig Silben in der Minute – was Menschen so schwabbeln. Ich denke, daß sich dabei folgendes ergäbe: Die Alltagssprache ist ein Urwald – überwuchert vom Schlinggewächs der Füllsel und Füllwörter. Von dem ausklingenden »nicht wahr?« (sprich: »nicha?«) wollen wir gar nicht reden. Auch nicht davon, daß »Bitte die Streichhölzer!« eine bare Unmöglichkeit ist, ein Chimborasso an Unhöflichkeit. Es heißt natürlich: »Ach bitte, sein Sie doch mal so gut, mir eben mal die Streichhölzer, wenn sie so freundlich sein wollen? Danke sehr. Bitte sehr. Danke sehr!« – so heißt das.

Aber auch, wenn die Leute sich was erzählen – da gehts munter zu. Über Stock und Steine stolpert die Sprache, stößt sich die grammatikalischen Bindeglieder wund, o tempora! o modi!

Das oberste Gesetz ist: Der Gesprächspartner ist schwerhörig und etwas schwachsinnig – daher ist es gut, alles sechsmal zu sagen.»Darauf sagt er, er kann mir die Rechnung nicht geben! Er kann mir die Rechnung nicht geben! Sagt er ganz einfach. Na höre mal – wenn ich ihm sage, wenn ich ganz ruhig sage, Herr Wittkopp, gehm Sie mir mal bitte die Rechnung, dann kann er doch nicht einfach sagen, ich kann Ihnen die Rechnung nicht geben! Das hat er aber gesagt. Finste das? Sagt ganz einfach …« in infinitum.

Dahin gehört auch das zärtliche Nachstreicheln, das manche Leute Pointen angedeihen lassen.»Und da sieht er sie ganz traurig an und sagt: Wissen Sie was – ich bin ein alter Mann: geben Sie mir lieber ein Glas Bier und eine gute Zigarre!« Pause. »Geben Sie mir lieber ein Glas Bier und eine gute Zigarre. Hähä.« Das ist wie Selterwasser, wenn es durch die Nase wiederkommt …

Zweites Gesetz: Die Alltagssprache hat ihre eigene Grammatik. Der Berliner zum Beispiel kennt ein erzählendes Futurum.»Ick komm die Straße langjejangn – da wird mir doch der Kuhkopp nachbrilln: Un vajiß nicht, det Meechen den Ring zu jehm! Na, da wer ick natierlich meinen linken Jummischuh ausziehen un ihn an Kopp schmeißn …«

Drittes Gesetz: Ein guter Alltagsdialog wickelt sich nie, niemals so ab wie auf dem Theater: mit Rede und Gegenrede. Das ist eine Erfindung der Literatur. Ein Dialog des Alltags kennt nur Sprechende – keinen Zuhörenden. Die beiden Reden laufen also aneinander vorbei, berühren sich manchmal mit den Ellenbogen, das ist wahr – aber im großen ganzen redet doch jeder seins. Dahin gehört der herrliche Übergang: »Nein.« Zum Beispiel: »Ich weiß nicht (sehr wichtige Einleitungsredensart) – ich weiß nicht: wenn ich nicht nach Tisch meine Zigarre rauche, dann kann ich den ganzen Tag nicht arbeiten.« (Logische Lässigkeit: es handelt sich um den Nachmittag.) Darauf der andre: »Nein.« (Völlig idiotisch. Er meint auch gar nicht: Nein. Er meint: mit mir ist das anders. Und überhaupt …) »Nein. Also wenn ich nach Tische rauche, dann …« folgt eine genaue Lebensbeschreibung, die keinen Menschen interessiert.

Viertes Gesetz: Was gesagt werden muß, muß gesagt werden, auch wenn keiner zuhört, auch, wenn es um die entscheidende Sekunde zu spät kommt, auch wenns gar nicht mehr paßt. Was so in einer ›angeregt plaudernden Gruppe‹ alles durcheinandergeschrien wird – das hat noch keiner mitstenographiert. Sollte aber mal einer. Wie da in der Luft nur für die lieben Engelein faule Pointen zerknallen und gute auch, wie kein Kettenglied des allgemeinen Unterhaltungsgeschreis in das andere einhakt, sondern alle mit weitgeöffneten Zangen etwas suchen, war gar nicht da ist: lauter Hüte ohne Kopf, Schnürsenkel ohne Stiefel, Solo-Zwillinge … das ist recht merkwürdig.

Ungeschriebene Sprache des Alltags! Schriebe sie doch einmal einer! Genau so, wie sie gesprochen wird: ohne Verkürzung, ohne Beschönigung, ohne Schminke und Puder, nicht zurechtgemacht! Man sollte mitstenographieren.

Und das so Erraffte dann am besten in ein Grammophon sprechen, es aufziehen und denen, die gesprochen haben, vorlaufen lassen. Sie wendeten sich mit Grausen und entliefen zu einem schönen Theaterstück, wissen Sie, so eines, Fritz, nimm die Beine da runter, wo man so schön natürlich spricht, reine wie im Leben, haben Sie eigentlich die Bergner, find ich gar nicht, na also, mir ist sie zu …

Man sollte mitstenographieren.

gemacht. Einen solchen Weg lassen nun die amerikanischen Strukturalisten nur noch als praktikable Abkürzung zu. Deren Zulässigkeit muss aber auf anderem Weg, nämlich ohne unmittelbaren Rückgriff auf die Bedeutung, nachgewiesen werden.

Dieser Weg besteht darin festzustellen, mit welchen anderen Einheiten ein Element kombiniert werden kann, in welchen Umgebungen es vorkommt. Solche Umgebungen nennt man die Distribution des Elements. Für jedes Element, das von einem anderen verschieden ist, muss es mindestens eine Umgebung geben, in der sie nicht gegeneinander ausgetauscht, substituiert, werden können. Auf dieser Grundlage können wir feststellen: Die Bedeutung eines Elements ist bestimmt durch die Menge der Umgebungen, in denen es vorkommen kann. Auf eine von der Distribution unabhängige Angabe der Bedeutung kann damit verzichtet werden. Die Hervorhebung der Rolle der Distributionen hat dieser Schule auch den Namen Distributionalismus und das Epitheton taxonomisch (von griech. *taxis* ›Anordnung‹) eingetragen.

Die sprachliche Umgebung: Distribution

Substitution

Der taxonomische Strukturalismus

Welches sind nun überhaupt die kleinsten Einheiten der Sprache, und wie gehen wir bei der Segmentierung konkret vor? Auf Anhieb – und auch nach all dem, was in den bisherigen Kapiteln besprochen wurde – würden wir wohl sagen: Die kleinsten Elemente sind elementare Zeichen, d.h. solche, die einen möglicherweise komplexen (aus Semen zusammengesetzten) *signifié* haben, sich aber nicht weiter in kleinere Einheiten zerlegen lassen, die ebenfalls eine Bedeutung trügen. In diesem Fall sprechen wir also von den kleinsten bedeutungstragenden Einheiten. Den ersten Satz von Textbeispiel 10 würden wir danach versuchsweise vielleicht so zerlegen:

André Martinet: Die doppelte Gliederung der Sprache

Erste Gliederungsebene: kleinste bedeutungtragende Einheiten

ich|will|von|ein|em|alt|en|mann|er|zähl|en

Nun bestehen die kleinsten bedeutungstragenden Einheiten, die wir so isoliert haben, aber selbst wieder aus kleineren Einheiten. In der Schrift aus Buchstaben, in der gesprochenen Variante aus Lauten. Die noch kleineren Einheiten haben aber, wie wir schon festgestellt haben (vgl. Kapitel 7) einen ganz anderen Status als die bedeutungstragenden Einheiten, denn sie tragen selbst keine Bedeutung: *m*, *a* und *n* bedeuten nicht etwa irgendetwas, aus dem sich die Bedeutung von *mann* zusammensetzen würde. Bei der Feststellung der Grundelemente einer Sprache kann man also zwei Schritte unterscheiden. Der erste führt zu den kleinsten Bedeutungsbestandteilen, zu Zeichen, der zweite zu Einheiten, die selbst keine Bedeutung tragen und die deswegen auch keine sprachlichen Zeichen (im Sinne von Sprachzeichen als Verbindung aus *signifiant* und *signifié*) sind, die aber dazu dienen, Bedeutungen zu unterscheiden. Wenn man etwa in *mann* den ersten Laut gegen andere austauscht, ergeben sich Zeichen mit anderen Bedeutungen: *wann*, *kann*, *rann* etc. Dieses Phänomen des zweistufigen strukturellen Aufbaus der Sprache hat der französische Linguist André Martinet (1908–1999) als die doppelte Gliederung der Sprache (*double articulation du langage*) bezeichnet. Es stellt ein für natürliche Sprachen fundamentales Prinzip dar, das deren große Leistungsfähigkeit ermöglicht. Mit einem sehr kleinen Bestand (pro Sprache etwa 20 bis 30, maximal etwa 6 Dutzend) von bedeutungsunterscheidenden Einheiten werden potenziell unendlich viele bedeutungstragende Einheiten gebildet. Wir interessieren uns hier vor allem für die kleinsten bedeutungstragenden Einheiten. Das Verfahren zu deren Analyse ist aber sehr stark inspiriert worden durch die Analyse auf der zweiten Ebene, der Lautstruktur. Historisch ist dies der erste Bereich, der im Strukturalismus sehr intensiv und erfolgreich bearbeitet wurde. Dies liegt natürlich nicht zuletzt daran, dass man sich über das Lautsystem (wegen der beschränkten Menge von Grundeinheiten) relativ schnell einen systematischen und vollständigen Überblick verschaffen kann. Führen wir uns also zunächst die Prinzipien der Analyse des Lautsystems vor Augen.

Zweite Gliederungsebene: kleinste bedeutungsunterscheidende Einheiten

Die Analyse des Lautsystems

Wie wir schon wissen, entspricht ein Buchstabe, der ja in Alphabetschriften im Prinzip die grafische Abbildung eines Lautes darstellt, nicht immer genau einem Laut. *ich* z.B. hat drei Buchstaben, aber bloß zwei Laute, *will*, *mann* und *zähl* jeweils vier Buchstaben, aber nur drei Laute. Selbst wenn wir über eine verschriftete Version der Sprache verfügen, können wir uns auf diese also nicht einfach verlassen, um Zugang zu den Lauten zu finden. Versetzen wir uns nun einmal in die Lage eines Linguisten, der eine ihm noch unbekannte Sprache analysieren will, die auch nicht verschriftlicht ist. Oder stellen Sie sich auch nur vor, Sie würden, z.B. im Restaurant, am Nebentisch jemanden eine fremde Sprache sprechen hören und müssten aufschreiben, was er sagt. Auf Anhieb ist diese Aufgabe fast unlösbar oder doch zumindest sehr schwierig, und zwar selbst für diejenigen, die z.B. das internationale phonetische Alphabet beherrschen. Woran liegt das?

Was wir hören, ist ein Parole-Akt, und dieser ist ein individuelles akustisches Ereignis. Jedes einzelne dieser Ereignisse unterscheidet sich objektiv zumindest ein bisschen von jedem anderen. Selbst wenn also ein Mensch dreimal hintereinander ›dieselbe‹ Äußerung von sich gibt, ist es akustisch nicht dreimal exakt dasselbe. Außerdem spricht jeder einzelne Mensch ein bisschen anders als jeder andere, man kann ihn ja z.B. an seiner Stimme erkennen. Auch wenn jemand eine Fremdsprache mit einem Akzent spricht, d.h. charakteristisch anders artikuliert als ein Muttersprachler, kann er in einem anderen Sinne doch ›dieselbe‹ Äußerung vollziehen, denselben Satz in dieser Sprache sagen. Gleiches gilt für die Schriftebene, wie wir schon früher am Beispiel von *coquérico* gesehen haben. Auch die Handschrift eines Menschen ist als individuelle identifizierbar, obwohl er ›dieselben‹ Buchstaben keineswegs immer genau gleich schreibt.

Allgemein können wir also festhalten: Parole-Akte (das einzig objektiv Beobachtbare) sind physikalische Phänomene, die in unendlich verschiedenartigen Variationen auftreten. Was wir jedoch brauchen, um Bedeutungen zu unterscheiden, sind wiederkehrende Elemente, wir müssen Einheiten erkennen können, die einander hinreichend ähnlich sind, um als gleich behandelt zu werden. Äußerungen in einer fremden Sprache schriftlich zu fixieren, ist deswegen so schwierig, weil wir nicht wissen, welche einander irgendwie ähnlichen akustischen Phänomene in dieser Sprache als ›dieselben‹ aufgefasst werden, welches also Einheiten des Systems und nicht der *parole* sind. Auch die bedeutungsunterscheidenden Einheiten des Systems sind psychischer Natur, es handelt sich um Abstraktionen über einer Vielfalt von konkreten Realisierungen. Zur Unterscheidung der akustischen Einheiten und der Systemeinheiten werden folgende Termini benutzt. Als physisches Phänomen ist ein Laut ein Phon, ein Buchstabe ein Graph, als Systemeinheit ist ein Laut ein Phonem, ein Buchstabe ein Graphem. Dem können wir nun die Doppeldisziplinen aus Kapitel 7 zuordnen: Die Phonetik bzw. Graphetik befassen sich mit den Phonen und Graphen, also mit der materiellen Seite, die Phonologie bzw. Graphemik dagegen mit den (psychisch gespeicherten) Einheiten des Sprachsystems.

Die erste Aufgabe der Analyse (und im Übrigen auch des Verstehens einer Äußerung) besteht darin, die Phone jeweils Phonemen zuzuordnen. Die Phoneme sind sprachspezifische Einheiten und ergeben sich nicht direkt aus der akustischen Gestalt des Phons. Einige bekannte Beispiele können dies verdeutlichen. Man sagt z.B. oft, Japaner könnten das *r* nicht vom *l* unterscheiden. Das stimmt natürlich insofern nicht, als auch Japaner physiologisch in der Lage sind, den akustischen

Akustische Phänomene: Phone versus Systemeinheiten: Phoneme

Minimalpaare Phonemvarianten: Allophone

Unterschied zwischen diesen beiden Lauten zu erkennen, nur ist er in ihrer Sprache irrelevant. D.h. es gibt in dieser Sprache kein Paar von Zeichen, das sich nur dadurch unterscheide, dass im einen Fall *r*, im anderen *l* steht. Solche Paare, die sich in nur einem Laut unterscheiden und bedeutungsverschieden sind, nennt man Minimalpaare. Ob zwei verschiedene Laute in einer Sprache zu einem oder zwei Phonemen gehören, erkennt man also daran, ob es entsprechende Minimalpaare gibt. Im Deutschen bilden *lot* und *rot, lang* und *rang, blut* und *brut* usw. Minimalpaare. Für das Französische gilt dasselbe: *lit* versus *rit* usw. Im Japanischen gibt es solche *l/r*-Minimalpaare nicht, und deswegen fällt es Japanern schwer, diesen Unterschied in einer anderen Sprache zu beachten. Umgekehrt gibt es natürlich auch akustische Varianten, die im Deutschen und Französischen keinen Bedeutungsunterschied konstituieren, aber sehr wohl in anderen Sprachen. Das gilt z.B. für das Zungen-*r* und Zäpfchen-*r*. Im Spanischen gehören sie zu verschiedenen Phonemen, wie z.B. das Minimalpaar *pero* (›aber‹) und *perro* (›Hund‹) zeigt. Im Deutschen macht es keinen Bedeutungsunterschied, ob man die eine oder die andere Variante benutzt. Gleichwohl ist die Variation zu erkennen, sie ist dialektal und idiolektal. Man hört also den Unterschied, stellt aber im Allgemeinen nur fest, dass ein Sprecher das *r* irgendwie anders oder komisch ausspricht oder erkennt daran u.U., woher er kommt. Solche akustisch differenten Phone, die aber keinen Bedeutungsunterschied konstituieren, sondern zu einem Phonem gehören – wir können daher auch sagen, sie seien Varianten eines Phonems – nennt man Allophone (zu griechisch *allos* ›anders beschaffen‹).

Der Informant als Datenlieferant Kehren wir nun zurück zu unserem Sprachforscher, der das Lautsystem rekonstruieren will. Außer dem Korpus, das die Parole-Akte liefert, braucht er auf jeden Fall auch noch einen Informanten, der die Sprache beherrscht. Dieser soll ihm nicht mitteilen, welche Phoneme es in der Sprache gibt – darüber kann ein Muttersprachler nämlich nicht unmittelbar Auskunft geben; er kann die Sprache sprechen, aber er kann nicht erklären, wie sie funktioniert –, dazu bedarf es vielmehr der linguistischen Analyse. Dem Informanten werden daher nur Paare von Lautfolgen vorgelegt, die sich an einer Position unterscheiden. Er muss Auskunft darüber geben, ob die Folgen in der betreffenden Sprache existieren, und wenn ja, ob zwischen ihnen ein Bedeutungsunterschied besteht (dann handelt es sich um zwei Phoneme) oder nicht (dann handelt es sich um Allophone).

Bedeutungstragende Elemente: Morphe Ganz entsprechend geht man nun bei der Analyse auf der ersten Gliederungsebene vor, bei den kleinsten bedeutungtragenden Einheiten. Hier stellt sich als erstes das Problem der Segmentierung, denn es kann ja eben eine verschiedene Anzahl von Phonemen (und auch Silben) sein, die ein kleinstes bedeutungtragendes Element konstituiert. Aus dem Korpus muss man also zunächst wiederkehrende Folgen von Phonemen herausschneiden. Bei einem hinreichend großen Korpus stößt man relativ schnell auf solche wiederkehrenden Elemente. Bei Sprachen, die wir beherrschen, können wir natürlich der Einfachheit halber auch systematisch Äußerungen produzieren, die teilweise dieselben Elemente enthalten. Greifen wir auf unser obiges Beispiel zurück und fügen wir einige weitere Äußerungen hinzu. Dabei machen wir jeweils eine vorläufige Segmentierung, die als Hypothese über die kleinsten bedeutungtragenden Elemente zu verstehen ist. Diese nennt man parallel zu den Phonen Morphe.

ich|will|von|ein|em|alt|en|mann|er|zähl|en
er|er|zähl|t|von|ein|em|alt|en|Mann
du|will|st|über|d|en|jung|en|mann|sprech|en
er|will|zu|d|en|klein|en|kind|er|n|red|en
wir|woll|en|sein|e|geschichte|hör|en
er|hör|t|sein|e|geschichte

Im zweiten Schritt müssen wir nun unsere Hypothesen mit Hilfe von Informanten überprüfen. Wir werden ihnen dazu systematisch teilidentische Äußerungen vorlegen und sie fragen, ob es sich um mögliche Folgen von Elementen handelt und welche Elemente dieselbe Bedeutung tragen. Dies wird uns dazu dienen, verschiedene Morphe zu einer Systemeinheit zusammenzufassen. Die Systemeinheit nennt man entsprechend dem Phonem Morphem. Wenn Morpheme in verschiedenen Varianten auftreten, ohne dass damit ein Bedeutungsunterschied einhergeht, haben wir es mit Allomorphen zu tun. *Allomorphe*

Morpheme

Um diese Begriffe gleich an den Beispielen zu explizieren, können wir feststellen: Wir finden mehrfach die Folge *will, mann, en* und *er*. Das *en* in den Umgebungen *alt-en, jung-en,* in *klein-en* und *erzähl-en, sprech-en, red-en* sowie *hör-en* ist aber nicht dasselbe. Dies erkennt man z.B. daran, dass es bei *hör* auch in Verbindung mit *t* erscheint, in der *hör* auch genau dieselbe Bedeutung hat wie in *hör-en.* Substituieren wir *hör* durch *erzähl,* so wird jeder deutschsprachige Informant bestätigen, dass auch dies eine mögliche Folge ist und die Bedeutung von *erzähl* in *erzählt* dieselbe ist wie in *erzählen.* In der Umgebung von *alt, jung* und *klein* ist das *t* dagegen nicht akzeptabel. Die wiederkehrenden Morphe *en* gehören also zu mehreren – homonymen – Morphemen. Das Morph *woll* hat dieselbe Bedeutung wie *will* in *willst,* es besteht zwischen *wir woll-en* und *du will-st* dieselbe Beziehung wie zwischen *wir sing-en* und *du sing-st*; bei *woll* und *will* handelt es sich also um Allomorphe.

Man kann sich leicht vorstellen, wie aufwendig und auch schwierig die Rekonstruktion des Systems ist, wenn man auf systematische Informantenbefragung angewiesen ist und sich verbietet, direkt nach der Bedeutung der Einheiten zu fragen. Besonders mühsam dürfte es z.B. werden, den Unterschied zwischen *jung* und *alt* rein distributionell zu *Probleme der rein distributionellen Analyse* ermitteln, denn beide Einheiten gehören zur selben grammatischen Klasse (Wortart Adjektiv) und können dementsprechend in denselben formalen Umgebungen vorkommen. Sie unterscheiden sich eben nur in ihrer referenziellen Bedeutung. Allerdings gehören sie auch noch zum selben Wortfeld, treten daher auch in denselben semantischen Umgebungen auf. Ein distributioneller Unterschied besteht freilich etwa darin, dass man *alt* im Gegensatz zu *jung* auch mit referenziellen Zeichen für Gegenstände verbinden kann (*ein alter Tisch*, aber nicht: *ein junger Tisch*). Dennoch haben wir intuitiv sicher nicht den Eindruck, dass dieser distributionelle Unterschied uns das Wichtigste über die Bedeutungsdifferenz zwischen beiden Morphemen sagt.

Wir wollen uns daher im Folgenden von der theoretisch motivierten (und im Übrigen später auch wieder aufgegebenen) Bedeutungsabstinenz freimachen und uns nur noch auf die Frage konzentrieren, was diese Art der Morphemanalyse für die Beschreibung etwa des Deutschen leistet. Wir rechnen also mit Informanten, die uns direkt sagen können, ob etwas ein kleinstes Zeichen ist und welche Bedeutung es trägt, ohne immer den Umweg über die distributionelle Analyse zu nehmen. Es verbleiben auch so noch genügend Probleme.

Wenn wir unter dieser Voraussetzung die einzelnen hypothetischen Morphe unserer Beispielsätze einem Deutschsprechenden zur Beurteilung vorlegen, so werden wir sicherlich unterschiedliche Reaktionen hervorrufen. Auf Anhieb und ohne alle Einschränkung wird man uns sicher sagen, dass *alt, jung, klein, mann, kind* und auch *ich, du, er, wir, sein, ein, von, über, zu* kleinste bedeutungstragende Einheiten, also Morpheme der deutschen Sprache sind. Bei *zähl, sprech, red, hör* wird man vielleicht schon etwas unsicherer sein, und bei *d, en, e, em* würden wir uns nicht wundern, wenn Informanten bestreiten, dass es sich dabei um kleinste bedeutungstragende Einheiten handelt. Bei *Geschichte* schließlich könnten wir uns vorstellen, dass ein Informant eher dazu tendiert, diesen ziemlich langen Ausdruck noch weiter zu untergliedern, zumal ja etwa *ge* auch in anderen Umgebungen vorkommt, z.B. in *ge-scheh-en*.

22 Typen elementarer Sprachzeichen

Freie und gebundene Morpheme

Wenn die erste Serie unserer hypothetischen kleinsten Zeichen sicher problemlos als Morphem akzeptiert wird, so liegt das nicht zuletzt daran, dass wir diese Einheiten in genau dieser Form in jedem Wörterbuch der deutschen Sprache aufgelistet finden, wo wir ja schließlich die Grundbestandteile der Sprache suchen würden. Die Einträge im

Wörterbuch spiegeln natürlich nur unser Sprachwissen. Zu diesem gehört u.a., dass man die Ausdrücke allein in einer Äußerung verwenden kann: *Wer kommt? – Ich*; *Wie war der Mann? Alt/jung/klein*; *Kind!* usw. *d* oder *en* kann man dagegen nicht als potenziell selbständige Einheiten äußern, *von* und *zu* auch kaum. Dennoch haben auch diese eine bestimmte Bedeutung, und wir betrachten sie deshalb auch als Morpheme. Den Unterschied zwischen den beiden Gruppen fasst man dadurch, dass man zwischen freien Morphemen einerseits und gebundenen Morphemen andererseits unterscheidet. Gebundene Morpheme können nur in Verbindung mit anderen geäußert werden.

Den Prototyp von gebundenen Morphemen stellen die grammatischen Endungen dar, also in flektierenden Sprachen die Flexionsmorpheme. Allerdings hatten wir ja schon früher gesehen, dass man dieselben Bedeutungen u.a. im Deutschen und Französischen zum Teil auch mit freien Morphemen, den Funktionswörtern, ausdrücken kann. Die Klasse der grammatischen Zeichen fällt also nicht mit den gebundenen Flexionsmorphemen zusammen. Wir führen daher noch eine andere Unterscheidung ein, entsprechend der Frage, welche Funktion die Morpheme haben. Solche mit referenzieller Funktion nennen wir lexikalische Morpheme, solche mit struktureller Bedeutung grammatische Morpheme.

Lexikalische und grammatische Morpheme

Wenn wir nicht so sicher sind, ob *zähl*, *sprech*, *red* und *hör* kleinste unabhängige Zeichen, genauer: freie Morpheme sind, so liegt das daran, dass es sich hier um die Wurzeln der Verben handelt. Verben kommen aber im Text nur in zwei Arten vor: Entweder sie sind finit – das sind die konjugierten Formen der Verben, bei denen man eine Endung zur Spezifizierung von Person, Numerus, Tempus und Modus anhängen muss – oder infinit, das ist der Fall für Infinitive und Partizipien, die ebenfalls mit grammatischen Morphemen versehen sind (Infinitivendung *-en* bzw. in der Regel vorangestellt *ge-* und nachgestellt *-t* oder *-en*). D.h. frei kommen die Verbwurzeln eigentlich überhaupt nicht vor; *zähl*, *red* und *hör* sind nur in gesprochener Sprache, und zwar als Imperative, denkbar.

Auch Substantive ohne Endung sind im Text grundsätzlich grammatisch spezifiziert: *Mann* in *der alte Mann* ist also auch flektiert, denn es stellt ja die Nominativform dar. Allerdings sehen wir das nicht an seiner Form, sondern an seiner Umgebung (z.B. hat ein vorangestellter Artikel die Nominativform). Die Kennzeichnung ist in diesem Fall also eine teilweise analytische (nur teilweise, weil der Artikel synthetisch gebildet ist). Dasselbe gilt für den Akkusativ *den Mann*. Es bleiben noch Dativ und Genitiv. Der Dativ tritt heutzutage meistens auch endungslos auf, dies ist eine Alloform zu *dem Manne* mit Endungs-*e*. Es bleibt als synthetische Form des Nomens im Singular daher nur der Genitiv, der grundsätzlich eine Endung aufweist. Wieder gibt es zwei Alloformen: *des Mannes* und *des Manns*.

Das Nullallo-
morph

Wie wollen wir dem Tatbestand Rechnung tragen, dass (grammatisch spezifizierte) Wortformen oft identisch mit dem Stamm sind? In diesen Fällen sieht es ja gar nicht so aus, als ob zwei Zeichen miteinander kombiniert wären. Dennoch besteht prinzipiell die Möglichkeit, so lange mit einem – wenn auch nicht sicht- oder hörbaren grammatischen – Zeichen zu rechnen, wie es noch irgendwelche Flexionsformen mit Endung gibt. Mit einem solchen (zweifellos etwas sonderbaren) Zeichen ohne *signifiant* rechnet die strukturalistische Morphologie tatsächlich. Es wird bezeichnet als Nullallomorph (symbolisiert durch Ø). Eine bestimmte Bedeutung ist bei einem solchen Morph nicht daran erkennbar, dass irgendeine Form vorhanden ist, sondern daran, dass sie *nicht* vorhanden ist. Das entspricht ungefähr dem Verfahren bei vielen Zeichen in technischen Apparaten: Wenn eine Lampe aufleuchtet, heißt das z.B., dass der Apparat in Betrieb ist oder irgendetwas nicht in Ordnung ist. Wenn keine Lampe aufleuchtet, heißt das auch etwas, nämlich z.B., dass der Apparat ausgeschaltet oder alles in Ordnung ist.

Führen wir uns kurz vor Augen, warum eine solche Analyse mit Nullallomorph durchaus einleuchtend ist. Dazu betrachtet man am besten alle Wortformen, die zusammen zu einem Lexem gehören.

Nom.Sg.	Freund	Ø	Inf.	komm	en
Gen.Sg.	Freund	s / es	1.Ps.Sg.	komm	e
Dat.Sg.	Freund	Ø / e	2.Ps.Sg.	komm	st
Akk.Sg.	Freund	Ø	3.Ps.Sg.	komm	t
Nom.Pl.	Freund	e	1.Ps.Pl.	komm	en
Gen.Pl.	Freund	e	2.Ps.Pl.	komm	t
Dat.Pl.	Freund	en	3.Ps.Pl.	komm	en
Akk.Pl.	Freund	e	Imp.	komm	Ø / e
			Part.Perf.	komm	ge ~ en
			Part.Präs.	komm	end

Angesichts dieser Tabelle drängt es sich geradezu auf, ein Nullallomorph anzusetzen. Es bildet nämlich die Ausnahme. Bei dem Beispiel für das Verb gibt es überhaupt nur eine Position, in der das Nullallomorph alternativ zu einer Endung auftritt, eben den Imperativ. Es wäre nun recht unsystematisch, wenn man die endungslosen Formen als solche anderer Natur ansehen wollte als die, die ihnen an der Seite stehen, nämlich als grammatisch nicht spezifiziert. Dies ist die Motivation für die Einführung eines Nullallomorphs.

Allerdings sieht man auch, dass diese Analyse im Laufe der Entwicklung einer Sprache (zu immer analytischerem Bau) zunehmend widersinnig werden kann. In der als Beispiel gewählten Substantivklasse gibt es ja nur noch drei verschiedene Endungen für acht Positionen. Was ein Sprachlerner wissen muss, ist eigentlich nur, dass es im Genitiv Singular und im Dativ Plural eine Besonderheit gibt (da das Dativ-*e* im Singular sowieso fakultativ ist). Der wesentliche Unterschied besteht zwischen Singular und Plural. Im Englischen und Französischen sind auch formal nur noch diese beiden Positionen markiert. Hier würde es also von Nullallomorphen nur so wimmeln, wenn man trotzdem leere Kasuszeichen ansetzen würde. Ein solches Verfahren entspräche der oben angeführten Methode zu behaupten, englische Substantive wie *king* hätten 6 Kasus, die man durch die Präpositionen verdeutlichen kann.

Allgemein gewendet bedeutet dies, dass es von Vorteil ist, über die Kategorie eines Nullallomorphs zu verfügen, dass aber bei jeder Rekonstruktion des Systems jeweils genau abzuwägen ist, welches die sinnvollste und ökonomischste Darstellungsform ist. Da das Deutsche noch über ein ziemlich stark synthetisches Flexionssystem verfügt, wird man hier häufiger auf Nullallmorphe zurückgreifen als etwa im Französischen und Englischen.

Neben den lexikalischen und den grammatischen Morphemen müssen wir entsprechend der Funktion nun noch eine dritte Klasse unterscheiden, nämlich Morpheme, die weder eine eigene referenzielle Bedeutung tragen noch zur grammatischen Kennzeichnung dienen. Es handelt sich um Morpheme, mit deren Hilfe aus einem lexikalischen Morphem ein neues Lexem gebildet wird, und wir nennen diese Wortbildungsmorpheme. Verdeutlichen wir uns diese Art von Morphemen am Beispiel. In unseren Beispielsätzen kommt dreimal das Morph *er* vor. Einmal ist es das Pronomen (*er will ...*), ein freies grammatisches Morphem, in *Kind-er-n* ist es Pluralzeichen, ein gebundenes grammatisches Morphem, genauer gesagt: ein Allomorph des Pluralmorphems. Was aber ist es in *er-zähl-en*? Ganz gewiss nicht dasselbe wie die beiden anderen – wir haben also ein homonymes Morph und mindestens drei Morpheme vor uns. Hier sollte uns nun die distributionelle Analyse weiterhelfen. Wir stellen daher (komplexe) Wörter zusammen, in denen *er-* gegen etwas anderes ausgetauscht ist. Die (vertikale) Achse, auf der man Elemente anordnet, die gegeneinander ausgetauscht werden können, bezeichnet man als die paradigmatische Achse (griechisch *paradeigma* ›Beispiel‹; man soll sich hier also vorstellen, dass die untereinander stehenden Elemente Beispiele für die Belegung der Position sind). Die syntagmatische Achse (griechisch *syntagma* ›Zusammengestelltes‹) ist demgegenüber die horizontale; auf ihr werden linear – in zeitlicher bzw. räumlicher Aufeinanderfolge – Zeichen miteinander kombiniert.

Wortbildungsmorpheme

Die paradigmatische und die syntagmatische Achse

syntagmatische Achse

paradigmatische Achse		
	Ø	zähl-en
	er	zähl-en
	ver	zähl-en
	auf	zähl-en
	ab	zähl-en
	nach	zähl-en
	durch	zähl-en
	vor	zähl-en
	zu	zähl-en
	mit	zähl-en
	aus	zähl-en

Die Frage ist nun zunächst, ob das Morphem *zähl* in allen Fällen dieselbe Bedeutung hat, dann nämlich würden wir das *er-* genauso behandeln wie die anderen Vorsilben. Wir müssten nur noch erklären, was *er-* eigentlich bedeutet und ob es noch in anderen Kombinationen in dieser Bedeutung vorkommt.

Synchronie und Diachronie in der Wortbildung

Bei allen Verben (außer *erzählen*) ist es klar, dass *zähl* etwas mit *Zahl* zu tun hat. *sich verzählen* heißt beim Zählen zu einer verkehrten Zahl zu gelangen, *zuzählen* bedeutet eine Zahl addieren usw. *erzählen* hat dagegen eigentlich nichts mit Zahlen zu tun, eine *Erzählung* ist ja gerade keine statistische Abhandlung mit vielen Zahlen. Es bedeutet vielmehr so etwas wie ›(ein Geschehen) mitteilen, berichten‹. Es gibt aber kein anderes Lexem im Deutschen, in dem *zähl* ohne vorangestelltes *er-* (also abgesehen von *Erzählung, Erzähler, Erzählzeit, erzählerisch* etc.) die Bedeutung ›berichten‹ hätte. Nach diesem Befund müssten wir unsere Hypothese verwerfen und feststellen, dass man *erzähl* nicht weiter untergliedern kann, es also *ein* zweisilbiges lexikalisches Morphem darstellt. Dies ist zweifellos eine korrekte synchrone Analyse: In der Gegenwartssprache ist *erzähl* nicht durchsichtig, durch Rückführung auf andere Morpheme nicht motivierbar.

Andererseits kann man sich aber doch des Eindrucks nicht erwehren, dass *zähl* auch in *erzählen* irgendwie mit *Zahl* zusammenhängen könnte. Wenn wir ein etymologisches Wörterbuch konsultieren, wird dieser Verdacht auch bestätigt:

In der *germ.* Wortfamilie von ↑*zählen* hat sich mehrfach aus der Bed. [eutung] »aufzählen, zu Ende zählen« der Sinn »berichten, Bericht« ergeben (beachte z.B. *engl.* to tell »zählen, erzählen«, tale »Erzählung« und *niederd.* vertellen »erzählen«). So werden auch *mhd.* zel[le]n und erzel[le]n nicht nur für »[auf]zählen« gebraucht, sondern auch für »berichten, mündlich mitteilen«. Im *Nhd.* hat nur ›erzählen‹ diese Bedeutung bewahrt.[13]

Diachron gesehen ist *erzählen* also relativ motiviert und stellt eine Ableitung zu *zählen* dar. Wie steht es nun mit dem diachronisch unterscheidbaren Morphem *er-*? Kann man diesem eine bestimmte Bedeutung zuordnen? Dasselbe Wörterbuch belehrt uns auch darüber:

> *Mhd.* er-, *ahd.* ar-, ir-, er- ist das in unbetonter Stellung bei Verben abgeschwächte Präfix ↑*ur...*, *Ur...* Wie dieses bedeutet es eigentlich »heraus, hervor«, dann aber auch »zum Ende hin« und bezeichnet daher das Einsetzen eines Geschehens oder die Erreichung eines Zweckes, beachte z.B. ›er-blühen, er-steigen, er-blassen, sich er-mannen‹.

Diachron können wir also eine perfekte morphologische Zerlegung vornehmen und den beiden Bestandteilen eine bestimmte Bedeutung zuordnen, die sich in mehreren Bildungen findet. Wie wir schon für die Semantik gesehen haben, ist es also auch in der Morphologie nicht immer möglich bzw. sinnvoll, die synchrone Betrachtung strikt von der diachronen zu trennen.

Wenden wir uns nun wieder den verschiedenen Wortbildungsmorphemen zu, die wir mit *zähl* kombiniert haben. Es lassen sich unter diesen wieder freie und gebundene Morpheme unterscheiden. *er-* und *ver-* kommen frei (in dieser Bedeutung) nicht vor, die anderen Elemente schon, und zwar als Präpositionen. Auch bei den Wortbildungsmorphemen gibt es also freie und gebundene. Die gebundenen lassen sich naturgemäß nicht vom Verb abtrennen, kommen daher auch nicht als selbständiges Wort vor (im geschriebenen Text zwischen zwei Lücken), während es sich bei den anderen um trennbare Elemente handelt: *er zählt auf, zu, ab* usw. Allerdings haben sich viele Morpheme, die heute nur gebunden und als Wortbildungsmorpheme auftreten, aus ursprünglich freien lexikalischen Morphemen entwickelt, so z.B. -*heit*/-*keit*, -*schaft*, -*tum*.

Die Existenz von Wortbildungsmorphemen macht es möglich, aus einem Grundbestand von lexikalischen Morphemen eine Vielzahl von Lexemen abzuleiten. Diese neuen Lexeme sind relativ motiviert, insofern man Grundbestandteile und Bildungsweise durchschaut. Alle Lexeme, die ein gemeinsames lexikalisches Morphem haben, fasst man unter dem Begriff Wortfamilie zusammen. So gehören z.B. zu einer Wortfamilie u.a.: Wortfamilien

> sprechen, Sprache, Spruch, Sprecher, Sprecherin, Ursprache, Aussprache, Ansprache, Besprechung, Fürsprache, besprechen, versprechen, vorsprechen, ansprechen, aussprechen, sprecherisch, sprachlich, sprachgemäß, sprichwörtlich ...

Der Wortbildung wenden wir uns später zu. Hier sollen nur noch einige Phänomene besprochen werden, die zeigen, wie schwierig – und daher auch notwendig – eine genaue morphologische Analyse des Systems der grammatischen Morpheme (im Deutschen) ist.

Die vorgestellte Methode der Segmentierung und Klassifizierung von Morphemen eignet sich am besten für agglutinierende Sprachen, da wir hier für jede grammatische Bedeutung eine eigene Form haben und diese alle aneinanderhängen. Weniger gut geeignet ist sie dagegen für flektierende Sprachen, besonders für solche Formen, die durch eine Abwandlung des lexikalischen Ausgangsmorphems zustande kommen, bei denen also Allomorphie vorliegt. Das betrifft im Deutschen (wie z.B. auch im Englischen) besonders jene Verben, die man die unregelmäßigen nennt. Sie weisen einen so genannten Ablaut auf, das ist eine Vokalvariation zur Bildung der Wortformen, die ursprünglich ein sehr geordnetes System war, im Laufe der Sprachgeschichte jedoch undurchsichtig geworden ist: *sing, sang, ge-sung-en*, engl. *sing, sang, sung; lauf, lief, ge-lauf-en; werf, wirf, warf, ge-worf-en* usw. Der Ablaut erscheint auch in Ableitungen wie *Ge-sang, Wurf, Sprache* usw.

Formenbildung durch Abwandlung des signifiant Ablaut

Umlaut Das Phänomen der Allomorphie tritt im Deutschen auch in der Gestalt des Umlauts auf. Ursprünglich handelt es sich um die lautliche Assimilation eines dunklen Vokals in der Hauptsilbe an den hellen Vokal *-i* in der Folgesilbe. Die vollen Vokale in Nebensilben wurden jedoch im Mittelhochdeutschen zum so genannten Schwa-Laut, einem unbetonten *-e*, abgeschwächt. Lautlich ist der Auslöser für den Umlaut also gar nicht mehr vorhanden. Der Umlaut ist aber als eines der grammatischen Zeichen für den Plural beibehalten worden. So ist es von (althochdeutsch) *gast* oder *kraft* (Singular) – *gesti, krefti* (Plural) zu *Gast – Gäste, Kraft – Kräfte* gekommen. Der Umlaut kommt auch bei vielen Ableitungen vor, besonders bei Ableitungsmorphemen mit dem Vokal *-i-*: *männlich, hünd-isch*. Es können natürlich auch durch Ablaut zustandegekommene Ableitungen umgelautet werden: *werfen, Wurf, Würfe*.

Diskontinuierliche Allomorphe Im letzten Beispiel, *Würfe*, ist das Pluralzeichen auch formal komplex: Es besteht einerseits aus dem Umlaut, andererseits aus der Endung. Dies ist ein Beispiel für ein diskontinuierliches Allomorph, ein Morph mit einer einzigen Bedeutung, die formal an unterschiedlichen Stellen realisiert wird, bei dem also gewissermaßen der *signifiant* auseinandergerissen ist. Ein prototypisches Beispiel für diskontinuierliche Morpheme bildet im Deutschen das Partizip Perfekt, das in der Regel durch *ge-...-t/en* gebildet wird.

Homonymie grammatischer Morpheme Eine wichtige Problemstelle im System der deutschen grammatischen Morpheme ist (zumindest für Fremdsprachenlerner) die ausgeprägte Homonymie. Homonymie bedeutet hier (entsprechend dem Gebrauch des Terminus bei lexikalischen Morphemen), dass ein und dasselbe Morph zu vielen verschiedenen Morphemen, also Zeichen mit ganz unterschiedlicher Bedeutung, gehören kann. Wir hatten dies schon für *-er* gesehen, das als gebundenes grammatisches Morphem sowohl den Nominativ Maskulinum beim Artikel und Adjektiv kennzeichnen kann (*d-er alte Mann, ein alt-er Mann*), ferner den Plural (*Kind-er*) und den Komparativ (*schnell-er*). Außerdem fungiert es auch noch als Wortbildungsmorphem, und zwar sowohl als Vor- als auch als

Nachsilbe (*Er-zähl-er*). Noch ausgeprägter ist die Homonymie bei *-en*: Es fungiert als Infinitivendung (*erzähl-en*), als Partizipendung (*er hat ihn berat-en, er hat ihm ge-rat-en*), als Verbendung der 1. und 3. Person Plural (*wir und sie erzähl-en*) als Akkusativendung bei Artikeln und Adjektiven (*d-en alt-en Mann*), als Dativendung im Plural (*d-en Hund-en*) und als Pluralallomorph (*Frau-en*).

Wenn die deutsche Sprache als eine besonders schwierige gilt, so liegt das hauptsächlich an der Vielzahl von, teilweise auch noch diskontinuierlichen und homonymen, grammatischen Allomorphen, insbesondere im Bereich von Substantiv und Adjektiv (die Verbmorphologie ist dagegen auch in anderen europäischen Sprachen verhältnismäßig komplex). Das Paradebeispiel für die Vielfalt der Allomorphe bildet die Pluralbildung des Substantivs, für die nicht weniger als neun verschiedene Allomorphe zur Verfügung stehen, die gemeinsam das Morphem (Substantiv-)Plural bilden und im Übrigen fast alle homonym zu Allomorphen anderer grammatischer Morpheme sind. Dabei sind übrigens die speziellen Pluralendungen bei Fremdwörtern noch nicht einmal berücksichtigt. Alle neun Varianten können wir in verschiedenen deutschen Personenbezeichnungen finden: *Frau-en, Männ-er* (Umlaut + *-er*), *Mädchen-Ø, Junge-n, Töchter* (Umlaut), *Söhn-e* (Umlaut + *-e*), *Kind-er, Freund-e, Oma-s*.

> Synonymie grammatischer Morphe: Das Beispiel der Pluralbildung

23 Warum man die Wörter einer Sprache nicht zählen kann

Der Umfang des deutschen Wortschatzes wird im Allgemeinen auf 300.000–500.000 Wörter geschätzt. Dabei sind zwar die sehr umfangreichen Fachwortschätze noch nicht vollständig, aber doch zum Teil erfasst. Denn die Zahl ist ja relativ hoch: Das *Duden Universalwörterbuch* verzeichnet z.B. ›nur‹ ca. 120.000 Stichwörter, der zehnbändige *Große Duden* 200.000, *Langenscheidts Großwörterbuch Deutsch als Fremdsprache* nicht mehr als ca. 66.000. Die Zahl von etwa 500.000 Einträgen findet man nur im größten deutschen Wörterbuch, dem Grimm'schen. Der Gesamtbestand des Wortschatzes verteilt sich sehr unterschiedlich auf die früher behandelten Wortarten (vgl. Kapitel 16), in etwa folgendermaßen:

> Der Umfang des deutschen Wortschatzes

Substantive	ca. 50%
Verben	ca. 23%
Adjektive (und Adverbien)	ca. 27%
Funktionswörter	ca. 0,08%

Der Grundwort-
schatz

Der geringe Bestand an Funktionswörtern (die quantitativen Verhältnisse in der *langue*) sollte nun allerdings unter gar keinen Umständen
zu der Annahme veranlassen, sie seien letzten Endes nicht besonders
wichtig. Denn zu der nur wenige hundert Einheiten umfassenden
Gruppe gehören die in der *parole* am häufigsten benutzten. Im Deutschen sind z.B. die mit Abstand häufigsten Wörter *die, der* sowie *und*.
Zusammen mit den Hilfsverben, die ja auch nur grammatische Funktion haben, machen die Funktionswörter in Texten im Allgemeinen
etwa die Hälfte des gesamten Wortmaterials aus. Diese Verhältnisse
bilden auch die Grundlage für die Erstellung von Wörterbüchern des
Grundwortschatzes, jenem Kernbestand lexikalischer Einheiten, über
den ein Fremdsprachenlerner, der nur Grundkenntnisse erwerben will,
wohl verfügen sollte. Um die Nützlichkeit von Grundwortschatzlisten
zu verdeutlichen, gibt etwa der Klett-Verlag den entsprechenden Pro-
dukten Übersichten darüber bei, wie viel Prozent eines Normaltextes
mit der Kenntnis der häufigsten Wörter erfasst werden können (Abbildung 11). Dabei sind übrigens die Funktionswörter (bei Klett bezeichnet als *Strukturwörter*) dem Grundwortschatz zugeschlagen, sie machen
den größten Teil der erfassten 85 % eines Normaltextes aus.

Nun fragt sich natürlich, was denn wohl ein ›Normaltext‹ ist. Ein
Alltagsgespräch, eine Kurzgeschichte, ein Privatbrief, ein populärwis-
senschaftliches Buch, eine Werbeanzeige, eine Zeitungsnachricht (aber
aus welcher Zeitung?) ...? Die Kategorie Normaltext ist zweifellos ein
(allerdings durchaus nützliches) Konstrukt, denn die Frage, welchen
Wortschatzausschnitt man kennen muss, um einen bestimmten Text
zu verstehen, hängt natürlich entscheidend davon ab, wovon in dem
Text die Rede ist. Eine allgemeine Normalität gibt es da wohl kaum.
Deswegen enthält das zitierte Wörterbuch, das sich übrigens *Grund-
und Aufbauwortschatz* nennt, auch noch einen Teil, eben den Aufbauwortschatz, der nach Sachgruppen geordnet ist und den man nach dem
Kriterium abarbeiten kann, welche inhaltlichen Bereiche für den eigenen Bedarf vorrangig sind.

Wie viele Wörter
beherrscht ein
Sprecher?

Um den Wert der genannten Zahlen genauer einschätzen zu können, wäre es nützlich zu wissen, wie viele Einheiten denn ein Muttersprachler beherrscht – hier müssen wir uns also als weiteres Konstrukt
einen Normalsprecher denken. Den Umfang von dessen persönlichem
Wortschatz einzuschätzen, ist allerdings mindestens genau so schwierig
wie die Aufgabe, den Gesamtumfang des Wortschatzes einer Sprache
zu bestimmen. Wir müssten eigentlich alle Texte, die er produziert, auf
die darin vorkommenden Wörter untersuchen, wüssten dann aber
immer noch nicht, welche Wörter er wohl versteht, aber (in seinen
Äußerungen zufälligerweise) nicht benutzt (hat). Und eigentlich müssten wir mit unserer Analyse bis zum Ende seines Lebens warten, würden aber dann natürlich nicht erfassen, dass sein Wortschatz mit 20,

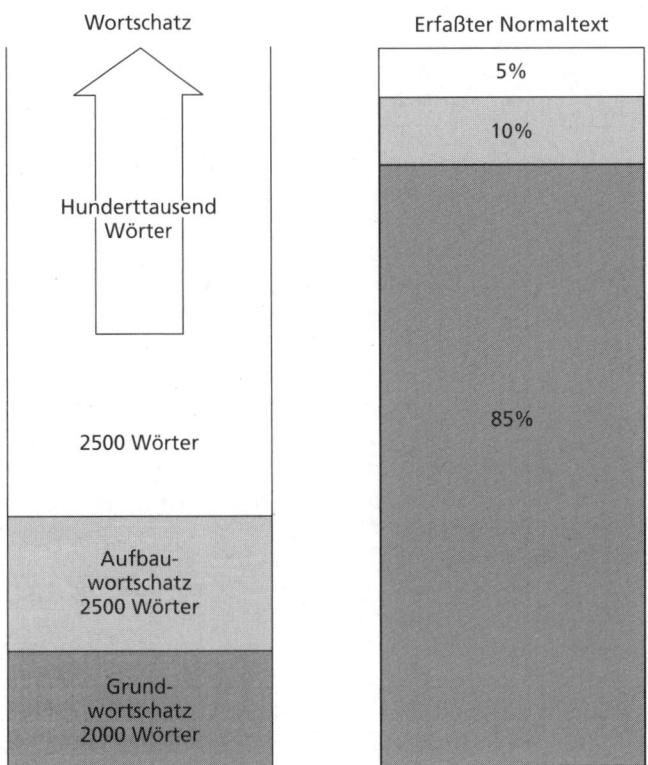

Wortschatz

Erfaßter Normaltext

5%

10%

Hunderttausend
Wörter

85%

2500 Wörter

Aufbau-
wortschatz
2500 Wörter

Grund-
wortschatz
2000 Wörter

Abb. 11: Verhältnis von Grundwortschatz zu erfasstem Text

30, 40 Jahren unterschiedlich (umfangreich) war. In Bezug auf den Wortschatz mancher Personen hat man solche – auf den ersten Blick kaum vorstellbaren – Untersuchungen übrigens tatsächlich durchgeführt. Für Goethe ist man bei der Auswertung einer Gesamtausgabe seiner Werke z.B. auf 90.000 verschiedene Lexeme gekommen.[14] Da Goethe gewiss kein Normalsprecher war, sondern der Umfang seines Wortschatzes als besonders hoch eingeschätzt wird, erscheint dieser Wert – gemessen am Gesamtumfang des Wortschatzes der deutschen Sprache – eigentlich als relativ gering und tatsächlich war er gewiss höher. Ausgewertet wurden ja nur seine schriftlichen Texte und nur der aktive Wortschatz, die Ausdrücke also, die er selbst verwendet hat. Der passive Wortschatz, die Lexeme, die man versteht, auch wenn man sie nicht verwendet, ist aber immer erheblich größer als der aktive.

Auch ein Blick in die Fachliteratur bietet ganz verschiedene Antworten auf die Frage nach dem Wortschatz eines Normalsprechers. Wir erfahren also hauptsächlich, wie schwierig es ist, diesen genau zu bestimmen. In der *Duden Grammatik* heißt es z.B., dass der passive Wortschatz »nach dem Besuch des Gymnasiums die Größenordnung von 20 000 bis 30 000 Wörtern erreichen kann«.[15] In einem ausführlicheren Bericht über entsprechende Erhebungen wird dagegen der Wortschatz eines durchschnittlichen amerikanischen Collegestudenten auf 150.000 geschätzt.[16]

Typen von Wortschatzelementen

Es muss uns also hauptsächlich die Frage beschäftigen, warum eine solche Bestimmung so schwierig ist. Hier verhält es sich ähnlich wie bei der Frage nach der Zahl der verschiedenen Sprachen: Abgesehen von den Lücken und methodischen Problemen der Forschung erklären sich die unterschiedlichen Angaben und Schätzungen aus dem Problem, was man überhaupt als Wortschatzeinheit zählen will. Gewiss werden wir dazu nicht die einzelnen Wortformen rechnen (also z.B. *gab, gibst, gegeben, gib, gäbe* usw.), sondern nur jeweils die lexikalische Einheit (hier *geben*). So eine Einheit kann nur aus einem lexikalischen Morphem (*geb-* mit den Allomorphen *gab-, gäb-, gib-* etc.) bestehen; die Wortformen (eine davon wird in der Regel für den Lexemeintrag im Wörterbuch verwendet) entstehen durch Anfügen grammatischer Morpheme. Allerdings besteht die Minderzahl der Einheiten, die in Wörterbüchern stehen, lediglich aus einem lexikalischen Morphem. Ak-

Simplizia

zeptieren wir einmal die Zahl einer halben Million Wortschatzeinheiten für die deutsche Sprache, so gehören wohl nicht viel mehr als 1–2%, also etwa 5–10.000, zu dieser Gruppe. Man nennt sie Simplizia. Die Mehrheit der Lexikoneinheiten besteht dagegen aus mehr als einem lexikalischen Morphem.

Ableitungen

Dies führt uns zurück auf die früher behandelten Wortbildungsmorpheme, und wir können erkennen, wie wichtig die Neubildung von lexikalischen Einheiten mittels der Wortbildung tatsächlich ist. Mit Hilfe einer großen, aber begrenzten Menge von lexikalischen Morphemen und einer noch viel begrenzteren Menge von Wortbildungsmorphemen kann der Wortschatz spielend um ein Vielfaches erweitert werden. Einheiten, die auf diese Weise gebildet sind, nennt man Ablei-

Zusammensetzungen

tungen oder Derivationen. Beziehen wir nun auch noch die Möglichkeit ein, mehrere lexikalische Morpheme zu einer neuen Wortschatzeinheit zusammenzufügen – dieses Verfahren heißt Zusammensetzung oder Komposition – und vergegenwärtigen wir uns, dass man auch von Komposita Ableitungen bilden und Ableitungen zu Komposita zusammensetzen kann, so wird klar, dass die Möglichkeit, neue Wortschatzeinheiten zu kreieren, unbegrenzt ist.

Wenn nun die Möglichkeit solcher Wortbildungen tatsächlich unbegrenzt ist, dann ist es erstens unmöglich, je ein vollständiges Wörterbuch, also ein Wörterbuch der in der Sprache möglichen Wörter zu erstellen. Zweitens wäre ein solches Vorhaben auch völlig sinnlos, denn man muss ja gar nicht erst im Lexikon nachschlagen, um die gemeinte Einheit zu verstehen. Der Rezipient kann vielmehr den kreativen Prozess nachvollziehen, wenn er auch die Wortbildungsmöglichkeiten der Sprache beherrscht – und aus seinen übrigen Wissensbeständen das aktivieren kann, was er kontextgemäß zum Verständnis des Ausdrucks braucht. Die Wörter einer Sprache kann man also deswegen nicht zählen, weil es möglich ist, unbegrenzt viele neue Wörter zu bilden. Der Wortschatz einer Sprache, genauer gesagt: die Inhaltswörter, bilden ein offenes System. Darin liegt einer der wichtigsten Gründe für die Flexibilität der Sprache, die man jederzeit an seine kommunikativen Bedürfnisse anpassen kann.

Inhaltswörter bilden ein offenes System

24 Wie kreiert man neue Wörter für unbenannte Dinge?

Mittels der Wortbildung können wir unbegrenzt viele neue Wörter erfinden; allerdings ist auch schon die Möglichkeit unbegrenzt, aus der ganz kleinen Zahl von Phonemen neue lexikalische Morpheme zu bilden, denn es gibt ja für die Länge von lexikalischen Morphemen keine obere Grenze. Freilich wären allzu lange lexikalische Morpheme doch recht unpraktisch, und mehr als zweisilbige sind daher relativ selten. In Wirklichkeit ist die Gefahr zu langer lexikalischer Morpheme allerdings gar kein Problem. Es sind nämlich längst nicht alle potenziellen einsilbigen Phonemverbindungen zur Bildung von Morphemen ausgenutzt. So kommen z.B. im Deutschen die folgenden möglichen Lautfolgen nicht als Morphem vor: *kra, kri* (aber frz. *cri*), *kro, kru* (aber engl. *crew*), *krü* (aber frz. *cru*), *krei, krau, krung, kring, krang* usw. usf. Wenn wir einen neuen Ausdruck brauchen – und das tun wir ja schon angesichts der Dinge, die laufend neu in die Welt kommen, entdeckt oder erfunden werden, sehr oft – wäre es also ein Leichtes, irgendeine noch nicht besetzte Lautfolge mit dieser Bedeutung zu versehen. Betrachten wir jedoch, wie wir im Allgemeinen tatsächlich vorgehen, wenn wir ein neues Wort brauchen, so stellen wir fest, dass wir von dieser Möglichkeit – man nennt sie übrigens im Gegensatz zur Wortbildung Wortschöpfung – nur sehr selten Gebrauch machen.

Wortschöpfung

Vollkommen üblich sind demgegenüber drei andere Verfahren, die man auch noch kombinieren kann. Zunächst gibt es die Möglichkeit, schon vorhandene Wörter in mehr oder weniger anderer Bedeutung

Bedeutungsübertragung

zu verwenden, weiter, enger oder z.b. metaphorisch. Hier handelt es sich um das Phänomen der Bedeutungsübertragung. Weiter gibt es die Möglichkeit, Elemente aus einer anderen Sprache zu übernehmen, die *Entlehnung*. Schließlich stehen uns verschiedene Möglichkeiten der *Wortbildung* zur Verfügung. Alle diese Möglichkeien werden sehr häufig benutzt, um neue Ausdrücke zu bilden.

Entlehnung

Wortbildung

Nehmen wir als Beispiel für einen Bereich, in dem ein steter Bedarf an neuen Ausdrücken herrscht, Wissenschafts- bzw. Fachsprache und als nahe liegende Disziplin die Linguistik. In ihrer Terminologie (wie auch in der anderer Wissenschaften) fallen sicherlich am stärksten die Ausdrücke auf, die offenbar aus anderen Sprachen stammen. Zu einem Teil handelt es sich dabei aber nicht um neu geschaffene Ausdrücke, sondern solche, die aus einer langen wissenschaftlichen Tradition überliefert sind, um solche aus der lateinischen Grammatik (die sich ihrerseits von der griechischen Terminologie hat inspirieren lassen). Dazu gehören etwa *Kasus, Dativ, Akkusativ, Tempus, Präsens, Präteritum, Perfekt, Modus, Indikativ, Konjunktiv, Imperativ, Genus, Maskulinum, Femininum, Neutrum, Substantiv, Adjektiv, Präposition, Konjunktion, Syntax* usw. Diesen Ausdrücken sieht man ihre Fremdheit sofort an, wenngleich sie doch relativ stark in das System der deutschen Sprache integriert sind, nämlich an diese angepasst wurden. So weist die Schreibung Umlaute, den Buchstaben *k* und Großschreibung auf, obwohl all dies im Lateinischen nicht existierte. Auch grammatisch werden sie großenteils wie deutsche Wörter behandelt, die lateinische Endung ist vielfach weggefallen und man dekliniert z.B. *des Akkusativs, des Präteritums,* während man im 19. Jahrhundert noch schreiben konnte *das Substantivum, die Substantiva, dem participio praesentis* usw. Die Pluralbildung folgt allerdings zum Teil doch noch dem Lateinischen: *die Kasus* (mit langem *u*), *die Tempora, die Modi, die Genera* usw.

Internationale Fachtermini aus dem Lateinischen

Das Bemerkenswerte ist jedoch, dass man auch bei der Bildung ganz neuer Ausdrücke vorzugsweise auf lateinische (und griechische) Elemente zurückgreift und diese auch mit geläufigen einheimischen (oder früher aus dem Griechischen, Lateinischen oder auch von anderswo entlehnten) Wortbildungsmitteln weiter ableitet: *Linguistik, Semiotik, phonetisch, Graphemik, soziolinguistisch, Lexikografie, Pragmalinguist, Hyperonym, kohyponymisch, Semem, Allophon, Morphem, phatisch, Archilexem* usw. usf. All diese Ausdrücke ›kommen‹ keineswegs ›aus‹ dem Griechischen bzw. Lateinischen, sondern sind in der Neuzeit, als diese Sprachen schon längst ausgestorben waren, von Sprechern unterschiedlicher lebender Sprachen gebildet worden, die sie dann auch noch untereinander weitergegeben haben. Solche Ausdrücke auf griechisch-lateinischer Basis, die in verschiedenen Sprachen in leichten Varianten auftreten (*Semantik, semantics, sémantique* usw.), bezeichnet man als Internationalismen. Aufgrund der großen quantitativen Bedeutung dieses Rück-

Eurolatein

griffs auf antikes Sprachmaterial setzt man vielfach auch geradezu eine besondere Sprache oder Varietät voraus und spricht von Eurolatein.

Ein solcher Rückgriff auf antikes Sprachmaterial ist nun keineswegs eine Spezialität der Linguistik und, wie wir soeben gesehen haben, auch keine des Deutschen. Was die aus dem Lateinischen überlieferten Ausdrücke betrifft, so hat man sich vielmehr gerade im Deutschen (und zwar vor allem zu pädagogischen Zwecken) seit dem 17. Jahrhundert darum bemüht, eine einheimische Terminologie zu schaffen, für die man sich natürlich der Wortbildungsmöglichkeiten bediente (vgl. Kapitel 17). So trat an die Seite von *Grammatik Sprachlehre*, das *Substantiv* wurde zum *Haupt-*, das *Verb* zum *Tätigkeits-* oder *Tuwort*, das *Passiv* zur *Leideform*, das *Partizip* zum *Mittelwort* usw. Für die Sprachwissenschaftler hat das dazu geführt, dass sie mit einer doppelten Terminologie umgehen mussten (und dies auch heute noch teilweise müssen), nämlich im Bereich der (internationalen) Wissenschaft mit den lateinischen Ausdrücken, im sprachdidaktischen Bereich mit den einheimischen, während in vielen anderen europäischen Sprachen nur die auch international verständlichen gebräuchlich sind. Damit ist ein Vorteil der schwierigen Ausdrücke mit fremdsprachiger Basis genannt: Für die internationale Verständigung sind sie viel besser geeignet. Der Nachteil ergibt sich von selbst: Personen, die die klassischen Sprachen nicht beherrschen und auch im Morphemmaterial ihrer eigenen Sprache keinen Anhaltspunkt zur Entschlüsselung der neuen Ausdrücke finden (in den Tochtersprachen des Lateinischen, den romanischen, ist das immerhin öfter möglich als etwa im Deutschen), haben sehr große Verstehensschwierigkeiten, und genau dies bildet ja den Anlass für die Entwicklung einer muttersprachlichen Terminologie für den Schulgebrauch.

Nun fragt sich aber vielmehr, warum auch die wirklich neuen Konzepte (*signifiés*) der Wissenschaften unter Rückgriff auf antikes Sprachmaterial gebildet werden, obwohl die Wortschöpfung als Verfahren im Prinzip ebenso gut möglich wäre; diese Frage stellt sich besonders, wenn es um Ausdrücke geht, bei denen man wirklich kaum voraussetzen kann, dass sie irgendjemandem ohne den expliziten Verweis auf das (eigentlich völlig unbekannte) griechische oder lateinische Wort, also aus sich heraus, verständlich wären oder wenn die etymologische Erklärung letzten Endes nichts erklärt, wie wir es z.B. für den Ausdruck *phatisch* zu griechisch *phatis* ›Rede‹ festgestellt haben. Es soll nicht geleugnet werden, dass dieser Rückgriff auf antikes Material für die internationale Verständigung schon förderlich ist, weil man eben ein gemeinsames Fremdreservoir benutzt, und zwar aus Sprachen, aus denen vom Beginn der Geschichte der modernen europäischen Sprachen an vieles entlehnt wurde. Dennoch gibt es andere – und wenn man so will tiefere – Gründe für die Beliebtheit des griechisch-lateinischen Morpheminventars. Der eine Grund liegt darin, dass diese Aus-

Vor- und Nachteile von Internationalismen

drücke einen Signalwert haben (entsprechend der Symptomfunktion von Bühler). Man versteht zwar nicht die Bedeutung der Ausdrücke, aber man versteht meistens sofort, dass es sich um wissenschaftliche Termini handelt, weil sie aus dem Material der Sprache gebildet worden sind, in der jahrhundertelang die gesamte Wissenschaft betrieben wurde, dem Lateinischen eben. Damit ist immerhin ein Hinweis auf den relevanten Kommunikationsbereich gegeben, und das ist für die globale Orientierung recht hilfreich.

Der Widerstand gegen freie Wort- schöpfung

Wesentlicher aber ist noch, dass diese Ausdrücke prinzipiell überhaupt motivierbar sind und eben nicht frei erfunden. Sprachteilhaber empfinden offenbar ein Bedürfnis, neue Wörter an irgendetwas anschließen zu können und nicht gänzlich arbiträre Zeichen erlernen zu müssen. Bei einem Wort aus einer fremden Sprache muss man zwar auch die Zuordnung von *signifiant* und *signifié* neu lernen, der Arbeitsaufwand ist also etwa gleich groß. Die Kreation gänzlich arbiträrer Zeichen scheint aber einem fundamentalen Prinzip lebendiger Sprachen zu widersprechen, nämlich dem, dass man die Möglichkeiten eines gegebenen Basisinventars von Morphemen und Kombinationsregeln ausschöpft, anstatt das Basisinventar zu ergänzen. Ob dies letzten Endes doch auf ein Ökonomieprinzip zurückzuführen ist, sei dahingestellt. Auf jeden Fall zeigt die Beobachtung metakommunikativer Aktivitäten im Bereich des Wortschatzes, dass die häufig gestellte Frage *Warum heißt es so?* immer nur eine Frage nach der relativen Motiviertheit eines Ausdrucks ist und nie die Arbitrarität selbst hinterfragt. Man gibt sich also z.B. zufrieden, wenn man erfährt, dass *Text* auf das lateinische *textum* ›Gewebe, Geflecht‹ zurückgeht und fragt nicht weiter, warum dies nun gerade *textum* und nicht *lextum, sentum* oder sonst irgendetwas heißt. Dasselbe gilt natürlich für Erklärungen undurchsichtiger Ausdrücke aus der eigenen Sprache. Wenn man erfährt, dass der Ausdruck *tote Hose* (›nichts los‹) aus der Drogenszene stammt und sich daraus erklärt, dass Drogenkonsum zur Impotenz führen kann, hört das Fragen auf; man will nicht etwa wissen, warum das ›Beinkleid‹ *Hose* und nicht *Bose, Buse, Sohe* … heißt. So gesehen ist die extreme Betonung der Arbitrarität des sprachlichen Zeichens fehlleitend und führt zu einer Unterschätzung der großen Bedeutung der (relativen) Motiviertheit sprachlicher Zeichen.

Das Textbeispiel 18, entnommen aus einem Wörterbuch ›absolut sinnloser Wortklumpen‹, nämlich frei erfundener *signifiants* zur Bezeichnung »der bisher unbenannten Gegenstände und Gefühle« ist geeignet, das Gesagte weiter zu illustrieren. Zwar gibt es in diesem Wörterbuch – in der deutschen Ausgabe übrigens von der Umschlaggestaltung her an Produkte aus dem Verlag Langenscheidt erinnernd – gänzlich arbiträre Lautfolgen (z.B. *Urft* oder *Prüm*), viele der *signifiants* kann man aber auch an bekannte Wörter anlehnen (*quetzen* an *wetzen*;

Quentel an *Quentchen, Staubing* an *Staub*) oder sie sind sogar völlig regulär gebildet (*Bockheber, Eisenzicken, hundsgrün*). Die Ausdrücke, die nur lautlich an andere Wörter erinnern, nicht aber an vorhandene Morpheme angeschlossen werden können (z.b. *quetzen*) zeigen übrigens, dass man relative Motiviertheit nicht nur über die systematische Kombination von Morphemen zustandebringen kann, und bestärken den Eindruck, dass Lautmalerei auch der heutigen Sprache nicht ganz so fremd ist.

Kommen wir abschließend noch einmal auf die Fachsprache (der Linguistik) zurück. Der Gebrauch von deutschen Fachbegriffen aus der Schulgrammatik ist von linguistischer Seite im 20. Jahrhundert sehr stark kritisiert und zurückgedrängt worden, allerdings weniger wegen des Problems der internationalen Verständigung. Vielmehr wurde an den verständlich(er)en deutschen Ausdrücken gerade kritisiert, *dass* sie motiviert sind – und zwar, weil diese Motiviertheit zu Fehlschlüssen führen kann, ja sie geradezu herausfordert. *Hauptwörter* sind eben nicht die wichtigsten Wörter, man kann im Aktiv, der *Tatform*, auch sagen: *er schläft, er träumt* und sogar: *er leidet* usw. Durchsichtige Termini – das können außer durchschaubaren Wortbildungen z.B. auch sprechende Metaphern wie *starke/schwache Verben, Wurzel* usw. sein – haben also in der Sprachwissenschaft wie in anderen Disziplinen auch einen Nachteil.

Fehlleitende Motiviertheit

In der Linguistik hat man diesen um so mehr betont, als zu ihren Aufgaben auch die wissenschaftliche Untersuchung von Fachbegriffen und die wissenschaftlich begründete praktische Terminologiebildung gehören. Die Terminologiewissenschaft lehrt nun, dass Termini einen anderen Status haben als die Lexeme natürlicher Sprachen. Während ›normale Wörter‹ nämlich vieldeutig und vage sind, müssten Termini streng definiert und eindeutig sein. Sie bestehen ebenso wie die natürlichsprachlichen Lexeme aus einer Ausdrucksseite (man sagt dazu in der Terminologielehre oft *Benennung*, dies entspricht dem *signifiant*) und einer Inhaltsseite (hierfür wird *Begriff* verwendet, dies entspricht dem *signifié*). Die Zuordnung der beiden zueinander müsse jedoch in einem gewissermaßen rein arbiträren Akt festgelegt und dürfe nicht etwa je nach Kontext verändert werden. Deswegen bieten durchsichtige, an natürlich-sprachliche Lexeme angelehnte Termini auch Probleme, denn sie verführen dazu, die Ausdrücke nicht in ihrem definierten Sinn, sondern vage und vieldeutig zu verwenden, eben so wie ganz normale Wörter, und mit solchen lassen sich keine präzisen wissenschaftlichen Aussagen machen. Schlägt man z.B. in einem französischen Wörterbuch die Ausdrücke *langue, langage* und *parole* nach, so findet man auch eine Vielzahl von Lesarten, die mit den Saussure'schen Termini gerade nichts zu tun haben.

Terminus versus Wort

Folgt man diesem Konzept, so wäre es am besten, solche Benennungen zu wählen, die überhaupt nicht mehr an natürlichsprachliche

Textbeispiel 18: Aus dem Wörterbuch der bisher unbenannten Gegenstände und Gefühle

Bockheber, der
Jemand, der netterweise versucht, ein → Bockup mit Hilfe einer Serviette aus dem Gesicht eines anderen Menschen zu entfernen und dabei feststellt, daß es sich gar nicht um ein Bockup, sondern um eine Warze oder ähnliche unveränderliche Kennzeichen handelt, muß sich nachsagen lassen, einen Bockheber begangen zu haben. (s.a. → Zuckenriet)

Bockup, das
Kleiner, aber ekelhafter Essensrest, der einem Menschen auffällig an der Kleidung oder im Gesicht hängt. (s.a. → Zuckenriet)

Dobbeln (V.)
An Stellen, die man bereits gründlich durchwühlt hat, erneut nach einem verlorenen Gegenstand suchen.

Eisenzicken, die (Pl.)
Die hartgekochten, widerwärtigen Stücke, die man vom Geschirr kratzen muß, nachdem man es aus der Spülmaschine gezogen hat.

Emden (V.)
Andere Leute nicht zu Wort kommen lassen, indem man die beim eigenen Vortrag entstehenden Sprechpausen durch ständiges »Em«-Sagen ausfüllt.

Gasel, der
Jemand, der es fertigbringt, beide Armlehnen seines Kino- oder Flugzeugsitzes zu okkupieren.

Gesees, das
Jener Teil des eigenen Mantels, auf dem der Busnachbar unweigerlich Platz nimmt.

Hundsgrün, das
Jener Gelbgrünton, der eine behagliche Atmosphäre in Krankenhäusern, eine anregende Atmosphäre in Schulen und eine bedrohliche Atmosphäre in Polizeiwachen erzeugen soll.

Labenz, das
Ein allgemein bekannter Gegenstand oder eine vertraute Erfahrung, für den oder die bisher noch keine Bezeichnung existiert.

Mutlangen (V.)
Eine unfertige Arbeit abgeben oder einreichen und hoffen, daß es niemand merkt.

Prüm, das
Die zähe Pampe, die aus einer Glaskaffeekanne kleckert, nachdem sie drei Stunden auf der Warmhalteplatte einer Kaffeemaschine gestanden hat.

Quentel, das
So gut wie nichts; eine unbedeutende Nebensache, ein vernachlässigenswerter Betrag. Ein Quentel wird häufig definiert als die Preisdifferenz zwischen einer regulär erworbenen und einer im Duty-Free-Shop gekauften Flasche Gin.

quetzen (V.)
(Bei Comicfiguren:) Eine Vollbremsung hinlegen, sich umdrehen und in entgegengesetzter Richtung wieder davonwetzen.

Staubing, der
Einer der zahlreichen funktionsuntüchtigen Kugelschreiber in der Schreibschale.

Urft, der
Ein Schwelbrand im Aschenbecher.

Zuckenriet, das
Mit unfreiwilligen, nervösen Fingerbewegungen einhergehende Mischung aus Ekel und Verlegenheit, die ein Beobachter in der Nähe eines mit → Bockuppen dekorierten Menschen empfindet, den er leider nicht gut genug kennt, um ihm zu sagen, er solle das Zeug wegwischen. (s.a. → Bockheber)

signifiants erinnern, z.B. Zahlenkombinationen, unaussprechbare Buchstabenfolgen oder auch nichtsprachliche Elemente wie ⊇, ⇒ oder ⌊. Solche Lösungen werden auch tatsächlich gewählt – die nichtsprachlichen Zeichen sind z.B. charakteristisch für die Mathematik und Logik; die Buchstaben-Zahlen-Variante wird besonders im technischen Sektor benutzt. Auch in anderen Bereichen kann man auf Derartiges zurückgreifen, in der Linguistik geschieht dies sogar recht oft. Ausschließlich mit solchen Mitteln kann man allerdings keine Wissenschaft treiben; mindestens die (Anfangs-)Definitionen müssen in natürlicher Sprache formuliert werden, weil sie die Metasprache auch für alle Kunstsprachen ist. Dass die Vermittlung von wissenschaftlichen Aussagen, die ›Rückübersetzung‹ in die natürliche Sprache dabei sehr schwierig wird, versteht sich von selbst. Inwieweit das angestrebte Ziel, die Arbeit nur mit eindeutig definierten Termini, erreicht wird, dies ist von Disziplin zu Disziplin und Theorie zu Theorie verschieden, und wir wollen nur festhalten, dass die Genauigkeit und Eindeutigkeit (auch natur-)wissenschaftlicher Aussagen von Laien eher überschätzt wird. Was die griechisch-lateinischen Begriffskreationen aus der modernen Linguistik betrifft, so zeigt jeder Blick in Fachwörterbücher, dass es mit deren Eindeutigkeit längst nicht so weit her ist, wie es sich manche wünschen. Ihr großer Vorteil aber besteht darin, dass sie genau auf der Mitte zwischen völlig arbiträren Wortschöpfungen und motivierten Bildungen liegen. Von sich aus versteht man sie nicht, sie sind aber motivierbar, und das ist offenbar ein Vorzug, auf den auch Wissenschaftler kaum verzichten wollen.

25 Die Überlebenschancen von Wortkreationen

Wie wir bislang gesehen haben, ist es überhaupt kein Problem, neue Wörter zu schaffen, wenn man über ein elementares Inventar von Grundeinheiten verfügt und die Regeln für ihre Kombination beherrscht. Außerdem ist es in vielen Bereichen auch notwendig, neue Ausdrücke zu schaffen, sei es um neue Erfindungen und Ideen zu bezeichnen, sei es um sich durch eigene Ausdrücke von anderen abzugrenzen – dies ist z.B. eine Funktion vieler typisch jugendsprachlicher Ausdrücke. Wir können neue Ausdrücke auch noch aus anderen Gründen einführen, z.B. aus rein spielerischem Interesse oder zum Zweck der Propaganda, wenn man die Dinge etwa in ein bestimmtes Licht stellen oder sich von tradierten und mit anderen Ausdrücken transportierten Assoziationen zu befreien sucht. Die *political correctness* verlangt z.B., dass man (zumindest offiziell) nicht mehr von *Krüppeln, Irrenhäu-*

Gründe für
Wortkreationen

sern, *Negern* oder auch *Putzfrauen* und *Lehrlingen* spricht; es heißt jetzt z.B. *Behinderte, psychiatrische Kliniken, Farbige/Schwarze/Negride, Raumpflegerln, Auszubildende/Azubis* ... Allerdings bekommen euphemistische Ausdrücke für Dinge oder Sachverhalte, die gesellschaftlich negativ bewertet werden, schnell wieder neu einen negativen Beigeschmack und müssen dann wieder ersetzt werden (vgl. Textbeispiel 19).

Feste Syntagmen   Zusätzlich zu den Möglichkeiten der Wortbildung ist noch zu berücksichtigen, dass man als neue Bezeichnungen auch komplexe Ausdrücke, Syntagmen, verwenden kann, wie schon das Beispiel *psychiatrische Klinik* zeigt. Auch das in Kapitel 10 besprochene Textbeispiel 11 enthält viele solcher Syntagmen, z.B. der *Weiße Sonntag*, nicht aber z.B. der *weiße Ritter*. Und doch ist dies ein zurzeit häufig benutzter Ausdruck, der sehr regelmäßig in Texten über Fusionen von Wirtschaftsunternehmen gebraucht wird, und zwar, wenn es sich um Versuche einer *feindlichen Übernahme* handelt, ein weiteres Syntagma mit feststehender Bedeutung. Bei einer feindlichen Übernahme ›schluckt‹ ein Unternehmen ein anderes, und zwar gegen den Willen des Managements der übernommenen Firma. Als *weißen Ritter* bezeichnet man in diesem Zusammenhang ein drittes Unternehmen, das der angegriffenen Firma mit einem besseren Angebot zu Hilfe kommt.

Als *weißen Ritter* könnte man allerdings auch die Schachfigur bezeichnen, die aussieht wie ein Pferd und im Französischen tatsächlich *cavalier* heißt. Im Deutschen nennt man sie allerdings *Springer*. Noch schlimmer verhält es sich mit der Figur, die diagonal ziehen darf und im Deutschen als *Läufer* bezeichnet wird. Im Englischen heißt sie *bishop*, im Französischen denkt man bei der Figur mit der größten Nähe zum Herrscherpaar dagegen anscheinend an den Hofnarren, sie heißt *le fou*. Bei den Ausdrücken *weißer Springer* oder *weißer Läufer* handelt es sich allerdings nicht um Syntagmen mit einer spezialisierten Bedeutung, vielmehr wird das Adjektiv für die beiden Spielfarben des Schach (schwarz und weiß) nach regulären syntaktischen Prozessen mit den Substantiven verknüpft. Entsprechend könnte man die Bedeutung von *weißer Ritter* in einem Wörterbuch nachschlagen (wollen), während man *weißer Springer/Läufer/Turm* usw. dort wohl kaum suchen würde.

Die Notwendigkeit der Erlernung konventionalisierter Lexeme   Die angeführten Beispiele sollen verdeutlichen, dass uns die reichen Möglichkeiten, neue Ausdrücke zu erfinden oder Dinge zu umschreiben, für die wir das geläufige Wort nicht kennen, nicht der Notwendigkeit entheben, sehr viele überlieferte oder von anderen geschaffene Ausdrücke einfach zu lernen und auch immer neue dazuzulernen. Insofern erschöpft sich die Beherrschung einer Sprache keineswegs darin, ihre elementaren Bausteine und sämtliche Verknüpfungsregeln zu kennen. Wer nur dies kann, befindet sich ungefähr in der Situation eines Menschen, der weiß, dass zum Schachspiel 16 weiße und 16 schwarze Figuren gehören, die auf dem Schachbrett nach bestimmten Regeln

Textbeispiel 19: Alles korrekt

Seit es keine Zigeuner, Juden, Krüppel und Negerküsse mehr gibt, sondern nur noch Sinti und Roma, jüdische Mitbürger, Behinderte und Dickmanns, ist die deutsche Sprache ungeheuer korrekt und das deutsche Denken ungeheuer kompliziert geworden. So hat beispielsweise ein Grafiker auf dem Blockrand der Heinrich-Heine-Briefmarken die Lebensdaten des Dichters nicht mit den christlichen Symbolen versehen wollen – politisch korrekt gedacht –, weil Heine jüdischer Herkunft war. Dummerweise nahm er statt dessen altgermanische Runen, wie sie heute fast nur noch Rechtsextremisten verwenden. Das hat die politisch unkorrekte Folge, daß die Marken nun im Wert steigen, weil sie – politisch korrekt – aus dem Verkauf genommen werden.

Noch doller treibt es die Polizei: Eine Arbeitsgruppe der Innenministerkonferenz hat sich kürzlich darauf verständigt, das Vokabular bei Personenbeschreibungen dem korrekten Zeitgeist anzupassen. Begriffe wie »negroid« oder »orientalisch« sollen nicht mehr verwendet werden, da sie die Gemeinten diskriminieren; statt dessen soll das neutrale »afrikanisch« zum Einsatz kommen, egal, ob es sich um einen hellhäutigen Tunesier oder einen tiefschwarzen Ruander handelt. Sogar so harmlose Zuordnungen wie »slawisch« und »südländisch« dürfen nicht mehr verwendet werden. Und bei Frauen soll die Unterscheidung zwischen »vollbusig« und »flachbrüstig« unterbleiben.

Die neuen Regeln machen vor allem die Fahndung nach Tatverdächtigen viel einfacher. An Stelle von irritierenden Details und diskriminierenden Merkmalen wird nur noch vom Wesentlichen die Rede sein: »Gesucht wird eine Frau« beziehungsweise »ein Mann«. Basta. Denn selbst eine Altersangabe oder die Charakterisierung »korpulent« oder »mager« könnten mißverstanden werden.

Da fehlt zur völligen Korrektheit eigentlich nur noch ein Schritt: Da jedermann bis zum gerichtlichen Beweis des Gegenteils als unschuldig zu gelten hat, müßte konsequenterweise die Fahndung ganz eingestellt werden. Schließlich wollen wir ja keine potentiell Unschuldigen diskriminieren.

bewegt werden dürfen, und dass das Ziel des Spiels darin besteht, den Gegner matt zu setzen. Gegenüber den Regeln der Sprache sind die Schachregeln sehr einfach, man kann sie in einer Stunde, maximal einem Tag lernen. Beherrscht man die Regeln, so kann man zwar dahin kommen, nur regelkonforme Züge zu machen, aber damit gegen einen wirklichen Schachspieler gewinnen zu wollen, das wäre aussichtslos. Dieser zeichnet sich nicht dadurch aus, dass er die Regeln besonders gut beherrscht, und sein wesentlicher Vorteil besteht auch nicht darin, dass er besonders gut mögliche Zugfolgen vorausberechnen kann. Vielmehr weiß er sehr viel darüber, was Schachspieler mit den Möglichkeiten schon gemacht haben, d.h. er (er-)kennt viele schon erprobte Zugfolgen (wieder) und kann deren taktischen Wert abschätzen. Er ist um so besser, je mehr Partien er gespielt, nachgespielt und sich eingeprägt hat, und kommt – wie die Sprecher einer Sprache – nie an ein Ende dieses fortgesetzten Lernprozesses, da unendlich viele Spiele gespielt und neue Varianten erprobt werden, bis hin zu solchen, bei denen gewisse Grundregeln abgeändert werden.

Tradierte und nicht-tradierte Kreationen

Auch für eine perfekte Sprachbeherrschung müssten wir eine vollständige Kenntnis dessen haben, was die Sprachteilhaber in der Geschichte ihrer Sprache mit und aus dem Ausgangsmaterial, den elementaren Zeichen und den Kombinationsregeln, gemacht haben, wie sie das Spiel gespielt, die Sprache gesprochen haben. Denn nicht alle Folgen regelkonformer Sätze führen zu einem guten und erfolgreichen Spiel. Daher greifen Sprecher auch vielfach auf Erprobtes, einmal gefundene ›Lösungen‹, zurück und konstruieren komplexe Wörter, Sätze und Texte nicht samt und sonders jeweils neu. Man kann gar nicht anders, als an Früheres anzuschließen, ein Tatbestand, der mitunter als überaus schmerzlich empfunden wird (vgl. Textbeispiel 20): »Wenn wir den Mund aufmachen, reden immer zehntausend Tote mit.«[17] Der Rückgriff auf Erprobtes gilt also sowohl für Lösungen der Aufgabe, bestimmte Phänomene zu bezeichnen, als auch für die Bearbeitung komplexerer Aufgaben wie der, Sätze zu bilden oder ganze Texte zu schreiben und Gespräche zu führen. Die einmal gefundenen Lösungen, die auf dem Grundinventar und den Regeln aufbauen, sind nicht arbiträr im Sinne Saussures, d.h. sie sind nicht völlig willkürlich, sondern können schon begründet und einsichtig gemacht werden. Die erprobten Varianten sind aber – wie beim Schachspiel – großenteils konventionell, d.h. denkbar wären auch andere (gewesen), und in vielen Fällen hat man auch die Wahl zwischen verschiedenen überlieferten oder sogar gänzlich neuen. Einige Lösungen haben sich vollständig durchgesetzt, d.h. sie sind allen Muttersprachlern geläufig, andere wurden nur teilweise übernommen, z.B. von bestimmten Gruppen oder in bestimmten Gegenden, und wieder andere – ebenfalls sehr viele! – werden überhaupt nicht von anderen Sprechern aufgegriffen und bleiben singulär. In der Philologie gibt es übrigens für Wörter, die nur einmal in einem Text überliefert – und daher in ihrer Bedeutung schwer bestimmbar – sind, einen Fachterminus: *hapax legomenon* (›nur einmal Gesagtes‹). In der Linguistik wurde dieser Terminus übernommen und in seiner Bedeutung erweitert. Man kann damit auch auf unikale Morpheme referieren, die im Englischen auch *cranberry-morph* heißen, auf Morpheme also, die nur in einem Lexem vorkommen, deren Bedeutung (ebenso wie in *Him-* und *Brom-Beere*) aber dennoch völlig klar ist. Auch durchsichtige und semantisch mehr oder weniger eindeutige, aber nur einmal belegte komplexe Ausdrücke können dementsprechend als *hapax legomena* bezeichnet werden. Für lebende Sprachen ist es im Grunde nicht möglich, *hapax legomena* zu finden, weil ja niemand gehindert wird, den Ausdruck wiederzuverwenden oder ihn neu zu kreieren. Das Kraus'sche *Unterernährungsamt* wäre allerdings z.B. ein guter Kandidat.

Textbeispiel 20: Die Sprache der stummen Dinge

Dies ist der Brief, den Philipp Lord Chandos, jüngerer Sohn des Earl of Bath, an Francis Bacon, später Lord Verulam und Viscount St. Albans, schrieb, um sich bei diesem Freunde wegen des gänzlichen Verzichtes auf literarische Betätigung zu entschuldigen.

Es ist gütig von Ihnen, mein hochverehrter Freund, mein zweijähriges Stillschweigen zu übersehen und so an mich zu schreiben. [...] Ich weiß nicht, ob ich mehr die Eindringlichkeit ihres Wohlwollens oder die unglaubliche Schärfe Ihres Gedächtnisses bewundern soll, wenn Sie mir die verschiedenen kleinen Pläne wieder hervorrufen, mit denen ich mich in den gemeinsamen Tagen schöner Begeisterung trug. Wirklich, ich wollte die ersten Regierungsjahre unseres verstorbenen glorreichen Souveräns, des achten Heinrich, darstellen! [...] Ich wollte die Fabeln und mythischen Erzählungen, welche die Alten uns hinterlassen haben, und an denen die Maler und Bildhauer ein endloses und gedankenloses Gefallen finden, aufschließen als die Hieroglyphen einer geheimen, unerschöpflichen Weisheit, deren Anhauch ich manchmal, wie hinter einem Schleier, zu spüren meinte. [...] Ich wollte. Ich wollte noch vielerlei. Ich gedachte eine Sammlung ›Apophthegmata‹ anzulegen, wie deren eine Julius Cäsar verfaßt hat: Sie erinnern die Erwähnung in einem Briefe des Cicero. Hier gedachte ich die merkwürdigsten Aussprüche nebeneinanderzusetzen, welche mir im Verkehr mit den gelehrten Männern und den geistreichen Frauen unserer Zeit oder mit besonderen Leuten aus dem Volk oder mit gebildeten und ausgezeichneten Personen auf meinen Reisen zu sammeln gelungen wäre; damit wollte ich schöne Sentenzen und Reflexionen aus den Werken der Alten und der Italiener vereinigen, und was mir sonst an geistigen Zieraten in Büchern, Handschriften oder Gesprächen entgegenträte. [...]

Mein Fall ist, in Kürze, dieser: Es ist mir völlig die Fähigkeit abhanden gekommen, über irgend etwas zusammenhängend zu denken oder zu sprechen.

Zuerst wurde es mir allmählich unmöglich, ein höheres oder allgemeineres Thema zu besprechen und dabei jene Worte in den Mund zu nehmen, deren sich doch alle Menschen ohne Bedenken geläufig zu bedienen pflegen. Ich empfand ein unerklärliches Unbehagen, die Worte »Geist«, »Seele« oder »Körper« nur auszusprechen. Ich fand es innerlich unmöglich, über die Angelegenheiten des Hofes, die Vorkommnisse im Parlament, oder was Sie sonst wollen, ein Urteil herauszubringen. Und dies nicht etwa aus Rücksichten irgendwelcher Art, denn Sie kennen meinen bis zur Leichtfertigkeit gehenden Freimut: sondern die abstrakten Worte, deren sich doch die Zunge naturgemäß bedienen muß, um irgendwelches Urteil an den Tag zu geben, zerfielen mir im Munde wie modrige Pilze. [...]

Allmählich aber breitete sich diese Anfechtung aus wie ein um sich fressender Rost. Es wurden mir auch im familiären und hausbackenen Gespräch alle die Urteile, die leichthin und mit schlafwandelnder Sicherheit abgegeben zu werden pflegen, so bedenklich, daß ich aufhören mußte, an solchen Gesprächen irgend teilzunehmen. Mit einem unerklärlichen Zorn, den ich nur mit Mühe notdürftig verbarg, erfüllte es mich, dergleichen zu hören, wie: diese Sache ist für den oder jenen gut oder schlecht ausgegangen; Sheriff N. ist ein böser, Prediger T. ein guter Mensch; [...] eine Familie kommt in die Höhe, eine andere ist im Hinabsinken. Dies alles erschien mir so unbeweisbar, so lügenhaft, so löcherig wie nur möglich. Mein Geist zwang mich, alle Dinge, die in einem solchen Gespräch vorkamen, in einer unheimlichen Nähe zu sehen: so wie ich einmal in einem Vergrößerungsglas ein Stück von der Haut meines kleinen Fingers gesehen hatte, das einem Blachfeld mit Furchen und Höhlen glich, so ging es mir nun mit den Menschen und ihren Handlungen. Es gelang mir nicht mehr, sie mit dem vereinfachenden Blick der Gewohnheit zu erfassen. Es zerfiel mir alles in Teile, die Teile wieder in Teile, und nichts mehr ließ sich mit einem Begriff umspannen. Die einzelnen Worte schwammen um mich; sie gerannen zu Augen, die mich anstarrten und in die ich wieder hineinstarren muß: Wirbel sind sie, in die hinabzusehen mich schwindelt, die sich unaufhaltsam drehen und durch die hindurch man ins Leere kommt. [...]

Sie waren so gütig, Ihre Unzufriedenheit darüber zu äußern, daß kein von mir verfaßtes Buch mehr zu Ihnen kommt, »Sie für das Entbehren meines Umganges zu entschädigen«. Ich fühlte in diesem Augenblick mit einer Bestimmtheit, die nicht ganz ohne ein schmerzliches Beigefühl war, daß ich auch im kommenden und im folgenden und in allen Jahren dieses meines Lebens kein englisches und kein lateinisches Buch schreiben werde: und dies aus dem einen Grund, dessen mir peinliche Seltsamkeit mit ungeblendetem Blick dem vor Ihnen harmonisch ausgebreiteten Reiche der geistigen und leiblichen Erscheinungen an seiner Stelle einzuordnen ich Ihrer unendlichen geistigen Überlegenheit überlasse: nämlich weil die Sprache, in welcher nicht nur zu schreiben, sondern auch zu denken mir vielleicht gegeben wäre, weder die lateinische noch die englische noch die italienische und spanische ist, sondern eine Sprache, von deren Worten mir auch nicht eines bekannt ist, eine Sprache, in welcher die stummen Dinge zu mir sprechen, und in welcher ich vielleicht einst im Grabe vor einem unbekannten Richter mich verantworten werde.

Kein Wörterbuch kann vollständig sein

Was nun die Aufnahme von Wortkreationen in Wörterbücher angeht, so haben Lexikografen auf jeden Fall die Aufgabe, die konventionalisierten Ausdrücke aufzubereiten, die sich allgemein durchgesetzt haben. Je nachdem, wie weit sie auch nur teilweise verbreitete, nicht in den dauerhaften Bestand der Sprache eingegangene oder gar singuläre Ausdrücke und Bedeutungsvarianten berücksichtigen, haben sie einen sehr unterschiedlichen Umfang, ohne dass je ein Wörterbuch vollständig werden könnte.

Welche Ausdrücke soll man im Wörterbuch verzeichnen?

Welche Chance hat nun ein Wort, in eines der verschiedenen Wörterbücher aufgenommen zu werden, welche Ausdrücke ›müssen‹ verzeichnet werden, welche sollte ein ›Universalwörterbuch‹ mit etwa 200.000 Einträgen aufführen, welche Wörter und Wortverbindungen kann man auch weglassen? Es versteht sich, dass es in vielen Fällen auf diese Fragen, die sich die Lexikografen ständig stellen müssen, keine eindeutige Antwort gibt und es beim Verfassen von Wörterbüchern sehr oft um Ermessensfragen geht (weswegen sich Wörterbücher auch so leicht kritisieren lassen).

Das Kriterium der Unanalysierbarkeit: Simplizia

Führen wir uns zunächst die Kriterien vor Augen, die bei der Entscheidung eine Rolle spielen. Zunächst sollte ein allgemeines Wörterbuch natürlich den Grundbestand der Lexeme einer Sprache erfassen, d.h. die gänzlich arbiträren *signifiant-signifé*-Kombinationen, die man aus nichts herleiten kann und von denen auch seit langer Zeit fast keine neuen Lexeme mehr gebildet werden. Das sind also Simplizia wie *Arm, Fuß, heben, gehen, schnell, frei, gern, heute* usw. Freilich muss auch ein allgemeines großes Wörterbuch nicht unbedingt alle Simplizia verzeichnen.

Als zusätzliches Kriterium ist besonders wichtig die Vorkommenshäufigkeit/Frequenz. Die Frequenz kann man nur durch die Analyse von Texten ermitteln, so dass sich die Frage stellt, welche Textauswahl man dabei zugrundelegen soll. Simplizia, die nach diesem Kriterium auch aus einem relativ großen Wörterbuch ausgeschieden werden können, sind nur solche aus früheren Sprachstufen, also Wörter, die untergegangen sind oder in der Gegenwartssprache kaum noch vorkommen. Dazu gehören auch viele Ableitungen, die man als solche heute überhaupt nicht durchschaut oder die nur in komplexen Wörtern, Wendungen, zum Teil auch als Wortbildungsmorpheme überlebt haben. Untergegangen sind z.B. *schaft* ›Geschöpf, Beschaffenheit‹, das nur noch als Suffix -*schaft* existiert, *meil* ›Fleck, Sünde, Schande‹, das mit *Mal* ›Fleck, Markierung‹ zusammengefallen ist (*Schandmal*), und *vërch*, als Substantiv ›Leib und Leben‹, als Adjektiv ›tödlich‹. *Hehl* zu *hüllen* ›verbergen‹ kommt nur noch in *kein(en) Hehl aus etwas machen* vor, *hehlen* in der Bedeutung ›mit Diebesgut handeln‹ ist veraltet, in der Bedeutung ›geheimhalten, verstecken‹ ist es noch veralteter, während *Hehler, Hehlerei* und *jemandem etwas verhehlen* geläufig sind. *lêr* ›Modell, Richtmaß‹, das zu *lehren* gehört, gibt es als *das Lehr* (Nebenform zu *die Lehre*) ›Gerät zur Überprüfung von Maßen‹ nur noch im Fachwortschatz der Technik.

Die bisher genannten Beispiele für ungebräuchlich gewordene Wörter stammen aus der mittelhochdeutschen Periode (etwa 11. bis 14. Jahrhundert), und Texte aus dieser Zeit, in der es übrigens noch keine überregionale Standardsprache gab, sind für heutige Sprecher insgesamt unverständlich. Man muss Mittelhochdeutsch fast ebenso lernen wie eine Fremdsprache; auf jeden Fall ist es nicht einfacher, als einen (anderen) Dialekt der eigenen Sprache zu lernen. Wörter können aber auch in kürzeren Zeiträumen verloren gehen, selbst wenn sie aus einer insgesamt noch fast vollständig verständlichen Sprachstufe stammen. Auch die Ausbildung einer Standardsprache und ihre Kodifizierung in Wörterbüchern verhindern nicht, dass Wörter wieder verschwinden. Für Ausdrücke, die im Deutschen in Wörterbüchern des 18. Jahrhunderts verzeichnet waren, aber heute in der Standardsprache nicht mehr vorkommen, haben wir sogar ein eigenes Wörterbuch.[18] Dort finden wir einerseits Ausdrücke, die heute gänzlich unverständlich oder nur noch für Sprecher bestimmter Mundarten geläufig sind – sie klingen ähnlich wie die Einträge aus dem Wörterbuch ›absolut sinnloser Wortklumpen‹. Es finden sich dort aber auch Ausdrücke, die gut verständlich, aber (in dieser Bedeutung in der Standardsprache) nicht mehr üblich sind: *Angel* (›Stachel‹), *bidmen* (›beben‹), *Docke* (›Puppe‹), *Frohheit, Gegitter* (›Gitter‹), *gilblich* (›gelblich‹), *glum* (›trübe‹), *Kleine*

Das Kriterium der Frequenz

Untergegangene Wörter

(›Kleinheit‹), *Lenzmonat* (›März‹), *Liberey* (›Bibliothek‹), *Mage* (›Verwandter‹), *Plotz* (›Schlag, Fall, Knall‹, dazu *plötzlich, Platzregen*), *resten* (›übrig bleiben‹), *ringern* (›verringern‹), *schuldigen* (›beschuldigen‹), *strack* (›gerade‹, vgl. aber *schnurstracks*), *Unfreund, Verlassenschaft* (›Nachlass‹).

Das Kriterium der Durchschaubarkeit

Ein Grund dafür, dass Wörter untergehen, liegt darin, dass sie etymologisch isoliert werden, z.B. auf Grund von Lautveränderungen nicht mehr in Zusammenhang mit anderen Ausdrücken gebracht werden können. Dies führt uns auf das dritte wichtige Kriterium für die Aufnahme von Ausdrücken ins Wörterbuch, nämlich ihre Durchschaubarkeit. Undurchschaubare Ausdrücke müssen im Wörterbuch verzeichnet werden – so lange sie trotz ihrer zunehmenden Undurchschaubarkeit noch gebraucht werden. Hier ist also die Frequenz ausschlaggebend. Umgekehrt müssen völlig durchschaubare Ableitungen und Komposita nur dann aufgenommen werden, wenn sie sehr frequent sind oder in spezialisierter Bedeutung in komplexen Ausdrücken verwendet werden wie z.B. *Kindchen* (*Kindchenschema*), *Kindesbeine* (*von Kindesbeinen an*) oder *Kinderschuh* (*noch in den Kinderschuhen stecken*).

Grade der Lexikalisierung

Nicht mehr voll durchschaubare komplexe Wörter, deren Bedeutung sich nicht von selbst ergibt und deswegen im Wörterbuch verzeichnet werden muss, bezeichnet man als lexikalisiert. Man nimmt an, dass sie bei der Sprachproduktion nicht neu gebildet bzw. bei der Sprachrezeption nicht neu analysiert, sondern als globale Einheiten aus dem psychisch gespeicherten Lexikon ›abgerufen‹ werden. Damit haben wir zwei Lesarten von *Lexikon* vor uns: das gedruckte Wörterbuch und eine letzen Endes individuell kognitiv gespeicherte Wortliste. Man möchte natürlich annehmen, dass das gedruckte Wörterbuch das psychisch gespeicherte abbildet. Bei konkreten Textanalysen, die der Frage nachgehen, wie wortkreativ der Schreiber ist und welche Ausdrücke er selbst gebildet hat, ist man auch praktisch oft zu einer solchen Gleichsetzung gezwungen. Als Kriterium für Lexikalisierung wird dann die Frage gewählt, ob der Ausdruck im Wörterbuch steht oder nicht. Der Vorteil dieses Kriteriums ist, dass es zu eindeutigen Resultaten führt, wenn man festlegt, welches Wörterbuch die Bezugsgröße sein soll. Theoretisch ist dieses Kriterium dagegen natürlich nicht sehr befriedigend, weil man damit die ganze Last der Entscheidungen den Lexikografen aufbürdet, die sicher auch nicht unfehlbar sind. Vor allem können sie aber den aktuellen Sprachgebrauch immer erst mit Verzögerung dokumentieren und haben außerdem im Allgemeinen die Aufgabe, das Lexikon der Sprachgemeinschaft und nicht das von Individuen zu erfassen.

Ad-hoc-Bildungen

Wir kommen damit zu dem Ergebnis, dass die Lexikalisierung als eine graduelle Erscheinung aufzufassen ist: Ausdrücke können mehr oder weniger geläufig bzw. durchschaubar sein, und die Durchschaubarkeit variiert gruppen- und individuenspezifisch. Nahezu völlig undurchschaubare, aber dennoch sehr gebräuchlichen Bezeichnungen wie *Eltern, enfant* bilden den einen Extrempol. Durchschaubare komplexe Wörter, deren Bedeutung sich aufgefächert, spezialisiert oder sonst irgendwie verändert hat (*Kindskopf, kindsköpfig*), stehen auf der Mitte zwischen arbiträren und voll motivierten Bildungen. Den Extrempol der in einem Parole-Akt völlig regulär neu geschaffenen Ausdrücke bezeichnet man mit dem Ausdruck Ad-hoc-Bildungen. Dazu können wir z.B. den von dem *(Talk-)Show-Menschen* Harald Schmidt benutzten Ausdruck *Bimbesgate* für den Finanzskandal der CDU (1999/2000) rechnen, für dessen Entschlüsselung man viel Wissen über die Situation und/oder vorangegangene Texte braucht. *Bimbes*, ein pfälzisches Dialektwort, das im Winter 1999/2000 immer wieder in den Medien gebraucht wurde, ist Helmut Kohls angeblicher Lieblingsausdruck für ›Geld‹; *-gate* wird in *Bimbesgate* in Anlehnung an den amerikanischen *Water-gate*-Skandal gebraucht.

Schließlich spielt noch ein viertes Kriterium für die Chance eines Ausdrucks, ins Lexikon aufgenommen zu werden, eine Rolle, die Frage nämlich, wie verbindlich der Ausdruck ist. Eine besondere Verbindlichkeit (in bestimmten Kontexten) bekommen Ausdrücke dadurch, dass sie in einem expliziten Benennungsakt auch für die weitere Kommunikation festgelegt und dabei möglicherweise auch klar definiert werden. Dies gilt einerseits, wie am Beispiel der Fachsprache gezeigt, für wissenschaftliche Termini, deren Spezialwortschätze allerdings nur einem sehr kleinen Teil der Sprachgemeinschaft bekannt sind und die auch nur in geringer Auswahl (und in der Regel nicht mit der exakten Definition) in allgemeine Wörterbücher aufgenommen werden. Was sich schnell verbreitet, geläufig wird und auch möglichst rasch in gedruckte Wörterbücher aufgenommen wird, sind dagegen offiziell, nämlich von staatlicher Seite, eingeführte Bezeichnungen für Gegenstände und Sachverhalte, mit denen der Normalbürger oft konfrontiert ist: *Grundschule, Hauptschule, Gesamtschule, Kantonsschule, Fachhochschule, Abendschule.* Auch die völlig durchschaubaren Bildungen *Kindesmutter, Kindesvater, Kindesaussetzung, Kindestötung* sind in größeren Wörterbüchern verzeichnet, weil es die juristisch gültigen sind. Werden nun z.B. bestimmte Institutionen abgeschafft oder durch andere (mit neuer Bezeichnung) ersetzt, dann haben die alten Ausdrücke nur noch historische Bedeutung und können mehr oder weniger schnell ganz aus dem Sprachbewusstsein der meisten Sprecher verschwinden. Der Beitritt der DDR zur Bundesrepublik bietet für dieses Phänomen viele Beispiele, zeigt aber auch, dass man – aus den verschiedensten Gründen – an alten Bezeichnungen festhalten kann, auch wenn es für sie eigentlich keine Grundlage mehr gibt. So haben viele westdeutsche Sprecher nach der Staatsgründung der DDR und auch nach der offiziellen Anerkennung dieses Staates durch die BRD an der Bezeichnung

Das Kriterium der Verbindlichkeit

(Ost-)Zone festgehalten, und sogar nach der Vereinigung kursiert offenbar noch, oder als Ausdruck der ›Mauer in den Köpfen‹ sogar verstärkt, das Wort *Zonis* für die Bewohner der neuen Länder.

26 Wortbildung zwischen Lexikon und Grammatik

Produktive
Wortbildungs-
schemata

Bislang haben wir die Notwendigkeit, in der *parole* nicht nur vorhandene Wörter wiederzuverwenden, sondern auch immer neue bilden zu können, hauptsächlich damit begründet, dass in einer lebendigen Sprache die Möglichkeit bestehen muss, neue Referenten zu benennen oder aber alte Referenten umzubenennen, wenn irgendwelche Gründe dafür vorliegen. Wenn wir Sprache produktiv verwenden, d.h. Äußerungen produzieren, dann geht es allerdings in den selteneren Fällen um Neubenennung oder Umbenennung. Für die meisten Anlässe zumindest des alltäglichen Sprechens reicht das in unserer Sprache überlieferte Wortmaterial völlig aus. Dennoch verwenden wir sehr häufig Wörter, die nicht im Wörterbuch stehen, d.h. wir bilden *ad hoc* neue – ohne im mindesten die Absicht zu haben, sie anderen Sprechern als nützliche Neubildungen zur Übernahme ›vorzuschlagen‹. Dabei benutzen wir Strukturschemata der Wortbildung, die so geläufig und regulär sind, dass jeder Hörer die dadurch entstehenden Wörter unmittelbar auflösen und als nur kontextuell relevante Bildungen erkennen kann. In diesem Fall sprechen wir von produktiven Wortbildungsschemata, die in etwa syntaktischen Regeln gleichen, nach denen wir ja auch in ein bestimmtes Satzschema je nach Aussageabsicht die verschiedensten lexikalischen Elemente einsetzen. Ein besonders produktives Wortbildungsschema ist etwa ›Substantiv + *-chen*‹, mit dem man Diminutiva bildet.

Im Bereich der Wortbildung treffen sich also die beiden grundlegenden Komponenten, auf die wir zurückgreifen, wenn wir Sprache gebrauchen, nämlich einerseits die überlieferten und als Ganze gelernten und gespeicherten lexikalischen Einheiten und andererseits die Regeln, nach denen diese Einheiten kombiniert werden können. Die Wortbildung steht daher auf der Grenze zwischen Lexikon und Grammatik bzw. Syntax. Sie ist außerdem der Bereich, in dem Synchronie und Diachronie am stärksten ineinandergreifen bzw. am wenigsten gut getrennt werden können. Denn es können eben völlig regulär gebildete und durchschaubare Bildungen dennoch – etwa aufgrund häufigen Gebrauchs – als feste Einheiten gespeichert, tradiert und ins Wörterbuch aufgenommen werden. Die Grenzen zwischen Lexikalisierung und regulärer Ableitung sind fließend, und wir wissen tatsächlich wenig darüber, welche komplexen Einheiten bei der individuellen Sprachproduktion und -rezeption ›aus dem Wortspeicher abgerufen‹ und welche jeweils neu entsprechend den Regeln abgeleitet bzw. analysiert werden. Wir können allerdings sicher sein, dass die Auswahl, die in irgendeinem der üblichen Wörterbücher getroffen wird, uns darüber keinen Aufschluss gibt.

Der Vergleich von Wörterbüchern verschiedener Sprachen zeigt uns aber immerhin, dass die Wortbildung u.a. in der deutschen Sprache als breiter Übergangsbereich zwischen Lexikon und Grammatik angesehen werden muss. Viele andere europäische Sprachen greifen demgegenüber viel stärker auf freiere, mit syntaktischen Mitteln gebildete Elementkombinationen zurück – und hier ist der Lexikograf dann auch viel weniger versucht, sie als eigenständige Einträge ins Wörterbuch aufzunehmen. Tatsächlich enthält das große einbändige Wörterbuch der deutschen Sprache (*Duden Universalwörterbuch*) mit seinen 120.000 Stichwörtern denn auch mehr als doppelt so viele Einträge wie der für das Französische etwa vergleichbare *Petit Robert* (59.000 Stichwörter).

Die besondere Bedeutung der Wortbildung in der deutschen Sprache

Besonders auffällig ist die hohe Wortkreationspotenz des Deutschen natürlich für die in dieser Sprache nahezu unbegrenzte Möglichkeit der Wortzusammensetzung, der Komposition, die im Textbeispiel 21 parodistisch auf die Spitze getrieben wird. Komposita stellen die Lexikografen vor das größte Problem. Es ist nämlich wirklich nicht einfach zu entscheiden, welche durchschaubaren Komposita hinreichend gängig sind, um ihre Aufnahme ins Wörterbuch zu rechtfertigen. Im *Duden Universalwörterbuch* sind z.B. mehr als 120 Komposita mit dem Bestimmungswort *Leben-* verzeichnet, darunter auch viele, die so durchsichtig sind, dass die Erläuterung nichts anderes als eine syntaktische Auflösung des Kompositums darstellt: *Lebensauffassung* (›Auffassung vom Leben‹); ebenso: *Lebensbedingungen, Lebensbejahung* (›lebensbejahende Einstellung‹), *Lebensende, lebensfähig, Lebensfähigkeit, Lebensferne* (›Eigenschaft, lebensfern zu sein‹), *Lebensgefährtin* (w. Form zu *Lebensgefährte*), *Lebensgeschichte, Lebensjahr, Lebenssinn, Lebensversicherungsgesellschaft* (›auf Lebensversicherungen spezialisierte Versicherungsgesellschaft‹). Auf diese Einträge könnte man wohl verzichten; wie ist es aber mit *Lebensarbeit, Lebensbahn, lebensecht, Lebenserinnerungen, Lebensgemeinschaft, Lebensgröße* ...?

Komposita

Das Problem mit den deutschen Wortbildungen ist (für den Fremdsprachler) also nicht, dass es so reiche Möglichkeiten gibt und nicht einmal – wie häufig angenommen –, dass manche deutschen Wörter so lang sind, »daß man sie nur aus der Ferne ganz sehen kann«;[19] vielmehr besteht das Problem darin, dass man nicht wissen kann, ob ein bestimmter durchsichtiger Ausdruck der einzige oder geläufigste für ein bestimmtes Phänomen ist, ob bestimmte Ableitungen, auch wenn sie regulär gebildet sind, dennoch unüblich sind (*Umfassenheit, Frohheit,*

Textbeispiel 21: Deutsch von außen gesehen

Deutschstunde

Die deutsche Sprache ist relativ einfach. Wer Lateinisch kann, ist es gewohnt zu deklinieren und lernt sie ohne große Schwierigkeiten ... Das sagen die Deutschlehrer in der ersten Stunde. Dann fängt man an die *der, die, das, den* ... zu lernen und sie sagen, dass alles ganz logisch ist. Es ist also einfach: Um sich das klar zu machen, werden wir einen Fall etwas näher betrachten.

Zunächst kauft man ein Deutschbuch. Es ist ein wunderschönes Buch mit Leineneinband, in Dortmund erschienen, und es erzählt die Bräuche und Gewohnheiten der Hottentotten. Das Buch erzählt, dass die Beutelratten gefangen werden und in Käfigen (*Kottern*) aus Holzlatten gehalten werden (*Lattengitter*), um sie vor Unwetter zu schützen. Diese Käfige heißen auf deutsch *Lattengitterkotter* und wenn sie eine Beutelratte enthalten, heißt das Ganze *Beutelrattenlattengitterkotter*. Eines Tages verhafteten die Hottentoten einen Attentäter, der angeklagt war, eine Hottentottenmutter getötet zu haben. Es war die Mutter eines dummen und stotternden Jungen (*Stottertrottel*). Diese Mutter heißt auf Deutsch *Hottentottenstottertrottelmutter* und ihr Mörder *Hottentottenstottertrottelmutterattentäter*. Die Polizei fängt den Attentäter und steckt ihn vorläufig in einen der Käfige für die Beutelratten (*Beutelrattenlattengitterkotter*), aber der Gefangene entflieht. Sofort beginnt die Suche und plötzlich kommt ein Hottentottensoldat und schreit:
– »Ich habe den Attentäter gefangen.«
– »Ja, welchen?«, fragt der Vorgesetzte.
– »Den Beutelrattenlattengitterkotterattentäter«, antwortet der Soldat.
– »Wie? Den Attentäter, der in einem Beutelrattenkäfig gefangen ist?« fragt der Chef der Hottentotten.
– »Es ist der Hottentottenstottertrottelmutterattentäter.«
– »Aber ja«, antwortet der Hottentottenchef, »du hättest gleich sagen können, dass du den Beutelrattenlattengitterkotterhottentottenstottertrottelmutterattentäter gefangen hast.«

Wie man sieht, ist Deutsch eine einfache Sprache. Man muss sich nur dafür interessieren.

opalich, unschnell ...) und schließlich – vor allem –, ob ein durchsichtiges Wort auch wirklich keine semantische Spezialisierung oder einen Signalwert angenommen hat (vgl. *Lebensader* – laut *Universalwörterbuch* ›lebenswichtige Zufahrtsstraße‹, *lebenslänglich* im Gegensatz *lebenslang* oder das früher erwähnte Kompositum *Kindesmutter*).

Abschließend sollten wir festhalten: Wegen der reichen Wortbildungsmöglichkeiten, die zusätzlich zu syntaktischen Fügungen bestehen, haben im Deutschen mehr Ausdrücke eine Chance, lexikalisiert zu werden als z.B. im Französischen. Für alle Sprachen gilt: Wenngleich man Kriterien benennen kann, nach denen neu geschaffene Ausdrücke von anderen Sprechern übernommen und schließlich auch ins

Wörterbuch aufgenommen werden, und umgekehrt Gründe dafür anführen kann, warum einmal geläufige Ausdrücke aus dem Sprachgebrauch und schließlich auch aus dem Wörterbuch wieder verschwinden, so sind solche Veränderungen doch weder ›logisch‹ erklärbar, noch sind sie sicher vorhersehbar. Der Gebrauch, den Sprecher zu einer bestimmten Zeit von ihrer Sprache machen, folgt eben großenteils nicht strengen (oder gar ausnahmslosen) Regeln, sondern vergänglichen Konventionen. Wenn im Lexikon der untergegangenen Wörter z.B. angegeben wird, dass Abstrakta wie *die Feine, Gleiche, Trockene* durch *Feinheit, Gleichheit, Trockenheit* ersetzt wurden, weil sie mit den Adjektivformen zusammenfielen, so bleibt die Frage, warum dann nicht nur *die Länge* und *die Größe* (anders als die Adjektive mit Umlaut), sondern z.B. auch *die Breite, Tiefe, Dicke* und *die Weite* erhalten geblieben sind.

27 Die Struktur komplexer Wörter

Nachdem wir die Bedeutung der Wortbildung sowohl für die Erweiterung des lexikalischen Inventars (Neu- und Umbenennung) als auch für die spontane Kreation von Ausdrücken in der *parole* betrachtet haben, wollen wir uns nun einen systematischen Überblick über die innere Struktur komplexer Wörter und die wichtigsten Arten der Wortbildung verschaffen. Als Untersuchungsmaterial lege ich Textbeispiel 22 zugrunde, in dem ich alle für die Wortbildung interessierenden (aber nicht durchweg voll durchschaubaren) Ausdrücke kursiviert habe.

Auffällig ist natürlich zunächst die große Menge der insgesamt 199 Wörter, die für Fragen der Wortbildung relevant sind (43%); abgesehen von diesen Ausdrücken weist der Text (wie gewöhnlich) einen hohen Anteil an Funktionswörtern auf (hier ebenfalls 43%); an eigentlichen Simplizia der deutschen Sprache kommen mit insgesamt 9% nur vor: *platzen, Mauer, Grenze* (dreimal), *gestern, groß, offen, sagen, sechs, Monat, Weg, reisen, gelten* und *neu*. Auf hier nicht weiter berücksichtigte Entlehnungen (*Visa*) und Namen entfallen 5%.

Versuchen wir zunächst, die für die Wortbildung relevanten Ausdrücke den bislang genannten Wortbildungsarten (vgl. Kapitel 23), also der Komposition und der Derivation, zuzuordnen, so könnten wir knapp 30% als Zusammensetzungen einstufen und etwa knapp 60% als Ableitungen. Zusammen kommen wir damit auf 90%, d.h. es gibt offenbar noch weitere Arten der Wortbildung. In unserem Text ist besonders auffällig die so genannte Kurzwortbildung, hier vertreten durch Initialwörter (*dpa, ZK, DDR* usw.). Schließlich setzt man als vierten Typ die

Typen der Wortbildung: Komposition Derivation

Kurzwortbildung

Textbeispiel 22: Sensation platzte *mitten* in Schabowskis *Pressekonferenz*

DDR: Mauer und Grenze offen

Berlin (dpa) – Die *DDR* hat gestern ihre Genzen [sic] zur *Bundesrepublik* und *West-Berlin* geöffnet. So können *DDR-Bürger künftig kurzfristig* und ohne große *Formalitäten ausreisen* und *Privatreisen unternehmen.*

Am *Ende* einer *einstündigen Pressekonferenz* nach dem *zweiten Sitzungstag* des *Zentralkomitees (ZK)* in *Ost-Berlin verkündete SED-Politbüromitglied* Günter Schabowski diese *sensationelle Nachricht.* »Mir ist eben *mitgeteilt* worden«, sagte Schabowski: »Der *DDR-Ministerrat* hat *beschlossen, Privatreisen* nach dem *Ausland* können ohne *Vorliegen* von *Voraussetzungen (Reiseanlässe* und *Verwandtschaftsverhältnisse) beantragt* werden.« Die *Genehmigungen* werden *kurzfristig erteilt* und nur in *besonderen Ausnahmefällen* untersagt.

Visa für *Bürger*, die die *DDR verlassen* wollen, werden *laut* Schabowski von den *zuständigen Abteilungen Paß-* und *Meldewesen unverzüglich erteilt*, »ohne daß dafür noch geltende *Voraussetzungen* für eine *ständige Ausreise vorliegen* müssen.« *Bisher* waren *Reisepässe erforderlich. Ständige Ausreisen* können über alle *Grenzübergangsstellen* der *DDR* zur *Bundesrepublik beziehungsweise* zu *West-Berlin erfolgen.*

Damit hat die *DDR* sechs Monate nach *Abbau* des *Stacheldrahts* an der *ungarisch-österreichischen* Grenze für *Ausreisewillige* auch ihre Grenzen *geöffnet. Übersiedler* müssen nun bei ihrem Weg in den *Westen* nicht mehr über Ungarn oder die *CSSR* reisen. Dieser *Beschluß* gelte mit *sofortiger Wirkung* – bis zum *Inkrafttreten* eines neuen *DDR-Reisegesetzes* und *gesetzlichen Regelungen* über die *Ausreise.*

Konversion an, bei der ein Ausdruck ohne Hinzufügung von Wortbildungsmorphemen in eine andere Wortart überführt wird.

Konversion   Dabei handelt es sich eigentlich um ein morphologisch-syntaktisches Verfahren. Im Rahmen der Wortbildung muss es allerdings dennoch behandelt werden, vor allem weil so zustandegekommene Ausdrücke mehr oder weniger stark lexikalisiert werden können. So gehört zum Verb *gelten* die Wortform *geltend* mit der (grammatischen!) Endung des Partizips; es wird hier aber als Adjektiv verwendet, wie es syntaktisch regulär mit Partizipien geschehen kann. Der grammatische Zusammenhang zum Verb ist also durchsichtig, aber *geltend* ist spezialisiert auf die Bedeutung ›juristisch in Kraft‹. *laut* ist eine Präposition, damit eigentlich Strukturwort, es stellt aber eine Konversion aus dem Adjektiv dar. Den häufigsten Fall der Überführung von Ausdrücken einer Wortart in eine andere, die ohne Rückgriff auf Wortbildungsmorpheme zustandekommt, stellt die Substantivierung dar. Diese kann man allein dadurch erreichen, dass man einen Artikel vor irgendeinen Ausdruck setzt, der dadurch auch der Deklination zugänglich wird: *Das Heute, die Wenns und Abers.* Auch hier handelt es sich also um Konversion. Am häufigsten werden Verben auf diese Weise in Substantive überführt, Beispiele im Text: *ohne (das) Vorliegen, bis zum (= zu dem) Inkrafttreten.* Eine Konversion liegt auch vor bei *nach (dem) Abbau*, wo nicht der Infinitiv, sondern bloß der Verbalstamm als Substantiv verwendet wird.

Schon die Beispiele für die Konversion von Verben bzw. einem Adverb und Konjunktionen zu Substantiven zeigen nun, dass eine einfache Zuordnung der Wörter zu den verschiedenen Wortbildungsarten problematisch ist – sie werden nämlich für die Konstruktion des Endprodukts miteinander kombiniert: Die Kurzwörter *SED* und *DDR* sind in Komposita eingegangen. In *ohne Vorliegen* ist ein komplexes Verb (*vor-liegen*)[20] sekundär substantiviert (Konversion). In *für Ausreisewillige* sind ein Derivat (Adjektiv *will-ig* zum Verbalstamm *woll-(en)*) und ein komplexes Verb (*aus-reisen* zum Simplex *reisen*), das dann sekundär mit dem Affix *-e* zum Substantiv abgeleitet ist, in einer letzten Stufe zu einem adjektivischen Kompositum zusammengesetzt. Dieses wird im Text als Substantiv benutzt, wir müssen also noch eine Konversion ansetzen. Insgesamt halten wir fest: Die meisten Wortbildungsprodukte sind in sich hierarchisch strukturiert, und die Zuordnung, die wir vorgenommen haben, lässt sich nur dann rechtfertigen, wenn wir festlegen, jeweils allein die letzte Stufe zu berücksichtigen.

Kombination der Wortbildungsverfahren

Die hierarchische Struktur des Wortbildungsprodukts versucht man in Darstellungen zur Wortbildung gern durch Stammbäume zu verdeutlichen. Für *Ausreisewillige* ergäbe das etwa die Abbildung 12. Problematisch ist allerdings, dass – jedenfalls mit den gängigen einfachen Darstellungsmethoden – so nur die Wortbildungsverfahren zum Vorschein kommen, die mit der Kombination von (sichtbaren) Morphe-

Die Darstellung mit Stammbäumen

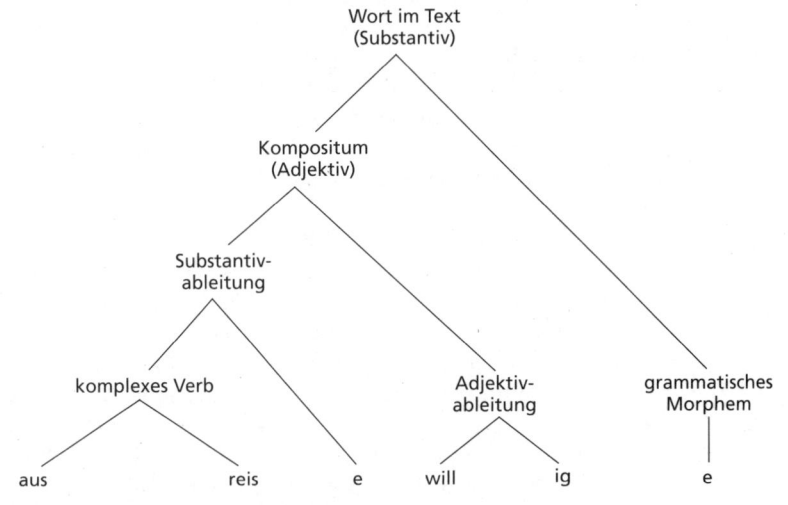

Abb. 12: Stammbaumanalyse von Wörtern

men arbeiten; die Konversion wird damit nicht erfasst, und auch für Kurzwörter eignet sich eine solche Darstellung denkbar schlecht, da die Ausgangselemente an der Oberfläche nicht mehr erscheinen (von *deutsch-e* und *demokrat-isch-e* in *DDR* ist z.b. nur noch das *D* vorhanden). Weitere Wortbildungsverfahren, die nur ungenau durch Stammbäume verdeutlicht werden können, werden wir gleich besprechen. Hier sei nur generell gesagt, dass ein Stammbaum die Struktur statisch darstellt und nicht die zugrundeliegenden Prozesse abbildet. Wir verzichten daher im Weiteren auf die Arbeit mit Stammbäumen und gehen nur der Frage nach, welche Prozesse es gibt und auf welchen Basen, welchen Ausgangselementen, diese operieren können. Der Einfachheit halber lassen wir dabei die interne Struktur von entlehnten Ausdrücken (*Sensation, Demokratie, Konferenz* usw.) und Namen (*Schabowski, Österreich* usw.) beiseite.

Das Wortbildungsverfahren der Ableitung/Derivation

Das wichtigste Verfahren, das auch in anderen Sprachen als dem Deutschen eine zentrale Bedeutung hat und in unserem Text den größten Anteil ausmacht, ist die Ableitung (Derivation). Dieses Verfahren ist deswegen so wichtig, weil es den zum Erwerb einer Sprache notwendigen Aufwand, einen Bestand lexikalischer Einheiten (auswendig) zu lernen, extrem reduziert. Denn mit Ableitungen werden etymologisch zusammenhängende Wortfamilien geschaffen, die dem ausgeprägten Bedarf an (relativer) Motiviertheit entgegenkommen. Man muss eben nicht für jedes neue Konzept ein neues arbiträres Zeichen lernen, sondern inhaltlich zusammenhängende Konzepte sind auch formal, durch ein einheitliches lexikalisches Morphem, miteinander verknüpft.

Ableitung durch Allomorphie: Ablaut und Umlaut

Wie im Bereich der grammatischen Morphologie, der Ableitung von Wortformen eines Lexems, gibt es bei der Wortbildung zwei grundlegende Möglichkeiten: die kombinatorische Variante, bei der ein lexikalisches Morphem mit anderen Morphemen verknüpft wird, und die abwandelnde Variante, bei der ein Morphem in variabler Gestalt, in Form einer Menge von Allomorphen, erscheint. Im Deutschen spielt historisch die Allomorphie-Variante eine große Rolle, und zwar sowohl bei der Verbflexion als auch bei der Wortbildung. Den ehedem systematischen Wechsel von Vokalen zur Bildung von Wortformen und etymologisch zusammenhängenden Wortfamilien hatten wir schon in Kapitel 22 als Ablaut kennengelernt. Dieses Verfahren ist aber nicht mehr produktiv, d.h. heute können keine neuen Wörter mehr mit Hilfe dieses Verfahrens abgeleitet werden. Früher gebildete allomorphische Ableitungen sind aber (als häufig immer noch relativ gut durchschaubare Ausdrücke) reichlich im lexikalischen Inventar der deutschen Gegenwartssprache erhalten. Das im Text vorkommende *beschlossen*, Partizip zu *be-schließen*, erscheint substantiviert als *Beschluss*. Auch der Zusammenhang mit den ›Simplizia‹ *Schloss* oder *Schluss* dürfte noch erkennbar sein. Als abwandelndes Verfahren erhalten ist dagegen im Deutschen das des Umlauts, der in der Flexion (z.B. bei den Substantiven) allein oder in Kombination mit angehängten Silben die grammatische Information ›Plural‹ tragen kann (vgl. Kapitel 22). In der Wortbildung tritt der Umlaut nur zusammen mit zusätzlichen Elementen auf (im Text: *einstündigen, zuständigen, unverzüglich, ständige*). Umlaut, Ablaut und weitere Lautabwandlungen kommen in *künftig* (zu *kommen*, vgl. *Ankunft*) zusammen.

Besonders systematisch wird die Vokalvariation übrigens in den semitischen Sprachen (z.B. Hebräisch und Arabisch) benutzt. Dort besteht die Wurzel nur aus Konsonanten – in der schriftlichen Wiedergabe erscheinen in der Regel nur diese (Konsonantenschrift) – und die Wortformen und Ableitungen bildet man durch Einfügen von Vokalen (diese können allerdings in der Schrift teilweise durch Diakritika, Hilfszeichen, wiedergegeben werden). *k-t-b* ›schreib‹ erscheint z.B. in *kitab* ›Buch‹, *kataba* ›er schrieb‹, *kattab* ›Schreiber‹.

Im Deutschen ist dagegen, wie gesagt, für Ableitungen heute die kombinatorische Variante charakteristisch, die mit Hilfe von Wortbildungsmorphemen erfolgt. Man nennt sie auch Affixe. Affixe können an unterschiedlicher Stelle hinzugefügt werden: vor der Basis, dann spricht man von einem Präfix, nach der Basis, dann spricht man von einem Suffix. Schließlich gibt es auch noch diskontinuierliche Affixe, bei denen sowohl vor als auch nach der Basis ein Element erscheint. Solche Zirkumfixe sind zwar quantitativ unbedeutend, es gibt aber unter ihnen sehr produktive. So kann man z.B. jedes Verb mit dem Zirkumfix *Ge-...(-e)* zu einem Substantiv ableiten, das in der Regel – anders als die Substantivierung des Infinitivs – eine Pejoration zum Ausdruck bringt. Das ist besonders wirksam, wenn man die Ableitung auch noch von ohnehin schon pejorativ konnotierten Ausdrücken bildet. In einem Interview äußerte z.B. der Vorsitzende der Freiheitlichen Partei Österreichs (FPÖ) Jörg Haider in der drastischen Manier des Populisten den Satz: »Das sind Dinge, wo wir klarmachen, dass dieses strohdumme Herumgerede und Gesabbere über die FPÖ in Wirklichkeit nicht stimmt.«[21] Dass das Verfahren produktiv ist, kann man daran erkennen, dass es auch auf neue (entlehnte) Verben angewendet werden kann: *das Gezappe, Gechatte, Gefaxe, Gerave*.

Die Zahl der im Deutschen verfügbaren Affixe dürfte zwischen hundert und zweihundert liegen. Für die Ableitung zu Substantiven stehen 27 produktive deutsche Affixe zur Verfügung, beim Verb sind es 24, beim Adjektiv 15 und beim Adverb 11.[22] Hinzu kommen dann noch Fremdaffixe (*ex-, anti-, pro-, -abel, -ion, -ell* etc.; vgl. im Text *sensationell*) und unproduktiv gewordene Wortbildungsmorpheme. Nicht mehr produktiv ist z.B. das Präfix *ge-* zur Adjektivableitung. Im Text finden wir es in *Genehmigungen*: Zunächst ist zum Verb *nehmen* das Adjektiv *ge-nehm* (›was genommen werden kann, was man gern nimmt‹) abgeleitet

Ableitung durch Wortbildungsmorpheme: Affixe Präfix Suffix

Zirkumfix

worden (im Mittelhochdeutschen belegt); die Verbalableitung mit *-ig*, *genehm-igen* (›für genehm befinden‹), nach der heute keine neuen Verben mehr entstehen, wurde im 18. Jahrhundert gebildet. Ebenfalls im 18. Jahrhundert wurde dann mit dem Affix *-ung*, einem der produktivsten der heutigen Sprache (in unserem kurzen Text kommt es siebenmal vor), das Substantiv *Genehmig-ung* abgeleitet.

Unterschiedliche Produktivität von Affixen

Dieses Beispiel lässt schon erahnen, warum das eigentlich sehr einfache Prinzip der Affixbildungen sich dann konkret doch recht kompliziert darstellt. Innerhalb eines Wortes können Affixe, deren Produktivität heute sehr unterschiedlich ist, kombiniert sein. Wortbildungsverfahren können verloren gehen, die entsprechend gebildeten Lexeme werden aber überliefert und sind zum Teil auch noch (gut) durchschaubar. Weiter gibt es in der Regel Restriktionen für die Basis: Manche Affixe treten nur mit Basen einer bestimmten Wortart, nur mit Fremdbasen, nur mit grammatisch oder semantisch spezifizierten Untergruppen einer Wortart auf, oder die Verbindung mit der einen Untergruppe ergibt ein semantisch anders spezifiziertes Produkt als bei der Kombination mit einer anderen Untergruppe usw.

Führen wir uns dies am Beispiel des sehr produktiven Suffixes *-ung* vor Augen. Die häufigste und produktivste Substantivierung mit *-ung* ist die, die auf transitiven Verben operiert. Das Wortbildungsprodukt ist eine Handlungsbezeichnung: *Person x-t Ding* ⇒ *die x-ung des Dinges (durch die Person)*. Dieser Regel entsprechend verhalten sich von den sieben Belegen unseres Textes jedoch durchsichtig nur *Genehmigungen* und *Regelungen* (jemand genehmigt/regelt etwas), obwohl auch sie längst im Lexikon gespeichert sind. Bei *Abteilungen* und *Voraussetzungen* könnte man zwar dasselbe Muster noch rekonstruieren (jemand hat etwas abgeteilt/vorausgesetzt), die Ausdrücke sind aber lexikalisiert als Sachbezeichnung (es besteht eine *Voraussetzung*, selten: jemand hat etwas vorausgesetzt) bzw. Kollektivum oder Ortsbezeichnung (*Abteilung*). *-ung*-Substantivierungen kommen ferner bei intransitiven Verbbasen vor. Dabei ergibt sich eine Vorgangsbezeichnung: *der Hafen versandet* ⇒ *die Versandung des Hafens*. Sie ist aber viel seltener und bei vielen intransitiven Verben völlig unüblich, da Substantivierungen mittels Konversion geläufig sind: *schlafen* ⇒ nicht *die Schlafung*, sondern *der Schlaf* oder *das Schlafen*, *arbeiten* ⇒ nicht *die Arbeitung*, sondern *die Arbeit* oder *das Arbeiten*. An Substantiven auf *-ung* zu intransitiven Verben finden wir im Text *Sitzung* und *Wirkung*. Beide werden jedoch kaum als ›Vorgang des Wirkens bzw. Sitzens‹ verstanden (Letzteres ist ohnehin merkwürdig, weil *sitzen* eigentlich kein Vorgang ist), sie sind lexikalisiert: *Sitzung* als ›Versammlung, Zusammenkunft eines Gremiums‹, *Wirkung* als ›Ergebnis, Resultat‹. An solchen Beispielen zeigt sich deutlich, wie relativ die Motiviertheit ist und wie stark reguläre Ableitung und Lexikalisierung ineinandergreifen.

Die formalen und semantischen Restriktionen der Kombinatorik und die Relativität der Regularitäten sind damit hinreichend verdeutlicht, um einsichtig zu machen, dass es nicht möglich ist, einen knappen Überblick über geläufige Wortbildungsschemata des Deutschen zu geben. Behandelt seien lediglich noch verschiedene Typen von Basen. Zunächst denkt man beim Ausgangselement einer Ableitung natürlich an einfache lexikalische Morpheme. Der Text und die bisher besprochenen Beispiele zeigen, dass selbstverständlich auch Ableitungen und Komposita die Basis für weitere Ableitungen sein können. Außerdem gibt es aber auch noch Ableitungen, die offenbar Wortgruppen, Syntagmen, als Basis haben. So gibt es etwa kein Kompositum *Einstunde*, zu dem das Adjektiv *einstündig* abgeleitet werden könnte, es basiert offenbar auf dem Syntagma *eine Stunde*. Ebenso verhält es sich mit dem Ausdruck *kurzfristig*, und auch *Inkrafttreten* besteht als Verb aus drei Wörtern. Häufig liegt auch eine Verb-Objekt-Gruppe einer Ableitung zugrunde: *Farbgebung* ist sinnvoller als Ableitung zum Syntagma *Farbe geben* und nicht als Kompositum (›Gebung von Farbe‹) zu analysieren, weil *Gebung* als Ableitung nicht existiert. Aber auch z.B. bei *Hilfeleistung* liegt eine solche Analyse (Ableitung zum Syntagma *Hilfe leisten*) näher, weil das Substantiv *Leistung* wiederum im Sinne von ›Resultat des Geleisteten‹ und nicht als Handlungsbezeichnung lexikalisiert ist. Es wäre ziemlich unidiomatisch zu sagen: *Er erbringt eine Leistung, und zwar die, hilfreich zu sein.*

Syntagmen als Basis von Ableitungen

Halten wir fest, dass in vielen Fällen verschiedene Analysen möglich sind, besonders dann, wenn man den diachronen Standpunkt nicht einbezieht, d.h. nicht untersucht, in welcher historischen Reihenfolge die Ausdrücke gebildet und überliefert worden sind.

Fast keine Rolle spielen Kurzwortbildungen als Basis für Ableitungen (vgl. aber z.B. *DDRler*). Die Kurzwortbildungen selbst kann man wiederum nach ihrer Basis in verschiedene Großgruppen unterteilen. Heutzutage besonders wichtig ist die Bildung aus Syntagmen, die vor allem in Zeitungs- und Fachtexten sehr häufig in der Form von Initialwörtern auftreten. Bei Initialwörtern werden entweder die Buchstaben einzeln ausgesprochen (*dpa, ZK, DDR, CSSR*) oder sie sind zu einem aussprechbaren Wort zusammengefügt. Dabei werden die Initialen dann auch nicht immer groß geschrieben (*NATO, Nato, Uno, Aids, Bafög*). Verzichtet man auf die Großschreibung, dann erscheint der Ausdruck wie ein ganz normales Wort, das aus einem oder mehreren Morphemen bestehen kann. Dadurch kann das Initialwort als solches völlig undurchsichtig werden; z.B. ist für viele Sprecher *Laser* (aus **L**ight **A**mplification **b**y **S**timulated **E**mission **o**f **R**adiation) nicht als Initialwort erkennbar, und in jedem Fall fällt es schwer, Initialwörter aufzulösen, noch dazu wenn sie entlehnt sind. Neben Syntagmen kommen Ableitungen und vor allem Komposita als Basis für Kurzwörter in Frage. Dabei werden entweder einfach Teile weggelassen *Sozi(alist), Dia(posi-*

Kurzwortbildungen

tiv), (Violon)Cello, Laub(baumholz)säge – schließlich braucht man keine Säge, um Laub zu zerkleinern. Gekürzte Ausdrücke können aber auch mit einer Art Suffix versehen werden, meist *-i* oder *-o*, Vokalen, die in der ursprünglichen Bildung u.U. gar nicht vorkamen: *Alk(ohol)i(ker), Wes(tdeutscher)-si, Pull(over)-i, Comp(uter)-i, Aso(zialer), log(isch)-o.*

Konfixe   Eine noch relativ neue und gegenwärtig sehr produktive Kurzbildung ist auch *Euro(pa). Euro* allein wurde bekanntlich nach langem Hin und Her als Bezeichnung für die europäische Währung gewählt, als Kurzform für *Europa/europäisch* bzw. meist für *die Europäische Union betreffend* kommt es dagegen nur in komplexen Wörtern wie *Euromanie, Euroadministration, Eurobanane* usw. vor (vgl. Textbeispiel 23). Auch das Element *Cyber-* ist noch sehr jung, so dass seine Herkunft aus dem englischen *Cyber(netics)*, das selbst das griechische *kybernetes* ›Steuermann‹ aufgreift, noch leicht rekonstruiert werden kann. Es ist ähnlich produktiv: *Cyberspace, Cybercafé, Cybersex, Cyberia, cyberfiziert* usw. Die Cyberisten selbst halten *cyber-* anscheinend für ein Präfix,[23] richtiger ist es sicher als Kurzwort analysiert, das in Komposita eingeht. Noch geeigneter ist es freilich, es einer letzten Kategorie zuzuordnen, die hier noch zu behandeln ist und zu der Elemente wie *bio-, öko-, ident-, phil-/ -phil* und auch das im Textbeispiel 22 vorkommende *polit-* gehören. Auch diese sehen auf den ersten Blick aus wie Kürzungen, hier ist aber nicht so leicht wie bei *Euro-* und *Cyber-* zu entscheiden, welche ›Langform‹ ihnen denn wohl zugrunde liegt (z.B. *identisch, Identität, identifizieren?*). Es handelt sich offensichtlich um Elemente mit (deutlich ausgeprägter) lexikalischer Bedeutung, also nicht um Wortbildungsaffixe; ebenso wie Affixe sind es allerdings gebundene Morpheme, sie kommen nicht frei (als eigenständiges Wort) vor. Während Affixe jedoch nur zusammen mit mindestens einem lexikalischen Morphem ein Wort bilden können, sind gebundene lexikalische Morpheme selbst basisfähig und können so auch mit einem Affix oder durch Kombination miteinander ein Wort bilden (z.B. *ident-isch, Cyber-ist, öko-phil* usw.). Alle hier angeführten Ausdrücke erkennen wir klar als Entlehnungen, nämlich als typische Elemente des ›Eurolateins‹. Es gibt zwar auch einheimische lexikalische Morpheme, die nur gebunden auftreten (z.B. *Schwieger-, Stief-*), allerdings sind sie doch selten, und überwiegend handelt es sich auch noch um unikale Morpheme (*Him-, Brom-, Schorn-*), die von der Produktivität her gesehen gerade am anderen Ende der Skala stehen. Da die Reihen bildenden entlehnten gebundenen lexikalischen Morpheme somit unter verschiedenen Aspekten gewisse Gemeinsamkeiten mit jeweils anderen Kategorien aufweisen, ist ihre angemessene Einordnung und Bezeichnung lange umstritten gewesen. Inzwischen hat es sich weitgehend durchgesetzt, für sie eine spezifische Kategorie anzusetzen. Dafür wurde der Terminus *Konfix* geprägt.

Textbeispiel 23: Euromanie

Ein Gewächs namens Euro-Banane fasziniert mich, genauer gesagt: dessen Definition. Laut Verordnung Nr. 2257/94 muß die EU-Standardbanane einen Durchmesser von mindestens 27 Millimeter aufweisen, »der in der Mitte der Frucht zwischen den Längsseiten quer zur Längsachse zu messen ist«. Sie muß außerdem eine Länge von mindestens 14 Zentimeter haben, zu messen »über die äußere Wölbung vom Stielansatz bis zur Spitze«. Über die den Verbraucher interessierende Frage nach der Schmackhaftigkeit und der Festigkeit sagt die Verordnung nichts.

Man fragt sich, was der Sinn dieser zärtlichen Aufmerksamkeit Brüsseler Beamten für ein ureuropäisches Gewächs ist, das bekanntlich besonders in Deutschland, Frankreich und Belgien gedeiht. Die Antwort lautet: Es geht um die Abwehr eines feindlichen, als Banane getarnten Gewächses namens Dollarbanane, das entschieden kleiner und hübscher ist, die Hälfte kostet und doppelt so gut schmeckt. Schon 1994 beschäftigte der Brüsseler Verwaltungsausschuß »Bananen« rund 40 hauptamtliche Experten aus 12 Mitgliedsländern, die die neuesten Entwicklungen auf dem Gebiet der Banane von 20 Dolmetschern übersetzen ließen.

Ähnliche Bestimmungen gelten für den Euro-Fisch und den Euro-Apfel. Der Euro-Apfel darf zum Beispiel bei den »großfrüchtigen Sorten« in der Güteklasse Extra nicht weniger als 70 Millimeter Durchmesser haben, in der Klasse III muß er mindestens 50 Millimeter am Bohrstab anzeigen. Da jedoch die Natur nicht auf die Brüsseler Anweisungen hört, trifft es sich, daß die bretonischen oder sardischen Fischer jene Fische, die die geforderten Maße verfehlen, wieder ins Meer werfen müssen.

In Werder an der Havel wurden viele Hektar eines Apfelhains niedergebrannt, weil die dort gedeihenden Äpfel trotz nachdrücklicher Belehrung die europäische Norm boykottierten. Und das alles ist nur der Anfang. Wir bewegen uns unaufhaltsam auf das Euro-Bier, die Euro-Spaghetti, das Euro-Brot, den Euro-Kaffee und das Euro-Fleisch zu. [...]

Es soll ja hin und wieder vorkommen, daß die Mitglieder einer Staatengemeinschaft das Bedürfnis verspüren, miteinander zu reden. Ich habe anläßlich der Einschulung meines Sohnes in der deutschen Hauptstadt nach einer Schule gesucht, die von der ersten Klasse an Englisch unterrichtet. Ich stieß dabei auf zwei oder drei Schulen, die diesen zugegeben entlegenen Wunsch durch extrem lange Schulwege bestraften. Wenn nicht alles täuscht, werden die Bürger Europas 1999 das gemeinsame Geld haben, aber ich fürchte, auch in zehn Jahren werden die meisten bei der Verständigung auf die Zeichensprache verwiesen sein, in der die Italiener zweifellos Vorteile haben.

Die Vorstellungen über die Umrisse einer europäischen Kultur sind in den Brüsseler und Maastrichter Amtsstuben auf den etymologischen Urzustand des Wortes zurückgestutzt worden.

Kultur, das bedeutet am Ende des zweiten Jahrtausends wieder wie am Anfang allen Lateins hauptsächlich »agricultura« – Ackerbau, Euro-Banane. Hinsichtlich der anderen, über »die Pflege des Bodens« hinausgreifenden und bereits im 2. Jahrhundert verbürgten Ausweitung des Begriffs zur »cultura animi«, die die Sprachpflege, gar »geistig-moralische Vervollkommnung« einschloß, ist keine Initiative zu erkennen. [...]

Das Beispiel der Euro-Äpfel und der Euro-Bananen macht ein Paradox des Einigungsprozesses deutlich. Eben das, was Europas Eigenart ausmacht – die Vielfalt seiner Kulturen und Kulturprodukte –, heben die Euro-Manager zugunsten eines schlechten Gemeinsamen auf; für die gewachsenen kulturellen und moralischen Bindungen des Kulturraums gibt es weder Begriffe noch Initiativen. Laufen wir nicht Gefahr, auch für Gewächse, die nicht auf dem Acker gedeihen, sagen wir: die geistigen Kulturprodukte Europas, Normen nach dem Vorbild der Euro-Banane zu finden? Eine Euro-Freiheit? Eine Euro-Gleichheit? Einen Euro-Menschen? Sind wir nicht schon dabei, jene Gruppen und Völker, die von der Norm abweichen oder sich ihr verweigern, wieder ins Meer zu werfen, wie jene Fische, die die vorgeschriebene Größe verfehlen? [...]

28   Deutsche Komposita – Wortungetüme?

Das Wortbildungsverfahren der Komposition

Die Menge der Kompositionsglieder

Wir kommen damit zu dem letzten wichtigen Wortbildungstyp, der Komposition, die für das Deutsche so charakteristisch ist. Textbeispiel 21 hat uns noch einmal darauf aufmerksam gemacht, dass den Deutschsprachigen gern nachgesagt wird, überlange Komposita zu bilden, die jeden Fremdsprachenlerner hoffnungslos überfordern. Betrachten wir unter diesem Gesichtspunkt unser Beispielmaterial, so stellen wir allerdings fest, dass in der überwältigenden Mehrheit der Fälle nur zwei lexikalische Morpheme (oder an deren Stelle Kurzwörter) in die Konstruktion eingehen. Drei Bestandteile dieser Art weisen nur *DDR-Minister-rat* und *DDR-Reise-gesetzes* auf, vier finden wir bei: *Grenz-über-gangsstellen* und *SED-Polit-büro-mitglied*. Es ist also zwar richtig, dass man im Deutschen beliebig viele Bestandteile zu einem Kompositum verbinden kann, aber auch Muttersprachler mögen überlange Komposita keineswegs und haben bei ihnen schnell Verständnisprobleme. Ein schöner Beleg dafür ist der durch die gesamte Presse gegangene Titel eines Gesetzes, das 1999 im Landtag von Mecklenburg-Vorpommern beraten wurde. Er kann einen nur zum Lachen bringen: *Rinderkennzeichnungs- und Rindfleischetikettierungsüberwachungsaufgabenübertragungsgesetz RkReÜAÜG M V.*

Die Struktur der Kompositionsglieder

Betrachten wir nun, welche Bestandteile in die Komposita eingehen. Generell ist zunächst festzustellen, dass in Komposita alle Arten von Lexemen und Syntagmen eingehen können: lexikalische Morpheme, Simplizia, Ableitungen, Konversionen, Komposita, Kurzwörter und auch Syntagmen. Zwei Beispiele für den letzten Fall aus einem Artikel über das Internet: *dieses ganze die-Welt-wird-ein-Dorf-Geschrei, die ewigen Parolen vom Jeder-kann-jeden-treffen-Jederzeit*. Schließlich können auch Funktionswörter und sogar gebundene Morpheme in Komposita vorkommen (*die wie-Sätze, das en-Allomorph, die Ja-aber-Strategie*).

Die Häufigkeit des Vorkommens der verschiedenen Möglichkeiten in den Komposita unseres Textes spiegelt die Verhältnisse, die wir schon beim Gesamtwortbestand des Textes feststellen konnten (abgesehen natürlich davon, dass Funktionswörter und gebundene Morpheme in Komposita ausgesprochen selten sind). Ausschließlich Simplizia – wir lassen wieder entlehnte Ausdrücke unanalysiert – werden nur in folgenden Komposita zusammengesetzt: *Zentralkomitees, Ost-Berlin, West-Berlin*. Die Ausdrücke *Pressekonferenz* und *Ausland* sind schon Sonderfälle. *Presse* würde man synchron als Substantivableitung auf *-e* zum Verb *press(en)* analysieren, historisch gesehen ist *Presse* im Sinne von ›Zeitungswesen‹ als Substantiv aus dem französischen *la presse* entlehnt. *Ausland* wird als eine Rückbildung bezeichnet, da historisch früher *Ausländer* und *ausländisch* auftraten, *Ausland* ist also durch sekundäre Tilgung des Suffixes zustandegekommen.

Die übrigen (komplexeren) Komposita sind in sich wieder hierarchisch strukturiert, und zwar (wie auch Ableitungen) in der Regel binär, d.h. das Wort ist normalerweise in zwei unmittelbare Bestandteile zu zerlegen, die dann selbst wieder solange in jeweils zwei Konstituenten gegliedert werden, bis man bei den Grundbestandteilen angekommen ist. Bei den Komposita ist eine entsprechende Stammbaumdarstellung, wenn sie nur bis auf die Stufe der Einzelwörter geht, auch relativ einfach, einsichtig und für die Auflösung von mehr als zweigliedrigen Zusammensetzungen oft hilfreich. Sie erklärt z.B. den Kraus'schen Witz vom *Unterernährungsamt*, das man realistisch-sarkastisch gedacht als ›Amt für (vielleicht besser: gegen) Unterernährung‹ und bürokratisch gedacht als ›Unterabteilung des Ernährungsamtes‹ versteht. Die interne Struktur kann auch durch Klammern verdeutlicht werden: *(Unter-ernährungs-)amt, DDR-(Minister-rat), (Grenz-übergangs)-stellen, DDR-(Reise-gesetzes)*. Nicht angemessen ist die binäre Teilung jedoch bei Ausdrücken wie *schwarz-rot-gold*.

Als formale Besonderheit deutscher Komposita muss noch ein häufig auftretendes Fugenelement genannt werden, das teilweise aus euphonischen Gründen (zu griechisch *eu-* ›gut, schön‹, also: ›wohlklingend‹) zwischen zwei Konstituenten tritt: *Ernährungsamt, Sitzungstag, Verwandtschaftsverhältnisse, Grenzübergangsstellen, Bundesrepublik*. Außer *-(e)s-* kommen als Fugenelemente noch vor: *Klassenzimmer, Maiennacht, Landebahn, Eierbecher*. Die Fugenelemente sind, wie leicht erkennbar, homonym zu grammatischen Morphemen (z.B. Plural- oder Genitivendung) und haben sich ursprünglich auch aus diesen Elementen entwickelt. Dennoch betrachten wir sie synchron grundsätzlich als bedeutungsleer, billigen ihnen also keinen Morphemstatus zu, und

Die binäre Analyse von Komposita

Fugenelemente

zwar deswegen, weil sie inzwischen auch bei Elementen erscheinen, bei denen das Fugenelement gar nicht als grammatisches Allomorph vorkommt oder sinnwidrig ist. Der Genitiv von *Ernährung, Sitzung* und *Verwandtschaft* wird nicht mit *-s* gebildet, *Eierbecher* sind nur für jeweils ein einzelnes Ei vorgesehen usw.

Das semantische Verhältnis zwischen den Kompositumsgliedern

 ' Es bleibt nun noch die Frage zu behandeln, wie das semantische Verhältnis zwischen den Bestandteilen eines Kompositums beschaffen ist. Eine nahe liegende Idee wäre wohl, dass die zusammentretenden Bestandteile in einem additiven Verhältnis stehen. Dies ist der eine Grundtypus – bezeichnet als Kopulativkompositum. Er ist im Deutschen allerdings der bei Weitem seltenere und kommt am ehesten bei Adjektivkomposita wie dem schon genannten *schwarz-rot-gold* vor. Auch das eben benutzte Kompositum *realistisch-sarkastisch* ›realistisch *und/ oder* sarkastisch‹ gehört hierher. Im Text finden wir die *ungarisch-österreichische Grenze*, das ist die ›Grenze *zwischen* Österreich *und* Ungarn‹.

Kopulativkomposita

Bei den (seltenen) substantivischen Kopulativkomposita herrscht diese Beziehung ›zwischen A und B‹ vor. Ein Standardbeispiel ist *Hosenrock*, der nicht etwa ein Zweiteiler aus Hose *und* Rock ist, sondern ein Kleidungsstück, das charakteristische Eigenschaften von Hose und Rock vereint und damit ein Zwischending zwischen beiden ist. Insofern könnte man den Ausdruck sogar dem zweiten Grundtyp zuordnen, den so genannten Determinativkomposita. Bei diesen besteht ein Spezifikationsverhältnis zwischen den Elementen: Der *DDR-Ministerrat* ist ein näher bestimmter Ministerrat, es handelt sich nämlich um den der DDR. Analog könnte man für *Hosenrock* auch sagen: Es ist ein Rock, der auch Eigenschaften einer Hose hat. Ebenso lässt sich ein anderes Standardbeispiel für substantivische Kopulativkomposita, nämlich *Dichterkomponist*, kopulativ auflösen als ›jemand, der sich als Dichter *und* als Komponist betätigt hat‹ oder im Sinne einer Determination als ›ein Komponist, der sich auch als Dichter betätigt hat‹. Mit dieser Relativierung der gängigen Gegenüberstellung von Determinativ- und Kopulativkomposita soll vor allem eines verdeutlicht werden: Die Auflösung eines Kompositums, die wir durch eine syntagmatische Paraphrase erreichen können, kommt nicht einer simplen formalen – und eindeutig charakterisierbaren – Operation gleich. Vielmehr muss in der Paraphrase die spezielle semantische Relation, die zwischen den Bestandteilen eines Kompositums besteht, expliziert werden – und dies ist in den meisten Fällen nur möglich, wenn man kontextuelle Informationen oder Elemente des Weltwissens heranzieht. Auf jeden Fall ist mit der Kennzeichnung eines Kompositums als kopulativ oder determinativ noch nicht viel gesagt.

Determinativkomposita

Immerhin können wir festhalten, dass die überwältigende Mehrheit deutscher Komposita zum Typ der Determinativkomposita gehört und dass ein weiteres Charakteristikum deutscher Komposita in einer festgelegten Reihenfolge der Elemente besteht: Das spezifizierte Element, das Determinatum, steht in aller Regel am Ende (z.B. das ...-*Gesetz*). Der Ausdruck, der es näher bestimmt, das Determinans, wird davor platziert (Reise-Gesetz/-Regelung/-unternehmen, ...). Deutsch wird deswegen als prädeterminierende Sprache bezeichnet, während im postdeterminierenden Französisch die Abfolgeverhältnisse gerade umgekehrt sind. Das betrifft auch die Standardabfolge von Substantiv und Adjektiv: *die sensationelle Information – l'information sensationnelle*. Diese unterschiedlichen Determinationsverhältnisse des Deutschen (und Englischen) einerseits und des Französischen andererseits werden sehr schön sichtbar an Initialwörtern, in denen die Buchstaben nicht selten gerade umgekehrt angeordnet werden. Die NATO heißt auf Französisch OTAN, die UNO ONU, Aids wird zu Sida usw.

Die Abfolge der Kompositions-glieder: Prä- und Postdetermination

Wegen der meist angebrachten binären Teilung komplexer Wörter können wir nun auch sagen: Ein Kompositum hat in der Regel auf der obersten Ebene nur zwei Glieder. Das Determinans ist im Deutschen normalerweise das Erstglied, das Determinatum das Zweitglied (das bei Substantiven auch das Genus des Gesamtausdrucks bestimmt). Deswegen besteht die Standardlösung für die syntaktische Paraphrase eines Kompositums in der Formel: Erstglied-Zweitglied = Zweitglied, das in irgendeiner Relation zum Erstglied steht, z.B. *ein Reisegesetz ist ein Gesetz, das irgendetwas mit Reisen zu tun hat, das wahrscheinlich Reisen/die Reisemöglichkeiten betrifft/regelt*. Die Relationen können nun sehr unterschiedlich sein. Ein *Froschkönig* muss z.B. ein König sein, der etwas mit einem Frosch/Fröschen zu tun hat; er könnte – wie die *Bienenkönigin* – der König der Frösche sein. Tatsächlich handelt es sich aber um einen (menschlichen) König(ssohn), der in einen Frosch verwandelt worden ist. Nicht selten versagt auch die Standardlösung, weil bei einer sinnvollen Paraphrase ein Determinatum gewählt werden muss, das im Kompositum überhaupt nicht selbst erscheint. Bei einer anderen Märchenfigur, *Rotkäppchen*, ist das letzte Glied z.B. nicht das Determinatum, es handelt sich nicht um ein Käppchen, das rot ist, sondern ein Mädchen, das eine rote Kappe trägt. Zur Erfassung solcher Fälle wird oft als eine dritte Grundmöglichkeit für die semantische Relation von Kompositionsgliedern ein Typ Possessivkompositum angesetzt: *Rotkäppchen* wäre danach ein Mädchen, das eine rote Kappe *hat*, wie ein *Rotkehlchen* ein Vogel ist, der eine rote Kehle *hat*, ein *Dreizack* ein Gerät, das drei Zacken *hat* usw.

Die so genannten Possessivkomposita

Nun ist der Ausdruck *Possessivkompositum* als Nebenbegriff zu Kopulativ- und Determinativkompositum erstens nicht geeignet, weil er eine spezielle inhaltliche Beziehung, eben die eines Besitzverhältnisses, betrifft, während die anderen beiden nur sehr allgemein additive gegenüber spezifizierenden Relationen unterscheiden. Zweitens ist er auch deswegen nicht geeignet, weil ein von außen hinzuzufügendes

Endozentrische und exozentrische Komposita

Determinatum keineswegs immer der ›Besitzer‹ des im Kompositum beschriebenen Etwas ist. Nehmen wir z.B. den Ausdruck *Kindergeburtstag*. Dies müsste nach der Standardlösung ein Tag sein, an dem ein (oder mehrere) Kinder geboren wurden (trifft übrigens für alle Tage zu). Das ist jedoch nicht der semantische Gehalt des Kompositums. Schon *Geburtstag* ist nicht der Tag der Geburt, d.h. der (einmalige) Tag, an dem jemand geboren wurde – diesen bezeichnet man als *Geburtsdatum* –, sondern der jährlich wiederkehrende Tag, an dem jemand geboren wurde. Der *Kindergeburtstag* dagegen ist überhaupt kein Tag, sondern eine Feier (das ist das von außen hinzugefügte Determinatum), die anlässlich des Geburtstages in der Regel nur eines Kindes veranstaltet wird, an der aber mehrere Kinder teilnehmen – wenn nur Eltern, Großeltern, (erwachsene) Tanten und Onkel usw. da sind, ist es kein *Kindergeburtstag*, sondern bloß eine *Geburtstagsfeier*. Deswegen ist es sinnvoller, Determinativkomposita sekundär einzuteilen in endozentrische – hier erscheint das Determinatum explizit im Kompositum – und exozentrische, wo das Determinatum nicht explizit genannt wird.

Eier-Komposita   Abschließend soll nun noch an einer Beispielgruppe demonstriert werden, wie unterschiedlich die spezifizierenden Inhaltsrelationen bei Determinativkomposita sein können und wie sehr man zur Entschlüsselung auf nichtsprachliches Wissen angewiesen ist. Der schon genannte *Eierbecher* ist ebenso wie ein *Eierlöffel* ein <u>Gerät zum Verzehr eines Eis</u>, die *Eiablage* ist zoologisch das Ablegen <u>der Eier</u> durch die Vögel, haushaltspraktisch wohl eher ein <u>Ort/Gegenstand, an dem man die Eier</u> aufbewahrt, ein *Eierkuchen* ist eigentlich kein Kuchen, aber eine hauptsächlich <u>aus Eiern</u> zubereitete Speise wie *Eierlikör* ein alkoholisches Getränk aus Eiern ist. *Eischnee* ist geschlagenes *Eiweiß*, das <u>in der Konsistenz und Farbe</u> an Schnee erinnert. *Eierwärmer* und *Eierkocher* sind <u>Gegenstände, in denen man Eier</u> warm hält oder kocht, die *Eierpflaume* und die *Eierkohle* sind Dinge <u>in der Form eines Eis</u> (erstaunlicherweise erinnert auch die *Eierfrucht* (Aubergine) manche an die Form von Eiern). Der *Eiertanz* ist eigentlich ein Tanz <u>zwischen Eiern</u>, in den in dieser Kunst wenig geübten Regionen ein als wenig elegant betrachtetes <u>Verhalten wie auf/zwischen Eiern</u>. Eine *Eierschlange* ist eine Schlangenart (Natter), <u>die Eier frisst</u>, eine *Eierfrau* eine Frau, <u>die Eier verkauft</u>. *Eierschale, Eiweiß* und *Eigelb* sind <u>Bestandteile des Eis</u>, *maisgelb* dagegen <u>von der Farbe</u> ausgereifter Maiskörner. Will man sich auf die Farbe des Eis (meistens der Eierschale) beziehen, sagt man dagegen explizit *eierschalenfarben*.

Die Verschiedenheit möglicher semantischer Relationen ist mit diesen Beispielen nicht im entferntesten erfasst, und es ist außerdem auch zu berücksichtigen, dass hier nur lexikalisierte Bildungen vorgestellt wurden. Kontextuell könnte dagegen eine *Eierschlange* z.B. auch eine <u>Schnur</u> sein, <u>an der</u> zu Dekorationszwecken ausgepustete und bemalte

Ostereier aufgereiht sind (analog zur *Papier-* bzw. *Luftschlange*), als *Eierfrau* könnte man auch die Frau bezeichnen, die den Redner auf einer Veranstaltung mit Eiern beworfen hat, usw.

29 Der Satz als Drama

Im Kapitel zur Wortbildung haben wir gesehen, wie sehr Synchronie und Diachronie, reguläre Konstruktion und historisch(-zufällig)e Sprachtradierung ineinandergreifen. Wir wenden uns jetzt dem Gebiet der Syntax, der Satzbildung, zu und damit dem Bereich, in dem sich die Verhältnisse gewissermaßen umkehren. Die Regeln der Syntax sind nämlich wohl diejenigen, die sich am ehesten für eine synchron-systemlinguistische Herangehensweise eignen. Anders gesagt: Im Bereich der Syntax sind reguläre Prozesse weit häufiger als nicht (voll) durchschaubare Einzelfälle. Die Grundregeln der Satzbildung kann man daher viel einfacher systematisieren und in *Parole*-Akten, Texten, realisiert finden, als man die Grundregeln der Wortbildung sauber in komplexen Wörtern identifizieren kann – dies mag auch erklären, warum in der Linguistik des 20. Jahrhunderts, die (Natur-)Wissenschaftlichkeit auf ihr Banner geschrieben hatte, die Syntax so sehr im Vordergrund stand. Zwar gibt es auch ganze Sätze oder syntagmatische Fügungen, die global, als unanalysierte Ganzheiten, tradiert, gespeichert und bei der Sprachproduktion als nur zum Teil durchsichtige Ganzheiten wieder ›abgerufen‹ werden – z.B. Sprichwörter oder idiomatisierte Sätze wie *Es war mir ein Vergnügen* oder *Habt ihr zu Hause Säcke an den Türen?*, aber diese sind gegenüber den nach bestimmten Regularitäten *ad hoc* neu gebildeten Strukturen marginal. Man findet also in Texten ungleich seltener Sätze, die man – genau so – schon einmal gehört hat als (komplexe) Wörter, die einem schon in anderen Texten begegnet sind. Deswegen ist auch die Lehrmethode, der Elias Canetti ausgesetzt wurde (vgl. Textbeispiel 24), so absurd und zum Glück unüblich – es sei denn, es handele sich um den gänzlich rudimentären Sprachunterricht für Touristen, die tatsächlich nur ein paar gängige Floskeln und Sätze auswendig lernen wollen.

In der Syntax herrschen reguläre Prozesse vor

Betrachtet man zunächst einen einfachen Satz rein formal, so lassen sich dessen Komponenten sogar extrem einfach und übersichtlich darstellen: Die wesentlichen Bestandteile eines einfachen Satzes sind die so genannten Satzglieder, von denen es nur eine kleine Menge unterschiedlicher Typen gibt. Zentrales Element des Satzes ist das finite Verb und fest mit diesem verbundene Teile. Zusammen bilden sie das Prädi-

Satzglieder: die konstitutiven Bestandteile des Satzes

Textbeispiel 24: Deutsch am Genfersee

Meine Eltern untereinander sprachen deutsch, wovon ich nichts verstehen durfte. Zu uns Kindern und zu allen Verwandten und Freunden sprachen sie spanisch. [...] Die Bauernmädchen zu Hause konnten nur Bulgarisch, und hauptsächlich mit ihnen wohl habe ich es gelernt. Aber da ich nie in eine bulgarische Schule ging und Rustschuk mit sechs Jahren verließ, habe ich es sehr bald vollkommen vergessen. Alle Ereignisse jener ersten Jahre spielten sich auf spanisch oder bulgarisch ab. Sie haben sich mir später zum größten Teil ins Deutsche übersetzt. [...] Wie das genau vor sich ging, kann ich nicht sagen.

Im Mai 1913 war alles für die Übersiedlung nach Wien vorbereitet und wir verließen Manchester. Die Reise ging in Etappen vor sich. [...] Unsere Reise ging weiter in die Schweiz, nach Lausanne. [...] Es war alles sehr hell, immer ging eine leichte Brise, ich liebte das Wasser, den Wind und die Segel, und wenn die Musikkapelle spielte, war ich so glücklich, daß ich Mutter fragte: »Warum bleiben wir nicht hier, hier ist es am schönsten.« »Du mußt jetzt Deutsch lernen«, sagte sie, »du kommst nach Wien in die Schule.« [...] Ich war acht Jahre alt, ich sollte in Wien in die Schule kommen und meinem Alter entsprach dort die 3. Klasse der Volksschule. Es war für die Mutter ein unerträglicher Gedanke, daß man mich wegen meiner Unkenntnis der Sprache vielleicht nicht in diese Klasse aufnehmen würde und sie war entschlossen, mir in kürzester Zeit Deutsch beizubringen.

Nicht sehr lange nach unserer Ankunft gingen wir in eine Buchhandlung, sie fragte nach einer englisch-deutschen Grammatik, nahm das erste Buch, das man ihr gab, führte mich sofort nach Hause zurück und begann mit ihrem Unterricht. Wie soll ich die Art dieses Unterrichts glaubwürdig schildern? Ich weiß, wie es zuging, wie hätte ich es vergessen können, aber ich kann auch selbst noch immer nicht daran glauben.

Wir saßen im Speisezimmer am großen Tisch, ich saß an der schmäleren Seite, mit der Aussicht auf See und Segel. Sie saß um die Ecke links von mir und hielt das Lehrbuch so, daß ich nicht hineinsehen konnte. Sie hielt es immer fern von mir. »Du brauchst es doch nicht«, sagte sie, »du kannst sowieso noch nichts verstehen.« Aber dieser Begründung zum Trotz empfand ich, daß sie mir das Buch vorenthielt wie ein Geheimnis. Sie las mir einen Satz Deutsch vor und ließ mich ihn wiederholen. Da ihr meine Aussprache mißfiel, wiederholte ich ihn ein paarmal, bis er ihr erträglich schien. Das geschah aber nicht oft, denn sie verhöhnte mich für meine Aussprache, und da ich um nichts in der Welt ihren Hohn ertrug, gab ich mir Mühe und sprach es bald richtig. Dann erst sagte sie mir, was der Satz auf englisch bedeute. Das aber wiederholte sie nie, das mußte ich mir sofort ein für allemal merken. Dann ging sie rasch zum nächsten Satz über, es kam zur selben Prozedur; sobald ich ihn richtig ausgesprochen hatte, übersetzte sie ihn, sah mich gebieterisch an, daß ich mir's merke, und war schon beim nächsten. Ich weiß nicht, wieviel Sätze sie mir das erste Mal zumutete, sagen wir bescheiden: einige; ich fürchte, es waren viele. Sie entließ mich, sagte: »Wiederhole dir das für dich. Du darfst keinen Satz vergessen. Nicht einen einzigen. Morgen machen wir weiter.« Sie behielt das Buch, und ich war ratlos mir selber überlassen.

Ich hatte keine Hilfe, Miss Bray sprach nur englisch, und während des übrigen Tages weigerte sich die Mutter, mir die Sätze vorzusprechen. Am nächsten Tag saß ich wieder am selben Platz, das offene Fenster vor mir, den See und die Segel. Sie nahm die Sätze vom Vortag wieder her, ließ mich einen nachsprechen und fragte, was er bedeute. Mein Unglück wollte es, daß ich mir seinen Sinn gemerkt hatte, und sie sagte zufrieden: »Ich sehe, es geht so!« Aber dann kam die Katastrophe und ich wußte nichts mehr, außer dem ersten hatte ich mir keinen einzigen Satz gemerkt.

kat. Dies nimmt eine Sonderstellung ein und wird deswegen vielfach gar nicht zu den eigentlichen Satzgliedern gezählt. Schon in Kapitel 17 haben wir gesehen, dass das Verb unter morphologischen Gesichtspunkten hervortritt: Es kann als einzige Wortart in Bezug auf Tempus, Modus und Genus verbi spezifiziert werden. Es nimmt aber auch syntaktisch eine Sonderstellung ein; die Wahl des Verbs bestimmt nämlich, wie viele und welche anderen Satzglieder im Satz auftreten können. Dies bezeichnet man als die Rektion (zu *regieren*) des Verbs. Es ist letzten Endes seine Semantik, die nicht nur bestimmt, mit welchen Satzgliedern es überhaupt kombiniert werden kann, sondern die auch entscheidend für die Frage ist, mit Lexemen aus welchen Inhaltsklassen die entsprechenden Positionen zu besetzen sind.

Die Sonder-
stellung des
Prädikats

Einen Sonderfall stellen Verben dar, die nur eine schwache Bedeutung haben, nahezu inhaltsleer sind (besonders *sein* oder *werden*). Man nennt sie Kopula-Verben (zu lateinisch *copulare* ›verbinden‹). Ihre Funktion besteht nämlich nur darin, zwei andere Bestandteile in Beziehung zu setzen. Das ist einerseits das Subjekt, andererseits das so genannte Prädikativ. Prädikative sind (meist substantivische oder adjektivische) Elemente bzw. Gruppen. Das Prädikativ ist also das eigentlich inhaltstragende Element und bildet insofern zusammen mit der Kopula das Prädikat; es erscheint deshalb auch, wenn man den Infinitiv angibt (z.B. *eine Frau sein, erwachsen werden*).

Kopula und
Prädikativ

Außer dem Prädikat treten im (deutschen) Satz die Satzglieder im engeren Sinn auf. Das sind das Subjekt (im Nominativ), die Objekte (im Akkusativ, Dativ, Genitiv oder in Form eines Präpositionalobjekts [*ich erinnere mich ihrer* = *ich erinnere mich an sie*]) und Adverbialbestimmungen: *Ich sehe sie deswegen immer gern dort.*

Subjekt
Objekte
Adverbial-
bestimmungen

Zusätzlich können noch solche Elemente hinzutreten, die die Gesamtaussage in Bezug auf ihre Gültigkeit oder ihren Sicherheitsgrad spezifizieren (*nicht, wahrscheinlich, bestimmt*) oder sie irgendwie modalisieren (*hoffentlich, leider*). Für das Deutsche besonders charakteristisch ist außerdem der Gebrauch von so genannten Abtönungspartikeln wie *wohl, eben, doch, ja* usw.[24] Die Grundstruktur des Satzes ist in Abbildung 13 wiedergegeben, wo auch schon die verschiedenen formalen Typen aufgelistet sind, in denen das Prädikat auftreten kann.

Die Sonderstellung des Verbs müssen alle Ansätze zur Beschreibung syntaktischer Strukturen berücksichtigen. Es gibt aber eine Theorie, die diesen Aspekt in den Vordergrund stellt, und das ist die von Lucien Tesnière (1893–1954) entwickelte Valenzgrammatik (auch Dependenzgrammatik). Tesnière stellt sich den Satz als eine dramatische Konstellation vor. Das Verb legt gewissermaßen den Dramentyp fest und bestimmt, welche Rollen besetzt werden müssen, welche Mitspieler notwendig sind. Die Hauptrollen in einer Liebesgeschichte werden etwa von zwei Personen besetzt, im günstigsten Fall lieben sie sich

Lucien Tesnière:
Valenzgrammatik

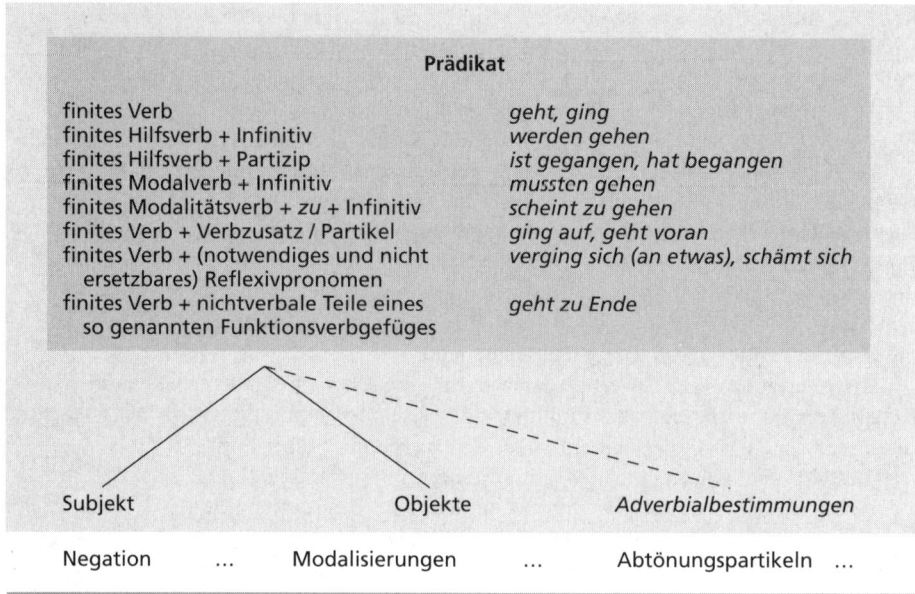

Abb. 13: Die Grundstruktur des Satzes

gegenseitig: *Romeo liebt Julia, und Julia liebt Romeo.* Das Verb *lieben* verlangt also die Besetzung der syntaktischen Funktionen Subjekt und Akkusativobjekt. Das Verb *geben* verlangt demgegenüber auch noch die Besetzung des Dativobjekts: *Lotte gibt den Kindern Brot.* Das Verb *sich erinnern* verlangt die Besetzung der syntaktischen Funktionen Subjekt, Akkusativobjekt und Genitivobjekt: *Lady Macbeth erinnert sich des Mordes.* Statt des Genitivobjekts kann man allerdings auch ein Präpositionalobjekt einsetzen: *Lady Macbeth erinnert sich an den Mord,* eine Konstruktion, die übrigens auf jeden Fall dann zu wählen ist, wenn das Subjekt nicht durch eine Personenbezeichnung besetzt wird: *Der Blutfleck erinnert Lady Macbeth an den Mord.* Manche Verben fordern auch die Besetzung der syntaktischen Rolle Adverbialbestimmung: *Effi Briest sitzt auf der Schaukel, Schneewittchen wohnt bei den sieben Zwergen.*

Im Allgemeinen bilden allerdings die Adverbialbestimmungen nur das ›Dekor‹, sie sind meist nicht notwendig, um das Drama zu inszenieren. Ebenso wie man in modernen Theaterinszenierungen gern auf alles ›unnötige Beiwerk‹ verzichtet und die Personen mitunter in einem leeren Raum platziert, der nichts über Ort, Zeit und sonstige Umstände der Handlung verrät, kann man in den meisten Sätzen auf schmückende bzw. die genauen Umstände erläuternde Angaben verzichten. Effis Schaukeln kann man allerdings ohne die Schaukel schlecht darstellen, und in der Geschichte vom Schneewittchen ist es auch unverzichtbar, den Ort, an den sie geflohen ist, darzustellen. Entsprechend ist es grammatisch notwendig, in den Satz eine (lokale) Adverbialbestimmung einzufügen, wenn in der Aussage, der Szene, lediglich ein Verb des örtlichen Befindens wie *wohnen* oder *sich aufhalten* gewählt wird.

Tesnière hat in seinen Ausführungen die Mitspieler (sozusagen die Hauptrollen) als *actants* und die Umstände (und Nebenrollen) als *circonstants* bezeichnet. In der deutschen Valenztheorie haben sich dafür leider die weniger sprechenden Termini Ergänzungen (*actants*) und Angaben (*circonstants*) durchgesetzt. Subjekt und Objekte, die in der Regel obligatorisch besetzt werden müssen, sind Ergänzungen, während Adverbialbestimmungen im Allgemeinen Angaben sind, die weggelassen werden können, ohne dass der Satz ungrammatisch wird. Man spricht deshalb von ›freien Angaben‹. Nur wenn Adverbialbestimmungen – wie beim Verb *wohnen* – grammatisch notwendig sind, stellen sie Ergänzungen dar. Die Grundstruktur eines Satzes besteht damit aus dem Verb und den (notwendigen) Ergänzungen. Manche Ergänzungen sind auch nicht notwendig, d.h. sie entsprechen zwar einem sachlich obligatorischen Mitspieler, müssen aber nicht ausgedrückt werden. So kann man z.B. sagen: *Sie isst* und damit etwa sprachlich wiedergeben, dass jemand auf der Bühne das Essen lediglich durch Kaubewegungen darstellen soll – notwendigerweise denkt man sich irgendetwas hinzu, das sie isst bzw. zu essen vorgibt. Für diese Fälle hat man die Kategorie ›fakultative Ergänzung‹ eingeführt (vgl. dazu weiter S. 197).

Angaben und Ergänzungen

Verben kann man nun danach einteilen, wie viele und welche Ergänzungen sie fordern – das ist die Valenz/Wertigkeit des Verbs, ein anderes Bild, das der Theorie ihren Namen gegeben hat. Es stammt aus dem Bereich der Chemie und bezieht sich auf die ›Bindungspotenz‹ von Atomen. Sauerstoff (O) ist zweiwertig und verbindet sich daher mit zwei (jeweils einwertigen) Wasserstoffatomen zu Wassermolekülen (H_2O). Entsprechend kann man die Verben nach ihrer Valenz oder Wertigkeit charakterisieren und kommt dabei im Deutschen auf nullwertige (besonders Witterungsverben, die bloß ein semantisch leeres Subjekt *es* haben: *es regnet*), einwertige (das sind die traditionell als intransitiv bezeichneten, die bloß ein Subjekt haben wie in *Effi schaukelt*), zweiwertige (u.a. die transitiven mit Subjekt und Akkusativobjekt wie in: *Kain tötet Abel*, aber auch z.B.: *Der Geist erscheint Hamlet*), dreiwertige (u.a. die mit Subjekt, Akkusativ- und Dativobjekt: *Lotte gibt den Kindern Brot*, aber auch z.B.: *Hanno Buddenbrock zieht einen Strich unter die Familiengeschichte*) und schließlich u.U. auch noch vierwertige (*Sie legt ihm den Finger auf den Mund*).

Die Verbvalenz

Entsprechend der Anzahl und Art der Ergänzungen ergeben sich unterschiedliche Satzbildungsmuster, so genannte Satzbaupläne, von

Satzbaupläne

denen es nur eine sehr begrenzte Anzahl gibt. In der *Duden-Grammatik* umfasst die entsprechende Liste 36 Strukturen, darunter allerdings nur 23 »Hauptpläne« (mit ein- bis dreiwertigen Verben). Der mit Abstand häufigste Satzbauplan ist der aus Subjekt-Prädikat-Akkusativobjekt. Ihm entsprechen etwa 25 % der Sätze eines Normaltextes. Relativ häufig sind außerdem noch die in den weiteren Beispielen illustrierten Strukturtypen:

> *Scheherezade erzählt Märchen.* (Subjekt + Akkusativobjekt)
> *Jeanne d'Arc ist eine Jungfrau.* (Subjekt + substantivisches Prädikativ)
> *Ophelia wird verrückt.* (Subjekt + adjektivisches Prädikativ)
> *Lorelei sitzt auf dem Felsen.* (Subjekt + lokale Adverbialbestimmung)
> *Dornröschen schläft.* (Subjekt)
> *Penelope wartet auf Odysseus.* (Subjekt + Präpositionalobjekt)

Semantische Rollen

Rein formal ist also die Grundstruktur von Sätzen mit nur einem Prädikat relativ einfach beschreibbar. Die Verhältnisse komplizieren sich allerdings – und werden interessant –, wenn man das Bild vom Satz als Drama auch inhaltlich ernst nimmt und danach fragt, welche semantischen Rollen die syntaktisch bestimmten Satzglieder denn einnehmen. Dass eine Person(enbezeichnung) syntaktisch als Subjekt fungiert (und daher im Nominativ steht), sagt schließlich nichts darüber aus, welche Rolle sie im dramatischen Geschehen spielt, und unsere Beispielsätze betreffen sehr unterschiedliche dramatische Szenen. Satzglieder sind also nur formal bestimmt; will man die im Satz ausgedrückten Verhältnisse auch inhaltlich verstehen, muss man zusätzlich untersuchen, welche sachlichen Relationen zwischen den in den Satzgliedern genannten Referenten vorliegen.

Charles J. Fillmore: Kasusgrammatik

Für diese inhaltliche Charakterisierung von Satzgliedern benutzt man den schon eingeführten Begriff *semantische Rolle* als terminus technicus, zum Teil spricht man auch von semantischen Kasus oder Tiefenkasus – als Gegenbegriff zu den morphologischen Kasus Nominativ, Akkusativ usw. Der Ansatz, der sich diesem Phänomen besonders intensiv gewidmet hat und mit dem Namen Charles J. Fillmore verbunden ist, heißt Kasusgrammatik. Die Idee einer semantischen Kennzeichnung von Satzgliedern ist allerdings sehr alt, wie man an den motivierten lateinischen Bezeichnungen erkennen kann: Im Dativ (zu *dare* ›geben‹) steht z.B. prototypisch der, dem gegeben wird, im Akkusativ (zu *accusare* ›anklagen‹) der, der angeklagt wird.

Ein allgemein akzeptiertes Inventar von semantischen Rollen analog zu den syntaktischen Rollen (Subjekt, Akkusativobjekt usw.) hat sich allerdings bis heute nicht durchgesetzt. Manche operieren mit vier Grundtypen, andere bringen es auf 19 Arten, ohne dabei den Anspruch zu erheben, »die Liste möglicher semantischer Rollen […] erschöpfend« dargestellt zu haben.[25] Wahrscheinlich ist dem zitierten

Autor, Peter von Polenz, Recht zu geben mit seiner Annahme, es würde «immer umstritten bleiben», wie viele «Rollen-Typen man ansetzen kann/soll/darf».[26] Dies braucht auch nicht weiter zu verwundern, denn hier haben wir es eben mit semantischen Phänomenen zu tun, und diese sind immer weniger eindeutig abgrenzbar als Kategorien, die aufgrund formaler Kriterien gebildet werden können.

30 Semantische Rollen

Führen wir uns nun – natürlich ebenfalls ohne Anspruch auf Vollständigkeit – wichtige semantische Rollen vor Augen. Wir beginnen mit den Rollen, die prototypisch von Personen/Lebewesen besetzt werden. Dabei ist zunächst an die Rolle des Handelnden zu denken, der Agens genannt wird. Dem steht gegenüber das Patiens; beide Rollen sind realisiert in dem Satz *Kain tötet Abel.* Je nachdem, ob wir nun sehr spezifische und damit auch viele verschiedene semantische Rollen ansetzen wollen, können wir in die Rubrik Patiens nur im engeren Sinne Leidende oder auch andere Arten direkter Betroffenheit aufnehmen. Bei einer weiten Interpretation von Patiens nimmt das Akkusativobjekt diese Rolle auch in dem folgenden Satz ein: *Julia liebt ihren Romeo.*

Personen können nun noch in anderer Weise an Geschehnissen beteiligt sein, insbesondere gibt es solche, bei denen überhaupt kein Agens vorhanden ist (wenn wir Gott, Geister, Naturkräfte usw. als potenzielle Agenten ausschließen): *Jakob träumt, Fräulein Smilla friert und hat Hunger.* Diese Rolle bezeichnet man geläufigerweise als Experiencer. Die letzte wichtige Rolle ist der Nutznießer oder Geschädigte einer Handlung oder eines Vorgangs – wieder könnten wir auch jeweils eine eigene Rolle ansetzen und müssten dann wahrscheinlich eine dritte Untergruppe für die Fälle definieren, in denen nicht ganz klar ist, ob das Betroffensein eher ein Nutzen oder ein Nachteil ist. Diese Rolle (meistens verstanden in einem weiten Sinne) heißt Benefaktiv und kommt prototypisch zum Ausdruck in dem Satz *Lotte gibt den Kindern Brot,* aber auch in *Die kalten Winde bliesen mir grad ins Angesicht.*

Gehen wir nun zu den Sachen/Objekten über, die an einem Geschehen beteiligt sind. In Ansätzen, die nur wenige semantische Rollen unterscheiden, heißt die wichtigste Gruppe schlicht Objektiv, unterscheiden sollte man aber sicherlich zwischen affiziertem und effiziertem Objekt. In *Ich schnitt in seine Rinde so manches liebe Wort* wäre z.B. der Lindenbaum bzw. seine Rinde ein vor und unabhängig von der Handlung bestehendes, affiziertes Objekt. Das Wort dagegen wird durch die

Agens
Patiens

Experiencer

Benefaktiv

Affizierte und effizierte Objekte

Handlung erst hervorgebracht, es ist effiziertes Objekt. Deutlicher wird dies wahrscheinlich noch in *Schubert komponiert ein Lied*. Schwieriger ist es zu entscheiden, worum es sich handelt, wenn *Fischer-Dieskau das Lied singt*, denn er bringt ja bei seinem jedesmaligen Singen das Lied neu hervor. Man könnte allerdings auch sagen: Es existiert ja schon! und sogar formulieren (eher von einem anderen Sänger): *Er malträtiert das Schubert-Lied*. Wir sehen: Eine feine semantische Aufgliederung würde

Instrument · zu einer Unmenge semantischer Rollen führen. Erwähnen wir daher unter den Rollen, die prototypisch von Sachen/Objekten besetzt werden, nur noch das Instrument: *Sie spielt das Lied auf dem Klavier, er ritzt mit seinem Taschenmesser das Wort in die Rinde, Sancho Pansa reitet auf einem Esel.*

Lokativ und Temporativ · Es verbleiben als fundamentale semantische Rollen noch solche, die Ort und Zeit des Geschehens betreffen. Peter von Polenz nennt sie Lokativ und Temporativ. *Schubert wurde 1797 in Wien geboren.* Feinere Differenzierungen erhalten wir, wenn wir z.B. von Lokativen noch Direktive unterscheiden – *Mozart auf seiner Reise nach Prag* – oder von Temporativen Frequentative: *Sisyphus muss den Felsbrocken immer wieder den Berg hinaufwälzen.*

Für alle hier erwähnten semantischen Rollen ist es ganz wichtig zu beachten, dass die auf den ersten Blick unmittelbar einleuchtende Zuordnung zu den Phänomenbereichen Lebewesen, Sachen, Ort und Zeit wirklich nur eine prototypische ist. Schließlich kann man auch Lebewesen als Instrumente oder wie Sachen behandeln, der menschliche Körper kann auch als Ort behandelt, Sachen oder Naturerscheinungen können wie Agenten dargestellt werden usw.: *Die Äpfel boykottieren die europäische Norm* (vgl. Textbeispiel 23), *Das Erdbeben von Chili zerstörte das Gefängnis, Das Attentat forderte 20 Menschenleben.*

Der Zusammenhang von morphologischen und semantischen Kasus · Hierin liegt auch das große Interesse an der Arbeit mit der Kategorie der semantischen Rolle. Bevor dies an einem Beispiel demonstriert wird, sei jedoch ein Rückblick auf die Grammatikgeschichte geworfen. Betrachtet man die semantischen Rollen und vor allem auch die Bezeichnungen für sie, so scheint es auf den ersten Blick, als seien wir über die Vorstellungen der lateinischen Grammatiker nicht weit hinausgekommen. Auch deren Kasusbezeichnungen erklären sich natürlich aus den prototypischen semantischen Besetzungen von formalen Kasus. Das dativische Satzglied wird typischerweise mit einem Benefaktiv besetzt, das akkusativische mit einem Patiens usw. Als Merkhilfe sind die semantisch motivierten Termini für morphologische Kasus auf jeden Fall nützlich. Sie sind es aber auch nur als das, und die moderne Grammatik legt hier – ähnlich wie im Bereich der Termini für Wortarten – das Schwergewicht auf die Beobachtung, dass es eben keine genaue Entsprechung zwischen formalen und semantischen Kategorien, zwischen Ausdruck und Inhalt, gibt. Dabei schießt sie wohl zuweilen über das Ziel hinaus, jedenfalls dann, wenn sie die Semantik wegen der Unmöglichkeit expliziter, eindeutiger, kurz: sauberer Analyse gleich ganz aus der Betrachtung ausschließt oder die formalen Kategorien als gänzlich unabhängig von semantischen betrachtet, wenn etwa die Beziehung zwischen morphologischen und semantischen Rollen als im wahrsten Sinne des Wortes arbiträr dargestellt wird. Arbiträr sind diese Beziehungen gewiss nicht, aber sie sind auch alles andere als eindeutig, und dies ist gut so, denn es eröffnet im Bereich der Syntax dieselben Möglichkeiten, die Welt aus verschiedenen Perspektiven darzustellen, wie es mit den so genannten Synonymen im Bereich der Lexik möglich ist.

Nun zu unserem Beispiel. Es betrifft dasselbe Geschehen, von dem Textbeispiel 22 handelte. Diesmal wähle ich allerdings die Titelgeschichte aus, die ihm der *Spiegel* vom 13.11.1989 gewidmet hat (Textbeispiel 25; die Prädikate sind kursiviert und die Subjekte fett gedruckt). Der Titel aus dem Inhaltsverzeichnis, **Die Mauer** *zerbröselt*, ist wohl das frappierendste Beispiel für die Perspektivierung des Geschehens, die diesen Text auszeichnet. Er enthält auffällig wenig (prototypische) Handlungsverben und Agenten, und auffällig viele Subjekte sind durch andere Ausdrücke als Personenbezeichnungen besetzt.

Das intransitiv verwendete *zerbröseln* ist ein Vorgang. Von den genannten semantischen Rollen kommt für das Subjekt wohl nur die Kategorie ›affiziertes Objekt‹ infrage, wobei sich schon wieder zeigt, wie grob die vorgestellte Unterteilung ist. Wir wollen jedoch nicht weitere semantische (Sub-)Rollen einführen – ebenso wenig wie wir versucht haben, ein vollständiges Inventar semantischer Relationen zwischen den Bestandteilen eines Kompositums zu erstellen –, sondern vielmehr zeigen, wie das Konzept der semantischen Rollen bei der Analyse und Interpretation von Texten fruchtbar gemacht werden kann. Dabei ist es nützlich, die gewählten Formulierungen mit anderen möglichen – und vielleicht ›normaleren‹, neutraleren – Perspektivierungen zu vergleichen (so wie wir bei der Interpretation von Lexemen markierte Ausdrücke wie *Girlie* oder *Mädel* mit unmarkierten wie *Mädchen* vergleichen).

zerbröseln – das Verb ist übrigens im *Duden Universalwörterbuch* nicht verzeichnet, aber analog zum dort erläuterten *zerbröckeln* als Ableitung zu *Brösel* ›(österreichisch) Krümel vom Brot o.ä.‹ gebildet – bedeutet ›sich in kleine Stücke auflösen/in kleine Stücke zerfallen‹. Es ist auch transitiv benutzbar und regiert dann prototypisch die semantischen Rollen Agens und affiziertes Objekt: *Ich zerbrösele das Brot* wie *Die Berliner zerhämmern die Mauer*. Wenn es intransitiv gebraucht wird, bezeichnet es einen Vorgang, der ›wie von selbst‹ geschieht, ein natürliches Geschehen, das im Laufe einer gewissen Zeit durch Einwirkung physikalisch-chemischer Prozesse ohne Beteiligung eines Agenten zustande kommt. Erinnert man sich nun, was am 9. November und in den folgenden Tagen, über die der *Spiegel* berichtet, geschah, so wird man die hier gewählte Perspektivierung zweifellos etwas merkwürdig fin-

Die Perspektivierung von Geschehnissen

Textbeispiel 25: Von Meeren und Menschen

Heiligabend und Sylvester *fielen* in Berlin in diesem Jahr auf den Abend des 9. November: Vor allem in Ost-Berlin *lagen sich* am späten Donnerstag abend **einander fremde Menschen** *in den Armen*, *lachten* und *jubelten* mit glücklichen Gesichtern. In Häusern und auf den Straßen *knallten* **Sektkorken**, am Nachthimmel *gingen* **Leuchtraketen und Böller** *los*. Nur **Christbaum und Lametta** *fehlten*.

Auf der Mauer vor dem Brandenburger Tor, dem Symbol der jetzt 40 Jahre währenden deutschen Trennung, *tanzten* **West-Berliner** und *sangen* sekt- wie bierselig »So ein Tag, so wunderschön wie heute«.

Dabei *war es Nacht*, Mitternacht zwischen dem 9. und 10. November, einem historischen Datum, wie **Politiker** schnell *erklärten* und **die Berliner** ehrlich *empfanden*. **Der Schlagbaum am Sektorenübergang Bornholmer Straße** *stand* im gleißenden Scheinwerferlicht des Westfernsehens viele Stunden *offen*. Unkontrolliert *ergoß* sich dort wie an den anderen, bis dahin verbarrikadierten Übergängen **ein Strom von Ost-Berlinern**, viele Freudentränen *weinend*, in den Westteil ihrer Stadt – am Kontrollpunkt Oberbaumbrücke über einen roten Teppich, den **Westler** zur Begrüßung ihrer ersten seltenen Gäste *ausgerollt hatten*. Selbst in anderer Richtung **ein Menschengewoge – Wessis, die** unkontrolliert in den Osten *schwappten*, zu Freudenfesten bei Freunden oder Unbekannten mit mitgebrachtem Henkell trocken oder vor Ort ausgeschenktem Rotkäppchen-Sekt. **Die neue Freiheit** *wuchs* den Deutschen gänzlich überraschend binnen einer Woche *zu*, nachdem **SED-Chef Egon Krenz** eben noch ein umständliches Reisegenehmigungsrecht *angekündigt hatte*.

den. Denn die Berliner Betonmauer war keineswegs vom natürlichen Verfall bedroht – man hatte immer hinreichende Anstrengungen unternommen, dies zu verhindern. Die Mauer musste vielmehr aktiv abgerissen werden und wurde tatsächlich zum Teil mit schweren Gerät, aber auch mit vielen kleinen Hämmern und sonstigem Privatwerkzeug abgebaut und zerlegt. Das Titelbild des *Spiegels* zeigt denn auch mehrere Personen auf der Mauer stehend, wovon eine sie mit einer Spitzhacke bearbeitet. Man könnte daher erwägen, als aktuellen Referenten für *Die Mauer zerbröselt* nicht das physische Objekt zu rekonstruieren, sondern den Ausdruck metaphorisch zu interpretieren, im Sinne der allmählichen Auflösung des ›eisernen Vorhangs‹.

Ausblendung des Agens
Nun wird allerdings in den anderen Sätzen des Textes, in denen solche Einzelmetaphorisierungen nicht rekonstruiert werden können, dieselbe Perspektive gewählt. Die Menschen in der semantischen Rolle des Agens sind ›ausgeblendet‹. Für eine solche Ausblendung des Täters gibt es, wie wir in Kapitel 18 gesehen haben, eine spezielle grammatische Konstruktion, das Passiv. Dies kommt aber in den Sätzen nicht ein einziges Mal vor. Die täterabgewandte Perspektivierung kann also auch mit anderen Mitteln erreicht werden, die wir jetzt betrachten wollen.

Im Text erscheinen Einzelaspekte des Geschehens, die sachlich durchaus Handlungen von Menschen sind – sie öffnen Sektflaschen und schießen Leuchtraketen und Böller ab – als intransitiv verbalisierte, sich quasi von selbst ereignende Vorgänge. Mit *Böller gingen los* wird überdies noch ein Verb gewählt, das man in diesem Zusammenhang normalerweise mit Unabsichtlichkeit assoziiert. Diese Darstellung der Geschehnisse in der Art eines Naturereignisses kommt besonders stark in den Subjekten zum Ausdruck, bei denen die Menschen grammatisch in untergeordneter Position stehen: *ein Strom (von Ost-Berlinern)* und *ein (Menschen)-Gewoge*. Rein grammatisch gesehen könnte man die hier eingeklammerten Elemente auch weglassen. Die Prädikate sind auch hier intransitiv (*sich ergießen* und *schwappen*), die Subjekte daher wiederum am ehesten als von Naturerscheinungen betroffene ›affizierte Objekte‹ zu verstehen.

Personenbezeichnungen in Subjektposition sind mehrfach durch die semantische Rolle Experiencer bzw. dieser nahestehende Subrollen des Agens besetzt, die Prädikate sind nämlich Verben der Empfindung und des (unwillkürlichen) Gefühlsausdrucks: *empfinden, lachen, jubeln, weinen*. Die Menschen umarmen einander auch nicht, sondern sie liegen sich – intransitives Verb! – in den Armen. Eigentliche Handlungsverben mit Personenbezeichnungen in Subjektposition kommen nur fünfmal vor. Zwei davon sind Verben des Sprechens (*erklären* und *ankündigen*), und zwar mit Politikern in der Subjektposition. Deren sprachliches Handeln erscheint aber als ziemlich unwesentlich. Dies wird dadurch unterstrichen, dass die Erklärungen der Politiker den *ehrlichen* Empfindungen der Berliner gegenübergestellt werden bzw. das von Krenz angekündigte und ohnehin schon gegenstandslos gewordene *Reisegenehmigungsrecht* (ein recht umständliches Wort) auch noch mit dem Adjektiv *umständlich* charakterisiert wird. Die einzigen prototypischen Handlungen mit den semantischen Rollen Agens (*tanzen* und *singen*) bzw. Agens und affiziertes Objekt (*einen Teppich ausrollen*) werden bemerkenswerterweise den Westlern zugeordnet und sind wirklich nebensächliche Seiten der ganzen Geschichte. Der Schlagbaum schließlich, von dem die Grenzer nicht wussten, ob sie ihn nun öffnen durften oder nicht – eine höchst dramatische und gefährliche Situation – *steht offen*, als wäre er von einem Windstoß hochgerissen worden (so könnte man sich in diesem Kontext hinzudenken). In dem Satz *Die ... Freiheit wuchs den Menschen gänzlich überraschend ... zu* ist diese Perspektivierung als Naturereignis geradezu explizit formuliert. Die Menschen erscheinen in der Rolle des Benefaktiv, *die Freiheit*, eigentlich eine Eigenschaft, die die Menschen sich erkämpft haben, ist Subjekt, das wieder mit einem typischen Verb für Naturgeschehnisse (*zu-wachsen*) verbunden wird.

Insgesamt drückt die Perspektivierung den (nicht ganz unangebrachten) Eindruck aus, dass für das Ereignis zwar viele Einzelhandlungen und aktives Eingreifen von Menschen nötig waren, dass aber das wesentliche Element für eine protoypische Handlung, die Intentionalität, fehlt – niemand hatte das alles geplant oder auch nur als möglich vorausgesehen.

Unsere Erläuterung der sprachlichen Realisierung dieser Perspektive zeigt, so sei abschließend hervorgehoben, nicht nur die Relevanz der Kategorie semantische Rolle, sondern sie lässt auch erkennen, wie lexikalische, morphologische und syntaktische Wahlen erst zusammen eine Gesamtinterpretation möglich machen.

31 Verdichtung von Aussagen durch komplexe Satzglieder: Attribute

Lexikalische, morphologische und syntaktische (mitunter auch noch phonetische wie etwa in Textbeispiel 21) Entscheidungen wirken nicht nur inhaltlich beim Aufbau eines Textes zusammen, sie stehen auch formal in vielfältigen Beziehungen. Bislang haben wir nur die elementare grammatische Struktur eines Verbalsatzes betrachtet. Jetzt soll gezeigt werden, wie auch durch eine interne hierarchische Schichtung auf der syntaktischen Ebene Perspektivierungen zustande kommen. Die täter- und handlungsabgewandte Darstellung des eben behandelten Textes wird zum Teil nämlich auch dadurch getragen, dass Personenbezeichnungen und Handlungsverben nicht auf dieser elementaren Ebene eingeführt werden, also nicht als Kerne der Satzglieder bzw. der semantischen Hauptkomponente des Prädikats erscheinen, sondern in diesen gewissermaßen versteckt sind. In *Menschengewoge* erscheint *Mensch* als Bestandteil eines komplexen Wortes, eines Kompositums, in *ein Strom von Ost-Berlinern* und *zu Freudenfesten bei Freunden oder Unbekannten* erscheinen die Personenbezeichnungen als Bestand-

Attribute teil eines komplexen Satzglieds, als Attribut. Attribute sind die Bestandteile von Nominalgruppen, die über das grammatisch notwendige Minimum hinausgehen und mit deren Hilfe diese semantisch ›aufgefüllt‹ werden können. In der Schulgrammatik hießen sie *Beifügungen*.

Überführung von Sätzen in Attribute Die große Verdichtung von Aussagen ist nun dadurch möglich, dass ganze Sätze in Attribute überführt werden können. Wie wir wissen, ist das zentrale Element des Satzes das Prädikat; dessen Hauptverb kann morphologisch als Partizip erscheinen und dieses kann als Attribut, und zwar als adjektivisches, fungieren. Betrachten wir die Attribute unseres Textes, so finden wir denn auch einige der eben vermissten Handlungsverben wieder: *an bis dahin <u>verbarrikadierten</u> Übergängen, mit <u>mitgebrachtem</u> Henkell trocken oder vor Ort <u>ausgeschenktem</u> Rotkäppchen-Sekt.* Das Mitbringen und Ausschenken von Sekt sind zwar ebenso wie das Teppichausrollen für den Ablauf der Geschehnisse nebensächlich; die verbarrikadierten Übergänge stellen dagegen immerhin ein wichtiges Element des Dramas dar. Bei der Sektszene lassen sich übrigens die Mitspieler des (aktivischen) Entsprechungssatzes aus dem Kontext weitgehend rekonstruieren, bei der Verbarrikadierung ist das nicht der Fall, hier muss man die Information aus seinem Weltwissen ergänzen: *Die Wessis* (Agens) *haben den Ossis* (Benefaktiv) *Henkell trocken* (affiziertes Objekt) *mitgebracht. Die Ossis* (Agens) *haben an die Wessis (und wohl auch an andere Ossis)* (Benefaktiv) *vor Ort* (Lokativ) *Rotkäppchen-Sekt* (affiziertes Objekt) *ausgeschenkt. Jemand* (Agens) *hatte die Grenzübergänge* (Objektiv) *verbarrikadiert.*

Wir wollen uns jetzt einen Überblick darüber verschaffen, welches die grammatischen Minimalbestandteile der Satzglieder sind (etwa analog zu den Simplizia auf der lexikalischen Ebene) und durch welche Prozesse sie zu komplexen Satzgliedern ausgebaut werden können. Der Sonderfall des Prädikats bleibt dabei ausgeschlossen; über die mögliche Ausfüllung dieses Satzelements orientiert die Abbildung 13.

Formale Typen von Attributen

Die Grundstruktur von Subjekt und Objekten besteht formal in einer Nominalgruppe, und die minimalen Elemente einer Nominalgruppe sind im Deutschen ein Artikelwort und ein Nomen: *Die Sängerin – singt – ein Lied.* Auch Präpositionalobjekte bestehen in der Regel aus solchen Nominalgruppen, nur ist die Nominalgruppe abhängig von einer Präposition, die ihrerseits vom Verb bestimmt wird: *Die Sängerin – erzählt von – ihrer Laufbahn.* Präposition und Nominalgruppe zusammen bezeichnen wir als Präpositionalgruppe. Schließlich können auch Adverbialbestimmungen als Nominal- oder als Präpositionalgruppe realisiert werden: *Sie singt den ganzen Tag, auch in der Frühe; Sie singt in der Carnegie Hall.* Die Nominalgruppen können nun durch Attribute semantisch aufgefüllt werden. Die wichtigsten formalen Typen von Attributen sind in der folgenden Liste aufgeführt.

Adjektivattribut	*die kahle Sängerin*
Genitivattribut	*der Gesang der Sirenen*
Adverbialattribut	*das Klavier dort*
Apposition	*Maria Callas, die Sängerin*
	Die Sängerin Maria Callas
präpositionales Attribut	*die Musik zum Film*
	der Applaus für die Sängerin
Konjunktionalattribut	*Die Welt als Wille und Vorstellung*
	Zustände wie im alten Rom
Partizipialattribut	*das gleißende Scheinwerferlicht*
	die verbarrikadierten Übergänge

erweitertes
Partizipialattribut

Von den Partizipien hatten wir schon oben festgestellt, dass sie ganz besonders geeignet sind, die Aussage zu verdichten. Denn das formal als Adjektiv funktionierende Partizip ist eine Wortform des Verbs, das als Prädikat verschiedene Mitspieler/Ergänzungen regiert und Angaben zu sich nehmen kann. Die Ergänzungen und Angaben eines Verbs können aber auch als Attribute realisiert werden. Diese Konstruktion nennt man erweitertes Partizipialattribut. *Die DDR hat damals in Berlin die Verbarrikadierung der Grenzübergänge beschlossen* ⇒ *Die <u>damals in Berlin von der DDR beschlossene</u> Verbarrikadierung der Grenzübergänge ...*

Überführung von
Satzgliedern in
Attribute

Auch Adjektive und Substantive können Mitspieler regieren, besonders natürlich, wenn sie selbst von Verben abgeleitet sind. Bei den Substantiven werden diese Mitspieler zu Adjektiv-, Genitiv- oder Präpositionalattributen: *Die Behörden genehmigen die Reisen sofort* ⇒ *Die sofortige Genehmigung der Reisen durch die Behörden; die sofortige behördliche Genehmigung der Reisen.* Mit den Verfahren der Wortbildung ist es dann wieder möglich, Attribute in Bestandteile von Komposita zu überführen: *Die sofortige behördliche Reisegenehmigung.* Adverbien wie *sofort* werden meistens in Adjektive überführt, sie können aber auch – dies ist dann das Adverbialattribut – als solche erhalten bleiben: *Damals wurde beschlossen* ⇒ *dieser Beschluss damals.*

(erweitertes)
Adjektivattribut

Bei den Adjektiven bleiben in der Regel die Adverbien als solche erhalten, die anderen Satzglieder (bzw. aus solchen herleitbare Attribute) werden zu Präpositionalattributen oder Bestandteilen von Komposita. *Die Behörden können die Genehmigungen für Ausreisen dann kurzfristig erteilen* ⇒ *Die <u>dann kurzfristig durch die Behörden erteilbaren</u> Ausreisegenehmigungen.* Diese Konstruktion heißt entsprechend erweitertes Adjektivattribut. Sie kommt übrigens nicht nur bei aus Verben abgeleiteten Adjektiven vor, sondern manche Adjektive (und auch Substantive) regieren selbst Mitspieler: *Die <u>über die Öffnung der Mauer</u> glücklichen Berliner, Die Freunde <u>der Westberliner/von Rotkäppchensekt.</u>*

Apposition

Die Appositionen kann man als aus Prädikativen hergeleitete Attribute verstehen: *Josefine ist <u>eine Sängerin.</u>* Auch bei Namen als Appositionen, bei denen die Verben *nennen* oder *heißen* als Ausgangsverb zu rekonstruieren sind, handelt es sich um Prädikative. Es sind dem Subjekt oder Akkusativobjekt zugeordnete Elemente, die denselben Kasus tragen wie diese. Die nominativische bzw. akkusativische Nominalgruppe tritt in diesen Fällen also zweimal als Satzglied auf: *Wir nennen den Zeichenträger im Folgenden <u>den signifiant</u>, Die Sängerin heißt <u>Maria Callas.</u>* Je nachdem, ob man bei Namen die Kopula *sein* oder das Verb *heißen* rekonstruiert, ist übrigens die eine oder die andere Nominalgruppe als Attribut zu analysieren.

Konjunktional-
attribut

Die hier analog zu den Präpositionalattributen als Konjunktionalattribut bezeichnete Konstruktion kommt nur mit den Konjunktionen *wie* und *als* vor. Auch diese kann man im Prinzip aus Satzgliedern herleiten, allerdings nur aus sozusagen sekundären, die wir in unser Grundmodell des elementaren Verbalsatzes nicht aufgenommen haben. Auch sie sind – wie Prädikative – einem anderen Satzglied zugeordnet, allerdings handelt es sich hier nicht um obligatorische Ergänzungen; vielmehr können *als-* und *wie-*Syntagmen zu irgendeinem Satzglied frei hinzutreten. Bei den *wie-*Syntagmen liegt es überhaupt näher, sie nicht aus einem Satzglied herzuleiten, sondern sie als reduzierte Nebensätze, nämlich Vergleichssätze, aufzufassen: *Hier herrschen Zustände, wie sie im alten Rom geherrscht haben. Hier sieht es aus, wie es bei Hempels unterm Sofa aussieht* (wahrscheinlich aus der Perspektive einer Maus). Die *als-*Attribute lassen sich semantisch oft auf eine Aussage mit einem Verb der geistigen Tätigkeit zurückführen bzw. durch diese paraphrasieren: *Schopenhauer hat die Welt als Wille und Vorstellung betrachtet/angesehen/vorgestellt.* So gesehen sind *als-*Attribute das *exemple par excellence* für die Perspektivierung von Sachverhalten. Sie verdeutlichen, unter welchem Gesichtspunkt man sich einer Sache geistig nähert. Deswegen kommen sie auch in theoretischen Texten sehr häufig vor.

Wie man sieht, können gerade erweiterte (Partizipial-)Attribute Satzglieder extrem komplex machen, eben wenn dabei ganze Sätze in eine Nominalgruppe verpackt werden. Es wird dann schnell ähnlich unübersichtlich wie in Textbeispiel 21, wo mehrere Sätze gleich in ein einziges Kompositum gepresst sind. Daher ist es zweifellos von Vorteil, dass die Satzglieder einer rekonstruierten Aussage auch als Determinans von (begrenzt langen) Komposita auftreten können. Noch glücklicher müssen wir aber darüber sein, dass es überhaupt nicht notwendig ist, Aussagen in Nominalgruppen oder Komposita zu integrieren. Wir verfügen nämlich über einen letzten wichtigen Attributtyp – das sind Attributsätze, bei denen der Ausgangssatz in einen Nebensatz überführt wird. *Die Grenzübergänge, die bis dahin verbarrikadiert waren, …, Die Mitteilung, dass die Grenze offen ist, …* Damit verlassen wir den Bereich komplexer Wörter und komplexer Satzglieder und gelangen zum komplexen Satz, der uns in Kapitel 34 beschäftigen wird.

Attributsätze

Was die Attributtypen angeht, so ist nur noch festzustellen, dass sie – ebenso wie die verschiedenen Wortbildungsverfahren – miteinander kombiniert werden können, so dass ein komplexes Satzglied als in sich hierarchisch strukturiert aufzufassen ist. Sehr komplexe und vielschichtige Satzglieder kommen besonders häufig in Zeitungs-, Fach- und Amtstexten vor, die stark mit Verdichtungen arbeiten müssen. Diese Schreibweise wird als Nominalstil bezeichnet. Die genannten Texte verwenden den Nominalstil, weil sie typischerweise sehr komplexe Sachverhalte oder Zusammenhänge behandeln und zudem teilweise nur eine begrenzte Länge haben dürfen (z.B. Zeitungsmeldungen und so genannte Abstracts, das sind Zusammenfassungen wissenschaftli-

Nutzen und Nachteil des Nominalstils

cher Aufsätze zur Kurzinformation). Teilweise erklärt sich die Verdichtung auch aus einer anderen Anforderung an bestimmte Textsorten, nämlich sehr explizit sein zu müssen; dies gilt etwa für Texte mit juristischer Relevanz. Der viel kritisierte Nominalstil vermindert in der Tat die Verständlichkeit eines Textes erheblich. Allerdings kann man dies nur mit Einschränkung für das Verstehen derjenigen sagen, für die die Texte eigentlich gemacht sind, die Experten im betreffenden Bereich. Sie haben ein großes Vorwissen und kennen schon die im Gesamtzusammenhang wesentlichen Elemente und die (möglichen) Relationen zwischen ihnen. Sie können die Komplexe deswegen als quasi bekannte Ganzheiten verarbeiten. Am wenigsten gilt dies natürlich für Zeitungstexte, da diese sich ja an ein breites Publikum wenden.

Zum Abschluss eine kurze Analyse der komplexen Satzglieder aus Textbeispiel 22: Von den insgesamt 199 Wörtern steht mehr als die Hälfte (101) in komplexen Satzgliedern. Wir wollen einmal drei- und vierwortige Nominalgruppen als noch relativ wenig komplex betrachten (Artikel – Adjektiv – Substantiv, z.B. *diese sensationelle Nachricht*, oder Artikel – Substantiv – Artikel/Präposition – Substantiv, z.B. *Der Beschluss des ZK, die Genehmigung von Reisen*). Dann enthält der Text zehn lange Nominalgruppen, die zwischen 5 und 14 Wörtern und eine Durchschnittslänge von mehr als acht Wörtern aufweisen. Die längste Nominalgruppe ist die allererste:

> *A[n de]m Ende* [Kern der Nominalgruppe] (*einer* (*einstündigen* [Adjektivattribut]) *Pressekonferenz* [Genitivattribut]) (*nach dem* (*zweiten* [Adjektivattribut]) *Sitzungstag* (*des Zentralkomitees* ((*ZK*) [Apposition]) Genitivattribut) Präpositionalattribut) (*in Ost-Berlin* [Präpositionalattribut])

Hier wird wohl deutlich, warum es sinnvoll ist, so komplexe Strukturen in Grafen darzustellen, zumal die Klammerungen ziemlich unübersichtlich bleiben. Da die berühmt-berüchtigten Linguisten-Bäumchen Uneingeweihte aber offenbar doch leicht abstoßen, greife ich auf Paraphrasen zurück, um das komprimierte Satzglied auseinanderzufalten. Ich habe hier das letzte Präpositionalattribut nicht auf die unmittelbar vorangehende Nominalgruppe bezogen, also nicht: *das Zentralkomitee in Ost-Berlin*, sondern auf die Pressekonferenz, also: *am Ende einer Pressekonferenz in Ost-Berlin*. In Sätze aufgelöst liest sich das Ganze so: *Das Zentralkomitee hatte zum zweiten Mal* [bezogen auf die 10. Tagung des ZK] *eine Sitzung abgehalten. Das Zentralkomitee bezeichnen wir im Folgenden als ZK. Nach der Sitzung fand in Berlin eine Pressekonferenz statt. Am Ende der Pressekonferenz (verkündete Schabowski etwas). Die Pressekonferenz dauerte eine Stunde.*

Interessanterweise enthält dieses Satzglied noch nicht einmal die komplexitätsanfälligste Art von Attributen, nämlich (erweiterte) Partizipialattribute. Ein solches finden wir zugleich mit einem ebenfalls noch nicht belegten Adverbialattribut in _noch geltende Voraussetzungen für eine ständige Ausreise_. Ein Relativsatz ist belegt in _Bürger, die die DDR verlassen wollen_.

32 Einfache(re) Satzglieder

Bevor wir uns dem komplexen Satz zuwenden können, müssen wir uns noch mit anderen Strukturen von Satzgliedern beschäftigen. Der Einfachheit halber hatten wir als Grundstruktur für Satzglieder im engeren Sinn eine Nominalgruppe angesetzt, die aus Artikel und Substantiv besteht. In der Tat können ja auch Subjekt, Objekte und Adverbialbestimmungen alle unter Rückgriff auf diese Struktur analysiert werden. Die Attribute kann man am besten erläutern, wenn man von diesem Muster ausgeht. Schon unsere Beispielsätze zeigen jedoch, dass Satzglieder auch anders realisiert werden können. Dann sind sie allerdings weniger gut zugänglich für Attribute – und entsprechend auch meistens einfacher.

Am untypischsten ist die Nominalgruppenstruktur für das Satzglied Adverbialbestimmung. Adverbialbestimmungen (auch: Adverbiale) werden prototypisch nämlich durch Simplizia realisiert, und zwar durch Ausdrücke der Wortart Adverb: _dann, immer, heute, hier, dort, so, darum_. Noch einfacher ist es, die entsprechenden Fragewörter einzusetzen: _wann, wo, wie, warum?_ Alle diese Ausdrücke sind allerdings inhaltlich wenig aufschlussreich, semantisch weitgehend leer. Dies gilt besonders für die Deiktika (_hier, da, dann, jetzt, darum_ usw.), deren Referenz man nur entschlüsseln kann, wenn man entweder die Situation kennt (wo und wann wird der Satz geäußert?) oder den Textzusammenhang einbeziehen kann. In diesem Fall liegt Textdeixis, ein Verweisen im Text, vor. In _dar-um_ z.B. verweist _dar-_ in der Regel auf eine vorangehende Aussage zurück. Wenn wir inhaltlich differenziertere Angaben als Adverbialbestimmungen realisieren wollen, müssen wir auf andere Mittel als reine Adverbien zurückgreifen, da es nicht sehr viele verschiedene Lexeme der Wortart Adverb gibt. Wir müssen also Ausdrücke anderer Wortarten benutzen.

Adverbialbestimmungen in Form von Adverbien

In vielen Sprachen können Adjektive durch Wortbildungsmittel zu Adverbien abgeleitet werden; dies geschieht vor allem mit modalen Adjektiven, also solchen, die Art und Weise spezifizieren. Im Französischen hat man dafür das Affix _-ment_, im Englischen _-ly_, im Italienischen _-mente_, im Finnischen _-sti_ usw. So etwas gibt es auch im Deutschen, wo etwa folgende Affixe zur Adverbableitung zur Verfügung stehen: _-s_

Adverbialbestimmungen in Form von Adjektiven

(*bereit-s*), *-ens* (von Superlativformen des Adjektivs: *frühestens*) oder *-weise* (mit dem Fugenelement *-er*: *heimlicherweise*). Alle diese Affixe können aber auch zu anderen Basen als adjektivischen treten (Partizip: *zusehend-s*, Substantive: *namen-s, scharen-weise*), sie sind durchaus nicht auf die Ableitung aus Adjektiven spezialisiert. Genauer gesagt verfügt das Deutsche über kein Affix, das regulär und produktiv aus Adjektiven Adverbien macht. Das Chakteristikum des Deutschen besteht vielmehr darin, dass die Ableitung von Adverbien aus Adjektiven durch Konversion geschieht. Anders gesagt: Man kann Adjektive (und Partizipien) auch als Adverbien benutzen; sie treten dann als nicht flektierte Wörter auf: *Sie singt schön, laut, inbrünstig, stehend.* Noch viel größere Möglichkeiten der inhaltlichen Differenzierung haben wir allerdings, wenn wir auch auf Ausdrücke der Wortart Substantiv zurückgreifen können und dementsprechend Nominal- bzw. (meistens) Präpositionalgruppen einsetzen. Sie eröffnen uns sämtliche Möglichkeiten der sekundären attributivischen Erweiterung: *wo? an dem Ort, an dem …; wie? in der Art, in der …* usw. Deswegen ist es doch nicht abwegig, die Nominalgruppe auch als zentrales Realisierungsmittel für Satzglieder vom Typ der Adverbialbestimmung zu betrachten.

Nominalgruppen in Form von Pronomina
　　Bei den Nominalgruppen, die in der syntaktischen Funktion Subjekt oder Objekt auftreten, gibt es zwei andere Realisierungsarten als die Grundstruktur ›Artikel – Substantiv‹. Die wirklich minimale Besetzung besteht auch hier aus einem einzigen Wort. Wie bei den textdeiktischen Adverbien treten dabei zunächst Pro-Formen hervor, die komplexe Satzglieder vertreten können. Im Bereich der Substantive, lateinisch Nomina, handelt es sich um Pro-Nomina wie *er, sie, es.* Oder wiederum als Fragewort: *wer (oder was), wen oder was, wem oder was, wessen* (*Wessen erinnert sie sich?*). Wie schon in Kapitel 17 erwähnt, können auch Artikelwörter als Pronomina verwendet werden: *diese, jene, manche, solche, …* Auch hier haben wir wieder extrem inhaltsleere Ausdrücke vor uns, die überdies nur schlecht durch Attribute aufgefüllt werden können – am besten geht es mit Hilfe von Relativsätzen: *diejenigen, die ausreisen wollen; sie, von denen wir anderes erwartet haben.*

Nominalgruppen ohne Artikel: der Nullartikel
　　Die zweite Ausnahme von unserer Grundstruktur ist eigentlich gar keine. Sie ergibt sich nur daraus, dass man Substantive auch ohne Artikel verwenden kann bzw. oft muss, also aus den Bedingungen, unter denen Substantive artikellos verwendet werden. Als Ausnahme können wir diese Struktur verschwinden lassen, wenn wir eine Kategorie Nullartikel (parallel zum Nullallomorph) einführen. Besonders einleuchtend ist das bei indefiniten Nominalgruppen im Plural, denn diese sind im Deutschen immer artikellos: *Obelix hat ein Wildschwein gegessen, Obelix hat Ø Wildschweine gegessen.* Aber auch im Singular gibt es artikellose Nominalgruppen, etwa bei Stoffbezeichnungen: *Ø Eisen ist hart.* In beiden Fällen treten die im vorigen Kapitel behandelten Attri-

bute wie dort besprochen zum Nomen; es fehlt also an unserer Grundstruktur nur der Artikel: *Ø Bekannte Helden Galliens, die dauernd Ø Un-
mengen von Ø Wildschweinen essen*. Am wenigsten überzeugend ist der
Trick mit dem Nullartikel bei Eigennamen, da bei diesen Artikellosigkeit
die unmarkierte Form ist. Man kann zwar sagen (eher als schreiben) *der
Obelix* und eventuell auch *der Caesar*, aber wohl kaum *der Karl der Große*,
und bei Ortsnamen wie *Gallien* kann man den Artikel normalerweise
überhaupt nicht benutzen. Allerdings muss er wieder hinzutreten, wenn
wir die Nominalgruppe durch Attribute erweitern: *das unterworfene Gallien, das Gallien von Asterix und Obelix*. An unserer Grundstruktur für die
Auffüllung von Nominalgruppen durch Attribute ändern diese ›Ausnahmen‹ auf jeden Fall nichts Wesentliches.

Der Vollständigkeit halber sei noch auf Präpositionalobjekte eingegangen. Sie funktionieren allerdings genauso wie Nominalgruppen
(können also auch artikellos auftreten) – abgesehen natürlich davon,
dass sie eben von einer Präposition abhängen. Eine Besonderheit stellen nur die Proformen für Präpositionalobjekte dar. Die Pro-Elemente
dar- und *wo-* werden nämlich mit der Präposition zu einem so genannten Pronominaladverb verschmolzen: *Worauf wartest du?* Das erleichtert es übrigens, Präpositionalobjekte von Adverbialbestimmungen zu
unterscheiden – beide treten ja häufig in der Form von Präpositionalgruppen auf. Dafür müssen wir das kontextuell geeignete Fragewort
für die Präpositionalgruppe suchen: *Ich warte auf ein Wunder. – Worauf
(wartest du)? – Auf ein Wunder. – Und wo (wartest du darauf)? – In meinem
kleinen Kämmerlein*.

*Präpositional-
gruppen in Form
von Pronominal-
adverbien*

33   Der Satz als grammatische Struktur

Die Auflösung des Satzgliedes aus Textbeispiel 22 (vgl. Kapitel 31) hat
gezeigt, dass wir komplexitätssteigernde Attribute vermeiden können,
wenn wir statt dessen einfache Satzglieder verwenden und entsprechend mehrere Sätze bilden. Die dort vorgestellte ›Übersetzung‹ der
komplexen Nominalgruppe in Einzelsätze lässt aber wohl auch schon
erkennen, dass wir sinnvollerweise wohl kaum einen längeren Text
über ein einigermaßen komplexes Thema lediglich mit Hilfe von solchen elementaren Strukturen produzieren würden. Wenn wir nur
einfache Strukturen aneinanderreihen, können wir unsere Aussagen
nämlich weder gewichten, noch die Beziehungen, die zwischen ihnen
bestehen, auch sprachlich zum Ausdruck bringen. Auch hier können
wir wieder auf das Konzept der Perspektivierung zurückgreifen: Wir

*Haupt- und
Nebeninforma-
tionen*

müssen eben auch unsere Aussagen so auf der Bühne anordnen und beleuchten, dass erkennbar wird, was sie miteinander zu tun haben, wer die Haupt-, wer die Nebenrolle spielen soll, was lediglich dekorative Beigabe ist, usw.

Haupt- und Nebensätze Das Bild vom Drama evoziert zunächst unmittelbar die Frage nach der Gewichtung entsprechend Haupt- und Nebenrollen. Bekanntlich unterscheidet man auch in der Syntax Haupt- und Nebensätze. Nachdem wir schon mehrfach gesehen haben, wie kritisch viele Linguisten die Aufschlusskraft motivierter Termini beurteilen, wird es niemanden mehr wundern, dass die Idee, im Hauptsatz stünde das Wichtigste, in den Nebensätzen dagegen das weniger Wichtige, ebenfalls oft als ungeeignete Parallelisierung von Form und Inhalt zurückgewiesen wird. Als eklatanteste Widerlegung dieser Annahme gelten Sätze, bei denen im Hauptsatz überhaupt kein Inhaltswort mehr steht: *Der, der zuletzt lacht, ist der, der den Witz als letzter begriffen hat.* Auch angesichts solcher Demonstrationen ist es jedoch sinnvoller, das Kind nicht gleich mit dem Bade auszuschütten. Selbstverständlich hat auch die hierarchische Anordnung von Teilsätzen etwas mit Gewichtung und Perspektivierung zu tun. Wie immer liegt aber auch hier keine simple Eins-zu-eins-Zuordnung vor, und zwar ganz einfach deswegen, weil wir die Freiheit haben müssen, ein und dasselbe Geschehen unterschiedlich zu perspektivieren.

Zur Verdeutlichung des Informationswerts verschiedener Formen der Bildung komplexer Einheiten seien nochmals Varianten der Formulierung des ersten Satzglieds unserer Zeitungsmeldung herangezogen. Die Originalfassung arbeitete nur mit Attributen:

> Am Ende einer einstündigen Pressekonferenz nach dem zweiten Sitzungstag des Zentralkomitees (ZK) in Ost-Berlin (verkündete SED-Politbüromitglied Günter Schabowski diese sensationelle Nachricht).

In der zur Verdeutlichung der Zusammenhänge erstellten Reformulierung habe ich nur Hauptsätze benutzt:

> Das Zentralkomitee hatte zum zweiten Mal eine Sitzung abgehalten. Das Zentralkomitee bezeichnen wir im Folgenden als ZK. Nach der Sitzung fand in Berlin eine Pressekonferenz statt. Am Ende der Pressekonferenz (verkündete Schabowski etwas). Die Pressekonferenz dauerte eine Stunde.

metakommunikative Einschübe als Nebeninformation Dass manche Aussagen der Hauptaussage ganz einfach untergeordnet werden *müssen*, wenn ein sinnvoller Text entstehen soll, sei zunächst am Beispiel von sprachlichen Aktivitäten gezeigt, die der kommunikativen Hauptintention meistens untergeordnet sind. Gemeint ist die Metakommunikation (vgl. Kapitel 6), die vielfach nur eingesetzt wird, um der Gefahr vorzubeugen, dass der Partner die eigentliche Botschaft nicht oder falsch versteht. Besonders überflüssige, also maximal unwichtige Aussagen, sind metakommunikative Erläuterungen zu etwas, das der Partner ohnehin weiß. Das sind dann Maßnahmen der vorbeugenden Verstehenssicherung, die gegenüber Personen angebracht sind, deren Vorwissen unterdurchschnittlich groß sein könnte. Um einen solchen Fall handelt es sich in unserer Zeitungsmeldung bei der Nominalgruppe *des Zentralkommitees (ZK)*. Die meisten politisch interessierten Zeitungsleser dürften wissen, dass *ZK* ein Kurzwort für *Zentralkommitee* ist und könnten daher auf die Apposition verzichten. Es zeigt sich also, dass das – die Gesamtstruktur zusätzlich komplizierende – Attribut wahrscheinlich aus Gründen der Verständnis*erleichterung* für Leser mit geringem Vorwissen eingesetzt wurde.

Dieses Attribut habe ich nun, wie alle anderen auch, in der ›Übersetzung‹ in einen Hauptsatz überführt und damit *den* Satz des kleinen Textes produziert, der auf gar keinen Fall mit den anderen auf derselben Stufe stehen darf, wenn man die berechtigten Erwartungen der Leser nicht enttäuschen will. Ebenso wie die Metakommunikation kann man getrost die Dauer und den Ort der Pressekonferenz als nebensächlich betrachten: Das Wichtigste ist eindeutig das, was Schabowski verkündet hat. Und dies steht im Original auch – als Zitat – in einem späteren eigenständigen (komplexen) Satz.

Es wäre wahrscheinlich besser gewesen, im Originaltext auf die Wiedergabe des Inhalts mancher Attribute ganz zu verzichten oder sie wenigstens in kleineren (Satz-)Portionen und am besten später im Text einzuführen. Die Darstellung ist also gewiss nicht optimal. Die Version, die nur mit Hauptsätzen arbeitet, ist aber auch alles andere als optimal. Besser wird es schon, wenn man die weniger wichtigen Aussagen in Nebensätze ›abschiebt‹. Das ergibt eine dritte Variante:

Warum man nicht nur Hauptsätze benutzen sollte

> Das Zentralkomitee, das wir im Folgenden als ZK bezeichnen, hatte zum zweiten Mal eine Sitzung abgehalten. Danach fand in Berlin eine Pressekonferenz statt, die eine Stunde dauerte. Am Ende der Pressekonferenz verkündete Schabowski diese sensationelle Nachricht.

Aber auch diese Version widerspricht noch vollständig den Aufbauprinzipien, die in heutigen Nachrichtentexten üblich sind und die dementsprechend auch von den Lesern erwartet werden (vgl. S. 263f.). Die wesentliche Aussage kommt hier nämlich erst im dritten Satz, das ›Dekor‹ gerät also unangemessenerweise in den Vordergrund. Unangemessen ist dies nicht, weil es aus irgendwelchen ›objektiven‹ Gründen prinzipiell unangebracht wäre, das Dekor zur Hauptsache zu machen (das ist sogar die normale Perspektive der Bühnenbildner), sondern weil darin nicht die Aufgabe von Nachrichtentexten besteht. Die Geschichte aus dem Wochenmagazin *Spiegel*, in der es gar nicht in erster Linie um die Verbreitung einer (ja längst bekannten) Nachricht geht, kann sich demgegenüber eine solche Perspektivierung eher leisten.

Um noch einmal auf die metasprachlichen Aussagen zurückzukommen, so stehen diese allenfalls für Sprachwissenschaftler im Vordergrund des Interesses; in alltäglicher Kommunikation sind sie dagegen, wie gesagt, meist untergeordnet. Nun ist die im Original gewählte syntaktische Lösung der Aufgabe, die metakommunikative Aussage in den Hintergrund zu rücken, nämlich das Attribut (*Zentralkommitee (ZK)*), wohl sogar die beste, besser jedenfalls als der in der dritten Variante benutzte Nebensatz. Wegen seiner extremen Kürze hält das Attribut den Leseprozess nicht mehr als unbedingt nötig auf, und man kann sich darauf verlassen, dass die Leser wissen, dass solche Appositionen auf ein Prädikativ zurückgehen, man also bloß eine Art Gleichheitszeichen mitlesen muss.

Komplexions-
bildung auf
verschiedenen
Ebenen

Wir halten nach dieser Beispieldiskussion Folgendes fest: Der Sinn komplexer Sätze besteht – ebenso wie der komplexer Satzglieder und komplexer Wörter – darin, Teile des besprochenen Sachverhalts in einer Weise zu präsentieren, die eine angemessene Rekonstruktion ihres jeweiligen Informationswertes und der ausgedrückten gedanklichen Zusammenhänge ermöglicht. Je nachdem, ob der Text eher besonders leicht zu verstehen sein soll oder ob man mehr Gewicht auf die möglichst präzise Darstellung der Zusammenhänge legen will bzw. muss, wird man unterschiedlich viele Aussagen in den Text verpacken und diese mit unterschiedlichen Verfahren der Komplexionsbildung zueinander in Beziehung setzen. Alle Ebenen – von der variablen Reihenfolge der Aussagen im Text über die unterschiedlichen Möglichkeiten der Bildung von Sätzen, der Besetzung von Satzgliedern bis hin zur Abschätzung der Möglichkeiten der Wortbildung und der Auswahl von Lexemen – müssen bei der Suche nach der optimalen Lösung gewissermaßen gegeneinander ›verrechnet‹ werden. Nur die parallele Berücksichtigung aller Ebenen kann zu dem führen, was man einen guten Stil nennt.

Abgesehen davon, dass guter Stil für alle Sprecher und Schreiber letzten Endes nur ein Ideal ist, dessen Verwirklichung man anstreben kann – eindeutig beste Lösungen gibt es nicht –, ist noch zu berücksichtigen, dass die Gütekriterien danach variieren, um welche Art von Texten es sich handelt. Die in populären Stilistiken so gern gehandelten Grundsätze »Einfache und kurze Sätze, kein Nominalstil, alles schön der Reihe nach (chronologisch?), geläufige Wörter!« sind unangemessene Patentrezepte. In manchen Texten, z.B. in Geschichten für Kinder, sind sie angebracht, in anderen, wie z.B. in Fach- oder Zeitungstexten, wird kein professioneller Schreiber sie in den Vordergrund stellen können.

Zum Problem der
Satzdefinition

Wir müssen uns nun wieder einen Überblick darüber verschaffen, welche Möglichkeiten es auf der Ebene des komplexen Satzes gibt, Aussagen zueinander in Beziehung zu setzen. An dieser Stelle wird man zunächst eine Definition des Begriffes *Satz* erwarten, der aber eine metakommunikative Stellungnahme vorangehen soll: Es gibt nämlich nicht wenige Linguisten, die meinen, in diesem Zusammenhang als erstes feststellen zu müssen, dass es hunderte verschiedener Satzdefinitionen gibt und die Linguistik es noch immer nicht zu einer allgemein akzeptierten gebracht hat. Dem möchte ich zunächst hinzufügen, dass sie es auch nie dahin bringen wird, anschließend aber gleich entgegensetzen, dass es auch gar nicht anders sein kann und darf.

Der Satz ist für das Funktionieren schriftlicher Sprache eine so zentrale Größe, dass dieser Begriff neben *Wort* und *Text* zu den ersten Konzepten gehört, die bei jedem Nachdenken über Sprache ausgebildet werden. *Satz* ist also ein Laienbegriff, ein alltagssprachliches Wort, das man auf gar keinen Fall als Benennung eines Terminus wählen darf, wenn man auf eine exakte Definition aus ist (vgl. Kapitel 24). Es ist die Vagheit des Wortes *Satz*, die es so geeignet macht, je nach Kontext auf verschiedene Aspekte ›derselben Sache‹ zu referieren. Man kann den Satz als eine Einheit der Kommunikation, der Schrift, der Grammatik, des Denkens usw. betrachten und kommt dann selbstredend zu verschiedenen Definitionen.

Satz ist ein Wort der Alltagssprache

Die Sprachwissenschaftler müssen natürlich den Satz erst recht unter möglichst vielen Gesichtspunkten und möglichst differenziert betrachten. Das ist Teil ihres Berufs. Wenn sie ihre Arbeit gut machen, besteht das Ergebnis darin, dass die einzelnen Aspekte säuberlich voneinander getrennt sind, man eine Vielzahl von – diesmal wissenschaftlichen – Konzepten entwickelt und diese jeweils mit eindeutigen Termini belegt. Von diesen sollte wegen der Verwechslungsmöglichkeiten am besten keiner mit dem *signifiant* des gemeinsprachlichen Wortes *Satz* zusammenfallen, erst recht dürfen dies aber nicht mehrere unterschiedliche Begriffe (*signifiés*) tun.

Abgesehen von dieser prinzipiellen Unmöglichkeit, den Begriff *Satz* eindeutig zu definieren, gibt es in der Linguistik, und zwar besonders in der Syntax, ebenso wie in anderen Disziplinen verschiedene theoretische Ansätze zur Analyse ein und desselben Phänomens. Eine allgemein akzeptierte Satzdefinition würde also bedeuten, dass man zu einer vereinheitlichten linguistischen Theorie gelangt ist. Ist eine solche nicht sehr erstrebenswert, würde sie uns nicht endgültig die ›Wahrheit über die Sprache‹ sagen? Nehmen wir einmal an, so etwas wäre erstrebenswert, so müssen wir uns doch leider damit abfinden, dass wir es nie erreichen werden. Wie jeder Text, jede sprachliche Äußerung die Wirklichkeit nicht realitätsgetreu abbildet, widerspiegelt, sondern nur ein Bild von ihr gibt, so können auch wissenschaftliche Aussagen und Theorien immer nur modellhafte Vorstellungen von der Wirklichkeit sein. Sie erfassen vielleicht sehr genau (aber nie: der Wahrheit korrespondierend!) manche Aspekte, blenden dabei aber andere aus. Dass

Der Nutzen unterschiedlicher Theorien

verschiedene Theorien nebeneinander stehen oder sich im Laufe der Wissenschaftsgeschichte auch ablösen, liegt daran, dass man jeweils verschiedene Gesichtspunkte hervorhebt, ins Zentrum rückt, andere zeitweilig vernachlässigt oder auch für nicht (mehr) angemessen hält. Der Fortschritt der Wissenschaft besteht weniger darin, neue Phänomene oder Fakten zu entdecken, als darin, neue Perspektiven auf bekannte Phänomene zu erdenken. Unter einer solchen Perspektive lassen sich dann auch neue Phänomene oder ›Tatsachen‹ finden. Sie sind aber immer gebunden an die gewählte Perspektive, als Aussagen nur sinnvoll im Rahmen einer Theorie. Eine vereinheitlichte Theorie wäre daher eher eine soziale Zwangsnahme als das Auffinden der endgültigen (eher: einer vorläufigen) ›Wahrheit‹. Eine solche Verpflichtung auf Einhelligkeit würde bedeuten, dass man einfach nicht mehr anders denken darf als in der vorgeschriebenen Perspektive, und diese Zwangsmaßnahme würde über kurz oder lang den Stillstand der Wissenschaft nach sich ziehen. Gewiss müssen sich Gruppen von Wissenschaftlern (für eine Weile) auf ein bestimmtes Erkenntnisziel und eine dafür geeignete Perspektive festlegen, wenn sie überhaupt systematisch forschen wollen. Für die Geistes- und Sozialwissenschaften ist es aber typisch, dass verschiedene Schulen nebeneinander existieren, die unterschiedliche Erkenntnisinteressen in Bezug auf die gleichen Objekte haben. Was die Linguistik angeht, so wäre m.E. eine vorübergehend vereinheitlichte Theorie am wenigsten wünschbar, wenn es sich bei ihr um einen der Ansätze handelte, die derzeit die größten Chancen hätten, sich durchzusetzen, nämlich einen, der die formalgrammatische oder naturwissenschaftlich bearbeitbare Seite der Sprache ins Zentrum stellt.

Wir kehren nach dem wissenschaftstheoretischen Exkurs zur Satzdefinition zurück. Da die Vorstellung verschiedener sprachwissenschaftlicher Ansätze nur ein nachgeordnetes Anliegen dieses Buches ist, beschränke ich mich im Folgenden auf die Verwendung weniger Termini aus dem reichen Arsenal der Syntaxforschung und führe auch einige sonst nicht geläufige ein, die im Gesamtzusammenhang dieser Darstellung leichter verständlich sind. Die Termini werden nicht exakt definiert, weil dazu eine umfassende Syntaxtheorie entfaltet werden müsste; sie werden nur so weit erläutert, wie es für das Verständnis erforderlich ist.

Langue-Sätze und Parole-Sätze

Entsprechend der Saussureschen Grundunterscheidung können wir Sätze als Einheiten der *parole* oder als Einheiten der *langue* betrachten und unterscheiden daher Langue-Sätze und Parole-Sätze. Parole-Sätze sind solche Einheiten, die – in der Regel durch Satzzeichen – als Satzgebilde deklariert sind, also banal gesagt: das, was mit einem Großbuchstaben beginnt und mit einem Punkt, Fragezeichen oder Ausrufungszeichen endet. Parole- und Langue-Sätze stimmen nicht miteinander überein, u.a. weil wir mehr oder weniger häufig Äußerungen bilden, die den syntaktischen Regeln nicht entsprechen. Im Grunde ist aber ein Langue-Satz ohnehin nur ein formales Konstruktionsschema, nach dem man unendlich viele verschiedene Parole-Sätze bilden kann, indem man die formal vorgesehenen Stellen mit unterschiedlichen Lexemen besetzt. Bei den formal vorgesehenen Stellen handelt es sich zunächst um die Satzglieder. Deren interne Struktur haben wir schon betrachtet und dabei wieder mit formalen Kategorien, und zwar den Bezeichnungen für Wortarten, gearbeitet. Das Konstruktionsschema für den Parole-Satz *Die kalten Winde bliesen mir grad ins Angesicht* ist somit z.B. – ohne Rücksicht auf die hierarchischen Verhältnisse – Artikelwort-Adjektiv-Substantiv-finites Verb-Pronomen-Adverb-Präposition-Artikel-Substantiv.

Zu den Langue-Sätzen zählen wir hier nur solche Strukturen, die um ein finites Verb herum organisiert sind; sie heißen Verbalsätze. Parole-Sätze können dagegen auch ohne Verb gebildet werden: *Gute Nacht! Auf, auf zum fröhlichen Jagen. Die Welt als Wille und Vorstellung. Eintritt verboten.* Verbalsätze können allein oder aber kombiniert, also als Teilsätze eines komplexen Gebildes, auftreten. Um beide Fälle des Vorkommens von Verbalsätzen unter einen Begriff zu fassen, verwenden wir den Ausdruck Elementarsatz.

Der Elementarsatz

Langue-Sätze zerfallen in Einfachsätze – diese enthalten nur einen Elementarsatz – und komplexe Sätze, die mehrere Elementarsätze umfassen. Schließlich greifen wir traditionelle Begriffe auf und legen dabei etwas genauer fest: Ein komplexer Langue-Satz heißt Satzgefüge, wenn mindestens ein Elementarsatz ein Nebensatz ist. Er heißt Satzreihe, wenn Elementarsätze nur additiv zusammentreten. Die Ausdrücke *Satzreihe* und *Satzgefüge* beziehen sich wie *Kompositum* und *Derivatum* auf die Produkte, die durch Anwendung bestimmter Komplexionsverfahren zustandekommen. Da wir hier insgesamt eine prozessuale Sichtweise bevorzugen, zumindest aber die Möglichkeit haben wollen, die Verhältnisse in prozessualer Perspektive darzustellen, führen wir gleich Ausdrücke ein, die das Komplexionsverfahren selbst bezeichnen. Üblich sind jeweils ein deutscher, lateinischer und griechischer Terminus: Die Satzreihung heißt Nebenordnung, Koordination bzw. Parataxe, die Satzfügung Unterordnung, Subordination bzw. Hypotaxe. Da wir die interne Struktur von Einfachsätzen schon kennen (vgl. Kapitel 29), müssen wir uns im Folgenden nur noch mit komplexen Langue-Sätzen und Parole-Sätzen befassen.

Komplexe Sätze
Die Produkte:
Satzreihen und
Satzgefüge

Die Verfahren:
Parataxe und
Hypotaxe

34 Verbindung von Aussagen: Der komplexe Langue-Satz

Parataxe: syndetisch oder asyndetisch

Zu Satzreihen als Langue-Einheiten ist eigentlich nur zu sagen, dass sie entweder durch ein Verbindungselement, eine koordinierende Konjunktion, miteinander verknüpft werden oder nicht. Im ersten Fall sprechen wir von syndetischer Reihung: *Julia liebt Romeo, und Romeo liebt Julia; Faust mag Gretchen zwar, aber von Liebe wird man hier nicht sprechen; Lotte erliegt nicht dem Werben Werthers, sondern sie bleibt bei Albert.* Satzreihen ohne koordinierende Konjunktion weisen asyndetische Reihung auf: *Ich kam, ich sah, ich siegte.*

Hypotaxe: Gliedsätze und Attributsätze

Etwas umfangreichere Erläuterungen verlangen Satzgefüge als Langue-Einheiten. Dass ein Elementarsatz einem anderen subordiniert, untergeordnet, ist, bedeutet, dass er eine der formalen Stellen des anderen besetzt. Danach unterscheiden wir grundlegend zwischen zwei Typen von Nebensätzen. Es gibt einerseits solche, die die Stelle eines Satzglieds besetzen, sie heißen Gliedsätze, und solche, die die Stelle eines Attributs, also eines Elements innerhalb eines Satzglieds, besetzen. Das sind Attributsätze. Wir wollen uns jetzt wieder einen systematischen Überblick über die vorkommenden Strukturen verschaffen.

Untertypen von Gliedsätzen Adverbialsätze

Die meisten Gliedsätze besetzen die Position Adverbialbestimmung (Adverbialsätze), was sich auch daraus erklärt, dass die Wortart Adverb nur so wenige Lexeme umfasst und die adverbial gebrauchten Adjektive oder sonstwie aus anderen Wortarten abgeleiteten Adverbien sich hauptsächlich für die Kategorie modaler Adverbialbestimmungen eignen. Für inhaltlich ausgebaute temporale, lokale und kausale Adverbialbestimmungen brauchen wir dagegen oft Adverbialsätze. Als Nebensätze kommen satzförmige Aussagen, die das Wann, Wie, Wo und Warum eines Geschehens betreffen, deswegen häufig vor, weil es sich dabei meist um Nebeninformationen handelt.

Die Adverbialsätze werden durch subordinierende Konjunktionen angeschlossen. Für den Ausdruck temporaler und logischer Beziehungen zwischen Aussagen steht eine Reihe inhaltlich relativ fein differenzierter Mittel zur Verfügung. Zur Einleitung lokaler Adverbialsätze verfügen wir eigentlich nur über Fragewörter (*wo, wohin, woher, …*). Bei den anderen haben wir dagegen eine größere Auswahl: Zeitverhältnisse (*als, während, nachdem, bevor, ehe, …*), Grund (*weil*), Gegengrund/Konzession (*obwohl*), Bedingung (*wenn*), Folge (*so dass*), Gegensatz (*während, wohingegen*) usw. In diesen Fällen wird die Unterordnung nicht unbedingt deswegen gewählt, weil die Aussage des Nebensatzes eine Nebeninformation wäre, sondern weil durch die Konjunktion die spezifische sachliche Beziehung zwischen den Aussagen explizit gemacht werden kann.

Objektsätze

Prinzipiell lassen sich auch alle anderen Satzglieder als Nebensätze formulieren. Besonders häufig treten solche Akkusativ-Objektsätze auf, die man als Inhaltssätze bezeichnet, weil sie eine Ergänzung zu einem Verb des Sagens, Denkens, Fühlens usw. darstellen, also den Inhalt dieser geistigen Tätigkeiten wiedergeben. Die dabei am häufigsten benutzten subordinierenden Konjunktionen sind *dass* und *ob*, also im Gegensatz zu den adverbialen relativ inhaltsleere, die lediglich markieren, dass eine bestimmte Stelle besetzt wird. *Die Journalisten fragten sich verwundert, ob tatsächlich die Mauer geöffnet werden soll.* Inhaltssätze können aber auch asyndetisch angeschlossen werden. Das gilt besonders für die Fälle, in denen das Objekt direkte Rede ist und als Zitat in Anführungszeichen erscheint. *Schabowski sagte:* »*Mir ist eben mitgeteilt worden …*«. In dem nochmals bemühten Beispieltext fehlen übrigens bei der Hauptmitteilung, dem zitierten Beschluss des Ministerrats, diese Anführungszeichen, weil es sich um ein Zitat im Zitat handelt: »*Der DDR-Ministerrat hat beschlossen, Privatreisen können …*« Die Abhängigkeit kann in diesen Fällen durch den Konjunktiv als Signal der indirekten Rede verdeutlicht werden (»*Der DDR-Ministerrat hat beschlossen, Privatreisen könnten …*«). Das ist aber nicht obligatorisch. Auch in modernen Prosatexten fehlen Anführungszeichen bzw. andere Mittel der Signalisierung wiedergegebener Rede oft, und man weiß nicht auf Anhieb (manchmal auch gar nicht), wem die Aussagen eigentlich zugeordnet werden sollen: dem Erzähler, der Figur, von der die Rede ist, einer anderen Figur, an deren Aussage sich die erste erinnert …? Hier ist die Uneindeutigkeit der Perspektive ein (gewollt eingesetztes) Darstellungsmittel (vgl. dazu Textbeispiel 26).

In der Häufigkeit am zweitwichtigsten dürften Präpositional-Objektsätze sein, während das Dativ- und das ohnehin seltene Genitivobjekt kaum mittels Nebensätzen realisiert werden. Bei den Präpositional-Objektsätzen kann übrigens das Pronominaladverb zusätzlich, als so genanntes Korrelat, im Hauptsatz erscheinen: *Ich warte (darauf), dass ein Wunder geschieht.*

Subjektsätze

Schließlich kommen noch Subjektsätze vor: *Wer zuletzt lacht, lacht am besten.* Der Nebensatz wird hier – ähnlich wie bei den Objektsätzen – gewählt, weil an die Stelle von Subjekt bzw. Objekt ein ganzer Sachverhalt, nicht ein einzelner Referent, rücken soll. Man führe sich vor Augen, wie schwierig es ist, den Inhalt des eben zitierten Sprichworts ohne Unterordnung auszudrücken: *Einer lacht immer zuletzt. Der* (betont) *lacht am besten.* Hier liegt zwar syntaktisch keine Unterordnung vor, aber das Subjekt des zweiten Satzes verweist textdeiktisch auf den ganzen ersten Satz zurück; dieser ist in den zweiten Satz inhaltlich integriert und somit logisch doch untergeordnet. Deutlicher wird das, wenn man mit einem Relativsatz arbeitet: *Einer lacht immer zuletzt. Das ist der* (hier natürlicherweise betont), *der am besten lacht.* Die Unterord-

Textbeispiel 26: Wie hätte er davon sprechen sollen?

Wir erinnern uns, daß schon früh darüber gesprochen wurde, ihn in die Stadt auf die Schule zu schicken, Jahre davor, in den Zwischensaisonen, wenn man nicht wußte, was sagen, und dankbar alles zum Anlaß nahm. Es galt als abgemacht, noch ehe Jakob davon hörte, und nur über ihr Urteil konnten sich Mutter und der Vater in die Haare geraten, nach dem Mittagessen stundenlang streiten, sooft der Vater sitzenblieb und zufrieden meinte, wie gut es uns ginge, und über Mutters Widersprüche hinweg ein ganzes Weltbild entwarf; oder, wenn sie schließlich damit begann, ihren Aufzählungen, der und der hätte studiert und im Leben sein Glück gemacht, immer dieselben Worte entgegensetzte: aber aus dem Dorf keiner; oder er lehnte sich zurück und erzählte wieder die Geschichte, daß einmal, vor Jahren, einer in die Stadt gegangen sei und schon zu Weihnachten mit einem großen Koffer und einer ganzen Bank Fünfer zurückgekehrt, ein Taugenichts, und deshalb habe man ihn geschickt. Dann kam Mutter mit den Büchern, die Jakob las, die ganze Bibliothek, mochte sie sagen, und es ging hin und her, ohne Ende, wie es manchmal schien – bis tief in jenen Herbst, als die Schule begann [...]

In der Klasse bemühte er sich nicht, die Sprache der anderen zu sprechen, die Sprache der Städter, die auf ihn wirkte wie bloßes Getue; es fiel ihm leicht, das Lachen zu ertragen, das bisweilen auf seine Sätze folgte, und wahrscheinlich achtete er nicht einmal darauf, ob man ihn abkanzelte und im gleichen Maß von sich stieß, wie er zurückwich.

Es geht mir gut, schrieb er nach Hause. [...]

Man lernte schnell, die Gesetze waren einfach, und nur weil sie sich immerfort änderten, bisweilen in ihr gerades Gegenteil, hieß es stets auf der Hut sein, ob ein heute noch gebilligter Schritt einem morgen nicht als Fehltritt ausgelegt würde. Wenn man sich nicht daran hielt, kam unvermittelt von oben der strafende Stoß, und blieb er einmal aus, trat man nach unten mit beiden Füßen und ließ doppelten Haß ab und alles. Es gab kein angemessenes Verhalten. Wenn man in Ungnade gefallen war oder einer der Großen einfach schlecht gelaunt, oft aus keinem erkennbaren Grund, konnte eine Nichtigkeit gegen einen verwendet werden, die Farbe der Socken oder daß man im falschen Augenblick gelacht hatte oder nicht gelacht, und sie ließen dich antreten wie vor einem Militärtribunal, und eins zwei drei, gaben dir die Bastonade, das flache Lineal auf die nackten Fußsohlen, und dazwischen immer wieder mit der Kante harte Schläge auf den Hinterkopf.

Davon wußten sie nichts, weil Jakob nie etwas erzählt hatte, an den Wochenenden nicht und auch später nicht, als er wieder zu Hause war, und wissen immer noch nichts an diesem Morgen in der Küche, wo wir schon zwei Stunden warten und Mutter zum wiederholten Mal bitten, sie möge sich setzen. Sagte ihnen heute jemand die Namen, Jakob, wir würden dein plötzliches Zusammenschrecken nicht verstehen und erstaunt fragen:

Natürlich habe ich mich gewehrt. Er schlug um sich, schrie, weinte, versuchte aus dem Zimmer zu entwischen, in dem es nach schmutziger Wäsche roch, ließ sich windelweich prügeln und bat, flehte mit blutiger Nase, versprach ihnen alles, die Pakete, die Mutter schickte, und das bißchen Geld; gut, drei Tage Galgenfrist, weil er zahlen konnte, und dann ging es unerbittlich weiter, hinter verriegelten Türen und jetzt half nichts mehr, kein Schreien, keine Versprechen, nichts, sie würden sehen, ob sich die Jungfrau immer noch ziert, und zum Schluß hatte er bezahlt, die Schläge, und den vielen Speichel im Mund, an dem er würgte, die fremde Zunge, und über sich langes Haar, ein fettes Gesicht und süßlichen Atem, der den Gestank nach alten Socken erstickte. Na also. Warum nicht gleich? Von da an ließen sie ihn zu sich kommen, und er ging wie ohne eigenen Willen den langen Flur hinunter, klopfte an die Tür und trat ein, zweimal, dreimal am Tag, und erst wenn er wieder draußen war, fand er Tränen und rannte in den Garten oder drehte im Waschraum alle Hähne auf und sah zu, wie das Wasser pfeifend in die Becken schoß. Dann dachte er nichts, war nur allein und begann zu vergessen, fuhr sich nicht über den Mund, blieb lange vor einem Spiegel stehen, streckte die Zunge weit heraus oder ließ sie naß über seine Nasenspitze streichen. Er folgte ihren Anordnungen und versuchte durch vorauseilenden Gehorsam das Schlimmste noch zu vermeiden, als es längst geschehen war, wehrte sich nur mehr einmal, ein einziges Mal in all der Zeit, als sie ihn im Pissoir mit heruntergelassener Hose festhielten, hieb den Klobesen auf die zudringlichen Hände, in die lachenden Gesichter, und dafür bezog er die ärgsten Prügel, bis er auf dem glitschigen Boden im Uringeruch liegenblieb, und die Bastonade über tausend dauerte Tage, eins zwei drei, laut mitzählen und nach jedem Schlag das Bekenntnis: ich bin ein kleines Schwein, als er längst kein Wort mehr deutlich hervorbrachte.

Wie hätte er davon sprechen sollen? Hatte sie ihn, Mutter, hast du mich je die richtigen Worte gelehrt, oder der Vater? Es wären lediglich Andeutungen gewesen, sie ließen ihn nie in Ruhe, allgemeine Sätze, die in ihrer Abstraktheit harmlos blieben und ungreifbar, und du, Mutter, könntest dir dahinter nichts vorstellen oder nur die üblichen Zankereien.

---

nung kann man auch mit Mitteln der Wortbildung erreichen: *Der Zuletztlacher lacht am besten.*

Damit kommen wir zu den Attributsätzen. Die beiden wesentlichen Erscheinungsformen sind Relativ- und Inhaltssätze. Relativsätze werden mit einem Relativpronomen angeschlossen, das im eingebetteten Satz in der Regel die Funktion des Subjekts oder Objekts einnimmt. Handelt es sich um die Stelle eines Präpositionalobjekts, dann tritt zum Relativpronomen die entsprechende Präposition hinzu: *Der, der zuletzt lacht ..., Der Witz, den ich meine ..., Der, dem ich den Witz erzählt habe, ... Der, von dem ich den Witz gehört habe, ..., Der Witz, an den ich denke, ... Die Witze, derer wir uns schämen sollten, ...* Ein Pronomen im Genitiv entspricht allerdings in den seltensten Fällen einem Genitivobjekt (weil diese kaum vorkommen), sondern vertritt meistens das Possessivum einer Nominalgruppe: *Seine Witze kommen nie an* ⇒ *Der, dessen Witze nie ankommen.*

Attributsätze vom Typ der Inhaltssätze werden, wie schon bei den Objektsätzen gesehen, meistens mit den Konjunktionen *dass* und *ob* angeschlossen. Sie entsprechen nämlich den Objektsätzen, d.h. sie können aus diesen hergeleitet werden. Wenn man das Prädikat, von dem ein Objektsatz abhängt, in ein nominales Satzglied umformt, wird der Objektsatz syntaktisch Attribut: *Ich erkläre das/dass ...* ⇒ *Die Erklärung, dass ...; Ich frage mich etwas/ob ...* ⇒ *die Frage, ob ...* Ist der attributivische Inhaltssatz von dem Lexem *Frage* oder einem semantisch ähnlichen abhängig, kann natürlich als Verbindungselement auch ein anderes Fragewort als *ob* auftreten: *die Frage, wann, wo, wie, weshalb ...*

Untertypen von Attributsätzen

Relativsätze

Inhaltssätze

Satzwertige
Infinitiv- und
Partizipialkons-
truktionen

Bei den Nebensätzen muss noch ein Sonderfall genannt werden. Es gibt nämlich auch Strukturen, die dieselbe Funktion wie Glied- oder Attributsätze haben, aber kein finites Verb aufweisen, sondern eine infinite Verbform (Infinitiv oder Partizip). Man kann sie als formale Sonderformen von Nebensätzen auffassen oder von satzwertigen Infinitiv- und Partizipialkonstruktionen sprechen. Als eine solche habe ich im *Spiegel*-Text durch die Hervorhebung auch die Konstruktion *Ost-Berliner, viele Freudentränen weinend* behandelt. Sie entspricht einem Relativsatz: *Ost-Berliner, die viele Freudentränen weinten.* Ebenso kann das Partizip Perfekt benutzt werden: *die Grenzübergänge, jahrelang verbarrikadiert, …* Beide Strukturen treten aber meistens nicht an die Stelle eines Attribut-, sondern eines Gliedsatzes: *Frisch gewagt ist halb gewonnen.* Im Deutschen sind außerdem satzwertige Infinitivkonstruktionen weit häufiger als Partizipialkonstruktionen, während man etwa im Französischen sehr oft ›Partizipialsätze‹ benutzt, und zwar an Stelle von konjunktionalen Adverbialsätzen.

Übersetzungs-
probleme auf
Grund sprach-
spezifischer
Präferenzen für
syntaktische
Strukturen

Dies stellt Übersetzer vor schwierige Aufgaben. Bei einer Übersetzung aus dem Französischen ins Deutsche ist man oft gezwungen, die Relation zu spezifizieren, d.h. ein Informationselement hinzuzufügen, das im Orginal gar nicht steht. Umgekehrt fallen semantische Spezifizierungen deutscher Konjunktionalsätze bei der Übersetzung ins Französische oft weg, weil der Text sonst nicht idiomatisch klingt. Man vergleiche dazu den Beginn von Kafkas Erzählung *Die Verwandlung* und zwei französische Übersetzungen. Der Originaltext beginnt mit einem temporalen Nebensatz, eingeleitet durch die Konjunktion *als*:

Als Gregor Samsa eines Morgens aus unruhigen Träumen erwachte, fand er sich in seinem Bett zu einem ungeheueren Ungeziefer verwandelt.

Beide französischen Übersetzungen vermeiden diese – vom Sprachsystem her durchaus mögliche – Konstruktion (*Quand/Lorsque Gregor Samsa se réveilla …*). In der ersten unserer beiden Übersetzungen wird die beliebte Partizipialkonstruktion (eingeleitet mit *en*) gewählt:

En se réveillant un matin après des rêves agités, Gregor Samsa se retrouva, dans son lit, métamorphosé en un monstrueux insecte.[27]

Bei der zweiten Version wird dagegen das Verb des Nebensatzes zu dem des Hauptsatzes gemacht, der damit nur die wenig sensationelle Mitteilung enthält, dass der Protagonist eines Morgens aufwachte:

Un matin, au sortir d'un rêve agité, Grégoire Samsa s'éveilla transformé dans son lit en une véritable vermine.[28]

Die zweite Version ist offenbar weniger nah am Originaltext orientiert, dies zeigt schon die ›Übersetzung‹ des Namens. Wie man nun immer prinzipiell die Bedeutung der Verteilung von Informationen auf Haupt-

und Nebensätze einschätzen mag, es dürfte wohl einleuchten, dass man bei literarischen Übersetzungen keine unnötigen Veränderungen vornehmen sollte. Die erste Übersetzung wählt lediglich die im Französischen gängigere Form der Unterordnung des Temporalsatzes, eine unproblematische Anpassung an die Üblichkeiten der Zielsprache. Im zweiten Fall dagegen wird nicht nur das Prädikat aus dem Neben- in den Hauptsatz versetzt, sondern es entfällt überhaupt dessen Originalverb, obwohl man immerhin hätte sagen können: *s'éveilla et il se trouva transformé* …

Dies gibt uns Anlass, noch einmal auf die Verbvalenz zurückzukommen, denn beide Übersetzungen nehmen hier – ohne Not – eine entscheidende Veränderung vor. *Er fand sich verwandelt* heißt es im Original, und das ist eine der für Kafka sehr typischen schiefen oder mehrdeutigen Besetzungen von Valenzstellen. Häufig setzt er Bezeichnungen für Gegenstände oder Körperteile an die Stelle, an der prototypisch ein Agens erscheint. Noch im ersten Absatz desselben Textes heißt es etwa, dass *sich die Bettdecke, zum gänzlichen Niedergleiten bereit, kaum auf der Höhe seines Bauches erhalten konnte* – die Bettdecke will offenbar niedergleiten (ist bereit) und gibt sich anscheinend doch Mühe, dass es nicht geschieht! Was das Verb *(sich) finden* betrifft, so lässt dies mehrere Lesarten offen. Man kann jemanden oder etwas auf- oder auch wiederfinden, feststellen, dass etwas da ist, (wo man es vielleicht nicht vermutet hatte): *Die Tochter des Pharao fand Moses in einem Binsenkorb.* Hier ist die lokale Adverbialbestimmung weglassbare Angabe. In *Beim Aufwachen fand er sich auf dem Boden liegend/wieder* kann man dagegen die lokale Adverbiale kaum weglassen, weil der Satz sonst keinen mitteilenswerten Inhalt hat. *finden* kann man aber auch mit einer modalen Adverbialbestimmung verbinden, und das Verb ist dann in der Regel im Sinne einer subjektiven Einschätzung/Bewertung zu verstehen: *Narziss findet sich schön.* Im Eingangssatz der *Verwandlung* gehen nun diese verschiedenen Gebrauchsweisen von *finden* gewissermaßen durcheinander. Man kann nicht eindeutig entscheiden, ob Gregor feststellt, dass er (objektiv) zu einem Ungeziefer geworden ist, oder ob er sich (subjektiv) als ekelerregend, abstoßend empfindet und dies in das Bild des ungeheuren Ungeziefers fasst. Dieses Schwanken oder Unentschiedenlassen, ob es sich um objektive Realität oder subjektive Wahrnehmung handelt, ist aber in Kafkas Texten ein zentrales Motiv. Die zweite Übersetzung lässt dieses durch *finden* eingebrachte Element ganz weg, die erste vereindeutigt mit *retrouver* zur objektiven Lesart.

Kehren wir zu den Infinitivsätzen zurück. Die Infinitive werden im Deutschen üblicherweise mit *zu* angeschlossen. Als Adverbialbestimmungen treten Infinitivkonstruktionen im Deutschen allerdings in Verbindung mit bestimmten (inhaltlich wiederum spezifizierten) Konjunktionen auf: *um … zu, anstatt … zu, ohne … zu.* Häufiger sind im

Infinitivsätze als Adverbialbestimmungen, Objekt und Subjekt

Deutschen Infinitivsätze in der Position eines Objekts: *Ich verspreche etwas/, dass ich keine schmutzigen Witze mehr erzähle* ⇒ *Ich verspreche, keine schmutzigen Witze mehr zu erzählen; Er freut sich über etwas/(darüber), dass er die Lacher auf seiner Seite hat* ⇒ *Er freut sich (darüber), die Lacher auf seiner Seite zu haben.* Als Subjekt erscheint ein Infinitivsatz in *Viel zu lachen ist der Gesundheit förderlich.*

Damit haben wir die Verfahren zur Bildung komplexer Langue-Sätze schon erfasst. Wie man sieht, sind sie relativ einfach. Es gibt – genauso wie bei der Wortbildung mit ihren Kopulativ- und Determinativkomposita – nur Koordination und Subordination. Anders als bei Komposita ist aber bei Satzreihen und vor allem Satzgefügen die semantische Relation zwischen den beiden Teilen meistens explizit gemacht, d.h. in der Regel liegt keine asyndetische Verknüpfung vor, sondern es werden Konjunktionen benutzt, besonders wenn der Relationstyp semantisch spezifiziert werden soll (Adverbialsätze).

35   Parole-Sätze

Kombination syntaktischer Komplexionsverfahren

Trotz der relativ einfachen Grundverfahren zur Bildung komplexer Langue-Sätze kann die Beschreibung der syntaktischen Strukturen eines Textes unglaublich kompliziert sein. Das liegt daran, dass wir es dabei mit Parole-Sätzen zu tun haben. Ebenso wie in Wortbildungsprodukten (konkreten abgeleiteten oder zusammengesetzten Wörtern) die relativ einfachen Grundverfahren der Wortbildung miteinander vermischt auftreten können, sind in Parole-Sätzen die syntaktischen Grundstrukturen und -verfahren frei miteinander kombinierbar: Von einem Nebensatz kann ein weiterer Nebensatz abhängig gemacht werden (Nebensatz 2. Grades), Nebensätze können auch selbst koordiniert werden, in Elementarsätze können Hauptsätze parenthetisch eingeschoben werden, und schließlich können auch noch andere Strukturen als Verbalsätze allein oder in Verbindung mit irgendwelchen komplexen oder Einfachsätzen als Parole-Sätze auftreten. Das führt dazu, dass die interne Struktur eines Parole-Satzes hierarchisch stark geschichtet sein kann. Es gibt Nebensätze 2., 3., 4. usw. Grades, theoretisch bestehen wie bei den Komposita keine Beschränkungen für die Menge und Art von Elementen, die miteinander verbunden werden. Im Grunde ist also zu Parole-Sätzen nur zu sagen, dass die besprochenen Komplexionsverfahren – Subordinierung und Koordinierung – auf Verbalsätzen und nicht-verbalen Strukturen operieren können und dabei mehr oder weniger komplexe Gesamtstrukturen herauskommen.

Es gibt nun allerdings noch ein systematisches Verfahren, das bei der Bildung komplexer Parole-Sätze eine große Rolle spielt und daher an dieser Stelle behandelt wird. Das ist die – oft als Ellipse bezeichnete – Weglassung bestimmter Elemente, die übrigens in Grammatiken zwar stiefmütterlich, aber doch regelmäßig behandelt wird. Als Verfahren der Bildung von Parole-Sätzen werden sie hier entsprechend der Argumention Fritz Mauthners (Textbeispiel 27) behandelt. Parole-Sätze wie *Ein Bier* oder *Das Leben ein Traum* betrachten die von Mauthner verhöhnten Grammatiker als Ellipsen, weil (bzw. dann, wenn) sie den Verbalsatz als einzig zulässige Satzkonstruktion auffassen. Ich habe mich dieser Auffassung insofern angeschlossen, als ich nur Verbalsätze als Langue-Sätze bezeichne. Andererseits schließe ich mich der Ansicht Mauthners an, indem ich die Vorstellung zurückweise, Langue-Sätze seien der einzige Beschreibungsgegenstand der Syntax, und allgemein für eine Parole-Linguistik plädiere. Diese Entscheidung enthebt uns vieler ›Verrenkungen‹, die der Versuch nötig macht, für alle Strukturen, die in Parole-Sätzen vorkommen, ein Konstruktionsmuster in der *langue* zu hypostasieren. Es erspart uns z.B. auch die notorisch schwierige, ja scheinbar unlösbare Aufgabe, für die *langue* genau zu definieren, welche Satzglieder als freie Angaben, welche als obligatorische und welche unter welchen Umständen als fakultative Ergänzungen zu klassifizieren sind, also zu entscheiden, welche Mitspieler weggelassen werden können (vgl. S. 167).

> Ellipsen und andere Einsparungen

Die Entscheidung, die Analyse von Langue- und Parole-Sätzen zu trennen, ermöglicht es uns zunächst, eine genauere Definition der (syntaktischen) Ellipse zu formulieren. Von Ellipsen sollte man nur sprechen, wenn ein Element tatsächlich auf Grund eines regulären Prozesses entfallen kann, anders gesagt, wenn es inhaltlich eindeutig aus der realisierten Struktur erschließbar ist. Solche regulären Prozesse gibt es vor allem auf der Ebene der Wortbildung und der Syntax. Wenn Komposita oder Elementarsätze koordiniert werden, können übereinstimmende Bestandteile entfallen: *Vorteile und Nachteile; der Morgenstern bzw. der Abendstern; Einander fremde Menschen lachten und einander fremde Menschen jubelten; wie Politiker schnell erklärten und wie die Berliner ehrlich empfanden.* Übereinstimmende gebundene Morpheme können dagegen im Deutschen nicht getilgt werden: *Das ist deutlich und verständlich; Sie lachten und jubelten.*

Im Bereich der Syntax kann man auch bei subordinierten Konstruktionen semantisch von Ellipsen sprechen. Die Besonderheit besteht darin, dass in diesen Fällen bestimmte Elemente nicht weggelassen werden können, sondern dass sie es müssen. In den Infinitivkonstruktionen mit *zu* entfällt z.B. obligatorisch das Subjekt, das mit dem Subjekt des übergeordneten Satzes identisch ist: *Er verspricht, keine schlechten Witze mehr zu erzählen* (= ... *dass er* ...). Das (logische) Subjekt einer Infinitiv-

Textbeispiel 27: Eine Sprache nach dem Herzen der Grammatiker

Die Grammatiker in ihrer unergründlichen Pedanterie nennen es eine Ellipse, wenn das Subjekt fortgelassen und allein das ausgesagt wird, was gesagt zu werden braucht. Danach wäre es einzig und allein die langweiligste, erschöpfendste Schwätzerei, die frei wäre von Ellipsen. [...] Die Grammatiker haben ja eben die Analogiebildungen des Sprachgebrauchs in sogenannte Regeln gebracht und haben in ihrer Schulmeisterweisheit diejenigen Fälle, in welchen die Sprache andere Bildungen bevorzugt, die Ausnahmen von ihren Regeln genannt. Es liegt in diesem Begriff »Ausnahme« eine unerschöpfliche Fülle von Torheit und Hochmut.

Eine ähnliche Überschätzung der Grammatik hat zu der Aufstellung des Begriffs Ellipse geführt. Schon die landläufige Definition dieses Wortes hat für unseren kritischen Standpunkt etwas Lächerliches. »Die Ellipse entsteht durch die W e g l a s s u n g von Satzteilen, die durch die Vollständigkeit des Satzes zwar bedingt sind, deren H i n z u f ü g u n g aber gegen den Sprachgebrauch ist« (Leitfaden von Wetzel). Ich möchte wissen, wer oder was diese Satzteile bedingt, wenn der Sprachgebrauch sie für überflüssig erklärt hat. Hinter der schlichten Definition, die den armen Schulkindern eingetrichtert wird, steckt doch nur die Armut der Grammatiker [...] Es ist gar nicht auszudenken, wie langweilig eine vollständige Sprache nach dem Herzen der Grammatiker wäre. Man mache sich das einmal klar. Für den Grammatiker müßte es schon eine Ellipse heißen, wenn ich in der Kneipe auf mein Glas klopfe, anstatt zu sagen: »Ein Bier.« Sage ich aber ausdrücklich »Ein Bier«, so nennt das der Grammatiker wirklich eine Ellipse; sein Ordnungssinn wäre erst befriedigt, wenn ich hübsch ausführlich gerufen hätte: »Bringen Sie mir ein Glas Bier.« Der Grammatiker vergißt jedoch, daß diese gewählte Ausdrucksweise immer noch unvollständig wäre, immer noch eine logische Ellipse, daß ich durch meinen Ruf mit dem Kellner oder vielmehr mit seinem Herrn einen Vertrag schließe und daß mein Gedanke erst dann vollständig war, wenn ich ihn ausführte:»Holen Sie mir in nicht zu langer Zeit in einem Glas vom Ausschank einen halben Liter des hier angezapften Faßbiers, stellen Sie es mir zu meinem Gebrauch bereit, und nehmen Sie zugleich meine Versicherung entgegen, daß ich mich verpflichte, nachher und heute noch den auf der Karte verzeichneten Preis Ihrem Herrn in Ihre Hand zu bezahlen.« Auch diese Bestellungsform, deren Ende der Kellner wohl nicht abwarten würde, wäre aber immer noch eine Ellipse, weil zu der Vollständigkeit des Gedankens noch einige Umstände gehören würden: die Herstellungsart des Biers, seine Temperatur, die Schaumhöhe und das Versprechen eines Trinkgeldes wäre immer noch weggelassen. [...] Man sollte nie vergessen, daß die Sprache nicht der Grammatik wegen da ist. Das scheinen aber die Grammatiker zu glauben, trotzdem nicht einmal die bescheidene Umkehrung berechtigt wäre. [...] Das Beispiel von einer annähernd vollständigen Bestellung in der Kneipe gibt nur einen schwachen Begriff von dem Blödsinn, der zu einer idealen Vollständigkeit zusammengetragen werden müßte.

konstruktion kann aber auch – das hängt von der Semantik des Verbs ab – identisch mit dem Objekt des übergeordneten Satzes sein. In diesem Fall ist es nur dann syntaktisch rekonstruierbar, wenn die Objektstelle im übergeordneten Satz auch besetzt ist: *Er bittet die Gäste, keine schmutzigen Witze mehr zu erzählen* (= *die Gäste* sollen ...) gegenüber:

Er bittet, keine schmutzigen Witze zu erzählen (Wer ist gemeint, wen hat er im Verdacht, dieser Versuchung nicht widerstehen zu können?).

Damit kommen wir zu den so genannten fakultativen Ergänzungen, der Frage also, welche entsprechend der Rektion des Verbs vorgesehenen Satzglieder nur fakultativ realisiert werden müssen. Nach unserer Definition von Ellipse müssen wir feststellen, dass eine solche in den folgenden Sätzen nicht vorhanden ist: *Sie isst. Sie liest. Sie erinnert sich.* Hier lässt sich nämlich das Objekt semantisch nicht rekonstruieren. Die Beschreibung des entsprechenden Langue-Satzes sollte daher nur spezifizieren, welche Stellen man bei einem Verb besetzen kann und mit welchen Mitteln man dies tun kann, wenn man es tun will. Welche Realisierungen unter welchen Umständen wie oft vorkommen und welche Besetzung damit die unmarkierte ist, ist dagegen eine Frage des Sprachgebrauchs.

Dafür, dass man mögliche Stellen (also Ergänzungen des Verbs im Langue-Satz) im Parole-Satz nicht besetzt, kann es verschiedene Gründe geben. In vielen Fällen wird für den Sprecher die Spezifizierung der entsprechenden Stelle einfach nicht relevant sein, nicht in seinem Interesse, nicht in seiner Perspektive liegen (vgl. dafür Textbeispiel 27). In sehr vielen Fällen ist die Besetzung deswegen nicht nötig, weil sie sich aus dem sprachlichen oder nicht-sprachlichen Kontext ergibt oder zum Weltwissen gehört. Der sprachliche Kontext führt z.B. dazu, dass man in Antworten auf W-Fragen nur die erfragte Position besetzt und damit Sätze produziert, die manche Lehrer wegen ihrer grammatischen Unvollständigkeit monieren, kommunikativ allerdings eine unsinnige Reaktion.

Wenn man sagt *Das Huhn legt wieder* – um eines der oft genannten Beispiele aus der Valenzforschung aufzugreifen –, so wissen wir aus unserem Weltwissen, dass es sich nur um Eier handeln kann. Sollte wider Erwarten ein Huhn irgendetwas anderes irgendwohin legen – in Geschichten oder Zeichentrickfilmen mit anthropomorphisierten Hühnern ohne Weiteres denkbar – dann sind die Informationen, was das Huhn wohin legt, im Normalfall so wichtig – es sind Hauptrollen in der Szene! –, dass kein vernünftiger Sprecher ausgerechnet diese Rollen im Parole-Satz unbesetzt lassen wird.

Mitunter werden Stellen auch nicht besetzt, weil ihre Verbalisierung einem Tabu unterliegt oder gegen Höflichkeitskonventionen verstößt: *Ich muss mal; Ich bitte, keine schmutzigen Witze mehr zu erzählen.* Schließlich können Stellen natürlich auch noch unbesetzt bleiben, weil der Sprecher die fragliche Information gar nicht hat. Er kann dann eine semantisch leere Proform benutzen und die Stelle immerhin grammatisch realisieren oder er kann sie syntaktisch ausblenden: *Jemand hat das Reichstagsgebäude in Brand gesteckt, Das Reichstagsgebäude ist in Brand gesteckt worden, Der Reichstag ist niedergebrannt.*

Die so genannten
fakultativen
Ergänzungen

Gründe für die
Weglassung von
Elementen

Textbeispiel 28: Närrisches Schreiben

Gnädiges Fräulein!

Und wenn alle meine drei Direktoren um meinen Tisch herumstehen und mir in die Feder schauen sollten, muß ich Ihnen gleich antworten, denn Ihr Brief kommt auf mich herunter, wie aus den Wolken, zu denen man drei Wochen umsonst hinaufgeschaut hat. (Gerade hat sich der Wunsch betreffend meinen unmittelbaren Chef erfüllt.) Wenn ich Ihnen auf Ihre Beschreibung Ihres Lebens in der Zwischenzeit mit Gleichem antworten sollte, so bestand mein Leben jedenfalls zur Hälfte aus dem Warten auf Ihren Brief, wozu ich allerdings auch die drei kleinen Briefe rechnen kann, die ich Ihnen in diesen drei Wochen geschrieben habe (gerade werde ich zwischendurch über Versicherung der Sträflinge ausgefragt, mein lieber Gott!) und von denen zwei jetzt zur Not werden abgeschickt werden können, während der dritte, eigentlich der erste, unmöglich weggehn kann. Und Ihr Brief soll also verloren gegangen sein (von einem Ministerialrekurs Josef Wagner in Katharinaberg weiß ich nichts, habe ich eben erklären müssen) und ich werde auf meine damaligen Fragen keine Antwort bekommen und bin doch gar nicht schuld an dem Verlust.

Ich bin unruhig und kann mich nicht recht fassen, ich bin ganz in der Laune immerfort im Kreis zu klagen, trotzdem heute nicht mehr gestern ist, aber das Angehäufte gießt sich und befreit sich in bessere Tage hinein.

Was ich Ihnen heute schreibe, ist keine Antwort auf Ihren Brief, vielleicht wird die Antwort erst jener Brief sein, den ich morgen schreibe, vielleicht erst der von übermorgen. Meine Schreibweise ist natürlich nicht selbständig närrisch, sondern genau so närrisch wie meine gegenwärtige Lebensweise, die ich Ihnen auch einmal beschreiben kann.

Und immerfort werden Sie beschenkt! Diese Bücher, Bonbons und Blumen liegen auf Ihrem Bureauschreibtisch herum? Auf meinem Tisch ist nur wüste Unordnung und Ihre Blume, für die ich Ihnen die Hand küsse, habe ich schnell in meiner Brieftasche unterge-bracht, in der sich übrigens trotz Ihres verlorenen und nicht wieder ersetzten Briefes zwei Briefe von Ihnen schon befinden, da ich mir Ihren Brief an Max von ihm ausgebeten habe, was zwar ein wenig lächerlich ist, sonst aber nicht übel genommen werden muß.

Dieses erste Stolpern unserer Korrespondenz war vielleicht ganz gut, ich weiß jetzt, daß ich Ihnen auch über verlorene Briefe hinweg schreiben darf. Aber es dürfen keine Briefe mehr verloren gehn. – Leben Sie wohl und denken Sie an ein kleines Tagebuch.

Ihr Franz K.

Ein ›närrisches‹ Schreiben (Textbeispiel 28) mit recht komplexen Parole-Sätzen, in denen alle besprochenen Phänomene vorkommen, kann die Ausführungen zu diesem Thema illustrieren.

36   Syntax der Übersichtlichkeit

In den vorangehenden Kapiteln zur Wortbildung und Syntax haben wir die verschiedenen Möglichkeiten betrachtet, Aussagen zu komprimieren und miteinander zu verknüpfen. Das Problem ist immer dasselbe: Je mehr Informationen wir in eine Struktur packen, desto unübersichtlicher wird sie, obwohl die Grundverfahren eigentlich relativ schlicht sind. Dennoch hat die Komprimierung mehrere Vorteile. Zum Teil verkürzt sie den Text und macht ihn dadurch wieder überschaubarer (vgl. das Beispiel der Apposition *ZK*). Sie erlaubt eine Gewichtung und Perspektivierung der Aussagen (die wesentliche Information der Zeitungsnachricht kann im ersten Satz stehen, weil die anderen Aussagen attributiv untergeordnet sind). Die wichtigste Funktion ist aber wohl, dass Subordinierungen es erlauben, an die Stelle einfach (z.B. mit Objekt- oder Personenbezeichnungen) besetzter Satzglieder ganze Aussagen zu setzen und so deren logisch-sachliche Beziehungen zu verdeutlichen. Das Beispiel *Wer zuletzt lacht, lacht am besten* zeigt, dass man vielfach auf so motivierte Subordinierungen kaum verzichten kann. In diesem Sinne hängt komplexe Syntax tatsächlich oft unmittelbar mit der Komplexität des Sachverhalts oder der auszudrückenden Gedanken zusammen; die Annahme, man könne alles auch einfach ausdrücken, stößt an ihre syntaktischen Grenzen.

Komplexe Syntax als Reflex komplexer Welten

Aus diesem Grund hängt der Gebrauch, den man von verfügbaren Komplexionsstrukturen in der *parole* macht, aber auch von der Komplexität der Welt ab, in der man lebt, oder allgemeiner gesagt: von dem Gesamt der historisch-sozialen Bedingungen, unter denen man kommuniziert. Einen wesentlichen Faktor davon stellt auch die Entwicklung der Technik dar, nicht zuletzt der Technik, die für die Übermittlung sprachlicher Botschaften genutzt werden kann. Es ist ein Gemeinplatz, dass die moderne Welt außerordentlich komplex und schnell-lebig ist. Kommunikativ hat das zur Folge, dass wir mit unendlichen Massen zugänglicher Informationen konfrontiert und auch noch vielfach aufgefordert sind, uns zu den betreffenden Sachverhalten eine eigene Meinung zu bilden, etwa um als aufgeklärte Bürger kompetent am politischen Geschehen teilnehmen zu können. Zugleich bleibt angesichts ihrer übergroßen Menge immer weniger Zeit für die Verarbeitung der Botschaften. Dass die neuen Medien nicht nur technische Entwicklungen sind, über die man sprechen und die man (durch die vorherige Rezeption sprachlicher Erklärungen) zu benutzen lernen muss, sondern dass sie mindestens auch einen Einfluss auf unseren Sprachstil haben, ist auch etwas, was schon die Spatzen von den Dächern pfeifen. Sehr viel weniger Beachtung findet demgegenüber die Tatsache, dass diese Verhältnisse auch im Bereich der Syntax einen

Die Bewältigung der Informationsflut

Einfluss auf das Sprachsystem haben, dass wir seit geraumer Zeit Parole-Sätze produzieren, für die in den Grammatiken keine Beschreibungskategorien existieren. Sie wurden und werden weiter entwickelt und eingeführt, um die Unübersichtlichkeit zu reduzieren und eine schnellere Verarbeitung von Texten möglich zu machen.

Visuelle Kodes

Der Ausdruck *(Un-)Übersichtlichkeit*, also eine Ableitung von *sehen*, eignet sich in diesem Zusammenhang besonders gut, weil die Lösungen, die dabei entwickelt werden, vor allem visuelle Kodes einsetzen. Die Rede soll allerdings nicht von der allgemeinen Bilderflut sein, die zum Teil an Stelle von sprachlichen Mitteilungen auf uns niedergeht, sondern von den sprachlichen Mitteln selbst.

Die Komplexions-
verfahren im
historischen
Wandel
Hypotaktischer
Stil

Zunächst können wir feststellen, dass die Häufigkeit, mit der die verschiedenen Verfahren zur Verknüpfung von Aussagen herangezogen werden, sich historisch deutlich verändert hat. Die Verschiebungen betreffen also zunächst die *parole*, deren Entwicklungen aber irgendwann auch das Sprachsystem beeinflussen. In der frühneuhochdeutschen Epoche (besonders im 16. und 17. Jahrhundert) werden im so genannten Kanzleistil vor allem die Möglichkeiten der Bildung von komplexen Sätzen ausgebaut. Die entsprechenden Texte sind jetzt zwar immer weniger auf lateinisch, sondern auf deutsch abgefasst, orientieren sich aber stilistisch an den gewohnten lateinischen Mustern und weisen die berühmt-berüchtigten barocken Schachtelsätze auf. Dies ist der Höhepunkt des hypotaktischen Stils, der von aufklärerisch orientierten Denkern, u.a. Literaten, heftig kritisiert wurde, nicht zuletzt weil er den Zugang zu den Texten für das breite Publikum erschwerte und eine allgemeine Partizipation der Bürger an solchen Kommunikationsprozessen unmöglich machte. Texte dieses Stils waren schlechterdings für viele unverständlich, und ein solcher Stil ist auch keineswegs notwendig, um die fraglichen Informationen auszudrücken. Im Gefolge dieser Kritik und des Plädoyers für einen einfacheren Stil wurden seine Auswüchse auch durchaus zurückgedrängt.

Nominalstil

Im späten 19., vor allem aber im 20. Jahrhundert werden dann die Möglichkeiten der attributiven Komplexion (und der Bildung komplexer Wörter) zunehmend genutzt. Ihren Höhepunkt erreicht diese Entwicklung vielleicht in den 60er Jahren des 20. Jahrhunderts. Diese Entwicklung zum nun bevorzugten Nominalstil ruft eine Verstärkung der schon im 19. Jahrhundert reichlich belegbaren Kritik am ›Papierdeutsch‹, an der Sprache ›in der verwalteten Welt‹, hervor. Im Gefolge einer neuerlichen Aufklärungs- und Demokratisierungsperiode, für die ›die Bewegung der 68er‹ und ihre Folgeerscheinungen stehen mögen, tritt als Zielvorstellung wieder ins Zentrum, dass alle Bürger an der öffentlichen Kommunikation teilnehmen können müssen. Auch die Auswüchse des Nominalstils stehen einer solchen Zielvorstellung entgegen. In der Linguistik mehren sich sprachkritische Ansätze, die diesen Sprachgebrauch für soziale Chancenungleichheit verantwortlich machen und eine Umorientierung einfordern. Sie verlangen den Herrschenden nämlich jetzt ab, die allgemeine Verständlichkeit als zentrale Anforderung an Texte zu formulieren, die der Kommunikation zwischen (staatlicher) Verwaltung/Institutionen/Firmen und (betroffenen) Bürgern dienen bzw. diese notwendigerweise voraussetzen. Einen Schwerpunkt bilden dabei kritische Analysen von massenmedial verbreiteten Texten, deren Aufgabe nicht zuletzt in der Vermittlung zwischen dem esoterischen Sprachgebrauch in Spezialistenzirkeln und dem der breiten Öffentlichkeit besteht. Die ›Heilungsrezepte‹ bleiben aber meist insofern konservativ, als man auf alte Lösungen – kürzere Sätze und Satzglieder, explizitere Kennzeichnung der semantischen Rollen, geläufigere, einfachere Lexeme u.ä. – rekurriert.

Relativ unbeeinflusst von solchen Bemühungen um aufklärerische Sprachkritik und um entsprechende Vorschläge zur Verbesserung von Texten wurden von den Sprachbenutzern neue Lösungen zur verständlicheren Darstellung komplexer Sachverhalte entwickelt. Ein wesentliches Verfahren besteht in der verstärkten Nutzung anderer Strukturen als der des (vollständigen) Verbalsatzes, das in enger Beziehung zum Rückgriff auf grafische Mittel steht. Wesentliche Informationsteile werden z.B. in Pressetexten in einem ziemlich langen historischen Prozess zunächst grafisch – durch Kursivierung – hervorgehoben, anschließend an den Anfang gestellt, schließlich erscheinen sie als grafisch abgesetzter Titel, zunehmend als Schlagzeile im Telegrammstil (oft unter Verzicht auf finite Verben). Nebeninformationen fügt man immer häufiger in parenthetischen Einschüben (zum Teil in Klammern gesetzt) hinzu. Schon dies sind Verfahren, die Möglichkeiten der stärkeren auch visuellen Strukturierung des zweidimensionalen Raumes nutzen: herausgehobene Titel und Zwischentitel, unterschiedliche Schriftgrößen/-arten, Klammern, Gedankenstriche usw., die die wesentliche Information oder die interne Struktur größerer Informationskomplexe grafisch verdeutlichen. Mit den Klammern operiert auch Kafka in dem eben zitierten Brief, um den närrischsten Aspekt seines Briefschreibens, bei dem er ständig durch das Geschehen im Büro unterbrochen wird, informativ unter- bzw. nebenzuordnen. Jeder Blick auf eine Zeitungsseite oder auch eine Seite in einer Grammatik vom Ende des 19. und dem des 20. Jahrhunderts lässt aber direkt augenfällig werden, um wie viel mehr im Laufe der Zeit visuell unmittelbar wahrnehmbare Strukturierungsverfahren eingesetzt werden. Neben Schlagzeilen und Zwischentiteln sind übrigens auch Bildunterschriften ein Bereich, in dem andere Formen als Verbalsätze bevorzugt eingesetzt werden – die Bilder kommen also nicht ohne Effekt auf die Syntax als Bestandteil der Texte hinzu.

Ein Maximum an Visualisierung finden wir dort, wo komplexe Sachverhalte und Theorien überhaupt in grafischer Form präsentiert

Visuelle Strukturierung des Textes

Sprache in Grafiken

Abb. 14a: Der Gang der Gesetzgebung in der Bundesrepublik Deutschland

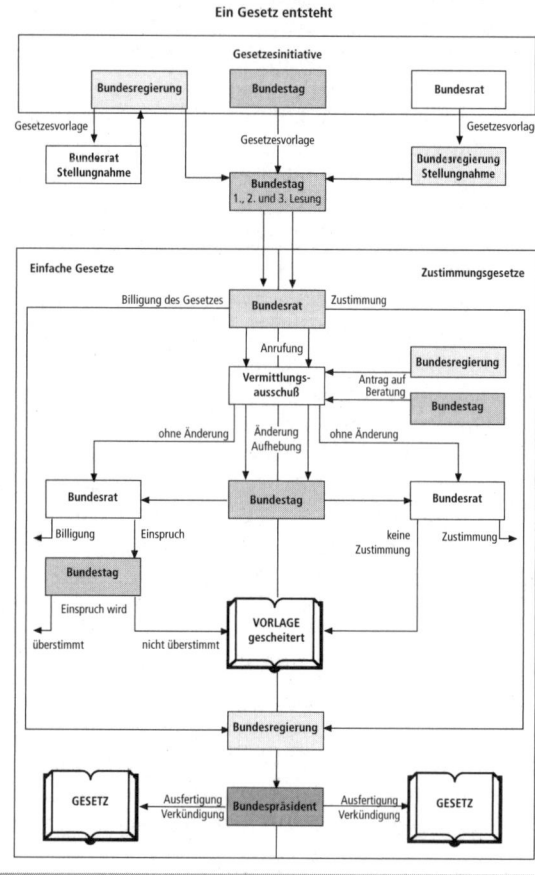

Abb. 14b: Die Verfassungsorgane der Bundesrepublik Deutschland

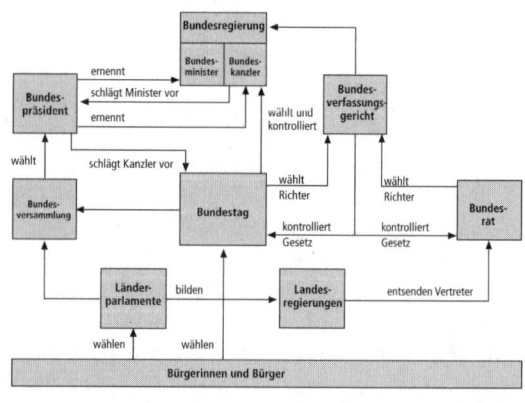

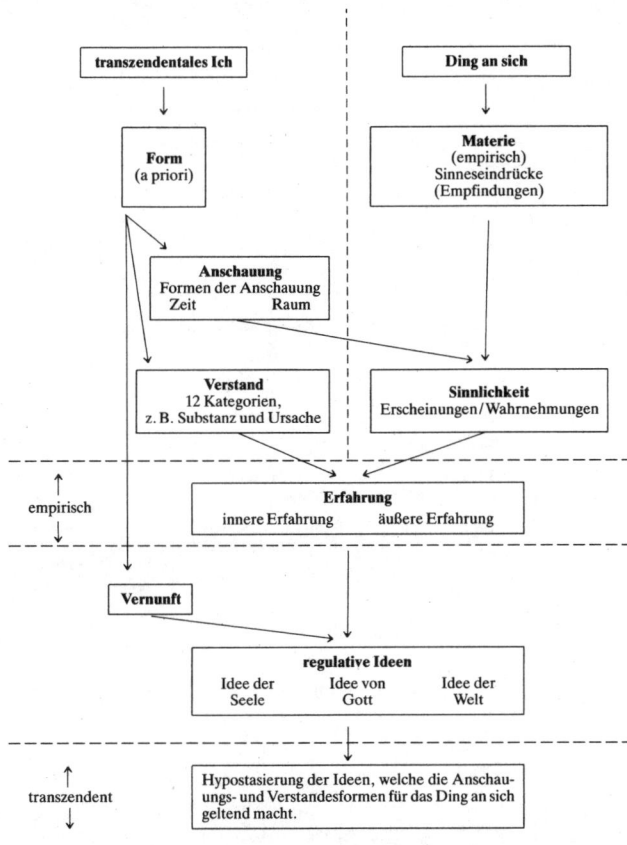

Abb. 14c: Vereinfachtes Schema für die verschiedenen Aspekte der Erkenntnis nach Kant

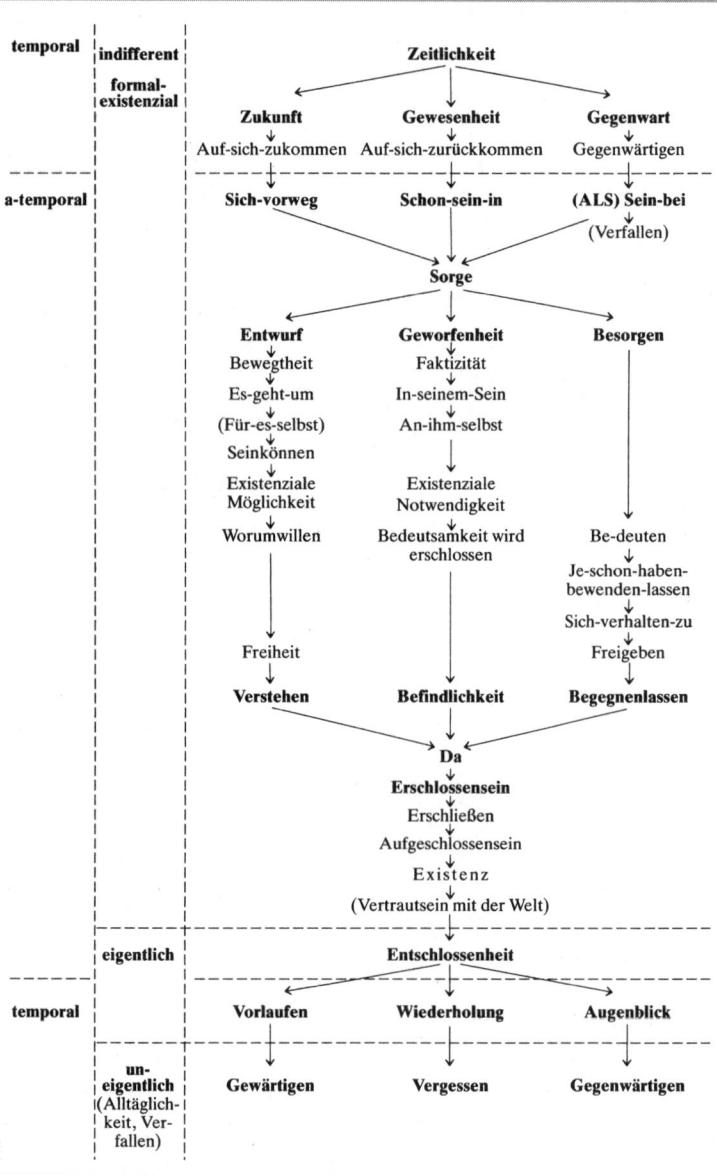

Abb. 14d: Schematische Darstellung der Zeitlichkeit in der Philosophie Heideggers

werden und sprachliche Elemente nur noch hinzutreten bzw. im zwei-dimensionalen Raum neu angeordnet werden. Verfassungen, d.h. komplexe Bestimmungen darüber, wer im Staat welche Rollen, Rechte und Aufgaben hat, werden häufig in dieser Form präsentiert – die Demokratie funktioniert eben nach viel komplizierteren Regeln als die Despotie, bei der außer dem Despoten und den Unterjochten keine verbindlichen Rollen festgelegt sind, sondern diese *ad hoc* verteilt werden. In den Abbildungen 14a und 14b sind die Rollenträger – der Bundespräsident, die Bundesversammlung, der Bundestag, die oberen Bundesgerichte usw. – als beschriftete Kästchen abgebildet. Ihre Aktivitäten erscheinen teilweise in verbaler (*ernennt, kontrolliert*), teilweise in nominaler Form (*Anrufung, Ausfertigung* usw.) als Beschriftung von Pfeilen. Aber auch zur Visualisierung komplexer Theorien können solche Schemata eingesetzt werden wie etwa die Abbildungen 14c und d zur Philosophie Kants und Heideggers zeigen.

Man mag nun einwenden, dass solche Darstellungen wirklich nicht mehr zum Beschreibungsgegenstand der Syntax gehören. Ein Argument gegen die Relevanz solcher Darstellungsformen könnte auch sein, dass sie in der Regel nicht als erste und auch nicht als alleinige Erläuterungen geeignet sind (dies gilt besonders für Abbildung 14d). Vielmehr stellen sie zusammenfassende Übersichten dar, die etwas – meist in unmittelbarer Umgebung Ausformuliertes – visualisieren und so der kognitiven Speicherung leichter zugänglich machen. Typischerweise treten solche komprimierten Informationen nämlich zu gleichzeitig oder an anderer Stelle als ›Normaltext‹ formulierten Ausführungen hinzu: Inserts (eingeblendete Schlagzeilen, Namen usw.) in Fernsehnachrichten, Säulen-, Torten- oder Flussdiagramme, Statistiken, Kästen mit Extratext und dergleichen. Pressetexte über ein bestimmtes Thema stellen also heute häufig kleine Textverbünde dar. Bemerkenswert ist auch, in welchem Ausmaß heutzutage in wissenschaftlichen Vorträgen so genannte Handouts sowie jetzt zunehmend Projektionsgeräte für Folien und auch Bildschirme eingesetzt werden. Einen einstündigen Vortrag ohne solche Hilfsmittel glaubt man in vielen Disziplinen dem Publikum gar nicht mehr zumuten zu können. Wie weit solche grafischen Lösungen der Darstellung komplexer Zusammenhänge nun auch mit Syntax im engeren Sinne zu tun haben mögen, sie sind allemal neue, den kommunikativen Bedürfnissen (bei den Beispielen vor allem dem Bedürfnis, aus Texten zu lernen) gut angepasste Präsentationsformen, in denen sprachliche Elemente eine entscheidende Rolle spielen.

Wenden wir uns jetzt jedoch im engeren Sinne syntaktischen Neuerungen zu, d.h. modernen Verfahren, die mit relativ schwachen grafischen Elementen arbeiten und auf jeden Fall die grundsätzliche Linearität sprachlicher Äußerungen respektieren. Hier möchte ich besonders

Textverbünde

syntaktische Verfahren

auf zwei Phänomene aufmerksam machen, die sich gewissermaßen gegenläufig zueinander verhalten, aber dennoch auf dasselbe hinauslaufen. Um Übersichtlichkeit herzustellen, ist es erstens notwendig, die Einzelaussagen zu isolieren, so dass besser deutlich wird, was womit in Beziehung steht. Zweitens geht es darum, die Art der Beziehungen möglichst klar und einfach auszudrücken. Schließlich stehen wir oft vor der Aufgabe, sehr viele Einzelaussagen in eine bestimmte Beziehung zueinander zu setzen.

Makro-Sätze   Beginnen wir mit dieser letzten Aufgabe, die zu etwas führt, was ich an anderer Stelle Makro-Sätze genannt habe.[29] Diese kommen meist bei irgendwelchen Arten von umfänglichen Aufzählungen vor. Zugrunde liegen systemgerechte Einfachsätze oder Satzgefüge, in die aber andere Parole-Sätze eingebettet sind. Die folgenden Beispiele – vereinfachte Belege aus einem Lehrbuch für Volkswirtschaft bzw. einer Gebrauchsanweisung für eine Tönungswäsche – mögen die Struktur verdeutlichen:

Die Kreditgeschäfte unterscheiden sich in bezug auf:
– die Laufzeit der Kredite. [+ 9 Zeilen mit 2 Parole-Sätzen]
– das Rückzahlungsrisiko [+ Nebensatz und 6 Zeilen mit 2 Parole-Sätzen]
– das Inflationsrisiko für den Gläubiger [+ 4,5 Zeilen mit 2 Parole-Sätzen]

Mit der Poly Color Tönungswäsche können Sie
– Ihren Naturton auffrischen und verschönern. Dazu nehmen Sie die Nuance, die Ihrer natürlichen Haarfarbe entspricht.
– Den Naturton Ihres Haares leicht vertiefen. Dazu nehmen Sie […]
– Ihren Naturton beleben und […] Dazu nehmen Sie […]
– Erstes Grau zuverlässig übertönen.

Übrigens ist diese Darstellungsform, wenn sie grafisch hinreichend strukturiert ist, eine papierene Vorform dessen, was wir heute als Hypertext kennen. Man kann entweder nur die erste Schicht, ›den ersten Bildschirm‹, lesen oder bei Bedarf auch die Zusatzinformationen lesen bzw. durch ›Anklicken‹ überhaupt erst auf den Bildschirm holen.

In einer anderen Textsorte, Gebrauchsanweisungen, betreffen die Aufzählungen nicht verschiedene Aspekte oder Alternativen, sondern nacheinander auszuführende Handlungsschritte. Diese sind typischerweise im Infinitiv formuliert; die ›fehlenden‹ Elemente – Subjekt, finites Verb und temporale Adverbialbestimmung – sind auf Grund der Textsorte relativ klar rekonstruierbar als *(Dann müssen Sie) – den Nippel durch die Lasche ziehen.* Wie in den vorigen Beispielen können auch hier zusätzliche Erläuterungen in eigenständigen Parole-Sätzen hinzutre-

ten. Absatzbildung und vorangestellte Striche, Punkte oder dergleichen erleichtern die Übersicht sehr.

Während mit Makrosätzen eine großräumige Struktur erzeugt wird, Allein stehende
die man nicht in einem systemgerechten komplexen Satz ausdrücken Konnektoren
kann, ohne dass der Leser vollständig den Überblick verliert, betrifft
das zweite hier zu nennende Phänomen die Schaffung von Kleinst-
strukturen. Es handelt sich um eine Art Telegrammstil, bei dem allein-
stehende (u.a. nominale) Konnektoren und ein häufiger Einsatz des
Doppelpunktes hervorstechen.

> Ziel: deutlich hervorheben: welcher Art ist die Beziehung?
> Syntaktischer Effekt: meist Wegfall von finiten Verben.
> Wo kommt es heutzutage vor? Merkblätter, Handouts, Packungsbeila-
> gen usw.
> Stilwert: grauenhaft.
> Daher: in diesem Buch nicht benutzt.
> Obwohl: Mitunter würde es einfacher und klarer.
> Ein syntaktischer Grund dafür ist: Man kann Haupt- statt Nebensätze
> verwenden.

In diesen Erläuterungen, die zugleich als Beispiel fungieren, ist der Schrumpfstil
›Schrumpfstil‹ auf die Spitze getrieben. So wird hoffentlich niemals
jemand ein Buch schreiben. Für Notizen z.B. eignet sich diese Form
dagegen sehr gut. Wer nun meint, dass wir heute doch nur selten Texte
finden, die mit solchen Mitteln arbeiten bzw. entsprechende Schriftdokumente, etwa Beipackzettel zu Medikamenten, gar nicht als ›richtige‹
Texte akzeptiert, der möge einen Blick in die Zeitung werfen, aus der
Millionen von Lesern täglich ihre Information über die Welt beziehen.
In der *Bild-Zeitung* werden die fraglichen Mittel allerdings wohl weniger eingesetzt, weil die dargestellten Sachverhalte so enorm komplex
wären, sondern weil man sich auf ein Publikum einstellt, das relativ
schnell überfordert ist. Es ist die Massierung bestimmter Strukturen –
sie kommen alle auch anderswo vor, u.a. in diesem Buch –, die unmittelbar erkennbar macht, aus welcher Ecke die Texte stammen. Direkte
Rede wird meistens ohne redeeinleitendes Verb nach dem Schema
Sprecher: »Blablabla.« präsentiert. Koordinierte Hauptsätze sind in der
Mehrheit asyndetisch. Viele Aussagen kommen ohne finites Verb aus
(man kann es sich hinzudenken) oder sind auf ein Verbalnomen reduziert. Punkte, Doppelpunkte oder Gedankenstriche ersetzen häufig die
Kopula und eine subordinierende Konjunktion. Sogar nominale Adverbialbestimmungen erscheinen so abgetrennt, auf die Präposition
kann dann verzichtet werden. Einige Kostproben aus dem Februar
2000 bringt Textbeispiel 29.

In der *Bild-Zeitung* werden durchaus auch komplexe Sätze und Satzglieder verwendet; der Stil ist auch nicht in allen Einzeltexten gleich.

Textbeispiel 29: O weh

Erdeben in Panama
Panama-Stadt – Die Erde zitterte mit der Stärke 5,3, schreckte die Menschen in der Nacht auf. Zum Glück kaum Schäden.

Euro-Kondom zu groß für deutsche Männer
O weh, Männer. Die Wahrheit kann manchmal so schonungslos sein...
Das Standard-Kondom der EU, das »En 600«, ist vielen deutschen Männern zu groß. An der Uni-Klinik Essen wurden 250 Penisse von jungen Männern vermessen. Ergebnis: Sie waren im Schnitt vier Millimeter schmaler als der von der EU vorgegebene Wert. Bleibt die Frage, ob deutsche Männer wirklich schmal gebaut sind oder ob hohe Beamte sich von einem Wunsch leiten ließen.

Disco-Krieg: zwei erschossen
Ein Toter auf dunklem Aphalt unter einer schwarz glänzenden Plastikplane. Ein Stiefel ragt heraus. Und eine blutige Hand!
Das Ende eines Disco-Blutbads in Hamburg, bei dem es zwei Tote und drei Verletzte gab. Die Ermittler glauben: Es ging um Schutzgeld-Erpressung. Sonntagnacht, 2.35 Uhr: Ein schwarzer 3er BMW, in dem fünf Türken sitzen, stoppt vor der Disco »Check In«. Der Fahrer Serkan H. (20, wenig Haare, viele Muskeln) schaltet den Warnblinker an und stiefelt zum Eingang.
Wortwechsel mit seinem Landsmann Kenan C. (55). Der sieht nicht aus wie ein Killer, eher wie ein Biedermann: Halbglatze, grauer Haarkranz. Aber er hat eine silberne Smith-&-Wesson-Pistole. 15 Schuss, Kaliber 9 Millimeter.
Der Pistolenmann folgt dem BMW-Fahrer zum Auto, dann peitschen 13 Schüsse!
Zwei Polizisten, die vor der Disco Strafmandate an Autos von Parksündern heften, werden Zeugen des Verbrechens. Warnschuss! Dann nehmen sie den Täter fest.
In der Disco wird weiter getanzt, bis die Polizei die Party auflöst.

Das hängt aber nicht vom Themenbereich ab; auch harte Nachrichten weisen solche Strukturen auf. Das auffällig häufige Vorkommen dieser Strukturen in Organen wie der *Bild-Zeitung* und die Tatsache, dass sie auch anderswo vorkommen, lässt erwarten, dass irgendwann – allerdings wahrscheinlich in noch ferner Zukunft – die Grammatiker nicht mehr darum herumkommen werden, auch für solche Strukturen Langue-Sätze zu rekonstruieren.

37 Bäumchen, wechsle dich: Die Verbstellung im deutschen Satz

Das letzte Beispiel aus unserem selbst gebildeten Schrumpfstil-Text – *Ein syntaktischer Grund dafür ist: Man kann Haupt- statt Nebensätze verwenden* – zeichnet sich selbst nur dadurch aus, dass ›systemwidrig‹ statt eines Nebensatzes (… , *dass man … kann*) ein Hauptsatz verwendet wurde. Diese Art der Vereinfachung komplexer Sätze kommt heutzutage schon relativ häufig vor, auch in sonst ›normal‹ ausformulierten Texten. Die Systemwidrigkeit wird allerdings oft dadurch vermieden, dass man im ersten (hier syntaktisch übergeordneten Satz) einen Platzhalter für den zweiten Satz einsetzt: *Ein syntaktischer Grund dafür ist folgender: Man kann …* Das Deutsche ist für diese Art der Vereinfachung sicherlich besonders anfällig. Denn am Nebensatz stört ja eigentlich nicht die Konjunktion *dass*, die hier durch einen Doppelpunkt ersetzt ist. Was stört, ist vielmehr, dass das finite Verb erst am Schluss kommt, eine Eigenart des Deutschen, die neben den überlangen Komposita und der Prädetermination als eine der Schrecklichkeiten dieser Sprache gilt (vgl. Textbeispiel 30).

> Im Nebensatz steht das finite Verb am Schluss

Warum steht das finite Verb im deutschen Nebensatz am Ende? Zunächst können wir feststellen, dass dies keineswegs immer so war. Die Verb-Endstellung im Nebensatz ist vielmehr eine Folge der Bevorzugung des hypotaktischen Satzbaus im 16. und 17. Jahrhundert. Sie fungiert als syntaktisches Mittel, das den Nebensatzcharakter eines Elementarsatzes deutlich markiert, und wird im Laufe der Zeit (zwischen dem 16. und 18. Jahrhundert) zur festen Regel, zur Normalstruktur im Langue-Satzgefüge. Gerade weil im hypotaktischen Stil so viele Elementarsätze miteinander verbunden werden, muss die Konstruktion strikten Regeln folgen, damit man sie wenigstens eindeutig auflösen kann. Natürlich war von Anfang an klar, dass zu reich aufgefüllte Satzgefüge das Verständnis stark erschweren, und schon die Grammatiker des 17. Jahrhunderts warnten vor überlangen Nebensatz-Schachtelungen. Dass das Verb im Nebensatz am Ende zu stehen habe, hat man aber als feste Regel bewahrt bzw. in den (im 17. Jahrhundert überhaupt erst aufkommenden) kodifizierten Grammatiken sogar verschärft.

> Eine Regel aus dem 17. Jahrhundert

Die einleitende Konjunktion (z.B. *dass*) und das Verb am Ende bilden um die anderen Bestandteile des Satzes eine Klammer bzw. einen Rahmen, der diese fest zusammenschließt und damit deutlich als zusammengehörig markiert – viel deutlicher als im Lateinischen, wo es gerade keine festen Regeln für die Stellung von Prädikat und Satzgliedern gibt. Die lateinische Syntax ist das Vorbild für den deutschen hypotaktischen Stil; die diesem gegenüber neue Verfestigung von Stel-

> Die Satzklammer

Textbeispiel 30: Die schreckliche deutsche Sprache

Wer nie Deutsch gelernt hat, macht sich keinen Begriff, wie verwirrend diese Sprache ist. Es gibt ganz gewiß keine andere Sprache, die so unordentlich und systemlos daherkommt und dermaßen jedem Zugriff entschlüpft. [...] Es gibt zehn Redeteile oder Wortklassen, und alle zehn machen Ärger. Ein durchschnittlicher Satz in einer deutschen Zeitung ist eine unübertrefflich eindrucksvolle Kuriosität; er nimmt ein Viertel einer Spalte ein; er enthält sämtliche zehn Redeteile – nicht in ordentlicher Folge, sondern durcheinander; er ist hauptsächlich aus zusammengesetzten Wörtern aufgebaut, die der Schreiber an Ort und Stelle hergestellt hat, so daß sie in keinem Wörterbuch zu finden sind – sechs oder sieben Wörter zu einem zusammengepackt, und zwar ohne Gelenk und Naht, will sagen: ohne Bindestriche; er handelt von vierzehn bis fünfzehn verschiedenen Themen, die alle in ihre eigene Parenthese eingesperrt sind, und jeweils drei oder vier dieser Parenthesen werden hier und dort durch eine zusätzliche Parenthese abermals eingeschlossen, so daß Pferche innerhalb von Pferchen entstehen; schließlich und endlich werden alle diese Parenthesen und Überparenthesen in einer Hauptparenthese zusammengefaßt, die in der ersten Zeile des majestätischen Satzes anfängt und in der Mitte seiner letzten aufhört – *und danach kommt das* VERB, und man erfährt zum erstenmal, wovon die ganze Zeit die Rede war; und nach dem Verb hängt der Schreiber noch »haben sind gewesen gehabt worden sein« oder etwas dergleichen an – rein zur Verzierung, soweit ich das ergründen konnte –, und das Monument ist fertig. [...]

Die Deutschen kennen noch eine weitere Form der Parenthese, die sie herstellen, indem sie ein Verb spalten und die eine Hälfte an den Anfang eines spannenden Kapitels setzen und die andere Hälfte an den Schluß. Kann man sich etwas Verwirrenderes vorstellen? Diese Dinger heißen »trennbare Verben«. Die deutsche Grammatik strotzt von trennbaren Verben, und je weiter die beiden Teile auseinandergerissen werden, desto zufriedener ist der Urheber des Verbrechens mit seiner Leistung. Eines der beliebtesten trennbaren Verben ist »abreisen«.

Hier ist ein Beispiel, das ich in einem Roman auflas:

»Die Koffer waren gepackt, und er REISTE, nachdem er seine Mutter und seine Schwester geküßt und noch ein letztesmal sein angebetetes Gretchen an sich gedrückt hatte, das in einfachem weißen Musselin und mit einer einzigen Tuberose im wallenden braunen Haar kraftlos die Treppe herabgetaumelt war, immer noch blaß von dem Entsetzen und der Aufregung des vorausgegangenen Abends, aber voller Sehnsucht, ihren armen schmerzenden Kopf noch einmal dem Mann an die Brust zu legen, den sie mehr als ihr eigenes Leben liebte, AB.« [...]

Ich habe dargelegt, daß die deutsche Sprache reformbedürftig ist. Nun denn, ich bin bereit, sie zu reformieren. Zumindest bin ich bereit, die richtigen Vorschläge zu machen. [...] Zunächst einmal würde ich den Dativ auslassen. [...] Sodann würde ich das Verb weiter nach vorne holen. Man mag noch so ein gutes Verb laden, bei der gegenwärtigen deutschen Entfernung bringt man nach meiner Beobachtung das Subjekt nie wirklich zur Strecke – man schießt es nur an. Ich empfehle daher mit Nachdruck, diesen wichtigen Redeteil an eine Stelle vorzuziehen, wo man ihn mit bloßem Auge sehen kann. [...] Fünftens würde ich diese großen langen zusammengesetzten Wörter abschaffen oder aber von dem Sprechenden verlangen, daß er sie abschnittweise vorträgt und mit Erfrischungspausen dazwischen. [...] Mit der geistigen Nahrung verhält es sich genauso wie mit jeder anderen: es ist angenehmer und bekömmlicher, sie mit dem Löffel anstatt mit der Schaufel zu sich zu nehmen.

lungsregeln wurde aber notwendig, weil im Deutschen die morphologische Markierung – bei den Nominalgruppen der Kasus – viel weniger eindeutig ist als im Lateinischen (vgl. Kapitel 19).

Satzrahmen bzw. Satzklammer werden im Deutschen nun nicht nur im Nebensatz, sondern auch im Hauptsatz eingesetzt. Dies ist dann möglich, wenn das Prädikat mehrere Teile umfasst, die ebenfalls andere Bestandteile umklammern können. Das betrifft vor allem finite Hilfs- und Modalverben, die zusammen mit dem Hauptverb das Prädikat bilden, und – nicht nur für Mark Twain besonders schrecklich – abtrennbare Verbpartikeln (vgl. Abbildung 13).

Dadurch wird der Satz in drei Abschnitte (Felder) geteilt: Das was (im Aussagesatz) in der ersten Position (vor dem finiten Verb) erscheint, nennt man das Vorfeld; die Position zwischen dem finiten Verb und den anderen Prädikatsteilen bezeichnet man als das Mittelfeld. Satzglieder können aber auch hinter die rechte Klammer, ins Nachfeld, treten (s. dazu weiter S. 215f.). *Vor-, Mittel- und Nachfeld*

Mit dieser Satzklammer und drei Grundpositionen für das finite Verb kann man nun die Funktion eines Elementarsatzes sehr klar bestimmen: Steht das finite Verb am Ende, dann handelt es sich um eine syntaktische Subordination. Steht das Verb an der ersten oder zweiten Position (nach genau einem Satzglied, das natürlich mehrere Wörter und sogar eingebettete Sätze umfassen kann), so handelt es sich um einen Hauptsatz. *Drei Positionen für das finite Verb*

Hauptsätze werden nach Satzarten unterschieden, die grob gesehen dazu dienen, die kommunikative Funktion des Satzes zu markieren. Traditionellerweise unterscheidet man drei Satzarten: Aussagesätze, Fragesätze und Aufforderungssätze. Bei Aussagesätzen und W-Fragen steht das Verb an der zweiten Stelle, bei Entscheidungsfragen und Aufforderungssätzen in der ersten Position. Die Doppelbelegungen für die erste und die zweite Position kann man mit Hilfe jeweils eines weiteren Merkmals unterscheiden. Verb-Zweitstellung: Erscheint ein W-Wort (*wer, wie, was, …*), dann handelt es sich um einen Fragesatz, sonst ist es ein Aussagesatz. Verb-Erststellung: Hat das Verb den Modus Imperativ, dann handelt es sich um einen Aufforderungssatz, sonst liegt ein Fragesatz vor. *Die Verbstellung zur Markierung von Satzarten*

Selbstverständlich erkennt man die Satzart schneller, wenn man auf die Satzzeichen am Ende schaut, mit denen wir genau die drei in Frage kommenden Satzarten unterscheiden (. ? !) – im Spanischen stehen übrigens Frage- und Ausrufungszeichen praktischerweise auch gleich am Anfang, und zwar auf den Kopf gestellt. Diese Satzzeichen kommen allerdings nur in der geschriebenen Sprache vor, und außerdem muss der Schreiber ja die anderen Regeln kennen, damit er entscheiden kann, welches jeweils das ›richtige Satzzeichen‹ ist. Vor allem aber sind die Satzschlusszeichen nur rudimentäre Mittel der Wiedergabe der Intonation in der gesprochenen Sprache. Diese erfüllt aber weit mehr und wichtigere Aufgaben, als die Satzarten zu kennzeichnen.

Prototypische kommunikative Funktion der Satzarten

Insgesamt haben wir also ein kleines und relativ einfaches System formaler Kennzeichen, mit denen wir Nebensätze von Hauptsätzen und unter diesen drei Satzarten eindeutig voneinander differenzieren können. Die Behauptung, die unterschiedenen formalen Strukturen dienten der Signalisierung der (kommunikativen) Funktion der Elementarsätze, führt uns nun ein weiteres Mal auf die Frage nach der Beziehung zwischen Form und Inhalt (bzw. Ausdruck/Grammatik und Funktion/Sinn). Nach allem, was wir dazu bisher schon festgestellt haben, wird es niemanden verwundern, dass auch hier die Korrespondenzen in Wirklichkeit nicht eindeutig sind. Je nachdem, ob man es für wichtiger hält zu betonen, dass prototypisch eine Korrespondenz vorliegt, oder stärker dadurch beeindruckt ist, dass es sehr viele ›Ausnahmen‹ von diesen Regeln gibt, kommt man auch bei den Satzarten zu unterschiedlichen Einschätzungen des Verhältnisses von Form und Inhalt. Diejenigen, die einer Parallelisierung eher skeptisch gegenüberstehen, bevorzugen übrigens wieder die weniger sprechenden Internationalismen *Deklarativ-*, *Interrogativ-* und *Imperativsatz* als Termini für die Satzarten. Allerdings ›hilft‹ dies auch nur denen, die wirklich gar nichts mit den lateinischen Ausdrücken verbinden können, irreleitende Semantisierungen formaler Strukturen zu vermeiden.

Die Entscheidung, einer der beiden Positionen den Vorzug zu geben, überlasse ich den Lesern und will hier nur die Fälle vorstellen, die der These prototypischer Korrespondenz entgegenstehen. Zunächst zu den Satzarten. Es ist völlig offenkundig und sei hier nur durch Beispiele illustriert, dass man die drei kommunikativen Grundmuster jeweils

kommunikativer Wert	Satzarten
Aussage/Feststellung	**Die Erde ist rund.** Wer wüsste heutzutage nicht, dass die Erde rund ist? Merkt euch gut, dass die Erde rund ist!
Frage	**Wer ist der Mörder? War es Mord?** Es war Mord? Ich frage dich, wer der Mörder ist/ob es Mord war. Sag mir jetzt, wer der Mörder ist/ob es Mord war!
Aufforderung	**Hör mit dem Unsinn auf!** Ich wäre dir dankbar, wenn du mit dem Unsinn aufhören würdest. Du hörst jetzt mit dem Unsinn auf. Du sollst mit dem Unsinn aufhören. Hörst du endlich mit dem Unsinn auf? Wann hörst du endlich mit diesem Unsinn auf?

Textbeispiel 31: Du sollst über die ganze Erde herrschen

Tu régneras sur la terre entière.

© VG Bild-Kunst, Bonn 2003

mit allen drei Satzarten realisieren kann. In den folgenden Kapiteln werden wir uns dieser Frage nochmals zuwenden.

Auch in Bezug auf die nicht-prototypische Verwendung von Satzarten gibt es auffällige Unterschiede zwischen Sprachen. Im Französischen können Aufforderungen z.B. durch das Futur markiert werden. Die biblischen Gebote lauten: *Tu ne tueras point, Tu ne déroberas point* (Du sollst nicht töten, Du sollst nicht stehlen) usw. Diese Formulierung hat der Zeichner Jean Effel (vgl. Textbeispiel 31) Gott auch in der Schöpfungsgeschichte in den Mund gelegt (in der auch in französischen Fassungen tatsächlich der Imperativ steht und in der sich die Aufforderung übrigens an Adam *und* Eva richtet). So wird aus *Macht euch die Erde untertan*: *Du wirst über die ganze Erde herrschen*. Das gibt dann Gelegenheit, die kommunikative Vieldeutigkeit einer grammatischen Konstruktion spielerisch zu illustrieren (ein Versprechen, ein Wunsch, eine Anleitung, ein Befehl?)

Nebensätze ohne Endstellung des Verbs

Der zweite Komplex von ›Ausnahmen‹ betrifft die Verbstellung (im Nebensatz). Im deutschen Nebensatz steht das finite Verb prototypisch am Ende. Es kommen aber auch andere Stellungen vor. Wir unterscheiden dabei zwei Typen von ›Ausnahmen‹. Beim ersten Typ handelt es sich um reguläre Varianten von Nebensätzen, bei denen ein finites Verb fehlt oder das Verb an der ersten bzw. zweiten Position steht. Beim zweiten Typ geht es um die Abfolge der Glieder bei komplexen Prädikaten (im Neben- und Hauptsatz).

Uneingeleitete Konditional- und Konzessivsätze

Die ›Nebensätze‹ ohne finites Verb, die satzwertigen Infinitiv- und Partizipialkonstruktionen, haben wir schon im Kapitel 34 behandelt. Gibt es im Nebensatz ein finites Verb an erster oder zweiter Stelle, spricht man von uneingeleiteten Nebensätzen, da das (konjunktionale) Einleitewort fehlt. Wir finden diese Konstruktion zunächst in Adverbialsätzen, und zwar in Konditional- und Konzessivsätzen mit Erststellung des Verbs, wobei es üblicher ist, dass der Nebensatz dem Hauptsatz vorangeht: *(Und)* <u>*bist*</u> *du nicht willig, so brauch ich Gewalt* ist z.B. äquivalent zu *(Und) wenn du nicht willig* <u>*bist,*</u> *so* … Umgekehrt kann man Sätze mit der Konjunktion *wenn* in Nebensätze mit Verb-Erststellung umformen: *Ich grolle nicht, und wenn das Herz auch bricht* ⇒ *Bricht auch das Herz, ich grolle nicht.* In allen Fällen können wir also ein *wenn* (bzw. *falls*) rekonstruieren. In der konditionalen Struktur tritt es einfach auf, im Hauptsatz erscheint dann oft *so* oder *dann*. Als konzessive Konjunktion haben wir neben *obgleich, obwohl* ebenfalls die Konjunktion *wenn*, zu der dann obligatorisch *auch* bzw. *selbst* oder *sogar* treten, die im uneingeleiteten Nebensatz erhalten bleiben müssen.

Inhaltssätze

Uneingeleitete Nebensätze können aber auch Objekt- oder Subjektsätze vom Typ des Inhaltssatzes sein. Diese weisen Verbzweitstellung auf. Am häufigsten kommt diese Konstruktion mit den Verben des Sagens als angeführte Rede vor (vgl. S. 189). Das Verb der zitierten Rede steht an der zweiten Stelle, wenn der Parole-Satz überhaupt ein Verbalsatz ist: *Rumpelstilzchen sagte:* »*Ach wie gut ist, dass niemand weiß, dass ich Rumpelstilzchen heiß*«. *Das Märchen erzählt, Rumpelstilzchen* <u>*habe*</u> *sich selbst auseinandergerissen.* Ansonsten treten die Inhaltssätze noch mit Verben des Denkens, Fühlens usw. auf: *Ich finde, das* <u>*ist*</u> *ein merkwürdiges Märchen. Mir scheint, dieses Märchen* <u>*habe*</u> *ich schon einmal gehört.*

Einen in den letzten Jahren viel diskutierten Sonderfall stellen noch Kausalsätze (zum Teil auch Konzessivsätze) mit einer einleitenden

Konjunktion (*weil, obwohl*) dar, die dennoch Verb-Zweitstellung aufweisen: *Ich muss das hier behandeln, weil – es wird häufig diskutiert/obwohl – es ist kein wirkliches Gegenargument für die Endstellung des Verbs im Nebensatz.* Charakteristische Merkmale dieser Konstruktion sind die folgenden: Sie wird meistens in der gesprochenen Sprache verwendet, und es gibt oft einen intonatorischen Bruch zwischen der Konjunktion und dem Satz. Werden solche Sätze in Schrifttexten verwendet, so ist dieser Bruch in aller Regel – durch Gedankenstrich, Doppelpunkt o.ä. – grafisch markiert. Denotativ äquivalent sind diese Satzgefüge mit koordinierten und durch *denn* bzw. *dennoch* o.ä. verbundenen Hauptsätzen. *Ich muss das hier behandeln, _denn_ es wird häufig diskutiert. Ich muss das hier behandeln; es ist _allerdings_ kein wirkliches Gegenargument.* In der Diskussion gab es die Thesen, (1) dass es sich um Anakoluthe (Satzbrüche), d.h. regelwidrige Parole-Sätze, handelt; (2) dass *weil* und *obwohl* neuerdings eben auch als koordinierende Konjunktionen auftreten können (vgl. den Übergang vom standardsprachlich koordinierenden zum jetzt auch subordinierenden *trotzdem*). Die These (3), hier liege ein Anhaltspunkt für einen generellen Wandel syntaktischer Regeln vor, entsprechend dem die Endstellung des Verbs im Nebensatz aufgegeben wird, wird heute kaum noch vertreten. Man betont aber jetzt (4), dass die Konstruktion pragmatisch nicht identisch mit der koordinativen Struktur gemäß These (2) ist.

Kausalsätze mit dem Verb an der zweiten Stelle

Die zweite Ausnahme betrifft nicht die Grundstrukturen der Verbstellung, sondern die Möglichkeit, bestimmte Elemente aus der Satzklammer herauszunehmen, um diese nicht zu überladen. Man spricht hier von Ausklammerung. Bevor sich die Endstellung des Verbs im Nebensatz und parallel dazu auch die Satzklammer als relativ feste Regel durchsetzte, wurden noch sehr viel häufiger Elemente ins Nachfeld gestellt, die heute normalerweise in der Klammer stehen. Das gilt z.B. für Objekte. In der Lutherbibel finden wir z.B. viele Konstruktionen mit nachgestelltem Objekt: *Und Gott sprach: Es lasse die Erde aufgehen _Gras und Kraut_ [...] Die Erde bringe hervor _lebendiges Getier_ [...] Und Gott der Herr ließ aufwachsen aus der Erde _allerlei Bäume_.* Diese Konstruktion wirkt heute archaisch, kann allerdings trotzdem benutzt werden, und zwar um einen archaisierenden, nicht zuletzt an die Lutherbibel erinnernden Stil hervorzubringen. Hitler hat z.B. versucht, seinen Reden etwas Ehrwürdig-Sakrales zu geben und dabei auch auf das Mittel der Ausklammerungen zurückgegriffen:

Die Ausklammerung

> Wir wollen unsere Jugend wieder hineinführen *in dieses herrliche Reich unserer Vergangenheit*. Demütig sollen sie sich beugen *vor denen*, die vor uns lebten und schufen und arbeiteten und wirkten, auf daß sie heute leben können. Und wollen diese Jugend vor allem erziehen *zur Ehrfurcht vor denen*, die einst das schwerste Opfer gebracht haben *für*

unseres Volkes Leben und unseres Volkes Zukunft. [...] Wir wollen unsere Jugend erziehen *in Ehrfurcht vor unserem alten Heer*, an das sie wieder denken soll, das sie wieder verehren soll und in dem sie wieder sehen soll *jene gewaltige Kraftäußerung der deutschen Nation*, das Sinnbild der größten Leistung, das unser Volk je in seiner Geschichte vollbracht hat.[30]

Ausklammerungen kamen aber immer und kommen auch heute stilistisch neutral vor und müssen daher als regelkonform betrachtet werden. Der wesentlichste Einflussfaktor, der über die Ausklammerung bzw. deren Unmarkiertheit entscheidet, ist die Länge des ausgeklammerten Gliedes. Der von Mark Twain angeführte Satz mit der Endstellung der Verbpartikel (*reiste*) *ab* ist auch für Deutschsprachige inakzeptabel oder jedenfalls stark markiert (als holperiger Stil); die meisten würden gewiss vorziehen: *Die Koffer waren gepackt, und er reise ab, nachdem er ...* Auch umfangreiche Attribute, besonders wenn sie als Sätze realisiert sind, werden normalerweise ausgeklammert. Im Textbeispiel 23 sind z.B. die meisten Relativsätze und attributivischen Infinitivkonstruktionen ausgeklammert (unterstrichen sind im Folgenden die beiden Teile der Klammer): *... muss die EU-Standardbanane einen Durchmesser von 27 mm aufweisen, der ...; Sie muss außerdem eine Länge von mindestens 14 cm haben, zu messen »über die ...«; Man fragt sich, was der Sinn dieser zärtlichen Aufmerksamkeit ... für ein ureuropäisches Gewächs ist, das ...; dass die Mitglieder ... das Bedürfnis verspüren, miteinander zu reden.*

Wir beschließen damit die Ausführungen zur Syntax, müssen allerdings in den folgenden Kapiteln zur Pragmatik und Textlinguistik hin und wieder auf sie zurückkommen – die Grammatik ist eben kein formaler Teil der Sprache, den man bei der Untersuchung kommunikativer Prozesse beiseite lassen könnte.

38   Wie man mit Worten die Welt verändern kann

Gott sprach: Es werde Licht! Und es ward Licht.

> *Walle!, walle*
> *Manche Strecke,*
> *Daß zum Zwecke*
> *Wasser fließe,*
> *Und mit reichem, vollem Schwalle*
> *Zu dem Bade sich ergieße!*

sagte der Zauberlehrling zum Besen, der daraufhin nicht nur einige Eimer Wasser heranschleppte, sondern das ganze Haus überschwemmte, weil der Zauberlehrling leider die Formel für den Stopp-Befehl vergessen hatte. Der Besen steht still *und die Welt hebt an zu singen, triffst du nur das Zauberwort.*

Wenn man an die mögliche Wirkung von Worten auf die Welt denkt, wird man sich wohl zunächst an die in den Beispielen illustrierte magische Funktion von Sprache erinnern. In der Literatur, besonders in Märchen, findet man zahlreiche Beispiele für die Zauberkraft von Sprüchen. Für die ›wirkliche Welt‹ ist die Tradierung wirksamer Zauberformeln so wichtig, dass zu den ältesten Zeugnissen der deutschen Sprache Zaubersprüche gehören. In unserer modernen Welt führt die magische Funktion von Sprache allerdings nur noch ein Schattendasein; sie ist so unwichtig bzw. man glaubt in unserer Kultur so wenig an sie, dass sie nicht einmal zu den Sprachfunktionen (vgl. Kapitel 6) gezählt wird. Wer in unserer Welt versucht, mit Worten direkten Einfluss auf Dinge zu nehmen, hat die besten Aussichten, als geisteskrank behandelt zu werden. So bleibt für uns von der weltschaffenden Kraft der Sprache zunächst nur übrig, dass wir mögliche Welten hervorbringen, sie in (fiktionalen) Texten darstellen können und dass in diesen auch magischer Sprachgebrauch ›erlaubt‹ ist. Welten, die wir uns heute sprachlich so schaffen, sind also geistige, gedankliche Welten. — *Sprachmagie*

Von der Macht der Worte und der Sprache reden wir dennoch recht geläufig, denken dabei aber nicht an einen direkten Einfluss auf Dinge, sondern in der Regel an eine ähnlich geheimnisvolle Wirkung auf die Psyche der Menschen. Es gibt Menschen, die uns mit ihren Worten direkt ins Herz treffen, die uns beruhigen, aufregen oder zu unglaublichen Taten veranlassen können und in eine Situation versetzen, in der wir unsere Reaktionen rational nicht begreifen können. So etwas Ähnliches wird im Märchen von Rumpelstilzchen geschildert. Dass die Königin seinen Namen ausspricht, löst nicht irgendeinen Zauber oder Bann, sondern ruft eine unbeherrschbare Emotion hervor, die Rumpelstilzchen zu seiner Wahnsinnstat führt: — *Die Macht des Wortes*

> »Das hat dir der Teufel gesagt, das hat dir der Teufel gesagt«, schrie das Männlein und stieß mit dem rechten Fuß vor *Zorn* so tief in die Erde, dass es bis an den Leib hineinfuhr, dann packte es in seiner *Wut* den linken Fuß mit beiden Händen und riss sich selbst mitten entzwei.

Beide der genannten weltverändernden Funktionen von Sprache stehen jedoch *nicht* im Vordergrund dieses und der folgenden Kapitel. Wir haben uns vielmehr mit der Sprechakttheorie, einem seit den 70er Jahren des 20. Jahrhunderts sehr prominenten pragmalinguistischen Ansatz (vgl. Kapitel 7), zu beschäftigen, der bestens zu der modernen Vorstellung des Menschen als eines rational handelnden Wesens, des *homo faber*, passt. Die Welt und sogar sich selbst als biologisches Wesen verändert der *homo faber* vor allem mit seiner Technologie. Sie erlaubt ihm bereits – fast — *Rationales Handeln mit Sprache: soziale Tatsachen schaffen* wie Gott – zu sagen *Licht an!*, und das Licht geht an, weil irgendein hochkomplizierter Apparat nicht nur auf Knopfdruck, sondern auf Sprachsignale reagiert. Welche Einflüsse dieser an magische Sprachwirkung erinnernde technische Fortschritt auf die Laienvorstellung von Sprache haben wird, bleibt abzuwarten. Für rein sprachlich verursachte, d.h. nicht technisch vermittelte Wirkung von sprachlichen Äußerungen auf die physische Welt ist jedenfalls in der Welt des *homo faber* kein Platz. Was er aber mit Sprache tun kann, das ist soziale Tatsachen zu schaffen.

Sprachhandeln in Institutionen

Dass in unserer komplexen Welt soziale Rollen verteilt werden, bedeutet nämlich auch, dass man das Recht vergeben kann, die sozialen Verhältnisse sprachlich direkt zu beeinflussen. Wenn z.B. der Bundestag den Bundeskanzler wählt, dann *ist er* gewählt, sofern er die Wahl annimmt. Er muss allerdings trotzdem noch ernannt werden, das ist das Recht des Bundespräsidenten. Unterschreibt der die Ernennungsurkunde nicht, kann die gewählte Person ihre Rolle als Bundeskanzler nicht übernehmen. Auch ›im Kleinen‹ sind wir mit solchen institutionellen Regelungen vertraut. Bei Sitzungen irgendwelcher Gremien eröffnet der Vorsitzende/Präsident/… die Sitzung. Dann *ist sie* eröffnet. Wird die Tagesordnung von allen Teilnehmern akzeptiert, dann *gilt sie* und kann nur durch wiederum formalisierte sprachliche Akte im Laufe der Sitzung geändert werden. Der Vorsitzende erteilt das Wort an jemanden, dann *hat* diese Person *das Rederecht*. Und wenn er es ihr durch einen späteren Sprechakt entzieht, dann *hat sie es nicht* mehr. Diese weltverändernde Kraft von Worten ist, wie man sieht, an Institutionen gebunden, daran, dass sich die beteiligten Menschen konventionell darauf einigen, dass sie die institutionellen Spielregeln akzeptieren wollen. Und sie ist nur so lange wirksam, bis jemand diesen Vertrag explizit oder faktisch aufkündigt.

Änderungen sprachlicher Konventionen

Die ganze Sprache ist nun selbst eine soziale Institution; es ist allerdings kaum möglich und vor allem nicht sinnvoll, deren Regeln irgendwann samt und sonders außer Kraft zu setzen. Einzelne Bereiche können aber sehr wohl in einem expliziten Akt oder auch ›unter der Hand‹, heimlich, still und leise außer Kraft gesetzt bzw. geändert werden. Mitunter löst das dann metakommunikative Aktivitäten aus, wie etwa in Textbeispiel 32. Die fast unmerkliche Veränderung ist das Gewöhnliche; es ist der Sprachwandel, der unbeabsichtigt im Laufe einer bestimmten Zeit dadurch zustandekommt, dass die Sprecher ihre Sprache ein wenig anders zu benutzen beginnen. Wie die Eulen der Minerva ihren Flug erst in der Dämmerung beginnen, können Grammatiker und Lexikografen solche Entwicklungen immer erst feststellen, wenn sie schon längst stattgefunden haben.

Für Änderungen, die absichtlich und explizit vorgenommen werden, sind teilweise bestimmte Institutionen eingesetzt – in Deutschland ist z.B. die Kultusministerkonferenz für die Rechtschreibregelung zu-

Textbeispiel 32: Ein einmalig schlagender Beweis

»Was für einen schönen Gürtel Sie da anhaben!«, bemerkte Alice plötzlich. [...] Goggelmoggel war sichtlich erzürnt, wenn er auch eine ganze Zeitlang nichts sagte. Als er schließlich doch wieder sprach, war aus seiner Stimme ein tiefes Grollen geworden.

»Es muß – *überaus – schmerzlich* – berühren«, sagte er dann, »wenn jemand eine Krawatte nicht von einem Gürtel unterscheiden kann.«

»Das war sehr dumm von mir, ich weiß«, erwiderte Alice so unterwürfig, daß Goggelmoggel sich davon rühren ließ.

»Es ist eine Krawatte, mein Kind, und zwar, wie du sagst, eine sehr schöne. Ein Präsent vom Weißen König und der Weißen Königin. [...] Sie haben sie mir«, fuhr Goggelmoggel gedankenverloren fort, indem er die Beine übereinander schlug und die Hände über einem Knie faltete, »zum Ungeburtstag geschenkt.«

»Verzeihung?« sagte Alice verständnislos.

»Es macht nichts«, sagte Goggelmoggel.

»Ich meine, was *heißt* das: zum Ungeburtstag geschenkt?«

»Nun, ein Geschenk, das man bekommt, wenn man keinen Geburtstag hat, natürlich.«

Alice dachte eine Weile nach. »Geburtstagsgeschenke sind mir am liebsten«, sagte sie zuletzt.

»Was faselst du da!« rief Goggelmoggel. »Wie viele Tage hat das Jahr?«

»Dreihundertfünfundsechzig«, sagte Alice.

»Und wie viele Geburtstage hast du?«

»Einen.«

»Und dreihundertfünfundsechzig weniger eins gibt – ?«

»Dreihundertvierundsechzig natürlich.«

»[...] und daraus geht hervor, daß du an dreihundertvierundsechzig Tagen im Jahr etwas zum Ungeburtstag geschenkt bekommen kannst – ».

»Schon«, sagte Alice.

»Aber zum Geburtstag nur an *einem*, nicht wahr. Wenn das keine Glocke ist!«

»Ich verstehe nicht, was Sie mit ›Glocke‹ meinen«, sagte Alice.

Goggelmoggel lächelte verächtlich. »Wie solltest du auch – ich muß es dir doch zuerst sagen. Ich meinte: ›Wenn das kein einmalig schlagender Beweis ist!‹«

»Aber ›Glocke‹ heißt doch gar nicht ein ›einmalig schlagender Beweis‹«, wandte Alice ein.

»Wenn *ich* ein Wort gebrauche«, sagte Goggelmoggel in recht hochmütigem Ton, »dann heißt es genau, was ich für richtig halte – nicht mehr und nicht weniger.«

»Es fragt sich nur«, sagte Alice, »ob man Wörter einfach etwas anderes heißen lassen kann.«

»Es fragt sich nur«, sagte Goggelmoggel, »wer der Stärkere ist, weiter nichts.«

Alice war viel zu verwirrt, um darauf noch eine Antwort zu finden, und so sprach Goggelmoggel nach kurzem Stillschweigen weiter. »Sie sind ja recht widerspenstig, manchmal – besonders die Verben, die bilden sich am meisten ein – Adjektive lassen ja alles mit sich geschehen, aber die Verben haben ihre Zicken – bei *mir* allerdings muckst sich keins! Ununterscheidbarkeit! Das ist *meine* Meinung!«

»Würden Sie bitte so gut sein und mir sagen«, bat Alice, »was das heißt?«

»So läßt sich schon eher mit dir reden«, sagte Gogelmoggel mit sichtlicher Befriedigung. »Mit ›Ununterscheidbarkeit‹ meine ich, daß wir nunmehr lange genug über dieses Thema gesprochen haben und daß es nicht verfrüht wäre, wenn du dich langsam über deine weiteren Absichten äußern wolltest, da kaum anzunehmen ist, daß du hier herumstehen willst bis an dein seliges Ende.«

»Dieses Wort hat jetzt aber sehr viel auf einmal heißen müssen«, sagte Alice nachdenklich.

»Wenn ich ein Wort so schwer arbeiten lasse wie jetzt eben«, sagte Goggelmoggel, »dann gebe ich ihm auch eine Zulage.«

»Ach!« sagte Alice, denn für eine längere Bemerkung war sie viel zu durcheinander.

ständig, wenngleich, wie die Diskussion um die letzte Orthografiereform gezeigt hat, das entsprechende Recht dieser Institution heutzutage vielfach und massiv bestritten wird. Bestimmte Institutionen/Rollenträger, die faktisch die Macht haben, können aber auch *ad hoc* Regeln festlegen. Per Rundverfügung Nr. 125/51 hat z.B. das Justizministerium der DDR 1951 bestimmt:

> Wer unsere antifaschistisch-demokratische Ordnung angreift, wer den Aufbau unserer Friedenswirtschaft stört, begeht eine strafbare Handlung und wird seiner verbrecherischen Taten wegen bestraft. Die Strafgefangenen dieser Art sind deshalb auch keine »politischen Gefangenen«, sondern kriminelle Verbrecher. Die Bezeichnung dieser Strafgefangenen als politische Häftlinge wird daher hiermit untersagt.

Durch einen sprachlichen Akt kann man es also ganz leicht dahin bringen, dass es in einem Land keine politischen Gefangenen gibt – und das grenzt schon an Hexerei! Allerdings wird auf diese Weise oft nur eine ›offizielle‹ Wirklichkeit geschaffen; was unser Beispiel angeht, so hat bekanntlich nicht die ganze Welt die Festlegung akzeptiert. Sie hatte aber den sehr realen Effekt, dass Personen, die der Strafgerichtsbarkeit der DDR unterworfen waren und sich nicht an die Bestimmung hielten, bestraft werden konnten.

Einführung von Fachtermini

Außerhalb von solchen Institutionen kommen explizite Akte der Veränderung und Festlegung sprachlicher Konventionen vor allem bei einer Berufsgruppe vor, das sind die Wissenschaftler. Sie definieren die Objekte ihres Fachs und schaffen damit eine disziplinäre Welt, auch das ist ein Komplex sozialer Tatsachen. Gültig werden diese allerdings nur, wenn hinreichend viele Kollegen die neue Sicht und die neuen Kategorien, Wörter, Wortbedeutungen, Methoden usw. auch ›absegnen‹, d.h. selbst weiter nach diesem Modell arbeiten. Nur als soziale Tatsache ›gibt es‹ z.B. Morpheme; die Linguisten haben sich eben darauf ›geeinigt‹, Wörter mit dieser Kategorie zu analysieren, und andere Vorschläge und Termini zur Analyse haben bis heute weniger Anhänger gefunden.

Die Vertreter der Sprechakttheorie, um die es jetzt geht, waren sehr erfolgreich mit ihrer neuen Sicht auf Sprache. Sie haben eine Theorie und Termini geschaffen, die in der gegenwärtigen Linguistik bedeutende soziale Tatsachen sind, da sie dort allgemein bekannt sind und man üblicherweise mit ihnen arbeitet. Deswegen müssen auch wir uns hier damit auseinandersetzen. Die Sprechakttheorie und deren Termini wurden von englischsprachigen Philosophen, nämlich John L. Austin (1911–1960) und John R. Searle (*1932), geschaffen und übrigens gewiss nicht von linguistisch geschulten Terminologiewissenschaftlern auf ihre Geeignetheit geprüft. So erklärt sich, dass Personen mit Englisch als Muttersprache beim Verständnis der Begriffe einen leichten Vorteil haben und dass manche Benennungen etwas problematisch bleiben.

John L. Austin, John R. Searle: Sprechakttheorie

Das Geburtsjahr der Sprechakttheorie ist 1955, als Austin an der Harvard Universität eine Vorlesungsreihe mit dem Titel *How to do things with words* (veröffentlicht 1962) hielt, der in der deutschen Übersetzung der Obertitel *Zur Theorie der Sprechakte* (1972) beigefügt wurde. Ein Zitat aus der ersten Vorlesung scheint mir am besten geeignet, Austins Gedanken einzuführen:

Mit Aussagen wird die Welt nicht nur beschrieben

> Die Philosophen haben jetzt lange genug angenommen, das Geschäft von »Feststellungen« oder »Aussagen« [statements] sei einzig und allein, einen Sachverhalt zu »beschreiben« oder »eine Tatsache zu behaupten«, und zwar entweder zutreffend oder unzutreffend. Die Grammatiker haben allerdings in der Regel darauf hingewiesen, daß nicht alle »Sätze« Aussagen sind […]: neben den Aussagesätzen der Grammatiker gibt es von alters her auch Fragesätze, Ausrufesätze, Befehls-, Wunsch- und Konzessivsätze. Zweifellos hat auch kein Philosoph das bestreiten wollen, obgleich »Satz« bisweilen leichtfertig für »Aussage« oder »Feststellung« benutzt worden ist. Und zweifellos war den Grammatikern wie den Philosophen auch klar, daß man mit den paar unzuverlässigen grammatischen Hilfsmitteln wie Wortstellung und dergleichen die Aussagen und Feststellungen nicht einmal einigermaßen von Fragen, Befehlen und so weiter unterscheiden kann. […] Man nimmt jetzt allgemein an, daß viele Äußerungen, die wie Aussagen oder Feststellungen aussehen, eigentlich gar nicht oder nur zum Teil Informationen über Tatsachen vermitteln sollen.[31]

Die Äußerungen, an die Austin dabei verständlicherweise als erstes denkt, sind eben jene, mit denen im Rahmen einer Institution eine soziale Tatsache geschaffen wird und die wir bereits mit Beispielen vorgestellt haben. Austin nennt Äußerungen wie: *Nehmen Sie die hier anwesende XY zur Frau? – Ja; Ich taufe dieses Schiff auf den Namen ›Queen Elizabeth‹,* und besonders charakteristisch sind für ihn die Fälle, bei denen eine bestimmte Formel verwendet wird: *Hiermit eröffne ich die Sitzung.* In allen diesen Beispielen ist unmittelbar offensichtlich, dass es ziemlich abwegig wäre, die Äußerungen als Beschreibungen von

Performative Formeln: *hiermit … ich*

Handlungen aufzufassen: Der Sprecher sagt hier nicht (nur), dass er etwas tut, sondern er tut es. Er beschreibt nicht, sondern er vollzieht die Handlung. Entsprechend dem englischen Wort für ›vollziehen‹, *to perform*, heißen diese Ausdrücke heute (explizit) performative Formeln. Es sind Formeln, mittels derer man die Handlung ausführt und zugleich ausdrücklich sagt, welche Art von Handlung es ist (beim *Ja* vor dem Standesamt ist das dagegen z.B. nicht der Fall, die Ehe wird aber auch erst durch eine Formel wie *Damit erkläre ich euch zu Mann und Frau* bzw. die schriftliche Urkunde über den Akt rechtskräftig).

Aus dem Zitat von Austin ersehen wir auch schon den Zusammenhang, den die Sprechakttheorie mit den Satzarten hat. Sie geht von der oben erläuterten Erkenntnis aus, dass den Satzarten nicht eindeutig kommunikative Funktionen zugeordnet sind, und macht sich zur Aufgabe, Typen von kommunikativen Funktionen differenzierter zu unterscheiden sowie systematisch zu untersuchen, mit welchen sprachlichen Mitteln diese Funktionen realisiert werden können bzw. wie ein Hörer ausgehend von einem Parole-Satz die kommunikative Intention des Sprechers erschließt.

39 Sprechakte

Äußerungen als Formen sprachlichen Handelns

Dass die Sprechakttheorie eine so große Bedeutung erlangen konnte, liegt nun daran, dass sie ihre Analyse nicht auf die sprachlichen Äußerungen beschränkt, mit denen in institutionellen Kontexten soziale Tatsachen geschaffen werden, sondern alle Äußerungen – schriftliche und mündliche – unter dieser Perspektive untersucht. Zunächst arbeitete sie zwar überwiegend mit Einzelsätzen als Beispielen, die Sätze aber wurden nicht mehr als grammatische Strukturen, als Dramen und auch nicht mehr wie bei den Philosophen üblich als Aussagen aufgefasst, sondern eben als Sprechakte, als Formen sprachlichen Handelns.

Zur Terminologie der Sprechakttheorie

Wie immer, wenn Wissenschaftler sich systematisch mit einem neu ›entdeckten‹ bzw. als etwas Neues definierten Phänomen auseinandersetzen, betrachten sie es unter verschiedenen Gesichtspunkten und schaffen für gegeneinander abgegrenzte Aspekte neue Termini. In Austins Vorlesungen können wir direkt mitvollziehen, wie er im Laufe seines vorgetragenen Nachdenkens verschiedene Lösungen und auch Termini ausprobiert und wieder verwirft – wer einmal konkret sehen möchte, wie so etwas geht, sollte sein Buch dringend lesen. Auch nach Austin wurde weiter analysiert und ›herumprobiert‹, so dass eine Reihe von sprechakttheoretischen Begriffen existiert, die nicht zu allgemein anerkannten sozialen Tatsachen geworden sind. Ich beschränke mich daher darauf, die Fassung der Theorie vorzustellen, die heute relativ gängig ist und die am entscheidensten von Searles Überlegungen bestimmt wurde.

Die Arbeit, die Sprachwissenschaftler bei der Analyse von Äußerungen schon geleistet hatten, wurde von der Sprechakttheorie nicht verworfen, sondern integriert. Die Linguisten hatten sich vor allem für Äußerungen interessiert, insofern es Einheiten sind, die in den Subdisziplinen der Phonetik-Phonologie, Morphologie, Wortbildung, Lexikologie und der Syntax beschrieben werden. Alle diese Aspekte zusammengenommen bilden für die Sprechakttheorie einen besonderen Subakt des Gesamtsprechaktes. Er heißt lokutionärer Akt oder Lokution. Der lokutionäre Akt ist der Sprechakt, insofern er eine komplexe Einheit mit lautlicher, grammatischer und semantischer Struktur ist.

Lokution/lokutionärer Akt

Im Zentrum der Theorie steht jedoch ein anderer Teilaspekt des Sprechaktes, nämlich der illokutionäre Akt (Illokution), der in der Formulierung Austins vorgestellt sei:

Illokution/illokutionärer Akt

> Man kann zum Beispiel durchaus eindeutig klarmachen, »was wir gesagt haben«, indem wir eine Äußerung – etwa »Er geht gleich los« – getan haben [...]; trotzdem muß absolut nicht klar sein, ob ich damit, daß ich die Äußerung getan habe, die Handlung des Warnens vollzogen habe oder nicht. Es kann völlig klar sein, was ich mit »Er geht gleich los« oder »Mach die Tür zu« meine, ohne daß darum klar wäre, ob ich es als Feststellung oder als Warnung und so weiter meine.
>
> Einen lokutionären Akt vollziehen heißt im allgemeinen auch und eo ipso einen *illokutionären [illocutionary]* Akt vollziehen, wie ich ihn nennen möchte. Um den vollzogenen illokutionären Akt zu bestimmen, müssen wir wissen, wie die Lokution benutzt wird:
>> eine Frage stellen oder beantworten;
>> informieren, eine Versicherung abgeben, warnen;
>> eine Entscheidung verkünden, eine Absicht erklären;
>> ein Urteil fällen;
>> berufen, appellieren, beurteilen;
>> identifizieren oder beschreiben;
> und zahlreiche derartige Dinge. [...] Am »eo ipso« ist dabei nichts Geheimnisvolles. Problematisch ist vielmehr die Vieldeutigkeit der so ungemein vagen Wendung »wie wir den Ausdruck benutzen« [...][32]

Schließlich gibt es noch einen dritten Aspekt, den bereits Austin unterschieden und benannt hat, das ist der perlokutionäre Akt bzw. die Perlokution. Er entspricht ungefähr den im vorigen Kapitel angesprochenen Wirkungen auf die Psyche des Hörers. »Wenn etwas gesagt wird, dann wird das oft, ja gewöhnlich, gewisse Wirkungen auf die Gefühle, Gedanken oder Handlungen des oder der Hörer, des Spre-

Perlokution/ perlokutionärer Akt

chers oder anderer Personen haben; und die Äußerung kann mit dem Plan, in der Absicht, zu dem Zweck getan worden sein, die Wirkungen hervorzubringen.«[33] Im Märchen vom Rumpelstilzchen geht die Wirkung gewiss nicht auf eine intentionale Handlung zurück. Die Königin wollte nur ihr Kind retten und konnte nicht ahnen, dass Rumpelstilzchen sich selbst auseinanderreißen würde. Man kann also nicht sagen, die Königin habe Rumpelstilzchen in den Selbstmord getrieben. Allerdings kommt so etwas bekanntlich durchaus vor, nur wissen wir oft nicht, was die eigentlichen Absichten des Sprechers sind, und jedenfalls wäre der Äußerung *Heißt du etwa Rumpelstilzchen?* als Anstiftung zum Selbstmord strafrechtlich schwer beizukommen.

Da sowohl die tieferen Motive des Sprechers als auch die Wirkungen von Äußerungen auf Hörer so schlecht einschätzbar und voraussehbar sind, ja mitunter geradezu geheimnisvoll, oft zumindest irrational anmuten und mindestens eine psychologische Zusatztheorie erfordern, ist der Analyse des perlokutionären Aktes in der Sprechakttheorie nur wenig Aufmerksamkeit gewidmet worden. Wir halten damit zusammenfassend fest: Der wesentlichste Aspekt des Sprechaktes ist für die philosophisch orientierte Sprechakttheorie die Illokution.

Illokutionstypen
Deklarationen

Damit können wir zur nächsten Aufgabe der Sprechakttheorie übergehen, nämlich einer Sortierung der ›zahlreichen derartigen Dinge‹, die unter die Kategorie Illokution fallen. Austin präsentiert am Ende seiner Vorlesungen fünf Hauptklassen. Von den dabei gewählten Termini ist aber nur ein einziger später weiterverwendet worden. Durchgesetzt hat sich die Klassifikation von Searle, der ebenfalls fünf Haupttypen unterscheidet. Sie bilden wie die drei Unterakte des Sprechaktes (Lokution, Illokution, Perlokution) mit dem ›Morphem‹ *-loku-* (zu lateinisch *loqui* ›reden‹) ein kleines terminologisches System. Es handelt sich um die Termini Repräsentativ, Direktiv, Kommissiv, Expressiv – diese weisen alle das Suffix *-iv* auf (im Plural *-iva*). Der fünfte Typ dagegen ist anders gebildet, es handelt sich um die Deklarationen. Das sind genau die Illokutionen, die im engsten Sinne des Wortes eine soziale Tatsache schaffen und mit der wir unsere Betrachtung begonnen haben. Die Deklaration der Menschenrechte ist ein Akt, mit dem diese in Kraft gesetzt werden, so wie das Ernennen, Verurteilen durch das Gericht, Taufen usw. Fakten schaffen. *Deklaration* ist also ein durchaus sprechender Terminus. Aus einem gewissen Hang zu systematischer Terminologisierung, aus Analogiestreben, wird dieser Illokutionstyp aber mitunter auch mit dem Suffix *-iv* gebildet. Dann heißt es *Deklarativa* und dieser Terminus fällt ausdrucksseitig unglücklicherweise ausgerechnet mit dem Internationalismus für Aussagesätze zusammen (im Englischen heißen diese allerdings *statements* oder *assertions*).

Direktiva/Aufforderungen

Der Illokutionstyp, der am zweitbesten verständlich macht, dass man mit Äußerungen handelt und nicht nur irgendwelche Aussagen formuliert, sind die so genannten Direktiva (zum Verb *to direct* in der Lesart ›anordnen, befehlen‹). Das ist die Gruppe der Sprechakte, die der Sprecher vollzieht, um den Hörer dazu aufzufordern, etwas zu tun. Wohlgemerkt: Der erwünschte Weltzustand kommt (anders als bei den Deklarationen) bei Aufforderungen, wie man im Deutschen am besten sagt, nicht mehr unmittelbar durch die Äußerung zustande und oft kann der Hörer der Aufforderung folgen oder auch nicht. Eine soziale Tatsache ist aber insofern damit geschaffen, als der Hörer zu etwas aufgefordert *ist*; und mitunter, wenn nämlich ein Machtverhältnis zwischen Sprecher und Hörer besteht, ist der soziale Druck erheblich. Wer etwa einen Befehl verweigert oder das zitierte Verbot missachtet, von politischen Gefangenen in der DDR zu sprechen, riskiert viel. Der Befehl und das Verbot *gelten* und beschränken damit die Handlungsfreiheit der Angesprochenen. Dies verstehen wir hier unter sozialer Tatsache.

Analog zu den Direktiva, die den Hörer auf zukünftige Handlungen festlegen sollen, kann sich der Sprecher mit einer Äußerung auch selbst auf eine zukünftige Handlung festlegen, sich dazu verpflichten, sie auszuführen. Illokutionäre Akte dieses Typs heißen Kommissiva (das ist die Bezeichnung, die schon Austin verwendet hat). Wieder ist der Terminus für Englischsprachige sehr durchsichtig, weil es *to commit oneself to do something* und *commitment* in der Bedeutung ›sich zu etwas verpflichten‹ gibt. Im Deutschen sind die Ausdrücke *Selbstverpflichtung* oder *Versprechen* mnemotechnisch geeignet. Die mit Kommissiva herbeigeführte soziale Tatsache ist analog zu den Direktiva zu rekonstruieren. Der Sprecher hat die Pflicht, sich seinen Worten gemäß zu verhalten, und kann unter geeigneten Umständen (juristisch) zur Rechenschaft gezogen werden, wenn er sich nicht daran hält, z.B. einen Vertragsbruch begeht. Private Versprechungen sind dagegen meistens nicht einklagbar und bei Nichteinhaltung büßt der Sprecher oft nur an Wertschätzung und Glaubwürdigkeit ein, aber auch dies sind sozial sehr relevante Fakten.

Bei der vierten Klasse ist auf den ersten Blick am schlechtesten erkennbar, warum die entsprechenden Äußerungen die Welt verändern sollten. Es sind nämlich gerade die Sätze, die so lange im Vordergrund des philosophischen Interesses lagen, die Aussagen, mit denen man die Welt ›beschreibt‹. Searle nennt sie Repräsentativa (zu *to represent* ›be, make, give a picture, sign, symbol of something‹). Im Deutschen ist der geeignetste Ausdruck *Darstellung*, den Bühler für die entsprechende Funktion benutzt hat – mit dem Zeichen/der Äußerung orientiert der eine den anderen über (s)ein Bild von der Welt (vgl. Kapitel 6). Nehmen wir jedoch den Ausdruck *soziale Tatsache* in einem weiten Sinne, so ist es nicht schwer, sie analog auch für Behauptungen, Feststellungen usw. zu rekonstruieren. Am einleuchtendsten ist das

> Kommissiva/
> Versprechen

> Repräsentativa

wieder, wenn wir die Äußerung in einen juristischen Kontext einbet-
ten: Wer (unter Eid) eine Falschaussage macht, also eine ›Beschreibung der Welt‹ gibt, von der er weiß, dass sie nicht stimmt, kann
ebenfalls strafrechtlich belangt werden. Außerhalb solcher Zusammenhänge legt sich der Sprecher mit einem Repräsentativ lediglich darauf
fest, etwas Bestimmtes zu glauben und ›erlaubt‹ den Hörern, ihn beim
Wort zu nehmen, d.h. sie dürfen im Weiteren davon ausgehen, dass
der Sprecher auch glaubt, was er gesagt hat. Stellt sich heraus, dass der
Sprecher nicht zu seinen Aussagen steht, verliert er wieder Vertrauen,
Glaubwürdigkeit und Prestige.

Expressiva/
Ritualia

Damit kommen wir zum letzten Typ, dessen Benennung m.E. am
problematischsten ist, den so genannten Expressiva. Es liegt nahe,
diesen nicht nur im Englischen sprechenden Terminus zu verstehen als
›Ausdruck von Gefühlen‹ und in gewissem Sinne ist das auch gemeint.
Allerdings sind die Beispiele bzw. Untergruppen, die für diesen Illokutionstyp angeführt werden, in der Regel solche ritualisierten Gefühlsausdrucks: gratulieren, kondolieren, sich entschuldigen, begrüßen,
danken usw. Dies sind Formen höflichen Umgangs und es ist allgemein
bekannt, dass der Sprecher das Gefühl, das er dabei ausdrückt, keineswegs unbedingt haben muss. Der Sprecher legt sich also mit Expressiva
nicht sozial darauf fest, das ausgedrückte Gefühl zu empfinden, sondern folgt oft lediglich sozialen Konventionen – und die anderen wissen das. Eingeklagt werden können auch Expressiva (allerdings selten
juristisch), aber was wirklich ›gefordert‹ werden kann, ist gerade nicht
die Aufrichtigkeit der Empfindung, sondern lediglich die Respektierung
der sozial anerkannten Umgangsregeln. Wer gegen diese Forderung verstößt, hat u.U. erhebliche soziale Sanktionen zu befürchten, schlimmstenfalls wird er vom gesellschaftlichen Verkehr (in einer Gruppe) ausgeschlossen. Wer dagegen – möglicherweise auch noch gut erkennbar
– deutlich werden lässt, dass er das ausgedrückte Gefühl nicht empfindet, wer heuchelt, riskiert keine formelle Bestrafung. Er verliert höchstens bei manchen Personen an Ansehen und Wertschätzung. Da aber
unaufrichtige Gefühlsbekundungen fast schon als Stützpfeiler unserer
Gesellschaft betrachtet werden müssen und die soziale Relevanz der
›Expressiva‹ nur das äußere Verhalten betrifft, scheint es mir sinnvoller, dies auch im Terminus deutlich zu machen. Austin benutzte den
Begriff *behabitives*, der ihn zwar selbst nicht zufriedenstellte (»shok-
king«), aber doch sehr gut das gesellschaftlich geforderte anständige
Benehmen traf. Der einmal vorgeschlagene und m.E. sehr geeignete
Ausdruck Ritualia, hat sich leider nicht durchgesetzt.

Illokutionstypen
und Satzarten

Betrachten wir nun rückblickend diese Klassifizierung und vergleichen wir sie mit unseren Satzarten, so werden wir zweifellos etwas
erstaunt sein. Der grammatischen Kategorie Fragesatz, der wir unmittelbar wohl eine besondere kommunikative Grundfunktion zuordnen,

entspricht überhaupt keine illokutionäre Klasse. Wir finden nur Entsprechungen zu den den Aussagesätzen (Repräsentativa) und den Aufforderungssätzen (Direktiva) wieder. Außerdem ist die Einteilung nicht viel weniger grob als die der Satzarten. Halten wir daher fest: Die Searlesche Grobklassifikation ist nur ein erster Schritt; innerhalb jeder Klasse müssen eine ganze Anzahl von Subkategorien gebildet werden. Die Fragen finden sich z.b. in der Gruppe der Direktiva wieder, als Aufforderungen, eine sprachliche Handlung zu vollziehen, nämlich zu antworten. Diese enge Beziehung zwischen Fragen und Auffordern kommt übrigens in manchen Sprachen auch lexikalisch zum Ausdruck: *to ask/demander* bedeutet ›fragen‹, aber auch ›bitten‹: *to ask someone to do something/demander à quelqu'un de faire quelque chose.*

Es hat auch eine ganze Reihe von Anstrengungen zur weiteren Aufgliederung der Großklassen gegeben. Dabei rekurriert man auf unterschiedliche Bedingungen der Kommunikationssituation, die gegeben sein müssen, damit der Sprechakt erfolgreich durchgeführt werden kann. Abbildung 15 entspricht einem Versuch, verschiedene Typen von Direktiva gegeneinander abzugrenzen. Dabei zeigt sich, dass als Kriterien außersprachliche Umstände herangezogen werden, etwa die Frage, ob es eine juristische Grundlage für die Aufforderung gibt (Untergruppen der bindenden Aufforderungen) oder in wessen Interesse die Ausführung der erwünschten Handlung liegt (Sprecher-, Hörer- oder beidseitige Präferenz).

Wenn wir sagen, dass bestimmte Bedingungen gegeben sein müssen, damit der illokutionäre Akt gelingen kann, so heißt dies allerdings nicht, dass gar nichts passiert, wenn die Äußerung unter den falschen Bedingungen vollzogen wird. Notwendige Voraussetzungen für erfolgreiche Aufforderungen sind etwa, dass der Adressat die Aufforderung auch zur Kenntnis nehmen kann und in der Lage ist, die gewünschte Handlung auszuführen. Wird eine Aufforderung unter anderen Umständen ausgesprochen, so kommt eine pragmatische Paradoxie zustande. Ein Beispiel:

> Ich kehrte spät abends zurück, und an einer Straßenecke fand ich ein frisch angeklebtes Plakat folgenden Inhaltes.
>
> An die gesamte Bevölkerung von Bugulma und Umgebung!
>
> Ich ordne an, daß alle Einwohner der Stadt und Umgebung, die nicht lesen und schreiben können, dies binnen drei Tagen nachholen. Wer nach dieser Frist als Analphabet sichergestellt wird, wird erschossen.
>
> Stadtkommandant: Jerochymov.[34]

Wir halten zunächst fest: Wie die Aufforderung formuliert ist – u.a. also, welche Satzart gewählt wird – spielt bei den Subklassifikationen überhaupt keine Rolle. Dennoch ist der größte Teil sprechaktttheoreti-

Subklassifizierung von Illokutionstypen

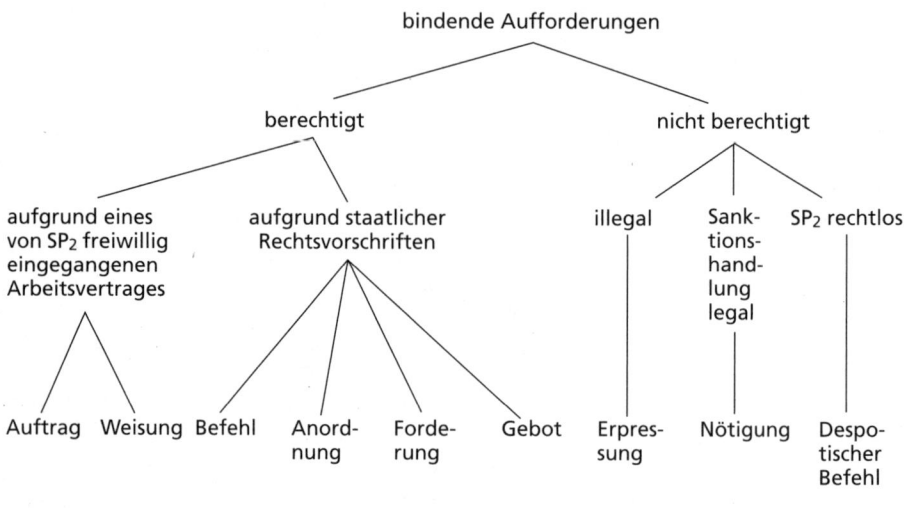

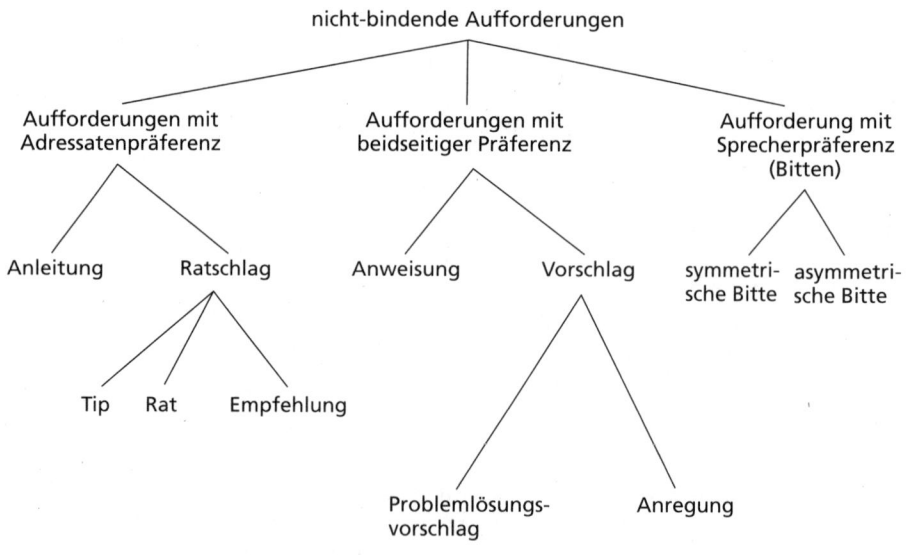

Abb. 15: Untertypen von Direktiva

scher Untersuchungen von Linguisten genau dieser Frage gewidmet: Wie drückt man Illokutionen aus bzw. wie kann man aus der Lokution auf die Illokution schließen?

40 Wie erschließt man die kommunikative Intention des Sprechers? Illokutionsindikatoren

Wir erinnern uns zunächst an das Kapitel 5, in dem ja auch schon die Frage erörtert wurde, was man braucht, um eine sprachliche Äußerung zu verstehen – dazu gehört natürlich auch, dass man versteht, ›wie ein Satz benutzt wird‹, um mit Austin zu sprechen, bzw. welche kommunikative Intention der Sprecher hat, welche Illokution vorliegt. Wir hatten hervorgehoben, dass die Sprachkenntnis nicht ausreicht, dass wir immer auch auf Weltwissen und Situationswissen zurückgreifen und alle drei Komponenten in der sprachlichen Interaktion einander auch beeinflussen, so dass unser Wissens-›Bestand‹ sich ständig verändert. Außerdem stimmen Wissen, Erfahrungen, Vorstellungen usw. der Gesprächspartner immer nur teilweise überein. Das führt dazu, dass wir oft nicht sicher sein können, was der andere meint, was ein Wort genau bedeutet, wie ein Satz zu verstehen ist. Immer wieder hat uns auch die Frage beschäftigt, wie das Verhältnis von Form und Inhalt beschaffen ist, und immer ergab sich, dass sie einander jedenfalls nicht eindeutig zugeordnet werden können. Alles lässt also vermuten, dass wir auf der Ebene, auf der es um kommunikative Intentionen geht, genauso wenig ein klares System von Entsprechungen zwischen Lokution und Illokution finden werden.

Das Verhältnis von Lokution und Illokution

Es gibt sogar Beispiele, in denen Lokution und kommunikative Intention überhaupt nichts miteinander zu tun haben oder die Äußerung überhaupt nichts bedeutet. Searle erzählt z.B. die folgende Geschichte:

Beispiele für einen nicht existenten Zusammenhang

> Nehmen wir einmal an, ich sei ein amerikanischer Soldat im zweiten Weltkrieg und von italienischen Truppen gefangengenommen worden. Und nehmen wir außerdem an, daß ich diese Truppen glauben machen möchte, ich sei ein deutscher Soldat, damit sie mich freilassen. Ich würde ihnen also gern auf deutsch oder italienisch sagen, daß ich ein deutscher Soldat bin. Aber nehmen wir einmal an, daß ich dafür nicht genügend Deutsch oder Italienisch kann. Also versuche ich ihnen vorzuspielen, ich würde ihnen sagen, daß ich ein deutscher Soldat sei, und zwar dadurch, daß ich das bißchen Deutsch vortrage, das ich kenne, in der Hoffnung, daß sie nicht genügend Deutsch können, um meinen Plan zu durchschauen. Nehmen wir an, ich erinnere mich nur an eine Zeile eines deutschen Gedichts, das ich im Deutschunterricht auf der höheren Schule auswendig lernen mußte. Also rede ich, ein gefangener Amerikaner, die Italiener, die mich gefangengenommen haben, mit den folgenden Worten an: »Kennst du das Land, wo die Zitronen blühn?«[35]

Den wohl nicht wahrscheinlicheren, im Rahmen von Komödien aber nicht unüblichen Fall eines Täuschungsmanövers, in dem die Äuße-

Textbeispiel 33: Türkisch für Anfänger

COVIELLE: Wissen Sie, daß der Sohn des Großtürken hier weilt? [...] nachdem wir über einige
andere Dinge geredet hatten, sagte er zu mir: »Axiam krok soler ontsch alla mustaf
gidelum amanahem varahini ussere karbulat.« Das heißt: Hast du vielleicht eine
junge hübsche Person gesehen, die Tochter des Herrn Jourdain, eines Pariser Edel-
mannes?

JOURDAIN: Das hat der Sohn des Großtürken von mir gesagt?

COVIELLE: Ja. Als ich ihm erwiderte, daß ich Sie gut kenne und daß ich Ihre Tochter gesehen
habe, sagte er: »Ah, marababa sahem!« Das heißt: Ach, wie bin ich in sie verliebt.

JOURDAIN: Marababa sahem heißt: Wie bin ich verliebt?

COVIELLE: Ja.

JOURDAIN: Meiner Treu, es war nett von Ihnen, mir das zu sagen. Denn ich hätte mir nie
denken können, daß Marababa sahem soviel heißt wie: »Ach, wie bin ich verliebt.«
Das ist ja eine wunderbare Sprache, dies Türkisch!

COVIELLE: Viel wunderbarer, als man glauben möchte. Wissen Sie, was »Kakarakamutschen« bedeutet?

JOURDAIN: Kakarakamutschen? Nein.

COVIELLE: Das heißt: mein süßes Lieb.

JOURDAIN: Kakarakamutschen heißt: mein süßes Lieb?

COVIELLE: Ja.

JOURDAIN: Das ist ja herrlich! Kakarakamutschen – mein süßes Lieb!

COVIELLE: Um nun meinen Auftrag zu erledigen: er bittet um die Hand Ihrer Tochter. Und
um einen Schwiegervater zu haben, der seiner würdig ist, will er Sie zum Mamamut-
schi machen, das ist eine besonders hohe Würde in seinem Lande. [...]

Vorige [Jourdain und Coville]. Cleonte als Türke mit drei Pagen, die seine Schleppe tragen.

CLEONTE: Ambusahim oki boraf Jordina salamaleki.

COVIELLE (*zu Jourdain*): Das heißt: Herr Jourdain, möge Ihr Herz das ganze Jahr blühen wie
eine Rose. So pflegt man sich in jenem Lande höflich auszudrücken.

JOURDAIN: Ich bin Seiner türkischen Hoheit ergebenster Diener.

COVIELLE: Karigar kamboto ustin moraf.

CLEONTE: Utin jok catamaleki basum base alla moran.

COVIELLE: Er sagt: Gebe der Himmel Ihnen die Kraft des Löwen und die Weisheit der
Schlange.

JOURDAIN: Seine türkische Hoheit ehrt mich über alles Maß, und ich wünsche ihm alles
Gute.

COVIELLE: Ossa binamen sadok babally orakaf uram.

CLEONTE: Belmen.

COVIELLE: Er sagt, Sie sollen jetzt schnell mit ihm gehen, um sich für die Zeremonie vorzube-
reiten. Gleich danach will er Ihre Tochter sehen und die Ehe schließen.

JOURDAIN: So viel in zwei Worten?

COVIELLE: Ja. Das ist so die Eigenart der türkischen Sprache: sie sagt sehr viel in wenig
Worten. Gehen Sie nun schnell mit ihm!

rungen übrigens überhaupt nichts bedeuten, bietet das Textbeispiel 33 aus Molières *Der Bürger als Edelmann*. Cléonte will Lucile, die Tochter Jourdains, heiraten, der Vater ist natürlich dagegen. Mit Hilfe seines Dieners Covielle – der hat Jourdain erzählt, der Sohn des Großtürken sei in seine Tochter verliebt und komme gleich, ihm seine Aufwartung machen – gelingt es Cléonte, Jourdain davon zu überzeugen, dass er der Sohn des Großtürken ist. Die Hochzeit zwischen Cléonte, dem vermeintlichen Sohn des Großtürken, und Lucile kann daraufhin stattfinden.

Ausführlich legt Searle jedoch dar, warum er Fälle wie diese in seinen Analysen *nicht* berücksichtigen will. Er betrachtet das Gelingen eines solchen Manövers als einen perlokutionären Effekt, der nichts mit den Regeln der Sprache zu tun hat. Aufgabe der Sprechakttheorie soll aber gerade sein, die konventionell geltenden Regeln zu beschreiben, nach denen man mit Äußerungen illokutionäre Akte vollzieht. Dass unter mehr oder weniger absonderlichen Umständen alles alles bedeuten und bewirken kann, ist somit für die Theorie uninteressant. Und auch dass unter weniger absonderlichen Umständen Verständigung ohne regelgemäßen Sprachgebrauch zustandekommen kann, dass man, wie in der hermeneutischen Tradition erwogen, die Aussagen des anderen etwa divinatorisch erfassen kann, gehört *nicht* zum Erklärungsgegenstand der Theorie. Es geht vielmehr darum, die als durchaus komplex angesehenen, aber regelhaft erklärbaren Verfahren zu analysieren, nach denen Äußerungen Illokutionen zugeschrieben werden. Und obwohl Sprechakttheoretiker großes Gewicht darauf legen, dass für die Entschlüsselung der Illokution die situativen Umstände der Äußerung eine Rolle spielen, nehmen sie dennoch an, Äußerungen wiesen Illokutionsindikatoren auf, sprachliche Mittel, die die illokutionäre Rolle anzeigen.

Die weitere Aufgabe besteht also darin zu ermitteln, welche Elemente in Einzelsprachen als Illokutionsindikatoren fungieren, eine Frage, die Philosophen verständlicherweise weniger interessiert als Linguisten. Searles eigene Ausführungen dazu sind denn auch wenig differenziert, unter Berufung auf Austin zählt er auf: »Wortfolge, Betonung, Intonation, Interpunktion, der Modus des Verbs und die sogenannten performativen Verben.«[36] Damit sind wir aber wieder ganz nah bei den Satzarten, denn abgesehen von den performativen Formeln sind die genannten Merkmale solche, die diese differenzieren. Tatsächlich wird die Satzart in der Sprechakttheorie als einer der wesentlichen Illokutionsindikatoren betrachtet. Wir wissen allerdings schon und auch Austin hat es von Anfang an hervorgehoben, dass dies kein sehr verlässlicher Indikator ist, weil ein und dieselbe Satzart zur Realisierung sehr verschiedener Sprechakte taugt (vgl. dazu Kap. 37 und Textbeispiel 31). Die besten, nämlich eindeutigsten Indikatoren, sind

Illokutionsindikatoren: Mittel zur Signalisierung der kommunikativen Absicht

natürlich die explizit performativen Formeln (*Hiermit eröffne ich die Sitzung, Ich taufe das Schiff auf den Namen ... usw.*). Allerdings sind performative Formeln verhältnismäßig selten. Relativ regelmäßig kommen sie vor allem in institutionellen Kontexten vor, wo eine ganz bestimmte Formulierung sogar zum Gesamtverfahren gehören kann; in der Privatkommunikation dagegen sind sie nur bei Ritualia sehr üblich und indizieren bei anderen Illokutionstypen leicht einen ziemlich konfliktären Stand der Interaktion (*Ich fordere dich hiermit zum letzten Mal auf, ...; Ja doch, ich verspreche es, ...*).

Konventionalisierte Floskeln

Die geläufigste Art, seine kommunikative Absicht zu verdeutlichen, besteht aber wohl darin, bestimmte konventionalisierte Ausdrücke oder Formeln zu verwenden. Aufforderungen z.B. werden (im Deutschen) in den seltensten Fällen schlicht durch einen Imperativsatz gekennzeichnet. Das gilt als unhöflich. Mindestens muss man *bitte* sagen, aber besser klingt: *Könntest du bitte ..., Kannst du mal ..., Ach, sei doch so nett und ...* oder auch das in Kapitel 37 erwähnte *Ich wäre dir dankbar, wenn ...* Häufig tauchen in diesen Formeln Modalverben auf (*kannst du?, du solltest, ich möchte, wollen wir nicht? ...*). Für das Deutsche ist auch sehr charakteristisch der Gebrauch von Partikeln wie *eben, doch, mal, etwa* usw. Für alle diese Fälle ist es wohl am sinnvollsten, von regelhaftem Gebrauch zu sprechen; die Ausdrücke sind mehrheitlich fest gespeichert, werden in der fraglichen Situation unwillkürlich produziert und vom Hörer auch meist unmittelbar als Signal für einen bestimmten Sprechakt identifiziert. Außer Witzbolden, die auf die Frage *Können Sie mir sagen, wie spät es ist?* nur mit *Ja.* antworten, kommt normalerweise kein Hörer auf die Idee, dass der Sprecher lediglich darüber informiert werden möchte, ob der Hörer eine bestimmte Möglichkeit oder Fähigkeit hat. Man muss sich schon Mühe geben, aus der kommunikativen Routine ›auszusteigen‹, um sich diesen ›eigentlichen‹ Sinn wieder ins Gedächtnis zu rufen, also nach der Motiviertheit der Floskeln zu fragen.

Die so genannten indirekten Sprechakte

Dennoch sind gerade diese konventionalisierten Routineformeln der Bereich, den Sprechakttheoretiker zunächst bevorzugt ausgewählt haben, um zu demonstrieren, wie man sich die Regeln vorstellen soll, mit denen Illokutionen aktiv rekonstruiert werden. Dabei definieren sie keineswegs direkt *kannst du mal?, könntest du?* usw. als Indikatoren für Direktiva, sondern gehen vielmehr auf den ›wörtlichen Sinn‹ der Formel zurück. Wörtlich genommen ist *Kannst du mir das Salz reichen?* ja tatsächlich eine Frage danach, ob der Hörer die Fähigkeit bzw. Möglichkeit hat, den Salzstreuer zu erreichen, und/oder ob er die Kraft hat, diesen hochzuheben und über eine gewisse Distanz zu transportieren. Daher betrachtet die Sprechakttheorie diese Äußerung als eine indirekte Art, um das Salz zu bitten, und bezeichnet sie als indirekten Sprechakt. Wie Hörer solche indirekten Sprechakte verstehen, erklären die Sprechakttheoretiker etwa folgendermaßen: Unter normalen

Textbeispiel 34: Danke für den Asti

[...] die Schwestern meiner Großmutter [...] waren beide von dem Streben nach höheren Dingen beseelt und daher unfähig, sich für irgend so etwas wie Klatsch zu erwärmen – und wäre er selbst von historischem Interesse – oder überhaupt für etwas, was sich nicht unmittelbar auf einen ästhetisch oder ethisch erhabenen Gegenstand bezog. Ihre innere Anteilnahme an allem, was mehr oder weniger dem Weltleben verhaftet blieb, war so gering, daß ihr Gehörssinn – als er schließlich seine vorübergehende Entbehrlichkeit begriffen hatte, sobald nämlich bei Tisch die Unterhaltung in einen frivolen oder auch nur banalen Ton verfiel, ohne daß es den beiden alten Damen gelungen wäre, sie wieder auf Gegenstände zu lenken, die ihnen am Herzen lagen – seine Aufnahmeorgane abstellte und sie geradezu einer beginnenden Atrophie überließ. [...]

Mehr interessierte sie, als am Vorabend des Tages, wo Swann zum Essen kommen sollte und wo er ihnen persönlich eine Kiste Asti geschickt hatte, meine Tante mit einer Nummer des ›Figaro‹ erschien, in der unter einem Bilde aus einer Corot-Ausstellung die Worte standen: ›Aus der Sammlung des Herrn Charles Swann‹, und sagte: »Habt ihr denn schon gesehen, daß Swann im ›Figaro‹ steht?«

[...] die Schwestern meiner Großmutter [...] trieben aus Angst, banal zu sein, die Kunst, unter erfindungsreichen Umschreibungen eine persönliche Anspielung zu verbergen, so weit, daß sie oft sogar an demjenigen, auf den sie gemünzt war, unbemerkt vorüberging. [...]

Wir waren alle im Garten, als die zwei zögernden Schläge des Glöckchens ertönten. Man wußte, daß es Swann war; trotzdem sah alles sich fragend an, und meine Großmutter wurde auf Erkundung geschickt. »Denkt daran, ihm in verständlicher Weise für seinen Wein zu danken, ihr wißt, er ist köstlich, und die Kiste riesengroß«, empfahl mein Großvater seinen beiden Schwägerinnen. [...]. Kaum hatte mein Großvater an Swann eine [...] Frage gerichtet, als sich auch schon die eine der Schwestern meiner Großmutter, auf die diese Frage nur den akustischen Eindruck eines tiefen und unangebrachten Schweigens machte, welches zu brechen höflich wäre, mit den folgenden Worten an die andere wandte: »Denke dir, Flora, ich habe eine junge schwedische Lehrerin kennengelernt, die mir unglaublich interessante Einzelheiten über das Genossenschaftswesen in den skandinavischen Ländern erzählt hat. Sie muß nächstens einmal zu uns zum Abendessen kommen.« »Ich kann es mir denken!« antwortete ihre Schwester Flora, »aber auch ich habe meine Zeit nicht verloren. Ich habe bei Herrn Vinteuil einen alten Gelehrten angetroffen, der Maubant gut kennt und von ihm bis ins kleinste unterrichtet worden ist, wie er eine Rolle studiert. Es ist unglaublich interessant. Er ist ein Nachbar von Herrn Vinteuil, ich wußte gar nichts davon; ein sehr liebenswürdiger Mann.« – »Nicht nur Herr Vinteuil hat liebenswürdige Nachbarn«, rief Tante Céline mit einer Stimme, die vor Schüchternheit laut und in ihrer Absichtlichkeit unnatürlich klang, während sie auf Swann einen ihrer ›bedeutungsvollen‹ Blicke warf. Gleichzeitig sah Tante Flora, die diese Wendung mit Recht als Célines Dank für den Asti auffaßte, Swann ebenfalls mit einer Miene an, in der sich Anerkennung und Ironie mischten, sei es einfach um den Geistesblitz ihrer Schwester noch zu unterstreichen, sei es, daß sie Swann darum beneidete, daß er ihn inspiriert hatte, oder aber auch, weil sie nicht anders konnte als sich über ihn lustig machen in der Meinung, er werde sich von allen Seiten beobachtet fühlen. [...] – Sehen Sie, sagte Swann zu meinem Großvater, was ich Ihnen jetzt sagen möchte, hat mehr Beziehung zu Ihrer Frage, als es den Anschein hat, denn unter gewissen Gesichtspunkten haben sich die Dinge gar nicht so ungeheuer verändert. Heute morgen las ich wieder einmal in Saint-Simon eine Sache, die Ihnen Spaß gemacht hätte, und zwar in dem Band über seine Mission in Spanien; es ist nicht gerade das Beste von ihm, kaum mehr als eine Reportage, aber eben doch eine wundervoll geschriebene Reportage, was sie von vornherein von den tödlich langweiligen Zeitungsnotizen unterscheidet, zu deren Lektüre wir uns jeden Morgen und Abend verpflichtet fühlen. – »Da bin ich anderer Meinung, es gibt Tage, an denen ich sehr gern die Zeitung lese ...«, unterbrach ihn Tante Flora, um zu zeigen, daß die Notiz über Swanns Corot im ›Figaro‹ ihr nicht entgangen sei. »Ja, wenn darin von Dingen oder Menschen die Rede ist, die uns interessieren!« übertrumpfte Tante Céline sie noch. »Gewiß, gewiß«, pflichtete Swann etwas verwundert bei. [...] »Saint-Simon erzählt also, Maulevrier habe die Kühnheit gehabt, seinen Söhnen die Hand hinzustrecken. Sie wissen, dieser Maulevrier, von dem er sagt: Niemals habe ich in dieser dicken Flasche etwas anderes als üble Laune, Grobheit und alberne Einfälle festgestellt.« – »Dick oder nicht, ich kenne Flaschen, in denen etwas ganz anderes ist«, fiel Flora lebhaft ein, die Wert darauf legte, sich auch ihrerseits bei Swann bedankt zu haben, denn der Wein war ausdrücklich für beide bestimmt gewesen. Céline fing zu lachen an. [...]

[Nachdem Swann gegangen ist] »[...] Da seht mal! Jetzt habt ihr ihm doch nicht für den Asti gedankt«, setzte mein Großvater, zu seinen beiden Schwägerinnen gewendet, hinzu. »Was denn? Wir hätten ihm nicht gedankt? Unter uns gesagt, glaube ich sogar, daß ich es ihm auf besonders zartfühlende Weise zu verstehen gegeben habe«, antwortete Tante Flora. »Ja, du hast es ausgezeichnet gemacht, ich habe dich bewundert«, pflichtete Tante Céline ihr bei. »Aber du hast auch etwas sehr Hübsches gesagt.« – »Ja, ich war auch ganz stolz auf die Bemerkung über die liebenswürdigen Nachbarn.« – »Wie? Das nennt ihr euch bedanken!« rief mein Großvater aus. »Ich habe das natürlich auch gehört, aber der Teufel soll mich holen, wenn ich gemerkt habe, daß Swann damit gemeint war. Ihr könnt sicher sein, daß er es auch nicht verstanden hat.« – »Aber geh, Monsieur Swann ist doch nicht dumm, ich bin sicher, er hat es zu schätzen gewußt. Ich konnte ja schließlich nicht die Zahl der Flaschen und den Preis erwähnen!«

Umständen darf man annehmen, dass jeder Tischnachbar die Fähigkeit und Kraft hat, den Salzstreuer zu bewegen. Daher wird der Hörer zu dem Schluss kommen, dass die Frage in ihrer wörtlichen Bedeutung kommunikativ sinnlos ist – der Sprecher wird die Antwort kennen. Dies kann den Hörer nun weiter zu der Annahme veranlassen, dass der Sprecher etwas anderes gemeint hat als das, was er wörtlich gesagt hat. Was könnte das sein? Der Hörer könnte sich vor Augen führen, welches die notwendigen Voraussetzungen für verschiedene Sprechakttypen sind, und darauf stoßen, dass die Fähigkeit, eine Handlung auszuführen, eine Bedingung für die kommunikativ sinnvolle Äußerung von Direktiva ist. Also könnte es – unter Berücksichtigung der gegebenen situativen Umstände – gut sein, dass der Sprecher eigentlich eine Aufforderung gemeint hat.

Solche Explikationen von indirekten Sprechakten, also – eigentlich sehr vernünftige – Reflexionen darüber, wie es kommen kann, dass der

Sprecher mit einer Äußerung etwas anderes meint, als er wörtlich sagt, lösen bei Personen, die mit der Sprechakttheorie nicht vertraut sind, häufig Belustigung oder Verärgerung aus. Denn die ›aus dem Alltag‹ gegriffenen Beispiele sind vollkommen trivial und jeder Hörer versteht sie unmittelbar, ohne irgendwelche Überlegungen anzustellen. Enthalten sie auch noch eine Floskel, die üblicherweise eine bestimmte Illokution indiziert, ist für viele nicht mehr ersichtlich, was diese komplizierte Ableitung soll. Realitätsnah ist sie jedenfalls nicht, und auch kein Sprechakttheoretiker wird annehmen, dass entsprechende Reflexionen bei irgendjemandem – und sei es auch blitzschnell – tatsächlich im Kopf ablaufen. Dies tritt nur in Ausnahmefällen ein:

> »Iß, mein Sohn, du bist sechzehn Jahre gewandert, um nach Hause zurückzufinden«, sagt sie, und ich frage mich, ob die Anrede »mein Sohn« die gewöhnliche Formel ist, mit der eine ältere Frau sich an einen Jüngling wendet, oder ob sie bedeutet, was die Worte bedeuten.[37]

Der Sinn dieser detaillierten Rekonstruktion von Regeln, mit denen man explizit machen kann, wie eine ›verborgene Intention‹ entschlüsselt wird, besteht darin zu klären, wie man sich diese Zusammenhänge prinzipiell vorstellen könnte. Bei weniger trivialen Äußerungen und Kommunikationssituationen leuchtet es auch gut ein, dass der Hörer solche Reflexionen anstellt und der Sprecher auch beabsichtigt und erwartet, dass das geschieht. Das Textbeispiel 34 bietet einen Beleg dafür und zeigt zugleich eine Motivation für indirektes Sprechen.

41 Gemeintes und Mitgemeintes

Die verunglückte Danksagung im Textbeispiel 34 werden viele sicherlich als einen Grenzfall betrachten, der freilich sehr gut illustriert, was Austin meint, wenn er feststellt, dass ganz klar sein könne, was jemand gesagt hat, was seine Äußerung bedeutet – z.B. dass Tante Flora an manchen Tagen gern Zeitung liest –, ohne dass klar wäre, was sie damit meint und warum bzw. wozu sie es sagt. Wir müssen also zwischen der (wörtlichen) Bedeutung einer Äußerung, die man allein unter Rückgriff auf sein Sprachwissen rekonstruieren kann, und dem vom Sprecher Gemeinten bzw. dem vom Hörer Verstandenen unterscheiden. Gemeintes und Verstandenes gehen in aller Regel über das Bedeutete hinaus; es handelt sich dabei ja um das Ergebnis kognitiver Operationen, bei denen nicht nur sprachliches Wissen, sondern auch Wissen über Außersprachliches und über die Kommunikationssituation akti-

Bedeutetes versus Gemeintes/ Verstandenes

viert wird (vgl. Abbildung 4). Lediglich auf die Bedeutung zurückgeworfen sind wir nur dann, wenn wir die Äußerung kommunikativ nicht verankern können – solche Situationen ergeben sich besonders oft bei Beispielsätzen im Sprachunterricht. Einen Sonderfall stellt die Episode aus Proust nur insofern dar, als Gemeintes und Verstandenes extrem weit auseinander liegen, wir haben es nämlich mit einer Kommunikationsstörung zu tun. Dass die wörtliche Bedeutung der Äußerung und das mit ihr Gemeinte ebenfalls sehr weit auseinander liegen, dürfte dagegen wesentlich weniger wichtig sein, solche Diskrepanzen sind nämlich relativ häufig und wir können damit auch sehr gut umgehen, wenn wir nur hinreichend Hintergrundkenntnisse (u.a. über den Gesprächspartner und seine Kommunikationsgewohnheiten) haben. Wenn das, was man versteht, aus einer Äußerung entnimmt, nicht unbedingt mit ihrer wörtlichen Bedeutung zusammenfällt, so liegt das aber vor allem daran, dass es uns beim Verstehen längst nicht allein um die Bedeutung sprachlicher Einheiten geht; besonders bei direktem zwischenmenschlichem Kontakt kommt es uns oft viel eher darauf an, *den Menschen* zu verstehen, zu begreifen, warum er sagt, was er sagt. Swann etwa mag die so sehr um ihn bemühten Tanten verstanden haben als Damen, die dem Gespräch nicht recht folgen und sich wenig für ihren Besucher interessieren.

Die Unmöglichkeit, Gemeintes ganz explizit zu machen

Könnten wir nun nicht explizit machen, was wir meinen, Bedeutetes, Gemeintes und Verstandenes zur Deckung bringen? Bemühungen um solche Klärung kommen vielfach vor, wir haben es dann mit mehr oder weniger umfangreichen metakommunikativen Episoden zu tun (vgl. Kapitel 6), die auch oft in einer für alle Teilnehmer akzeptablen Deutung enden. Prinzipiell jedoch ist das Gemeinte nicht eindeutig explizierbar, denn jede metakommunikative Äußerung ist auch selbst wieder eine Äußerung, die eine bestimmte (wörtliche) Bedeutung hat, mit der der Sprecher etwas Bestimmtes meint und die der Hörer in bestimmter Weise versteht. Im Grunde genommen führt der Versuch der Explizierung des Gemeinten und Verstandenen also zu einem unendlichen Regress, der natürlich schon aus praktischen Gründen an irgendeiner Stelle abgebrochen werden muss. Abgebrochen werden metakommunikative Episoden, die nicht zu einem relativ schnellen Konsens führen, jedoch weniger wegen der prinzipiellen Unmöglichkeit, ›hinter die Sprache zurückzugehen‹ und Eindeutigkeit herbeizuführen, als deswegen, weil sich die Partner oft gegenseitig unterstellen, gerade nicht das zu sagen, was sie wirklich meinen – Verstehen ist also ganz wesentlich eine Frage des kommunikativen Vertrauens zueinander, das natürlich nicht erzwingbar ist. Darauf kommen wir im nächsten Kapitel zurück.

Als Zwischenfazit können wir festhalten, dass Gemeintes und Verstandenes nicht vollständig aus der wörtlichen Bedeutung abgelesen werden können, dass sie über diese hinausgehen. Das, was gemeint wird, ohne explizit gesagt zu werden, bezeichnen wir als das Mitgemeinte. Dazu gehört meist auch die illokutionäre Rolle der Äußerung. Das, was verstanden wird, ohne wörtlich gesagt worden zu sein, heißt dementsprechend das Mitverstandene.[38] Nun lässt sich leicht denken, dass die Unmöglichkeit einer eindeutigen Rekonstruktion des (Mit-) Gemeinten aus der Äußerung die Linguisten in eine unangenehme Situation bringt: Eine explizite und eindeutige Beschreibung des Zusammenhangs zwischen der Bedeutung von Wörtern, Sätzen, Texten und ihrem kommunikativen Sinn – das ist eine psychische Größe, die individuell zugeschrieben wird – ist gar nicht möglich. Gegenüber diesem Dilemma kann man grundsätzlich zwei Haltungen einnehmen. Die eine besteht darin, die Aufgaben der Linguistik des Sprachgebrauchs auf die Beschreibung derjenigen Phänomene und Zusammenhänge zu beschränken, über die Konsens hergestellt werden kann, die nämlich ausschließlich konventionell gültige Regeln oder beobachtbare Regularitäten betreffen – ein übrigens bereits sehr großer Bereich. Ausgeschlossen wird damit lediglich, dass es zur Aufgabe der Sprachwissenschaft gehöre, individuell Gemeintes und Verstandenes zu erfassen, da das allemal nur in einem interpretativen Zugriff möglich, d.h. nicht objektivierbar ist. Die andere Haltung, die eine engere Verbindung der Sprach- mit anderen Text- und Interpretationswissenschaften voraussetzt, übt keine solche Abstinenz, sondern erlaubt sich auch Deutungen konkreter Einzelfälle des Sprachgebrauchs, die eingestandenermaßen nicht zwingend sind. Den Gegensatz zwischen diesen beiden grundsätzlichen Einstellungen sollte man sich bewusst machen (nicht zuletzt um Arbeiten der einen oder anderen Richtung recht zu verstehen), man muss ihn freilich auch nicht überbetonen. Jedenfalls sind die Erkenntnisse der Linguisten, die sich auf die Aufdeckung von Regelhaftem oder Regelmäßigem beschränken, auch relevant für Interpretationen, die sich auf eine detaillierte Analyse sprachlicher Merkmale stützen, die also nicht einfach ›aus der Luft gegriffen‹ sind.

Eine gewisse Überbrückung des Gegensatzes kommt allerdings schon dadurch zustande, dass nicht alles, was ›nur‹ mitgemeint, also nicht explizit gesagt wird, über regelgemäßen Sprachgebrauch hinausgeht. Vielmehr muss man sich das Implizite als eine Skala vorstellen: Das eine Extrem stellen mitbedeutete, logisch implizierte Aussagen dar, die von jedem kompetenten Sprachteilhaber (und natürlich Linguisten) rekonstruiert werden (können) müssen. Das andere Extrem bilden Mitgemeintes bzw. Mitinterpretiertes, das auf ganz individuelle Voraussetzungen zurückgeht und über das u.U. nicht einmal die an einer Interaktion direkt Beteiligten (wie die Tanten und der Großvater) Übereinstimmung herstellen können. Und am häufigsten wird das Mitgemeinte/Mitverstandene irgendwo im Bereich zwischen den Extrempolen liegen.

Mitgemeintes und Mitverstandenes

Verschiedene Arten des Impliziten

Präsuppositionen Nachdem wir in Textbeispiel 34 bereits Mitgemeintes betrachtet haben, das für uneingeweihte Partner kaum erkennbar ist, müssen wir nun noch den entgegengesetzten Extremfall des logisch Implizierten behandeln. Wir sprechen hier von Präsuppositionen. Eine Präsupposition ist eine Aussage, auf deren Gültigkeit sich der Sprecher festlegt, ohne sie explizit geäußert zu haben. Am eklatantesten ist die so genannte Existenzpräsupposition. Wer sagt *Kannst du mir das Salz reichen?*, meint nämlich nicht nur mit *Gib es mir bitte*, sondern behauptet implizit auch *Da ist Salz/Es gibt in deiner Reichweite Salz*. Und wenn er z.B. zur Antwort bekommt *Hier ist doch gar kein Salz. Das ist Zucker*, wird er entweder seinen Irrtum erkennen, oder die Kommunikation verlagert sich auf die Richtigkeit der fraglichen Aussage: *Ja, aber daneben, in dem Ding, das so aussieht wie eine Pfeffermühle*. Wer sagt, dass er etwas vergessen oder verloren hat, behauptet implizit, dass er es einmal gewusst/gehabt hat, wer mitteilt, dass die Fehler im Text auf den Computer zurückgehen, präsupponiert, dass der Text mit dem Computer geschrieben wurde … Wie man sich schon angesichts dieser einfachen Beispiele vorstellen kann, gibt es keine Äußerung, in der nicht irgendein implizites – und regelhaft rekonstruierbares – Mitgemeintes stecken würde. Solche logischen Präsuppositionen erkennen zu können ist Voraussetzung für die Verständigung, sie wird durch die Implizitheit keineswegs behindert.

Der Kelch von Anders sieht es natürlich aus, wenn das Mitgemeinte sich nicht
Soissons zwingend ergibt. Zur Illustration von mehr oder weniger selbstverständlichen Sinnvoraussetzungen zieht man gern Witze heran, bei denen jemand implizit etwas behauptet und es in einem anderen Satz explizit negiert – er verwickelt sich in Widersprüche. Wir wählen als Beispiel einen Witz aus dem französischen Kulturraum, der gleich eine ganze Anzahl von Sinnvoraussetzungen erkennen lässt, darunter auch eine, die Deutschsprachigen nicht geläufig ist:

> Der Lehrer betritt mit dem Klingeln den Klassenraum, in dem die Schüler sich noch herumbalgen, und fragt: »Wer hat den Kelch von Soissons zerschlagen?« Sein Blick trifft Pierre, der voller Schreck stammelt: »Also, ich war es nicht … Ich hab den überhaupt noch nie gesehen … Und außerdem war er schon kaputt.«

Den Kelch von Soissons, ein Prunkstück aus dem Kirchenschatz, hat ein Soldat Chlodwigs I. zerschlagen – im Jahre 486. Chlodwig hatte ihm verboten, ihn als Kriegsbeute zu behalten und wollte ihn zurückerstatten. Dies erboste den Soldaten so sehr, dass er sein Beutestück lieber kaputtmachte, als es wieder herzugeben.

Der arme Schüler versteht zunächst den Sprechakt falsch. Für ihn hat offenbar der Unterricht noch gar nicht begonnen, angesichts des turbulenten Treibens in der Klasse wundert es ihn wohl auch nicht, dass es wieder mal um irgendeine Missetat geht. So entgeht ihm, dass es sich nicht um eine echte Frage handelt, sondern um eine Prüfungsfrage (vorausgesetzte Bedingung: der Fragende kennt die Antwort). Pierre weiß ferner über den Stoff so wenig, dass er auch am Schlüsselausdruck *(le vase de) Soissons* nicht erkennt, dass es hier um Geschichtswissen geht. Er versteht also die Frage als Versuch des Lehrers, den Schuldigen zu finden. Da das einfache Leugnen – *ich war's nicht* – ihm selbst wohl wenig überzeugend vorkommt, versucht er gleich darauf, die Möglichkeit, dass er es gewesen sein könnte, zu bestreiten: Er wisse gar nicht, wovon die Rede ist, habe das Ding überhaupt noch nie gesehen. Mit der zusätzlichen Ausrede *Und außerdem war er schon kaputt* macht er die Sache dann erst recht schlimm. Aus diesem Satz ergibt sich zwar nicht logisch zwingend, was Pierre soeben bestritten hat, nämlich den Kelch gesehen zu haben – er könnte schließlich auch von dem Unglück gehört haben –, aber dennoch wird hier wohl jeder Hörer einen inhaltlichen Widerspruch verstehen, nämlich voraussetzen: Wenn jemand sagt, etwas sei schon kaputt gewesen, hat er es wohl in diesem Zustand gesehen.

Zum Abschluss noch eine Beispielgruppe aus dem Alltag, die erkennen lässt, wie verschiedenartig Illokutionen ausgedrückt werden können und mit welchen Möglichkeiten an Mitverstandenem man rechnen kann. Es handelt sich um Beispiele für Direktiva, nämlich Aufforderungen bzw. Verbote, auf die man in den Fahrzeugen der Genfer Verkehrsbetriebe stößt. Wenn man diese benutzt, muss man einen gültigen Fahrschein haben, man darf in ihnen nicht rauchen, soll seine Füße nicht auf die Sitze stellen, gegebenenfalls seinen Sitzplatz an jemand anderen abtreten, man darf sie nicht mit Rollschuhen betreten, man darf darin nicht betteln oder sonst irgendwie versuchen, Geld von den Fahrgästen einzusammeln.

Beispiele für Direktiva

Generell ist zu diesen Direktiva zunächst zu sagen, dass es sich großenteils um Selbstverständlichkeiten handelt, die eigentlich zum Weltwissen der Fahrgäste gehören und somit nicht im strengen Sinne eine soziale Realität schaffen. Außerdem ist zu bemerken, dass die meisten dieser Direktiva relativ erfolglos bleiben. Die einzige Realität, die daher auf diese Weise geschaffen – oder besser gesagt: bestätigt – wird, besteht darin, dass man gegen soziale Gebote verstößt, wenn man sich nicht an die Regeln hält. Tatsächlich wird auch nur eine einzige Pflicht wirklich eingeklagt: die Entrichtung des Fahrgeldes. Auf einem Schild ist die entsprechende Aufforderung indirekt formuliert und kommt als Information daher: *Haben Sie Ihren Fahrschein? Fahrgäste ohne gültigen Fahrausweis bezahlen ein erhöhtes Fahrgeld von 60,– Franken.* Den ›Schluss‹ zu ziehen – du solltest einen Fahrschein kaufen – wird den Lesern überlassen. Diese verstehen natürlich alle noch etwas Weiteres mit bzw. etwas anderes: Keineswegs zahlt nämlich jeder, der schwarz

Verhaltensregeln in öffentlichen Verkehrsmitteln

fährt, 60 Franken; das tritt nur ein, wenn man beim Schwarzfahren erwischt wird. Noch indirekter und abwechslungsreicher ist die entsprechende Aufforderung auf den seit einigen Jahren in den Fahrzeugen installierten Leuchtschrift-Apparaten formuliert. Sehr wörtlich übersetzt lautet die Botschaft dort so: *Seinen Fahrschein nicht zu bezahlen heißt den Transport für die anderen teurer zu machen. Um den Transport für alle zugänglich zu machen, vergessen Sie nicht, Ihren Fahrschein zu kaufen.* Man kann auch lesen: *Ein Fahrschein kostet weniger als eine Tasse Kaffee. Haben Sie schon einmal daran gedacht?* Auf diese Weise wird versucht, einen Überzeugungsdiskurs zu führen, und es wäre wohl nicht einmal angemessen, lediglich von einer indirekten Aufforderung zu sprechen. Gleiches gilt für das Rauchverbot. Hier gibt es einerseits ein Schild (eine durchgestrichene Zigarette neben dem Schild mit einem durchgestrichenen Rollschuh), andererseits die Leuchtschrift mit einem vorweggenommenen Dank – eine übliche Art indirekter Aufforderungen: *Aus Respekt vor dem Wohlbefinden und der Gesundheit der anderen Fahrgäste – danke, dass Sie in diesem Fahrzeug nicht rauchen.* Sehr hart und offen ist dagegen das folgende Verbot ausgedrückt: *Betteln, Hausieren und jede Aktivität, die dazu dient, Geld einzusammeln, sind in diesem Fahrzeug verboten.* Diese Formulierung ist allerdings keineswegs wirksamer – Straßensänger treten in Genf regelmäßig als Straßen-Bahn-Sänger auf. Schließlich noch zwei weitere Leuchtschriften: *Kleine Geste – großes Herz. Danke, dass Sie Ihren Sitzplatz denen überlassen, die ihn brauchen. – Ist Ihnen Hygiene wichtig? Hygiene? Denken Sie daran, dass die Sitze in diesem Fahrzeug nicht dafür vorgesehen sind, Ihre Füße darauf zu stellen. Danke.*

Das dabei Mitverstandene
Kommen wir nun zu dem Mitverstandenen, das man den Kommentaren entnehmen kann, die Fahrgäste zu diesen Kurztexten abgeben. Gehört habe ich solche nur zu den Leuchtschriften. Mitverstanden wird dabei generell u.a. etwas gewiss nicht Gemeintes. Die Leuchtschrift wurde bei ihrer Einführung für kommerzielle Werbung genutzt und es wurde auf ihr auch dafür geworben, die entsprechende Werbefläche zu kaufen. Dies ist momentan nicht mehr der Fall. Das veranlasst Fahrgäste zu dem Schluss, dass dieser Werbeträger wahrscheinlich nicht erfolgreich verkauft werden konnte.

Die Originalformulierungen sind teilweise ähnlich ungeschickt wie die hier gegebene Übersetzung. Dies löst teilweise Heiterkeit (einen perlokutionären Effekt) aus, aber auch Schlussfolgerungen wie die, dass die Verkehrsbetriebe wohl keine professionellen Texter angestellt haben – hier geht es um die Symptomfunktion von Sprache (vgl. Kapitel 6). Schließlich gibt es unterschiedliche Reaktionen auf den argumentativen Charakter mancher Botschaften, dem jeweils ein verschiedenes Mitverstandenes zugrunde liegt. Während die einen wohlwollend zur Kenntnis nehmen, dass nicht einfach (unbegründete) Verb- bzw. Gebote ausgesprochen werden – Mitverstandenes: die Verkehrsbetriebe sind bürgerfreundlich, nehmen ihre Fahrgäste als mündige Bürger ernst – erregen sich andere über den Sittenverfall, den sie angesichts dessen diagnostizieren: Die Verkehrsbetriebe trauen sich nicht einmal mehr, ein Verbot als Verbot zu formulieren und halten es für notwendig, Selbstverständlichkeiten zu begründen.

42 Eine kommunikative Ethik?

Verstehen, so hieß es im vorigen Kapitel, ist auch eine Frage des Vertrauens, das die Kommunikationsteilnehmer zueinander haben. Sie sollten sich gegenseitig darauf verlassen können, dass sie sich an die Spielregeln halten. Die Regeln des kommunikativen Spiels umfassen sowohl den konventionsgemäßen Gebrauch der Sprache als auch kommunikatives Wohlverhalten: Man sollte nicht lügen, sich verständlich ausdrücken, dem anderen zuhören und ihm hinreichend Redezeit gewähren, ihn nicht beleidigen und vieles andere mehr. In einem *Sprach-Knigge* haben Ilse und Ernst Leisi solche sprachlichen Anstandsregeln, die auch früher schon immer in Benimmbücher einbezogen wurden, für die heutige Zeit zu formulieren versucht.[39]

> Sprachliche Anstandsregeln

Nun wissen wir alle, dass sich keineswegs immer alle sprachlich anständig verhalten, so wenig, wie sich immer alle an die Regeln nichtsprachlichen Anstands halten, was auch unsere letzte Beispielgruppe zum Verhalten in öffentlichen Verkehrsmitteln zeigt. Welche Bedeutung haben aber sprachliche Anstandsregeln und Verstöße dagegen für eine beschreibende Wissenschaft? Ist es die Aufgabe der Linguistik, Gebote, Gesetzestafeln für die Kommunikation aufzustellen oder sich gar als Richter über ›Kommunikationsverbrecher‹ zu betätigen? Diese Frage soll in drei Schritten beantwortet werden. Im ersten geht es um eine philosophische Fragestellung, nämlich darum zu rekonstruieren, welche Annahmen wir über unseren Kommunikationspartner machen, wenn wir versuchen zu verstehen, was er (vielleicht) gemeint hat, ohne es explizit zu sagen. Im zweiten Schritt soll die Notwendigkeit einer deskriptiven Erfassung von (widerstreitenden) Regeln kommunikativen Verhaltens und Anstands aufgezeigt werden. Im dritten widmen wir uns schließlich der Frage nach der Berechtigung linguistischer Sprach- und Kommunikationskritik.

> Drei Fragestellungen

Zunächst also zur philosophischen Fragestellung, die im Rahmen der Sprechakttheorie behandelt wurde und die wir als Teiltheorie der Konversationsmaximen bezeichnen können. Entwickelt wurde diese Teiltheorie von H. Paul Grice.[40] Sie gehört, wie die Sprechakttheorie

> Die philosophische Perspektive: Konversationsmaximen

insgesamt, zu den heutzutage besonders prominenten Ansätzen, erfährt aber oft eine Fehldeutung. Die an Kant angelehnte rationale Analyse der Bedingungen der Möglichkeit, Mitgemeintes zu rekonstruieren, wird nämlich leicht in einen Katalog moralisch begründeter Kommunikationsgebote uminterpretiert. Dies dürfte nicht zuletzt darauf zurückgehen, dass die rekonstruierten Verstehensvoraussetzungen als Imperative formuliert sind. Hier also die kommunikativen Gebote nach Grice. Allgemein zugrunde gelegt wird ein Kooperationsprinzip:

Sei kooperativ!

Dem sind dann (im Anschluss an Kants Kategorien) spezifischere Maximen und Submaximen untergeordnet:

Maxime der Quantität	1. Mache deinen Gesprächsbeitrag so informativ wie (für die augenblicklichen Gesprächszwecke) nötig.
	2. Mache deinen Gesprächsbeitrag nicht informativer als nötig.
Maxime der Qualität	1. Behaupte nichts, von dessen Wahrheit du nicht überzeugt bist.
	2. Behaupte nichts, wofür du keine hinreichenden Beweise hast.
Maxime der Relation	Sei relevant.
Maxime der Modalität	1. Vermeide Unklarheit im Ausdruck.
	2. Vermeide Mehrdeutigkeit.
	3. Vermeide Weitschweifigkeit.
	4. Vermeide Ungeordnetheit.

Grice behauptet nun,

daß sich Sprecher im allgemeinen (ceteris paribus und falls nichts für das Gegenteil spricht) sich [sic] so verhalten, daß sie diesen Prinzipien und Maximen entsprechen. [...] Es ist einfach eine leicht beobachtbare empirische Tatsache, daß sich die Leute tatsächlich so verhalten. Sie haben dies als Kinder gelernt und diese Gewohnheiten seither beibehalten, und es würde in der Tat sehr viel Mühe kosten, diese Gewohnheiten grundsätzlich zu verändern. Es ist z.B. sehr viel leichter, die Wahrheit zu sagen, als Lügen zu erfinden.[41]

Konversationelle versus konventionelle Implikaturen

Hier wird eine zweifellos recht optimistische Vorstellung über das normale Kommunikationsverhalten ›der Leute‹ ausgedrückt; Pessimisten halten es wahrscheinlich für bemerkenswerter, dass die Leute recht oft zu viel oder zu wenig sagen, lügen oder zumindest Behauptungen aufstellen, für die sie keine Beweise haben, vom Thema abweichen und sich unklar, mehrdeutig, weitschweifig oder ungeordnet ausdrücken (vgl. auch Textbeispiel 17). Die Frage, welches Verhalten sich bei einer empirischen Analyse denn wohl als das üblichere herausstellen würde (meines Wissens hat allerdings noch niemand derlei in Angriff genommen), braucht uns aber gar nicht zu interessieren. Denn in seiner Klammerbemerkung hat Grice ja von vornherein festgestellt, dass er durchaus mit Abweichungen rechnet. Ihm geht es auch gar nicht entscheidend um die Frage, wie sich die Leute im Allgemeinen wirklich verhalten, sondern er möchte zeigen, »daß die Befolgung des Kooperationsprinzips und der Maximen [...] vernünftig (rational) ist«,[42] vor allem aber, dass die Gesprächspartner einander unterstellen, die Maximen zu befolgen, wenn – aber eben auch nur: wenn! – sie etwas Mitgemeintes zu entschlüsseln versuchen. Grice denkt dabei an Mitgemeintes, das weder logisch noch konventionell impliziert ist und nennt dies konversationelle Implikaturen.[43] Auf die Suche nach solchen konversationellen Implikaturen – also nach möglicherweise Mitgemeintem – begibt man sich genau dann, wenn es auf den ersten Blick so scheint, als habe der Gesprächspartner gegen die Maximen verstoßen (wenn also seine Äußerung in ihrer wörtlichen Bedeutung nicht klar ist, nicht in den Gesprächszusammenhang passt usw.), man aber dennoch nicht gleich an seiner Kooperationsbereitschaft zweifeln möchte. Hier treten die schon im Zusammenhang mit den indirekten Sprechakten erläuterten Reflexionen und Schlussfolgerungen ein. Nur geht es dabei nicht um Mitgemeintes, das üblicherweise auch mitverstanden wird, also etwa die Illokution ›Aufforderung‹ bei der Formulierung *Könnten Sie ...* So etwas nennt Grice im Unterschied zu den konversationellen Implikaturen konventionelle Implikaturen.

Bei konversationellen Implikaturen ist es gewiss auch realitätsnäher, Schlussfolgerungen wie die folgenden zu rekonstruieren: ›Der Sprecher sagt etwas, was in seiner wörtlichen Bedeutung nicht sinnvoll ist, nicht passt, er verletzt anscheinend die Konversationsmaximen. Habe ich einen Grund anzunehmen, dass er unkooperativ ist? Wenn ich dafür keine Gründe habe, muss ich nach dem Mitgemeinten, der konversationellen Implikatur suchen.‹ Wenn also, um auf Textbeispiel 34 zurückzukommen, Swann darauf vertrauen würde, dass die Tanten die Konversationsmaximen befolgen, dann würde er nicht lediglich aus Höflichkeit etwas verwundert beipflichten und anschließend zu seinem Thema zurückkehren, sondern sich z.B. fragen, welche Zeitungsnotiz gemeint sein könnte, in der »von Dingen oder Menschen die Rede ist, die uns interessieren«.

Die Theorie der Konversationsmaximen ist also ausschließlich für Fälle entwickelt, die ich als *bona-fide*-Reaktion bezeichnen will. Der Hörer interpretiert guten Glaubens und im Vertrauen darauf, dass sich der andere kooperativ verhält. Wenn wir das gesamte Spektrum möglicher Reaktionsweisen betrachten, müssen wir allerdings mindestens noch zwei andere Reaktionstypen unterscheiden. Einerseits gibt es

Drei Reaktionstypen: *bona fide*, *mala fide*, Toleranz

tatsächlich auch so etwas wie eine *mala-fide*-Reaktion: Dem Partner wird von vornherein oder auf Grund seiner Äußerung unterstellt, dass er lügt, nichts Relevantes zu sagen hat, sich nicht auf seine Gesprächspartner einstellen kann oder will usw. In diesem Fall kann man seinen Beitrag einfach übergehen, eine metakommunikative Episode beginnen oder auch die Interaktion abbrechen. In den Worten von Grice: »Man geht einfach weg oder fängt mit etwas anderem an«.[44] Der dritte Typ schließlich, von dem ich übrigens annehme, dass er häufiger vorkommt als die die Suche nach Implikaturen auslösende *bona-fide*-Reaktion, geht auf eine vielleicht doch realistischere Einschätzung des üblichen Verhaltens der Leute zurück. Die meisten Kommunikationsteilnehmer werden nämlich bereit sein, Abweichungen von den Konversationsmaximen bis zu einem gewissen Grade zu tolerieren und jemanden nicht gleich für verrückt oder unkooperativ erklären, der sich nicht klar und geordnet ausdrückt, mehr oder weniger sagt, als es für den gegenwärtigen Gesprächszweck nötig ist usw. Hier können wir von einer Toleranz-Reaktion sprechen.

Die interkulturelle Perspektive   Damit kommen wir zu unserem zweiten Schritt, der zunächst die Frage betrifft, wann wir überhaupt einen Verstoß gegen die Maximen diagnostizieren. Ist es denn so einfach zu sagen, wann ein Gesprächsbeitrag zu informativ oder nicht informativ genug, unklar oder weitschweifig, nicht relevant usw. ist? In den Maximen sind die Qualitäten kooperativen Sprechens abstrakt formuliert. Wenn wir in einer konkreten Situation zu beurteilen haben, ob ein Verstoß gegen die Maximen vorliegt oder nicht, müssen wir uns aber auf bestimmte Erwartungen oder Üblichkeiten beziehen. Und diese variieren, und zwar besonders entsprechend der Kommunikationssituation und dem kulturellen oder subkulturellen Kontext.

Verhältnismäßig Irrelevantes und auch Nicht-Informatives zu sagen, ist z.B. in der Situation, in der Small talk stattfindet, nicht nur zulässig, sondern geradezu gefordert, wenn man kein interessanteres Gesprächsthema findet; bei Komplimenten und Ritualia ist die Maxime der Qualität weitgehend außer Kraft gesetzt usw. Diese Sonderbedingungen für bestimmte Sprechakte lassen sich mit den Grice'schen Annahmen durchaus vereinbaren, da er ausdrücklich feststellt, die Maximen müssten relativ zum jeweiligen Zweck des Gesprächs spezifiziert werden. Es gibt aber auch Verstehensprobleme, die sich allein unter Rückgriff auf die Konversationsmaximen nicht lösen lassen und die mehr oder weniger oft zu echten Kommunikationskonflikten führen. Eine solche Gefahr droht immer, wenn die Vorstellungen der Kommunikationsteilnehmer über angemessenes und kooperatives Verhalten nicht übereinstimmen. Dabei kann es sich sowohl um die Gültigkeit bzw. Spezifizierung der Grice'schen Maximen handeln als auch um Regeln sprachlichen Anstands, die sprachliche Höflichkeit. Treffen z.B. Deutsche mit Amerikanern zusammen, so ›verstehen‹ sie oft, dass Amerikaner oberflächlich sind, während die Deutschen in den Augen der Amerikaner umgekehrt offensichtlich gegen die Maximen der Quantität und Relevanz verstoßen, wenn sie dem Gespräch einen ernsthaften oder gar tiefsinnigen Charakter verleihen wollen. Deutsche gelten vielen anderen als unhöflich, und sie legen auch Wert darauf, die Höflichkeit auf keinen Fall zu übertreiben, denn damit geht leicht ein Verstoß gegen die Qualitätsmaxime einher – *Im Deutschen lügt man, wenn man höflich ist*, proklamiert der Baccalaureus gegenüber Mephistopheles (Faust II, 2. Akt).[45] Aber auch innerhalb einer Gesellschaft können Maximen unterschiedlich ausgelegt werden. So zeigen etwa Männer und Frauen ein unterschiedliches Gesprächsverhalten. Das typisch männliche gilt den Frauen als rücksichtslos, das typisch weibliche den Männern u.a. als Zeichen für Unsicherheit.[46]

Missverständnisse und Konflikte, die auf unterschiedliche Kommunikationskulturen zurückgehen, stellen die Sprachwissenschaft vor die Aufgabe, die Normen und Anstandsregeln verschiedener Kommunikationsgemeinschaften bzw. ihrer Untergruppen deskriptiv zu erfassen. Wir wollen zunächst voraussetzen, dass es dabei nicht darum geht, die einen oder anderen als besser zu bewerten und eine Art universaler Kommunikationsethik zu formulieren. Wenn man aber Missverständnisse verstehen und ihnen vorbeugen können will, muss man die verschiedenen Ethiken ebenso beschreiben wie die sprachlichen Regeln im engeren Sinn. In Bezug auf die Kommunikation zwischen Angehörigen verschiedener Sprachgemeinschaften widmet sich diesen Fragen der Forschungszweig Interkulturelle Kommunikation. Was die Kommunikationspraxis angeht, so kann generell ein Rat gegeben werden: Im Umgang mit Partnern aus anderen Sprach- oder Kommunikationsgemeinschaften hilft größere Toleranz gegenüber der Abweichung von (vielleicht nur den eigenen) Maximen, um die Interaktion nicht in einer *mala-fide*-Reaktion enden zu lassen, in die die eben angesprochenen Stereotype allzu leicht führen.

Das Forschungsgebiet Interkulturelle Kommunikation

Wir wenden uns nun dem heikelsten unserer drei Punkte zu, der Sprach- und Kommunikationskritik. Während wir bislang nur mit analytisch-beschreibenden Ansätzen zu Prozessen des Verstehens und Missverstehens zu tun hatten, stellt sich jetzt die Frage, ob es (sprach-) wissenschaftlich begründete Kritik am kommunikativen Verhalten geben kann. Dies ist in der Linguistik durchaus umstritten. Wiederum haben wir zwei Grundpositionen: Die einen beschränken die Aufgaben der Sprachwissenschaftler auf die Deskription und Erklärung des Phänomens Sprache und Kommunikation. Normative Eingriffe, Festlegungen und Kritik an konkretem Sprachgebrauch ließen sich mit dem wissenschaftlichen Anspruch auf Objektivität und Neutralität nicht vereinbaren. Die Linguisten haben nur zu beschreiben, wie es ist,

Die Perspektive der Sprachkritik

nicht, wie es sein solle. Von der anderen Seite wird die Auffassung vertreten, dass die gesellschaftliche Relevanz dieser Disziplin gerade darin liege, zu auftretenden Sprach-Fragen, -Problemen und -Konflikten wissenschaftlich fundiert Stellung zu beziehen.

Alltägliche Sprach- und Kommunikationskritik

Auch in diesem Fall scheint es mir wichtig, sich die verschiedenen Positionen bewusst zu halten, und wiederum sollte man m.E. den Gegensatz nicht überbetonen, denn auch die deskriptive Arbeit wertungsabstinenter Sprachwissenschaftler ist für fundierte Sprach- und Kommunikationskritik hilfreich. Dennoch möchte ich in diesem Fall etwas weitergehen: Selbst wenn man sich nämlich als Wissenschaftler der Wertung und Kritik enthalten will, so kommt man doch nicht umhin, als Faktum anzuerkennen, dass die Sprach- und Kommunikationsteilhaber den Sprachgebrauch bewerten, kritisieren, dass sie nach Normen und Normeneinhaltung rufen oder auch beides in Frage stellen. Sprach- und Kommunikationskritik muss also mindestens als ein Beschreibungsgegenstand der Linguistik akzeptiert werden. Ob man dann selbst werten will oder nicht, ob man dies im positiven Fall als ›einfaches Mitglied der Kommunikationsgemeinschaft‹ tun möchte oder als Sprachexperte, dies kann getrost jedem selbst überlassen werden.

Als Beispiel dafür, wie wichtig es ist, Wertvorstellungen und die daraus u.U. resultierende Kommunikationskritik von Sprachteilhabern ernst zu nehmen, wenn man ein realistisches Bild der kommunikativen Prozesse in einer Gesellschaft entwerfen will, seien zwei Bereiche genannt, bei denen tatsächlich häufig eine *mala-fide*-Reaktion eintritt: die Wissenschaft und die Politik. Wissenschaftlern unterstellen die Laien gern einen grundsätzlichen Verstoß gegen die Maxime der Modalität, eventuell auch der Quantität und der Relation: Wissenschaftler – so eine landläufige Auffassung – schreiben unverständliches Wissenschaftschinesisch und sagen in der Regel viel mehr und vor allem anderes, als man wissen will. Sehr deutlich zeigt dies etwa ein Exemplar der in England vertriebenen Plastikkärtchen (mit magnetischem Halter), die mehr oder weniger witzige Aufschriften tragen. Dort wird ein Experte folgendermaßen definiert:

AN EXPERT IS SOMEONE WHO TELLS
YOU WHAT YOU ALREADY KNOW
BUT IN A WAY YOU CANNOT
UNDERSTAND

Bei Politikern, besonders bei deren Wahlversprechungen, geht der durchschnittliche Bürger davon aus, dass sie üblicherweise gegen die Qualitätsmaxime verstoßen; das ist ein kommunikativer Aspekt der verbreiteten Politikverdrossenheit. Auch Verstöße gegen andere Maximen unterstellt man Politikern sehr geläufig, u.a. beherrschen sie die

Textbeispiel 35: Eine kommunikative Panne – mit schwer wiegenden Folgen

Gunter Schabowski in einer Pressekonferenz (9.11.1989, 18 Uhr)

»Über die heutige Arbeit des Zentralkommittees könnte man zusammenfassend sagen: Sie ist bestimmt von einer sehr ... intensiven ... Erörterung ... des von ... Genossen Krenz gegebenen Berichtes [... Ausführungen im monotonen Bekanntmachungsstil der DDR ohne besondere Relevanz bis ca. 18 Uhr 50]«

Ricardo Ehrmann (italienischer Reporter) »[...] Herr Schabowski, Sie haben von Fehler gesprochen. Glauben Sie nicht, dass es war ein großer Fehler diesen Reisegesetzentwurf, das Sie jetzt vorgestellt haben vor wenigen Tagen?«

Schabowski: »Nein, das glaube ich nicht. eh Wir wissen .. um die ... um diese Tendenz in der Bevölkerung ... um dieses Bedürfnis der Bevölkerung zu reisen oder eh die DDR zu verlassen. Allerdings ist heute, so viel ich weiß, eine ... Entscheidung getroffen worden. Es ist eine Empfehlung des Politbüros aufgegriffen worden, dass man aus dem Entwurf des Reisegesetzes den Passus herausnimmt und in Kraft treten lässt, der stän .. wie man so schön sagt oder wie man sagt, also die ständige Ausreise regelt, also das Verlassen der Republik.

[unverständliche Passage] Regelung zu treffen, die es jedem Bürger der DDR möglich macht eh, über Grenzübergangspunkte der DDR ... eh auszureisen

X: »Wann tritt das in Kraft?«

Schabowski: »Bitte?«

X: »Ab sofort?«

Schabowski: »Also Genosse, mir ist das hier also mitgeteilt worden, dass eine solche Mitteilung heute schon verbreitet worden ist. Sie müsste eigentlich in Ihrem Besitz sein.«

Allgemeine Verwirrung bei den Journalisten, die diese sensationelle Nachricht kaum glauben können. Nachfragen.

Schabowski (liest aus dem Entwurf): »Also: Privatreisen nach dem Ausland können ohne Vorliegen von Voraussetzungen (Reiseanlässe und Verwandtschaftsverhältnisse) beantragt werden. Die Genehmigungen werden kurzfristig erteilt. eh ... Ständige Ausreisen können über alle Grenzübergangsstellen der DDR zur BRD erfolgen.«

X: »Wann tritt das in Kraft?«

Schabowski: »Das tritt nach meiner ... Kenntnis ist das sofort. ... Unverzüglich.«

[...]

X: »Sie haben nur BRD gesagt. Gilt das auch für Berlin West?«

Schabowski: »Also doch doch. ... [liest wieder aus einem anderem Abschnitt] Ständige Ausreisen können über alle Grenzübergangsstellen der DDR zur BRD bzw. Berlin West erfolgen.«

[... viele aufgeregt gestellte Fragen gleichzeitig]

Schabowski: »[...] weil ich nun in dieser Frage nicht also... ständig auf dem Laufenden bin, sondern kurz bevor ich hier rüberkam, diese Information in die Hand gedrückt bekam.«

X: »Herr Schabowski, was wird mit dem Berliner Mauer jetzt geschehen?«

Schabowski: »Ja ...... Ich mache darauf aufmerksam, dass es 19 Uhr ist. Das ist die letzte Frage, ja? ... Eh... Was wird mit der Berliner Mauer? Es sind dazu schon Auskünfte gegeben worden im Zusammenhang mit der Reisetätigkeit ...... eh die die Frage des Reisens eh die Durchlässigkeit also der Mauer von unserer Seite beantwortet noch nicht und ausschließlich die Frage .. nach dem Sinn ... also dieser ich sag's mal so befestigten Staatsgrenze der DDR.«

Kunst, mit vielen Worten nichts (Neues oder Relevantes) zu sagen. Manchmal allerdings geraten sie an die Grenzen dieser unkooperativen Strategie. Dafür steht das Textbeispiel 35, ein Auszug aus der Pressekonferenz, die Günter Schabowski am 9.11.1989 gab; er bildet die Grundlage für Textbeispiel 22.

43 Sprachgebrauch – Wie Texte entstehen

Die Welt der Texte

Es geht in diesem Buch um Sprache, und wir haben uns nicht auf das Sprachsystem, die *langue* im Sinne Saussures (vgl. Kapitel 3 und 7), beschränkt, sondern den Gebrauch, den wir von der Sprache machen, ins Zentrum gestellt. Wenn wir Sprache gebrauchen, dann wählen wir in der Regel nicht lediglich einzelne Wörter aus oder konstruieren einzelne Sätze, die im Äußerungszusammenhang dann auch noch eine bestimmte Illokution haben; vielmehr gebrauchen wir die Sprache in sehr viel größeren Zusammenhängen. Zunächst wird man daran denken, dass uns Sprache normalerweise in mehr oder weniger umfangreichen Texten und Gesprächen begegnet. Dabei sind jedoch nicht einfach einzelne Äußerungen, Parole-Sätze, hintereinandergeschaltet. Diese Folgen von Äußerungen sind vielmehr in bestimmte Situationszusammenhänge eingebettet und wir produzieren und rezipieren sie vor dem Hintergrund unserer Kenntnis und unseres Verständnisses von der Welt, speziell des Weltausschnitts, den wir als jeweils relevant ansehen (vgl. Abbildung 4). Solche Kenntnisse betreffen nun auch andere Texte, wir rezipieren – und produzieren! – Texte vor dem Hintergrund einer ganzen Welt von Texten. Textbeispiel 35 und die Folge-Texte in der Presse sind dafür ein sehr schöner Beleg. Er soll uns als Ausgangspunkt für die Besprechung von Fragen wie den folgenden dienen: Was, welche (Folge von) Äußerungen, behandeln wir als *einen* Text, wie entsteht ein Text, wo fängt er an und wo hört er auf, was ist der Unterschied zwischen mündlichem und schriftlichem Sprachgebrauch, ist auch ein Gespräch eine Art Text, wer ist verantwortlich für einen Textinhalt …?

Hintergrundinformationen zum Textbeispiel 35

Textbeispiel 35 ist ein sehr komplizierter – allerdings keineswegs untypischer – Fall der verwickelten Genese eines oder besser vieler Texte, und es ist wahrscheinlich einer der eklatantesten Fälle von weltveränderndem Sprachgebrauch des ausgehenden 20. Jahrhunderts. Freilich wirft er die bisher entwickelten Vorstellungen darüber, wie man mit Sprache handelt, gänzlich über den Haufen. Keineswegs hat nämlich Schabowski den Journalisten verkünden wollen, was eine

Stunde später als Einblendung bei den ARD-Nachrichten erschien: *DDR öffnet Grenzen*.[47] Er hat es überhaupt nicht verkündet, sondern lediglich mitgeteilt, dass ab sofort die Praxis der Genehmigung von Reiseanträgen geändert werde. Auch das hätte er nicht tun sollen, die Freigabe dieser Mitteilung war nämlich eigentlich bis zum kommenden Tag, vier Uhr morgens, gesperrt. Die richtige Antwort auf die Frage *Wann tritt das in Kraft?* wäre also gewesen: *Morgen, mit dem Öffnen der Dienststellen*, diese Antwort hätte Schabowski aber erst neun Stunden später geben dürfen. Nur hat Schabowski nichts davon gewusst. Tatsächlich stellt sich das Geschehen im Rückblick als eine geradezu unglaubliche Serie kommunikativer Pannen dar, die im Folgenden erläutert werden soll. Unsere Hauptfrage ist dabei: Wer ist verantwortlich für den Text und dafür, dass die Journalisten verstanden haben, dass die DDR noch am 9. November die Grenzen öffnet? Und um welchen Text geht es eigentlich?

Der geläufigen Vorstellung von Text – eine schriftlich niedergelegte, in sich als abgeschlossen gekennzeichnete Folge von Parole-Sätzen, die relativ sorgfältig formuliert ist – entspricht nur der Beschluss des Ministerrats. Es handelt sich um einen längeren Text mit mehreren Abschnitten. Dieser Text hat eine komplizierte Genese. Sein Hintergrund ist, dass zu dieser Zeit immer mehr DDR-Bürger versuchen, über die Tschechoslowakei auszureisen. Prag verlangt eine Regelung der unhaltbaren Situation. Der Sowjetunion hatte man zugesagt, die Ausreise über die Tschechoslowakei zu stoppen.

> Der Beschluss des Ministerrats

Am 9.11. um 9 Uhr morgens beauftragt der Innenminister der DDR im Auftrag des Politbüros vier Offiziere, für den Ministerrat bis mittags den Entwurf einer Verordnung zu erarbeiten, die ständige Ausreisen, also das endgültige Verlassen der DDR, ermöglicht. Bei ihrer Beratung wird den Texterarbeitern schnell klar, dass eine solch halbherzige Regelung nur zur weiteren Destabilisierung beitragen kann: Es ist doch nicht einsichtig zu machen, dass man jetzt wohl die DDR endgültig verlassen kann, es aber weiterhin verboten sein soll, Reisen zu unternehmen, von denen man wiederkommen will. Daher setzt sich die Gruppe über die Vorgaben hinweg und formuliert einen Entwurf, nach dem auch für Privatreisen kurzfristig und ohne Restriktionen Genehmigungen erteilt werden sollen. Vorsichtshalber versichert man sich bei dem zuständigen General der Staatssicherheit, der sein Einverständnis gibt, sofern die Bestimmung aufrecht erhalten bleibt, dass die Reisen beantragt werden müssen, also vorab eine Genehmigung einzuholen ist. Um 12 Uhr bringt ein Kurier den Entwurf zur Sitzung des Zentralkommitees. In einer ›Raucherpause‹ sehen einige Mitglieder des Politbüros ihn durch und fragen: Ist das mit den Sowjets abgestimmt? Das ist es durchaus nicht, die Frage wird aber anscheinend nicht weiter verfolgt. Gegen 16 Uhr informiert Krenz das ZK und beauftragt anschließend den Re-

> Texte erarbeiten, kontrollieren, weitergeben

gierungssprecher, die akzeptierte Pressemitteilung sofort zu veröffentlichen. Dieser weiß allerdings, dass ein solches Vorgehen nicht üblich ist, sondern für entsprechende Mitteilungen die genannte Sperrfrist gilt. In diesem Fall war sie besonders notwendig, damit sich die Behörden auf die erwartbare Antragsflut einstellen konnten. Der Pressesprecher setzt sich daher über die Anweisung von Krenz hinweg, anscheinend ohne ihm dies deutlich zu machen. Jedenfalls übergibt Krenz kurz vor der Pressekonferenz das Papier auch noch Schabowski, und zwar mit dem Hinweis, dies werde doch *die* Weltnachricht. Schabowski hat allerdings keine Zeit mehr, es durchzulesen – und alle expliziten Aussagen, Implikationen und Implikaturen zu überdenken.

Texte reproduzieren und in Kraft setzen

Die Pressekonferenz ist fast zu Ende und Schabowski hat von der neuen Regelung noch nicht gesprochen. Da fragt der italienische Journalist Ricardo Ehrmann – gewissermaßen ins Blaue hinein –, ob der Entwurf des Reisegesetzes, der am 6.11. vorgestellt worden war, nicht ein großer Fehler gewesen sei. Schabowski greift bei seiner Antwort auf das ihm vorliegende Papier mit dem neuen Beschluss zurück. Aus einem schriftlichen wird so ein gesprochener Text, der dem Original allerdings nicht genau entspricht. Abgesehen davon, dass Schabowski daraus nur einzelne Passagen vorliest und deren Reihenfolge ändert, enthält er Pausen und das zögernde *eh*. Die Journalisten tragen durch ihre Nachfragen aktiv dazu bei, dass Schabowski Punkte, die er beim ersten Vorlesen weggelassen hatte, schließlich doch nennt. Er ist also in diesem Moment zwar derjenige, der den Parole-Akt aktuell produziert – er sagt später: »Ich bin damit der Verkünder und Inkraftsetzer«.[48] Er hatte aber den Inhalt des Textes überhaupt noch nicht erfasst, glaubt nämlich, wie aus der einleitenden frei formulierten Passage hervorgeht, dass noch die ursprüngliche Entscheidung gilt: Zugelassen wird nur die ständige Ausreise, auf die die Behörden der DDR mit der Ausbürgerung reagieren – die Leute dürfen also nicht mehr zurückkommen, was dadurch sichergestellt wird, dass Ausreisende einen Stempel in ihren Ausweis erhalten.

Texte öffentlich machen

In der späteren Dokumentation wird der wesentliche weltverändernde Akt, nämlich die Tatsache, dass der Beschluss des Ministerrats seit kurz vor 19 Uhr öffentlich existiert, Ehrmann zugeschrieben, der mit seiner Frage das Thema ja auch einführt. Betrachtet man allerdings die Mitschnitte der Pressekonferenz, so gewinnt man eher den Eindruck, dass es sich um eine Art kollektiver Tat handelt, oder besser gesagt, dass Ehrmann eine kommunikative Lawine ins Rollen gebracht hat. Diese Naturmetapher scheint mir hier sehr geeignet, weil tatsächlich niemand die Absicht hatte oder auch nur hätte haben können, Schabowski durch eine Frage zur (vorzeitigen) Freigabe einer Information zu bewegen; denn dazu hätte man ja schon wissen müssen, dass es etwas Relevantes gab, was noch nicht zur Sprache gekommen war. Genau damit rechnete jedoch keiner der Journalisten, die nach späterem Bekunden der einhelligen Meinung waren, ihre *mala-fide*-Interpretation werde wieder einmal bestätigt: Man organisiert zwar Pressekonferenzen, hält sich dabei aber weder an die Maxime der Qualität (aufrichtige Mitteilungen) noch an die der Relation (relevante Mitteilungen), zu schweigen davon, dass der monotone Bekanntmachungsstil auch den Maximen der Quantität und Modalität widerspricht.

Die wesentliche Leistung Ehrmanns besteht darin, dass er bei Schabowski einen perlokutionären Effekt ausgelöst hat, er hat ihn offenbar mit seiner Frage verwirrt und aus dem Konzept gebracht, etwas, was man definitionsgemäß nicht durch konventionsgemäßen Sprachgebrauch erreichen kann. Die Unsicherheit Schabowskis wird an seinem fast schon stammelnden Sprechen mit vielen Pausen, Satzabbrüchen, ungrammatischen Konstruktionen und schließlich daran deutlich, dass er mehrfach erkennen lässt, selber nicht genau Bescheid zu wissen. Das ist natürlich ein schwer wiegender Verstoß gegen die anerkannten Regeln einer Pressekonferenz. Um nicht bei weiteren ertappt zu werden – unterstellen tut ohnehin niemand, dass die Konversationsmaximen eingehalten werden – spielt Schabowski auf Zeit, er hat ja nur noch wenige Minuten zu überstehen. Immerhin lässt er sich noch dazu hinreißen – die größte Panne – einen (falschen) Termin zu nennen. Dabei hätte er selber schlussfolgern können, dass Reisen, für die nach wie vor eine Genehmigung eingeholt werden muss, unmöglich *unverzüglich* stattfinden können, die Dienststellen sind ja abends geschlossen.

Ein perlokutionärer Effekt

In dieser Situation nun treten tatsächlich wohl bei allen anwesenden Journalisten Schlussfolgerungsprozesse ein: Wenn Ausreisegenehmigungen umstandslos erteilt werden, hat es – eine sachliche Implikation – keinen Sinn mehr, die Grenzübergänge weiterhin versperrt zu halten. Mit der Frage *Was wird mit dem Berliner Mauer jetzt geschehen?*, deren Verstoß gegen die grammatische Konvention nichts an ihrem kommunikativen Erfolg ändert, versucht ein Journalist, diese Schlussfolgerung als eine zu etablieren, die auch die DDR offiziell akzeptiert. Dies ist der beste Beleg unseres Beispiels dafür, dass der Textinhalt von den Gesprächsteilnehmern gemeinsam geschaffen wird, dass hier nicht fertige Inhalte von einem Kopf in den anderen ›transportiert‹ werden und auch nicht bloß Mitgemeintes rekonstruiert wird.

Schlussfolgerungen ziehen und in Geltung setzen

Soweit die Antwort Schabowskis verständlich ist, bedeutet sie wohl, dass er der Schlussfolgerung nicht zustimmt und die Frage offen lassen will. Er gibt den Journalisten damit jedenfalls nicht das Recht, die Behauptung zu verbreiten, die Grenze würde geöffnet. Das hat die Journalisten bekanntlich nicht daran gehindert, sich eben dieses Recht zu nehmen. Wie es im Textbeispiel 32 heißt: *Es fragt sich nur, wer der Stärkere ist, weiter nichts.* In diesem Fall waren die kommunikativ Stärkeren die Medien, die die von Schabowski nicht akzeptierte Schlussfolgerung als von ihm gegebene Information weiterverbreitet haben. Was dann geschieht, können wir als den klassischen Fall einer Serie von Schlussfolgerungen und Implikaturen betrachten: Aus den Aussagen ›Reisen können ohne Vorliegen von Voraussetzungen beantragt werden. Die Genehmigungen werden kurzfristig erteilt‹, folgert die amerikanische Nachrichtenagentur Associated Press in einer um 19 Uhr 05 verbreiteten Meldung: »DDR öffnet Grenzen«. Der Satz bedeutet, dass die DDR die Grenzen öffnet, und etwa 20.000 Menschen schlussfolgern daraus, dass sie versuchen könnten, noch in der Nacht die – zunächst keineswegs geöffnete – Grenze unkontrolliert zu überschreiten. Verstärkt wird diese Reaktion durch eine noch weiter gehende Schlussfolgerung, die in den *Tagesthemen* der ARD gezogen wird: »Die DDR hat mitgeteilt, dass ihre Grenzen ab sofort für jedermann geöffnet sind. Die Tore in der Mauer stehen weit offen.« Die andere Interpretation »Also: die Reisen müssen beantragt werden«, die etwa zur selben Zeit die DDR-Nachrichten bringen, dringt nicht mehr durch. Ab 22 Uhr 30 kommt es zu einem Ansturm auf die Mauer. Einige versuchen vorher, sich Klarheit zu verschaffen – bei der Bezirksbehörde Potsdam gehen 1.100 Anrufe ein. Auch die Grenzpolizisten fragen telefonisch bei einem Oberst an, was sie tun sollen. Der verlangt, dass die Grenze geschlossen bleibt, ein Befehl, über den sie sich wenig später hinwegsetzen, um eine Eskalation zu vermeiden.

Einem pädagogischen Prinzip aus der griechischen Antike zufolge ist es am klügsten, mit dem Schwierigsten zu beginnen – das Einfachere versteht man dann viel leichter! Dieser Grundsatz mag mich bei der Wahl dieses komplizierten Beispiels als Ausgangspunkt geleitet haben. Versuchen wir nun, fortschreitend vom Komplexeren zum Einfacheren, zu den Grundlagen einer Textlinguistik vorzudringen.

44   Der Text als Ausschnitt aus einem Diskurs

Massenmedien   Der Sprachgebrauch im Zeitalter global vernetzter elektronischer Massenmedien unterscheidet sich zweifellos erheblich vom Sprachgebrauch der beiden vorangehenden Phasen der Mediengeschichte. Werner Faulstich nennt die erste, bis ca. 1500 vorherrschende Phase die der »Primär- oder Mensch-Medien«, bei der die Interaktanten in direktem Kontakt zueinander stehen; dafür hat sich als Terminus der Ausdruck *Face-to-face-Kommunikation* eingebürgert. In der zweiten Phase (ca. 1500 bis 1900) dominieren die Druckmedien.[49] Von 1900 an gewinnen die elektronischen Medien zunehmend an Bedeutung. Zwei wesentliche Charakteristika elektronischer Massenmedien sind für unser Beispiel besonders wichtig: Das ist einerseits die Geschwindigkeit, mit der Texte verbreitet werden (können), andererseits eben die Massenhaftigkeit der Verbreitung. Was die Geschwindigkeit angeht, so haben wir es in unserem Beispiel sogar mit simultaner Verbreitung zu tun, die Pressekonferenz wurde nämlich live in Hörfunk und Fernsehen übertragen. Folgenreicher sind allerdings die anschließend von den Journalisten telefonisch an ihre Redaktionen und vor allem die Presseagenturen übermittelten Texte, mit denen die Top-Meldung – reichlich verändert – in wenigen Minuten um die ganze Welt geht.

Dass die ›kollektiv erarbeitete‹ Meldung unmittelbar an alle Redaktionen geht, die die Dienste der Nachrichtenagenturen abonniert haben, bedeutet auch, dass dieser Satz, besser gesagt: dessen Inhalt, in mehrfacher und mehr oder weniger verschiedener Formulierung, u.a. auch in die verschiedensten Sprachen übersetzt, an die Redaktionen gelangt. Diese verarbeiten die eingegangenen und zusätzlich eingeholten Texte (aus Interviews, Kommentaren usw.) dann weiter. Sie erstellen aus einer Menge von Texten wieder neue Texte, mündliche und schriftliche. Dazu gehört auch Textbeispiel 22, das als Zitat einen Teil des Pressekonferenztextes, den Satz von Schabowski, enthält, der wiederum Teile des abgelesenen ›Ursprungstextes‹, des Ministerrats-Beschlusses, enthält.

Ein Text und seine Folgetexte

Eine weitere Zeitungsmeldung, in der diese verschiedenen Texte weiterverarbeitet sind, ist Textbeispiel 36. Dort sind mit Anführungszeichen nur die Ausdrücke *ins Ausland* und *mit sofortiger Wirkung* gekennzeichnet. Beide Formulierungen kommen in den Ursprungstexten aber gar nicht vor, dort heißt es *Privatreisen nach dem Ausland; mit*

Textbeispiel 36: Die DDR-Grenzen offen

Wer will, kann gehen!
Ab sofort Ausreise ohne jede Bedingung
Die Visa werden auf der Stelle ausgestellt

Berlin. – Die DDR hat 28 Jahre nach dem Bau der Berliner Mauer und nach der jüngsten Massenflucht von bislang 120 000 DDR-Bürgern ihre Grenzen zur Bundesrepublik und nach Westberlin geöffnet. Alle DDR-Bürger dürfen künftig kurzfristig und fast ohne Formalitäten private Reisen »ins Ausland« unternehmen oder die DDR ganz verlassen.

Diesen sensationellen Beschluß des DDR-Ministerrates »mit sofortiger Wirkung« hat SED-Politbüromitglied Günter Schabowski gestern abend in Ostberlin verkündet.
Bonn traf diese Botschaft wie ein Blitz: Politiker aller Parteien begrüßten diesen Schritt; sie forderten nun den sofortigen Abriß der Mauer – die habe nun endgültig ihren Zweck verloren. Die Abgeordneten stimmten spontan die Nationalhymne an; die restlichen Punkte der Tagesordnung wurden gestrichen.

sofortiger Wirkung ist gar aus *Das tritt nach meiner ... Kenntnis ist das sofort. ... Unverzüglich* ›rekonstruiert‹. Bemerkenswert ist – hier zeigt sich die relative Langsamkeit der Druck-Medien –, dass die Texte aus den Tageszeitungen bei ihrem Erscheinen eigentlich schon überholt waren. In beiden ist nämlich noch von dem Verfahren der Visa-Erteilung die Rede, obwohl in der Nacht schon Tausende von Personen ohne Visum »ins Ausland gereist« und auch wieder zurückgekommen waren.

Das Alltagsverständnis von *Text*
Kommen wir nun zu der Frage, was sich aus den Beispielerläuterungen über die Größe ›Text‹ entnehmen lässt. Dazu betrachten wir zunächst die konventionell geltende Bedeutung des Ausdrucks, die im *Duden Universalwörterbuch* folgendermaßen umschrieben wird: *[schriftlich fixierte] im Wortlaut festgelegte, inhaltlich zusammenhängende Folge von Aussagen.* Was das Kriterium ›inhaltlich zusammenhängend‹ betrifft, so ist offenkundig, dass das ganze Netz, oder vielleicht sogar besser gesagt: der Wust von Texten, der sich um unser Textbeispiel rankt, diese Bedingung erfüllt: Alle diese schriftlichen und mündlichen Äußerungen hängen inhaltlich miteinander zusammen, sind aufeinander bezogen, bilden ein, wenn auch unüberschaubares, komplexes Ganzes.

Intertextualität
Dies können wir allerdings unmöglich *Text* nennen, denn weder handelt es sich um etwas, was im Wortlaut festgelegt ist, noch um eine Folge von Aussagen (bzw. Parole-Sätzen) – die Texte werden ja auch parallel erarbeitet, verarbeitet und rezipiert. Vor allem aber handelt es sich bei dem komplexen Ganzen nicht um etwas Abgeschlossenes, Begrenztes. Dass ein Text Grenzen haben müsse, wird in der Bedeutungsumschreibung des *Universalwörterbuchs* gar nicht ausdrücklich erwähnt, sondern wohl als selbstverständlich oder sich aus *im Wortlaut festgelegt* ergebend vorausgesetzt. Um den Tatbestand zu erfassen, dass Texte in Beziehung zueinander stehen, arbeitet man häufig mit dem Begriff der Intertextualität. Dem liegt aber noch weitgehend die Vorstellung zugrunde, dass einzelne Texte als abgeschlossene Einheiten vorgängig existieren, und die Beziehungen zwischen ihnen gewissermaßen sekundär (zu analysieren) sind. Um die Entstehung von Einzel-
Diskurs
texten aus einem komplexen Ganzen in den Vordergrund zu stellen, wählen wir den Terminus Diskurs.[50] Ein Diskurs ist also eine prinzipiell offene Menge von thematisch zusammenhängenden und aufeinander bezogenen Äußerungen. Es handelt sich nicht um objektiv gegebene und (streng) gegeneinander abgegrenzte Komplexe, sondern um Zusammenhänge, die eine Kommunikationsgemeinschaft im gesellschaftlich-historischen Prozess als geistige Ordnungsgrößen konstituiert, vor deren Hintergrund einzelne Äußerungen und Texte produziert und rezipiert werden oder, um eine modische Formulierung zu benutzen, in die sie sich einschreiben. Keine Äußerung und kein Text (ent)steht unabhängig von anderen, als rein individuelle Kreation, die lediglich

und unmittelbar auf das Sprachsystem bezogen wäre, dessen Regeln gewissermaßen nur applizierte, sondern ist immer eingebunden in das Universum von bereits Gesagtem.

Texte können wir nun als Ausschnitte aus diesem Universum ver- Textgrenzen
stehen, als Fragmente des Gesamtdiskurses, die als mehr oder weniger abgeschlossene Einheiten gesetzt, die als Einzeltexte deklariert werden. Dies geschieht, indem man bestimmt, wo sie anfangen (z.b. durch eine Überschrift) und wo sie aufhören (z.b. durch den Ausdruck *Ende* oder *over* oder durch den Buchdeckel), auf diese Weise kommen die als begrenzt gesetzten Folgen von Äußerungen zustande, die wir auch landläufig *Text* nennen. Wer deklariert nun einen Text als abgeschlossen? Der einfachste – von Textbeispiel 35 stark abweichende – Fall ist, dass ein Individuum als alleiniger Textproduzent auftritt. Stellen wir uns z.b. jemanden vor, der einen Brief schreibt. Normalerweise wird er durch Datum, eventuell die Adresse und vor allem die Anrede den gewollten Beginn markieren und durch die Unterschrift den Schluss. Indem er das Blatt (oder eine begrenzte Menge davon) mit dem sprachlich so eingehegten Text dann auch noch in einen Umschlag verpackt, deklariert er ihn ein weiteres Mal als in sich geschlossenes fertiges Ganzes.

Wie steht es aber mit der Unabhängigkeit dieses abgeschlossenen Vortexte und
Briefes von anderen Texten? Häufig nehmen solche Schreiben explizit Nachtexte
auf andere Bezug, z.b. auf vorangehende, Vortexte, durch eine Betreff-bzw. Bezug-Zeile (im offiziellen Brief) oder durch einen Dank für einen erhaltenen Brief (im Privatschreiben). Auch auf künftige Texte, Nachtexte, kann man explizit verweisen: *Demnächst ausführlicher; Das besprechen wir lieber einmal beim Kaffee; Ich danke Ihnen im voraus für eine baldige Antwort*. Genau betrachtet ist es gar nicht so einfach, sich eine Situation vorzustellen, in der keinerlei Bezug auf einen Vor- oder Nachtext das Normale wäre. Am ehesten denkbar ist das, wenn sich Briefschreiber und -empfänger gar nicht kennen, also noch kein kommunikativer Austausch zwischen ihnen stattgefunden hat und auch kein weiterer geplant ist. Es fragt sich nur, welchen Inhalt ein solches Schreiben überhaupt haben, in welcher Situation so etwas vorkommen könnte. Relativ unwahrscheinlich wäre jedenfalls, dass es sich dabei um ein ganz spontanes Schreiben handeln würde, dem nicht Vorphasen der Planung vorausgehen würden (Entwürfe, Gespräche mit anderen darüber, ob, was und wie man dem unbekannten Adressaten schreiben kann, oder auch die Konsultation von geeigneten Vorlagen, Adressverzeichnissen usw.).

Natürlich müssen in einem Brief andere Texte nicht explizit er- Gibt es einen für
wähnt werden, aber all das, was die Partner in der gemeinsamen sich allein stehen-
kommunikativen Welt schon erlebt haben – wenn sie sich nicht ken- den Text?
nen, ist das immerhin die Menge der zum Diskurs gehörigen Texte und

die Kenntnis der Konventionen für das Abfassen von Briefen – bildet einen für den Einzeltext relevanten Bezugshintergrund. Vielleicht war es unklug, als Beispiel einen genuin auf Dialog angelegten Text zu wählen, wie ein Brief ihn darstellt? Versuchen wir es also mit dem Prototyp eines monologischen Textes. Texte aus der Presse, dem Fernsehen usw. kommen dafür, wie die Beispieldiskussion gezeigt hat, sicher nicht in Frage, denn die Aufgabe der Massenmedien besteht ja gerade darin, andere Texte zu rezipieren, zu bearbeiten und das Ergebnis weiterzuverbreiten. Man sollte sich also wohl ein Buch vorstellen. An wissenschaftliche Bücher dürfen wir allerdings nicht denken, denn in diesen ist der sogar explizite Bezug auf die bisherige Forschung obligatorisch, deswegen enthalten sie so viele Anmerkungen und/oder ein Literaturverzeichnis. Popularisierende Sachbücher können auch kein Beispiel abgeben, in ihnen kann man zwar auf den wissenschaftlichen Apparat verzichten, aber sie stellen doch nichts anderes dar als die Aufbereitung von – in anderen Texten formulierten – Kenntnissen oder Überlegungen.

Untypisch sind explizite Verweise auf andere Texte in Form von Anmerkungen oder dergleichen dagegen für eine andere Gruppe von Texten, nämlich für literarische. Allerdings sind dafür implizite Bezüge umso charakteristischer! Nicht erst in Zeiten des Poststrukturalismus gehören frühere (literarische) Texte zu dem Universum, innerhalb dessen sich jeder neue positioniert und auf die er auch mehr oder weniger offen Bezug nimmt – durch Anspielungen, Neubearbeitung von Motiven, durch Nachahmung oder gewollte Abgrenzung usw. Wer kein literarisches Buch gelesen hat, wird wohl selten auf den Gedanken kommen, selbst eines zu schreiben, auf jeden Fall aber dürfte er dafür kaum einen Verleger finden. Eine sehr schöne literarische Bearbeitung der dargestellten Problematik stellt Italo Calvinos Roman *Wenn ein Reisender in einer Winternacht* dar, dem auch das Textbeispiel 37 entnommen ist.

Texte als Produkte von mehreren Personen

Damit sind wir bei einem weiteren Punkt angekommen, der die Vorstellung ins Wanken bringt, ein Text sei das Produkt eines einzelnen Individuums, das losgelöst von anderen (Texten) seine ureigenen Gedanken in dem ihm sinnvoll erscheinenden Wortlaut zu Papier bringt. Schriftliche Texte sind, und zwar umso mehr, je sorgfältiger ihr Wortlaut erwogen wird, typischerweise das Produkt von mehreren Personen. Bevor ein im Wortlaut feststehender Text zustande kommt, diskutieren viele Autoren Vorfassungen mit anderen Personen, ändern daraufhin die Texte ab, unterwerfen sie einer neuen Kritik usw. Selbst Texte, die im späteren Diskurs als herausragende Leistungen deklariert wurden, sind häufig genug von den Verlegern mehr oder weniger massiv und mit oder ohne Zustimmung des Autors verbessert (mitunter wohl auch verschlechtert), gekürzt, neuen Orthografieregeln ange-

Textbeispiel 37: Ich lese, also schreibt es

[...] wie bestimmt man genau, wann eine Geschichte anfängt? Alles hat immer schon vorher begonnen, die erste Zeile der ersten Seite jedes Romans verweist auf etwas, das bereits außerhalb des Buches geschehen ist. Oder die wahre Geschichte beginnt erst zehn oder hundert Seiten später, und alles vorher war nur Prolog. Die Lebensläufe sämtlicher Exemplare der menschlichen Gattung bilden ein fortlaufendes Geflecht, und bei jedem Versuch, ein Stück Leben herauszulösen, das unabhängig vom Rest einen Sinn hat – zum Beispiel eine Begegnung zweier Personen, die für beide entscheidend wird –, muß man in Rechnung stellen, daß beide jeweils ein ganzes Gewirr von Geschehnissen, Sphären, anderen Personen mitbringen und daß aus ihrer Begegnung neue Geschichten hervorgehen werden, die sich trennen werden von ihrer gemeinsam erlebten Geschichte. [...]

Habe in einem Buch gelesen, daß die Objektivität des Denkens sich ausdrücken ließe, indem man das Verbum »denken« in der unpersönlichen dritten Person gebraucht, also nicht sagt »ich denke«, sondern »es denkt«, so wie man sagt »es regnet«. Es gibt ein Denken im Universum – das ist der Grundsatz, von dem wir ausgehen müssen.

Werde ich jemals sagen können »heute schreibt es«, so wie ich sagen kann »heute regnet es«, »heute ist es windig«? Erst wenn es mir ganz natürlich erscheint, das Verbum »schreiben« in der unpersönlichen Form zu gebrauchen, kann ich hoffen, daß durch mich etwas minder Begrenztes zum Ausdruck kommt als die Individualität eines Einzelnen.

Und was ist mit dem Verbum »lesen«? Wird man je sagen können »heute liest es«, so wie man sagt »heute regnet es«? Genau bedacht ist das Lesen ein zwangsläufig individueller Akt, viel mehr als das Schreiben. Angenommen, es gelänge der Schrift als solcher (der *écriture*), die Begrenztheit des Autors zu überwinden, so behielte sie gleichwohl nur einen Sinn, wenn sie von einer Einzelperson gelesen wird und deren geistige Strom- oder Regelkreise durchläuft. Nur daß es für ein Individuum lesbar ist, beweist die Teilhabe des Geschriebenen an der Macht des Schreibens-als-Schrift, die sich auf etwas den einzelnen Übergreifendes gründet. Das Universum wird sich so lange ausdrücken können, wie jemand zu sagen vermag: »Ich lese, also schreibt es.«

passt, für Werbezettel oder Umschlagseiten zusammengefasst worden usw. Ja, je bedeutender ein Autor ist, desto häufiger kommt es vor, dass dessen Texte immer wieder neu und eventuell mit einem kritischen Apparat versehen publiziert werden, dass man Auszüge daraus gesondert veröffentlicht und damit als Text deklariert, dass sie in Übersetzung, dass kleinere Texte u.U. von völlig verschiedenen Autoren in neuer Zusammenstellung erscheinen usw. Die in diesem Buch als Textbeispiele abgedruckten Einheiten etwa stellen fast durchweg nur Auszüge aus dem dar, was ihre jeweiligen Autoren als Text deklariert hatten. Den trivialen Tatbestand schließlich, dass die Veröffentlichung und damit Multiplizierung des ›Urtextes‹ rein praktisch die Mitarbeit einer größeren Anzahl von Personen voraussetzt, können wir bei all dem als geradezu nebensächlich beiseite lassen.

Bei näherem Hinsehen zeigt sich also, dass es eigentlich sehr schwer fällt, die einfache Vorstellung des Textes als einer von einem Individu-

um verantworteten, in sich abgeschlossenen, inhaltlich zusammenhängenden Folge von Parole-Sätzen mit einem prototypischen Beispiel
zu belegen. Die Orientierung am antiken didaktischen Prinzip ›vom
Schwierigen zum Einfachen‹ ist vielleicht gar nicht so abwegig, wie
man zunächst denken könnte.

45   Texte und Nicht-Texte?

Eine linguistische Das unhintergehbare Eingebundensein eines jeden Einzeltextes in ein
Textdefinition komplexes Textuniversum motiviert die Definition: Ein Text ist ein
Ausschnitt aus einem Diskurs, den jemand in einer bestimmten Situation und zu einem bestimmten Zweck als zusammenhängend und in
sich abgeschlossen deklariert. Abgesehen von dem damit gewählten
Oberberiff ›Diskursausschnitt‹ entspricht diese Definition in wesentlichen Punkten derjenigen, die in der heutigen Textlinguistik geläufigerweise zugrunde gelegt wird. Sie stammt von Klaus Brinker:

> Der Terminus »Text« bezeichnet eine begrenzte Folge von sprachlichen
> Zeichen, die in sich kohärent ist und die als Ganzes eine erkennbare
> kommunikative Funktion signalisiert.[51]

Der grundlegende Unterschied zu Brinkers Definition besteht darin,
dass dieser die Definitionskriterien als (objektive) Merkmale des Textes
einführt, während ich sie als Kriterien betrachte, an denen sich Sprachteilhaber orientieren, wenn sie einen Text als solchen deklarieren. Die
Texthaftigkeit einer Folge von sprachlichen Zeichen möchte ich also
grundsätzlich an den Sprachgebrauch, den Umgang mit sprachlichen
Zeichen, binden. Dies entspricht den in Kapitel 4 vorgestellten Überlegungen, nach denen schon ein einzelnes wahrnehmbares Etwas nicht
›an sich‹ Zeichen ist oder nicht, sondern immer nur im Rahmen eines
Prozesses für jemanden zu einem Zeichen werden kann, wenn es
nämlich als Zeichen gesetzt, gemeint oder verstanden wird. Dementsprechend ist auch eine Folge von sprachlichen Zeichen nicht ›an sich‹
Text oder Nicht-Text, sondern sie kann als Text behandelt werden –
oder nicht. Damit möchte ich der bislang erfolglosen Suche nach Kriterien entgehen, mit denen Zeichenfolgen objektiv als Texte oder Nicht-
Texte definiert werden können, vor allem aber der Tatsache Rechnung
tragen, dass Sprachteilhaber zuweilen unterschiedliche Urteile über
die Texthaftigkeit von Zeichenfolgen fällen.

Nicht kohärente Als Beispiel für eine Satzfolge, die nicht als Text betrachtet werden
Texte kann, führt Brinker den folgenden (konstruierten) ›Nicht-Text‹ an:

Ich habe eine alte Freundin in Hamburg getroffen. Dort gibt es zahlreiche öffentliche Bibliotheken. Diese Bibliotheken wurden von Jungen und Mädchen besucht. Die Jungen gehen oft in die Schwimmbäder. Die Schwimmbäder waren im letzten Jahr mehrere Wochen geschlossen. Die Woche hat 7 Tage. usw. usw.

Textbeispiel 38: Es sind alles merkwürdige Leute

a) Liebe Mamma!

Heute befinde ich mich besser als gestern. Es ist mir eigentlich gar nicht um's schreiben. Ich schreibe dir aber doch sehr gern. Ich kann ja zweimal d'ran machen. Ich hätte mich gestern, am Sonntag, so sehr gefreut, wenn Du und Luise und ich in den Park hätten gehen dürfen. Von der Stephansburg hat man eine so schöne Aussicht. Es ist eigentlich sehr schön im Burghölzli. Luise hat auf den letzten zwei Briefen, ich will sagen auf – den Couverts, nein Briefumschlägen, die ich erhalten habe, geschrieben Burghölzli. Ich habe aber wo ich das Datum hingesetzt, Burghölzli geschrieben. Es gibt auch Patienten im Burghölzli die sagen Hölzliburg. Andere reden von einer Fabrik. Man kann es auch für eine Kuranstalt halten.
    Ich schreibe auf Papier. Die Feder die ich dazu benütze, ist von einer Fabrik die heißt Perry u. Co. Die Fabrik ist in England. Ich nehme das an. Hinter dem Namen Perry Co. ist die Stadt London eingekritzt; aber nicht die Stadt. Die Stadt London liegt in England. Ich weiß das aus der Schule. Da habe ich immer gern Geographie gehabt. Mein letzter Lehrer darin war Professor August A. Das ist ein Mann mit schwarzen Augen. Ich habe die schwarzen Augen auch gern. Es gibt noch blaue und graue Augen, auch noch andere. Ich habe schon gehört sagen, die Schlange habe grüne Augen. Alle Menschen haben Augen. Es gibt auch solche, die blind sind. Die Blinden werden dann von einem Knaben am Arm geführt. Es muß sehr schrecklich sein nichts zu sehen. Es gibt auch Leute, die nichts sehen und noch dazu solche, die nichts hören. Aber ich kenne auch einige, die hören zu viel. Man kann zu viel hören. Man kann auch zu viel sehen. Im Burghölzli hat es viele Kranke. Man sagt ihnen Patienten. Einer hat mir gut gefallen. Er heißt E. Sch. Der lehrte mich: Im Burghölzli giebts viererlei, Patienten, Insassen, Wärter. – Dann hats noch solche die gar nicht hier sind. Es sind alles merkwürdige Leute …

b) Die Blütezeit für Hortikultur.

Zur Zeit deß Neumondes steht venuß am Augusthimmel Aegyptens und erleuchtet mit seinen Lichtstrahlen, die Kauffahrteihäfen, Suez, Kairo und Alexandria. in dieser historischen berühmten Kalifenstadt, findet sich das Museum assyrischer Denkmäler von Makedonien. Dort gedeihen neben Pisang Maiskolunen, Hafer, Klee und Gerste auch. Baananen, Feigen, Citronen, Orangen und Oliven. Das Olivenöl ist eine arabische Liqueur Sauce, mit welcher die Afghanen Mauren und Moslemiten die Straußenzucht betreiben. Der indische Pisang ist der Whiyski des Parsen und Arabers. Der Parse oder Kaukasier besitzt genau so viel Beeinflußungskraft auf seinen Elephanten wie der Maure auf sein Dromedar. Das Kameel ist der Sport des Juden und indier. In indien gedeiht vorzüglich Gerste, Reis und Zuckerstock das heißt Artischoc. Die Brahmanen leben in Kasten auf Beladschistan. Die Tscherkessen bewohnen die Manschurei von China. China ist das Eldorado deß Pawnees.

Diese Satzfolge erfüllt nicht die Bedingung der Kohärenz, d.h. die aufeinander folgenden Sätze stehen in keinem erkennbaren inhaltlichen Zusammenhang.

> Das liegt wohl darin begründet, daß kein einheitliches Thema erkennbar ist [...]. Außerdem stört die Inkongruenz im Tempus, d.h. die Uneinheitlichkeit der Zeitformen. Perfekt, Präsens, Imperfekt sind in ihrer Abfolge nicht aufeinander abgestimmt.[52]

Der konstruierten Satzfolge seien zwei authentische Beispiele an die Seite gestellt (Textbeispiel 38 a und b). Beide frappieren ebenfalls durch ihre Inkohärenz, der zweite weist zudem eine ganze Reihe sprachlicher Fehler auf. Wenn es überhaupt objektive Kriterien dafür gibt, Texte von Nicht-Texten zu unterscheiden, würden beide wohl in die zweite Kategorie fallen. Sehr viel eindeutiger können wir das aber noch von Brinkers Beispiel sagen, und zwar deswegen, weil er es von vornherein als Nicht-Text, als Exempel dafür, deklariert. Die beiden authentischen Texte sind dagegen offenbar als solche gemeint, und anscheinend unterhält der Schreiber des ersten ja auch einen realen kommunikativen Kontakt zu seiner Familie. Ob diese das Schreiben als Text aufgefasst hat, entzieht sich meiner Kenntnis, ich halte es aber für wahrscheinlich und nehme selbst diese Zeichenfolge durchaus als einen Text. Er ist zwar relativ ungeordnet, aber nicht zuletzt in seiner Ungeordnetheit interpretierbar, ja wegen der ungewollt-unwillkürlich entlarvenden Passagen geradezu faszinierend; anderen erscheint er als *poésie brute* oder auch – besonders wenn man seine Entstehungsbedingungen verschleiert – als echte Literatur. Er stammt von einem Schizophrenen, und Eugen Bleuler, dessen Werk er entnommen ist, kommentiert ihn so:

> Das Gemeinsame aller Ideen besteht darin, daß sie an des Patienten Umgebung anknüpfen, nicht aber, daß sie Beziehungen zu ihm haben. Insofern ist der Gedankengang noch zerfahrener als der der »Hortikultur« [...] Dafür ist er geordneter in bezug auf die Details. Während diese dort nur ausnahmsweise und in kleinen Gruppen zusammenhängen, finden wir hier nirgends einen Sprung. [...] Sind aber auch die ausgedrückten Ideen fast alle richtig, so ist das Schreiben doch bedeutungslos. Patient hatte das Ziel, zu schreiben, aber nicht, etwas zu schreiben.[53]

Dass Bleuler das Schreiben als bedeutungslos ansieht, hindert ihn allerdings nicht daran, es (als Symptom für die Krankheit) zu interpretieren und es in seinem Werk als Lehrbeispiel zu verwenden, aus dem man offenbar ziemlich vieles entnehmen kann.

Langue-Texte und Parole-Texte   Was gewinnen wir nun für die Textlinguistik, wenn wir solche Zeichenfolgen als Nicht-Texte klassifizieren? Der Nutzen einer Textdefinition, die sich nicht an empirisch vorfindlichen Zeichenfolgen orientiert, sondern an einer theoretisch bestimmten Größe, die gewisse Kriterien erfüllen muss, besteht in Folgendem: Man kann auf der Grundlage dieser Annahme den Text behandeln wie den Satz, nämlich als eine Struktur, die durch die Anwendung des sprachlichen Regelsystems zustande kommt. Dies erlaubt uns, auch auf der Ebene des Textes Regeln zu rekonstruieren und die Annahme zu verwerfen, oberhalb des Satzes gäbe es keine Konventionen mehr, die beachtet werden müssten. Wie beim Satz ist diese Auffassung nicht mit der der Empiriker unvereinbar – für diese stellt ein Text das dar, was als Text deklariert worden ist –, sondern es handelt sich lediglich um verschiedene Phänomene. Parallel zu Langue- und Parole-Sätzen können wir hier von Langue-Texten und Parole-Texten sprechen. So wie die kommunikativ sehr erfolgreichen Fragen aus unserem Beispiel *Glauben Sie nicht, dass es war ein großer Fehler diesen Reiseentwurf, das Sie vorgestellt haben vor wenigen Tagen?* und *Was wird mit dem Berliner Mauer jetzt geschehen?* keine korrekten Langue-Sätze darstellen und z.B. ein Lehrer sie in einem Schulaufsatz auch nicht als Sätze akzeptieren, sondern Korrekturen einfordern würde, so kann man auch in den Textbeispielen 38 a und b Abweichungen von Langue-Texten (und Langue-Sätzen) feststellen.

Bevor wir damit zu den Regeln für Langue-Texte kommen, soll jedoch noch geklärt werden, was wir alles als Parole-Text ansehen, genauer gesagt, ob wir die Kriterien ›schriftlich fixiert‹ und ›Folge von Sätzen‹ als notwendige Bedingungen betrachten wollen. In der Linguistik ist es sehr verbreitet, dies nicht zu tun. Das zeigt auch die Definition von Brinker, der von einer »Folge von sprachlichen Zeichen« spricht, um auch Ein-Wort-Äußerungen (*Hilfe!*) und Ein-Satz-Äußerungen (*Das Betreten der Baustelle ist verboten!*) als potenzielle Texte betrachten zu können. Von dem Kriterium ›schriftlich‹ ist in seiner Definition gar nicht die Rede, in den Erläuterungen heißt es dann aber ausdrücklich:

> Im Unterschied zur alltagssprachlichen Verwendung bezeichnet der Terminus »Text« in der Linguistik nicht nur schriftliche (schriftkonstituierte) sprachliche Gebilde, sondern auch mündliche Äußerungen.[54]

Problematisch erscheint ihm allerdings »die Anwendung des Textbegriffs auf dialogische Kommunikation«, also auf Gespräche, denn der »für die vorgeschlagene Textdefinition grundlegende Begriff der kommunikativen Funktion ist […] primär auf den einzelnen Sprecher bzw. Schreiber bezogen«.[55] Dass auch Gespräche, bis hin zum einfachen Grußwechsel oder den Äußerungen, die beim gemeinsamen Zusammenbauen eines Regals fallen, Texte sein sollen, ist denn auch eine These, mit der selbst die gutwilligsten Laien größte Probleme haben. Nun hat allerdings die Diskussion des Textbeispiels 35 gezeigt, dass monologische und dialogische ebenso wie mündliche und schriftliche

Die Kriterien ›schriftlich fixiert‹ und ›Folge von Sätzen‹

Dialogische Texte

Äußerungen so eng aufeinander bezogen sein können, dass eine saubere Abgrenzung kaum möglich scheint. Sicher ist, dass man nicht nur bei der Produktion monologischer Texte, sondern auch in der Konversation Regeln folgt, u.a. den von Grice genannten Maximen, entsprechend denen man z.b. nur Relevantes, zum Thema Gehöriges, beitragen sollte, damit der – gemeinsame! – Zweck des Gesprächs erfüllt wird, damit es ein kohärentes Gespräch und nicht ein ungeordnetes Nebeneinanderher-Reden wird. Warum ist dann der Widerstand, auch Gespräche als Texte zu behandeln, so groß? Aber ist er denn wirklich so groß? Zögern wir auch, z.b. ein Drama, den literarischen Dialog, oder ein Filmskript als Text zu bezeichnen? Oder ein in einen Prosatext eingebettetes Gespräch wie Textbeispiel 32? Zögern wir, ein abgedrucktes Interview als Text zu nehmen oder eine Parlamentsdebatte, die als geschlossenes Ganzes im Amtsblatt veröffentlicht wird? Hier zumindest, bei sorgfältig geplanten, verschrifteten und/oder zur wiederholten Rezeption vorgesehenen Parole-Akten macht die Anwendung des Textbegriffs sicher keine Schwierigkeiten.

Warum wollen aber die Linguisten auch spontane Gespräche als Texte bezeichnen? Sie wollen dies immer dann, wenn sie untersuchen wollen, welchen Regeln man beim Gebrauch der Sprache folgt (oder auch: gegen welche man u.U. verstößt). Den Sprachgebrauch kann man nicht als Ganzes untersuchen, sondern man muss gewissermaßen Proben erheben, d.h. Stücke herausschneiden, die dann für den Zweck der Untersuchung als begrenzte Einheit behandelt werden. Da mündlicher und schriftlicher Sprachgebrauch, Monologe und Dialoge großenteils denselben Regeln folgen – abgesehen davon, dass sie gleichermaßen auf einzelsprachliche Systeme zurückgreifen, sollten die Äußerungsfolgen z.B. kohärent sein –, wäre es unpraktisch, sie als völlig verschiedene Phänomene zu behandeln und sie nicht unter einen Oberbegriff zu fassen. Im Deutschen ist der üblichste Oberbegriff *Text*, im Englischen ist es dagegen *discourse*, ein Ausdruck, den wir hier für Anderes reserviert haben. Das, was Linguisten für ihre Analysen als Text deklarieren, stimmt nun teilweise (in Wahrheit: größtenteils) mit dem überein, was auch Laien als Text meinen, verstehen oder explizit deklarieren. Ein ernsthafter Dissens über das, was ein Text ist, ergibt sich also in Wirklichkeit nur selten.

46 Der Text als Folge von Teiltexten

Wir halten also fest, dass auch Linguisten als Text normalerweise eine umfangreichere Folge von Äußerungen ansehen. Eine Folge von Etwas hat notwendigerweise einen Anfang, ein Ende und etwas dazwischen, nämlich die Mitte, die in Texten oft das Wichtigste enthält und daher im Schulaufsatz auch als Hauptteil bezeichnet wird. Einleitung – Hauptteil – Schluss, dies als die Grundstruktur nicht nur von Aufsätzen, sondern auch anderen Texten anzusehen, ist zweifellos richtig, aber bekanntlich relativ nichtssagend. Schüler müssen lernen, wie sie in den verschiedenen Aufsatzformen diese Grundstruktur jeweils sinnvoll auffüllen, und Textlinguisten haben im Prinzip die Aufgabe, die (charakteristischen) Bestandteile aller Arten von Texten differenziert zu beschreiben. *(Marginalie: Einleitung – Hauptteil – Schluss)*

Die ›verschiedenen Arten von Texten‹ bezeichnen wir als Textsorten; wenn wir monologische von dialogischen unterscheiden wollen, nennen wir letztere Gesprächssorten. Manche Text- und Gesprächssorten haben einen streng festgelegten Aufbau, bestehen nämlich aus einer vorgegebenen Abfolge von (keineswegs unbedingt drei) Teilen, bei anderen – wenn nicht den meisten, so doch den interessanteren – ist der Produzent freier bei der Auswahl, Anordnung und Formulierung der Bestandteile seines Textes. Dennoch folgt er im Allgemeinen bestimmten Regeln, er hat gewissermaßen das Schema eines Langue-Textes vor seinem geistigen Auge oder greift gar auf eine ›Gebrauchsanweisung zum Herstellen eines Textes‹ oder einen Mustertext zurück. Üblich ist das etwa bei Bewerbungsschreiben, Lebensläufen, Seminararbeiten und dergleichen. *(Marginalien: Textsorten und Gesprächssorten; Mustertexte)*

Es hat sich durchgesetzt, die Bestandteile des Textes nicht etwa als Textteile, sondern als Teiltexte zu bezeichnen; die Bestandteile werden also selbst wieder als Texte angesehen. Dadurch soll deutlich werden, dass es bei den für die Beschreibung relevanten Bestandteilen nicht um irgendwelche beliebigen Ausschnitte geht, z.B. die Seite eines Buches oder die 10. bis 15. Zeile einer Seite, sondern um thematisch und funktional spezifische, die die Eigenart des Textes oder der Textsorte ausmachen. Das Aufbauschema einer Textsorte, also Anzahl, Art und Reihenfolge der Teiltexte, bezeichnen wir als seine Makrostruktur. *(Marginalien: Teiltexte; Die Makrostruktur des Textes)*

Die Abbildung 16 visualisiert die charakteristische Makrostruktur so genannter ›harter Nachrichten‹ (im Gegensatz zu ›weichen Nachrichten‹ z.B. vom Typ Prominentenklatsch), wie sie heutzutage in (deutschen) Tageszeitungen üblich sind. Harte Nachrichten haben – was schon für Kurzmeldungen nicht unbedingt gilt – einen Titel und gegebenenfalls Untertitel. Der Hauptteil beginnt normalerweise mit einer Orts- und/oder Quellenangabe (Nachrichtenagentur). Es folgt ein grö- *(Marginalie: Das Beispiel der ›harten Nachrichten‹)*

Die DDR-Grenzen offen:
Wer will, kann gehen!
Ab sofort Ausreise ohne jede Bedingung
Die Visa werden auf der Stelle ausgestellt
Berlin. — Die DDR hat 28 Jahre nach dem Bau der Berliner Mauer und nach der jüngsten Massenflucht von bislang 120 000 DDR-Bürgern ihre Grenzen zur Bundesrepublik und nach Westberlin geöffnet. Alle DDR-Bürger dürfen künftig kurzfristig und fast ohne Formalitäten private Reisen „ins Ausland" unternehmen oder die DDR ganz verlassen.

Diesen sensationellen Beschluß des DDR-Ministerrates „mit sofortiger Wirkung" hat SED-Politbüromitglied Günter Schabowski gestern abend in Ostberlin verkündet.

Bonn traf diese Botschaft wie ein Blitz: Politiker aller Parteien begrüßten diesen Schritt; sie forderten nun den sofortigen Abriß der Mauer – die habe nun endgültig ihren Zweck verloren. Die Abgeordneten stimmten spontan die Nationalhymne an; die restlichen Punkte der Tagesordnung wurden gestrichen.

abnehmende Wichtigkeit

nachlassendes Interesse

Abb. 16: Die Struktur von Nachrichten

ßer oder fett gedruckter Absatz, den man als *Lead* bezeichnet und der das Wesentliche zusammenfasst. Die folgenden Abschnitte bringen detailliertere Informationen. Das Abfolgeprinzip ist das der (abnehmenden) Wichtigkeit. Diese *top-heavy-form* oder *inverted pyramid* entwickelte sich in Amerika, und zwar zu Beginn des Einsatzes telegrafischer Übermittlung. Technisch waren die Bedingungen noch so schlecht, dass die Leitung oft zusammenbrach. Daher musste das Wichtigste in Kurzfassung als erstes gesagt werden; auf den Schluss musste man schlimmstenfalls verzichten können. Dieses Prinzip – ›Wenn das Ende der vom Autor/von der Redaktion als Text deklarierten Einheit verloren geht, ist das nicht so schlimm‹ – bestimmt auch heute noch den Umgang mit Texten für die Tageszeitung: Falls für den gesamten Text kein Platz ist, schneidet man von hinten weg. Auch für die Leser ist dies praktisch, denn sie brauchen den Text nicht zu Ende zu lesen, wenn ihr Informationsbedürfnis gestillt ist, und können sich darauf verlassen, dass es gegen Ende hin immer weniger wichtig wird. Da wir mit diesem Textschema vertraut sind, scheint es vielen völlig natürlich und anders gar nicht denkbar. Diese Darstellungsform ist aber in Deutschland erst 1945 üblich geworden und geht auf den Einfluss der die Presse kontrollierenden Besatzungsmächte, u.a. der Amerikaner, zurück; sie ist in anderen europäischen Ländern auch nicht im selben Ausmaß verbreitet wie in Deutschland.

Hätte man nun die wichtigste Nachricht vom 28.6.1914 (Textbeispiel 39) mit diesem – damals eben noch nicht geläufigen – Textschema im Hinterkopf gelesen, so wäre einem tatsächlich das Wichtigste entgangen. Die Hauptmeldung kommt dort nämlich erst im vorletzten Satz, und da die damals übliche Art, Wichtigeres hervorzuheben, nämlich Sperrdruck, nur auf das Verb *verschieden*, nicht aber auf das logische Subjekt *Erzherzog und Herzogin* angewendet wurde, kann man den Kern der Nachricht mit einem flüchtigen Blick nicht wahrnehmen. Das Aufbauprinzip ist hier also das chronologische, das natürlich auch heute die Teiltextanordnung vieler Textsorten bestimmt, die von Zeitungstexten aber im Allgemeinen nicht.

Aus diesem Beispiel von historisch sich verändernden Textsortenkonventionen können wir allgemein Folgendes entnehmen: Aus welchen Teiltexten ein Textsortenschema besteht, hängt zunächst – dies stellen wie Brinker viele Textlinguisten besonders in den Vordergrund – davon ab, welche kommunikative Funktion die Texte haben. Ein Nachrichtentext hat die Funktion, eine aktuelle Nachricht zu verbreiten; eine Spiegel-Story (vgl. den Textauszug 25) hat dagegen u.a. die

Der funktionale Aspekt von Textsorten

Textbeispiel 39: Alles schön der Reihe nach

Sarajewo, 28. Juni. (Telegramm unseres Korrespondenten)

Als der Erzherzog Thronfolger F r a n z   F e r d i n a n d und seine Gattin, die Herzogin von Hohenburg, sich heute Vormittag zum Empfange in das hiesige Rathaus begaben, wurde gegen das erzherzogliche Automobil eine Bombe geschleudert, die jedoch explodierte, als das Automobil des Thronfolgers die Stelle bereits passiert hatte. In dem darauffolgenden Wagen wurde der Major Graf Boos-Waldeck von der Militärkanzlei des Thronfolgers und Oberstleutnant Merizzi, der Personaladjutant des Landeshauptmanns von Bosnien, erheblich verwundet. Sechs Personen aus dem Publikum wurden schwer verletzt. Die Bombe war von einem Typographen namens Cabrinowitsch geschleudert worden. Der Täter wurde sofort verhaftet. Nach dem festlichen Empfang im Rathaus setzte das Thronfolgerpaar die Rundfahrt durch die Straßen der Stadt fort. Unweit des Regierungsgebäudes schoß ein Gymnasiast der achten Klasse (Primaner) namens Prinzip aus Grabow aus einem Browning mehrere Schüsse gegen das Thronfolgerpaar ab. Der Erzherzog wurde im Gesicht, die Herzogin im Unterleib getroffen. Beide verschieden, kurz nachdem sie in den Regierungskonak gebracht worden waren, an den erlittenen Wunden. Auch der zweite Attentäter wurde verhaftet, die erbitterte Menge hat die beiden Attentäter nahezu gelyncht.

Funktion, schon bekannte Nachrichten zu interpretieren und zu kommentieren, (unbekannte) Hintergrundinformationen bereitzustellen und – ein wesentliches Ziel – den Leser zu unterhalten. Daher enthalten Spiegel-Stories (oder allgemeiner: für Zeitschriften typische Textsorten wie Berichte, Reportagen usw.) Teiltexte, die in den auf das Wesentliche konzentrierten aktuellen Nachrichten keinen Platz haben, z.b. *human-interest*-Details wie das konkrete Verhalten und die Reaktionen der direkt Beteiligten/Betroffenen.

Der konventionelle Aspekt von Textsorten

Der Vergleich mit der Meldung von 1914 zeigt aber, dass nicht allein die funktionalen Erfordernisse von Bedeutung sind, sondern diese sachlich begründeten Merkmale überlagert sind von historisch-kulturellen Konventionen. Diese sind ihrerseits teilweise sachlich erklärbar, teilweise aber auch ›zufällig‹. Einige Beispiele: Während z.B. in den meisten westeuropäischen Zeitungen die erste Seite als besonders wichtiger Blickfang gilt – auf ihr erscheinen die wichtigsten Nachrichten – ist die erste Seite der bedeutendsten finnischen Tageszeitung *Helsingin Sanomat* von einer ganzseitigen Werbeanzeige gefüllt. Ein (verhältnismäßig unwichtiger) Unterschied der Makrostruktur deutscher und französischer Todesanzeigen besteht darin, dass im Deutschen zunächst die Nachricht erscheint. Die wesentlichen Elemente sind der (hervorgehobene) Name, Todestag (und Alter) und ein Prädikat wie *von uns gehen, versterben* o.ä. Diese Botschaft wird von den Trauernden (in der Regel eine Liste von Namen) gewissermaßen unterzeichnet. Im Französischen dagegen erscheinen zunächst die Namen der Trauernden, und zwar als grammatisches Subjekt eines Prädikats mit dem Inhalt ›bekanntgeben‹ (*La famille …. fait part du/annonce le décès de …*). Selbst wenn im Deutschen eine solche Form der Bekanntgabe oder auch die Formel *trauern um* gewählt wird, erscheinen die Namen am Schluss, das Subjekt in der eigentlichen Nachricht ist ein Pronomen (*Wir trauern um* oder dergleichen).[56] Bei Briefadressen erscheint im Russischen zunächst der Ort, der Name kommt am Schluss. Im Deutschen ist die früher übliche Reihenfolge Name – Ort – Straße durch die Reihenfolge Name – Straße – Ort abgelöst worden. In deutschen offiziellen Briefen erscheint die Adresse im linken oberen Drittel, in französischen im rechten (was unpraktisch ist, wenn man die landesüblichen Briefumschläge mit Sichtfenster für Schreiben in das Land mit den anderen Konventionen benutzen will).

Die individuelle Freiheit des Textproduzenten

All dies sind Beispiele für relativ äußerliche Unterschiede, die nur deswegen doch recht auffällig sind, weil das ›eigene‹ Muster so vertraut und selbstverständlich ist – zumal es sich bei den genannten Fällen um stark standardisierte Aufbauprinzipien handelt. Interessanter sind natürlich tiefer gehende, inhaltlich-funktionale Unterschiede, die bei Texten mit weniger streng geregelter Makrostruktur zu beobachten sind. Hier kommt als weiteres Element, das den schließlichen Wortlaut des

Textes bestimmt, die individuelle Freiheit des Produzenten hinzu. Denn die Existenz und Kenntnis eines Textsortenschemas zwingen niemanden dazu, diesem auch (genau) zu folgen. Er kann die existierenden Schemata mehr oder weniger unverändert reproduzieren, sie für seine Bedürfnisse abwandeln oder auch absichtlich gänzlich dagegen verstoßen. Diese Freiheit ist allerdings je nach Textsorte unterschiedlich groß. Bei Nachrichtentexten in traditionell-konventionellen Tageszeitungen ist sie relativ gering; dies geht auch darauf zurück, dass sie eben das Endprodukt der Verarbeitung anderer Texte – insbesondere der von Nachrichtenagenturen – sind. Alternative Blätter können ihre Besonderheit aber z.B. nicht nur durch die Bevorzugung bestimmter Themenbereiche und inhaltlich spezifische Positionen, sondern auch durch ein Abweichen vom immer gleichen, systemstabilisierenden, Muster zu erreichen suchen. Auch bei bestimmten Kleinformen, die massenweise produziert werden und bei denen viele Schreiber auf Mustertexte zurückgreifen, versuchen andere, durch originelle Abweichung vom Konventionellen eine besondere Aufmerksamkeit zu erzielen. Das gilt z.B. für Todes-, Geburts- und Kontaktanzeigen, für Bewerbungsschreiben oder Lebensläufe. Für wieder andere Gruppen von Texten ist es geradezu konstitutiv, möglichst originell zu sein und vom Bekannten abzuweichen. Dies ist ein wesentliches Erfordernis z.B. für Werbetexte, deren erstes Ziel ist, dass sie in der Masse der übrigen überhaupt (bewusst) wahrgenommen werden.

Ein Minimum an Freiheit hat man bei allen den Texten, deren Gestalt juristisch reglementiert ist – dies gilt z.B. auch für die Packungsbeilagen von Medikamenten – und für alle Arten von Formulartexten, bei denen man nur eine Reihe von Leerstellen ausfüllen kann. Einen originellen Personalausweis oder einen eigenwillig formulierten Bußbescheid kann es z.B. heute kaum geben, d.h. solche Texte würden nicht den Zweck erfüllen können, dem sie eigentlich dienen sollen. *Formulartexte*

Führen wir uns zur weiteren Erläuterung der Makrostruktur von Texten noch einige geläufige Schemata vor Augen. Sie sind durchweg relativ abstrakt, geben eben nur die Grundstruktur wieder. Selbst wenn man das betreffende Schema kennt, ist also die Planung des zu erstellenden Textes lediglich erleichtert, keineswegs schon abgeschlossen. *Beispiele für die Makrostruktur von Textsorten*

Für Aufsätze aus dem Bereich der Naturwissenschaften, in denen Ergebnisse empirischer Forschungen vorgestellt werden, hat sich etwa seit den 60er Jahren des 20. Jahrhunderts immer stärker das so genannte IMRAD-Schema durchgesetzt, das inzwischen auch viele Fachzeitschriften als verbindliche Makrostruktur des Hauptteils der Aufsätze von den Autoren einfordern. Unter Berücksichtigung der ebenfalls festen (formalen) Elemente der Gesamtstruktur stellt sich der Aufbau eines solchen Textes dann so dar: *Wissenschaftliche Aufsätze*

1. Autor
2. Titel
3. (Untertitel)
4. Abstract

5. Introduction
6. **Methods**
7. **Results**
   And
8. **Discussion**

9. Anmerkungen
10. Literaturverzeichnis

Bei den (formalen) Teiltexten 1–4 und 9–10 kann es gewisse Abweichungen von diesem Grundschema geben: In manchen Zeitschriften
erscheint zuerst der Titel, dann der Name des Autors, das Abstract kann
sich auch am Schluss des Aufsatzes befinden, die Anmerkungen stehen
oft unten auf der Seite usw. Was die grundlegenden Teiltexte (5–8)
betrifft, sind Anzahl, Art und Reihenfolge jedoch festgelegt.

Erzähltexte   Gehen wir nun zu einem anderen Bereich über, in dem die Einhaltung einer festen Makrostruktur keineswegs gefordert wird, sich aber
aus inhaltlich-funktionalen Gründen anbietet. Wie erzählt man Geschichten, d.h. welche Teiltexte realisiert man normalerweise auf jeden
Fall, wenn man eine Geschichte erzählt? Um die Grundstruktur von
narrativen (erzählenden) Texten zu verdeutlichen, legt man meist ein
von Teun A. van Dijk entwickeltes Schema zugrunde (Abbildung 17).[57]
Erläutert sei es an Textbeispiel 10. Die Moral findet sich in dem Satz *Viel
schlimmer war, sie* [die Leute] *konnten ihn nicht mehr verstehen*, die wir
insgesamt als Warnung davor verstehen können, sich nicht an die
Sprachkonventionen zu halten. Die Evaluation, also die emotionale
Reaktion auf die Geschichte, kommt in den folgenden Sätzen zum
Ausdruck: *Aber eine lustige Geschichte ist das nicht. Sie hat traurig angefan-
gen und hört traurig auf.* Der Plot besteht in der eigentlichen Geschichte,
wie der Mann seine eigene Sprache erfindet. Den Plot könnte man in
drei Episoden zerlegen. Die erste Episode besteht zunächst aus einem
umfangreichen Rahmen (örtliche und zeitliche Situierung, Einführung der Protagonisten, Beschreibung des situativen Hintergrundes),
in dem das langweilige Leben des Mannes geschildert wird. Das Ereignis setzt mit dem *besonderen Tag* ein, an dem der Mann zu dem Schluss
kommt, es müsse sich etwas ändern. Es gibt eine Komplikation, da sich
zunächst nichts ändert, und eine Auflösung durch die erste Umbenennung der Gegenstände. Die zweite Episode (beginnend mit *Der Mann
fand das lustig …*) betrifft einen längeren Zeitabschnitt, in dem der
Mann nach und nach seine neue Sprache aufbaut und seiner Lange-

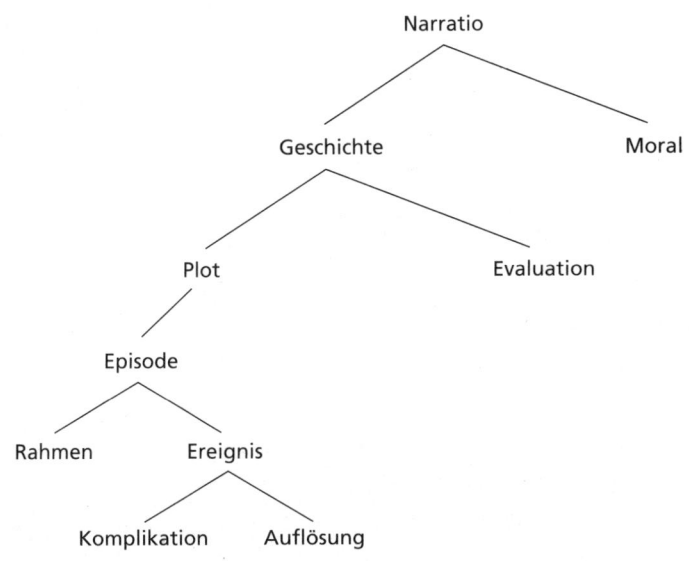

Abb. 17: Die Struktur von narrativen Texten

weile entkommen ist. Die dritte Episode, das Ende des Plots, hat das Vergessen der alten Sprache zum Inhalt.

Ein weiteres Beispiel betrifft eine Textsorte, bei der auch bildliche Elemente eine zentrale Rolle spielen; es handelt sich um eine relativ junge Textsorte, nämlich Flyer.[58] Auf Flyern kündigt ein Veranstalter/ Club eine Musikveranstaltung/Party für Leute aus der jugendlichen Musikszene an. Obwohl nun Flyer, im Grunde ein Sonderfall von Werbetexten, wie diese ausgesprochen originell gestaltet werden, finden sich doch auf ihnen immer wieder die gleichen Bausteine, die auch in typischer Weise angeordnet sind: Zentrales ›ideelles‹ Element ist der Name der Veranstaltung, das Motto (z.B. *maniac love* oder *House Box!*), das durch ein grafisches Element visualisiert wird (bei *House Box!* erscheint z.B. ein Plattenspieler und ein Häuschen). Das Team (die Veranstalter), die Daten (Ort und Zeit) und die Akteure (Disc-Jockeys) bilden die praktisch wesentlichen Bestandteile, indem sie genauer über das Angebot informieren. Teilweise enthalten Flyer eine Zusatzwerbung (Sponsor). Die entsprechende Makrostrukur (von der es natürlich Abweichungen gibt) ist in Abbildung 18 dargestellt (die graue Fläche symbolisiert das grafische Element, das so genannte *Visual*). Besonders beachtenswert ist der spezifische Informationswert, der der

Flyer

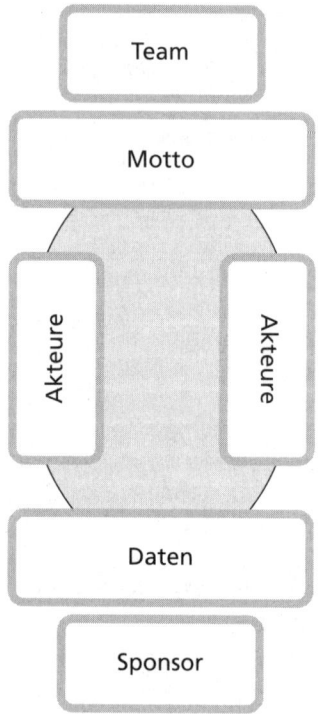

Abb. 18: Die Struktur eines Flyers

Platzierung der Bausteine zukommt: Im oberen Teil erscheint die ideelle Komponente, im unteren die praktisch-reale.

Beratungs-
gespräche   Da wir festgestellt hatten, dass auch viele Gespräche einem mehr oder weniger festen Schema folgen, zum Abschluss noch ein Beispiel für die Makrostruktur einer Gesprächssorte, des Beratungsgesprächs (Abbildung 19). Anfang und Ende von Gesprächen, im Schema als Eröffnungs- und Beendigungsphase bezeichnet, sind minimal durch Grußwechsel und Abschiedsformeln besetzt. Diese Phasen können aber durchaus weiter ausgedehnt werden, z.B. durch Erkundigungsfragen, Wünsche u.ä. Übrigens ist die Frage, wie lang diese Rahmenphasen ausgedehnt und womit sie ausgefüllt werden, wiederum kulturspezifisch unterschiedlich zu beantworten. Bei eher offiziellen Gesprächen empfinden viele Gesprächspartner aus anderen Kulturen die Deutschen wegen der relativ kurzen Einleitungsphase als unhöflich-direkt: Sie kommen zu schnell zur Sache, statt zunächst ein gutes Gesprächs-

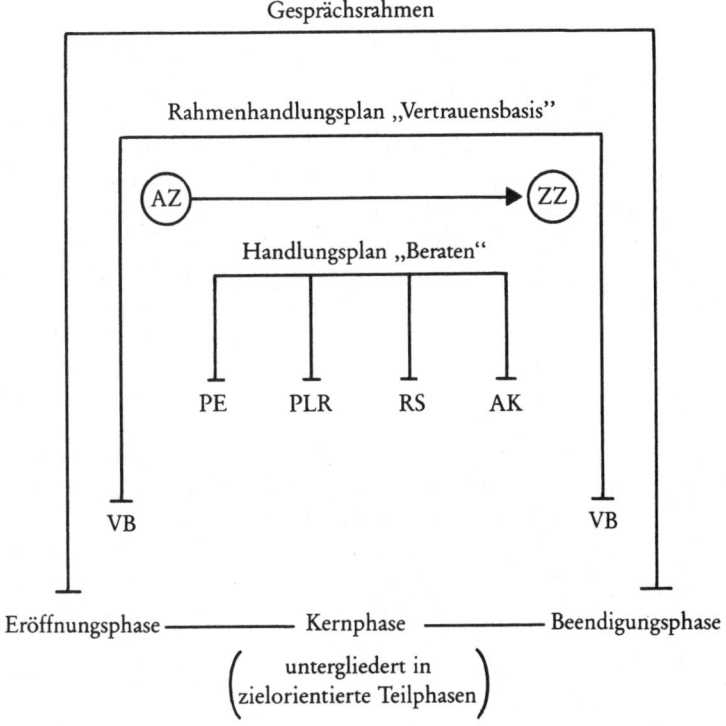

Abb. 19: Die Struktur von Beratungsgesprächen

klima für die erfolgreiche Durchführung des sachlichen Austausches zu schaffen.

Die Kernphase ist das Element, das verschiedene Gesprächssorten voneinander unterscheidet. Bei Beratungsgesprächen geht es darum, den Ausgangszustand (AZ), eine ›Ratlosigkeit‹, in den Zielzustand (ZZ) zu überführen, für den Ratsuchenden also eine Lösung oder wenigstens eine Orientierung für sein weiteres Handeln gefunden zu haben. Zunächst muss natürlich das Problem erläutert werden (PE: Problemexplizierung), und der Berater muss sich vergewissern und dem Partner verdeutlichen, dass er die Problemsituation verstanden hat (PLR: Erfassung der Person und Lage des Ratsuchers). Dann erst kann das wichtigste Element, die Ratsuche (RS) in Angriff genommen werden, eine Phase, die mehr noch als die anderen häufig mehrfach durchlaufen werden muss, wenn sich z.B. herausstellt, dass ein bestimmter Rat aus irgendwelchen Gründen nicht befolgt werden kann. Abgeschlossen ist die Beratungsphase erst damit, dass die Akzeptabilität des Ratschlags bzw. der durchgesprochenen Alternativen überprüft wird (AK).

Ein Beratungsgespräch ist – jedenfalls in vielen Fällen – eigentlich ein sehr sachliches Gespräch: Es gibt ein Problem, und der (professionelle) Berater hat spezielles Wissen über Lösungsmöglichkeiten, die er dem Ratsuchenden erläutert. Dennoch hängt der Erfolg eines Beratungsgesprächs nicht allein von der Sachkompetenz des Beraters ab. Wenn der Ratsuchende ihn z.B. als desinteressiert, arrogant, ungeduldig o.ä. empfindet, besteht die Gefahr, dass seine Bereitschaft schwindet, einen (vielleicht sehr guten) Rat auch anzunehmen oder ausreichende und aufrichtige Informationen preiszugeben, die für die Ratsuche wichtig sind. Daher enthält das Schema als zusätzliche Teilaufgabe des Beratungsgesprächs die Herstellung einer Vertrauensbasis (VB).

Kommunikationstraining Das Schema und die Erläuterungen dazu explizieren gewissermaßen die Idealstruktur eines Beratungsgesprächs. Tatsächlich laufen natürlich viele Ratgebungen gerade nicht so ab und enden – nicht zuletzt deswegen – denn auch oft unbefriedigend. Besonders die Gespräche mit nicht-professionellen Beratern, d.h. irgendwelchen Privatpersonen, bei denen jemand sich einen Rat holen will oder die einen solchen gar ungefragt aussprechen, ist die Struktur sehr viel simpler – auf die Schilderung des Problems kommt häufig schlicht ein Alltagsrezept vom Typ *Du musst dich eben zusammennehmen/dir mehr Mühe geben/ Warum kannst du das nicht einfach beiseite stellen?* usw. Dies zeigt, dass die Analyse von Gesprächsabläufen (ebenso wie die der Makrostruktur schriftlicher Texte) nicht nur ein akademisches Spiel ist, sondern Grundlagen für Kommunikationstrainings legen kann: Beraten will gelernt sein – und es kann gelernt werden. Dasselbe gilt für die Produktion anderer Text- und Gesprächssorten.

47 Der Text als mehrdimensionale Größe

Sprachliche Zeichen sind komplexe Gebilde. Nach Saussure (vgl. Kapitel 8) bestehen sie grundlegend aus der Inhaltsseite (*signifié*) und der Ausdrucksseite (*signifiant*). Aber diese beiden Seiten können selbst wieder unter verschiedenen Hinsichten betrachtet werden: Wörter gehören einem bestimmten Wortfeld und einer bestimmten Wortart an; sie können unter den Gesichtspunkten der Wortbildung und ihrer Silbenstruktur betrachtet werden usw. Den Text als besonders komplexe Einheit – als sprachliches Großzeichen sozusagen – müssen wir selbstverständlich auch unter mehreren Aspekten untersuchen. Bislang war nur von verschiedenen Textsorten und ihrer Makrostruktur die Rede. Auf die Textsorten und die Teiltexte haben wir uns nur sehr grob mit geläufigen oder sprechenden Bezeichnungen bezogen.

Nun gibt es eine Unmenge von Textsorten, die wir als solche identifizieren können und für die es auch übliche alltagssprachliche Bezeichnungen gibt. Wie gesagt, sind manche davon sehr stark schematisiert und besonders gut (wieder-)erkennbar. Für diese könnten wir eine Art Text- und Gesprächssortenlexikon anlegen, in dem die typischen Merkmale beschrieben werden. Für alle die Textsorten, bei denen der Produzent eine größere Freiheit hat, und erst recht für die Parole-Texte, die sich überhaupt nicht (eindeutig) einer bestimmten Sorte zuordnen lassen, hilft dagegen ein solches Lexikon, ein Verzeichnis tradierter Stanzformen für Texte, nicht. Das ist nicht weiter beunruhigend oder außergewöhnlich, denn wir haben ja schon auf der Ebene der Wörter gesehen, dass man kein vollständiges Lexikon erstellen kann. Ebenso wenig ist es möglich, ein Verzeichnis der möglichen Strukturen von Parole-Sätzen anzulegen. Was wir also brauchen, wenn wir Texte analysieren wollen, ist nicht in erster Linie eine Liste geläufiger Schemata, sondern eine Übersicht über relevante Beschreibungsdimensionen und eine Liste von Kategorien, mit denen wir bei der Untersuchung arbeiten können. Die wichtigsten davon sollen im Folgenden vorgestellt werden. Behandelt werden die thematische, die funktionale, die situative und die diskursive oder intertextuelle Dimension. Hinzu kommt die sprachliche Dimension, der ein eigenes Kapitel gewidmet ist.

Beginnen möchte ich mit dem Aspekt, der wohl für den normalen Sprachteilhaber der bedeutendste ist, nämlich der thematischen Dimension. An einem Text interessiert ja zunächst einmal, wovon er handelt und was man durch ihn über den behandelten Gegenstand erfährt. Viele Textsortenbezeichnungen enthalten bereits eine explizite Kennzeichnung des Themenbereichs, z.B. *Wetterbericht, Kochrezept, Lebenslauf, Opernführer, Börsennachricht* usw. Bei den Beispielen aus dem vorigen Kapitel (*Zeitungsnachricht, wissenschaftlicher Aufsatz, Erzählung, Beratungsgespräch*) ist das dagegen nicht der Fall. Sie sind nicht festgelegt auf ein bestimmtes Thema und können von den verschiedensten Dingen handeln. Immerhin können wir bei diesen Beispielen zum Teil vorhersehen, in welcher Weise das Thema behandelt wird. Während etwa eine Erzählung dem narrativen Schema folgt, was u.a. bedeutet, dass die Chronologie der Ereignisse eine gewisse Rolle spielt, wird dasselbe Geschehen in einer Zeitungsnachricht typischerweise achronologisch, unter Ausschließung von Details und vor allem unter Ausblendung der eventuellen subjektiven Betroffenheit des Schreibers dargestellt.

Bei der thematischen Analyse eines Textes/einer Textsorte geht es um die Fragen, was über den Gegenstand (typischerweise) gesagt wird,

Analysekriterien

Die thematische Dimension

Teilthemen

in welcher Art das Thema behandelt wird und in welcher Reihenfolge die thematischen Bestandteile präsentiert werden. Allerdings lässt sich leicht vorstellen, dass es kaum möglich ist, ein detailliertes Analyseraster für die thematische Dimension zu entwerfen. Der Bereich möglicher Themen und dabei relevanter Beschreibungsaspekte ist einfach zu groß und weitgehend unvorhersehbar. So kann man nur für bestimmte (thematisch spezifizierte) Textsorten genauer angeben, wovon typischerweise gesprochen wird. Dergleichen Auflistungen finden sich z.B. in antiken Rhetoriklehrwerken in den Kapiteln zu den Redegegenständen, in denen man etwa auf die Person bezogene *topoi* nennt: Geschlecht/ Abstammung, Nationalität, Vaterland, Geschlecht/Sexus, Alter, Erziehung und Ausbildung, Körperbeschaffenheit, Schicksal, soziale Stellung, Wesensart, Beruf, Neigungen, Vorgeschichte, Namen.[59] Eine solche weitgehend auf Vollständigkeit potenziell relevanter Gesichtspunkte bedachte Auflistung bedeutet freilich nicht, dass man in jedem Fall sämtliche Aspekte abhandeln muss. Vielmehr stellt sie ein Reservoir von Teilthemen dar, aus dem man auswählen muss. In der Lobrede auf eine Person wird man z.B. von seiner Körperbeschaffenheit eher nicht sprechen, wenn dabei irgendwelche negativen Eigenschaften nicht verschwiegen werden könnten.

Themenbehandlung

Im Gegensatz zur klassischen Rhetorik werden in der modernen Textlinguistik für die thematische Dimension nur relativ abstrakte Analysekategorien angeführt. Insbesondere beziehen sich diese auf die Art der Themenbehandlung. Als deren Grundformen gelten die narrative, narrativ argumentative, deskriptive und explikative (erklärende).[60] Allerdings argumentativ kommen diese Grundtypen oft in Verbindung miteinander vor. In deskriptiv Erzähltexte sind beispielsweise oft Landschafts- und Personenbeschreiexplikativ bungen eingebettet. Ein argumentativer Text erfordert oft explikative, zum Teil auch deskriptive Passagen: Wer z.B. für die Freigabe von Heroin *argumentiert*, wird dabei auch den Zusammenhang zwischen Drogenabhängigkeit und der so genannten Beschaffungskriminalität *erklären*, die Zustände in der Drogenszene *beschreiben* und vielleicht sogar von einem Einzelschicksal *erzählen*.

Reihenfolge der Teilthemen

Die letzte Frage betrifft die Reihenfolge, in der die Teilthemen abgearbeitet werden. Das chronologische Prinzip gegenüber dem der (abnehmenden) Wichtigkeit haben wir schon am Beispiel der Pressetexte kennengelernt. In explikativen Texten, die Sachverhalte z.B. aus allgemeinen Gesetzen, Regeln oder unter Rückgriff auf bestimmte Theorien erklären sollen, kann man etwa mit der Darstellung des zu erklärenden Phänomens oder eines konkreten Beispiels beginnen und die theoretischen Grundlagen und die zugehörigen Termini sukzessive einführen. Die andere Möglichkeit besteht darin, mit der Theorie zu beginnen und einen Einzelfall als (illustrierendes) Beispiel an den Schluss zu stellen. Sigmund Freud stellt zwei grundlegende Verfahrensweisen gegenüber:

Wenn man ein bestimmtes Gebiet des Wissens [...] für den Unkundigen darstellen will, hat man offenbar die Wahl zwischen zwei Methoden oder Techniken. Die eine wäre, von dem auszugehen, was jedermann weiss oder zu wissen glaubt und für selbstverständlich hält, ohne ihm zunächst zu widersprechen. Dann findet sich bald Gelegenheit, ihn auf Tatsachen aus demselben Gebiet aufmerksam zu machen, die er zwar kennt, aber bisher vernachlässigt [...] hat. [...]

Eine solche Darstellung verdient den Namen einer g e n e t i s c h e n, sie wiederholt den Weg, den vorher der Forscher selbst gegangen ist. Bei all ihren Vorzügen haftet ihr der Mangel an, dass sie dem Lernenden nicht genug Eindruck macht. Ihm wird etwas, was er entstehen und langsam unter Schwierigkeiten wachsen gesehen hat, lange nicht so imponieren, wie etwas, was ihm, anscheinend in sich geschlossen, fertig entgegentritt.

Die andere Darstellung, die grade dieses leistet, ist die d o g m a t i s c h e, sie stellt ihre Ergebnisse voran, verlangt Aufmerksamkeit und Glauben für ihre Voraussetzungen, gibt wenig Auskünfte zu deren Begründung. Allerdings entsteht dann die Gefahr, dass ein kritischer Zuhörer sich kopfschüttelnd sagt: das klingt doch alles recht sonderbar; woher der Mann das nur weiss!

Ich werde mich in meiner Darstellung keiner der beiden Methoden ausschliesslich bedienen, vielmehr bald die eine, bald die andere befolgen.[61]

Illustrieren wir das Gesagte an Bleuler, dessen Lehrbuch über Schizophrenie wir noch einmal heranziehen wollen. Es beginnt mit einer Einleitung, in der er auch eine Definition und eine vorläufige Unterteilung in vier Untergruppen vorstellt (S. 6f.). Im ersten Hauptteil zur Symptomatologie gibt er dann einen kurzen Überblick über die Störung der Assoziationen:

Die Assoziationen verlieren ihren Zusammenhang. Von den tausend Fäden, die unsere Gedanken leiten, unterbricht die Krankheit in unregelmäßiger Weise da und dort bald einzelne, bald mehrere, bald einen großen Teil [...][62]

Nach dieser Einführung wechselt er direkt zu konkreten Einzelfällen, darunter befinden sich auch die Textbeispiele 38 a und b. Am Ende der Besprechung der ersten Beispielserie geht er dann wieder auf die allgemeinere Ebene zurück, allerdings auf einem deutlich anspruchsvolleren theoretischen Niveau:

Das Bisherige läßt sich zusammenfassen:

Aus den zahllosen aktuellen und latenten Vorstellungen, deren resultierende Wirkungen beim normalen Ideengang jede einzelne Assoziation bestimmten, können bei der Schizophrenie in scheinbar regelloser Weise einzelne oder ganze Kombinationen wirkungslos bleiben. Dafür können Vorstellungen zur Wirkung kommen, die keinen oder einen ganz ungenügenden Zusammenhang mit der Hauptidee haben und somit vom Gedankengang ausgeschlossen sein sollten. Dadurch wird das Denken zerfahren, bizarr, unrichtig, abrupt. Manchmal versagen alle Fäden, der Gedankengang wird ganz unterbrochen; nach dieser »Sperrung« können Ideen auftauchen, die keinen erkennbaren Zusammenhang mit den früheren haben.[63]

Die Notwendigkeit induktiven Vorgehens

Allgemein lässt sich aus diesem Beispiel entnehmen, dass es – jedenfalls bei längeren und anspruchsvollen Texten – nur selten möglich ist, sie genau einem Typ der Themenbehandlung und des Anordnungsprinzips zuzuordnen. Ebenso wie auf der Wortbildungsebene und im syntaktischen Bereich können nur bestimmte Verfahren benannt werden, die in vielfältiger Weise miteinander kombinierbar sind und zu dem individuellen Parole-Phänomen führen. Was die konkrete Analyse und Interpretation von Parole-Texten angeht, so muss man sich daher sehr stark von dem empirisch Beobachtbaren leiten lassen und induktiv vorgehen. Eine bloße Zuordnung zu allgemeinen Schemata bleibt relativ unergiebig. Dies betrifft natürlich erst recht die Frage, welche Teilaspekte eines Themas zur Sprache kommen. Um sich in solche Analysen einzuüben bzw. die Spezifik eines Einzeltextes zu erfassen, ist es am einfachsten, Texte zum selben Thema detailliert daraufhin zu überprüfen, in welchen Punkten sie übereinstimmen und in welchen sie voneinander abweichen. Für den Vergleich der Texte aus den beiden Tageszeitungen zu den Geschehnissen am 9. November 1989 ist es z.B. relevant, dass Textbeispiel 36 einen ganzen, wenn auch in der Wichtigkeit nachgeordneten, Abschnitt den Reaktionen in Bonn widmet, während dieser Aspekt in Textbeispiel 22 nicht vorkommt (er wird dort auf der zweiten Seite in einem anderen Text zum Thema behandelt).

Vergegenwärtigen wir uns noch den Zusammenhang zwischen den genannten Fragen und Möglichkeiten, die thematische Analyse oder Planung eines Textes zu systematisieren. Bei umfangreichen Texten, wie sie z.B. Lehrbücher darstellen, oder komplexen Themen, die oft auch noch in relativ kurzen Texten wie z.B. Seminararbeiten oder Prüfungsgesprächen abgehandelt werden müssen, ist eine prototypische Auflistung von relevanten Themenaspekten kaum möglich. Sie müsste so abstrakt ausfallen, dass sie für die erfolgreiche Strukturierung des jeweiligen Themas kaum mehr hilfreich wäre. Denn in Texten dieser Art geht es oft ja gerade darum, eine neue, originelle oder wenigstens dem jeweiligen Kommunikationszweck möglichst angemessene eigenständige Präsentation eines in der Regel weiten Feldes vorzunehmen. Insbesondere wenn Zeit bzw. Raum beschränkt sind, kommt es dann darauf an, die vielen möglichen Gesichtspunkte, die angesprochen werden könnten, zu gewichten, bestimmte in den Vordergrund zu rücken, andere eher zu vernachlässigen.

Wenn man solche Entscheidungen über die Schwerpunktsetzung getroffen hat, müssen die ausgewählten Teilthemen dann in einem normalen Text noch linearisiert, in eine bestimmte Reihenfolge gebracht werden. Dieser Zwang besteht nicht bei dem Darstellungsverfahren, das als Hypertext bezeichnet wird. Dessen Vorteil besteht darin, dass man auf verschiedene Informationen (Teilaspekte des Gesamtthemas) in verschiedener Reihenfolge zugreifen kann. **Hypertexte**

> Alle Daten (Textstellen, Grafiken, Zahlen usw.) können beliebig miteinander verknüpft werden, so daß Querverweise entstehen, die in andere Zusammenhänge oder zu verwandten Themen führen.[64]

Dem Hypertext liegt also eine sachlich-logische Strukturierung eines Themas zugrunde. Eine solche Strukturierung gibt einen guten Überblick sowohl über die Teilthemen als auch über die Zusammenhänge zwischen ihnen. Außerdem sind die verschiedenen Niveaus der Detailliertheit deutlich unterschieden. Klickt man auf einen Begriff, so kann das etwa zu zugehörigen Unterbegriffen oder Beispielen führen.

Allerdings (und zum Glück) ist die sachlich-logische Strukturierung eines Themas nicht an das technische Hilfsmittel des Hypertexts gebunden. Vielmehr kann man das Prinzip bis zu einem bestimmten Grade auch in Papiermedien verwenden. Das Inhaltsverzeichnis eines Buches stellt z.B. gewissermaßen die Eingangsseite eines Hypertexts dar. Um einen guten Überblick über Aspekte eines Themas zu bekommen, eignen sich aber besser noch netzwerkartige Darstellungen wie z.B. Abbildung 20. Untersuchungen aus dem Bereich der kognitiven Psychologie haben ergeben, dass »die Netzwerktechnik das Herausarbeiten und Behalten von Hauptgedanken unterstützt.«[65] Um die zentralen Inhalte eines anspruchsvollen Sachtextes zu erfassen, empfiehlt es sich also, solche mentalen Landkarten zu entwerfen. Aber auch bei der Planung eines eigenen Textes ist es sinnvoll, sich die verschiedenen Aspekte zunächst in einer solchen Form vor Augen zu führen. Dies erleichtert es überdies, probeweise verschiedene Abfolgen der Teiltexte zu entwerfen. Es kann nämlich durchaus verschiedene sinnvolle Anordnungen geben. Wenngleich ein häufiger Kritikpunkt an Texten ist, dass sie nicht logisch aufgebaut seien, kann man dennoch nicht ein allgemein gültiges Prinzip logischer Abfolge von Teilthemen formulieren. Hinzu kommt, dass der logische Aufbau, oder sagen wir besser: das systematische Befolgen eines immer gleichen Anordnungsprinzips, nicht unbedingt eine hohe Qualität des Textes garantiert. Der Aufbau des Textes ist dann zwar gut durchschaubar, die Darstellungsweise wird aber zugleich sehr monoton. So kann man das Ziel, das Thema nicht nur in logischer, sondern auch in anregender Weise darzustellen, nicht **Mentale Landkarten**

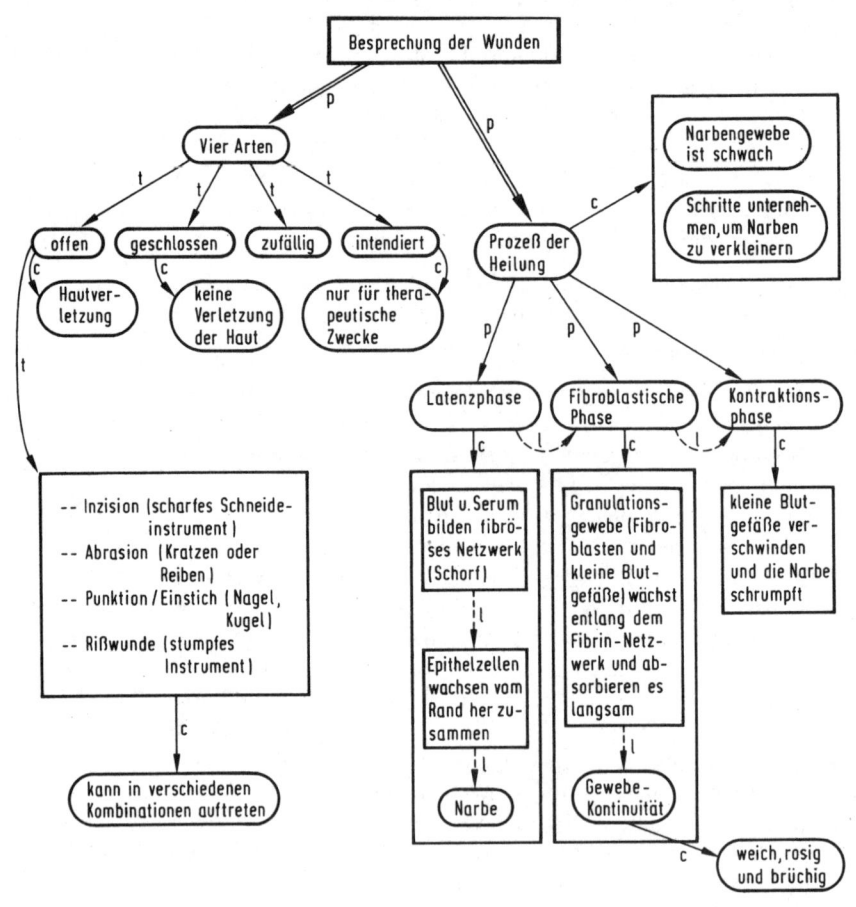

Abb. 20: Netzwerkdarstellung eines Themas

erreichen. Auch Freuds Bemerkungen haben gezeigt, dass man mit einem einzigen Kriterium nur schwer zu einer befriedigenden Darstellung kommen kann.

Die funktionale Dimension

Damit kommen wir zu einem weiteren Aspekt der Text(sorten)beschreibung, den kommunikativen Zielen, die man mit ihnen zu erzielen sucht, d.h. der funktionalen Dimension. Texte sind (in der Regel komplexe) Äußerungen, die einem bestimmten kommunikativen Zweck dienen. Den kommunikativen Funktionen von Äußerungen hat sich am intensivsten die Sprechakttheorie gewidmet (vgl. Kapitel 38 und 39). Die dort erarbeitete Gliederung in fünf illokutionäre Klassen hat man nun auch auf ganze Texte anzuwenden versucht. Mitunter lassen sich Textsorten auch recht gut diesen Typen zuordnen. So bestehen z.b. Deklarationen üblicherweise gar nicht aus einzelnen Sätzen, die wir zunächst als Beispiele herangezogen hatten. Ernennungen oder Waffenstillstandserklärungen z.b. werden vielmehr üblicherweise mittels umfangreicherer Texte vollzogen. Auch für Direktiva, Aufforderungen, gibt es typische Textsorten, z.b. die Wahlrede. Diese kann sehr umfangreich sein, aber die Grundbotschaft besteht in der Aufforderung: ›Wähle unsere Partei‹. Typische kommissive, selbstverpflichtende, Textsorten sind z.b. Verträge. In ihnen legen sich alle Unterzeichner darauf fest, sich in der Zukunft an die getroffenen Vereinbarungen zu halten. Zu den Ritualia können wir z.b. Kondolenzschreiben rechnen. Dass es sich bei den so genannten Repräsentativa, in denen die Informationsfunktion im Vordergrund steht, sehr oft um umfangreiche Texte handelt, braucht nicht besonders betont zu werden. Alle Sach- oder Lehrbücher gehören z.b. in diese Gruppe.

Dennoch führt die Übertragung der illokutionären Klassen auf die Textebene zu einem gewissen Problem. Es ergibt sich ganz einfach daraus, dass wir dabei in der Regel an umfangreichere Äußerungsfolgen denken, die auch auf der funktionalen Ebene komplex sein können. Greifen wir auf das Beispiel des Beratungsgesprächs zurück. Man könnte es den (nicht-bindenden) Direktiva zuordnen. Der Sinn des Beratungsgesprächs besteht darin, dass der Ratsuchende eine Empfehlung für sein künftiges Verhalten erhält. Allerdings muss er dazu zunächst sein Problem schildern (Repräsentativ), der Berater wird eventuell einen kommissiven Sprechakt vollziehen (*Ich werde mich danach genauer erkundigen; Wenn Sie später noch weitere Fragen haben, stehe ich gern zu ihrer Verfügung*) und Ritualia werden ohnehin an den Gesprächsrändern üblicherweise realisiert. Auch dass Deklarationen im Rahmen von Beratungsgesprächen vorkommen, ist nicht untypisch. Beispielsweise muss man sich in vielen Fällen in eine Klientenkartei eintragen (lassen) und man *ist* dann Klient der beratenden Institution.

Während man bei diesem Beispiel ganz gut dafür plädieren könnte, dass alle zuletzt genannten Funktionen dem eigentlichen Ziel (vom Typ des Direktivs) untergeordnet sind und es also doch wenigstens genau eine Hauptintention gibt, ist es in anderen Fällen typisch, dass man mehrere Ziele gleichzeitig bzw. nebeneinander anstrebt. Dafür steht das genannte Beispiel eines Sachtextes, der sowohl systematisch aufgebaut als auch anregend sein sollte. Auch das Textbeispiel 34 exemplifiziert den Sachverhalt. Es handelt sich um ein Tischgespräch, das man wohl am besten in die Gruppe der Ritualia einordnen würde, bei denen es wesentlich darum geht, den sozialen Kontakt aufrechtzuerhalten. Brinker nennt denn entsprechende Texte auch *Kontakttexte*. Wie sich aus dem Auszug ergibt, sind die Schwestern der Großmutter

Texte erfüllen mehrere Funktionen

aber ganz und gar nicht bereit, um des bloßen befriedigenden Sozial-
kontakts willen über irgendwelche ihnen uninteressant erscheinende
Gegenstände zu sprechen. Ihnen geht es also sowohl um die Kontakt-
als auch um die Informationsfunktion.

Viele Textsorten sperren sich überhaupt gegen eine Einordnung in
das Raster der illokutionären Typen, das sehr stark durch den als Prototyp gesetzten Fall der zweckrationalen Kommunikation geprägt ist.
Von dichterischen Texten heißt es seit Horaz, sie sollten sowohl nützen
(Informations- oder Anleitungsfunktion) als auch erfreuen (*prodesse et
delectare*), für die zweite Aufgabe finden wir aber im Kategorieninventar der Sprechakttheorie nicht einmal einen eigenständigen Typ. Dennoch ist die ästhetische oder auch Unterhaltungsfunktion nicht nur für
literarische Texte wichtig. Im Großbereich der Nachrichtentexte vor
allem des Fernsehens hat man sogar einen Ausdruck kreiert, der die
beiden Absichten, die man auch hier zu erreichen versucht, in einem
Kurzwort zusammenfasst: *Infotainment* – Information und Unterhaltung (*entertainment*).

Daher ist es auch in Bezug auf die funktionale Dimension am klügsten, bei der Textbeschreibung nicht eine Zuordnung zu einem bestimmten Funktionstyp anzustreben, sondern ausgehend von den Gegebenheiten des Textes oder typischen Beispielen für eine Textsorte das
potenzielle Zusammenspiel unterschiedlicher kommunikativer Ziele
zu untersuchen.

Die situative
Dimension

Nur noch kurz kommentiert werden sollen die beiden folgenden
Aspekte der Textbeschreibung. Die situative Dimension betrifft zunächst elementare Fragen wie die, wer an der Kommunikation beteiligt ist, wann und wo sie stattfindet, welches Medium benutzt wird
(gesprochen, geschrieben, technisch vermittelt usw.), ob der Text gespeichert wird bzw. zur Aufbewahrung gedacht ist u.ä. Zur situativen
Dimension gehört aber auch das weitere Umfeld, in dem ein Text bzw.
bestimmte Textsorten (typischerweise) angesiedelt sind: Handelt es
sich beispielsweise um den Bereich der privaten oder der öffentlichen
Kommunikation, in welchen Rollen agieren die Kommunikationsteilnehmer, wie gut kennen sie sich? Findet die Interaktion in bestimmten
Institutionen statt? Was Medientexte angeht, so ist der jeweilige Stellenwert des Presseorgans bzw. des Senders, über den sie ausgestrahlt
werden, zu berücksichtigen: An welches Zielpublikum wendet es sich,
welches Renommee genießt es, welchen Erfolg hat es usw.?

Die diskursive
oder intertex-
tuelle Dimension

Im Anschluss an Kapitel 44 soll schließlich noch die diskursive oder
intertextuelle Dimension angesetzt werden: In welchen Diskurs ordnet
sich ein Text ein, auf welche früheren Texte nimmt er Bezug, welche
zieht er nach sich? Diese Fragen kann man nicht nur in Bezug auf
individuelle Texte stellen (was wird zitiert, worauf wird angespielt?
usw.), sondern sehr viele Textsorten sind auch als solche auf andere

bezogen bzw. stehen mit diesen in systematischer Beziehung. Als ein einfaches Beispiel sei die Todesanzeige genannt, zu der es bereits viele Untersuchungen gibt, die aber die intertextuelle Dimension nicht einbeziehen. Die Todesanzeige in einer Zeitung kann alternativ (*Statt Karten*) oder zusätzlich zu individuell adressierten Trauerbriefen erscheinen. Beide Mitteilungsformen setzen den kommunikativen Kontakt zu Professionellen voraus, die auch Mustertexte bereithalten. Auf eine Traueranzeige folgen Beileidsbekundungen, die schriftlich oder mündlich abgegeben werden können. Teilweise werden diese kommunikativen Handlungen bereits in der Todesanzeige genannt, man kann Ort und Zeit der Trauerfeier angeben, aber auch darum bitten, von Beileidsbesuchen und Beileidsbekundungen am Grab abzusehen. Mitunter (relativ häufig im Spanischen)[66] enthält die Todesanzeige auch schon selbst einen Dank für die Anteilnahme, andernfalls erfolgt eine Danksagung wiederum mündlich, als Inserat oder in Briefen. Je nach Bekanntheitsgrad der verstorbenen Person gibt es mehrere Anzeigen, eventuell auch Nachrufe. In manchen Kulturen ist es üblich, zum Jahrestag des Todes wiederum eine Anzeige in die Zeitung zu setzen. Die vielen nicht im (halb)offiziellen Raum angesiedelten Texte um den Tod, die Trauermitteilung, Beileidsbekundungen usw. sind dabei noch gar nicht erfasst und sie lassen sich natürlich auch viel weniger schematisieren als eine Traueranzeige.

48 Textum – das Gewebe

Ein eigenes und gewissermaßen abschließendes Kapitel haben wir der sprachlichen Dimension des Textes vorbehalten, die mit allen anderen in engster Verbindung steht: Es ist die sprachliche Gestalt eines Textes, die die anderen Dimensionen realisiert (vor allem die thematische und die funktionale) oder von ihnen beeinflusst wird (vor allem von der situativen). In der sprachlichen Struktur des Textes sind überdies alle der früher analytisch unterschiedenen Bestandteile der Sprache wieder zusammengeführt: Laute, Morpheme, Wörter, Sätze. Aus ihnen wird ein Ganzes gewoben – die Etymologie des Wortes, die metaphorische Prägung aus dem Lateinischen, kennzeichnet sehr treffend, was wir tun, wenn wir von dem zur Verfügung stehenden Sprachmaterial Gebrauch machen. Aus unverbundenen Fäden wird eine zusammenhängende Gestalt mit einem spezifischen Muster. Es handelt sich um ein individuelles Produkt, selbst wenn es sozusagen in Serienfertigung erstellt ist wie die Formulartexte.

Die sprachliche Dimension

Die Mikrostruktur eines Textes

Wir wechseln daher nun die Perspektive: Während wir bislang Texte gewissermaßen mit einem Weitwinkelobjektiv betrachtet haben, versucht haben, sie als Ganze in den Blick zu nehmen, sie auch in den größeren Rahmen des situativen Umfelds und in Beziehung zu anderen Texten gestellt haben, wollen wir uns ihnen jetzt mit der Lupe nähern, anders gesagt: ihre Mikrostruktur untersuchen.

Tagebücher

Zu diesem Zweck wählen wir den Tagebucheintrag Kafkas vom 23. September 1912, und zwar in der Gestalt, in der er 1983 im Fischer Taschenbuch Verlag erschienen ist (Textbeispiel 40). Tagebücher bzw. Tagebucheintragungen kann man, wenn man einen weiten Begriff zugrunde legt, natürlich als eine Textsorte betrachten. Allerdings handelt es sich um eine der Textsorten, über die man allgemein außerordentlich wenig Spezifisches aussagen kann, vor allem wenig, was die sprachliche Gestalt angeht. Die Bandbreite reicht von stichwortartigen und relativ unsorgfältigen und mit vielen Abkürzungen und auch Fehlern durchsetzten Notizen bis hin zu sorgfältig ausformulierten Texten. Was das Thematische betrifft, so ist die Bandbreite ebenso groß – sie reicht von aneinandergereihten Vermerken über Geschehnisse des Tages bis hin zu philosophischen Reflexionen. So kann man an generellen Merkmalen nur nennen, dass es sich um schriftlich fixierte, mit einer gewissen Regelmäßigkeit verfasste Aufzeichnungen handelt, deren jeweiliger Beginn durch die Datumsangabe gekennzeichnet ist. Thematisch betreffen sie vor allem Erlebnisse, Gefühle, Gedanken usw. des Autors und sie sind in der Regel nicht unmittelbar für andere Leser bestimmt – daher auch der französische Ausdruck *journal intime*.

Formale Gliederung von Textbeispiel 40

Was Kafkas Tagebücher betrifft, so umfassen sie sehr unterschiedliche Arten von Einträgen, u.a. Entwürfe zu literarischen Arbeiten bzw. literarische Texte wie *Das Urteil*, an dessen Niederschrift unsere Eintragung anschließt. Der Tagebuchtext vom 23.9.1912 ist in sich formal in drei Abschnitte unterteilt; der Abstand zwischen dem ersten und dem zweiten ist etwas größer. Liest man den Eintrag insgesamt durch, so ist unmittelbar erkennbar, dass es sich um zwei verschiedene Texte handelt, von denen der zweite die letzten beiden Abschnitte umfasst – dafür, dass man dies erkennt, ist aber sicherlich am wenigsten der größere Abstand (ein sehr schwaches Zeichen) verantwortlich. Dieser zweite Text wirkt aber nicht abgeschlossen; es ist anscheinend der Anfang einer (übrigens nicht ausgeführten) Erzählung. Dass es sich nur um den Anfang handelt, erkennen wir natürlich daran, dass das Erzählschema nicht durchgeführt ist: Wir finden nur den Rahmen, keine Komplikation.

Eingriffe des Herausgebers

Für die Präsentation, wie sie in der Taschenbuchausgabe vorliegt, ist Max Brod verantwortlich, und es handelt sich um einen der Fälle, in denen der Herausgeber Eingriffe in das Original vorgenommen hat. Die kritische Ausgabe von Kafkas Tagebüchern[67] zeigt nämlich, dass sich

Textbeispiel 40: Nur so kann geschrieben werden

23. September. Diese Geschichte ›Das Urteil‹ habe ich in der Nacht vom 22. bis 23. von zehn Uhr abends bis sechs Uhr früh in einem Zug geschrieben. Die vom Sitzen steif gewordenen Beine konnte ich kaum unter dem Schreibtisch hervorziehn. Die fürchterliche Anstrengung und Freude, wie sich die Geschichte vor mir entwickelte, wie ich in einem Gewässer vorwärtskam. Mehrmals in dieser Nacht trug ich mein Gewicht auf dem Rücken. Wie alles gesagt werden kann, wie für alle, für die fremdesten Einfälle ein großes Feuer bereitet ist, in dem sie vergehn und auferstehn. Wie es vor dem Fenster blau wurde. Ein Wagen fuhr. Zwei Männer über die Brücke gingen. Um zwei Uhr schaute ich zum letzten Male auf die Uhr. Wie das Dienstmädchen zum ersten Male durchs Vorzimmer ging, schrieb ich den letzten Satz nieder. Auslöschen der Lampe und Tageshelle. Die leichten Herzschmerzen. Die in der Mitte der Nacht vergehende Müdigkeit. Das zitternde Eintreten ins Zimmer der Schwestern. Vorlesung. Vorher das Sichstrecken vor dem Dienstmädchen und Sagen:»Ich habe bis jetzt geschrieben.« Das Aussehn des unberührten Bettes, als sei es jetzt hereingetragen worden. Die bestätigte Überzeugung, daß ich mich mit meinem Romanschreiben in schändlichen Niederungen des Schreibens befinde. *Nur so* kann geschrieben werden, nur in einem solchen Zusammenhang, mit solcher vollständigen Öffnung des Leibes und der Seele. Vormittag im Bett. Die immer klaren Augen. Viele während des Schreibens mitgeführte Gefühle, zum Beispiel die Freude, daß ich etwas Schönes für Maxens ›Arkadia‹ haben werde, Gedanken an Freud natürlich, an einer Stelle an ›Arnold Beer‹, an einer andern an Wassermann, an einer an Werfels ›Riesin‹, natürlich auch an meine ›Die städtische Welt‹.

Gustav Blenkelt war ein einfacher Mann mit regelmäßigen Gewohnheiten. Er liebte keinen unnötigen Aufwand und hatte ein sicheres Urteil gegenüber Leuten, die solchen Aufwand trieben. Trotzdem er Juggeselle war, fühlte er sich durchaus berechtigt, in Eheangelegenheiten seiner Bekannten ein entscheidendes Wörtchen mitzusprechen, und derjenige, der eine solche Berechtigung nur in Frage gestellt hätte, wäre schlecht bei ihm angekommen. Er pflegte seine Meinung rund heraus zu sagen und hielt die Zuhörer, denen seine Meinung gerade nicht paßte, durchaus nicht zurück. Es gab wie überall Leute, die ihn bewunderten, Leute, die ihn anerkannten, Leute, die ihn duldeten und schließlich solche, die nichts von ihm wissen wollten. Es bildet ja jeder Mensch, selbst der nichtigste, wenn man nur ordentlich zusieht, den Mittelpunkt eines hier und dort zusammengedrehten Kreises, wie hätte es bei Gustav Blenkelt, einem im Grunde besonders geselligen Menschen, anders sein sollen?

Im fünfunddreißigsten Lebensjahre, dem letzten Jahre seines Lebens, verkehrte er besonders häufig bei einem jungen Ehepaar namens Strong. Es ist gewiß, daß für Herrn Strong, der mit dem Gelde seiner Frau eine Möbelhandlung eröffnet hatte, die Bekanntschaft Blenkelts verschiedene Vorteile hatte, da dieser die Hauptmasse seiner Bekannten unter jungen heiratsfähigen Leuten besaß, die früher oder später daran denken mußten, für sich eine neue Möbeleinrichtung zu beschaffen und die schon aus Gewohnheit Ratschläge Blenkelts auch in dieser Richtung im allgemeinen nicht vernachlässigten. »Ich halte sie an festen Zügeln«, pflegte Blenkelt zu sagen.

zwischen den beiden ein dritter Text befindet – er umfasst nur einen Satz: *Ich, nur ich bin der Beobachter des Parterres* – und dass das Ende der drei Texte jeweils durch einen Querstrich gekennzeichnet ist.

Im Nachwort zu seiner Textausgabe stellt Brod fest, dass es ihm »um die nach Tunlichkeit vollständige Herausgabe des ganzen Nachlasses von Franz Kafka«[68] gegangen sei, räumt aber zugleich ein: «Einige wenige Kürzungen waren aber auch jetzt notwendig. Weggelassen wurde einzelnes, was bedeutungslos weil allzu fragmentarisch erschien […].»[69] Dazu gehört zweifellos auch der hier weggelassene Satz. Die Frage, um die es jetzt gehen soll, ist, was es uns ermöglicht – auch ohne Querstrich, d.h. allein aus der sprachlichen Gestalt heraus – zu erkennen, dass es sich um zwei Texte handelt, dass wir zwei verschiedene Gewebe vor uns haben.

Textkohäsion Den inhaltlich-thematischen Zusammenhang eines Textes haben wir als seine Kohärenz bezeichnet (vgl. Kapitel 45). Das sprachliche Verwobensein seiner Elemente nennt man Kohäsion (beide Ausdrücke gehen auf das lateinische *cohaerere* ›zusammenhängen‹ zurück). Grundlegend kann man zwei Arten der Kohäsionsbildung unterscheiden. Einerseits kommt der Zusammenhang eines Textes natürlich dadurch zustande, dass bestimmte Elemente mehrfach vorkommen, wiederkehren. Der Fachbegriff dafür heißt Rekurrenz (zu lateinisch *recurrere* ›zurücklaufen‹). Die zweite Möglichkeit besteht darin, explizit Verbindungen herzustellen; dafür gibt es spezielle sprachliche Mittel, die wir zusammenfassend als Konnektoren (zu lateinisch *conectere* ›verknüpfen‹) bezeichnen.

Rekurrenz Beginnen wir mit dem einfachsten Fall der Rekurrenz, den man besonders gut im zweiten Text aufzeigen kann. Dort ist die Rede von einer Figur namens Gustav Blenkelt. Der Name bildet den Texteingang, wird später wiederholt, und er erscheint auch dreimal in auf den Nachnamen verkürzter Form. Hier haben wir also identische sprachliche Elemente vor uns. Allerdings wird auf diese Figur auch in allen anderen Sätzen referiert, obwohl dort der Name nicht erscheint. Er ist ersetzt, substituiert, durch Pronomen, die eben ›für Nomen‹, an Stelle von Nomen,[70] stehen. *(Gustav) Blenkelt, er, seiner, ihm, ihn, seines, dieser* und schließlich auch *ich* in der Blenkelt zugeschriebenen direkten Rede verweisen alle auf denselben außersprachlichen Referenten, so dass sich durch den gesamten Text ein roter Faden in Gestalt von Ausdrücken für den immer wieder aufgenommenen Protagonisten zieht.

Referenziden-tische Elemente Eine so dichte Rekurrenz eines einzelnen Referenten ist allerdings für die meisten (längeren) Texte untypisch, sie kommt hier nur so massiv vor, weil es sich um eine einleitende Porträtierung der Figur handelt. Im ersten Text, dessen Hauptperson der Verfasser selbst ist, erscheint dieser ebenfalls als durchgängiger Referent, und zwar mit dem (deiktischen) Pronomen *ich* (bzw. *mir, meine*). Er kommt aber insgesamt nur elfmal vor und fehlt in 13 (von insgesamt 22) Sätzen, ist auch nicht immer elliptisch, wie es in Tagebüchern häufig vorkommt: *(Ich habe) Die ganze Nacht geschrieben.* Tatsächlich ist – dies entspricht ja auch dem unmittelbaren intuitiven Eindruck – die Kohäsion im ersten Text deutlich schwächer ausgeprägt: Er wirkt recht assoziativ – was uns allerdings bei Tagebucheinträgen nicht besonders wundert.

Dennoch gibt es auch im ersten Text durchgehende Fäden, und dies führt uns auf die etwas komplizierteren Fälle der Kohäsionsbildung. Wir verbleiben zunächst noch im lexikalischen Bereich, bei der Wiederaufnahme von Wörtern/Morphemen und Ausdrücken, die zum selben Wortfeld oder Sachbereich gehören. Solche inhaltlich zusammengehörigen Elemente bezeichnet man als Isotopie-Ketten (zu griechisch *isos topos* ›derselbe Ort‹, d.h. dasselbe Thema). Die wohl wichtigste Isotopie, das zentrale Thema des Eintrags, ist das Schreiben. Zu dieser Kette gehören (in der Reihenfolge des Auftretens): *Geschichte, geschrieben, Schreibtisch, Geschichte, gesagt, Einfälle, schrieb, Satz, Vorlesung, geschrieben, Romanschreiben, Schreibens, geschrieben, Schreibens* und schließlich die Namen von Autoren und Werken aus dem letzten (stark intertextuell geprägten) Satz. Selbstverständlich kann ein Element zu mehreren Isotopieketten gleichzeitig gehören, eben dadurch kommt die Verknüpfung der verschiedenen Teilthemen zustande. *Schreibtisch* z.B. gehört auch zu dem Bereich Zimmer/Möbel: *Sitzen, Schreibtisch, Fenster, Uhr, Vorzimmer, Lampe, Zimmer, Bettes, Bett.*

In Gestalt von Ausdrücken aus demselben Sachbereich sind Isotopien im Text realisiert, sie sind aber auch latent als Strukturen unseres semantischen Gedächtnisses vorhanden. Daher werden manche Interpretationen auch *ex negativo* vorgenommen: Sollte ein erwarteter Strang sich nicht durchziehen, so muss man u.U. die aktuelle Bedeutung, die man einem Ausdruck zunächst zugeschrieben hat, revidieren. Ein Beispiel dafür findet sich im ersten Satz unseres Textes (ich beziehe mich hier auf einen authentischen Rezeptionsbericht). Eine Leserin nahm nach der Lektüre des ersten Satzes an, dass Kafka *Das Urteil* auf einer Eisenbahnfahrt geschrieben hat. Das ist eine mögliche Interpretation, da *in einem Zug* polysem ist. Es kann sich sowohl um eine feststehende Wendung, *ein* Lexem, mit der Bedeutung ›ohne Unterbrechung‹ als auch um ein frei kombiniertes Syntagma parallel zu *in meinem Zimmer, vor deinem Haus* usw. handeln. Die potenzielle Isotopie Zug/Eisenbahn wird aber im Text nicht weitergeführt. Es ist weder von Gleisen, noch vom Schaffner, von der vorbeifliegenden Landschaft, dem Ruckeln des Zuges noch von sonst etwas die Rede, das in den Sachzusammenhang ›Bahnfahrt‹ gehören würde. Stattdessen finden wir eine Reihe von Ausdrücken, die auf eine andere Lokalität schließen lassen, vor allem *Vorzimmer* und *Zimmer* (nicht *Abteil* oder dergleichen). Auch Schreib-

> Isotopie: Ausdrücke aus demselben Sachbereich

tische und Dienstmädchen hat man auf Bahnfahrten selten zur Verfügung. Allerdings ist ein solcher Luxus immerhin denkbar, und tatsächlich hat die Leserin ihre erste Interpretation lange aufrecht erhalten. Das völlige Fehlen irgendwelcher Wiederaufnahmen der potenziellen Isotopie Eisenbahn veranlasst dann aber doch die Korrektur der ursprünglichen Lesart. Auf eine solche wären Leser, die mit den Lebensumständen Kafkas besser vertraut sind, wohl gar nicht erst verfallen: Sie rekonstruieren also auf Grund ihres Weltwissens unmittelbar die idiomatische Lesart.

Weitere Isotopieketten brauchen hier nicht angeführt zu werden, das Prinzip ist relativ einfach und einsichtig. Es systematisiert auch nur das, was wir bei einer intuitiven Lektüre, die ja ausgesprochen stark auf den Inhalt konzentriert ist, ohnehin (unbewusst) rekonstruieren.

Grammatische Rekurrenz Dass auch die Wahlen aus den grammatischen Möglichkeiten zur Textkohäsion beitragen, ist demgegenüber weniger offensichtlich, lässt sich aber an der ausgewählten Passage besonders gut zeigen. Zunächst wenden wir uns jedoch wieder dem Blenkelt-Text zu, der mit üblicheren Mitteln arbeitet. Es handelt sich um einen narrativen Text, und dies sind Texte, in denen zwar nicht immer, aber prototypisch das ›Erzähltempus‹ Präteritum erscheint.[71] **Tempora** Von den 28 Verbformen stehen denn auch tatsächlich 23 im Präteritum. Das Tempus zieht sich als ein Kohäsionsfaden durch den Text. In diesem Fall ist es nun besonders interessant, die Stellen zu betrachten, an denen ein anderes Tempus erscheint – dies sind (grammatisch) auffällige Stellen, die auf ein besonderes Dekor im Gewebe verweisen. Zwei dieser Vorkommen sind nicht weiter spektakulär: Das Plusquamperfekt (*der ... eine Möbelhandlung eröffnet hatte*) ist durch die sachliche Vorzeitigkeit veranlasst, das Präsens im letzten Satz durch den Wechsel zur direkten Rede. Die drei verbleibenden Verbformen im Präsens indizieren dagegen tatsächlich einen herausgehobenen Bestandteil, einen gewissen Bruch im Erzählfluss. Hier tritt der Erzähler aus seiner üblichen Rolle heraus, kommentiert (*Es ist gewiß, daß ...*) und verallgemeinert: *Es bildet ja jeder Mensch, ... wenn man nur ordentlich zusieht, den Mittelpunkt eines hier und dort zusammengedrehten Kreises ...* Diese Verallgemeinerung ist im vorhergehenden Satz schon vorbereitet durch *wie überall*, und im betreffenden Satz auch durch die Ausdrücke *jeder Mensch* und *man* gestützt. Die zitierte Stelle gehört also einer anderen Schicht des Textes an. In die narrative Themenbehandlung ist ein Element aus explikativer Rede eingebettet.

Rekurrente syntaktische Konstruktionen Im ersten Text ist das Tempus als Kohäsionselement weniger wichtig. Dies vor allem deshalb, weil sieben Parole-Sätze überhaupt kein finites Verb (und also keine Tempusmarkierung) enthalten und in fünf Parole-Sätzen ein finites Verb nur im Nebensatz vorkommt. Ein Teil der Parole-Sätze entspricht also nicht dem Muster eines Langue-Satzes, man könnte sie geradezu als ungrammatisch bewerten, insbesondere

Zwei Männer über die Brücke gingen mit der ›falschen‹ Verbstellung. Im Textzusammenhang wird man jedoch eine andere Bewertung vornehmen und eine Rekurrenz erkennen. Sechsmal erscheint nämlich ein durch *wie* eingeleiteter Nebensatz. Zunächst als Attribut abhängig von *Anstrengung und Freude*, dann dreimal ohne eine übergeordnete Struktur (*Wie alles gesagt werden kann, wie für alle …; Wie es vor dem Fenster blau wurde*) und schließlich in einem vorangestellten Nebensatz, dem – etwas unerwartet – ein Hauptsatz folgt (*Wie das Dienstmädchen zum ersten Male durchs Vorzimmer ging, schrieb ich den letzten Satz nieder*). Eine gewisse Irritation bleibt hier, weil üblicher als *wie* an dieser Stelle *als* wäre.[72] Es handelt sich jedenfalls um einen Temporalsatz, während die früheren Vorkommen alle als Modalsätze zu interpretieren sind. Was nun *Ein Wagen fuhr* und *Zwei Männer über die Brücke gingen* angeht, so kann man annehmen, dass auch diese Sätze mit Endstellung des Verbs von *wie* abhängig sind; wir setzen also eine Ellipse von *wie* an, die aus dem Kotext ergänzt werden kann. Tatsächlich funktionieren Ellipsen oft als Kohäsionselemente. Deutliche (und regelkonforme) Beispiele dafür finden sich im zweiten Text: *Er liebte … und ~~er~~ hatte …; Er pflegte … und ~~er~~ hielt …; Es gab wie überall Leute, die …, ~~es gab~~ Leute, die … und schließlich ~~gab es~~ solche ~~Leute,~~ die …* Allerdings ist es nicht möglich, auch die einzige realisierte übergeordnete Struktur (*Anstrengung und Freude*) als gültig für alle folgenden modalen *wie*-Sätze zu interpretieren. Denn wie ein Wagen fuhr und zwei Männer über die Brücke gingen, kann kaum Gegenstand von Anstrengung und Freude sein. Hier ist es nun nützlich, über den Beispieltext hinauszublicken: In der Tat kommen solche frei stehenden *wie*-Konstruktionen in Kafkas Tagebüchern öfter vor, sie bilden ein auffälliges Element von deren Stil.

Ellipse

Ein zweiter im gesamten Tagebuch und auch im ersten Teil unseres Beispieltextes noch häufiger vorkommender Stilzug ist die Substantivierung von Verben und der nominale Ausdruck von Prädikaten. Besonders auffällig ist, dass sie auch noch oft mit dem bestimmten Artikel verbunden sind: *Die leichten Herzschmerzen; Die … vergehende Müdigkeit; Das zitternde Eintreten …; das Sichstrecken … und Sagen …; Das Aussehn des unberührten Bettes …; Die bestätigte Überzeugung …* In diesen Fällen ist also nicht das Tempus rekurrent, sondern eben die nominale Ausdrucksweise, die in den Erzählungen von Kafka so nicht vorkommt. Versuchen wir nun, diese äußerst ungewöhnliche Ausdrucksweise mit den eingeführten syntaktischen Kategorien zu beschreiben: In der Regel handelt es sich um Sachverhalte, in denen das Ich in der semantischen Rolle Agens oder Experiencer auftritt: ›Ich empfand/hatte leichte Herzschmerzen/mein Herz schmerzte leicht; in der Nacht verging meine Müdigkeit/ich fühlte mich nicht mehr müde; ich trat zitternd in das Zimmer der Schwestern ein; ich las ihnen die Geschichte vor; ich streckte mich vor dem Dienstmädchen und sagte …‹

Substantivierung von Verben

Dass in Tagebüchern das Pronomen *ich* und auch Hilfsverben ausgelassen werden, ist ein typischer Stilzug der Textsorte, den man oft beobachten kann und der sich im Allgemeinen aus Ökonomiestreben erklärt: Man lässt weg, was sich sowieso von selbst versteht. Solche normalen Verkürzungen finden sich auch bei Kafka: *Drei Tage lang nichts geschrieben* (30.11.1911). Häufig nicht realisiert werden auch andere sich von selbst ergebende Bestandteile: *Vorgestern ›Hippodamie‹. Elendes Stück.* (18.12.1911); *Abends Dr. L. bei uns. Wieder ein Palästinafahrer* (11.9.1912). Die Nominalisierung von Prädikaten ist aber nicht (zureichend) mit Ökonomiestreben zu erklären. Sie klingt eben auch sehr ungewöhnlich, und zwar deswegen, weil dadurch Handlungen, Gefühle, Empfindungen vergegenständlicht werden, vom Subjekt abgetrennt sind. Sie werden gewissermaßen objektiviert und von einem anderen Ich, als dem, das dies alles erlebt hat, festgehalten, sie werden von außen, als Fremdes, betrachtet. Die grammatischen Besonderheiten signalisieren also sehr deutlich diesen Aspekt des Lebensgefühls von Kafka.

Konnektoren

Zum Abschluss dieser am Beispiel aufgezeigten Möglichkeiten mikrostruktureller Textanalyse soll noch kurz auf das zweite wesentliche Verfahren der Kohäsionsbildung eingegangen werden, die Konnektoren. Als Prototyp der Konnektoren wird im Allgemeinen die Wortart der Konjunktionen genannt. Wie wir schon im Kapitel 34 gesehen haben, dienen viele subordinierende Konjunktionen tatsächlich dem Ausdruck logischer Beziehungen zwischen einzelnen Aussagen (*weil, obwohl, damit* usw.), andere dagegen sind relativ inhaltsleer (vor allem *dass*) und stellen in erster Linie formale Mittel dar, Aussagen hierarchisch zueinander in Beziehung zu setzen. Selbstverständlich sind auch die syntaktischen Strukturen, die Verfahren der Bildung von komplexen Satzgliedern und Sätzen, Mittel der Kohäsionsbildung. Das weist aber nur darauf zurück, dass erst alle sprachlichen Mittel zusammen das Textgewebe konstituieren. Von Konnektoren als spezifischen Mitteln zur Herstellung des Textzusammenhangs wollen wir daher hier in einem sehr weiten Sinne sprechen und sie vor allem wegen ihrer semantischen Funktion betrachten. Die Frage, welcher Wortart sie im Einzelnen zuzuordnen sind, bleibt dabei unberücksichtigt, zumal gerade in diesem Bereich die Terminologie sehr umstritten ist. Konnektoren sollen also alle Elemente heißen, die explizit eine inhaltliche Beziehung zwischen Teilen des Textes herstellen.

Unser Beispieltext enthält allerdings nur relativ wenige solcher expliziten Konnektoren. Im ersten Teil fehlen sie fast völlig – daher auch der starke Eindruck der assoziativen Verknüpfung. Immerhin gibt es einen chronologischen Faden, bei dem die Zeitangaben eine wichtige Rolle spielen (*bis sechs Uhr früh, um zwei Uhr, vorher, Vormittag*). Dies zeigt übrigens zugleich, wie schwierig (und letzten Endes auch fragwürdig) es ist, lexikalische Rekurrenzen und Konnektoren getrennt zu behandeln. Als weitere Elemente, die die Beziehung der einzelnen Aussagen zueinander explizit zum Ausdruck bringen, können wir noch das *zum Beispiel* und das *auch* im letzten Satz nennen, die die koordinierten Elemente als Unterfälle der *mitgeführten Gefühle* spezifizieren.

Im zweiten Text erscheint dreimal *und*, ein allerdings inhaltlich verschieden ausdeutbares Verbindungswort. Bei den ersten beiden Vorkommen dürfte man eine Art stützenden Beleg für die vorangehende Aussage rekonstruieren: ›Er fühlte sich berechtigt … ein entscheidendes Wörtchen mitzusprechen. Das konnte man daran erkennen, dass er …/Daher hätte derjenige, der …; Er pflegte seine Meinung rund heraus zu sagen, dazu passt/so erklärt sich, dass …‹ Beim letzten Vorkommen werden zwei Eigenschaften der jungen Leute, ihr Möbelbedarf und ihr Verhalten gegenüber Blenkelt, lediglich als gleichermaßen wichtige Voraussetzungen für den Fortgang der Geschichte nebeneinander gesetzt. Als explizite kausale Konnektoren erscheinen nur *trotzdem* und *da*. Eine größere Bedeutung als in narrativen Texten haben logische Konnektoren in explikativen und argumentativen Texten. Von unseren Textbeispielen enthält besonders Nr. 15, die Satire einer Argumentation, auffällig viele (*da, denn, deshalb, jedoch, dementsprechend* usw.). Besonders explizit kommt eine Charakterisierung des Stellenwerts der Teiltexte in dem metakommunikativen Hinweis von Bleuler zum Ausdruck: *Das Bisherige läßt sich zusammenfassen*: …

Insgesamt halten wir damit fest, dass die verschiedenen mikroanalytischen Aspekte im Zusammenhang betrachtet werden müssen und auch in Beziehung zu den anderen Dimensionen der Textbeschreibung zu setzen sind – eben dies erschließt uns den Text als Gesamtgewebe.

49 Rückblick: Sprache – eine angeborene Fähigkeit oder ein kulturelles Erbe?

Wir haben diese Erkundungsfahrt durch die Welt der Sprache bei Adam begonnen und dabei festgestellt, dass der Mensch von allem Anbeginn über Sprache verfügt, dass ihm die Sprachfähigkeit angeboren ist: Der Mensch ist das ›sprechende Tier‹. Mit dieser angeborenen Sprachfähigkeit haben wir uns dann jedoch nicht weiter beschäftigt, sondern sind gleich in das babylonische Zeitalter übergewechselt, in die uns vertraute Welt, in der es viele verschiedene Sprachen gibt. Diese Blickrichtung ist nun auch dafür ausschlaggebend, dass der wohl bekannteste linguistische Ansatz der zweiten Hälfte des 20. Jahrhunderts

Noam Chomsky: die generative Grammatik

überhaupt nicht zur Sprache gekommen ist. Das ist die engstens mit dem Namen Noam Chomsky (*1928) verbundene Schule der Generativen Grammatik. Sie stellt die Frage in den Vordergrund, worin die angeborene Sprachfähigkeit denn nun genau besteht, sucht nach dem, was allen Sprachen gemeinsam ist, nach einer Universalgrammatik.

Universalistische und relativistische Strömungen in der Sprachwissenschaft

In der Geschichte der Sprachwissenschaft hat es immer wieder universalistisch ausgerichtete und relativistisch orientierte Strömungen gegeben. Die beste Antwort auf die Frage, was denn richtiger sei, hat zweifellos Wilhelm von Humboldt (1767–1835) gegeben:

> Denn so wundervoll ist in der Sprache die Individualisirung innerhalb der allgemeinen Uebereinstimmung, dass man ebenso richtig sagen kann, dass das ganze Menschengeschlecht nur Eine Sprache, als dass jeder Mensch eine besondere besitzt.[73]

Auf die Sprachphilosophie Humboldts, eines entschiedenen Vertreters der relativistischen Richtung, hat sich auch Chomsky berufen. Dessen Bemühungen, die Humboldtschen Gedanken mit seinem Ansatz in Verbindung zu bringen, entpuppten sich allerdings als »fruchtbare Mißverständnisse«.[74] Wir wollen nun zum Abschluss wenigstens kurz auf die generative Grammatik eingehen und damit auf die Frage, was es mit der «Individualisirung innerhalb der allgemeinen Uebereinstimmung» auf sich hat.

Spracherwerb

Zunächst sei hervorgehoben, dass (zumindest heutzutage) kein Linguist ernsthaft bestreitet, dass die Sprachfähigkeit zur genetischen Ausstattung des Menschen gehört. Diese Annahme ist also *kein* Spezifikum der Generativisten. Ebenso evident ist jedoch, dass der Mensch nur über den sprachlichen Kontakt mit anderen Menschen zur Sprache kommt, eine Sprache erlernt. Genau deswegen ist es auch so schwierig herauszufinden, worin das angeborene Sprachwissen besteht: Es lässt sich nicht beobachten, sondern tritt uns immer nur in Gestalt der Kenntnisse entgegen, die sich einzelne Individuen von bereits entwickelten, historisch überlieferten Einzelsprachen angeeignet haben. Selbst in den frühesten Phasen des kindlichen Spracherwerbs spielen die Einzelsprachen schon eine entscheidende Rolle:

> Das Neugeborene kann bei seiner Geburt menschliche von nicht-menschlichen Lauten unterscheiden, und es kann bereits vier Tage nach seiner Geburt die Prosodie seiner Umgebungssprache von der anderer Sprachen unterscheiden […].[75]

Möglichkeiten, das sprachliche Wissen zu rekonstruieren

Über solche Fähigkeiten und die Sprachkenntnisse überhaupt können wir natürlich nur indirekt Zugang gewinnen – bei den Babys werden etwa in relativ komplizierten Experimenten körperliche Reaktionen auf unterschiedliche sprachliche Reize beobachtet. Ansonsten können wir die Sprachproduktion, also das, was Saussure *parole* genannt hat, untersuchen. Schließlich gibt es auch (natürliche oder vom Forscher absichtlich hervorgerufene) Reaktionen auf Sprachperzeption, wenn etwa jemand kundtut, dass er das Gesagte/Gelesene nicht versteht, für nicht richtig, nicht zu seiner Sprache gehörig hält usw. Aus all diesen Arten von Beobachtungsmaterial müssen wir dann Schlüsse darüber ziehen, wie die Kenntnis des Individuums von seiner Sprache beschaffen ist. Denn selbstverständlich nehmen wir an, dass die Kenntnisse psychisch gespeichert sind. Der Rekonstruktion der psychischen Realität von Sprachkenntnissen liegen aber immer theoretische Annahmen zugrunde, nur in einem solchen Rahmen können auch Experimente durchgeführt werden, die überdies *per definitionem* keinen natürlichen Umgang mit Sprache darstellen.

Da es nun der generativen Grammatik eben auf eine solche Rekonstruktion des sprachlichen Wissens ankommt, liegt ihr der natürliche Sprachgebrauch relativ fern und haben theoretische Modelle ein so großes Gewicht. Denn dass es keine einfache Theorie sein kann, mit der das komplexe Sprachwissen zu modellieren ist, versteht sich von selbst. Aus diesen Gründen scheint es mir nun aber relativ sinnlos, jenen den technischen Apparat der Theorie und der Analyseverfahren erklären zu wollen, die sich nicht professionell mit der großen Aufgabe beschäftigen wollen, ein Modell zu entwickeln, das der mentalen Repräsentation von Sprachkenntnissen nahe kommen könnte. Um an diesem Projekt mitarbeiten zu können, bedarf es eines mehrjährigen Studiums. Hinzu kommt, dass – dies kann nicht anders sein – die Theorie in einem steten Wandel begriffen ist. Wer also Sprachen im Rahmen des generativen Ansatzes seriös untersuchen will, muss sorgfältig die Revisionen in gewissen Grundannahmen der Theorie verfolgen, ansonsten bleibt die Arbeit ein Glasperlenspiel.

Die technische Seite der generativen Grammatik

In unserem Zusammenhang kann es also nur darum gehen, einige Grundüberlegungen der Generativistik vorzustellen. Zunächst etwas zum Namen der Theorie, der sich im Laufe der inzwischen gut 40-jährigen Geschichte dieser Schule mehrfach geändert hat. Erhalten geblieben ist immer der Bestandteil *generativ*, das bedeutet ›erzeugend‹. Ziel ist es, ein Regelsystem zu konstruieren, mit Hilfe dessen Sätze erzeugt werden können. Anders als in der deskriptiven Linguistik sollen also nicht Parole-Akte beschrieben werden, sondern es geht darum, eine Art Gebrauchsanweisung für die Konstruktion von Sätzen zu erstellen. Ein praktisches Ziel ist es auch, entsprechende Computerprogramme zu schreiben (zum Beispiel zum Zweck der automatischen Übersetzung); diese Richtung bildet also einen wichtigen Zweig innerhalb der Computerlinguistik. Nun stehen allerdings der deskriptive und der generative Ansatz nicht in einem völligen Gegensatz zueinander, die Generativistik dreht im Grunde die Blickrichtung nur um: Wenn also die Beschreibung des Satzes *Ich will von einem alten Mann erzählen* lauten könnte:

Ein Regelsystem zur Erzeugung von Sätzen

Das Pronomen *Ich* bildet das Subjekt, *will erzählen* das Prädikat, das aus einem Modalverb und einem Hauptverb besteht, und *von einem alten Mann* ist das Präpositionalobjekt; dieses besteht aus einer Präposition und einer Nominalgruppe; die Nominalgruppe besteht aus einem Artikel, einem Adjektiv und einem Substantiv,

heißt es nach dem Erzeugungsprinzip:

1. Du kannst einen Satz bilden, indem du ein Subjekt mit einem Prädikat und einem Präpositionalobjekt verbindest.
2. Du kannst in der Subjektposition ein Pronomen wählen; als Prädikat kannst du ein Modalverb mit einem Hauptverb verbinden; für das Präpositionalobjekt kannst du eine Präposition in Kombination mit einer Nominalgruppe wählen; eine Nominalgruppe schließlich kannst du aus einem Artikel und einem Substantiv zusammensetzen, und wenn du willst, kannst du (im Deutschen) zwischen beide auch noch ein Adjektiv stellen.
3. Als Pronomen steht z.B. das Element *ich* zur Verfügung, als Hauptverb kannst zu beispielsweise *erzählen*, als Modalverb *wollen* wählen usw.

Die erste Aufgabe, die sich die Generativistik stellte, beschränkte sich darauf, die gesamten grammatischen Regeln einer Sprache in dieser Weise aufzubereiten, man kann auch sagen: das, was in deskriptiven Ansätzen schon erfasst war, zunächst einmal in ein solches Format zu übersetzen. Das ist im Prinzip relativ einfach, nur technisch natürlich ziemlich aufwendig – besonders, wenn die Regeln ganz exakt und vollständig in dieser Weise formuliert werden sollen, und genau das war das Ziel.

Der ideale Sprecher-Hörer

Man stellt sich vor, dass das so konstruierte Regelsystem ein Modell dessen ist, was Sprecher von den Regeln ihrer Sprache wissen. Nun wissen einzelne Individuen – darauf haben wir in dieser Darstellung großes Gewicht gelegt – sehr Verschiedenes von ihrer (gemeinsamen) Sprache. Das soll aber natürlich in dem Regelsystem nicht erfasst werden, man will nur (ebenso wie Saussure mit seiner Vorstellung der *langue* als homogenem und stabilem System) das allen Sprachteilhabern Gemeinsame zum Gegenstand machen. Aus dieser Überlegung ergibt sich die berühmte Bestimmung Chomskys über die Aufgabe der Linguistik:

Der Gegenstand einer linguistischen Theorie ist in erster Linie ein idealer Sprecher-Hörer, der in einer völlig homogenen Sprachgemeinschaft lebt, seine Sprache ausgezeichnet kennt und bei der Anwendung seiner Sprachkenntnis in der aktuellen Rede von solchen grammatisch irrelevanten Bedingungen wie
– begrenztes Gedächtnis
– Zerstreutheit und Verwirrung

- Verschiebung in der Aufmerksamkeit und im Interesse
- Fehler (zufällige oder typische)

nicht affiziert wird.[76]

Die Sprachkenntnis nennt Chomsky die Kompetenz, den Sprachgebrauch die Performanz. Dabei wird der Aspekt in den Vordergrund
gestellt, dass die Performanz (sie entspricht in etwa der Saussure'schen
parole) kein sauberes Bild von der Kompetenz gibt, dass sie durch die
im Zitat genannten grammatisch irrelevanten ›Störfaktoren‹ getrübt
sein kann. Auf dieser Grundlage legt Chomsky dann fest:

*Kompetenz und
Performanz*

> Die Grammatik einer Sprache versteht sich als Beschreibung der imma-
> nenten Sprachkompetenz des idealen Sprecher-Hörers.[77]

Zunächst stand die Grammatik, genauer gesagt: die Syntax, ganz im
Zentrum des Ansatzes. Dabei kam gegenüber den deskriptiven Grammatiken ein entscheidender Bestandteil hinzu, er zeigt, dass generative
Regeln doch nicht einfach die Umkehrung von traditionellen Beschreibungen sind. Es handelt sich dabei um die generative Grundidee, nämlich dass Sätze in einem Prozess abgeleitet werden. Der Ausgangspunkt
ist eine sehr abstrakte Struktur, man nannte sie zunächst Tiefenstruktur, die sukzessive in die so genannte Oberflächenstruktur überführt
wird. Dabei werden nicht nur abstraktere Kategorien durch konkretere
ersetzt (z.B.: wähle für die Position Subjekt die Wortart Pronomen;
setze an der Stelle des Pronomens das Lexem *ich* ein); vielmehr ist auch
vorgesehen, dass auf Elemente der abstrakten Struktur sekundäre
Prozesse operieren. Dabei sprach man zunächst von Transformationen.
Um die unterschiedlichen Verfahren am Beispiel zu erläutern: Wenn
man traditionell sagt

*Grundlagen:
Tiefenstrukturen
– Oberflächen-
strukturen*

Transformationen

> Im (deutschen) Nebensatz steht das Verb am Schluss, im Aussagesatz
> steht es an zweiter Position,

heißt es entsprechend dem generativen Prinzip:

> In der Ausgangsstruktur steht das Verb an der letzten Stelle; bei der
> Ableitung eines Aussagesatzes wird es in die zweite Position verschoben.

So erklärt sich, dass die Theorie unter dem Namen generative *Transfor-
mations-Grammatik* berühmt geworden ist. In dieser Phase ging es darum, zunächst einzelne Sprachen nach diesem Modell zu beschreiben,
das bedeutete, ein Regelsystem zu konstruieren, das in der Lage ist, *alle*
grammatisch korrekten Sätze und *nur* die grammatisch korrekten Sätze der betreffenden Sprache zu generieren – ein Vorhaben, das wir
nicht geradezu als tollkühn bezeichnen wollen, das aber zumindest
unglaublich ehrgeizig ist. Das ergibt sich besonders daraus, dass in
einem formalen Modell alle Komponenten der Sprache, insbesondere

Syntax, Morphologie und Lexik, zusammengebracht werden sollten. Die Grundregeln der Satzbildung zu erfassen ist relativ einfach, der Teufel liegt auch hier im Detail. Die einzelnen Lexeme verhalten sich nämlich im Satz unterschiedlich. Man kann nicht sämtliche Substantive mit sämtlichen Adjektiven verbinden; die einzelnen Verben müssen nicht nur in Klassen eingeteilt werden, je nachdem welche Satzglieder sie regieren, Lexeme derselben Verbklasse stimmen auch nur teilweise darin überein, mit welchen Lexemen in der Subjekt- oder Objektposition sie kombinierbar sind usw. Man kann sich leicht vorstellen, dass die Ausarbeitung generativer Grammatiken von Einzelsprachen eine Aufgabe für mehrere Forschergenerationen ist.

Von Einzelgrammatiken zur Universalgrammatik

Der Anspruch der Generativistik ist aber noch höher, und damit kommen wir auf die Ausgangsüberlegung, die angeborene Sprachfähigkeit und die Universalgrammatik, zurück. Im Laufe der Zeit hat sich nämlich das Ziel dieser Schule relativ stark verschoben, von der vollständigen und expliziten Rekonstruktion der Regeln einer Einzelsprache hin zu der Frage, welche Grammatikregeln allen Sprachen gemeinsam sind und was also an grammatischen Kenntnissen angeboren ist (von lexikalischen Kenntnissen ist klar, dass sie sowieso nicht angeboren sind). Um dies herauszufinden, muss man selbstverständlich die Strukturen auch sehr unterschiedlicher Sprachen gemeinsam in den Blick nehmen. Es gibt z.B. Sprachen, in denen an der Oberfläche kein Artikel erscheint – können, dürfen, ja müssen wir vielleicht trotzdem die Wortartkategorie Artikel als angeboren annehmen? Da die einzelnen Sprachen zumindest an der Oberfläche so verschieden sind, müssen die als angeboren hypostasierten Kategorien und Regeln extrem abstrakt formuliert sein, damit sie eben auf alle Sprachen passen und aus ihnen die unterschiedlichsten Oberflächenstrukturen abgeleitet werden können.

Es mag auf den ersten Blick erstaunen, dass man im Rahmen dieser Theorie bei der Arbeit zugleich an ganz konkreten Detailfragen der Grammatik von Einzelsprachen und an überaus abstrakten und für alle Sprachen gültigen Regeln arbeitet, aber gemäß der universalistischen Grundauffassung kann dies gar nicht anders sein. Es hat ja keinen Sinn, sich zunächst einmal zum Ziel zu setzen, wenigstens für einzelne Sprachen funktionierende Grammatikprogramme zu schreiben, wenn sich später herausstellen könnte, dass dabei benutzte grundlegende Kategorien oder Regeln nicht in Übereinstimmung mit den universalen gebracht werden können und also die ganze Beschreibung wieder verworfen werden muss. Andererseits erlaubt eben nur die sorgfältige Analyse von Details aus Einzelsprachen die Überprüfung der Angemessenheit des (jeweils vorläufigen) Modells.

Prinzipien und Parameter

Zum Abschluss nun nur noch eine kurze Erläuterung der generativistischen Vorstellung, wie der Spracherwerb vor sich geht, wie aus der angeborenen Kenntnis eine einzelsprachspezifische wird. Ausgestattet ist das Neugeborene danach mit der Universalgrammatik. Diese umfasst so genannte Prinzipien, z.b. das der Rekursivität: Strukturen eines Typs können in solche desselben Typs eingebettet werden (in einen Satz kann ein anderer eingebettet sein usw.), und Parameter. Ein Parameter könnte z.b. die Aufeinanderfolge von Substantiv und Adjektiv betreffen. Innerhalb eines Parameters gibt es verschiedene Wahlen, man kann sich das gut wie das Menu eines Computerprogramms vorstellen. In dem Menu Substantiv-Adjektiv-Abfolge könnten sich die beiden folgenden Möglichkeiten befinden:

Die Reihenfolge ist: Adjektiv – Substantiv.
Die Reihenfolge ist: Substantiv – Adjektiv.

In seiner Umgebung hört das Kind nun sprachliche Äußerungen. Aus diesen lernt es das für die Einzelsprache spezifische Material, besonders das lexikalische. Was die Grammatik der Sprache betrifft, so muss das Kind die Regeln nicht lernen, sondern nur prüfen (intuitiv natürlich), zu welcher Möglichkeit des Parameters die gehörten Äußerungen am besten passen. Wenn es mit deutschen Sätzen konfrontiert ist, wird es z.b. ziemlich oft die Abfolge Adjektiv – Substantiv hören, wenn um es herum Französisch gesprochen wird, kommt dagegen öfter die Abfolge Substantiv – Adjektiv vor. Dementsprechend werden die beiden Kinder jeweils unterschiedliche Hypothesen darüber entwickeln, welche Besetzung (Parametrisierung) in ihrer Sprache gilt. Aus dem gehörten Sprachmaterial muss das Kind also nicht selbständig Regeln konstruieren, sondern nur aus einem Set potenzieller Regeln eine Auswahl treffen. Hat das Kind die Sprache gelernt, ist es zu einem kompetenten Sprecher geworden, dann umfasst sein Sprachwissen die Grammatik einer Einzelsprache, und das bedeutet die Universalgrammatik, in der alle Parameter festgelegt sind.

Dass man sich den Spracherwerb entsprechend diesem Modell vorzustellen habe, begründen die Generativisten damit, dass er erstaunlich schnell und einheitlich vor sich gehe: Mit etwa drei Jahren beherrschen Kinder die Grundstruktur ihrer Muttersprache. Da es unendlich viele Möglichkeiten gibt, für die in einer Sprache gehörten Äußerungen ein Regelsystem zu rekonstruieren, und da Kinder nur der (fehlerhaften) Performanz ausgesetzt sind, sei es undenkbar, dass sie ohne eine angeborene Universalgrammatik ihre Sprachkompetenz entwickeln.

Es sei nochmals hervorgehoben: Dass die Fähigkeit, Sprachen zu lernen, angeboren ist, dies ist nicht umstritten. Die Frage ist eben ›nur‹, *was* angeboren ist. Die generative Grammatik ist dabei, das Modell einer Universalgrammatik zu entwickeln. Darüber, ob es sich dabei um eine adäquate Rekonstruktion handelt, können wir, wenn wir es überhaupt je sicher sagen können, im Moment keine eindeutigen Aussagen machen. Wie immer aber die Diskussion über diese Frage auch ausgehen wird, es gibt etwas, was wir jetzt schon sicher wissen: Die Sprachen sind *auch*, und zu einem erheblichen Teil, ein kulturelles Erbe, das jede Generation erwirbt, um es zu besitzen – und zu gebrauchen. Was *das* bedeutet, dies ein wenig besser verständlich zu machen, war das Anliegen dieses Buches.

Anmerkungen

1 Vgl. dazu Adolf Bach: Geschichte der deutschen Sprache. Wiesbaden, 9. Aufl. [ohne Jahr], S. 329f.

2 Weitere Informationen bei der Gesellschaft für bedrohte Sprachen: http://www.uni-koeln.de/GbS.

3 Ferdinand de Saussure: Grundfragen der Allgemeinen Sprachwissenschaft (1916). Dt. Übersetzung von Herman Lommel. Berlin, 2. Aufl. 1967, S. 19.

4 Karl Bühler: Sprachtheorie. Die Darstellungsfunktion der Sprache. Stuttgart 1965, S. 24.

5 Das Modell wurde entwickelt ab 1919 und – als Vortrag auf einer Tagung zum Thema ›Stil‹ – im Jahre 1958 zusammenfassend dargestellt. Dieser 1960 veröffentlichte Beitrag wurde »zu einer der wirksamsten und meistübersetzten Schriften Jakobsons. Er kann als die ›Summe‹ seiner Theorie der Poesie angesehen werden.« (Elmar Holenstein/Tarcisius Schelbert (Hg.): Roman Jakobson: Poetik. Ausgewählte Aufsätze 1921–1971. Frankfurt a.M. 1979, S. 83).

6 Ferdinand de Saussure: Grundfragen der Allgemeinen Sprachwissenschaft (1916). Dt. Übersetzung von Herman Lommel. Berlin, 2. Aufl. 1967, S. 133.

7 Ebd., S. 138.

8 Adaptiert nach einer Analyse von Bernard Pottier: Recherches sur l'analyse sémantique en linguistique et en traduction mécanique. Nancy 1963, S. 11–17.

9 Entnommen aus: Jean Aitchison: Wörter im Kopf. Eine Einführung in das mentale Lexikon. Tübingen 1997, S. 68.

10 Die irrige Annahme, dass grammatische Genera – ursprünglich oder eigentlich – zur Gliederung der Wirklichkeit nach dem natürlichen Geschlecht (Sexus) dienten, ist übrigens erst im 18./19. Jahrhundert aufgekommen. Vgl. dazu den höchst lesenswerten Artikel von Elisabeth Leiss: Genus und Sexus. Kritische Anmerkungen zur Sexualisierung von Grammatik. In: Linguistische Berichte 152, 1994, S. 281–300.

11 Saussures ausführliche Überlegungen zur Diskrepanz zwischen Lautung und Schrift und seine Vorstellungen darüber, worauf man bei der Analyse das Schwergewicht legen soll, finden sich im Kapitel VI seines Werkes.

12 Ferdinand de Saussure: Grundfragen der Allgemeinen Sprachwissenschaft (1916). Dt. Übersetzung von Herman Lommel, Berlin, 2. Aufl. 1967, S. 10f.

13 Duden. Etymologie. Herkunftswörterbuch der deutschen Sprache. Mannheim etc., 2., völlig neu bearb. und erw. Aufl. 1989.

14 Vgl. Goethe Wörterbuch. Stuttgart etc., Bd. III, 1998 (Hinweise für den Benutzer).

15 Günther Drosdowski (Hg.): Duden. Grammatik der deutschen Gegenwartssprache. Mannheim etc., 5., völlig neu bearb. u. erw. Aufl. 1995, S. 399.

16 Jean Aitchison: Wörter im Kopf. Eine Einführung in das mentale Lexikon. Tübingen 1997, S. 7.

17 Hugo von Hofmannsthal: Eine Monographie. »Friedrich Mitterwurzer« von Eugen Guglia. In: Hugo von Hofmannsthal: Gesammelte Werke in Einzelausgaben. Prosa I. Frankfurt a.M. 1956, S. 230.

18 Kleines Lexikon untergegangener Wörter. Wortuntergang seit dem Ende des 18. Jahrhun-

derts. Hg. von Nabil Osman. München 1971, 7. Aufl. 1993.

19 Mark Twain: Die schreckliche deutsche Sprache. In: Mark Twain: Bummel durch Europa. Aus dem Englischen von Gustav Adolf Himmel. Frankfurt a.M./Leipzig 1997, S. 539.

20 Verben dieser Art, deren erster Bestandteil abgetrennt werden kann und dann als eigenständiges Wort auftritt (*es liegt vor*), werden in der Forschung unterschiedlich analysiert und bezeichnet. Mit dem Ausdruck *Präfixverb* ordnet man sie dem Verfahren der Derivation zu. Um sie von den echten Präfixverben mit nicht trennbarem Bestandteil (*er-liegen*) zu unterscheiden, nennt man sie *Partikelverben*. Möglich ist auch die Analyse als Kompositum oder als Element, das zwischen Wortbildung und Syntax steht, wozu der Ausdruck *Präverb* gebildet wurde. Schließlich wird auch die Auffassung vertreten, die Erscheinung sei tatsächlich im Bereich der Syntax und nicht der Wortbildung zu erläutern und es handle sich um *verbale Gefüge* aus Präposition und Verb, die man eigentlich getrennt schreiben sollte ebenso wie (neuerdings) entsprechende Gefüge aus Verb und Substantiv oder Adjektiv (*Rad fahren, fremd gehen*).

21 Spiegel-Gespräch *Ein Modellfall für Europa*. In: Der Spiegel 5/2000 (31.1.2000).

22 Diese Zahlen entsprechen den Angaben in der ausführlichen Darstellung zur deutschen Wortbildung: Wolfgang Fleischer/Irmhild Barz: Wortbildung der deutschen Gegenwartssprache. Tübingen 1992.

23 Vgl. dazu und für weitere Beispiele aus verschiedenen Sprachen: Eva Martha Eckkrammer/Hildegund Maria Eder: (Cyber)-Diskurs zwischen Konvention und Revolution. Eine multilinguale textlinguistische Analyse von Gebrauchstextsorten im realen und virtuellen Raum. Frankfurt a.M. etc. 2000, S. 13.

24 Diese hier zusammengefassten Elemente, die auf dem ganzen Satz operieren, bilden keine homogene Klasse. Insbesondere unterscheiden sie sich darin, ob sie syntaktisch den gleichen Wert haben wie die Satzglieder im engeren Sinn, ob sie nämlich allein (in dieser Bedeutung) vor das Verb treten können. *Ich seh sie doch/ja gleich*, aber nicht *Doch/Ja seh ich sie gleich* gegenüber *Ich seh sie hoffentlich/wahrscheinlich gleich*: *Hoffentlich/Wahrscheinlich seh ich sie gleich.* Auf diese Unterschiede, entspre-chend denen man die Ausdrücke verschiedenen Wortarten zuordnen kann (syntaktisches Kriterium!), gehe ich hier nicht weiter ein.

25 Peter von Polenz: Deutsche Satzsemantik. Grundbegriffe des Zwischen-den-Zeilen-Lesens. Berlin/New York, 2. Aufl. 1988, S. 172.

26 Ebd., S. 169.

27 Franz Kafka, La métamorphose suivi de Description d'un combat. Avant-propos, préfaces et traduction de Bernard Lortholary. Paris (Flammarion) 1988, S. 23.

28 Franz Kafka, La métamorphose. Traduit de l'allemand par Alexandre Vialatte. Paris (Gallimard) 1955, S. 7.

29 Vgl. hierzu insgesamt ausführlicher: Kirsten Adamzik: Syntax und Textgliederung. Hypotaktischer Stil, Nominalstil, graphischer Stil. In: Götz Hindelang/Eckard Rolf/Werner Zillig (Hg.): Der Gebrauch der Sprache. Festschrift für Franz Hundsnurscher zum 60. Geburtstag. Münster 1995, S. 15–41.

30 Adolf Hitler: Rede im Berliner Sportpalast am 10.2.1933.

31 John L. Austin: Zur Theorie der Sprechakte. (How to do things with words.) Stuttgart 1972, S. 23f.

32 Ebd., S. 114.

33 Ebd., S. 116.

34 Jaroslav Hašek: Der Urschweijk und anderes aus dem alten Europa und dem neuen Rußland. Aus dem Tschechischen von Grete Reiner. Stuttgart 1999, S. 52.

35 John R. Searle: Sprechakte. Ein sprachphilosophischer Essay. Frankfurt a.M. 1971, S. 70.

36 Ebd., S. 50.

37 Italo Calvino: Wenn ein Reisender in einer Winternacht. München/Wien 1983, S. 272.

38 Vgl. dazu ausführlicher Peter von Polenz: Deutsche Satzsemantik. Grundbegriffe des Zwischen-den-Zeilen-Lesens. Berlin/New York, 2. Aufl. 1988, Kap. 4.

39 Ilse und Ernst Leisi: Sprach-Knigge oder Wie und was soll ich reden? Tübingen, 2. Aufl. 1993.

40 H. Paul Grice: Logic and conversation (1975). Dt. Übers. in: Paul Kußmaul (Hg.): Sprechakttheorie. Ein Reader. Wiesbaden 1980, S. 109–126.

41 Ebd., S. 116.

42 Ebd., S. 117.

[43] In der hier benutzten Übersetzung ist der englische Terminus *conversational implicature* durch *Gesprächsimplikatur* wiedergegeben. Üblicher ist es jedoch geworden, auch im Deutschen das Syntagma *konversationelle Implikatur* zu benutzen.

[44] Ebd., S. 116.

[45] Vgl. dazu Harald Weinrich: Lügt man im Deutschen, wenn man höflich ist? Mannheim 1986.

[46] Vgl. dazu z.B. Deborah Tannen: Du kannst mich einfach nicht verstehen. Warum Männer und Frauen aneinander vorbeireden. Hamburg 1991.

[47] Die Informationen zu dem Geschehen entnehme ich einer Schrift der Bundeszentrale für politische Bildung: Bernd Lindner: Die demokratische Revolution in der DDR 1989/90. Bonn 1998, und einer Fernseh-Dokumentations-Sendung: Hans-Hermann Hertle/Gunther Scholz: Als die Mauer fiel. 50 Stunden, die die Welt veränderten. SFB 1999.

[48] In einem Interview aus der SFB-Sendung.

[49] Werner Faulstich (Hg.): Grundwissen Medien. München 1994, S. 29.

[50] Sowohl alltagssprachlich als auch in wissenschaftlichen Zusammenhängen wird der Ausdruck *Diskurs* in zum Teil vager und sehr vielfältiger Bedeutung benutzt, und er gilt vielen als unbrauchbarer Modebegriff. Die hier zugrunde gelegte Lesart beginnt sich aber in der deutschen Linguistik durchzusetzen.

[51] Klaus Brinker: Linguistische Textanalyse. Eine Einführung in Grundbegriffe und Methoden. Berlin, 4. Aufl. 1997, S. 17.

[52] Ebd., S. 41.

[53] Eugen Bleuler: Dementia praecox oder Gruppe der Schizophrenien. Leipzig/Wien 1911, S. 13.

[54] Klaus Brinker: Linguistische Textanalyse. Eine Einführung in Grundbegriffe und Methoden. Berlin, 4. Aufl. 1997, S. 19.

[55] Ebd.

[56] Vgl. zu sprachkulturellen Unterschieden von Todesanzeigen: Eva Martha Eckkrammer unter Mitarbeit von Sabine Divis-Kastberger: Die Todesanzeige als Spiegel kultureller Konventionen: eine kontrastive Analyse deutscher, englischer, französischer, spanischer, italienischer und portugiesischer Todesanzeigen. Bonn 1996.

[57] Das Schema stammt aus Teun A. van Dijk: Textwissenschaft. Eine interdisziplinäre Einführung. Tübingen 1980, S. 142. Unter PLOT ist eine Reihe von Episoden zu verstehen. Den Bestandteil EVALUATION erläutert van Dijk folgendermaßen: Die meisten Erzähler geben »nicht nur die Geschehnisse wieder, sondern häufiger noch auch ihre mentale Reaktion, ihre Meinung oder Einschätzung (z.B.: daß sie Angst hatten, erschrocken waren, froh oder sonstwie von den Geschehnissen beeindruckt). Diese Kategorie nennt man allgemein EVALUATION. Zusammen mit dem PLOT bildet die EVALUATION die eigentliche GESCHICHTE, hier als terminus technicus benutzt. Man beachte, daß die EVALUATION nicht zum PLOT selbst zählt, sondern eine Reaktion des Erzählers auf den PLOT ist.« – Übrigens bezeichnet van Dijk diesen formalen Grobaufbau von Texten selbst als *Superstruktur* und verwendet den Ausdruck *Makrostruktur* für den Aspekt des thematisch-inhaltlichen Aufbaus.

[58] Die Angaben und die Abbildung sind entnommen aus Jannis Androutsopoulos: Die Textsorte Flyer. In: Kirsten Adamzik (Hg.): Textsorten. Reflexionen und Analysen. Tübingen 2000, S. 173–204.

[59] Vgl. dazu Gerd Ueding/Bernd Steinbrink: Grundriß der Rhetorik. Geschichte, Technik, Methode. Stuttgart/Weimar, 3., überarb. u. erw. Aufl. 1994, S. 233ff.

[60] Vgl. dazu weiter Klaus Brinker: Linguistische Textanalyse. Eine Einführung in Grundbegriffe und Methoden. Berlin, 4. Aufl. 1997.

[61] Sigmund Freud: Some elementary lessons in psycho-analysis. In: Sigmund Freud: Gesammelte Werke. Bd. XVII. Schriften aus dem Nachlaß 1892–1938. Frankfurt a.M. 1999, S. 142f.

[62] Eugen Bleuler: Dementia praecox oder Gruppe der Schizophrenien. Leipzig/Wien 1911, S. 10.

[63] Ebd., S. 17.

[64] Stephan Voets/Reinhard Hamel: Das aktuelle ECON PC-Lexikon. Düsseldorf/Wien 1995, S. 154.

[65] Steffen-Peter Ballstaedt / Heinz Mandl / Wolfgang Schnotz/Sigmar-Olaf Tergan: Texte verstehen, Texte gestalten. München etc. 1981, S. 262.

[66] Vgl. Eva Martha Eckkrammer unter Mitarbeit von Sabine Divis-Kastberger: Die Todesanzeige als Spiegel kultureller Konventionen: eine kontrastive Analyse deutscher, englischer, französischer, spanischer, italienischer und portugiesischer Todesanzeigen. Bonn 1996, S. 88.

[67] Hg. von Hans-Gerd Koch, Michael Müller und Malcolm Pasley. Frankfurt a.M. 1990, S. 460ff.

[68] Franz Kafka: Tagebücher 1910–1923. Frankfurt a.M. 1983, S. 535.

[69] Ebd.

[70] Man benutzt auch die Pluralformen *Pronomina* und *Nomina* (letzteres häufiger als die unveränderte Form *Nomen*).

[71] Vgl. dazu Harald Weinrich: Tempus. Besprochene und erzählte Welt. Stuttgart etc., 4. Aufl. 1985.

[72] Kafka benutzt allerdings häufiger das temporale *wie*: *Wie ich heute aus dem Bett steigen wollte, bin ich einfach zusammengeklappt* (19.2.1911).

[73] Wilhelm von Humboldt: Ueber die Verschiedenheit des menschlichen Sprachbaues und ihren Einfluss auf die geistige Entwicklung des Menschengeschlechts. In: Wilhelm von Humboldt: Schriften zur Sprachphilosophie (= Werke in fünf Bänden. III). Darmstadt, 8. Aufl. 1996, S. 424.

[74] Helmut Gipper/Peter Schmitter: Sprachwissenschaft und Sprachphilosophie im Zeitalter der Romantik. Ein Beitrag zur Historiographie der Linguistik. Tübingen, 2. Aufl. 1985, S. 125.

[75] Gisela Klann-Delius: Spracherwerb. Stuttgart/Weimar 1999, S. 27.

[76] Noam Chomsky: Aspekte der Syntax-Theorie. Frankfurt a.M. 1973, S. 13.

[77] Ebd., S. 15.

Anhang

Zu den Textbeispielen 1 und 2

Welche Sprache spricht Frau B.? (zu S. 7)

Das Beispiel ist aus dem Sprachreport entnommen, einer für ein breites Publikum bestimmten Zeitschrift des Instituts für Deutsche Sprache. Die Autorin charakterisiert den Text darin selbst folgendermaßen:

»Der Beispieltext ist ein Auszug aus einem Gespräch, das ich am 22. Oktober 1994 in Hays, Kansas, mit der Amerikanerin Mary Rohr geführt habe. Der Text zeigt die kansasdeutsche Varietät eines durchschnittlichen amerikanischen Dialektsprechers mit ›wolgadeutschem Background‹.« (S. 2)

Einige weitere Zitate zur Erläuterung:

»Die wolgadeutschen Sprachinseln in Kansas »sind von Deutschen aus der Wolga-Region (Russland) vor knapp mehr als hundert Jahren gegründet worden«. (S. 1) »Der deutsche bzw. russlanddeutsche Dialekt [...] hat sich für amerikanische Verhältnisse unerwartet gut erhalten. Es ist dort eine westmitteldeutsche Variante des Deutschen verbreitet, so wie sie ungefähr in der Gegend der Nordpfalz oder im Rheinhessischen und in der Wetterau gesprochen wird. Wie in allen deutschen Sprachinseln in den USA wird auch die deutsche Varietät in Westkansas durch das Englische stark beeinflusst.« (S. 1)

Übrigens geht es in dem Artikel vor allem um einen Vergleich: Welches sind die Einflüsse des Englischen auf das Kansasdeutsche – welches die Einflüsse des Russischen auf das Wolgadeutsche? Erstaunlicherweise gleichen sich die deutschen Dialektvarietäten in Kansas und Sibirien sehr stark darin, was sie von der Kontaktsprache Englisch bzw. Russisch übernehmen.

Im Anfang war das Wort – Zuordnung zu Sprachen (zu S. 9)

Alles, was zur Sprache Deutsch gerechnet werden kann, ist fett gedruckt. Bei den Sprachen, die nicht zum Indoeuropäischen gehören, ist angegeben, um welche Sprachfamilie es sich handelt.

1.	**Im Anfang war das Wort**	Neuhochdeutsch
2.	Au commencement était le Verbe	Französisch
3.	I begynnelsen var Ordet	Norwegisch
4.	Hadjime ni kotobaga atta	Japanisch (Sprachfamilie unklar)
5.	**Aum aunfaung is des wuat gwesn**	Wienerisch
6.	I begynnelsen fanns Ordet	Schwedisch
7.	**In anaginne uuas uuort**	Althochdeutsch
8.	**Am Aafang isch ds Wort gsii**	deutschschweizer Dialekt - West
9.	Fil bid i kanat al kalima	Arabisch (Semitische Sprache)
10.	Nel principio era la parola	Italienisch
11.	In the beginning was the Word	Englisch
12.	Al principio era el verbo	Spanisch
13.	De peschin de gotin bu	Kurdisch
14.	**In deme anbeginne was dat wort**	Niederdeutsch (Kölner Bibel 1478)
15.	Hapo mwanzo kulikuwako neno	Swahili (Niger-Kongo-Sprache)
16.	Au début était la parole	Französisch
17.	In die begin was die Woord	Afrikaans
18.	Upotschetku bješe rijetsch	Kroatisch
19.	En la komenco estis la Vorto	Esperanto
20.	Alussa oli sana	Finnisch (Uralische (finno-ugrische) Sprache)
21.	**Am aneuang was das wort**	Frühneuhochdeutsch
22.	Fil-bidu kienet il-Kelma	Maltesisch (Semitische Sprache)
23.	Pada mulanya adalah Firman	Indonesisch (autronesische Sprache)
24.	**In dem beginne was daz wort**	Mittelhochdeutsch
25.	Iesakuma bija Vards	Lettisch
26.	La începutul era Cuvîntul	Rumänisch
27.	Kezdetben vala az íge	Ungarisch (Uralische (finno-ugrische) Sprache)
28.	Da prinicipi eira il pled	Rätoromanisch
29.	Na poczatku bylo slowo	Polnisch
30.	I begyndelsen var Ordet	Dänisch
31.	In principio era il Verbo	Italienisch
32.	**Im anfang war dz wort**	Frühneuhochdeutsch
33.	En archä än ho logos	Altgriechisch
34.	**Am Aafang isch s Wort gsii**	deutschschweizer Dialekt - Ost
35.	In den beginne was het Woord	Niederländisch
36.	I' upphafi var Orðið	Isländisch
37.	In principio erat Verbum	Lateinisch
38.	**Em ofang isch s wort gseh**	Elsässisch
39.	Khamput naii ton roemton	Thai (Austro-Tai-Sprache)
40.	Ne fillim ishte Fjala	Albanisch

Quellenverzeichnis

I. Textbeispiele

1. Nina Berend: »*Des is arich intresting* ...« Deutsch im Kontakt mit anderen Sprachen. In: Sprachreport 2/95, S. 1–3.
3. Johann Wolfgang von Goethe: Aus meinem Leben. Dichtung und Wahrheit. München: C.H. Beck 1974, S. 249–252.
4. Daniel Defoe: Robinson Crusoe. Bearbeitet von Käthe Recheis. Hamburg: Cecilie Dressler Verlag, 1990, S. 186–191.
5. SonntagsZeitung 11.4.1993.
6. Heinrich von Kleist: Über die allmähliche Verfertigung der Gedanken beim Reden. In: Heinrich von Kleist: Anekdoten. Kleine Schriften (= dtv Gesamtausgabe, Bd. 5). München: Deutscher Taschenbuch Verlag, 2. Aufl. 1974, S. 53f.
7. Karl Kraus: In dieser großen Zeit. In: Schriften in den suhrkamp taschenbüchern. © Suhrkamp Verlag, Frankfurt a.M. 1989, S. 78 und 80.
8. Peter Høeg: Fräulein Smillas Gespür für Schnee. Roman. Aus dem Dänischen von Monika Wesemann. © 1994 Carl Hanser Verlag, München/Wien, S. 150 und 154f.
9. Gotthold Ephraim Lessing: Der junge Gelehrte. In: Das dichterische Werk. Band I. Gedichte. Fabeln. Lustspiele. München: Deutscher Taschenbuch Verlag, S. 283–285.
10. Peter Bichsel: Ein Tisch ist ein Tisch. In: Kindergeschichten. © Suhrkamp Verlag, Frankfurt a.M. 1997, S. 21–30.
11. Duden. Das große Wörterbuch der deutschen Sprache in sechs Bänden. Mannheim/Wien/Zürich: Dudenverlag 1981.
12. Jorge Luis Borges: Gesammelte Werke, Bd. 5/II. Essays 1952–1979. © 1981 Carl Hanser Verlag, München/Wien, S. 110–112.
13. Hans Ritz: Die Geschichte vom Rotkäppchen. Ursprünge, Analysen, Parodien eines Märchens. Göttingen: Muriverlag, 13., veränderte Aufl. 2000, S. 154f.
14. Stuttgarter Nachrichten 23.5.1970 (Zitat eines Juristen); aus der Bundestagsdebatte vom 17.5.1973; aus der Broschüre *Das Leben vor der Geburt* (1987). Alles zitiert nach: Karin Böke: Lebensrecht oder Selbstbestimmungsrecht? Die Debatte um den § 218. In: Georg Stötzel/Martin Wengeler: Kontroverse Begriffe. Geschichte des öffentlichen Sprachgebrauchs in der Bundesrepublik Deutschland. In Zusammenarbeit mit Karin Böke u.a. Berlin/New York: Walter de Gruyter 1995, S. 569, 572 und 579.
15. Jonathan Swift: Gullivers Reisen. Aus dem Englischen übersetzt von Franz Kottenkamp, bearbeitet von Roland Arnold. In: J.S.: Ausgewählte Werke in drei Bänden. Bd. 3. © Aufbau-Verlag, Berlin/Weimar 1967.
16. Der Spiegel 30, 1995, S. 136–138.
17. Kurt Tucholsky: Man sollte mal ... (1927). In: K. Tucholsky: Gesammelte Werke. © 1960 by Rowohlt Verlag GmbH, Reinbek bei Hamburg.
18. Douglas Adams/John Lloyd/Sven Böttcher: Der tiefere Sinn des Labenz. Das Wörterbuch der bisher unbenannten Gegenstände und Gefühle. © 1992 by Rogner & Bernhard GmbH & Co. VerlagsKG, Hamburg.
19. Der Spiegel 48, 1997, S. 17 (Rubrik *Am Rande*).
20. Hugo von Hofmannsthal: Ein Brief. In: Hugo von Hofmannsthal: Gesammelte Werke in

Einzelausgaben. Prosa II. Frankfurt a.M. 1959, S. 7–13 und 19f.

21. Verfasser der französischen Fassung unbekannt. Übersetzung Kirsten Adamzik.

22. Ruhr-Nachrichten Nr. 264, 10.11.1989, S. 1.

23. Peter Schneider: Traumfrau Europa. In: Der Spiegel 14, 1998, S. 226 und 228.

24. Elias Canetti: Die gerettete Zunge. Geschichte einer Jugend. © 1977 Carl Hanser Verlag, München/Wien, S. 80–83.

25. Der Spiegel 46, 1989, S. 18.

26. Norbert Gstrein: Einer. © Suhrkamp Verlag, Frankfurt a.M. 1988, S. 16, 21 und 23–25.

27. Fritz Mauthner: Beiträge zu einer Kritik der Sprache. Frankfurt a.M./Berlin/Wien: Ullstein 1982, Bd. III, S. 206f. und 208f.

28. Franz Kafka: Briefe an Felice und andere Korrespondenz aus der Verlobungszeit. Hg. v. Erich Heller und Jürgen Born. Frankfurt a.M.: Fischer, S. 50f.

29. Bild 28.2.2000, S. 1 und 3.

30. Mark Twain: Die schreckliche deutsche Sprache. [Anhang zu:] Bummel durch Europa. Aus dem Englischen von Gustav Adolf Himmel. Frankfurt a.M./Leipzig: Insel Verlag 1997, S. 528, 530, 532 und 543f.

31. Jean Effel: La création du monde. L'homme. Paris: Le livre de poche 1973, S. 151f.

32. Lewis Carroll: Alice hinter den Spiegeln. Übersetzt von Christian Enzensberger. © Insel Verlag, Frankfurt a.M. 1974, S. 86–88.

33. Molière: Der Bürger als Edelmann. Aus dem Französischen übertragen von Arthur Luther. Stuttgart: Philipp Reclam Jun. 1967, S. 62–64.

34. Marcel Proust: In Swanns Welt. In: Auf der Suche nach der verlorenen Zeit. Band 1. © Suhrkamp Verlag, Frankfurt a.M. 1953, S. 33–35, 37–39 und 50.

35. Ausschnitt aus der Pressekonferenz vom 9.11.1989; ausgestrahlt in der Dokumentationssendung: Hans-Hermann Hertle/Gunther Scholz: Als die Mauer fiel. 50 Stunden, die die Welt veränderten. SFB 1999.

36. Zitiert nach Heinz-Helmut Lüger: Pressesprache. Tübingen: Max Niemeyer Verlag, 2., neu bearb. Aufl. 1995, S. 95.

37. Italo Calvino: Wenn ein Reisender in einer Winternacht. Roman. Aus dem Italienischen von Burkhart Kroeber. © 1983 Carl Hanser Verlag, München/Wien, S. 182f. und 211.

38. Eugen Bleuler: Dementia praecox oder die Gruppe der Schizophrenien (= Handbuch der Psychiatrie. Spezieller Teil. 4. Abteilung, 1. Hälfte). Leipzig/Wien: Franz Deuticke 1911, S. 10–13.

39. Vossische Zeitung, zitiert nach Hans Eggers: Deutsche Sprache im 20. Jahrhundert. München: Piper & Co. Verlag, 2. Aufl. 1978, S. 18f.

40. Franz Kafka: Tagebücher 1910–1923. Frankfurt a.M.: Fischer Taschenbuch Verlag 1983, S. 214f.

II. Abbildungen

1. und 2. David Crystal: Die Cambridge Enzyklopädie der Sprache. Übersetzung und Bearbeitung der deutschen Ausgabe von Stefan Röhrich, Ariane Böckler und Manfred Jansen. Frankfurt a.M./New York: Campus Verlag, Studienausgabe 1995, S. 287.

3. Ralf Pörings/Ulrich Schmitz (Hg.): Sprache und Sprachwissenschaft. Eine kognitiv orientierte Einführung. Tübingen: Gunter Narr Verlag 1999, S. 252.

6. Karl Bühler: Sprachtheorie. Die Darstellungsfunktion der Sprache. © Gustav Fischer Verlag Stuttgart 1965. Nachdruck: Frankfurt a.M./Berlin/Wien: Ullstein 1978, S. 25.

10. Jean Aitchison: Wörter im Kopf. Eine Einführung in das mentale Lexikon. Aus dem Englischen von Martina Wiese. Tübingen: Max Niemeyer Verlag 1997, S. 68.

11. Grund- und Aufbauwortschatz Englisch. © Ernst Klett Verlag GmbH, Stuttgart 1998, S. 5.

14a–b. Friedemann Bedürftig: Lexikon Deutschland nach 1945. © 1996 Carlsen Verlag GmbH, Hamburg, S. 414 und 179.

14c–d. Anton Hügli/Poul Lübcke (Hg.): Philosophie-Lexikon. Personen und Begriffe der abendländischen Philosophie von der Antike bis zur Gegenwart. © 1991 by Rowohlt Verlag GmbH, Reinbek bei Hamburg, S. 339 und 270.

15. Götz Hindelang: Einführung in die Sprechakttheorie. Tübingen: Max Niemeyer Verlag 1983, S. 59 und 66.

16. Heinz-Helmut Lüger: Pressesprache. Tübingen: Max Niemeyer Verlag. 2., neu bearb. Aufl. 1995, S. 95.

17. Teun A. van Dijk: Textwissenschaft. Eine interdisziplinäre Einführung. Tübingen: Max Niemeyer Verlag 1980, S. 142.

18. Jannis Androutsopoulos: Die Textsorte Flyer. In: Kirsten Adamzik (Hg.): Textsorten. Reflexionen und Analysen. Tübingen: Stauffenburg Verlag 2000, S. 189.

19. Klaus Brinker/Sven F. Sager: Linguistische Gesprächsanalyse. Eine Einführung. Berlin: Erich Schmidt Verlag. 3., durchgesehene und ergänzte Auflage 2001, S. 110.

20. Steffen-Peter Ballstaedt/Heinz Mandl/Wolfgang Schnotz/Sigmar-Olaf Tergan: Texte verstehen, Texte gestalten. München: Urban & Fischer 1981, S. 262.

Literaturhinweise

Dieser Teil enthält Literaturempfehlungen für diejenigen, die sich über einzelne Bereiche weiter informieren wollen. Es handelt sich nur um eine erste Orientierung, daher stehen außer Werken, die sich an ein breiteres Publikum wenden, für die Interessen der Studierenden solche mit einführendem und Übersichtscharakter sowie umfassende Handbücher im Vordergrund. Über diese Bücher kann dann auch Spezialliteratur erschlossen werden. Die Anordnung folgt grob den Themenbereichen der Kapitel. Die dort im Zusammenhang zitierten spezielleren Arbeiten werden hier nicht erneut aufgeführt.

Für **allgemein** an Sprache Interessierte ist zunächst sehr zu empfehlen das folgende für ein breites Publikum geschriebene Buch. Es enthält insgesamt 65 reich illustrierte und aufgelockert dargebotene Einzelartikel, in denen sehr vieles behandelt ist, was man in anderen Einführungen und Handbüchern nicht findet (z.B. Sprachursprung, Gebärdensprache, Schriftentwicklung).

> David Crystal: Die Cambridge Enzyklopädie der Sprache. Frankfurt a.M./New York 1998.

An **Einführungen in die Linguistik**, die sich besonders an Studierende richten, seien die beiden folgenden neueren Darstellungen genannt. Das erste Buch gibt auch eine gute und ausführliche Orientierung über die Spezialliteratur.

> Angelika Linke / Markus Nussbaumer / Paul R. Portmann: Studienbuch Linguistik. Tübingen, 3. Auflage 1996.

> Ralf Pörings/Ulrich Schmitz (Hg.): Sprache und Sprachwissenschaft. Eine kognitiv orientierte Einführung. Tübingen, 2. Auflage 2003.

Die vorliegenden deutschsprachigen **terminologischen Wörterbücher zur Sprachwissenschaft** mit wissenschaftlichem Anspruch sind in erster Linie hilfreich für Personen, die bereits eine gute Grundlagenkenntnis haben. Für Bußmann gilt das noch stärker als für Glück. Beide Nachschlagewerke enthalten auch Artikel zu einzelnen Sprachen und Sprachgruppen.

> Hadumod Bußmann: Lexikon der Sprachwissenschaft. Stuttgart, 3. Auflage 2002.

> Helmut Glück (Hg.): Metzler Lexikon Sprache. Stuttgart/Weimar 1993, Neuausgabe 2000.

Besser lesbar ist das folgende, allerdings schon ältere Werk:

> Handbuch der Linguistik. Allgemeine und angewandte Sprachwissenschaft. Unter Mitarbeit von Hildegard Janssen zusammengestellt von Harro Stammerjohann. München 1975.

Eher an Schüler und Studenten wendet sich das Wörterbuch von Homberger, das das Gebiet der Sprachwissenschaft sehr umfassend berücksichtigt, im Gegensatz zu den anderen aber besonders ausführlich über die deutsche Grammatik orientiert.

> Dietrich Homberger: Sachwörterbuch zur Sprachwissenschaft. Stuttgart 2000.

Zum Themenbereich **Sprachursprung** sei zunächst das Buch von R. Dunbar genannt, in dem der Psychologe und Anthropologe neueste Forschungsergebnisse zur Sprachevolution in allgemein verständlicher Form vorstellt:

> Robin Dunbar: Klatsch und Tratsch. Wie der Mensch zur Sprache fand. München 1998.

Sehr empfehlenswert ist das Werk von M. Wandruszka, der auch die Varietäten in ein globales Konzept von **Sprachenvielfalt** und **Mehrsprachigkeit** einbezieht:

Mario Wandruszka: Die Mehrsprachigkeit des Menschen. München 1979.

Viele kleine Geschichten über die Sprachen in der Welt werden erzählt in:

Hans-Gert Kramer/Günter Linde: Sprachen die Neandertaler Englisch? Eine Reise durch die Sprachen der Welt. Berlin, 2. Auflage 1994.

Das Nachdenken über den Sprachursprung und die Sprachverschiedenheit in der Menschheitsgeschichte erschließt das enzyklopädisches Monumentalwerk von A. Borst:

Arno Borst: Der Turmbau von Babel. Geschichte der Meinungen über Ursprung und Vielfalt der Sprachen und Völker. Stuttgart 1957–1963; unveränderter Nachdruck München 1995, 4 Bde.

Das folgende Buch ist ein wissenschaftlicher Klassiker zum Problem des **Sprachkontakts**:

Uriel Weinreich: Sprachen in Kontakt. München 1977.

Gut lesbare Überblicke über die **Sprachen der Welt** stellen die beiden folgenden Bücher dar:

Hans Joachim Störig: Abenteuer Sprache. Ein Streifzug durch die Sprachen der Erde. München 1992.

Frederick Bodmer: Die Sprachen der Welt. Geschichte, Grammatik, Wortschatz in vergleichender Darstellung. Köln 1997.

Zu empfehlen ist auch das folgende Nachschlagewerk:

Harald Haarmann: Kleines Lexikon der Sprachen. Von Albanisch bis Zulu. München 2001.

Nur in der Bibliothek wird man das umfassende Nachschlagewerk von A. Klose konsultieren:

Albrecht Klose: Sprachen der Welt. Ein weltweiter Index der Sprachfamilien, Einzelsprachen und Dialekte mit Angaben der Synonyma und fremdsprachigen Äquivalente. München, 2. Auflage 2000.

An Informationen zu den Sprachen der Welt kann man auch über die folgende Internetadresse gelangen:

www.sil.org/ethnologue/

Als Übersichtswerk über die **europäischen Sprachen** ist sehr gut lesbar

Harald Haarmann: Die Sprachenwelt Europas. Geschichte und Zukunft der Sprachnationen zwischen Atlantik und Ural. Frankfurt/New York 1993.

Zur **deutschen Sprache** kann zunächst der dtv-Atlas sehr empfohlen werden, der allerdings (wie alle Bände dieser Reihe) keinen durchgeschriebenen Text bietet.

Werner König: dtv-Atlas zur deutschen Sprache. Tafeln und Texte. Mit Mundartkarten. München, 10. Auflage 1994.

Für alle Studierenden der Germanistik ist als Referenzwerk zu empfehlen:

Wolfgang Fleischer/Gerhard Helbig/Gotthard Lerchner (Hg.): Kleine Enzyklopädie Deutsche Sprache. Frankfurt a.M. etc. 2001.

Zum Thema **Varietäten der deutschen Sprache** muss zunächst die ursprünglich für eine Fernsehserie erstellte Darstellung von H. Bausinger erwähnt werden:

Hermann Bausinger: Deutsch für Deutsche. Dialekte, Sprachbarrieren, Sondersprachen. Frankfurt a.M., überarbeitete Neuausgabe 1986.

Als Übersicht für das studentische Publikum empfiehlt sich in diesem Zusammenhang:

Stephen Barbour/Patrick Stevenson: Variation im Deutschen. Soziolinguistische Perspektiven. Berlin/New York 1998.

Neuere Einführungen in die Untersuchung von **Dialekten** sind:

Hermann Niebaum/Jürgen Macha: Einführung in die Dialektologie des Deutschen. Tübingen 1999.

Heinrich Löffler: Dialektologie. Eine Einführung. Tübingen 2003.

Ein umfassendes Handbuch stammt aus einer Reihe, die wir noch öfter anführen werden. Darin finden sich Artikel in deutscher, englischer (und französischer) Sprache und auch die Titel sind jeweils mehrsprachig formuliert. Hier wird jedoch nur die deutsche Version genannt. Leider sind die Handbücher aus dieser Reihe für den Normalverbraucher unerschwinglich.

Werner Besch/Ulrich Knoop/Wolfgang Putschke/Herbert Ernst Wiegand (Hg.): Dialektologie. Ein Handbuch zur deutschen und allgemeinen Dialektforschung. Berlin/New York 1982/1983, 2 Bde. (= Handbücher zur Sprach- und Kommunikationswissenschaft; 1).

Als knappen und gut lesbaren Überblick zur **Geschichte der deutschen Sprache** zieht man am besten die Darstellung von A. Stedje heran.

Astrid Stedje: Deutsche Sprache gestern und heute. Einführung in die Sprachgeschichte und Sprachkunde. München 1996.

Die ausführlichste neuere Darstellung, in der die vorliegende Literatur umfangreich aufgearbeitet wird, hat P. von Polenz vorgelegt:

Peter von Polenz: Deutsche Sprachgeschichte vom Spätmittelalter bis zur Gegenwart. Berlin/New York 1991/1994/1999, 3 Bde.

Auch zur Geschichte der deutschen Sprache gibt es ein umfassendes Handbuch, das soeben in Neubearbeitung erscheint:

Werner Besch/Oskar Reichmann/Stefan Sonderegger (Hg.): Sprachgeschichte. Ein Handbuch zur Geschichte der deutschen Sprache und ihrer Erforschung. Berlin/New York 1984/1985, 2 Bde. (= Handbücher zur Sprach- und Kommunikationswissenschaft; 2). 2., vollständig neu bearbeitete und erweiterte Auflage von Werner Besch/Anne Betten/Oskar Reichmann/Stefan Sonderegger. Berlin/New York 1998–2004, 4 Bde.

Die beiden folgenden Bücher gelten der aktuellen deutschen Sprache:

Helmut Glück/Wolfgang Werner Sauer: Gegenwartsdeutsch. Stuttgart, 2., überarbeitete und erweiterte Auflage 1997.

Peter Braun: Tendenzen in der deutschen Gegenwartssprache. Sprachvarietäten. Stuttgart etc., 3. Auflage 1993.

Aus sprachkritischer Sicht befasst sich mit dem Thema der Gegenwartssprache der Wissenschaftsjournalist D. Zimmer:

Dieter E. Zimmer: Redens Arten. Über Trends und Tollheiten im neudeutschen Sprachgebrauch. Zürich 1986.

Zur **Geschichte der Sprachwissenschaft** ist zunächst das Standardwerk von H. Arens zu nennen, das auch dokumentierenden Charakter hat, d.h. Auszüge aus den Originalschriften enthält.

Hans Arens: Sprachwissenschaft. Der Gang ihrer Entwicklung von der Antike bis zur Gegenwart. Freiburg/München, 2. Auflage 1969.

Die Entwicklung der deutschsprachigen Forschung behandelt A. Gardt:

Andreas Gardt: Geschichte der Sprachwissenschaft in Deutschland. Vom Mittelalter bis ins 20. Jahrhundert. Berlin/New York 1999.

Die folgende Darstellung betrifft die Geschichte der Linguistik vom letzten Drittel des 19. bis in die 60er Jahre des 20. Jahrhunderts und behandelt vor allem die Systemlinguistik.

Gerhard Helbig: Geschichte der neueren Sprachwissenschaft. Unter dem besonderen Aspekt der Grammatik-Theorie. Leipzig 1970.

Für die jüngere Zeit, in der pragmatische Fragestellungen ins Zentrum treten, liegt als Folgedarstellung vor:

Gerhard Helbig: Entwicklungen der Sprachwissenschaft seit 1970. Leipzig 1986.

Als Einführung in die **Semiotik/Zeichentheorie** kann man heranziehen:

Ugo Volli: Semiotik. Eine Einführung in ihre Grundbegriffe. Tübingen/Basel 2002.

Rudi Keller: Zeichentheorie. Zu einer Theorie semiotischen Wissens. Tübingen/Basel 1995.

Umberto Eco: Einführung in die Semiotik. München, 8. Auflage 1994.

Über Semiotik kann man aber auch vieles in dem im 14. Jahrhundert spielenden Wissenschaftskrimi dieses Autors lernen (natürlich viel mehr als in der Verfilmung):

Umberto Eco: Der Name der Rose. München/ Wien 1982.

Ein wirklich noch handliches (und erschwingliches) Handbuch ist:

Winfried Nöth: Handbuch der Semiotik. Stuttgart/Weimar, 2., vollständig neu bearbeitete und erweiterte Auflage 2000.

Wiederum nur in der Bibliothek konsultieren wird man das umfassende Handbuch für den wissenschaftlichen Bedarf:

Roland Posner/Klaus Robering/Thomas A. Sebeok (Hg.): Semiotik. Ein Handbuch zu den zeichentheoretischen Grundlagen von Natur und Kultur. Berlin/New York 1997/1998/2003, 3 Bde. (= Handbücher zur Sprach- und Kommunikationswissenschaft; 13).

Damit gelangen wir zu Darstellungen über Teildisziplinen der Linguistik. Als komprimierte Darstellung zur **Phonetik / Phonologie** kann empfohlen werden:

Thomas Hengartner/Jürg Niederhauser: Phonetik, Phonologie und phonetische Transkription. Grundzüge, Begriffe, Methoden und Materialien. Aarau etc. 1993.

Ausführlicher über die Phonetik orientiert:

Bernd Pompino-Marschall: Einführung in die Phonetik. Berlin/New York 1995.

Für das phonologische System des Deutschen sind zwei ausführlichere Darstellungen empfehlenswert:

Karl-Heinz Ramers: Einführung in die Phonologie. München 1998.

Utz Maas: Phonologie. Einführung in die funktionale Phonetik des Deutschen. Opladen/Wiesbaden 1999.

Für das allgemein interessierte Publikum ist im Themenbereich **Schrift** zunächst an Werke zu denken, die Schriftsysteme und ihre Entwicklung vorstellen. Zwei der schon oben genannten Darstellungen beziehen auch diesen Aspekt ein:

David Crystal: Die Cambridge Enzyklopädie der Sprache. Frankfurt a.M./New York 1998.

Frederick Bodmer: Die Sprachen der Welt. Geschichte, Grammatik, Wortschatz in vergleichender Darstellung. Köln 1997.

In einem ausführlichen und doch handlichen Werk behandelt E. Doblhofer die Schriftentwicklung.

Ernst Doblhofer: Die Entzifferung alter Schriften und Sprachen. Leipzig 2000.

Als gute Übersicht vgl. auch:

Harald Haarmann: Geschichte der Schrift. München 2002.

Inzwischen gibt es eine Einführung in die Schriftlinguistik:

Christa Dürscheid: Einführung in die Schriftlinguistik. Wiesbaden 2002.

Über den gesamten Bereich der Schriftlichkeit orientiert das folgende umfassende Handbuch:

Hartmut Günther/Otto Ludwig (Hg.): Schrift und Schriftlichkeit. Ein interdisziplinäres Handbuch internationaler Forschung. Berlin/New York 1994/1996, 2 Bde. (= Handbücher zur Sprach- und Kommunikationswissenschaft; 10).

Als Einführung in die deutsche **Orthografie** empfiehlt sich:

Dieter Nerius: Deutsche Orthographie. Leipzig 1987.

Aus der umfangreichen Literatur zur neuesten **Rechtschreibreform** sei nur genannt:

Gerhard Augst/Karl Blüml/Dieter Nerius/ Horst Sitta (Hg.): Zur Neuregelung der deutschen Orthographie. Begründung und Kritik. Tübingen 1997.

Im Bereich **Semantik** ist die fundierte, aber populärwissenschaftlich gehaltene Darstellung von G.A. Miller empfehlenswert:

George A. Miller: Wörter. Streifzüge durch die Psycholinguistik. Heidelberg/Berlin/New York 1993.

Auf gute Lesbarkeit bedacht ist auch das folgende Buch, das sich allerdings eher an das universitäre Publikum wendet:

Jean Aitchison: Wörter im Kopf. Eine Einführung in das mentale Lexikon. Tübingen 1997.

Vor allem für Studierende konzipiert ist die folgende Einführung in Problemstellungen der Semantik:

Monika Schwarz/Jeannette Chur: Semantik. Ein Arbeitsbuch. Tübingen, 3. Auflage 2001.

Speziell in die Prototypensemantik führt ein:

Georges Kleiber: Prototypensemantik. Eine Einführung. Tübingen, 2. Auflage 1998.

Einen guten Überblick über die diachrone Perspektive bietet:

Gerd Fritz: Historische Semantik. Stuttgart/Weimar 1998.

Die **Namenkunde** gehört zu den Bereichen, an denen viele Laien besonders großes Interesse haben. Daher seien hier ein Nachschlagewerk über das Themengebiet und eine Einführung genannt. Diese enthalten selbstverständlich auch Hinweise auf entsprechende Wörterbücher, die in diesen Hinweisen (wegen der großen Menge verschiedenartiger) generell nicht erwähnt werden.

Konrad Kunze: dtv-Atlas Namenkunde. Vor- und Familiennamen im deutschen Sprachgebiet. München 1998.

Gerhard Koß: Namenforschung. Eine Einführung in die Onomastik. Tübingen 1990.

Vor allem zum Nachschlagen von Begriffen, zum Auffinden von Beispielen usw. im Bereich **Lexikologie** ist die Darstellung von Th. Schippan geeignet:

Thea Schippan: Lexikologie der deutschen Gegenwartssprache. Tübingen 1992.

Ferner seien die folgenden Einführungen genannt:

Christine Römer/Brigitte Matzke: Lexikologie des Deutschen. Eine Einführung. Tübingen 2003.

Peter Rolf Lutzeier: Lexikologie. Ein Arbeitsbuch. Tübingen 1995.

Als umfassendes Handbuch zur **Lexikografie** liegt vor:

Franz Josef Hausmann/Oskar Reichmann/Herbert Ernst Wiegand/Ladislav Zgusta (Hg.): Wörterbücher. Ein internationales Handbuch zur Lexikographie. Berlin/New York 1989, 3 Bde. (= Handbücher zur Sprach- und Kommunikationswissenschaft; 5).

Zur Einführung in die **Morphologie** ist für das studentische Publikum nach wie vor die Darstellung von Bergenholtz/Mugdan zu empfehlen:

Henning Bergenholtz/Joachim Mugdan: Einführung in die Morphologie. Stuttgart etc. 1979.

Von dem umfassenden Handbuch liegt bislang ein Teilband vor:

Geert E. Booij/Christian Lehmann/Joachim Mugdan (Hg.): Morphologie. Ein internationales Handuch zur Flexion und Wortbildung. Berlin/New York 2000, 1. Halbband (= Handbücher zur Sprach- und Kommunikationswissenschaft; 17).

Als Referenzwerk zum Nachschlagen für Fragen der **Wortbildungslehre** eignet sich:

Wolfgang Fleischer/Irmhild Barz: Wortbildung der deutschen Gegenwartssprache. Tübingen 2., durchgesehene und ergänzte Auflage 1995.

An Einführungen sind zu empfehlen:

Elke Donalies: Die Wortbildung des Deutschen. Ein Überblick. Tübingen 2002.

Irmhild Barz/Marianne Schröder/Karin Hämmer/Hannelore Poethe: Wortbildung – praktisch und integrativ. Ein Arbeitsbuch. Frankfurt a.M. etc. 2002.

Bernd Naumann: Einführung in die Wortbildungslehre des Deutschen. Tübingen, 3., neubearbeitete Auflage 2000.

Ludwig M. Eichinger: Deutsche Wortbildung. Eine Einführung. Tübingen 2000.

Als Einführung in die **Syntax** sei empfohlen:

Christa Dürscheid: Syntax. Grundlagen und Theorien.Wiesbaden 2000.

Dass auch für Nichtlinguisten die Beschäftigung mit Syntax interessant und unterhaltsam sein kann, zeigt J. Macheiner.

Judith Macheiner: Das grammatische Variété oder Die Kunst und das Vergnügen, deutsche Sätze zu bilden. Frankfurt a.M., 2. Auflage 1998.

Um einen Überblick über die Strukturen der **Grammatik der deutschen Sprache** (inklusive der Syntax) zu gewinnen, konsultiert man am besten Handbücher zur Grammatik. Eine gut lesbare Darstellung ist:

Elke Hentschel/Harald Weydt: Handbuch der deutschen Grammatik. Berlin/New York, 2., durchgesehene Auflage 1994.

Zum Nachschlagen elementarer Begriffe eignet sich:

Wilfried Kürschner: Grammatisches Kompendium. Systematisches Verzeichnis grammatischer Grundbegriffe. 4., ergänzte und bearbeitete Auflage Tübingen/Basel 2003.

An neueren Gesamtdarstellungen der deutschen Grammatik seien genannt:

Duden. Grammatik der Gegenwartssprache. Herausgegeben und bearbeitet von Günther Drosdowski in Zusammenarbeit mit Peter Eisenberg, Hermann Gelhaus, Helmut Henne, Horst Sitta und Hans Wellmann. Mannheim etc., 6. Auflage 1998.

Ulrich Engel: Deutsche Grammatik. Heidelberg, 3., durchgesehene Auflage 1996.

Gisela Zifonun/ Ludger Hoffmann/ Bruno Strecker: Grammatik der deutschen Sprache. Berlin/New York 1997, 3 Bde.

Die Brücke zwischen Grammatik und Semantik schlägt vor allem P. von Polenz, der entsprechend dem Vorwort den »Weg zu einer weitgehend normalsprachlich formulierbaren pragmatischen Satzsemantik« gesucht hat, dem Leser aber doch einige Anstrengung abverlangt:

Peter von Polenz: Deutsche Satzsemantik. Grundbegriffe des Zwischen-den-Zeilen-Lesens. Berlin/New York, 2., durchgesehene Auflage 1988.

Im Folgenden werden einige Bücher angeführt, die insbesondere über Fragestellungen im Bereich der Linguistik des Sprachgebrauchs, der **Parole-Linguistik**, orientieren. Da dieser Wechsel der Blickrichtung oft als ›pragmatische Wende‹ der Linguistik betrachtet wird, zunächst eine Überblicksdarstellung zur **Pragmatik**, in deren Zentrum die Sprechakttheorie steht:

Jörg Meibauer: Pragmatik. Eine Einführung. Tübingen 1999.

Zu empfehlen ist in diesem Zusammenhang auch:

Stephen C. Levinson: Pragmatik. Tübingen, 2. Auflage 1994.

Die Literatur zur **Interkulturellen Kommunikation** wächst – angesichts unserer zunehmend multikulturellen Gesellschaft – in letzter Zeit stark an. Die folgende Darstellung ist relativ allgemein und wendet sich an »Praktiker« (d.h. an ein breites Publikum):

Gerhard Maletzke: Interkulturelle Kommunikation. Zur Interaktion zwischen Menschen verschiedener Kulturen. Opladen 1996.

Unter dem Gesichtspunkt von Spracherwerb und Sprachunterricht behandelt das Thema:

Jörg Roche: Interkulturelle Sprachdidaktik. Eine Einführung. Tübingen 2001.

An Einführungen in die **Soziolinguistik**, die sich vor allem an Studierende wenden, seien genannt:

Heinrich Löffler: Germanistische Soziolinguistik. Berlin, 2., überarbeitete Auflage 1994.

Norbert Dittmar: Grundlagen der Soziolinguistik – Ein Arbeitsbuch mit Aufgaben. Tübingen 1997.

Das umfassende Handbuch zu diesem Teilbereich ist:

Ulrich Ammon/Norbert Dittmar/Klaus J. Mattheier (Hg.): Soziolinguistik. Ein internationales Handbuch zur Wissenschaft von Sprache und Gesellschaft. Berlin/New York 1987/1988, 2 Bde. (= Handbücher zur Sprach- und Kommunikationswissenschaft; 3).

Zur **Text- und Gesprächslinguistik** zunächst einige Einführungen vor allem für Studierende. Beide Bereiche behandeln:

Kirsten Adamzik: Textlinguistik. Eine einführende Darstellung. Tübingen 2004.

Ulla Fix/Hannelore Poethe/Gabriele Yos: Textlinguistik und Stilistik für Einsteiger. Ein Lehr- und Arbeitsbuch. Frankfurt a.M. etc., 2. Auflage 2003.

Margot Heinemann/ Wolfgang Heinemann: Grundlagen der Textlinguistik. Interaktion – Text – Diskurs. Tübingen 2002.

Auf zwei Einzelbände verteilt sind die Untergebiete in:

Klaus Brinker: Linguistische Textanalyse. Eine Einführung in Grundbegriffe und Methoden. Berlin, 5. Auflage 2001.

Klaus Brinker/Sven Sager: Linguistische Gesprächsanalyse Berlin, 3. Auflage 2001.

Zur Gesprächsanalyse kann auch die folgende Einführung empfohlen werden:

Helmut Henne/Helmut Rehbock: Einführung in die Gesprächsanalyse. Berlin/ New York, 4. Auflage 2001.

Schließlich wieder ein Handbuch aus der bekannten Reihe:

Klaus Brinker/Gerd Antos/ /Wolfgang Heinemann/Sven Sager (Hg.): Text- und Gesprächslinguistik. Ein internationales Handbuch zeitgenössischer Forschung. Berlin/ New York 2000/2001, 2. Bde. (= Handbücher zur Sprach- und Kommunikationswissenschaft; 16).

Als Einführung in die Analyse gesprochener Sprache ist besonders die Darstellung von J. Schwitalla geeignet:

Johannes Schwitalla: Gesprochenes Deutsch. Eine Einführung. Berlin, 2. Auflage 2003.

Zu dem im letzten Kapitel behandelten Bereich der generativen Grammatik kann zunächst ein Buch angeführt werden, das den schwierigen Gegenstand einem breiten Publikum in höchst anregender Weise verständlich macht.

Steven Pinker: Der Sprachinstinkt. Wie der Geist die Sprache bildet. München 1996.

Ebenso gut lesbar, aber sehr viel knapper ist die Darstellung von D. Zimmer:

Dieter E. Zimmer: So kommt der Mensch zur Sprache. Über Spracherwerb, Sprachentstehung und Sprache & Denken. München 1996.

Von den derzeit verbreiteten allgemeinen Einführungen in die Linguistik kann zu diesem Teilgebiet nur die Darstellung in dem auch oben angeführten Werk empfohlen werden:

Angelika Linke/Markus Nussbaumer/Paul R. Portmann: Studienbuch Linguistik. Tübingen, 3. Auflage 1996.

Ausführliche Einführungen allein in dieses Gebiet sind:

Ursula Klenk: Generative Syntax. Tübingen 2003.

Gisbert Fanselow/Sascha W. Felix: Sprachtheorie. Eine Einführung in die Generative Grammatik. Tübingen, 3. Auflage 1993, 2 Bde.

Der Spracherwerb wird natürlich nicht nur im Rahmen generativistischer Ansätze behandelt, zumal er auch die ›direkt betroffenen‹ Eltern sprechen lernender Kinder interessiert. Auch für deren Bedürfnisse geeignet ist:

Wolfgang und Jürgen Butzkamm: Wie Kinder sprechen lernen. Kindliche Entwicklung und die Sprachlichkeit des Menschen. Tübingen/ Basel 1999.

Als Einführung für Studierende seien zwei neuere Werke empfohlen:

Gisela Klann-Delius: Spracherwerb. Stuttgart/ Weimar 1999.

Gisela Szagun: Sprachentwicklung beim Kind. Weinheim 2000.

Glossar und Register

Die einfachen Ziffern verweisen auf die Seiten, solche mit vorangestelltem **T** auf die Nummern der Textbeispiele, solche mit vorangestelltem **A** auf die der Abbildungen. Ein vorangestelltes * markiert in der Erklärung benutzte Ausdrücke, die im Glossar selbst erläutert sind. Dies soll insbesondere erfolgloses Nachschlagen verhindern; die Kennzeichnung erfolgt deshalb auch nicht mechanisch, sondern unterbleibt, wenn es keinen systematischen Zusammenhang zwischen dem Eintrag und den Begriffen innerhalb der Erklärung gibt. Die Verweise sind auch nicht nach einem mechanischen Prinzip vereinheitlicht, d.h. der Ausdruck mit * kann auch in einer anderen Wortart o.ä. verzeichnet sein (z.b. *deklinierbar: siehe Deklination, *Kompositum: siehe Komposition).

Ablaut Sonderfall der *Allomorphie in indoeuropäischen Sprachen: Vokalwechsel zur Bildung von *Wortformen und *Ableitungen: *werfen-warf-geworfen-Wurf.* 126, 152f.

Ableitung Deutscher Terminus für *Derivation. 130, 149f., 152ff.

Ad-hoc-Bildung Komplexer Ausdruck (meist *Kompositum) mit geringer Chance, dauerhaft in den *Wortschatz aufgenommen zu werden: *Unterernährungsamt, Eier-Beispiele.* 144f.

Adjektiv Neben *Substantiv, *Verb (und *Adverb) eine der *Hauptwortarten. *Morphologische Kennzeichen: *deklinierbar und steigerbar (*Komparation). Tritt syntaktisch auf als *Attribut (*Das schöne Haus*), *Prädikativ (*Das Haus ist schön*) oder *Adverbialbestimmung (*Sie wohnt schön*). 93, 97, 179f.

Adjektivattribut *Adjektiv, das als *Attribut verwendet wird. Es kann einfach (*die gegenwärtige Lage*) oder als erweitertes Adjektivattribut auftreten: *der mir im Moment nicht gegenwärtige Name.* 176

Adverb *Wortart (unflektierbar) der Gruppe der *Inhaltswörter mit einem sehr geringen Bestand an *Simplizia (*heute, gern, warum, dort* ...). Der lexikalische Bestand wird durch *Ableitung aus *Lexemen anderer Wortarten (meist *Adjektiven) erweitert: *fréquent – fréquem-ment; frequent – frequent-ly; glücklich – glücklich-erweise.* Im Deutschen geschieht dies meist durch *Konversion: *Elle vient fréquemment; Sie kommt häufig-Ø.* 179

Adverbialbestimmung Auch: Adverbial. *Satzglied, das anders als *Subjekt und *Objekte meistens nicht zur *Valenz des Verbs gehört. Wird meist in der Form eines *Adverbs, einer *Präpositionalgruppe oder eines *Adverbialsatzes realisiert.: *Ich komme trotzdem – häufig – in dieses Café – um mich mit Studenten zu treffen.* 166f., 179f.

Adverbialsatz *Gliedsatz, der die Position einer *Adverbialbestimmung besetzt: *Wenn es passiert, passiert es, weil niemand etwas dagegen getan hat.* 188

Affix Im engeren Sinn: *Wortbildungsmorphem. Im weiteren Sinn: Oberbegriff für gebundene (vs. *freie) grammatische und Wortbildungs-*morpheme. Für das Deutsche unterscheidet man zwischen *Präfix und *Suffix (sowie *Zirkumfix). 153f.

affiziertes Objekt *Semantische Rolle. Objekt, das unabhängig von einer Handlung existiert und von ihr betroffen wird: *Sie kauft das Buch.*

Das Buch fand viele Leser. Gegensatz: *effiziertes Objekt. 169, 172f.

Agens *Semantische Rolle. Täter, Verursacher, Urheber einer Handlung: *Sie kauft das Buch; Ihn trifft die Hauptschuld.* 169, 172f.

agglutinierender Sprachbau Untertyp des *synthetischen Sprachbaus: *Wortformen werden durch Aneinanderreihung von *Affixen mit jeweils nur einer grammatischen Bedeutung gebildet, z.B.: Swahili *u-me-pand-w-a*: Subjekt – Perfekt – 1. Teil von *pand(a)* ›pflanzen‹ – Passiv – *(pand)a*, zu deutsch: ›er ist gepflanzt worden‹. 103f.

Aktiv Neben dem *Passiv Ausprägung der *morphologischen Kategorie *Genus verbi. Das Aktiv (*Man trinkt*) ist wesentlicher häufiger als das *Passiv (*Es wird getrunken*) und einfacher gebildet. Es gilt daher als die *unmarkierte Ausprägung. 101

Allomorph Formale Variante eines *Morphems: *geb – gib – gab* (›geben‹); *-er, -n, -en, …* (›Plural‹). 119, 126, 152f.

Allophon Formale Variante eines *Phonems. Ist entweder abhängig von der lautlichen Umgebung (im Deutschen z.B. der *ch*-Laut nach hellen bzw. dunklen Vokalen wie in *Ich* bzw. *Ach*) oder nicht – dann spricht man von ›freier Variation‹ (im Deutschen z.B. das Zungen-*r* und das Zäpfchen-*r*). 118

analytischer Sprachbau Entsprechend *morphologischer Kriterien unterschiedener *Sprachtyp. Grammatische Relationen werden durch *freie *Morpheme ausgedrückt, d.h. die Sprache weist nur unveränderliche *Wortarten auf. Sprachen, die rein nach diesem morphologielosen Prinzip funktionieren, sind selten. Außerdem ist der Unterschied zwischen analytischem und *synthetischem Bau eher als ein gradueller aufzufassen, und Sprachen verändern das Formbildungsprinzip auch im Laufe ihrer Geschichte. So ist Französisch, eine Tochtersprache des ausgeprägt synthetischen Latein, viel analytischer als Deutsch, da statt *Kasusendungen *Präpositionen und die Wortstellung benutzt werden. Aber auch im Deutschen gibt es teilweise analytische Formen, z.B. die mit *Hilfsverben gebildeten *Tempora Perfekt, Plusquamperfekt und Futur. 103ff.

Angabe Französisch: circonstant. Im Gegensatz zu *Ergänzungen von der Verb*valenz nicht

gefordertes *Satzglied (vom Typ der *Adverbialbestimmung). 167

Apposition Untertyp des *Attributs, das syntaktisch mit dem Bezugsausdruck übereinstimmt: *Die Göttin Aphrodite; Aphrodite, die Göttin der Schönheit und der Liebe.* 176

Arbitrarität Eigenschaft des Verhältnisses von *signifiant und *signifié: Zwischen beiden besteht keine natürliche, sondern eine ›willkürliche‹ (zufällig in der jeweiligen Sprache so konventionalisierte) Beziehung. Vgl. *Motiviertheit. 49, 134f., T10, T32

Artikelwort *Wortart. Morphologische Eigenschaft: *deklinierbar. Syntaktisch-semantische Charakteristika: Artikelwörter treten vor *Substantive und determinieren deren *Referenz: *der/dieser/ein/dein*. Zusammen mit dem Substantiv bilden sie die Grundstruktur einer *Nominalgruppe. 96

asyndetisch Formaler Untertyp der *Koordination von Elementen innerhalb eines *Parole-Satzes: ohne *Konjunktion: *Ich kam, ich sah, ich siegte.* 188

Attribut Grammatisch fakultativer Bestandteil von *Syntagmen (*Satzgliedern oder Bestandteilen von Satzgliedern), durch den das Bezugswort inhaltlich näher bestimmt wird; meist innerhalb von *Nominalgruppen. Die wesentlichen formalen Untertypen sind: *Adjektiv-, *Genitiv-, *Präpositional- und *Partizipialattribut sowie *Attributsatz. 174ff., 182

Attributsatz *Attribut in Form eines *Elementarsatzes: *der Gedanke, den ich habe / der mir kommt / dass das wahr ist / das durchzusetzen.* 177, 188, 191

Ausklammerung Platzierung von Elementen hinter den rechten Teil der *Satzklammer, ins *Nachfeld: *Er [reiste ab], nachdem …; Wir [wollen sie erziehen] zur Ehrfurcht.* 215f.

Basis Element innerhalb der *Wortbildung, von dem durch Anfügung von *Affixen *Derivata gebildet werden. Die Basis kann ein lexikalisches *Morphem (*herr-lich*) oder auch eine Morphemkonstruktion sein: *ver-herrlich-(en), Verherrlich-ung, herrschsücht-ig.* 152ff.

Bedeutetes Wörtliche Bedeutung einer Äußerung. Der Bestandteil der Bedeutung, der ihr allein aufgrund des Sprachwissens zugeschrieben werden kann – ohne *Mitbedeutetes und *Mitgemeintes. **235f.**

Bedeutungsebene Oberbegriff für verschiedene Aspekte der Bedeutung(sbeschreibung) von *Lexemen. Untertypen: *Denotation, *Konnotation, *Gebrauchsbedingung, *Kollokation, *Selektionsbeschränkung. **73ff.**

Bedeutungsübertragung Untertyp der *Wortkreation. Verwendung eines Lexems in einer neuen *Lesart, z.b. *Maus* im Sinne von ›Bestandteil eines Personalcomputers‹. **60f., 131f.**

Benefaktiv *Semantische Rolle. Nutznießer einer Handlung: *Er gibt ihr ein Geschenk; Sie bekommt ein Geschenk.* **169, 173**

bona-fide-Reaktion Unterstellung, dass der Kommunikationspartner sich an die *Konversationsmaximen hält. Löst die Suche nach einer *Implikatur aus, wenn es auf den ersten Blick so scheint, als läge ein Verstoß gegen diese Maximen vor. Gegensatz: *mala-fide-Reaktion. **243**

Code-Switching Wechsel zwischen verschiedenen Sprachen oder *Varietäten innerhalb einer Äußerung, z.b. um sich einem anderssprachigen Partner anzupassen. **8, T1**

Computerlinguistik Subdisziplin der Linguistik, die sich mit der maschinellen Verarbeitung und Aufbereitung von Sprache befasst. Besonders relevant ist die Sammlung und Aufbereitung großer *Korpora, die Entwicklung maschineller Wörterbücher und die (auch für die automatische *Übersetzung wichtige) Erarbeitung von Analyse- und Generierungsverfahren für Sätze (vgl. *Generativistik). **291**

deiktische Zeichen *Zeichen, mit denen man auf einen Gegenstand deutet (Zeigegesten). Unter den sprachlichen Ausdrücken nennt man solche deiktisch, deren *Referenz sich aus dem situativen *Kontext ergibt: *ich, du, jetzt, gestern, hier, dort.* **18, 100**

Deklaration *Illokutionstyp, mit dem ein Sachverhalt in Kraft gesetzt wird: *Hiermit eröffne ich die Sitzung; Die Sitzung ist eröffnet.* **224**

Deklination Neben der *Konjugation und *Komparation Untertyp der *Flexion. Umfasst die Kategorien *Genus, *Kasus und *Numerus. Betrifft die *Wortarten *Substantiv, *Adjektiv, *Pronomen und *Artikelwort. **95**

Denotation Auch: *referenzielle Bedeutung. *Bedeutungsebene von *Lexemen, die deren potenzielle *Referenz bestimmt (entsprechend den objektiven Eigenschaften des *Referenten): *jung* versus *alt.* Gegensatz: *Konnotation. **72ff., 82**

Dependenzgrammatik S. *Valenzgrammatik. **165ff.**

Derivation Deutscher Terminus: *Ableitung. Neben der *Komposition wichtigster Untertyp der *Wortbildung, bei dem *Affixe zur *Basis hinzutreten. Das Ergebnis ist ein Derivat(um) (Plural: Derivate/-ta): *Sitz-ung, Vor-sitz, Ge-dräng-e.* **130, 149, 152ff.**

Determinans Bestandteil eines komplexen Ausdrucks, der den anderen spezifiziert, besonders von *Determinativkomposita. Im Deutschen in der Regel das erste Glied: *Fahrer-sitz, Kinder-sitz, Beifahrer-sitz.* **161f.**

Determinativkompositum *Kompositum, bei dem der eine Bestandteil den anderen spezifiziert (*hell-rot, blut-rot*). Gegensatz: *Kopulativkompositum (*rot-grün*). **160**

Determinatum Bestandteil eines komplexen Ausdrucks, der durch den anderen spezifiziert wird, besonders von *Determinativkomposita. Im Deutschen in der Regel das letzte Glied: *Fahrer-sitz, Kinder-sitz, Beifahrer-sitz.* **161f.**

Diachronie Geschichtliche Entwicklung der Sprache. Gegensatz: *Synchronie. Vgl. *Sprachwandel, *Sprachstadium. **14, 62f., 122f.**

Dialekt Regionale *Varietät einer Sprache. Im Gegensatz zu den meisten anderen Varietäten zeichnen sich Dialekte durch Besonderheiten des *phonologischen und grammatischen *Systems und nicht nur durch lexikalische Besonderheiten und die *Frequenz von grammatischen Strukturen aus. **7, 40, T3**

Dialektologie Subdisziplin der Linguistik, die die *Dialekte einer Sprache erforscht. Während es der älteren Dialektologie vornehmlich um die Beschreibung möglichst ›reiner‹ Dialekte ging, widmet sich die jüngere Forschung dem Gesamtspektrum regionaler Variation (vgl. *Varietät) und ist *soziolinguistisch orientiert. **48**

Diathese Mit griechischen *Morphemen gebildete Bezeichnung für *Genus verbi. **101f.**

Diminutiv Verkleinerungsform. *Ableitung, die mit diminutiven *Affixen gebildet wird: *Röck-chen, Röck-lein, Mini-Rock;* hom-*unculus.* **76**

Direktiv *Illokutionstyp, mit dem der Hörer zu etwas aufgefordert wird: *Nun fang endlich an! Hände hoch!* 213, 224f., 227f., 239f., A15

diskontinuierliches Morphem *Morphem, dessen Bestandteile nicht direkt aufeinanderfolgen, sondern zwischen die andere Morpheme treten: *ge-...-t* bzw. *ge-...-en* als *Allomorphe des Morphems Partizip Perfekt; *Ge-schreib-e* als *Zirkumfix zur *Ableitung. 126

Diskurs Prinzipiell offene Menge thematisch zusammengehöriger und aufeinander bezogener *Texte, z.B. der Historikerstreit, die Abtreibungsdebatte. 254ff., 280f.

Distribution Umgebung, in der ein sprachliches Element vorkommen kann, besonders relevant im Bereich der *Phone(me) (der *ch*-Laut, wie er in *Ich* vorkommt, tritt nur nach hellen Vokalen auf) und *Morph(em)en: Das *Allomorph des Partizips Perfekt *ge-...-en* tritt nur bei unregelmäßigen *Verben (mit *Ablaut) auf. Bei lexikalischen Elementen spricht man eher von der *Kollokation. 115, 119f.

doppelte Gliederung der Sprache Grundlegende Eigenschaft natürlicher Sprachen, die deren kleinste Einheiten betrifft. Die erste Gliederungsebene führt zu den kleinsten bedeutungs*tragenden* Einheiten, den kleinsten *Zeichen (*Morphemen), die zweite zu den kleinsten bedeutungs*unterscheidenden* Einheiten (*Phonemen). 115f.

Durchschaubarkeit Eigenschaft komplexer Wörter, besonders von *Ableitungen. Maximal durchschaubar sind Ableitungen, die nach produktiven *Wortbildungsschemata gebildet werden (*Roller-chen, leas-bar* zu *leasen*). Sie nimmt bei *Lexikalisierung ab (*Sitz-ung*), insbesondere bei nicht mehr produktiven *Affixen (*Ge-nehm-ig-ung*), und kann (vor allem auf Grund von Lautentwicklungen und etymologischer Isolierung) auch ganz abhanden kommen: *Rast* (Ableitung zu *ruh-*), *blutrünstig, rieseln* (beide verwandt mit *rinnen*). 144f.

effiziertes Objekt *Semantische Rolle. Objekt, das durch eine Handlung hervorgebracht wird: *Sie schreibt das Buch; Das war ja wohl deine Idee.* Gegensatz: *affiziertes Objekt. 169f., 173

Einfachsatz *Parole-Satz, der aus nur einem *Elementarsatz besteht. Gegensatz: *komplexer Satz. 187

Elementarsatz *Langue-Satz mit nur einem *Prädikat. In der *parole* kann er als *Einfachsatz (*Es geht schief*) oder als *Teilsatz eines *komplexen Satzes auftreten: *Ich befürchte* (1. Elementarsatz), *dass das schief geht* (zweiter Elementarsatz). 187, A13

Ellipse Verzicht auf die Realisierung eines Elements, das aber aufgrund des *Kotextes eindeutig rekonstruierbar ist: *Damenabteilung und Kinderabteilung; Ich habe dir das schon 100-mal gesagt und ihm habe ich es auch schon 100-mal gesagt.* 195ff., 287, T27

endozentrisches Kompositum *Kompositum, dessen *Determinatum (2. Bestandteil) den Oberbegriff für den Gesamtausdruck bildet: *Holzhaus* ist ein Unterbegriff von *Haus*. Gegensatz: *exozentrisches Kompositum. 162

Entlehnung Übernahme eines Ausdrucks aus einer anderen Sprache. Wesentliches Verfahren der *Wortkreation. Entlehnungen können mehr oder weniger stark in den *Wortschatz der aufnehmenden Sprache integriert und an dessen Strukturen assimiliert sein: *schreiben – Manuskript – Computer – Cyberspace – online.* Vgl. *Fremdwort, *Internationalismus. 132

Ergänzung Französisch: actant. Von der Verb-*valenz gefordertes *Satzglied; das sind auf jeden Fall das *Subjekt und die *Objekte. *Adverbialbestimmungen werden dagegen nur von wenigen Verben gefordert (z.B. bei *wohnen* und *finden* in der Lesart ›beurteilen‹, *etwas schön finden*). 167, 195, 197

Etymologie Herkunft und Entwicklung von *Lexemen und *Morphemen. Etymologische Wörterbücher erläutern nicht nur den Ursprung und die lautlichen und inhaltlichen Veränderungen von Ausdrücken, sondern auch die Verwandtschaft mit solchen anderer Sprachen. Nicht assimilierte Entlehnungen (so genannte *Fremdwörter) werden dabei meist nicht oder nur in beschränkter Auswahl berücksichtigt. 63

Eurolatein S. *Internationalismus. 132f., 156

exozentrisches Kompositum *Kompositum, dessen *Determinatum (2. Bestandteil) nicht den *Oberbegriff für den Gesamtausdruck bildet. Der Oberbegriff muss von außen hinzugefügt werden: *Holzkopf, Dickkopf* und *Kinds-*

kopf sind keine *Unterbegriffe von *Kopf*, sondern Personenbezeichnungen. Gegensatz: *endozentrisches Kompositum. 162

Experiencer *Semantische Rolle. Person, die einen Vorgang oder Zustand an sich erfährt: *Sie träumt; Ihr kommt ein Gedanke.* 169, 173

Expressiv *Illokutionstyp, mit dem der Sprecher den Hörer seiner (sozial erwarteten) Gefühle versichert: *Ich möchte Ihnen im Namen aller Kollegen unsere herzlichsten Glückwünsche aussprechen; Es tut mir leid.* 226

Face-to-face Kommunikationssituation, in der die Gesprächspartner im direkten Kontakt stehen (von Angesicht zu Angesicht). 252

Fachsprache *Varietät einer Sprache, die auf Themen eines bestimmten Fachgebiets spezialisiert ist. Fachsprachen umfassen jeweils mehrere Schichten, u.a. die fachinterne, in der Experten untereinander kommunizieren, und die populärwissenschaftliche, die sich an ein breites Publikum wendet und nur durch wenige fachsprachliche Merkmale geprägt ist. 68, 135/137

feste Syntagmen Oberbegriff für idiomatische Wendungen (*jemandem nicht das Wasser reichen können*), Sprichwörter (*Gleich und Gleich gesellt sich gern*) und andere mehrwortige Ausdrücke (*Kalter Krieg*), die wie einwortige *Lexeme im *Wortschatz als Ganze gespeichert werden, da ihre Gesamtbedeutung sich nicht (vollständig) aus den Bestandteilen herleiten lässt. 64, 138f.

finites Verb *Wortform des *Verbs, die im Deutschen nach den vier Kategorien *Person, *Numerus, *Tempus und *Modus bestimmt ist. Da das *Passiv *synthetisch gebildet wird (mit den *Hilfsverben *werden/sein* + Partizip), wird die fünfte Verbalkategorie (*Genus verbi) nicht am finiten Verb ausgedrückt (anders z.B. im Lateinischen). Gegensatz: *infinite Verbform. 121, A13

Flexion Bildung der *Wortformen von *Lexemen durch grammatische *Morpheme mit komplexer Bedeutung (im Gegensatz zum *agglutinierenden Verfahren): *-t* in *baut* trägt z.B. die komplexe Bedeutung ›3. Person, Singular, Präsens, Indikativ, Aktiv‹. Untertypen: *Deklination, *Konjugation und *Komparation. 94f., 104

Formulartext *Textsorte, deren *Makro- und *Mikrostruktur sehr stark standardisiert, eventuell auch juristisch reglementiert ist: Lebenslauf, Vertrag. 267

freie und gebundene Morpheme Unterscheidung der *Morpheme nach dem Kriterium, ob sie allein ein *Wort bilden können (das sind freie: *Kind, alt, mit, aber*) oder nicht (das sind gebundene: *ge-, ver-, -ung, -er*). 121, 125

Fremdwort *Entlehnung, die nicht oder nur unvollständig an das lautlich-grammatische System der aufnehmenden Sprache assimiliert ist und daher als ›fremdes‹ Element gut erkennbar ist. Der Gebrauch von Fremdwörtern ist häufiger Gegenstand von *Sprachkritik. Vgl. *Internationalismus.

Frequenz Häufigkeit des Vorkommens von *Lexemen oder grammatischen Strukturen. Abgesehen von den *Funktionswörtern hängt die relative Häufigkeit von Elementen von der jeweiligen *Varietät, der *Textsorte und dem Thema ab, so dass nur sehr grobe Aussagen über die Sprache insgesamt bzw. über ›Normaltexte‹ gemacht werden können. Wichtig ist die Untersuchung der Frequenz aber bei der Beschreibung und dem Vergleich von Einzeltexten, *Korpora und Varietäten. 143

Fugenelement Inhaltsleeres Element zwischen *Kompositionsgliedern: *Knabenmorgen-Blütenträume, Hoffnungsschimmer.* 159f.

Funktionsverb Relativ inhaltsleeres *Verb, das zusammen mit dem die Hauptbedeutung tragenden *Substantiv das *Prädikat bildet; die Gesamtkonstruktion heißt Funktionsverbgefüge. Charakteristisch für den so genannten *Nominalstil: *zur Durchführung bringen* statt *durchführen; in Kenntnis setzen.* A13

Funktionswort Auch: Strukturwort. Im Gegensatz zu *Inhaltswort *freies Morphem, das vor allem grammatische Bedeutung trägt und hauptsächlich dazu dient, die Beziehungen zwischen *referenziellen Zeichen bzw. zwischen komplexen Ausdrücken deutlich zu machen. Die Gruppe der Funktionswörter bildet eine geschlossene und relativ kleine Klasse. Zu ihr gehören aber die in der *parole am häufigsten verwendeten Wörter. Untertypen: *Artikelwörter, *Pronomina, *Präpositionen und *Konjunktionen. 91f., 103, 121, 128

Gebrauchsbedingung *Bedeutungsebene (vor allem bei *Lexemen), die die regionale, historische, soziale, situative oder stilistische *Markiertheit betrifft: *Haarstudio, Coiffeur* gegenüber *Frisör.* **77ff.**

Gemeintes Bedeutung, die der Produzent mit seiner Äußerung verbindet. Zusätzlich zu dem, was sich aus der wörtlichen Bedeutung (dem *Bedeuteten) ergibt, umfasst das Gemeinte auch vorausgesetztes *Kontextwissen und *Implizites. **23, 235f.**

Generativistik Von N. Chomsky begründete linguistische Schule, die ein formalisiertes Regelsystem zu erarbeiten sucht, das die (angeborene) *Universalgrammatik und die (*parametrisierten) Grammatiken von Einzelsprachen modelliert, über die *kompetente Sprecher der Sprache verfügen. **290ff.**

Genus Plural: Genera; Genus: *das.* Neben *Kasus und *Numerus Kategorie der *Deklination. Umfasst im Deutschen die Ausprägungen Maskulinum, Femininum und Neutrum. *Substantivischen Lexemen ist ein bestimmtes Genus fest zugeordnet; *Artikelwörter, *Adjektive und *Pronomina richten sich im Genus nach dem Bezugssubstantiv. **97f.**

Genus verbi Kategorie der *Konjugation. Umfasst im Deutschen die Ausprägungen *Aktiv (*unmarkiert) und *Passiv. **101f.**

Gesprächslinguistik Subdisziplin der Linguistik, die sich (in *systemlinguistischer Absicht) mit den Regeln befasst, nach denen Gespräche geführt werden, und (in der Perspektive der Linguistik des *Sprachgebrauchs) *Korpora authentischer Gespräche aufzeichnet, beschreibt und interpretiert. **47, 261f., T17**

Gesprächssorte *Textsorte der dialogischen Kommunikation, z.B. Interview, Small talk. **262, 270ff., A19**

gesprochene und geschriebene Sprache Zunächst die beiden Grundformen, in denen Sprache materiell realisiert werden kann, wobei die geschriebene Sprache sekundär ist. Schriftsprache wird aber kommunikativ in der Regel nicht zur abbildenden Wiedergabe von Gesprochenem benutzt, sondern folgt eigenen Prinzipien. Dazu gehört u.a. eine strengere Ausrichtung an normativen Regeln. Die Untersuchung und der Vergleich von gesprochener und geschriebener Sprache betrifft daher weniger die grundsätzlichen materiellen Unterschiede, die durch das jeweilige Medium bedingt sind, als Charakteristika des *Sprachgebrauchs (auf der lexikalischen, grammatischen, pragmatischen und textuellen Ebene), die mit der Sprachsituation und der kommunikativen Funktion der Äußerung korrelieren. Gesprochene und geschriebene Sprache werden also als *Varietäten betrachtet. Da die materielle Realisierung und die varietätenspezifische Gestalt nicht unbedingt übereinstimmen, hat man für letztere den Ausdruck *konzeptionelle Mündlichkeit/Schriftlichkeit* eingeführt (E-Mails sind z.B. schriftlich, weisen aber oft Kennzeichen konzeptioneller Mündlichkeit auf). **16, 105, T3, T17**

Gliedsatz *Nebensatz, der die Position eines *Satzglieds einnimmt. Untertypen: *Subjekt-, *Objekt- und *Adverbialsatz. Gegensatz: *Attributsatz. **188f.**

Graphem Kleinste bedeutungsunterscheidende Einheit des Schriftsystems (Buchstabe, Akzent, Satzzeichen). **117**

Graphemik Subdisziplin der Linguistik, die sich mit Schriftsystemen und der Beschreibung einzelsprachlicher Verschriftlichungsregeln befasst. Als angewandte Disziplin besonders wichtig für die Erarbeitung von Orthografieregeln. **42f., 58, 117**

Graphetik Subdisziplin der Linguistik, die sich mit schriftlichen *Parole-Akten befasst. Dies dient u.a. der Entzifferung von Manuskripten, der Identifizierung von Handschriften (z.B. zu juristischen Zwecken) und der Erarbeitung von Methoden des Schreib- und Leseunterrichts. **42f., 117**

Grundwortschatz Einige tausend Einheiten umfassender Grundbestand des *Wortschatzes einer Einzelsprache, der vor allem auf dem Kriterium der *Frequenz der *Lexeme basiert. Wörterbücher des Grundwortschatzes werden in der Regel für Zwecke des (Fremd-)Sprachenunterrichts zusammengestellt. **128f., A11**

›harte‹ und ›weiche‹ Linguistik (Tendenziell polemische) Gegenüberstellung von zwei sprachwissenschaftlichen Ausrichtungen. Die ›harte‹ Linguistik entspricht der besonders an der formalen Seite der Sprache interessierten

*Systemlinguistik mit schwacher inter- bzw. transdisziplinärer Beziehung zu anderen (Geistes-, Sozial- und Text-)Wissenschaften. Die ›weiche‹ Linguistik stellt demgegenüber den *Sprachgebrauch in den Vordergrund und steht in enger Beziehung zur Kommunikationswissenschaft, Soziologie, Psychologie, Anthropologie, Literaturwissenschaft usw. Als unpolemischer Gegenbegriff zu *Systemlinguistik* bietet sich *Parole-Linguistik* oder *Linguistik des Sprachgebrauchs* an. **41, 45**

Hauptsatz *Elementarsatz, der syntaktisch von keinem anderen Satz abhängig ist, also nicht in einen übergeordneten Satzes eingebettet ist. Er kann als *Einfachsatz oder als *Teilsatz eines *komplexen Satzes auftreten, d.h. mit anderen Hauptsätzen koordiniert sein oder als übergeordneter Satz eines *Nebensatzes fungieren. Dass der Hauptsatz syntaktisch unabhängig ist, bedeutet daher nicht notwendigerweise, dass er allein stehen kann. Werden seine obligatorischen *Satzglieder durch Nebensätze realisiert, so kann als Hauptsatzelement u.U. nur das *finite Verb erscheinen: *Wer andern eine Grube gräbt, riskiert, dass er selbst hineinfällt.* **182f.**

Hauptverb *Verb mit *referenzieller Bedeutung, das allein das *Prädikat bilden kann. **A13**

Hauptwortart *Wortart, die *Inhaltswörter mit *referenzieller Bedeutung umfasst. Untertypen: *Substantiv, *Verb, *Adjektiv und *Adverb. **92**

Heckenausdruck Ausdruck, mit dem deutlich gemacht wird, dass ein *Referent ein untypischer Vertreter der *Kategorie ist oder dass ein gewähltes *Zeichen nicht gut für den Referenten geeignet ist: *ein x-artiges Ding, gewissermaßen ein x, … oder so ähnlich.* **86**

Hilfsverb Auch: Auxiliarverb. *Verb, das zur Bildung *synthetischer Formen des *Tempus, *Modus oder *Genus verbi eingesetzt wird: *haben, sein, werden.* **A13**

Historiolinguistik Zweig der Linguistik, der sich mit dem *Sprachwandel beschäftigt, die *Diachronie untersucht. Vgl. *Sprachstadium und *historisch-vergleichende Sprachwissenschaft. **27, 48**

historisch-vergleichende Sprachwissenschaft Beherrschende Richtung der Sprachwissenschaft des 19. Jahrhunderts, die die Verwandtschaft und Entwicklung der indoeuropäischen *Sprachfamilie untersuchte. **12, 107f., A3**

Homografie Untertyp der *Homonymie. Zwei *Zeichen (mit unterschiedlichem *signifié), deren *signifiant gleich geschrieben wird, sind homograf: *sieben* (Zahlwort oder Verb); *modern* (Verb oder Adjektiv). **58**

Homonymie Mehrdeutigkeit eines *signifiant, der zu zwei (oder mehr) verschiedenen *Zeichen gehört und deshalb im Wörterbuch in der Regel mehrfach eingetragen ist: ^{1}*weiß*, ^{2}*weiß*. Untertypen: *Homografie und *Homophonie. Vgl. *Polysemie. **58, 61, 126f., T11**

Homophonie Untertyp der *Homonymie. Zwei *Zeichen (mit unterschiedlichem *signifié), deren *signifiant gleich gesprochen wird, sind homophon: *Moor – Mohr; sieben*: Zahlwort – Verb. **58**

Hyperonym Oberbegriff. *Verwandter* ist hyperonym zu *Mutter, Kind, Schwester, Großmutter, Bruder, Onkel.* **69, 86f.**

Hypertext Form der nicht-linearen Präsentation von (digital gespeicherten) *Texten bzw. *Textverbünden, die es ermöglicht, auf Informationen selektiv und gezielt zuzugreifen. **205, 277**

Hyponym Unterbegriff. *Mutter, Kind, Schwester, Großmutter, Bruder, Onkel* sind hyponym zu *Verwandter.* **69**

Hypotaxe Auch: Subordination, Unterordnung. Neben der *Parataxe syntaktisches Verfahren der Bildung *komplexer Sätze, bei dem *Nebensätze benutzt werden. **187ff., 200**

idealer Sprecher/Hörer Konstrukt aus der *Generativistik. Sprecher/Hörer, der seine Sprache perfekt beherrscht und völlig fehlerfrei benutzt. **292**

Idiolekt Individueller Sprachbesitz eines Menschen; insbesondere verwendet für auffällige Merkmale seiner Sprech- und Schreibweise. **7**

ikonische Zeichen *Zeichen mit Abbildcharakter: ☎. Unter den sprachlichen Zeichen haben *onomatopoetische (*Kuckuck*) ikonischen Charakter. **18, 20, T4, T5**

Illokution/illokutionärer Akt Neben Lokution und Perlokution Teilakt des Sprechakts. Betrifft die kommunikative Funktion der Äußerung. Üblich ist die Unterscheidung von fünf Illokutionstypen: *Deklarationen, *Direktiva, *Expressiva, *Kommissiva, *Repräsentativa. 223ff., 278ff., T31

Illokutionsindikatoren Sprachliche Mittel, die die *Illokution einer Äußerung anzeigen; insbesondere: *performative Formeln, *Satzarten, *Modalverben, *Partikeln. 229ff.

Imperativ Neben *Indikativ (*unmarkiert) und *Konjunktiv Ausprägung der morphologischen Kategorie *Modus: *gib, helft, entscheide (du), sagen (Sie).* 95, 121f.

Implikatur Untertyp des *Impliziten einer Äußerung, das nicht logisch *präsupponiert ist, sondern auf (vom Sprecher erwünschten) Schlussfolgerungsprozessen des Hörers basiert. Es gibt zwei Untergruppen:
1. Konventionelle Implikaturen; das sind quasi automatisch rekonstruierte ›Schlussfolgerungen‹, die sich aus der Kenntnis der Sprachkonventionen ergeben: *Könntest du mir das Salz reichen?* für *Reich mir bitte das Salz.*
2. Konversationelle Implikaturen; diese Schlussfolgerungen können nur auf der Grundlage von Situationswissen, der Kenntnis über Kommunikationsgewohnheiten des Partners usw. gezogen werden: *Ich kenne Flaschen, in denen etwas ganz anderes ist* – statt: *Danke für den Asti.* 242f., 251f., T34.

Implizites Bei einer Äußerung zusätzlich zum *Bedeuteten (zur wörtlichen Bedeutung)*Mitgemeintes bzw. *Mitverstandenes. Untertypen: *Präsupposition, *Implikatur. 237f., T34

Indikativ *Unmarkierte Ausprägung des *Modus (*markiert: *Konjunktiv, *Imperativ): *ich gehe, ging, bin gegangen, war gegangen, werde gehen, werde gegangen sein.* 95

indirekter Sprechakt Äußerung mit einem *Illokutionsindikator, der der tatsächlich gemeinten *Illokution nicht entspricht: Aussagesatz *Es ist heiß* (lässt auf *Repräsentativ schließen) statt Imperativsatz, z.B.: *Dreh die Heizung ab* (gemeint: *Direktiv). 232, 234f., T34

Infinite Verbform Infinitiv (*geben*) und Partizip (*gebend, gegeben*). Gegensatz: *finite Verbform. 121

Infinitivsatz Infinitivkonstruktion (meist mit *zu*), die syntaktisch dieselbe Funktion hat wie ein *konjunktionaler *Nebensatz, also satz-

wertig ist: *Ich verspreche, immer lieb zu sein* (entspricht: *dass ich immer lieb sein werde*). 192ff., 195ff.

Informant Sprecher, der dem Linguisten als Gewährsmann oder Testperson dient, indem er Auskunft über seine Sprache gibt und z.B. Urteile darüber abgibt, ob ein bestimmter Ausdruck verständlich ist, ob er korrekt ist usw. 118

Inhaltssatz *Nebensatz, der von Ausdrücken des Sagens, Denkens o.ä. abhängig ist und in dem der Inhalt der Rede, des Gedankens usw. formuliert ist. Inhaltssätze besetzen syntaktisch die Stelle eines *Objekts (*Sie sagt, dass stimmt*) oder eines *Attributs (*Die Frage, ob es stimmt ...*). 189, 191, 214

Inhaltswort Im Gegensatz zu *Funktionswort *Zeichen mit lexikalischer Bedeutung. Inhaltswörter gehören den Wortarten *Substantiv, *Verb, *Adjektiv (oder *Adverb) an und bilden eine offene Klasse, d.h. der Lexembestand von Inhaltswörtern wird durch *Wortkreationen ständig ergänzt. 91f., 131

Initialwort Untertyp einer *Kurzwortbildung, in der nur die Anfangsbuchstaben der Ausdrücke eines *Syntagmas erscheinen: *WHO, Aids*. 150

Instrument *Semantische Rolle, die das Instrument bezeichnet, mit dem eine Handlung ausgeführt wird: *Sie schreibt mit dem Füller; Dieser Knopf dient zum Regulieren der Lautstärke.* 170

Interkulturelle Kommunikation Kommunikative Begegnungen zwischen Angehörigen unterschiedlicher Kulturen (und Sprachen) und der Forschungszweig, der sich mit diesem Bereich beschäftigt. 244f.

Internationalismus In modernen europäischen Sprachen gebildeter Ausdruck, in dem auf griechische und lateinische *Morpheme zurückgegriffen wird (meist *fach- oder bildungssprachlich). Solche Ausdrücke machen den größten Teil der so genannten *Fremdwörter aus: *Elektronik, Bioenergetik, psychohistorisch, Eurokrat.* 132f.

Intertextualität Bezug zwischen *Texten wie Zitat, Anspielung, Übersetzung, Überarbeitung usw. 254, 280f., T37

Isotopie In einem *Text vorkommende Ausdrücke aus demselben Bedeutungs- oder Sachbereich: *Eisenbahn, fahren, einsteigen, Gleise, Fahrkarte, Bahnhof, Schaffner, anhalten.* 285f.

Kasus Plural: Kasu:s, Genus: *der.* Neben *Genus und *Numerus Kategorie der *Deklination. Umfasst im Deutschen die Ausprägungen Nominativ, Genitiv, Dativ und Akkusativ. **99, 170**

Kasusgrammatik Auf Ch. Fillmore zurückgehender syntaxtheoretischer Ansatz, in dem *Satzglieder entsprechend der *semantischen Rolle, die sie im Satz spielen, charakterisiert werden. Die semantischen Rollen werden auch als Tiefenkasus bezeichnet und entsprechen nicht eindeutig den formal bestimmten morphologischen *Kasus: Der Täter erscheint z.B. nicht immer im Nominativ, d.h. als *Subjekt. Untertypen: *affiziertes/*effiziertes Objekt, *Agens, *Benefaktiv, *Experiencer, *Instrument, *Lokativ, (*Objektiv), *Patiens, *Temporativ. **168**

Kategorie Elementare Einheit der Kognition, mit der die amorphe und unendliche Menge von Wahrgenommenem strukturiert wird. Natürlichsprachliche Ausdrücke stellen die fundamentalen Kategorien des menschlichen Denkens dar. In verschiedenen Sprachen wird die Welt jedoch unterschiedlich kategorisiert. Wissenschaftliche Kategorienbildung löst sich von den Kategorien des Alltagsdenkens und natürlicher Sprachen mehr oder weniger stark ab. Die *Systemlinguistik ist durch ein ausgeprägtes Bemühen gekennzeichnet, eindeutige und operationalisierbare Kriterien (z.B. durch die Verfahren der *Segmentierung und *Substitution) für ihre Kategorien zu formulieren. In jüngerer Zeit stellt man den *prototypischen Charakter von (sprachlichen) Kategorien stärker in den Vordergrund, was sich auch auf die (sprach)wissenschaftlichen Beschreibungskategorien auswirkt. **65ff., 86f., T12**

Kausalsatz Untertyp des *Adverbialsatzes zum Ausdruck der Relation Grund oder Ursache: *Weil niemand etwas getan hat, ist es passiert.* **214f.**

Klassifizierung Unterteilung einer Menge von Einheiten nach bestimmten Kriterien im Rahmen der Bildung von *Kategorien. **89, 113**

Kohärenz Inhaltlich-thematischer Zusammenhang der Bestandteile eines *Textes. Vgl. *Kohäsion. **260, T38**

Kohäsion Mittel der sprachlichen Verknüpfung der Bestandteile eines *Textes; insbesondere

*Rekurrenz, *Isotopie und *Konnektoren. **284ff.**

Kollokation Charakteristische Umgebung/*Distribution von *Lexemen: *Brief – schreiben; Hund – bellen; Richterskala – nach oben hin offen.* **79**

Kommissiv *Illokutionstyp, mit dem der Sprecher sich auf eine zukünftige Handlung festlegt (Versprechen): *Ich werde die Sache in Ordnung bringen; Großes Indianerehrenwort.* **225**

Kommunikationskritik S. *Sprachkritik.

Kommunikationsstörung Missglückter Kommunikationsversuch (Missverständnis, Unterstellung von Unredlichkeit u.ä.). **236, T10, T32, T34**

Kommunikationstraining Systematische Einübung von adäquatem, Erfolg versprechendem Kommunikationsverhalten (z.B. Verkäuferschulung, Einübung von Bewerbungsgesprächen). **272**

Komparation Deutscher Terminus: Steigerung. Neben *Deklination und *Konjugation Kategorie der *Flexion. Betrifft *Adjektive. Ausprägungen: Positiv (*schlecht*), Komparativ (*schlechter*), Superlativ (*am schlechtesten*). **97**

kompetenter Sprecher Sprecher, der eine Sprache beherrscht; im engeren Sinn: der sie als Muttersprache gelernt hat (dieser wird oft als *native speaker* bezeichnet). **295**

Kompetenz Immanentes/unbewusstes Wissen, das ein Sprecher von seiner Sprache hat und das ihn befähigt, korrekte Sätze seiner Sprache hervorzubringen, Sätze auf ihre Korrektheit hin zu prüfen und sie zu interpretieren. Vgl. *Performanz. **293, 295, T9**

Komplexer Satz *Parole-Satz, der aus mehreren *Elementarsätzen besteht. Untertypen: *Satzreihe, *Satzgefüge. **184, 187ff.**

Komponentenanalyse Auch: Merkmalanalyse. Analyseverfahren im Bereich der *Semantik, das *Lexeme in *referenzielle Bedeutungsbestandteile (*Seme) zerlegt. Die Bedeutung von *Frau* lässt sich z.B. beschreiben mit den Semen: + menschlich, + erwachsen, + weiblich. **70ff., 78, 82, 86**

Komposition Deutscher Terminus: Zusammensetzung. Neben der *Derivation wichtigster Untertyp der *Wortbildung, bei dem mindestens zwei lexikalische *Morpheme verbunden werden. Das Ergebnis ist ein Kompositum (Plural: Komposita): *Holz-haus, hell-rot,*

Frei-heit-s-lieb-e. Untertypen: *Determinativkompositum, *Kopulativkompositum. Vgl. *endozentrisches/*exozentrisches Kompositum. **130f., 147ff., 158ff., T21, T30**

Konditionalsatz Untertyp des *Adverbialsatzes zum Ausdruck der Relation Bedingung: *Wenn niemand etwas dagegen tut, passiert es.* **214**

Konfix Gebundenes lexikalisches Morphem, in der Regel dem *Eurolatein zugehörig, das in vielen Ableitungen und Komposita erscheint: *bio-, cyber-, tele-, phil-/-phil, therm-/-therm* **156**

Kongruenz Übereinstimmung von Ausdrücken eines Satzes in *morphologischen Kennzeichen (*Genus, *Numerus, *Kasus, *Person), die der Kennzeichnung ihrer Zusammengehörigkeit (innerhalb einer *Nominalgruppe) bzw. der syntaktischen Relationen (Kongruenz von *Subjekt und *Prädikat) dient. **98**

Konjugation Neben der *Deklination und der *Komparation Untertyp der *Flexion. Betrifft *Verben. Umfasst im Deutschen die Kategorien: *Person, *Numerus, *Tempus, *Modus und *Genus verbi. **95, 99ff.**

Konjunktion *Wortart (unflektierbar). Untertyp der *Funktionswörter. Dient vor allem der Verknüpfung zwischen Wörtern, Wortgruppen und Sätzen. Untertypen: *koordinierende (*und, aber, denn, …*) und *subordinierende (*als, weil, obwohl, damit, wenn, …*). **96, 188, 288**

Konjunktiv Neben *Indikativ (*unmarkiert) und *Imperativ Ausprägung der Kategorie *Modus. Für das Deutsche unterscheidet man zwischen Konjunktiv I (abgeleitet vom Präsens: *sei; sie gehe*), der hauptsächlich in indirekter Rede vorkommt, und Konjunktiv II (abgeleitet vom Präteritum: *wäre; sie ginge*), der vor allem zum Ausdruck von Potenzialität und Irrealität dient. Eine analytische Variante des Konjunktivs II kann man mit dem Hilfsverb *werden* bilden (*würde sein; würde gehen*). **95, 189**

Konjunktionalattribut Mit der *Konjunktion *als* oder *wie* angeschlossenes *Attribut: *Der Professor als Unterrichtender; Zustände wie an der alten Ordinarienuniversität.* **176f.**

Konnektor Oberbegriff für sprachliche Elemente, die zum expliziten Ausdruck des Zusammenhangs zwischen Ausdrücken/Textbestandteilen dienen, insbesondere *Konjunktionen,

*Pronominaladverbien, *metakommunikative Äußerungen. **207, 284, 288f.**

Konnotation *Bedeutungsebene von *Lexemen, die den Aspekt betrifft, unter dem ein *Referent betrachtet/bezeichnet wird: *Befreiungskriege* gegenüber *Napoleonische Kriege; Leiche, Toter, Verstorbener.* Wichtige Untertypen: *Pejoration, *Melioration. Gegensatz: *Denotation. **72ff., 78f., T14**

Kontext Im Gegensatz zu *Kotext die Gesamtheit der außersprachlichen Bedingungen, die zum Verständnis einer Äußerung herangezogen werden können. **23**

Konversationsmaximen Regeln des (rationalen) sprachlichen Verhaltens, deren Befolgung der Hörer dem Sprecher unterstellt, wenn er annimmt, dass dieser sich kooperativ verhält. Untertypen: Quantität (nicht mehr und nicht weniger als notwendig sagen), Qualität (aufrichtig sein), Relation (nur Relevantes sagen) und Modalität (sich klar und verständlich ausdrücken). **241f., 251**

Konversion Untertyp der *Wortbildung. Überführung einer *Wortart in eine andere ohne Benutzung von *Affixen: *lesen – (das) Lesen, laut* (Adjektiv) *– laut* (Präposition); *schnell* (Adjektiv) *– schnell* (*Adverb). **150f.**

Konzessivsatz Untertyp des *Adverbialsatzes zum Ausdruck der Relation des Gegengrundes (Ursache, deren erwartete Folge sich nicht einstellt): *Obwohl es regnet, geht es mir gut.* **214f.**

Koordination Lateinischer Terminus für *Parataxe. **187f.**

Kopula Verb mit schwacher Eigenbedeutung, das dazu dient, *Subjekt und *Prädikativ in Beziehung zu setzen; besonders *sein, werden, bleiben.* **165**

Kopulativkompositum *Kompositum, bei dem die beiden Bestandteile inhaltlich in additivem Verhältnis zueinander stehen, vor allem bei Adjektiven: *rot-grün; süß-sauer.* Gegensatz: *Determinativkompositum. **160**

Korpus Plural: Korpora, Genus: *das.* Sammlung von sprachlichen Äußerungen/Texten, die als Untersuchungsgrundlage dient. **113**

Kotext Im Gegensatz zu *Kontext sprachliche Umgebung eines Elements/einer Äußerung (was im Text vorangeht und folgt). **287**

Kreolsprache Aus *Pidgin entwickelte, voll ausgebaute natürliche Sprache. **3f.**

Kurzwort Untertyp der *Wortbildung, der auf die Kürzung einer *Ableitung, eines *Kompositums oder meist eines *Syntagmas zurückgeht: *Sozialist, Diapositiv, World Health Organization*. S. auch *Initialwort. **150, 156**

langage Angeborene Sprachfähigkeit des Menschen und Oberbegriff für *langue* und *parole*. **4**

langue Deutscher Terminus: Sprachsystem. Gesamtheit der Elemente einer Einzelsprache (*Phoneme, *Morpheme) und der Regeln ihrer Verknüpfung (vgl. *Morphologie, *Wortbildung, *Syntax, *Textlinguistik), die dem konkreten Sprachgebrauch, der *parole*, zugrunde liegt. Die Elemente und Strukturen stellen keine additive Menge dar, sondern sind alle aufeinander bezogen und begrenzen sich gegenseitig (vgl. *valeur*). Da die *langue* der Beobachtung nicht unmittelbar zugänglich ist, kann sie nur aus der *parole* erschlossen werden. Die *Systemlinguistik setzt sich die Rekonstruktion solcher Systeme zur Aufgabe. Sie idealisiert (in orthodoxen Ausrichtungen) dabei den Gegenstand, indem sie die *langue* als stabil und homogen betrachtet, also von *Sprachwandel und *Varietäten absieht. Bei extremer Betonung des Homogenitätspostulats muss für jeden *Idiolekt ein eigenes System rekonstruiert werden. Vgl. auch *Strukturalismus. **4ff., 12f., 20f.**

Langue-Satz Abstrakter Konstruktionstyp für Verbalsätze entsprechend der *langue*. Vgl. *Parole-Satz. **186f.**

Langue-Text Abstraktes Konstruktionsschema für *Texte entsprechend der *langue*. Vgl. *Parole-Text. **261**

Lesart Bedeutungsvariante eines *polysemen *Lexems, z.B. 1. *Kind* im Sinne von ›nicht erwachsener Mensch‹ und 2. *Kind* als Oberbegriff für *Tochter* und *Sohn*. **60, 285f., T11**

Lexem Im Unterschied zu *Wort (Einheit der *parole*) Einheit des *Wortschatzes auf der Ebene der *langue*, die im gedruckten Wörterbuch verzeichnet bzw. im mentalen Lexikon gespeichert ist. Lexemstatus können neben einwortigen Ausdrücken (*spitz, Finger, Fingerspitze*) auch *feste Syntagmen haben (*etwas auf die Spitze treiben*). **59ff., 75**

Lexikalisierung Prozess und Ergebnis der Integration eines neu gebildeten komplexen Ausdrucks oder einer zusätzlichen *Lesart in den *Wortschatz. Von lexikalisierten Ausdrücken nimmt man an, dass sie bei der Produktion und Rezeption von Äußerungen aus dem Wortspeicher abgerufen und nicht jeweils neu kreiert bzw. interpretiert werden. Der Ausdruck wird daher insbesondere für komplexe Ausdrücke oder Lesarten verwendet, die nicht (voll) durchschaubar sind (*Abteilung, Weichei*). Vgl. *Motiviertheit, *Durchschaubarkeit. **144f., 147, 149**

Lexikografie Subdisziplin der Linguistik, die sich mit der Konzeption, Erstellung und Beschreibung von Wörterbüchern befasst. In jüngerer Zeit ist auch die Untersuchung der Wörterbuchbenutzung ein wichtiger Teilbereich lexikografischer Forschung geworden. **43, 56ff., 62ff., 82ff., 142ff., 147ff.**

Lexikologie Subdisziplin der Linguistik, die sich (vor allem unter *semantischen Gesichtspunkten) mit der Beschreibung des *Wortschatzes beschäftigt. **43**

Lokativ *Semantische Rolle, die den Ort eines Geschehens/einer Handlung betrifft: *Sie wohnt in Rom. Rom zieht jährlich Millionen von Touristen an.* **170**

Lokution/lokutionärer Akt Neben der *Illokution und der *Perlokution Teilakt des *Sprechakts. Betrifft die Äußerung, insofern sie nach den Regeln einer Sprache gebildet ist und auf einen Sachverhalt verweist. Die Äußerungen *Da ist eine Maus.* und *Ist da eine Maus?* haben die gleiche Lokution – dargestellt etwa als: ›sein (eine Maus, da)‹ – aber unterschiedliche Illokutionen. **223**

Makro-Satz *Parole-Satz, der selbst mehrere Parole-Sätze enthält, die in der Regel grafisch voneinander abgehoben sind. **206**

Makrostruktur (Typische) Anzahl, Art und Reihenfolge der *Teiltexte eines *Textes bzw. einer *Textsorte. **263ff., A16–A19**

mala-fide-Reaktion Vorgängige oder sich aus der Interpretation einer Äußerung ergebende Annahme, dass der Kommunikationspartner sich nicht an die *Konversationsmaximen hält. **244, 246, T17, T35**

markiert Als markiert gelten Ausdrücke (z.B. *Antlitz, Visage* gegenüber *Gesicht*) oder Strukturen (z.B. *Passiv gegenüber *Aktiv), die semantisch und/oder grammatisch komplexer sind und seltener vorkommen als die so genannten *unmarkierten oder neutralen. **77ff.**, **100**

Melioration Untertyp der *Konnotation, mit dem der *Referent aufgewertet, in ein günstiges Licht gestellt wird: *Frontbegradigung* statt *militärischer Rückzug.* Gegensatz: *Pejoration. **76, T19**

mentale Landkarte Zunächst die (relativ abstrakte) Vorstellung, die Personen von den äußeren und inneren Grenzen eines Landes, der ungefähren Lage einzelner Städte usw. haben. Im erweiterten Sinne die (grafische Abbildung der) netzwerkartig organisierten Vorstellungen über einen Themenbereich, bei der die wichtigsten Aspekte und die Relationen zwischen ihnen hervorgehoben sind. Auch Schemata zur Strukturierung und übersichtlichen Darstellung von Kategorien usw. können unter den Begriff mentale Landkarte subsumiert werden. **277f.** Vgl. unter den Abbildungen besonders **A4, A7, A10, A13, A14, A20**

Merkmalanalyse S. *Komponentenanalyse. **70ff.**

Metakommunikation Kommunikation, die sprachliches oder kommunikatives Verhalten zum Gegenstand hat: *Ich benutze diesen Ausdruck im Sinne von Heidegger. Könnten Sie etwas lauter reden?* **37f.**, **182ff.**, **236, T32**

Metasprache Sprache zweiter Stufe, mit der man nicht über außersprachliche *Referenten spricht (dies tut man mit der so genannten Objektsprache), sondern Sprachliches selbst als Referenzobjekt behandelt. Da Sprechen bzw. Schreiben über Sprache die wesentliche Aufgabe der Linguistik ist, hat man dort zur Unterscheidung der beiden Ebenen bestimmte Notationskonventionen eingeführt. Die wichtigsten sind die Kursivierung, in der sprachliche Ausdrücke angeführt (›zitiert‹) werden, und einfache Anführungszeichen, die Bedeutungsangaben kennzeichnen: (Das Wort) *drei* hat vier Buchstaben und bedeutet ›3‹. **37f.**, **44**

Mikrostruktur Sprachliche Feingliederung eines *Textes, an der man vor allem die *Kohäsion untersucht. **282ff.**

Minimalpaar Zwei Ausdrücke mit unterschiedlicher Bedeutung, die sich nur in einem *Phonem unterscheiden: *mein/nein; Loch/roch; las/lass.* **118**

Mitgemeintes Untertyp des *Impliziten. Bestandteil der Bedeutung einer Äußerung, den der Sprecher mit ihr verbindet, ohne ihn explizit ausgedrückt zu haben; z.B. *Illokutionstyp *Direktiv bei *Hast du nicht Lust, Brötchen zu holen?* **237**

Mitspieler Synonym zu *Ergänzung. **167**

Mittelfeld S. *Satzklammer. **211**

Mitverstandenes Bestandteil der Bedeutung einer Äußerung, den der Hörer ihr aufgrund von Kontextwissen und Schlussfolgerungen zusätzlich zum *Bedeuteten zuschreibt. **237, 240f.**

Modalitätsverb Gruppe von *Verben, die mit dem Infinitiv (mit *zu*) verbunden werden und eine ähnliche Funktion haben wie *Modalverben: *etwas zu tun vermögen, pflegen, scheinen; du hast das zu tun; du brauchst das nicht zu tun.* **A13**

Modalverb Kleine Gruppe von *Verben, die im Deutschen mit dem Infinitiv (ohne *zu*) verbunden werden, das *Hauptverb des *Prädikats modal (Möglichkeit, Notwendigkeit usw.) spezifizieren und in der 1. und 3. Person Singular keine Endung aufweisen: *dürfen, können, mögen, müssen, sollen, wollen. brauchen* ist dabei, sich von einem *Modalitätsverb zu einem Modalverb zu entwickeln: Es wird häufig ohne *zu* gebraucht und in der gesprochenen Sprache mitunter entsprechend den irregulären Formen der Modalverben gebildet: *Sie brauch_ nich kommen.* **232, A13**

Modus Plural: Modi, Genus: *der.* Kategorie der *Konjugation. Umfasst im Deutschen die Ausprägungen *Indikativ (*unmarkiert), *Konjunktiv und *Imperativ. **100f.**

Morph Kleinster bedeutungstragender Bestandteil einer Äußerung, der zu unterschiedlichen *Morphemen gehören kann, z.B. *-er* u.a. als Kennzeichen des Plurals von *Substantiven oder des *Komparativs. **119f.**

Morphem Kleinste bedeutungstragende Einheit (kleinstes Zeichen) einer Sprache. Untertypen: lexikalische (*Kind*), grammatische (*Kinder*) und *Wortbildungsmorpheme (*kind-lich*). Der *signifiant eines Morphems kann in verschiedener Gestalt auftreten (mehrere *Allomorphe umfassen), z.B. ist der Auslaut des lexikalischen Morphems ›kind‹ in den *Wortformen *Kind* und *kind-lich* stimmlos, in *Kinder* stimmhaft, das Partizip Perfekt wird bei den regelmäßigen *Verben mit *ge-...-t*, bei den unregelmäßigen mit *ge-...-en* gebildet. **119ff.**

Morphologie Bildung von *Wortformen einer Sprache (im Deutschen also die *Flexion) und Subdisziplin der Linguistik, die sich mit diesem Bereich befasst. Teilweise auch Oberbegriff für Flexionslehre und *Wortbildungslehre. **43, 94f., 103ff.**

Motiviertheit Einschränkung des Prinzips der *Arbitrarität sprachlicher *Zeichen. Relativ motiviert sind (neben den wenigen *onomatopoetischen Ausdrücken) vor allem komplexe Wörter (*Ableitungen, *Komposita und *feste Syntagmen), deren Bedeutung man mehr oder weniger eindeutig aus ihren Bestandteilen herleiten kann. Vgl. *Durchschaubarkeit. **52f., 61ff., 76, 89, 91f., 134f.**

Nachfeld S. *Satzklammer, *Ausklammerung. **211**

Nachtext *Text, der (erwartbar) auf einen anderen folgt, mit diesem in einem *diskursiven Zusammenhang steht, z.B. Antrag – Eingangsbestätigung, Buch – Buchbesprechung; gerichtliches Plädoyer – Urteilsverkündung. **255**

Nebensatz *Elementarsatz, der syntaktisch von einem anderen abhängig ist. Er kann an der Stelle eines *Satzglieds (*Gliedsatz) oder eines *Attributs (Attributsatz) des übergeordneten Satzes stehen. Formale Untertypen:
1. eingeleiteter Nebensatz mit Endstellung des *finiten Verbs; als Einleitungswort fungieren *Konjunktionen oder Relativ- bzw. Interrogativ*pronomina: *wenn du nichts tust, ...; alle, die nichts tun, ...; wer nichts tut, ...*
2. uneingeleiteter Nebensatz mit Erst- oder Zweitstellung des Finitums: *Bist du nicht willig, ...; Ich glaube, das kenne ich.*
3. satzwertige Infinitiv- oder Partizipialgruppen. S. *Infinitiv- bzw. *Partizipialsätze. **182f., 188ff., 209, 214f.**

neutral S. *unmarkiert. **79f.**

Nominalgruppe *Syntagma, dessen zentraler Bestandteil ein *Nomen ist. Im Deutschen bestehen Nominalgruppen *prototypisch aus einem *Artikelwort (*das*) und einem *Substantiv (*Bild*) und können durch *Attribute erweitert werden. Eine einfachere Belegung der Nominalgruppe stellt ein *Pronomen dar (*es*). **175, 180f.**

Nominalstil Typische Schreibweise besonders der Behörden-, *Fach- und Pressesprache, in der komplexe Sachverhalte bevorzugt durch (Ad-hoc-)*Komposita und das syntaktische Verfahren der *Attribuierung ausgedrückt werden. Zu diesem Zweck werden viele Handlungsverben zu *Substantiven abgeleitet und *Funktionsverbgefüge benutzt: *Vor ihrer Inmarschsetzung wurde Rotkäppchen seitens ihrer Mutter über das Verbot betreffs Verlassens der Waldwege auf Kreisebene belehrt* (nach Thaddäus Troll: *Rotkäppchen auf Amtsdeutsch*). **177f., 200f.**

Nullallomorph *Allomorph eines grammatischen *Morphems ohne Ausdrucksseite (Ø). Der Plural von *Frau* wird mit *-en*, der von *Mädchen* mit einem Nullallomorph gebildet. **122f.**

Nullartikel Angenommenes leeres Zeichen (Ø) in *Nominalgruppen ohne *Artikelwort, im Deutschen z.B. beim indefiniten Plural: *eine Frau – Ø Frauen.* **180f.**

Numerus Plural: Numeri, Genus: *der*. Neben *Genus und *Kasus Kategorie der *Deklination und *Konjugation. Umfasst im Deutschen die Ausprägungen Singular und Plural. **98**

Oberbegriff Deutscher Terminus für *Hyperonym. **60**

Oberflächenstruktur In der *Generativistik postulierte Ebene der Satzerzeugung, die das Endergebnis der sukzessiven Ersetzung abstrakter *Kategorien (z.B.: *Nominalgruppe →*Artikel + *Substantiv → *das* + *Haus*) und der Anwendung von *Transformationen darstellt. Gegensatz: *Tiefenstruktur. **293f.**

Objekt *Satzglied, das neben dem *Subjekt (und wenigen *Adverbialbestimmungen) durch die *Valenz des Verbs bestimmt wird. Untertypen: Akkusativ-, Dativ-, Genitiv- und *Präpositionalobjekt. **99**

Objektiv *Semantische Rolle. Umfasst *affiziertes und *effiziertes Objekt. **169**

Objektsatz Gliedsatz, der die Position eines *Objekts besetzt: *Er beteuert, dass er nicht eingeweiht war/nichts von den schwarzen Kassen gewusst zu haben.* **189f.**

Onomasiologisch Kennzeichen der semantischen Fragestellung, die von einem *Referenten zum *Zeichen führen soll: Wie bezeichnet man ☎. Vgl. *semasiologisch. **55, 69**

Onomatopoiie Lautmalerei. Untertyp *ikonischer *Zeichen, die Naturlaute nachahmen (*blubbern*). **49**

Organonmodell Modell von K. Bühler zur Erfassung der grundlegenden *Sprachfunktionen entsprechend dem, wozu das *Zeichen in Beziehung steht. Er unterscheidet Darstellungsfunktion (Bezug zum *Referenten), Ausdrucks-/Symptomfunktion (Bezug zum Sprecher) und Appellfunktion (Bezug zum Hörer). **34ff., A6**

Paradigmatische Achse Vertikale Achse, auf der Elemente aufgelistet werden, die gleichermaßen eine bestimmte Position auf der *syntagmatischen Achse besetzen können. Sie können gegeneinander ausgetauscht werden (wobei sich ein Bedeutungsunterschied ergibt). Das erste *Phonem in *mein* kann man z.B. durch *s, d, k, n* usw. austauschen, das *Präfix von *aus-sprechen* durch *vor-, nach-, be-* usw., das *Adjektiv im *Syntagma *die schöne Frau* durch *kluge, energische, selbstbewusste* usw. **123f.**

Parameter In der *Generativistik ein *universalgrammatisches Set für mögliche Ausprägungen einer Regel, die einzelsprachspezifisch festgelegt (parametrisiert) sind; z.B. für die Abfolge von Subjekt (S), Verb (V) und Objekt (O): Besonders häufig vertreten sind SVO (Englisch) und SOV (Deutsch) seltener sind VSO (Alt-Javanisch) und VOS (Tzotzil); es gibt auch Sprachen mit OVS (Apalai) und OSV (Apurina). **295**

Parataxe Auch: Nebenordnung, Koordination. Neben der *Hypotaxe syntaktisches Verfahren der Bildung *komplexer Sätze, bei dem keine *Nebensätze benutzt werden. **187f.**

parole Sprachgebrauch. Im Gegensatz zur *langue*, dem abstrakten Sprachsystem, konkrete Anwendung der Sprachkenntnis durch Produktion von mündlichen oder schriftlichen Äußerungen. **4, 6, 13**

Parole-Linguistik Zweig der Sprachwissenschaft, der interdisziplinär ausgerichtet ist, sich mit dem *Sprachgebrauch beschäftigt und insbesondere die Heterogenität der Sprache und den Einfluss außersprachlicher Faktoren in der Kommunikation in den Vordergrund stellt, sich also der Untersuchung von *Varietäten und *pragmalinguistischen Fragen widmet. Gegensatz: *Systemlinguistik. Vgl. *›harte‹ und ›weiche‹ Linguistik. **48, 195**

Parole-Satz Das, was ein Sprecher/Schreiber als oberste syntaktisch abgeschlossene Einheit deklariert. Orthografisch dadurch gekennzeichnet, dass diese Einheit mit einem Großbuchstaben beginnt und durch Punkt, Frage- oder Ausrufungszeichen abgeschlossen wird. Parole-Sätze können systemgerecht gebildeten *Langue-Sätzen entsprechen, *Verbalsätze sein, aber auch davon abweichen: *Achtung! Also nein wirklich. Zwei Männer über die Brücke gingen.* **186, 194ff.**

Parole-Text Das, was ein Sprecher/Schreiber als (für einen bestimmten Zweck) in sich abgeschlossene kommunikative Einheit deklariert. Parole-Texte können systemgerecht gebildeten *Langue-Texten entsprechen, aber auch davon abweichen (nicht *kohärent sein, die *Makrostruktur unvollständig realisieren usw.). **261**

Partikel Auch: Gesprächs- oder Füllwort. Gruppe von in der deutschen Sprache wichtigen Ausdrücken (ohne *Satzgliedstatus), die vor allem als *Illokutionsindikator dienen: *Kannst du mal…, Das ist eben so, Tu doch nicht so, Glaubst du das etwa?* **165, T17**

Partizipalattribut Partizip, das als *Attribut verwendet wird. Es kann als einfaches (*die beratende/eingesetzte Untersuchungskommission*) oder als erweitertes Partizipalattribut auftreten: *die schon seit mehreren Monaten über den Abschlussbericht beratende/zur Aufklärung dieses Falls eingesetzte Untersuchungskommission.* **176, 178**

Partizipialsatz Partizipialkonstruktion, die syntaktisch dieselbe Funktion hat wie ein *konjunktionaler *Nebensatz, also satzwertig ist: *Im Bett liegend* (entspricht: *während sie im Bett lag*) *dachte sie noch lange über den Traum nach; Auf frischer Tat ertappt* (entspricht: *weil man ihn auf frischer Tat ertappt hatte*), *konnte er nichts abstreiten.* **192**

Passiv Neben dem *Aktiv (*markierte) Ausprägung der morphologischen Kategorie *Genus verbi, die insbesondere der Perspektivierung von Geschehnissen dient (das *Agens ist ausgeblendet oder im Hintergrund). Wird im Deutschen mit dem *Hilfsverb *werden* oder *sein* und dem Partizip des *Hauptverbs gebildet: *wird/ist gemacht*. **101f.**, **172**

Patiens *Semantische Rolle. Betrifft das Lebewesen, das von einer Handlung betroffen ist: *Die Katze frisst die Maus; Kinder unterliegen der Schulpflicht.* **169**

Pejoration Untertyp der *Konnotation, mit dem der *Referent abgewertet, in ein negatives Licht gestellt wird: *Quasselbude* statt *Parlament*. Gegensatz: *Melioration. **75f.**

Performanz Im Gegensatz zur *Kompetenz, der (immanenten) Kenntnis der Sprache, realer Sprachgebrauch in Form von konkreten Äußerungen. Der aus der *Generativistik stammende Begriff entspricht damit *parole*, es wird damit aber hervorgehoben, dass die Performanz die Kompetenz nicht sauber spiegelt, da in ihr Fehler und nicht-systemgerechte Äußerungen auftreten. **293, 295**

performative Formel Deutlichster *Illokutionsindikator, der einen Ausdruck (meist ein *Verb in der 1. Person Präsens) enthält, der den vollzogenen *Sprechakttyp bezeichnet: *Ich verspreche es; Hiermit eröffne ich die Sitzung.* **221f.**, **232**

Perlokution/perlokutionärer Akt Neben der *Illokution und der *Lokution Teilakt des Sprechakts. Betrifft die beabsichtigte oder auch unbeabsichtigte Wirkung, die ein *Sprechakt auf den Hörer hat. *Guck mal, da ist eine Maus!* könnte z.B. den perlokutionären Effekt Erschrecken auslösen. **223f., 231**

Person Kategorie der *Konjugation. Umfasst die Ausprägungen 1., 2. und 3. Person (*unmarkiert). Während die ersten beiden situations-*deiktisch (auf den Sprecher bzw. Hörer zu beziehen) sind, wird die 3. Person meist in textdeiktischer Funktion (Bezug auf ein früher oder später im *Text erscheinendes *Substantiv) benutzt. **99f.**

Phon Kleinster bedeutungsunterscheidender Bestandteil einer Äußerung: h|ei|m|a|t. **117**

Phonem Kleinste bedeutungsunterscheidende Einheit einer Sprache. Ein Phonem kann in verschiedener Gestalt auftreten (mehrere *Allophone umfassen). **117f.**

Phonetik Subdisziplin der Linguistik, die sich mit der lautlichen Seite von *Parole-Äußerungen als materieller Erscheinung befasst. Unterschieden werden: 1. die artikulatorische Phonetik: Wie werden die Laute hervorgebracht? 2. die akustische Phonetik: Welche akustischen Eigenschaften (z.B. Frequenz, Dauer) haben die Laute? 3. die auditive Phonetik: Wie werden die Laute wahrgenommen? **42, 117**

Phonologie Subdisziplin der Linguistik, die sich mit Lautsystemen befasst. Sie beschreibt die *Phoneme von Einzelsprachen, die Möglichkeiten ihrer Kombination und die lautliche und intonatorische Struktur von größeren Komplexen (Silben, Wörtern, Sätzen). **42, 117**

Pidgin Mischsprache mit reduzierter Lexik und Grammatik, die Gruppen von Sprechern ohne gemeinsame Sprache bei länger dauerndem Kontakt zur behelfsmäßigen Verständigung entwickelt haben. Insbesondere in Kolonialländern. Pidgins können von späteren Generationen zu *Kreolsprachen ausgebaut werden. **3f.**

Plural Neben dem Singular Ausprägung der morphologischen Kategorie *Numerus. **127**

Polysemie Mehrdeutigkeit eines Ausdrucks, dessen verschiedene *Lesarten miteinander zusammenhängen und die deshalb im Wörterbuch innerhalb eines Eintrags erläutert werden, z.B. *Leier* als Bezeichnung eines Musikinstruments oder im Sinne von ›wiederholt vorgebrachte Äußerung‹ (*immer die alte Leier*). Vgl. *Homonymie. **60f., 64f., T11**

Possessivkompositum Untertyp *exozentrischer Komposita, bei dem zwischen dem von außen hinzuzufügenden Element und dem Kompositum eine Besitzrelation besteht. *Rotkehlchen = Vogel, der eine rote Kehle hat*. **161f.**

Postdetermination Im Gegensatz zur *Prädetermination Abfolge *Determinatum (Spezifiertes) – *Determinans (spezifizierende Eigenschaft). Typisch für die Abfolge von *Substantiv und *Attribut im Französischen (*un vélo jaune, machine à écrire*). Im Deutschen liegt vor allem beim Genitiv- und *Präpositionalattribut sowie bei *Attributsätzen Postdetermination vor: *das Buch meiner Schwester; das Buch über Singvögel; das Buch, aus dem ich dir früher immer vorgelesen habe*. **161**

Prädetermination Im Gegensatz zur *Post-determination Abfolge *Determinans (spezifizierende Eigenschaft) – *Determinatum (Spezifiertes). Im Deutschen typisch für die Abfolge von *Substantiv und *Adjektivattribut (*ein gelbes Fahrrad*) sowie für die Glieder von *Determinativkomposita (*Schreib maschi ne*). 161

Prädikat Zentrales Element des *Verbalsatzes, das aus einem *finiten Verb und eventuell weiteren Elementen besteht. 163, 165f., A13

Prädikativ *Satzglied, das von einer *Kopula abhängt. Meist in Form einer *Nominalgruppe: *Sie ist (eine bekannte) Schriftstellerin* oder einer *Adjektivgruppe: *Sie ist (sehr) begabt (im Verlegen von Dingen).* 165, A13

Präfix *Affix, das vor die *Basis tritt: *un-schön; ver-lieren, Miss-geschick.* 153f.

Präposition *Wortart (unflektierbar). Untertyp der *Funktionswörter. Dient vor allem dem syntaktischen Anschluss und der *attributivischen Erweiterung von *Nominalgruppen und bestimmt den *Kasus der folgenden Nominalgruppe: *auf, vor, in.* 96

Präpositionalgruppe *Syntagma, das aus einer *Präposition und einer *Nominalgruppe besteht. Syntaktisch treten Präpositionalgruppen in zwei Funktionen auf:
1. Als *Satzglieder, und zwar als *Adverbialbestimmungen (*Ich warte auf dem Flugplatz*) oder als *Präpositionalobjekte (*Ich warte auf das Flugzeug*);
2. als *Attribute (*das Flugzeug auf der Landebahn*). 175, 181

Präpositionalobjekt Objekt in Form einer *Präpositionalgruppe. Statt des *Kasus (wie bei den Akkusativ-, Dativ- und Genitivobjekten) ist durch die Verb*valenz festgelegt, mit welcher Präposition das Objekt angeschlossen wird: *hoffen auf ...; sich interessieren für ...; teilnehmen an ...* 175, 181

Präsupposition Untertyp des *Impliziten. Bestandteil der Bedeutung einer Äußerung, der nicht wörtlich ausgedrückt ist, sich aber logisch aus dem Bedeuteten ergibt: *Ich habe das Datum vergessen* präsupponiert: ›Ich habe es einmal gewusst‹. 238

Pragmatik Subdisziplin der Linguistik, die sprachliche Äußerungen als kommunikative Aktivitäten behandelt und ihre Beziehung zur Sprechsituation in den Vordergrund stellt. 48

Prinzipien Als linguistischer *Terminus: Abstrakte Eigenschaften natürlicher Sprachen, die Bestandteil der in der *Generativistik angenommenen *Universalgrammatik sind, z.B.: In jeder Sprache gibt es verschiedene Wortarten. 295

Pronomen *Wortart (*deklinierbar). Untertyp der *Funktionswörter. Dient hauptsächlich der Wiederaufnahme zuvor erwähnter *Nominalgruppen: *Die Königin ... Sie.* Untertypen: Personalpronomina (*ich, du, er, sie, es*), Reflexivpronomina (*mich, dich, Ihr*), Interrogativpronomina (*wer, was*), Relativpronomina (*die Frau, die/welche*), Demonstrativpronomina (*diese, jene*), Indefinitpronomina (*manche, einige*). 96, 180

Pronominaladverb Proform für *Präpositionalgruppen, die sich aus den (*adverbialen) Proformen *da(r)-, wo(r)-, hier-* und einer *Präposition zusammensetzen: *darauf, worüber, hierin.* 181

Prototypensemantik Ansatz der *Semantik, der, im Gegensatz zur *Komponentenanalyse, Bedeutungsmerkmale von Ausdrücken nicht mit den drei Ausprägungen + oder – oder ± erfasst, sondern sie entsprechend ihrer Nähe zum besten Vertreter der *Kategorie beschreibt: Ein Schwein ist ein guter, ein Wal ein untypischer Repräsentant der Kategorie *Säugetier.* 87f., 89, 93, A10

Referent Außersprachliches Objekt, auf das ein *Zeichen verweist. 54, A9

Referenz Bezug des *Zeichens zum außersprachlichen Objekt. Das Zeichen als Einheit der *langue hat potenzielle Referenz (ist geeignet, auf bestimmte Referenten zu verweisen); das Zeichen als Einheit der *parole hat aktuelle Referenz (verweist tatsächlich auf Referenten). 54f., 284f.

referenzielles Zeichen *Inhaltswort. *Zeichen mit lexikalischer Bedeutung, die bestimmt, auf welche *Referenten es angewendet werden kann. 56ff., 103

Rekurrenz Wiederkehr von Ausdrücken oder grammatischen Strukturen in einem *Text, die dessen *Kohäsion sichert. 284ff.

Relativsatz Untertyp des *Attributsatzes, der

mit Relativpronomina angeschlossen wird: *Das Buch, das ich gekauft habe, .../aus dem ich zitiert habe, ... welches so teuer ist.* 191

Repräsentativ *Illokutionstyp, mit dem der Sprecher sich darauf festlegt, an die Gültigkeit des ausgedrückten Sachverhalts zu glauben (Behauptung, Feststellung): *Es schneit; Ich schwöre, dass ich sie noch nie gesehen habe.* 225

Ritualia Anderer Terminus für *Expressiva. 226

Satz Gemeinsprachlicher Ausdruck zur Bezeichnung unterschiedlicher syntaktischer Einheiten. Vgl. *Langue-Satz, *Parole-Satz, *Verbalsatz, *Elementarsatz, *Einfachsatz, *Komplexer Satz, *Teilsatz. 43, 185

Satzart Formale Eigenschaft von *Hauptsätzen, die *prototypisch mit kommunikativen Grundfunktionen korreliert und daher als wichtiger *Illokutionsindikator betrachtet wird. Untertypen: Aussagesatz, Fragesatz, Aufforderungs-/Imperativsatz. Die formalen Mittel zur Unterscheidung sind im Deutschen vor allem die *Verbstellung in Verbindung mit dem *Modus des Verbs und dem Vorkommen von Fragewörtern. 211ff., 222, 226f., 231

Satzbauplan Strukturschema eines *Verbalsatzes, das die *Prädikatsklasse und die von den entsprechenden Verben geforderten *Ergänzungen (nicht aber die *Angaben) umfasst, z.B. Subjekt – transitives Verb – Akkusativobjekt (*Sie – isst – Erdbeeren*); Subjekt – *Kopula – substantivisches *Prädikativ (*Das – ist – eine Erdbeere*). 167f.

Satzgefüge *Komplexer Satz, der mindestens einen *Nebensatz enthält, d.h. der *hypotaktisch gebildet ist. 187ff.

Satzglied Wort oder Syntagma, das konstitutiver Bestandteil eines *Elementarsatzes ist. Untertypen: *Subjekt, *Objekte, *Adverbialbestimmungen. Das *Prädikat wird von manchen als Satzglied gewertet, von anderen diesem gegenübergestellt. Entsprechend der *Valenz des *Hauptverbs sind die Satzglieder obligatorische *Ergänzungen oder freie *Angaben. 163, 165

Satzklammer Auch: Satzrahmen. Anordnungsprinzip des *Verbalsatzes im Neuhochdeutschen, das die Stellung des *Prädikats betrifft und sich im 17. Jahrhundert durchgesetzt hat. Bei mehrteiligen Prädikaten (z.B. Verb und abtrennbare Partikel: *ab-reisen*) tritt das *finite Verb im *Hauptsatz an die zweite Stelle, der Rest steht in der Regel am Ende. Die beiden Teile umklammern so andere *Satzglieder. Dadurch wird der Satz in drei Abschnitte geteilt:

*VORFELD – (LINKE KLAMMER) – MITTELFELD – (RECHTE KLAMMER) – *NACHFELD

Sie – [will – sich – unter gar keinen Umständen – von ihrem Vorhaben – abbringen lassen], – diese Reise zu unternehmen.

Im eingeleiteten *Nebensatz bildet das Einleitungswort die linke, das gesamte Prädikat die rechte Klammer: *[dass sie sich ... abbringen lassen will]*, ... Wenn das Nachfeld besetzt ist, spricht man von *Ausklammerung. 209ff., T30

Satzrahmen S. *Satzklammer. 209ff.

Satzreihe *Komplexer Satz, in dem *Hauptsätze miteinander verbunden sind, der also *parataktisch gebildet ist. Die *Teilsätze können durch eine *Konjunktion verbunden sein (*syndetische Reihung) oder ohne Konjunktion koordiniert werden (*asyndetische Reihung). 187f.

satzwertige Konstruktionen S. *Infinitivsatz, *Partizipialsatz. 192

Segmentierung Analyseverfahren zur Ermittlung kleinster sprachlicher Elemente (besonders von *Phonen, *Morphen). 113

Selektionsbeschränkung *Bedeutungsebene von *Lexemen; Unterfall der *Kollokation. Manche *Lexeme können normalerweise nur mit wenigen anderen verbunden werden (*wiehern* nur in Verbindung mit *Pferd*) bzw. die Kombinationsmöglichkeiten sind sehr beschränkt: *bellen, winseln* (nicht aber *schreien*) in Verbindung mit *Hund*. Allgemeiner: Restriktion für die semantisch-syntaktische Verbindbarkeit von Elementen: Das (substantivisch realisierte) *Subjekt des *Prädikats *fließen* muss das *semantische Merkmal ›flüssig‹ aufweisen; ebenso das Akkusativobjekt des Prädikats *trinken.* 78f.

Sem Auch: semantisches Merkmal. Komponente der (*referenziellen) *Bedeutungsebene von *Lexemen, z.B. + menschlich, + weiblich, + erwachsen als Seme von *Frau.* 70ff.

Semantik Subdisziplin der Linguistik, die sich mit der Bedeutungsseite beschäftigt. Die Bedeutung von *Lexemen wird in der lexikalischen Semantik, die von *Sätzen in der Satzsemantik, die von *Texten in der Textsemantik behandelt. **43, 56ff.**

semantische Rolle Auch: Tiefenkasus. Kategorie zur Klassifizierung von syntaktischen Einheiten (meist *Satzgliedern) entsprechend der Funktion, die ihnen inhaltlich am Geschehen oder Sachverhalt zukommt. Untertypen: *Agens, *Patiens *affiziertes/*effiziertes Objekt (Objektiv), *Benefaktiv, *Experiencer, *Instrument, *Lokativ, *Temporativ. **168ff., 287f.**

Semantisches Merkmal S. *Sem. **70ff.**

semasiologisch Kennzeichen der *semantischen Fragestellung, die von einem *signifiant zum *signifié führen soll: Was bedeutet *Prüm*? Vgl. *onomasiologisch. **55f.**

Semem Bündel von *Semen; Gesamtheit der (*referenziellen) Bedeutungskomponenten eines *Lexems, Das Semem [+ menschlich und + weiblich und + erwachsen] ist dem Lexem *Frau* zugeordnet. **70ff., 75**

Semiotik Wissenschaft von den *Zeichen. Die Semiotik widmet sich sowohl sprachlichen als auch nicht-sprachlichen Zeichen(systemen), insofern ist die Linguistik eine Subdisziplin der Semiotik. **16**

signifiant Von Saussure eingeführter Begriff für die Ausdrucksseite des sprachlichen *Zeichens; psychisch gespeicherte, abstrakte Vorstellung von dessen Laut- oder Schriftbild, mit dem ein *signifié assoziiert wird. **50, 52, A8**

signifié Von Saussure eingeführter Begriff für die Inhaltsseite des sprachlichen *Zeichens; psychisch gespeicherte, abstrakte Vorstellung von der Bedeutung eines *signifiant. **49, 52f. A8**

Simplex Plural: Simplizia, Genus: *das*. Im Gegensatz zu *Derivata und *Komposita *Lexem, das nur aus einem lexikalischen *Morphem besteht: *Schuh, geben, schnell, jetzt*. **130, 143**

Soziolinguistik Subdisziplin der Linguistik, die sich dem Problemfeld Sprache und Gesellschaft widmet. Sie untersucht den *Sprachgebrauch gesellschaftlicher Gruppen (z.B. Jugendlicher, der ländlichen gegenüber der städtischen Bevölkerung etc.), die Abhängigkeit der Sprachverwendung von der Kommunikationssituation usw. Die Soziolinguistik bezieht insbesondere *Substandard*varietäten und Spracheinstellungen in ihre Untersuchungen ein. **48**

Spracherwerb Prozess des Erlernens einer Einzelsprache. Im engeren Sinne: natürlicher Spracherwerb des Kindes. Bei der späteren (selten vollkommenen) Erlernung von Fremdsprachen unterscheidet man den gesteuerten Erwerb, der durch systematischen Unterricht (auch: Selbstunterricht) erfolgt, vom ungesteuerten Erwerb, der durch natürliche Kommunikation mit *kompetenten Sprechern zustande kommt. **41f., 45f., 55, 290, 294f., T24**

Sprachfamilie Gruppe genetisch miteinander verwandter Sprachen, die auf eine gemeinsame Ursprungssprache zurückgehen, sich aber sehr weit auseinander entwickelt haben können. Vgl. *historisch-vergleichende Sprachwissenschaft, *Sprachtypologie **8, A1, A3**

Sprachfunktionen Abgesehen von der dem Alltagsdenken besonders nahe liegenden kommunikativen Funktion (die in sich wiederum differenziert werden kann; vgl. *Organonmodell) hat Sprache grundlegend vor allem auch kognitive und soziale Funktionen. **30ff., A6, A7, T6, T8**

Sprachgebrauch S. *parole*, *Performanz.

Sprachkritik Meist im Sinne von Kritik am *Sprachgebrauch, sei es aus normativer Perspektive (Forderung nach Einhaltung kodifizierter Regeln), sei es als Stil- oder Kommunikationskritik. Kritik wird aber auch an einzelsprachlichen Systemen geübt, einerseits bei der Entwicklung von *Standardsprachen, andererseits aus der Sicht einer anderen Sprache. Schließlich gibt es auch eine Form der (philosophischen) Sprachkritik an den Mängeln natürlicher Sprachen überhaupt. **84f., 200f., 245f., T3, T7, T12, T14, T15, T17, T19, T20, T21, T30**

Sprachstadium Stand der Entwicklung einer Sprache zu einem bestimmten Zeitpunkt bzw. während eines mehr oder weniger umfangreichen Zeitabschnitts. Die Geschichte der deutschen Sprache wird im Allgemeinen in fünf Stadien, die jeweils etwa 300 Jahre umfassen, eingeteilt: Althochdeutsch (ca. 750–1050), Mittelhochdeutsch (ca. 1050–1350), Frühneuhochdeutsch (ca. 1350–1650), Neuhochdeutsch (ca. 1650–1950), Gegenwartsdeutsch (ab ca. 1950). 7

Sprachtypologie Klassifikation der Sprachen unabhängig von ihrer genetischen Verwandtschaft, meist entsprechend *morphologischen und syntaktischen Kriterien. Vgl. *agglutinierender Sprachbau, *Flexion, *analytischer, *synthetischer Sprachbau, *Parameter, *Verbstellung. 94, 103ff.

Sprachwandel Kennzeichen aller natürlichen Sprachen. Die entsprechende Fragestellung heißt *diachronische und wird in der *Historiolinguistik untersucht. Von Sprachwandlungsprozessen können alle Ebenen der Sprache betroffen sein: die phonetische (bevor sich das System der *Phoneme ändert, treten Verschiebungen in der Frequenz von *Allophonen auf), die phonologische (vgl. z.B. *Ablaut, *Umlaut), die graphetische (z.B. Übergang von der Frakturschrift zur Antiqua), die graphemische (z.B. Orthografiereformen), die morphologische (vgl. z.B. *analytischer Sprachbau), die syntaktische (vgl. z.B. *Satzklammer), die lexikalische (vgl. *Bedeutungsübertragung, *Durchschaubarkeit) und die des Sprachgebrauchs, z.B. Verschiebungen im *Varietätengefüge (vgl. *Standardsprache), quantitative oder qualitative Veränderungen von *Textsorten. Vgl. *Sprachstadium. 104, 106, 143f., 145f., 149, 200, 209, 218f., 264f.

Sprechakt Äußerung, insofern sie eine Form menschlichen Handelns ist. Der Sprechakt umfasst die Teilakte *Lokution, *Illokution und *Perlokution. 217ff., 222ff.

Stammbaum Grafik zur Darstellung der Verwandtschaftsverhältnisse innerhalb einer *Sprachfamilie (vgl. *historisch-vergleichende Sprachwissenschaft) und (in der *Systemlinguistik) zur Verdeutlichung der hierarchischen Beziehungen zwischen den Bestandteilen komplexer Ausdrücke, insbesondere in der *Wortbildung und *Syntax. 151f., A3, A12

Standardsprache Prestigevarietät einer (verschriftlichten) Sprache, deren lexikalisches Inventar und grammatische Regeln in Wörterbüchern bzw. Grammatiken kodifiziert sind und die im Bemühen um eine überregional verständliche Varietät (für die öffentliche Kommunikation) entwickelt wird. Der Ausdruck *Standardsprache* hat den früher übli-

chen Begriff *Hochsprache* ersetzt. Vgl. *Substandard. 8, 14, 45, 47, T3

Stil Charakteristische Auswahl aus den lexikalischen und grammatischen Möglichkeiten des *Systems. Stilmerkmale können individuenspezifisch sein (z.b. die allein stehenden *wie*-Sätze in Kafkas Tagebüchern) bzw. *varietäten- oder *textsortenspezifisch auftreten (z.b. *Funktionsverbgefüge in Gerichtsurteilen) oder auch bestimmte *Sprachstadien charakterisieren (z.b. der *hypotaktische Stil der Barockzeit). 184, 200, 207f.

Strukturalismus Beherrschende linguistische Schule besonders der ersten Hälfte des 20. Jahrhunderts, die in verschiedenen europäischen Ländern und in den USA in verschiedenen Varianten auftritt. Gemeinsames Kennzeichen ist der Versuch, die Linguistik als autonome Disziplin zu etablieren, deren Gegenstand (als homogen und stabil gedachte) Sprach*systeme sind. 14, 111

strukturelle Zeichen Im Gegensatz zu *referenziellen Zeichen gebundene (meist grammatische Endungen) oder freie (vgl. *Funktionswort) *Morpheme, die vor allem dazu dienen, die grammatischen Beziehungen der Elemente einer Äußerung zu kennzeichnen. 103ff.

Subjekt *Satzglied in Form einer nominativischen *Nominalgruppe, die im Numerus und in der Person mit dem *finiten Verb *kongruiert: *Diesen Kuchen hat der Nachbar mitgebracht; Diesen Kuchen habe ich mitgebracht.* 99, 166ff.

Subjektsatz *Gliedsatz, der die Position des *Subjekts besetzt: *Was schief gehen kann, geht schief.* 189

Subordination Lateinischer Terminus für *Hypotaxe. 187

Substandard *Varietät einer Sprache (oder Verwendung einzelner Elemente daraus), die nur eine eingeschränkte Reichweite und im Gegensatz zur *Standardsprache ein relativ geringes Prestige hat, z.B. *Dialekt, Jugendsprache, Umgangssprache (im Sinne einer Varietät mit regional begrenzter Geltung oder im Sinne einer niedrig bewerteten stilistisch-situativen Varietät). 45f., T2, T17

Substantiv Neben *Verben, *Adjektiven (und *Adverbien) eine der *Hauptwortarten. *Morphologisches Kennzeichen: *deklinierbar; syntaktisches Kennzeichen: bildet den Kern einer *Nominalgruppe. Daher können allein durch die Voranstellung eines *Artikelworts (und Großschreibung) alle anderen Wortarten in Substantive überführt werden: *das Lesen; das Blau; das Heute; das Für und Wider.* 92f.

Substitution Analyseverfahren zur Ermittlung der *Distribution von sprachlichen Elementen; Austausch von Elementen auf der *paradigmatischen Achse. 115

Suffix *Affix, das hinter die *Basis tritt: *Schönheit; lieb-los, tänz-el-n.* 153f.

Synchronie Im Gegensatz zur *Diachronie als stabil gesetzter Entwicklungsstand einer Sprache zu einem gegebenen Zeitpunkt. Vgl. *Sprachstadium, *System. 14, 62ff., 124

syndetisch *Koordination von Elementen innerhalb eines *Parole-Satzes mit *Konjunktion: *So ist es, und so bleibt es; So ist es, aber so muss es nicht bleiben.* 188

Synonym Gleichbedeutender Ausdruck. Synonym sind *Lexeme oder komplexe Ausdrücke (bis hin zu Sätzen) in der Regel nur auf der *referenziellen Ebene. Sie können sich u.a. unterscheiden in der Perspektivierung (z.B. *Passiv gegenüber *Aktiv) bzw. *Konnotation (*Venus* gegenüber *Abendstern*), der potenziellen *Referenz (*Hypotaxe* ist im Deutschen nur im grammatischen Sinne verwendbar), den *Gebrauchsbedingungen (*Lenz* gegenüber *Frühling*), der *Frequenz (*sehen, schauen, blicken*) und der *Kollokation (nur: *das lässt tief blicken,* nicht: *das lässt tief sehen/schauen*). 69, 72ff., 127

Syntagma Folge von sprachlichen *Zeichen, meist im engeren Sinn: syntaktisch zusammengehörige Wortgruppe. Vgl. *feste Syntagmen. 138, 155f.

Syntagmatische Achse Horizontale Achse, die die Ebene repräsentiert, auf der sprachliche Elemente linear miteinander verbunden werden. Gegensatz: *paradigmatische Achse. 123f.

Syntax Regeln zur Verknüpfung sprachlicher Elemente, insbesondere auf der Ebene des *Satzes, und die Subdisziplin der Linguistik, die diesem Bereich gewidmet ist. 43, 163, 185f.

synthetischer Sprachbau Oberbegriff für nach *morphologischen Kriterien unterschiedene *Sprachtypen, bei denen grammatische Relationen mittels gebundener *Morpheme ausgedrückt werden. Untertypen: *agglutinierender und *flektierender Sprachbau. Gegensatz: *analytischer Sprachbau. 103f.

System Als sprachwissenschaftlicher *Terminus gleichbedeutend mit *langue.* 4ff., 13f., 20f.

Systemlinguistik Zweig der *strukturalistischen Sprachwissenschaft, der Linguistik als autonome (von der Psychologie, Anthropologie, Literaturwissenschaft usw. abgegrenzte) Disziplin versteht, deren Aufgabe allein die Untersuchung der (als homogen und stabil gedachten) einzelsprachlichen *Systeme darstellt. Die Systemlinguistik sieht von der natürlichen *Sprachverwendung im Kommunikationszusammenhang und teilweise auch von der Bedeutung ab. Vgl. *›harte‹ und ›weiche‹ Linguistik. 14, 110

taxonomisch Kennzeichnung der Schule des amerikanischen *Strukturalismus, die sich bei der *Klassifizierung von sprachlichen Elementen ausschließlich auf die systematische Untersuchung von deren *Distribution stützt. 115

Teilsatz *Elementarsatz innerhalb eines *komplexen Satzes. Kann ein *Haupt- oder ein *Nebensatz sein. 187

Teiltext Thematisch-funktional spezifischer Teil eines *Textes bzw. charakteristischer Bestandteil einer *Textsorte. Die Gesamtheit der Teiltexte und ihre Abfolge bestimmt die *Makrostruktur. 263ff., A16–19

Teilthema Analysekategorie zur Bestimmung der thematischen Struktur eines (umfangreicheren) *Textes. 273ff.

Temporativ *Semantische Rolle, die die zeitliche Situierung einer Handlung/eines Geschehens betrifft: *Wir treffen uns um neun Uhr; Das Wochenende brauche ich zur Entspannung.* 170

Tempus Plural: Tempora, Genus: *das.* Kategorie der *Konjugation. Umfasst im Deutschen die Ausprägungen Präsens (*baue*), Imperfekt (*baute*), Perfekt (*habe gebaut*), Plusquamperfekt (*hatte gebaut*), Futur I (*werde bauen*) und Futur II (*werde gebaut haben*). 100, 286

Terminus Im Gegensatz zu vagen und vieldeutigen *Wörtern natürlicher Sprachen streng definierter fachsprachlicher Ausdruck. In der Terminologielehre wird der *signifiant* eines Terminus meist als *Benennung*, der *signifié* als *Begriff* bezeichnet. **132ff., 135/137, 145, 185, 220f., 222**

Text In sich als zusammenhängend und abgeschlossen verstandene, in der Regel umfangreichere kommunikative Einheit des *Sprachgebrauchs. Im engeren Sinne: schriftlich konzipierter Text. Vgl. *Langue-Text, *Parole-Text, *gesprochene und geschriebene Sprache. **248f., 252ff.**

Textlinguistik Subdisziplin der Linguistik, die sich (in *systemlinguistischer Absicht) mit den Regeln befasst, nach denen *Langue-Texte gebildet werden, und (in der Perspektive der Linguistik des *Sprachgebrauchs) *Parole-Texte analysiert und interpretiert. **47, 252ff.**

Textsorte Im weiten Sinne Klasse von *Texten mit gemeinsamen kommunikativ relevanten Merkmalen, z.B. gleiche Funktion (Werbeanzeigen), gleiche *Themenbehandlung (Erzähltexte), gleicher Kommunikationsbereich (administrative Texte). Im engeren Sinne Klasse von Texten, die in Funktion, situativer Einbettung, *Makrostruktur und *Stilmerkmalen relativ stark standardisiert sind (z.B. Lebenslauf, Lexikon, Vertrag). **263ff., 273, 282**

Textverbund Gruppe von relativ eng aufeinander bezogenen *Texten, die in einem kommunikativen Zusammenhang gemeinsam produziert bzw. rezipiert werden, z.B. Nachrichten, Kommentare, Interviews, Bilder (und ihre Unterschriften) zu einem Geschehen. **205**

Themenbehandlung Textlinguistische Kategorie zur Unterscheidung der sprachlichen Präsentation eines Themas, die besonders mit der *Frequenz bestimmter grammatischer Merkmale korreliert. Geläufigerweise unterscheidet man vier Untertypen: narrativ (Präteritum), argumentativ (logische *Konnektoren), deskriptiv (*Adjektive, *Prädikative) explikativ (Präsens, *Konnektoren). **273f.**

Tiefenkasus S. *semantische Rolle. **168ff.**

Tiefenstruktur In der *Generativistik postulierte Ebene der Satzerzeugung. Abstrakte Ausgangsstruktur, die die syntaktisch-semantischen Relationen zwischen den Bestandtei-

len des Satzes spezifiziert und mit Hilfe von *Transformationen zur *Oberflächenstruktur abgeleitet wird. **293**

Transformation In der *Generativistik postulierte Operation, mit der abstrakte *Tiefenstrukturen in *Oberflächenstrukturen überführt werden. Während man zunächst eine Vielzahl spezifischer Transformationen ansetzte (z.B. zur Ableitung von Passivsätzen aus Aktivsätzen) rechnet man derzeit nurmehr mit Umstellungstransformationen (verschiebe ein Element in eine andere Position), für die allerdings vielfältige Beschränkungen formuliert werden müssen. **293**

Übersetzung Übertragung eines Textes aus einer Ausgangssprache in eine Zielsprache. Übersetzungen kann man prinzipiell danach unterscheiden, ob sie eher die Treue gegenüber dem Originaltext oder die Anpassung an die (sprachlichen und sonstigen) Erwartungen des Zielpublikums in den Vordergrund rücken. Bei starker Anpassung an Zielsprache und -kultur spricht man von Adaptation. **55, 192f.**

Umlaut Untertyp der *Allomorphie. Im Deutschen und anderen germanischen Sprachen ursprünglich Angleichung eines dunklen Vokals der Hauptsilbe an den hellen Vokal *i* in der Folgesilbe (*a* zu *ä*, *o* zu *ö*, *u* zu *ü*). Nach dem Wegfall des *i* durch Endsilbenabschwächung (althochdeutsches *i* wird mittelhochdeutsch in Nebensilben zu *e*) tritt der umgelautete Vokal in Allomorphen als Variante des nicht umgelauteten auf (z.B. *Apfel – Äpfel, Hund – hündisch*). **126, 153**

unikales Morphem Gebundenes lexikalisches *Morphem, das nur mit einem einzigen anderen Morphem ein *Lexem bildet (z.B. *Sintflut, ranzig*). **140**

Universalgrammatik In der *Generativistik angenommener angeborener Teil des sprachlichen Wissens. Umfasst *Prinzipien und *Parameter **290, 294f.**

unmarkiert Als unmarkiert gelten Ausdrücke (z.B. *Entlassung* gegenüber *Freistellung*) oder Strukturen (z.B. *Aktiv gegenüber *Passiv), die *semantisch und/oder *morphologisch weniger komplex sind und häufiger vorkommen als die markierten. **79f., 99f.**

Unterbegriff Deutscher Terminus für *Hyponym. **69**

Valenz Deutscher Terminus: Wertigkeit. Eigenschaft (vor allem) des *Verbs, das Vorkommen von *Ergänzungen zu bestimmen. Einwertige (intransitive) Verben fordern nur die Besetzung der Subjektstelle (*Sie träumt*), zweiwertige die Besetzung von zwei Stellen (z.B. transitive mit Subjekt und Akkusativobjekt: *Schneewittchen isst den Apfel*). Die Valenz bestimmt nicht nur die Anzahl, sondern auch die grammatische und semantische Klasse von Ausdrücken, mit denen der Valenzträger verbunden werden kann; das zweiwertige verbale *Syntagma *(nicht) geheuer sein* erfordert etwa ein Subjekt und ein Dativobjekt und an der Stelle des Dativobjekts die Bezeichnung für ein (menschliches) Lebewesen. **167f., 193**

Valenzgrammatik Auf L. Tesnière zurückgehender syntaxtheoretischer Ansatz, der die *Valenz des *Verbs ins Zentrum der Analyse stellt. **165ff.**

valeur Stellenwert eines *Lexems bzw. einer grammatischen Struktur, der sich nur aus dem Gefüge der ihm im *System an der Seite stehenden bedeutungsverwandten *Zeichen/Strukturen bestimmen lässt. Die Bedeutung des Lexems *depressiv* wird im Deutschen durch die Lexeme *traurig, verstimmt, verzagt, unzufrieden* usw. mitbestimmt. In einem zweigliedrigen *Numerussystem (mit den Ausprägungen Singular und Plural) hat der Plural einen anderen Stellenwert als in einem dreigliedrigen System mit den Ausprägungen: Singular – Dual (zwei) – Plural (mehrere). **53f., 55, 65f.**

Varietät Kategorie zur Erfassung der Heterogenität der Sprache, d.h. der Tatsache, dass Sprecher abhängig von außersprachlichen Bedingungen wie regionaler Herkunft, Schulbildung, Beruf, Kommunikationssituation usw. die Sprache unterschiedlich benutzen. Jeder Sprecher verfügt normalerweise über mehrere Varietäten. Umstritten ist der Status der Varietäten: Mitunter werden sie als Sub*systeme der Sprache angesehen – sie weichen allerdings in der Regel nur im lexikalischen Bereich qualitativ voneinander ab.

Teilweise betrachtet man sie als beliebig definierbare wissenschaftliche *Kategorien zur *Korpuszusammenstellung (z.B. weibliche Sprecher, zwischen 45 und 50, am Arbeitsplatz, im Raum Köln, 1983, gesprochene Sprache); die Merkmale der Varietät bestehen dann in der Menge der statistisch signifikanten *Frequenz von (untersuchten) sprachlichen Phänomenen. Die Vielzahl von alltagssprachlichen Ausdrücken für Varietäten (*Dialekt, Umgangssprache, Fachsprache, Jugendsprache* usw.) zeigt, dass Varietäten auf jeden Fall wichtige Kategorien des (individuellen und kollektiven) Sprachbewusstseins sind. **6f., 28, 64, 77ff., T3, T8, T13, T17, T29**

Verb Neben *Substantiv, *Adjektiv (und *Adverb) eine der *Hauptwortarten. *Morphologisches Kennzeichen: *konjugierbar; syntaktisches Kennzeichen: bildet formal den Kern des *Prädikats. Grundlegende formalfunktionale Untertypen: *Hauptverben, *Hilfsverben, *Modalverben, *Modalitätsverben, *Kopulaverben. Die semantische Subklassifizierung ist problematisch. Benutzt werden sowohl relativ abstrakte Klassen (Handlungs-, Vorgangs-, Zustandsverben) als auch feinere Unterscheidungen wie Verben des Sagens, der Bewegung, durative Verben etc. **93, 165, 167ff.**

Verbalsatz *Langue-Satz als elementare abstrakte Struktur, die genau ein *Prädikat enthält. Verbalsätze können in der *parole als *Einfachsätze oder als *Teilsätze eines *komplexen Satzes auftreten. **187**

Verbstellung Wesentliches Merkmal syntaktisch orientierter *Sprachtypologie. Vgl. *Parameter. Das Deutsche gilt als SOV-Sprache, d.h. als Ausgangsstruktur wird die Endstellung des Verbs angesehen, wie sie im *Nebensatz realisiert ist. Ansonsten kann das Verb im Deutschen noch an erster oder zweiter Stelle auftreten, womit die *Satzart von *Hauptsätzen differenziert wird. Vgl. *Satzklammer. **209ff.**

Vorfeld Vgl. *Satzklammer. Position vor der linken Verbklammer. Im Vorfeld können im Deutschen alle *Satzglieder (und auch infinite Prädikatsteile) erscheinen, unmarkiert ist die Platzierung des *Subjekts oder einer *Adverbialbestimmung ins Vorfeld: *Ich habe ge-*

stern eine Schallplatte gekauft; Gestern habe ich eine Schallplatte gekauft gegenüber *Eine Schallplatte habe ich gestern gekauft, Gekauft habe ich eine Schallplatte gestern.* 211

Vortext *Text, der erwartbar einem anderen vorangeht, mit diesem in einem *diskursiven Zusammenhang steht, z.B. Einbürgerungsantrag vor Einbürgerungsurkunde; Gesetzentwurf und parlamentarische Debatte vor Gesetz. 255

Wort Im Gegensatz zu *Lexem Einheit der *parole, d.h. grammatisch spezifizierte *Wortform, die im *Text zwischen zwei Abständen steht. Im Gegensatz zu *Terminus Ausdruck der natürlichen Sprache, der nicht streng definiert, sondern vage und vieldeutig ist. 59, 135

Wortart *Kategorie zur Einteilung der *Lexeme bzw. der *Wörter eines *Textes nach funktionalen, *semantischen, *morphologischen und *syntaktischen Kriterien bzw. nach einer Kombination davon. Die verschiedenen Kriterien(kombinationen) führen zu unterschiedlichen Klassen. Hier werden unterschieden die *Hauptwortarten: *Substantiv, *Verb, *Adjektiv (alle *flektierbar) und *Adverb; an *Funktionswörtern: *Artikelwörter, *Präpositionen, *Konjunktionen, *Pronomina. 89ff., 127f., T15

Wortbildung Zwischen *Wortschatz und *Syntax vermittelndes Verfahren der Bildung von komplexen Lexemen oder Wörtern. Untertypen: *Derviation, *Komposition, *Kurzwortbildung, *Konversion. 43, 123ff., 130ff., 146ff., 149ff.

Wortbildungsmorphem *Morphem, das zur *Derivation verwendet wird. Vgl. *Affix. 123

Wortfamilie Gruppe von *Lexemen mit demselben lexikalischen *Morphem; umfasst neben dem *Simplex alle *Ableitungen (und gegebenenfalls geläufige *Komposita): *schreiben, Schreibung, Rechtschreibung, Schrift, schriftlich, Schriftsteller, Schrifttum, Schriftenverzeichnis, Schreiberin, Schreibmaschine.* 125, 152

Wortfeld Gruppe *semantisch verwandter *Lexeme, die (in einer bestimmten *Lesart) unter einen gemeinsamen *Oberbegriff fallen (in mindestens einem zentralen *Sem übereinstimmen) und die sich in ihrer Bedeutung

gegenseitig begrenzen (vgl. *valeur): *froh, fröhlich, glücklich, heiter, angeheitert, zufrieden, lustig, aufgeräumt* ... (gemeinsame Seme: Gemütslage, positiv). 69ff.

Wortform Grammatisch spezifiziertes *Lexem, d.h. lexikalisches *Morphem, das mit grammatischen Morphemen verbunden ist. *laufen, gelaufen, lauf, laufe, läufst, läuft, lauft* sind die Wortformen der verbalen Lexikoneinheit ›lauf(en)‹, *Lauf, Laufes, Laufs, Laufe, Läufe, Läufen* Wortformen der substantivischen Lexikoneinheit ›Lauf‹. 94ff., 103ff., 122f.

Wortkreation Oberbegriff für neu gebildete Wörter. Untertypen: *Derivation, *Komposition (*Wortbildung), *Bedeutungsübertragung, *Entlehnung, *Wortschöpfung. 22, 131ff., 138ff., T7, T10, T12, T18

Wortschatz Gesamtbestand der *Lexeme einer Sprache zu einem gegebenen Zeitpunkt. Oder: Gesamtbestand der Lexeme, über die ein individueller Sprecher verfügt. Dabei unterscheidet man den aktiven Wortschatz (Ausdrücke, die der Sprecher selbst produziert) vom passiven Wortschatz (Ausdrücke, die der Sprecher versteht, aber nicht selbst produziert). 127ff.

Wortschöpfung Untertyp der *Wortkreation, auf den nur sehr selten zurückgegriffen wird. Neubildung eines gänzlich *arbiträren Zeichens: *Labenz:* ›Ein allgemein bekannter Gegenstand oder eine vertraute Erfahrung, für den oder die bisher noch keine Bezeichnung existiert‹. 131f., 134f., T18

Zeichen Wahrnehmbares Etwas, dem im *Zeichenprozess eine Bedeutung zugeordnet wird. Im engeren Sinne: konventionalisierte Zeichen. In der Wissenschaft von den Zeichen (*Semiotik) werden u.a. *deiktische und *ikonische Zeichen differenziert. Im Gegensatz zu den meisten nicht-sprachlichen Zeichen gelten sprachliche Zeichen (außer den *onomatopoetischen) als *arbiträre Verbindungen zwischen *signifiant und *signifié. Die kleinsten sprachlichen Zeichen sind *Morpheme, da einzelne Laute (Phoneme), Buchstaben usw. selbst keine Bedeutung tragen, sondern nur zur Bedeutungsunterscheidung dienen. Vgl. *doppelte Gliederung der Sprache. 16ff., 27, 49ff., 53ff., 89, 116, A8, A9, T4, T5

Zeichenprozess Mentale Aktivität, entsprechend der ein Mensch (als Interpret) einem wahrnehmbaren Etwas eine Bedeutung zuschreibt bzw. (als Zeichensetzer) mit einem selbst produzierten wahrnehmbaren Etwas eine Bedeutung verbindet. **18**

Zirkumfix Im Deutschen seltenes *diskontinuierliches *Affix, bei dem ein Teil vor, ein anderer Teil hinter die *Basis tritt: _ver-absolut-ier-en_. **154**

Zusammensetzung Deutscher Terminus für *Komposition. **147ff.**

Systematische Inhaltsübersicht

als Merkmalbündel 70f. – Probleme der Komponentenanalyse 72 – Unterscheidung von Bedeutungsebenen: Denotation 72f. – Konnotation (darunter: Pejoration und Melioration) 74ff. – Gebrauchsbedingungen: regional, historisch, sozial, stilistisch, situativ 77f. – (eingeschränkte) Verbindbarkeit von Ausdrücken: Kollokation 78f. – neutrale versus markierte Lexeme 79f. – Interaktion verschiedener Bedeutungsebenen 81 – das Problem der Grenzen: Kontinua (am Beispiel *Baby, Kleinkind, Kind, Jugendlicher, Erwachsener*) 82ff. – Grauzonen (am Beispiel von Ausdrücken für Sitzgelegenheiten) 85f. – Sprachliche Mittel zum Umgang mit Grauzonen: Heckenausdrücke 86 – Prototypensemantik: bessere und schlechtere Repräsentanten von Kategorien 86ff.

V. Morphologie

1. Wortarten

Klassifizierung von Sprachzeichen nach grammatischen Merkmalen 89 – Grobunterscheidung: Inhaltswörter (mit lexikalischer Bedeutung; offene Klasse) versus Funktionswörter (mit grammatischer Bedeutung; geschlossene Klasse) 91f. – Bedeutung des semantischen Kriteriums für die Unterscheidung der Hauptwortarten (Substantive, Verben Adjektive/Adverbien) 92ff. – Morphologische Kriterien: unflektierbare versus flektierbare 94 – Untergruppen der Flexion: Deklination, Konjugation, Komparation 95 – syntaktische Kriterien (am Beispiel Artikel versus Pronomina; Präpositionen versus Konjunktionen) 95f.

2. Die Bedeutung von Flexionskategorien im Deutschen

Komparativ 9 – grammatisches Genus gegenüber natürlichem Geschlecht (Sexus) 97f. – Markierung der grammatischen Zusammengehörigkeit von Wörtern: Kongruenz 98 – Kasus 99 – Person, Tempus und Modus 99f. – Genus Verbi (Aktiv – Passiv) als Mittel der Perspektivierung 101f.

3. Wortformenbildung und ihre Analyse

Zusammenfassendes zu Abgrenzungskriterien für Wortarten im Deutschen (als flektierender Sprache) 102 – Wortformen in verschiedenen Sprachen: referenzielle und strukturelle Zeichen; Arten struktureller Zeichen: Funktionswörter, unselbständige grammatische Zeichen (Endungen), Abwandlung des *signifiant*; isolierender/analytischer und synthetischer Sprachbau; Untertypen des synthetischen: agglutinierend und flektierend 103 – Probleme der Zuordnung von Einzelsprachen zu den Typen, Veränderungen durch Sprachwandel 104 – Diskrepanz zwischen Schreibung und Lautung 105 – Untersuchungsansätze in der Geschichte der Sprachwissenschaft: (antike) Philologie, griechisch-lateinische Grammatik 106f. – Einfluss lateinischer Grammatik auf die Beschreibung moderner Sprachen; Neuansatz der historisch-vergleichenden Sprachwissenschaft des 19. Jh.: Untersuchung der indoeuropäischen Sprachfamilie 107f. – Neuansatz der amerikanischen Forschung im 20. Jh.: Untersuchung der Indianersprachen 108 – anthropologisch-ethnologischer Ansatz; Strukturalismus 110f. – szientistischer Wissenschaftsansatz, Linguistik als autonome Disziplin, Einflüsse aus Psychologie (Behaviorismus) und Mathematik 112f.

Sprachwissenschaft

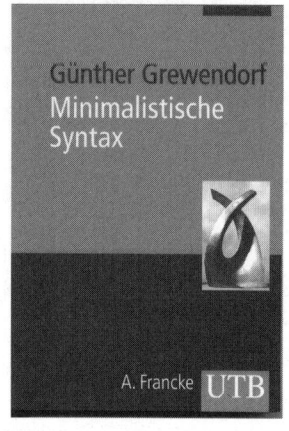

Günther Grewendorf

Minimalistische Syntax

UTB 2313 M, 2002, 345 Seiten,
€ 19,90/SFr 34,90
UTB-ISBN 3-8252-2313-2

Der kognitiven Linguistik geht es darum, jene Gemeinsamkeiten aller natürlichen Sprachen zu ermitteln, an denen sich die genetischen Grundlagen einer angeborenen Sprachfähigkeit erkennen lassen. Der Rekurs auf diese universellen Prinzipien, die sog. *Universale Grammatik*, ermöglicht eine Erklärung des rätselhaften Faktums, dass das Kind im Verlauf von wenigen Jahren und auf der Basis einer unzureichenden Datengrundlage ein so kompliziertes System wie die Grammatik einer Sprache in einer intelligenzunabhängigen Weise erwirbt. Es ist das Ziel dieses Bandes, die neuesten Entwicklungen der generativen Syntax und die Erklärungsleistungen aufzuzeigen, die die Universale Grammatik seit Beginn der achtziger Jahre hervorgebracht hat. Dabei wird nicht nur die Theorie brücksichtigt; an einer Vielzahl von empirischen Phänomenen aus natürlichen Sprachen werden auch die Struktureigenschaften aufgezeigt, mit denen sich die theoretischen Konzepte motivieren lassen und an denen sie sich bewährt haben.

Preisänderungen vorbehalten

A. Francke